常德市西湖管理区志

（1991—2010）

常德市地方志编纂委员会
常德市西湖管理区志编纂委员会 编

方志出版社
Publishing House of Local Records

图书在版编目（CIP）数据

常德市西湖管理区志：1991—2010 / 常德市地方志编纂委员会，常德市西湖管理区志编纂委员会编. -- 北京：方志出版社，2017.9
ISBN 978-7-5144-2526-0

Ⅰ. ①常… Ⅱ. ①常… ②常… Ⅲ. ①区(城市)—地方志—常德—1991-2010 Ⅳ. ①K296.44

中国版本图书馆CIP数据核字(2017)第232878号

常德市西湖管理区志（1991—2010）

编　　者：常德市地方志编纂委员会　常德市西湖管理区志编纂委员会
责任编辑：罗　滔

出 版 人：冀祥德
出 版 者：方志出版社
地址　北京市朝阳区潘家园东里9号（国家方志馆 4层）
邮编　100021
网址　http://www.fzph.org
发　　行：方志出版社图书经销中心
电话（010）67110500
经　　销：各地新华书店
印　　刷：常德市湘北彩印厂　　0736-7187272

开　　本：787×1092　　1/16
印　　张：45
字　　数：969千字
版　　次：2017年9月第1版　　2017年9月第1次印刷
印　　数：0001～1000册

ISBN 978-7-5144-2526-0　　**定价：**280.00元

常德市地方志编纂委员会

常德市西湖管理区志编纂委员会

《常德市西湖管理区志》编辑部

主　　编　李跃明
总　　纂　熊顺福
副 总 纂　伍贤益　戴建中
编　　辑　刘卫平　肖建华　伍颖芳　刘吉永
审　　读　马康湘　刘端生　夏中惠
摄　　影　刘卫平　袁加佑

《常德市西湖管理区志》采编人员

马千里　马文波　马忠谋　马康湘　万胡娟　王本南　王壮求
王培成　邓天浩　邓芳芳　邓　倩　邓　婷　方荣石　艾茂平
刘卫平　刘友云　刘立人　刘吉永　刘怡志　刘国丹　刘胜中
刘唐吉　刘联意　江中泽　江济衡　伍俊凯　伍跃红　孙　越
孙德贵　肖子云　肖卫东　杨必武　杨西余　杨伟雄　李西艾
李致军　吴月华　吴华松　吴　思　余建军　何维让　邹元东
邹琳琳　张人忠　张永庆　张志雄　张　勇　张爱华　陈小波
陈海涛　陈　敏　周尔琛　周先龙　周先胜　周育平　周尚金
周建辉　周美如　周　俊　周重辉　周　辉　孟石华　胡月光
胡玉华　胡礼清　胡同福　胡　军　洪　亮　姚志勇　郭正顺
卿定宗　夏延山　夏艳菊　夏辉跃　龚志华　龚艳萍　龚朝阳
龚德成　彭正波　鲁敬军　曾孟辉　曾维斌　曾戴鑫　谢自立
谢壮志　戴石元　戴龙堂

《常德市西湖管理区志》审查验收人员

刘李波　周华辉　应国斌　江时宜　覃建国　周　波　蓟　甜
程　关

序 一

编史修志，是中华民族的文化传统。盛世修志，适逢其时。历经五载辛勤笔耕，数易其稿，《常德市西湖管理区志（1991—2010）》终于获准付梓问世。这是继《西湖农场志》之后我区又一部史料专著，是西湖人民政治文化中的一件盛事，可喜可贺。

《常德市西湖管理区志（1991—2010）》编纂者在市方志办的热心指导，区委、区管委的高度重视和各部门的密切配合下，秉笔直书，客观公正，全面、系统、翔实地记载了西湖管理区1991—2010年间自然风貌、经济发展、社会变迁、政治人文、教科文卫等诸多方面的史料，是认识西湖、研究西湖的重要窗口，是发展西湖、振兴西湖的决策依据，也是留给子孙后代的一份宝贵精神财富。

治天下者以史为镜，治郡国者以志为鉴。古往今来，无论是一国贤明通达之统治者，还是一方有所作为之主政者，无不注重编史修志，且无不通晓史志，乃因“存史、资治、教化”，史志之功用不可或缺，不可小觑。

历史是一部教科书，前人打拼的艰难历程，前人创造的辉煌成果，前人积累的精神财富，前人留下的经验教训，像一幅幅画卷，丰富多彩，波澜壮阔。展读品味，给人启迪，给人警醒，催人奋进。长江后浪推前浪，世上后人胜前人。我们后人该做些什么，怎样做，才不至于愧对历史，愧对前人？该吸取什么样的经验和教训，避免少犯错误，少走弯路？该怎样自立自强，发扬光大，续写更加辉煌的历史篇章，才不负这个伟大的时代？我们每一个人都应该以自己的实际行动做出回答。

历史是一条长河，有时风平浪静，飞流直下；有时险滩阻道，迂回曲折；但终究是奔腾不息，滚滚向前。西湖的历史并不长，发展并非一帆风顺。自1954年围垸建场，历经劳改农场、军垦农场、移民办场、成立西湖管理区四个阶段。其间不知经历了多少风雨、多少坎坷。遥想移民建场之初，洪水肆虐，沟渠淤塞，一片荒芜，且血吸虫泛滥成灾。人民群众喝水难、行路难、安居难、就医难、就学难、生产经营难，多难临头，苦不堪言。更令人揪心的是，屋漏偏遭连夜雨，行船又遇打头风。1988年9月，由于连日暴雨，西湖西大垸溃垸，顿时，大半个西湖成为泽国，损失惨重，大伤元气。然而，西湖人民并没有被困难和灾害所压倒。在上级党和政府的关怀扶持下，西湖各级领导率领西湖人民迎难拼搏，艰苦创业，终于改变了西湖的落后面貌，迎来了科学发展的春天。今日西湖，政通人和，经济发展，社会稳定，人民丰衣足食，安居乐业。跨过急流，越过险滩，伴随着时代的洪流，充满生机和活力的西湖正以昂扬的姿态、磅礴的气势向前奋进。

历史是人民群众创造的，我们每一个人都在创造历史。希望西湖广大干部群众多看看《常德市西湖管理区志(1991—2010)》，了解过去，总结经验，吸取教训，把握现在，开拓未来，努力把西湖建设成为文明、富饶、和谐的幸福家园，在西湖的发展史上书写更加绚丽、更加辉煌的新篇章。

是为序。

中共西湖区委原书记覃事共

序 二

历时五载,《常德市西湖管理区志(1991—2010)》完成编纂,即将付梓,值此西湖国家现代农业示范区建设如火如荼之际问世,实属盛世喜事！我感佩修志人员为此付出的艰辛劳动,尤其珍视这项成果产生的重大价值。

古人云:“盖文章经国之大事,不朽之盛事”,此语借用于志书,十分恰切,“隔代修史,当代修志”,实乃世事昌明之标志。我来西湖刚好一载,就逢此盛事,幸甚之至。

到西湖以来,我深感于西湖3万移民下湖创业之艰辛,四十年栉风沐雨,迎难拼搏,其战天斗地之精神可谓是感天动地。在水涨为湖、水落为洲的洞庭湖西之一隅,西湖历届党委班子带领群众艰难创业,创造围垦奇迹，使西湖这片泽国焕发了青春与活力。昔日的荒湖废洲,如今已成为水旱无忧的鱼米之乡;昔日望而生畏的血吸虫窝子,如今已是丰衣足食的移民乐园。辉煌业绩鼓舞人心,长留史册。

1991—2010年,是西湖发展历史上的重要时期,创造过国有企业蓬勃发展的荣耀,也经历了改制下岗的阵痛,推动实施了体制改革,实现了从农场向管理区的过渡，也奠定了从稳定为纲走向全面发展的基础。厚厚的志书记载的是过去,更是对未来的鞭策,熟读志书可以汲取丰富的精神营养。我到西湖后,认真研读了1992年出版的《西湖农场志》和这部《常德市西湖管理区志(1991—2010)》,我对西湖围垦以来数十年的发展历史有了一个较全面的了解,为研究西湖、发展西湖提供了重要历史依据。

过去的历史充满艰辛,如今的成就来之不易,未来的发展尤为可期。数十年来,西湖创业者们在每一个发展阶段都以无畏的勇气和决胜的信心，战胜了一个又一个困难，为这片土地的繁荣昌盛、老百姓的安居乐业贡献了热血和力量。岁月如流，时不我待。今天，我们面临的是西湖发展的又一个重大历史转折，是西湖真正实现经济社会发展转型的历史机遇。在这个时刻，我们尤其需要有正视基础差、底子薄、体制不顺等客观现实的历史胸襟，尤其需要乘势而上、奋起直追、敢于创新、敢于突破的政治魄力，尤其需要爱家、兴区、共圆中国梦的家国情怀，牢牢抓住洞庭湖生态经济区和环洞庭湖经济带建设的利好机遇，实现跨越发展。

我真诚希望西湖的同志们都认真读一读两部西湖志，从中读到西湖的过去，悟出西湖的未来。关起门来读志，打开门去创业，我们要把历史的经验转化为“区域中心、农业公园”建设的动力，将西湖打造成为环洞庭湖生态经济皇冠上的一颗璀璨明珠。

我们今天的行动，就是下一部西湖志。是为序。

中共西湖区委书记龚霞波

凡　例

一、本志以马克思列宁主义、毛泽东思想、邓小平理论、“三个代表”重要思想、科学发展观和习近平新时代中国特色社会主义思想为指导，运用辩证唯物主义和历史唯物主义的立场、观点和方法，全面、客观、系统地记叙常德市西湖管理区（西湖农场）的自然、经济、政治、文化、社会等方面的历史和现状。

二、本志记事上限为1991年，下限为2010年，因叙事所需，个别地方有所上溯或下延。

三、本志采用述、记、志、传、图、表、录等体裁，以志为主，横分门类，纵述史实。

四、本志设篇、章、节、目4个层次，共12篇，53章，206节，另置《概述》《大事记》《人物》《丛录》《编后记》，辅以照片、地图和表格。

五、《大事记》以编年体为主，部分事件因跨月或跨年则采用记事本末体。

六、《人物》设人物传记、人物简介、人物表。人物传记收录在西湖工作过的已故主要领导，人物简介收录在经济、政治、学术、军事、企业等界做出较大贡献有一定社会影响的人士（因诸多原因，未能全收），人物表收录市厅级以上先进个人、劳动模范及获高级技术职称人员。

七、本志采用语体文、记叙体，力求文约事丰，行文规范流畅。

八、本志所用资料主要来自各乡镇、各单位、统计局和档案室，部分资料来自知情人的追述。采用的数据，由于统计角度或口径不完全相同，故个别地方不尽一致，凡全局性、基础性数据均以区统计局数据为准。

九、本志专有名称首次出现用全称，后面出现则用简称，如“中国共产党西湖管理区委员会”简称为“西湖区委”，“西湖管理区管理委员会”简称为“西湖区管委”。

十、数字标点遵循国家标准出版规定，GBIT15834-2011《标点符号用法》，GBIT15835-2011《出版物上数字用法》。

十一、计量单位采用国务院1984年2月发布的中华人民共和国法定计量单位。考虑到社会使用习惯，全书中亩不统一换算。

常德市西湖管理区行政区划图

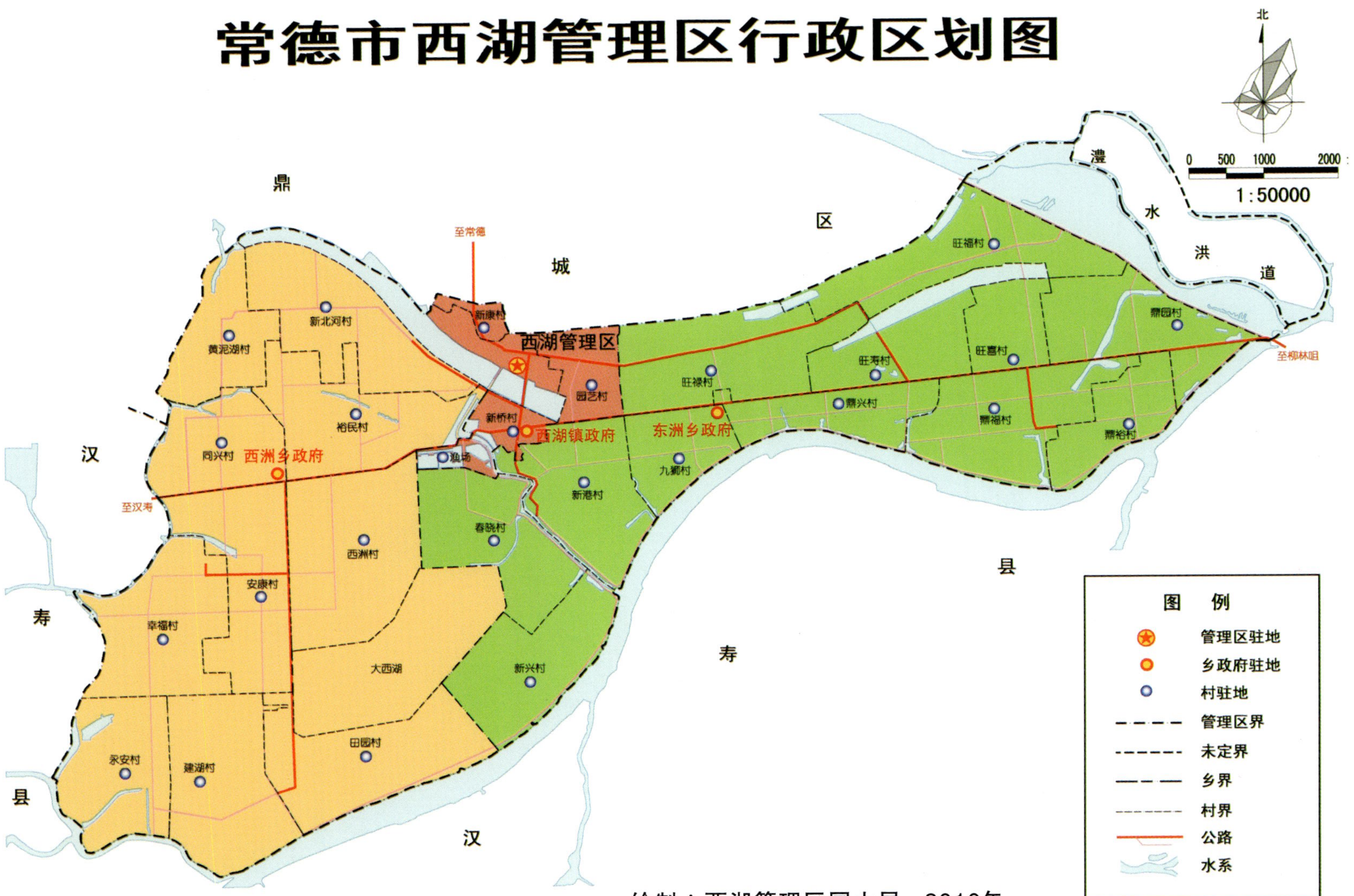

绘制：西湖管理区国土局 2010年

审图号：湘S（2016）037号

区位交通

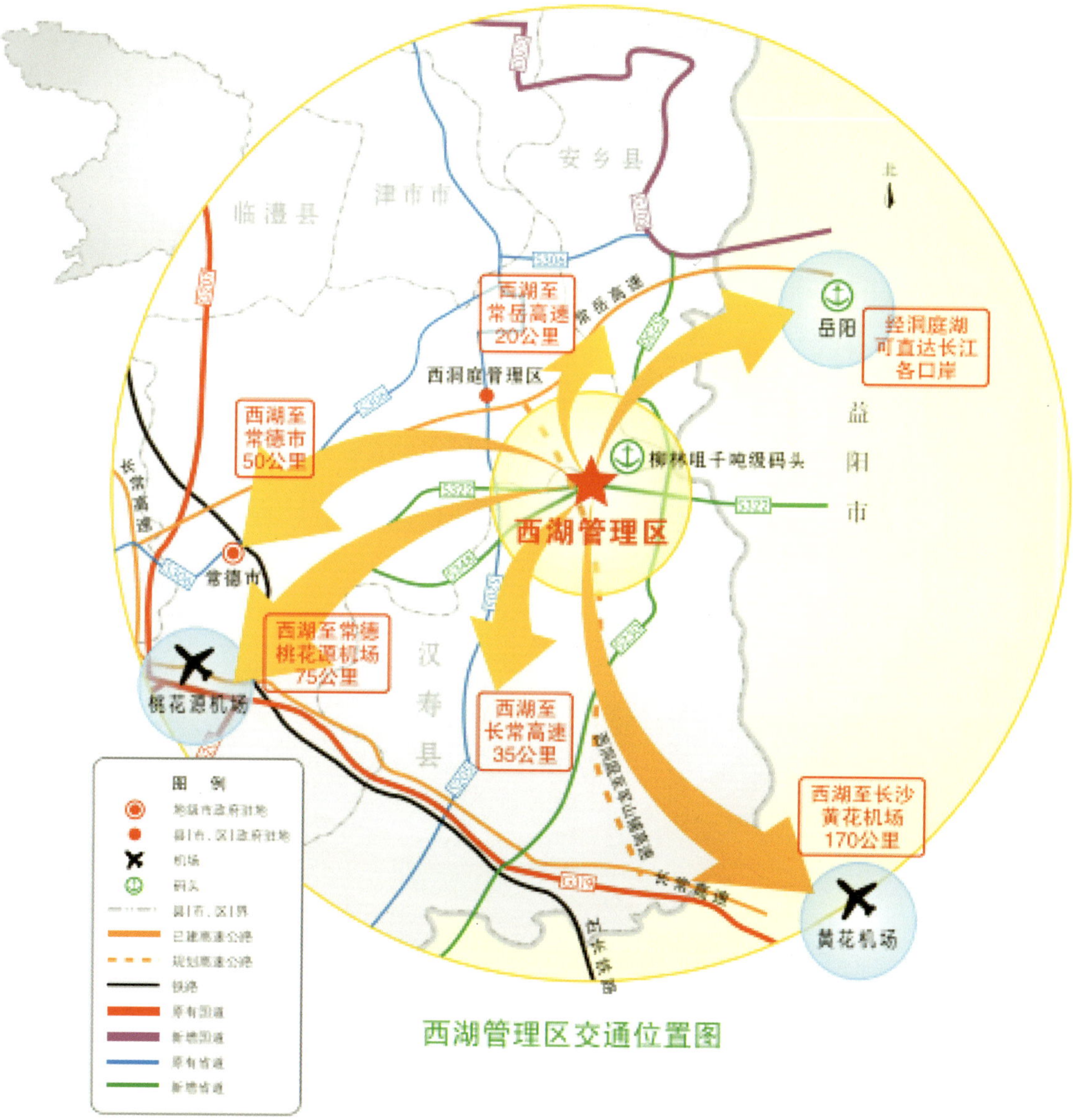

西湖管理区交通位置图

西湖管理区距常岳高速公路出口仅20千米，距长常高速公路出口仅35千米，规划中的西洞庭至军山铺（绕城高速）将南北向纵贯西湖全境。外江1000吨级码头已列入常德市“十二五”规划交通建设项目。区水路直通长沙、岳阳、武汉、上海等地。陆路高速可直达常德、长沙、张家界、岳阳、武汉等地，交通十分便捷。

绘制：西湖管理区交通局　2010年

1989年1月，省委书记熊清泉到西湖农场考察工作

2001年，省委书记杨正午在汪氏养猪场考察

1991年7月，省人大常委会主任刘夫生（右三）考察西湖造纸厂工作

1998年12月，省委常委、常务副省长周伯华（左一）到西湖考察

2013年6月8日，省委副书记孙金龙（左三），副省长盛茂林（左二）考察区园区建设

2012年10月25日，常德市委书记卿渐伟在西湖主持现代农业示范区建设办公会

2013年7月23日，常德市委书记王群（左二）、市长周德睿（左一）考察新建自来水厂

2011年5月，市长陈文浩主持召开创建国家现代农业示范区建设调度会

2012年3月7日，西湖西洞庭国家现代农业示范区授牌仪式

1999年7月，中共西湖管理区委领导班子研究工作

中共西湖管理区委办公大楼

西湖镇区鸟瞰

西湖车站全景

西湖管理区劳动和社会保障局大楼

原西湖农场办公楼

原西湖管理区委办公大楼

原三分场大会堂

西湖管理区第一中学

西湖管理区人民医院

西湖电力公司

西湖自来水厂

原西湖造纸厂

西洲新村

幸福新村

新港小学

东洲乡新兴村村道

冬修水利现场

西湖蔬菜示范园区

第 11041473 号

商标注册证

湘西湖

核定使用商品(第 31 类)

注 册 人

注册地址 湖南省汉寿县西湖管理区西湖镇西湖西路 1 号

注册有效期限 自公元 2013 年 10 月 14 日 至 2023 年 10 月 13 日止

局长签发

湘西湖

绿色食品 GreenFood

证　　书

经中国绿色食品发展中心审核，该产品符合绿色食品 A 级标准，被认定为绿色食品 A 级产品，许可使用绿色食品标志，特颁此证。

产品名称：黄瓜

产品编号：LB-15-1308182789A

生　产　商：常德市西湖湘绿蔬菜水果专业合作社

企业信息码：GF430722131231

批准产量：6000　吨

许可期限：2013 年 08 月至 2016 年 08 月

颁证日期：2013 年 08 月 16 日

中国绿色食品发展中心

2014 年 08 月至 2015 年 08 月（年检盖章有效）　2015 年 08 月至 2016 年 08 月（年检盖章有效）

黄瓜

绿色食品 GreenFood

证　　书

经中国绿色食品发展中心审核，该产品符合绿色食品 A 级标准，被认定为绿色食品 A 级产品，许可使用绿色食品标志，特颁此证。

产品名称：辣椒

产品编号：LB-15-1308182788A

生　产　商：常德市西湖湘绿蔬菜水果专业合作社

企业信息码：GF430722131231

批准产量：5000　吨

许可期限：2013 年 08 月至 2016 年 08 月

中国绿色食品发展中心

辣椒

绿色食品 GreenFood

证　　书

经中国绿色食品发展中心审核，该产品符合绿色食品 A 级标准，被认定为绿色食品 A 级产品，许可使用绿色食品标志，特颁此证。

产品名称：南瓜

产品编号：LB-15-1308182790A

生　产　商：常德市西湖湘绿蔬菜水果专业合作社

企业信息码：GF430722131231

批准产量：6000　吨

许可期限：2013 年 08 月至 2016 年 08 月

中国绿色食品发展中心

南瓜

湖南欣西湖农业开发有限公司在常德市第六届农展会上参展的部分农产品

东洲乡龙生猪场

春晓鳝鱼养殖基地一角

大西湖龙虾养殖基地

三角堤肉牛养殖基地

下窖蜜蜂养殖场

酉水河网箱养殖带

大西湖水生蔬菜清洗车间

东洲乡新兴村葡萄基地

西湖农贸市场

西洲乡建湖村食用菌种植基地

东洲乡新兴村苦瓜制种基地

西洲乡西洲村南丰蜜橘种植基地

2010年，全区首届敬老孝星评选

2010年6月，血防上街宣传

2012年6月，西洲乡法律知识竞赛

2010年，西湖一中艺术节盛况

2010年5月，西湖广场健身舞大赛

2011年7月，建党90周年红歌大赛

2012年，全区群众拔河比赛

2014年，新世纪幼儿园举办亲子运动会

经技贸家电超市

步步高服饰

亿客隆超市

苏美华书法

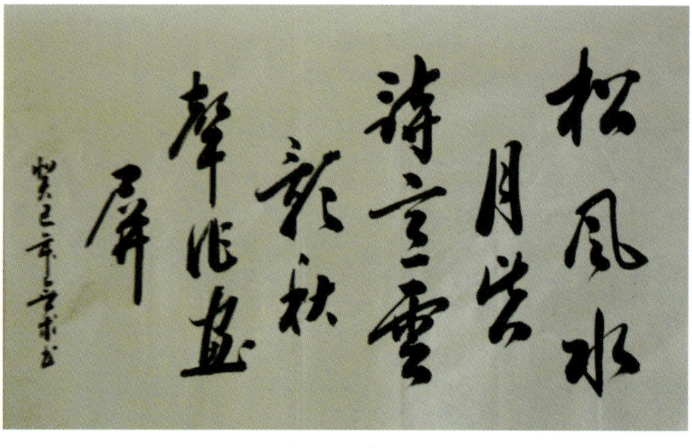

姜培斓书法

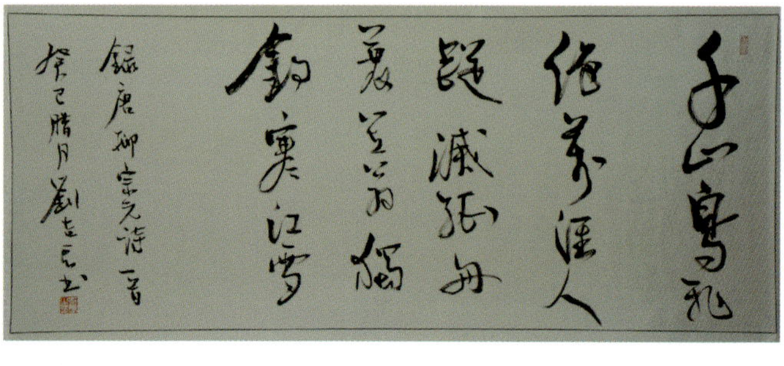

刘吉长书法

刘水源书法

目 录

第三篇　农业　林业　水利

第四篇　工业与商贸服务业

第五篇　城乡建设

第六篇　财税金融

第七篇　经济综合管理

第八篇　党政群团

第九篇 法治 武装

第十篇　教科文卫

第十一篇　民政、劳动与社会保障

第十二篇　社会事业

人　物

从　录

Contents

Part 3 Agriculture, forestry and water conservancy

Part 4 Industry and trade service industry

Part 5 Urban and rural construction

Part 6 Tax and finance

Part 7 Comprehensive economic management

Part 8 Party and government administration alliance

Part 9 Rule of law and armed forces

Part 10 Education, Science, Culture and Health

Part 11 Civil administration, labour and social security

Part 12 Social undertakings

People

Appendix

概　述

（一）

西湖管理区位于湖南省北部，沅澧两水尾间，因地处洞庭湖之西，故称西湖。东隔澧水，与安乡、南县相望，西南与汉寿县毗邻，北与鼎城区接壤。距常德市74千米，距长沙市160千米。

巍巍柳林嘴临江大堤宛若巨龙，横卧区境东部，抵御洪魔。静静西港河恰如玉带，绕过区境南端，平添一道风景。

境内地势平坦，土地肥沃，雨量丰沛，光热充足，气候温和，四季分明，宜于种养，是全省重要的鱼米之乡和棉花、食用油生产基地。

境内田畴成方，沟渠成网，阡陌交通，林带纵横。大小湖泊如明镜般，镶嵌其间。乡野绿树环绕，瓜果飘香，民居或平房或小楼，形态各异，坐落其间。镇区则高楼林立，街道宽阔，商贾云集，市场繁荣。城乡一体，既具有水乡田园风光，又洋溢着现代小都市气息。

全区总面积70.26平方千米，合10.54万亩，其中耕地6.35万亩，人均1.29亩。截至2010年年底，总人口49011人，其中农业人口13297人、非农业人口35714人，95%以上为汉族，其余为回族、苗族、壮族、土家族等17个少数民族。全区辖东洲乡、西洲乡、西湖镇。西湖区委、区管委机关驻西湖镇区。

（二）

西湖管理区区域原为水乡泽国，属洞庭湖西部的一个组成部分，春夏水涨为湖泊，秋冬水落为洲渚。秦汉以前即有先民在此活动。西湖现今之鼎港，曾是黄帝与蚩尤激战之地。一日，黄帝率部南征至西湖区域与蚩尤交战，经过几番拼杀，终于战胜蚩尤。为了庆祝胜利，黄帝命人就地建灶铸鼎，后人称铸鼎之处为鼎港。明嘉靖《常德府志》称"龙阳"（汉寿）东北一百二十里有神鼎出。

清末，人们开始在西湖区域挽障修垸。洪水泛滥时，举家外迁；水落洲出时，往来垦植耕作。民国中期，有大小垸子13个，民国末年，垸障多溃。未溃之垸，时有长沙、宁乡、湘乡等地穷人逃难至此，暂谋生计。

中华人民共和国成立后，在中国共产党的坚强领导下，开始治理洞庭湖。

1954年,中共湖南省委、省政府组织人员在洞庭湖西畔修挽建垸,造福人民。次年4月,正式创建“湖南省地方国营西湖农场”。西湖农场建立后,历经劳改农场(1955.4—1969.3)、军垦农场(1969.4—1972.9)、移民办场(1972.10—1999.7)、成立管理区(1999.8—)四个阶段。

劳改农场阶段,主要任务是改造罪犯,垦荒造田,发展生产。在此期间,共开垦耕地8万余亩。军垦农场阶段,主要任务是开办“五七”干校,组织军事训练,开办生产基地。此两阶段,因肩负的任务侧重于生产建设以外,加之当时条件太差,财力缺乏,故西湖的经济建设和社会事业的发展相当落后。至移民办场阶段,因基础差,底子薄,困难多,各项建设起步艰难。移民西湖多年后,西湖人民群众仍然面临住房难、喝水难、行路难、入学难、就医难、发展生产难等诸多问题。大多数群众徘徊在温饱线上,忧心忡忡,前途无望,不安心西湖,时有返迁新化、安化老家之意。

1982年,西湖开始实行家庭联产承包责任制,移民群众分到了责任田土。这一重大改革深得民心,老百姓的生产积极性被空前调动起来,各家各户千方百计搞好生产经营,力求早日脱贫致富。然而,天有不测风云,1988年9月,西湖连降暴雨,致使西大垸溃垸。顿时,大半个西湖成为泽国,4万余亩庄稼被毁,1.5万余人遭灾,经济损失2500万元。大批移民群众觉得在西湖再也无法生存下去,于是纷纷返迁新化、安化,后经劝返才回到西湖。

1989年1月29日,湖南省委书记熊清泉到西湖考察,指示“把西湖农场建设成为安全的、富饶的、有吸引力的农场”。省、市对西湖农场加大了投资,实行比一般贫困地区更灵活、更开放、更优惠的政策。省计委牵头编制《西湖农场(1989—1991年)经济社会发展规划》,投资3200万元,实施农业、工业、交通、电力、教育、卫生、堤垸安全、集贸市场等9个方面33个项目。至1990年,西湖农场开始逐步走出低迷落后的局面,迎来希望的曙光。工农业生产出现新的起色。全场工业有造纸、纺织、印刷、建材、农机修理、食品加工、化工等多个门类,从业人员达1961人,年产值1691万元。各项农业生产亦开始稳步发展。1990年,产稻谷2.12万吨,为1973年(8565吨)的2.48倍;产皮棉938吨,为1973年(153吨)的6.25倍;生猪饲养量3.24万头,为1973年(2773头)的11.7倍;产鲜鱼545吨,为1973年(45吨)的12.1倍;产西甜瓜8064吨,为1973年(70吨)的115.2倍。

1991—1998年,西湖又有了新的变化。其间,农场党委、场部提出“兴工、强农、活商、富场”的发展战略,逐步推进改革开放,调整产业结构,狠抓农田基本建设和基础设施建设,工业、农业、商业、加工业、服务业、运输业等得到了进一步发展。1998年,国内生产总值达8092万元,比1991年(4170万元)增加3922万元。其中农业5899万元,工业633万元,服务业等第三产业1560万元,人民群众的生活有了一定改善,全场基本解决温饱问题。

然而,各种客观存在而又无法靠自身解决的困难和问题,始终制约着西湖的发展。其一,西湖是全省最大的移民集中安置区。1972年移民时,正值“文化大革命”末期,实行政治高压,不管愿意与否,强制移民,而补偿极少,为以后的不稳定埋下隐患。其二,西湖移民接收的是落后贫穷的摊子,面临的是一片荒湖、废洲,生产条件极差,基础设施缺乏,完全是白手起家，起步十分艰难。其三，西湖管理体制不顺，西湖说是企业，又行使政府职能，既有大量的移民管理任务，又与县级政府一样要负担行政、教育、卫生等大笔事业经费。说是政府，又无地方财政。在此种管理体制运作下，要想求得大的发展，困难很大。尽管如此，西湖农场党委依然坚定不移地带领西湖人民迎难拼搏，艰苦创业，努力开拓新的局面。

1998 年 12 月 4 日，湖南省常务副省长周伯华亲临西湖，代表省人民政府在西湖农场召开专题会议，决定成立常德市西湖管理区。翌年 8 月，常德市西湖管理区正式挂牌成立，实行“国营西湖农场”与“常德市西湖管理区”两块牌子、一套人马管理运作，列为常德市人民政府的派出机构，建立县级行政、财政、司法体制。

这是西湖发展史上的一个重要转折点。因为是管理区，建立了县级财政，故机关行政人员、干部、教师、医生等部分人员工资通过上级财政转移支付，从而减轻了沉重的财政包袱。因为是农场，可以享受农垦企业的有关政策，农工群众老有所养，不再有后顾之忧。2004 年 1 月，根据湖南省政府办公厅下发的《湖南省人民政府办公厅关于转发省劳动保障厅、省财政厅、省农业厅〈湖南省国有农垦企业职工基本养老保险实施办法〉的通知》（湘政办发[2003]44 号），西湖农场实施农垦企业退休农业职工基本养老保险。至 2010 年，西湖农业职工基本养老保险人数 为 17775 人，其中在职 11242 人、退休 6533 人。

（三）

成立西湖管理区在西湖的发展史上是一件大事、喜事，对于发展振兴西湖具有十分重大的意义。西湖区委、区管委抓住这一契机，紧扣科学发展主题，抓改革、调结构、转方式、强基础、惠民生、保稳定，扎实推进各项工作，着力构建“小康西湖，文明西湖，和谐西湖”。通过长期的不懈奋斗，终于战胜困难，走出低谷，迈上健康持续发展的轨道。

各项改革稳步推进 农村改革始于 20 世纪 80 年代，解散大集体，实行家庭联产承包制，受到广大农民群众的衷心拥护。此后，逐步完善、巩固承包经营体制，建立健全各项配套服务体系，调整优化产业结构。企业改革始于 2000 年，至 2010 年，工商企业完成“两个置换”（置换企业产权、置换职工身份）改革。共有 17 家工商企业置换产权，2269 名职工置换身份。2002 年，完成区委机关、各办事处（镇）机构改革，区委机关由原来 38 个部、委、办、科减少至 21 个部、委、办、局，精减 44.7%。领导职数由原来 63 个减少至 41 个，精减 34.9%。工作人员由原来 179 人减少至 110 人，精减 38.5%。各办事处（镇）上岗人数由原来 397 人减少至 139 人，精减 65%。2003 年，区直所有事业单位全部实行聘用制改革，参加竞聘 763 人，竞聘上岗 660 人，落聘 48 人，提前退养和内退 55 人。此外，住房制度、养老保险、医疗保险、教育卫生、农村税费等方面的改革也全面启动，逐步到位。

国民经济持续增长 1991 年，国内生产总值 4170 万元，1995 年增加至 7460 万元，2005 年上升至 27473 万元，2010 年达 40990 万元，为 1991 年的 9.83 倍。农业方面：主要农产品大幅增加(因结构调整,有的农产品亦有所减少)。棉花,1991 年总产 1206 吨,2010 年增加至 3780 吨;蔬菜,1991 年 6667 吨,2010 年增加至 48900 吨;油菜籽,1991 年 1520 吨,2010 年增加至 2996 吨;水稻,1991 年 19216 吨,2010 年减少至 13418 吨;生猪,1991 年出栏 1.4 万头,2010 年增加至 2.2 万头; 鲜鱼,1991 年出产 586 吨,2010 年增加至 1866 吨; 家禽,1991 年出笼 4.67 万羽,2010 年增至 45 万羽。第二、三产业方面,随着改革的稳步推进,国有、集体企业虽然减少,但个体工商户和私营企业由少到多,迅速发展。1991 年个体工商户 286 户,2010 年,增加至 635 户,私营企业发展至 18 家。全区第二、三产业产值:1991 年 1773 万元,2000 年增加至 3500 万元,2010 年猛增至 16990 万元,为 1991 年的 9.58 倍。1991—2010 年,第一产业始终居于主导地位,所占比重 50%以上。1991 年国内生产总值 4170 万元,其中第一产业 2397 万元,第二产业 1029 万元,第三产业 744 万元,产业结构比为 57.5:24.7:17.8。2003 年国内生产总值 16100 万元,其中第一产业 8000 万元,第二产业 2300 万元,第三产业 5800 万元,产业结构比为 50:14:36。2010 年国内生产总值 40990 万元,其中第一产业 24000 万元,第二产业 6000 万元,第三产业 10990 万元,产业结构比为:58.5:14.6:26.9。

基础设施明显改善 道路交通方面,1994 年投资 263 万元, 将西湖至沙河口 15 千米砂石路改建成柏油路。1999—2000 年,投资 869 万元,将柳林嘴至和平桥 16 千米砂石公路改建成水泥公路。2006—2010 年,投资 5040.1 万元,建成通乡公路 18.37 千米,通村公路 35.57 千米。2008—2009 年,投资 3000 万元,将西湖镇区 4.8 千米水泥路改建成油砂路。1991 年,投资70 万元,在镇区建成集停车、候车、售票、修理、食宿等于一体的汽车客运新站。2008—2009 年,投资 66 万元,建成下窖农村客运站和鼎港农村客运站。至 2010 年,西湖已初步建成四通八达的交通网络。境内有班车直通常德、益阳、新化、安化等地,交通十分便捷。电力方面,2002 年 7 月,投资 1652.65 万元,启动农网改造工程,至 2003 年 11 月全面完成改造任务。2002 年 9 月,投资 1100 万元,兴建 110 千伏裕民变电站,2003 年 9 月,正式投入运营。2004—2010 年,累计投入 807.36 万元,对农网进行升级改造。至此,西湖电网的供电能力和供电质量大为增强,满足了人民群众不断增长的生活用电需求和全区生产用电需求。水利方面,1991—2010 年,累计投资 6560 万元,用于排灌建设、堤防建设、涵闸建设,共移动土方 786 万立方米,投入劳动工日 786 万个。通过 20 年的建设,已形成覆盖全区的完整通畅的排灌体系,已构建安全稳固的临江大堤和内堤,实现了旱涝保收,确保了全区人民生命财产安全。供水方面,1990 年,投资 535 万元,建成镇区首座集中供水站。此后又投资 358 万元,建成西洲、东洲、鼎港、下窖水厂。1996—2005 年,投资 1088 万元,拆除重建原供水工程 5 处。2006—2010 年,投资 3290 万元,改造更新原供水工程 4 处。至 2010 年,西湖人民的饮水问题完全解决。住房方面,1991 年,城镇居民人均住房面积仅 16 平方米左右,农村居民人均 19 平方米左右,且质量较差,全场尚有一级危房 122 栋 2.6 万平方米,二级危房 178 栋 3.8 万平方米。危房改造迫在眉睫。1998 年,省移民局原则同意西湖危改方案,1999 年 3 月危改方案正式获批,是年 4 月总体工程全面开工。至 2001 年 10 月,共完成危房改造 2288 栋 32.6 万平方米。此次危改共投资 2400 万元。2008—2010 年,投资 232 万元,按每户 1 万元的标准,对农村 232 户住房困难户进行帮扶,新建改建住房 232 栋 1.78 万平方米。随着收入的增加,每年都有城、乡居民购置或修建新房。至 2010 年,城、乡居民全部实现居有其屋,农村居民人均住房面积达 30 平方米左右,镇区居民人均住房面积达 28 平方米左右。

城镇建设初具规模 因财力紧张,西湖城镇建设一直滞后,唯一城镇西湖镇街道窄,路况差,基础设施落后。从 2002 年开始,在上级党和政府的支持下,西湖区委、区管委加快了城镇建设步伐。2002—2006 年,投资 300 多万元,共硬化道路总长 4500 米。2008—2009 年,投资 3000 多万元,对主要街道进行改造,共改造沥青路面 4.3 万平方米,铺设人行道 3.2 万平方米,铺设污水管网 1800 米。2008—2010 年,投资 150 万元,改造小街小巷 7 条。至 2010 年,西湖镇区有大小街道 25 条,总长 11390.53 米。镇区绿化、美化、亮化亦同步进行。至 2010 年,各街道旁都更换了新的路灯,主要街道旁装有景观灯,各街道旁都栽有树木,累计投资 200 多万元。1991—2010 年,在镇区共完成各类建设工程 86 项,其中综合楼 46 栋、住宅楼 16 栋、办公楼 5 栋、教育楼 8 栋、其他工程 11 项。1990—2010 年,在镇区先后新建市场 5 处:西湖商贸城、西湖工贸城、西湖农贸大市场、西湖建材市场、西湖步行街。至 2010 年,西湖镇区建设已初具规模,街道纵横,设施配套,商贾云集,店铺林立,市场繁荣。西湖镇已成为辐射周边 10 多个乡镇 40 多万人口的物流、文化、信息中心。

新农村建设已显雏形 2006 年上半年,西湖开始社会主义新农村建设,包括组织建设、思想作风建设、经济建设、基础设施建设、文化建设等。区委先设试点,并派干部蹲点指导。办好试点后,以点带面,逐步推广。通过几年努力,全区各村都建立了比较合格的村部和村级领导班子,种植业、养殖业、加工业、服务业等持续发展,人民生活水平显著提高,基础设施建设基本完善,乡村环境大为改观,歪风邪气逐渐下降,社会正气得到张扬。至 2010 年,“生产发展、生活宽裕、乡风文明、村容整洁、管理民主”的社会主义新农村已显雏形。

社会事业协调发展 教育方面,学校布局通过调整,撤点并校,已趋合理。至 2010 年,全区有完全中学 1 所,教职工 149 人,学生 1751 人。有完全小学 7 所,教职工 180 人,学生 2637 人。有幼儿园 8 所,幼师 81 人,幼儿 1222 人。有校园面积 179407 平方米,校舍面积 41359 平方米,有幼儿园面积 22465 平方米,园舍面积 6785 平方米。教育经费 2010 年达 1982.1 万元,为 1991 年(105.3 万元)的 18.8 倍。教学设施不断完善,教育质量稳步提高,九年制义务教育得到普及,素质教育取得新的进展,小学生入学率达 100%,初中学生巩固率达 97.5%。1991—2010 年,共为大专院校输送学生 1502 人。医疗卫生方面,1991 年以后,医疗、医药网点逐年增多,至 2010 年,镇区有县级医院 1 所,血防站 1 所,疾控中心 1 处,个体诊所 7 家,药房 8 家,村级卫生室 5 家。两乡共有乡级卫生所 6 家,村级医务室 50 家。各类传染病、血吸虫病得到有效控制,一般疾病在西湖可就近诊治,长期困扰西湖人民的治病难问题已经解决。计划生育方面,人口增长得到有效控制,计划生育率常年保持在 85%左右,出生率年均为 12.8‰,人口自然增长率年均为 9.78‰。广播电视方面,1972 年成立西湖农场广播站。1992 年建立西湖农场有线电视台,有用户 300 多户,可收视 12 套节目。1996 年后各分场陆续建立有线电视站,广播电视实现村村通。2007 年后,对电视线路进行升级改造,提高了收视质量。至 2010 年,有线电视用户发展至 2200 多户,可收视 50 多套节目。社会保障方面,1991 年后,西湖相继启动实施企业职工养老保险、农垦企业职工基本养老保险、机关事业单位职工基本养老保险、城镇职工基本医疗保险、新型农村合作医疗等。至 2010 年,已建立健全覆盖全区城乡的应保尽保的社会保险体系,真正实现了"老有所养,病有所医"。社会救助方面,1991 年以后,西湖广泛开展住房、生活、医疗、助学等方面的救助,让困难家庭渡过难关,维持正常生活,确保社会稳定。国土管理方面, 有效控制了非农建设用地,逐步进行土地整理开发,优化土地利用结构与布局,实现了耕地总量动态平衡。环保方面,自 2007 年成立环保局后,加强了环境监测、整治与建设,依法关闭了个别重点污染源企业,对部分排污不达标的个体业主下达了限期整改通知书。至 2010 年,西湖的水环境、声环境、大气环境质量明显好转。

生活水平显著提高 1991 年以前,西湖人民群众收入甚低,生活艰苦,尚徘徊于温饱线上。1991 年以后,随着管理区的成立,农保、社保、医保、低保政策的实施,农业税的完全取消,国家对移民的进一步扶持,人民群众的信心更足,积极性更高。在区委、区管委的领导下,千方百计发展经济,广辟财源,增加收入。1991 年,城镇居民年均可支配收入为 1260 元,至 2010 年,提高至 8103 元,为 1991 年的 6.4 倍。1991 年,农民年人均纯收入仅 587 元,至 2010 年提高至 4850 元,为 1991 年的 8.3 倍。1991 年,西湖城乡居民储蓄年末余额为 6272 万元,人均 1555 元,至 2010 年分别提高至 43788 万元、8936 元。分别为 1991 年的 6.98 倍、5.7 倍。收入增加了,人们的衣、食、住、行、用等各方面都大有改善。衣服不再是新三年、旧三年、缝缝补补又三年,普通群众也讲究款式、质量、舒适、美观。食物不再只图塞饱肚子,一般家庭都讲究荤素搭配,养生保健。住房不再是低矮狭窄的茅房或简陋老旧的平房,大多数家庭住进了宽敞明亮的平房或楼房。1991 年,城镇居民住房面积仅 16 平方米左右,农村居民 19 平方米左右,至 2010 年,分别提高至 28 平方米、30 平方米。出行不再是徒步行走,大多数人以车(单车、摩托车、公交车、轿车)代步。1991 年以前,彩电、冰箱、空调、洗衣机、电脑、手机、小轿车,一般家庭遥不可及。1991 年以后,逐渐进入寻常百姓家。至 2010 年,全区 49011 人拥有冰箱 5582 台、彩电 16685 台、空调 5590 台、洗衣机 8221 台、电脑 1687 台、摩托 4866 辆、轿车 259 辆、手机 45361 部。1991—2010 年,西湖人民的生活经历了由基本温饱到温饱再到小康的发展过程。

(四)

1991—2010 年,无疑是西湖经济社会发展很好的时期,也是西湖人民生活水平提高很快的时期。20 年来,西湖进步显著,业绩辉煌。

辉煌业绩，离不开上级党和政府的关爱和扶持。移民建场(区)以来，先后有熊清泉、杨正午、周伯华、王克英、陈邦柱、刘夫生、杨汇泉、董志文、张树海、庞道沐、陈彰嘉、吴定宪、武吉海、陈君文、程海波、卿渐伟、陈文浩等省市领导亲临西湖考察、调研，指导工作。上级财政、水利、电力、交通、文教、卫生、移民、计委等多个部门的领导曾多次亲临西湖，专题研究解决西湖的建设与发展问题。是上级党和政府的关爱、扶持，使西湖人民渡过了难关，增添了信心；是上级党和政府的关爱、扶持，为西湖的发展指明了方向，注入了活力。

辉煌业绩，离不开西湖历届党委(场部、区管委)的坚强领导。西湖基础差、底子薄，存在的困难和问题多。该以什么为抓手，突破口在哪？该确立何种发展思路，才能振兴西湖，这需要胆识，需要智慧，需要付出多少心血和汗水。西湖历届班子领导殚精竭虑，励精图治。岁月流逝，接力棒转换，但一心一意谋发展，矢志不渝搞建设的步伐却坚定不移。是他们带领西湖人民改变了西湖的落后面貌，迎来了科学发展的春天。

辉煌业绩，离不开西湖人民迎难拼搏的创业精神。1972 年，新化、安化 3 万多库区人民为了支援国家水电建设，从山清水秀的家乡移居到荒芜落后的西湖，不知吃过多少苦，受过多少累，也曾有过彷徨，有过消沉，但还是顾全大局，扎根西湖，建设新的家园。几十年来，西湖广大人民群众、干部、职工，克难攻坚，艰苦创业，一步一个脚印，几年一个台阶，风雨兼程，携手奋进，终于踏平坎坷成大道，风雨过后见彩虹。是西湖人民用自己勤劳的双手书写了西湖发展变化的崭新篇章。

辉煌业绩，离不开党和政府实施的一系列改革举措。1991 年以来，根据上级党和政府的部署，西湖有序推进农村改革，工商企业改革，机关、事业单位改革、税费改革、教育、医疗改革，住房制度改革、管理体制改革等。是改革解放和发展了生产力，是改革焕发了生机与活力，是改革为西湖经济社会的快速发展插上了腾飞的翅膀。

辉煌业绩，离不开改革开放以来的好制度、好政策。2000 年、2007 年，西湖先后启动城镇居民低保和农村居民低保制度，解决了困难群体的生活问题。1993 年、2004 年，先后启动城镇职工和农业职工养老保险制度，解决了老有所养问题。2006 年，启动城镇居民医疗保险制度和新型农村合作医疗制度，解决了病有所医问题。此外，西湖作为全省最大的移民集中安置区，经省移民局批准，1999 年全面启动危房改造工程，解决了居有其屋问题。2006 年，国家彻底取消农业税，且对粮农予以补贴，从 2009 年开始提高补贴标准，并增加良种补贴、农机购置补贴等，解除了农民负担，促进了农业生产。是改革开放以来实行的好制度、好政策，切切实实解决了一系列民生问题，让广大人民群众获得了前所未有的实惠。

辉煌业绩催人奋进，但尚存在的一些问题也不容忽视。

一是工业经济严重滑坡。1991 年至 2010 年，全区 17 家工商企业有 7 家先后转体为私营企业，其余 10 家均先后破产倒闭。至 2010 年，区属国有企业仅存西湖自来水公司。

二是农业产业化、规模化、现代化程度不高，科技含量不足，缺乏名、优、特产品和龙头企业，市场竞争能力不强。

三是招商引资成效不大,尚无规模企业落户西湖。

四是社会治安隐患较多,影响经济社会发展。

星移斗转,岁月如流。如今,西湖正处于承前启后、趁势而上、加速发展的关键时期。西湖区委、区管委通过认真调查研究,总结经验教训,集思广益,科学论证,对未来的发展已进行周密部署,正在实施《西湖管理区国民经济和社会发展第十二个五年规划纲要》。在区委、区管委的正确领导下,勤劳质朴、勇于开拓的西湖人民一定会矢志不渝,努力拼搏,书写更辉煌的篇章,开创更美好的未来。

大 事 记

1991 年

1 月 19 日　安化县委、县政府、县人大、县政协组成的慰问团到西湖慰问。慰问团带送 24 立方米木材和 40 立方米优惠价木材指标。

1 月 20 日　三角堤砖瓦厂举行新砖机试机剪彩仪式。

1 月 28 日　新化县委、县政府、县人大、县政协组成慰问团到西湖慰问。慰问团带送 350 吨生活用煤。

1 月 30 日　湖南省人民政府授予西湖农场 1990 年度“普法先进单位”称号。

是日　中共常德市委、常德市人民政府授予西湖农场 1990 年度政法工作“红旗单位”称号和“文明建设先进单位”称号。

2 月 14 日　西湖农场和省园艺研究所联合开展的“洞庭湖区柰李速成丰产技术研究”被常德市科学进步奖评审委员会评定为二等奖。

2 月 25—28 日　农场在影剧院召开 1990 年度“双先”表彰暨三级干部大会。参加会议的有：全体场级领导、各分场（镇）副科级以上干部，生产队党支部书记，工商企业的书记、厂长（经理），先进单位和先进个人代表，总场机关全体工作人员等 820 余人。党委书记、场长杨光宏作题为《全党动手，全民动员，为努力完成三年打基础、五年要腾飞的战斗任务而努力奋斗》的报告。

2 月 28 日　中共湖南省委、省人民政府授予西湖农场“普法先进集体”称号。

4 月 25 日　农场政法委在影剧院召开“公捕公判”大会，分别对 13 名犯罪嫌疑人进行收审逮捕；对 2 名犯罪分子宣布判处相应刑期。

4 月 28 日　西湖保险营业所成立大会在西湖招待所举行。

6 月 9 日　农场副场长夏延来、西湖保险营业所副所长赵紫兰参加在北京召开的全国保险工作会议。夏延来代表湖南省在大会上作题为《我们是怎样作好移民工作的》经验介绍。会上，中国人民保险公司授予西湖农场 1990 年度“保险工作先进农场”称号。

6 月 18 日　农场宣传部、组织部、团委在招待所联合举办庆祝建党七十周年“为党增光辉”演讲比赛。总场机关周云武获一等奖，二分场尹君灿、纸厂尹密容获二等奖，西湖一中周立敏、贸易公司余文、三分场夏朝晖获三等奖。

6 月 20 日　农场文艺代表队赴常德市参加文艺会演。演出节目中获一等奖 1 个、三等奖1个、优秀奖2个。

6月28日 新港桥整体工程竣工通车剪彩。

6月30日 农场在影剧院召开“庆祝中国共产党成立七十周年”暨“表彰先进基层党组织和优秀共产党员”大会。会议表彰了2个党总支、19个党支部、141名优秀党员。

7月4日 湖南省司法厅副厅长吴振汉、常德市司法局副局长刘曙光等一行五人到西湖检查“二五”普法启动工作。

7月7日 湖南省人大常委会主任刘夫生、秘书长傅学俭在常德市人大常委会主任罗寅阶的陪同下到西湖视察。

7月8日 中国农业银行常德市西湖办事处正式成立并隆重开业。

8月6日 常德市档案局技术顾问、国家级评审员蹇敦品、业务科副科长、省级评审员贾再安、干部何时松、农场管理局办公室主任覃正新、副主任滕元庆、农经委办公室干部于萍等组成的档案考评小组,一行六人到西湖对档案管理上“省级先进标准”进行评审验收。通过考评,总分为83分。通过综合评议,考评组报请省档案局批准,西湖档案工作升“省先”,并颁发“企业档案管理合格证”。

8月9日 湖南省公安厅厅长张树海,市政法委书记龚玉坤,市公安局局长姚世柏等一行八人到西湖检查工作。

8月20日 下午4时许,西湖公安分局教导员史某某将二分场七队油漆工王某某打成多处软组织受伤,当晚农场党委作出五点决定:一、史某某交出枪支,停职反省。二、组成以纪委书记易后宗为组长的联合调查组。三、派工作组到二分场七队做思想政治工作。四、农场领导到医院看望和慰问王某某及其亲属。五、24日下午召开全场中层干部会议。

8月25日—9月8日 农场工会举办西湖农场首届书画比赛。全场138人参赛,共收到参赛作品306件,评选出获奖作品58件,其中一等奖作品13件、二等奖作品15件、三等奖作品25件、鼓励奖作品5件。所有作品在影剧院入场厅内展览3天,共接纳参览人员近4000人次。

9月5日 湖南省公安厅副厅长苏佑良、省财政厅科长李友志等一行四人到西湖检查工作。

9月26日 “三角堤电排引洪渠血防安全工作成果鉴定会”在农场举行,全国血吸虫病治疗专家咨询委员会副主任、教授彭鸿昌,水电部水资源司司长董国英,卫生部血防处处长贾义德,长江规划委员会计划处处长张国营以及省、市有关部门的领导、专家出席鉴定会。

10月5日 农场举行“西湖综合市场落成剪彩仪式”。省工商局局长端木长河、市管处处长黄立华,常德市政府副秘书长傅启芳,市工商局局长滕国华、副局长屠家云,鼎城区工商局局长吴跃进,汉寿县工商局局长石赤云,西洞庭农场工商所所长邹开喜,农场党委书记、场长杨光宏,副书记袁贵友,副场长夏延来等领导出席剪彩仪式。

是日 中华人民共和国水利部授予西湖农场“水库移民工作先进单位”称号。

1992 年

1 月 7 日 西湖中学隆重举行“西湖中学二十周年校庆,新教学楼落成、校名更改、首届艺术节”活动。从是日起,西湖中学改名为西湖农场第一中学。

2 月 15 日 农场副场长夏延来与西湖保险营业所副所长赵紫兰参加省保险公司在长沙举行的“湖南省保险先进县、场表彰大会”,省保险公司授予西湖农场“全省保险先进农场”奖牌一块,奖金 5000 元,赵紫兰被评为“湖南省先进保险员”。

2 月 16 日 新化县委、县政府、县人大、县政协组成的慰问团在县委副书记陆家康,副县长袁永远的率领下,一行十五人到西湖慰问。

2 月 19 日 受湖南省计委委托,由常德市计委牵头,市建委、市财政局、审计局、国土局、交通局、电业局、水利局、环保局、农场管理局、市建行、农经委以及汉寿县建行,县环保局等有关部门负责人和专业人员 30 多人组成综合检查验收组,在省计委副处长杨德宜,市人民政府副市长钦时中等的率领下,到西湖对《西湖农场(1989—1991 年)经济社会发展规划》中的建设项目进行全面检查验收,25 个竣工项目和 7 个在建项目基本符合要求。

2 月 19—21 日 农场在影剧院召开 1991 年度总结表彰暨三级干部大会, 参加会议的有:全体场级领导、各分场(镇)副科级以上干部,生产队党支部书记、队长,工商企业的书记、厂长(经理),先进单位和先进个人代表,总场机关全体人员等 1000 余人。党委副书记高勇作题为《在效益和效率上做文章,促进我场两个文明建设稳步发展》的报告,党委书记杨光宏作大会总结。会上表彰 93 个先进单位和 211 名先进个人。

3 月 7 日 农场妇联在影剧院举行“三八”国际妇女节庆祝活动暨 1991 年度妇女工作总结表彰大会。大会表彰 15 名三八红旗手、10 名科技女能手、7 名先进女能手、20 名优秀妇女干部、101 户“五好”家庭,并分别颁发荣誉证书和奖品。会后,举行丰富多彩的文艺会演。

3 月 8 日 农场离退科组织农场老年妇女门球队参加常德市老龄委员会、市老干局、市妇联、市体委联合举办的常德市“三八”妇女老年门球赛。西湖老年妇女门球队获得本次比赛的精神文明奖。

3 月 20 日 常德市人民政府市长办公会议在西湖农场召开。会议由常德市副市长李江、钦时中主持,专题研究了对西湖农场继续实行优惠政策的七个方面问题。一、把西湖农场作为一个特殊地区,继续比照享受贫困地区的优惠政策。二、继续实行优惠的税收政策。三、继续实行财政补贴办法。四、继续扶植西湖农场发展工业,特别是大力支持造纸厂建设、制药厂新建项目的建设。五、继续改善西湖外部环境。六、帮助搞好就业安置。七、适当扩大农场部分部门的管理权限。

4 月 2—5 日 湖南省林业厅工程师赵克金一行 2 人到西湖验收造林绿化工作。经全面检查验收,西湖造林绿化已达到省定平湖区造林绿化标准。

5月5日 由农场团委主持,造纸厂团委赞助的西湖首届卡拉OK歌手大奖赛在影剧院举行。参赛歌手40多名,经过三个多小时的角逐,评选出一等奖1名、二等奖4名、三等奖5名。

5月29日 七十三岁高龄的日本专家早房长雄先生应邀到西湖进行企业管理经验介绍。

6月9日 西湖少儿文艺节目“瓜趣”参加常德市“六一”文艺会演获一等奖,6月19日,该节目参加全省在岳阳举行的“全省子弟学校学生文艺调演”获二等奖。

6月10日 农场组织部、宣传部联合组织的党史知识竞赛在影剧院举行。参赛单位有教委、机关总支、造纸厂、卫计办、电力科、药厂、政法委、建办。通过一个上午的紧张角逐,教委队获第一名,电力科队、机关总支队、造纸厂队分别获二、三、四名。

8月6日 常德市农垦系统修志工作现场会在西湖召开。

8月27日 农场设立湖南省国营西湖农场驻北京办事处。

9月17日 上午10点,在西湖镇新康村地段发生一起特大抢劫杀人案。园艺村村民刘仲六见义勇为,被手持匕首的歹徒刺中两刀,后经抢救无效死亡,四名凶手被捉拿归案,首犯罗某某于1992年12月22日被处决。

是月 《西湖农场志》正式获准出版。该志编纂工作始于1982年3月,1984年4月因故搁置,1988年3月重新启动。1989年10月因农场溃垸又中断。1990年4月再一次启动,1992年5月成稿,6月通过评审,8月出清样,9月出版。

10月5日 中共常德市委常委干〔1992〕93号文件决定:高勇同志任中共西湖农场党委书记。

10月15日 常德市副市长钦时中到西湖农场主持召开市长办公会议。市人大常委会副主任刘运武、吴愈俊,市人民银行、农业银行、中国银行、建设银行、工商银行五家银行行长及市计委、农经委、税务局、财政局、农管局等单位负责人共32人参加。与会人员现场考察造纸厂扩建工程、制药厂新建工程的建设情况。听取农场党委书记高勇的汇报。会议解决了农场的建设缺口资金、流动资金及煤炭补贴等问题。

11月3日 常德市人民政府常政人〔1992〕11号文件决定:袁贵友同志任西湖农场场长。

11月20日 “西湖农场移民建场二十周年暨三年基本建设竣工庆祝大会”在西湖一中运动场隆重召开。参加会议的有:省、市有关领导,新化、安化县领导,相邻县(区)负责人,西湖农场干部群众等共2000多人。党委书记高勇作报告,省公安厅厅长张树海讲话。

是日 西湖制药厂举行落成典礼剪彩仪式,省农村工作部部长陈彰嘉、省医药管理局局长王啸云、市委副书记吴定宪等出席剪彩仪式。

12月5日 西湖农场水利冬修指挥部在水利科召开水利冬修暨三角堤防洪大堤加固工程竣工验收大会。全长5千米的三角堤防洪大堤加固工程验收合格,已达到五十年一遇特洪的防护标准。

12 月 21 日 湖南省医药管理局、省卫生厅及市药检所，对西湖制药厂的厂房、设备、环境、卫生、软件管理进行全面考核，认定为合格。

1993 年

4 月 8 日 农场在常德市农经委培训中心召开北海祥隆实业有限公司董事长会议，会议决定对公司实行经济承包责任制，股金实行保本保值。承包时间三年(1993 年 1 月 1 日至 1995 年 12 月 31 日止)。王炳明任董事长、汤厚松任总经理。

4 月 17 日 农场领导董学全、黄珠洲乡领导李志胜分别组织双方有关部门负责人对常西公路场乡基建处水沟利用建房进行现场考察。经双方协商，以战备桥为中心分东西两侧，水沟东侧由黄珠洲乡建设，水沟西侧由西湖农场建设。

8 月 5—7 日 农场一分场联校卿定勇同学参加中国数学普及工作委员会组织主办的首届全国小学 数学奥林匹克决赛，计算竞赛以 97 分获单项成绩二等奖，以总分 297 分获综合三等奖。

8 月 25 日 中共常德市委常委干〔1993〕96 号文件决定：詹松柏同志任中共西湖农场委员会书记。

9 月 24 日 由常德市委书记庞道沐、副书记周阳生、副市长莫道宏主持，在市委常务会议室召开专题解决西湖农场有关问题的办公会议。

是月 新华社长沙讯分别在第 2427 期、第 2428 期、第 2429 期连续发表西湖移民农场贫困情况调查报告 3 篇：《特殊的移民安置区》《在困境挣扎中求生存》《急需国家扶持一把》。

10 月 14 日 常德市人政府常政人〔1993〕14 号文件决定：郭儒刚同志任西湖农场场长。

1994 年

1 月 21—22 日 农场召开“西湖农场第四次团代会”，出席会议代表 81 名，特邀代表 5 名。团委书记袁志明作工作报告。

2 月 21—22 日 农场召开三级干部暨 1993 年度双先表彰大会。参加会议的有：全体场级领导，各分场(镇)副科级以上干部，生产队党支部书记、队长，场直各单位主要负责人，总场机关副科级以上干部。农场场长郭儒刚作工作报告，党委书记詹松柏作总结报告。大会表彰双文明单位 1 个，先进单位 33 个，工作标兵 10 名，综合治理先进单位 1 个，计划生育先进单位 1 个，先进个人 123 名。

3 月 15—17 日 场领导邓纯和农委有关负责人检查全场春季造林情况。检查结果表明:全场共造林121030株,为全年指导计划127000株的95%。育苗34.8亩,为50亩计划的70%。

5月 西湖造纸厂生产机制纸1149.59吨,创造纸厂建厂以来月产量最高纪录。

10月10—15日 常德市副市长莫道宏带领农场党委书记詹松柏往省里向省委省政府汇报西湖农场工作,请求省委、省政府对西湖农场的情况进行调查研究,解决西湖农场的困难。省委、省政府决定组织有关部门到西湖农场调查。

11月7—9日 根据王克英、郑培民两位副省长的批示,湖南省农委主任陈彰嘉带领省建委、计委、体改委、财政厅、水利厅、交通厅、农垦局、农行、移民办等单位的12位同志到西湖农场调查了解经济社会发展情况和存在的主要困难及问题。

1995年

1月1日 农场物资公司、建材厂合并至农场建筑工程公司,汽车运输公司、公路段合并至农场交通监理科。

5月1日 根据《国务院关于职工工作时间的规定》"职工每日工作8小时,每周工作40小时",农场执行每周五天工作制。

9月30日 湖南省棉科所一行5人到西湖,对五分场七队的湘棉16号原种进行抽样检查,一致认为该队繁殖的是湘棉16号第一代棉,棉种完全达到国家标准。

1996年

2月7日 农场文化科与西湖公安分局组成联合小组对全场文化市场进行全面清查整顿,收缴了一批非法音像制品。

3月2日 农场在影剧院召开三级干部暨1995年度"双先"表彰大会。参加会议的有:全体场级领导,各分场(镇)副科级以上干部,生产队党支部书记、队长,场直各单位主要负责人,总场机关副科级以上干部。农场党委书记詹松柏主持会议并作重要讲话。农场场长郭儒刚作工作报告。

3月26日 常德市委、市人民政府为西湖颁发"1995年度养殖业发展综合达标三等奖"奖牌。

4月24日 中共常德市委常委干〔1996〕25号文件决定:郭儒刚同志任中共西湖农场委员会书记。

5月3日 中国农业银行西湖办事处正式向全国开通电子汇兑业务。

5月15日 汉寿县公安局西湖公安分局巡警队正式成立。

6月6日 机修厂光控音乐蜡烛车间建成投产,该产品采用光控原理,蜡燃乐起,蜡灭乐停,可以反复使用,直到烛尽乐停。

是日 为了切实解决西湖农场目前存在的实际困难,常德市人民政府在西湖召开解决西湖农场若干问题的现场办公会议。

6月7日 湖南省检察院检察长张树海一行,在常德市委副书记王孝忠、市检察院检察长李文耀的陪同下,专程到西湖考察工作。

7月5日 农场宣传部主办以"讲政治、讲宗旨、讲团结、讲纪律、讲廉洁"为主题的五大讲比赛。共有16名选手参加比赛。西湖中心小学曾庆珍、三分场夏莉莉获一等奖,三联校王艳光、西湖中心小学胡远慧,一联校周水英获二等奖,二分场陈剑英、司法分局夏满霞、三分场夏黎黎获三等奖。

7月10日 汉寿县西湖镇第五届人大代表会第一次会议在西湖镇会议室举行。会议选举李胜利为镇人大主席,谌永长为镇人大副主席,陈代聪为镇人民政府镇长,张卫华为镇人民政府副镇长。

7月16日 湖南省移民开发局副局长曾振华、水利部移民办工程师范治晖、常德市农经委副主任肖宏富、市农管局局长毛先金一行到西湖检查防汛抗洪工作。看望和慰问坚守在防汛第一线的广大干部群众,并实地察看一些重点堤防和险工险段。

7月17日 自7月中旬以来,外江水位接连上涨,先后突破防汛水位、警戒水位和危险水位。今日最高水位已达38.60米,超历史最高水位1.27米。农场调集五、六分场两千多名干群,投入紧张的抗洪战斗,场级领导,除个别老同志在家值班外,其余全部上堤。机关抽调50多名骨干,造纸厂选派90名,棉麻公司选派70名壮劳力参加外江抗洪战斗。

7月29日 农场自7月26日号召全场干群募捐救灾,支援重灾区。全场有58个企业事业单位和机关科室积极开展这一活动,至当日救灾办已收到捐献的衣物9100余件,现金9.3万余元。所捐钱物均送往常德市救灾办。

7月30日 西湖农场建筑市场和建设工程招标、投标领导小组成立,由戴耀华、董学全、刘让丰、周佑夫、曾明清、王在勤、艾茂平、杨旭红、丁胜涛等同志组成,戴耀华任组长,刘让丰任副组长。

8月2日 《中国老区报》记者张一基以《惨!十余名小学生乳腺被无辜切除》为题,报道了西湖医院医生王某某,以营利为目的,先后非法切除10多名小学生乳腺,阻碍了小学生的正常发育。随后,湖南电视台先后在五天的晚间新闻节目中,以《这是不是一把劣刀》为题作了系列报道。8月18日,《中国妇女报》发表该报记者孙雅欣的文章《阳光下的罪恶》。9月1日,《中国妇女报》又以《为医德的堕落而羞愧》为题,报道了乳腺专家费慧娟教授谈少女少男乳腺误切问题。11月10日,王某某以故意伤害罪被汉寿县公安局依法提请逮捕。

8月6日 农场召开全场普及九年义务教育动员大会。

8月8日 西湖为安化、新化灾区共捐粮5万公斤,并由农场副场长邓纯、张铁光带领各分场(镇)党委书记和有关部门负责人分赴两县慰问受灾群众。

8月12日 西湖公安分局在沅江市四季红将在逃158天的重大团伙抢劫案犯彭某某抓获归案。该犯在1996年春节期间,为首纠集一伙无业青年,在西汉公路二分场路段,拦路暴力抢劫16起,抢得现金和财物折款3000余元。

8月19日 五分场牵头从石门引种的15万株“棚娜脐橙”试种成功。

8月21日 常德市农场管理局组织的农垦系统考察团到西湖考察农业生产。

8月27日 一分场一队张人方两个不满10岁的儿子会同另两名男孩,在一分场新北东电排附近河里玩水,由于草多水深,四名儿童均沉入水底。下午4点左右,造纸厂职工李石春下班路过此地,奋不顾身,将其中三名危在旦夕的儿童托出水面,脱险救活,而一名仅8岁的男孩由于溺水时间过长,不幸遇难。9月5日,西湖造纸厂党总支表彰职工李石春勇救三名落水儿童的先进事迹,并发给奖金500元。

10月10日 农场东湖中路建设工程竣工,全线通车。该路全长600米,路面宽10米,总投资56万元。

10月13日 四分场十队谢某某13岁的儿子谢某某同其叔叔谢某某在玩弄火枪时,因枪走火,当场身亡。

10月22日 农场教育科举办的西湖首届教师“钢笔、毛笔、粉笔书法大赛”揭晓。西湖中心小学教师王本初、六联校教师罗忠、第二中学教师周石球分别获得一、二、三名。

11月11日 由新化县委、县政府、县人大、县政协和县属有关部门组织的慰问团,到西湖进行慰问。

11月28日 农场出台《西湖农场住房制度改革试行意见》。

12月13日 常德市“两基”(基本普及九年制义务教育,基本扫除青壮年文盲)督查小组到西湖检查工作。

12月27日 常德市市长张昌平、副市长洪明祥和市属有关部门负责人到西湖考察工作。

1997年

1月26日 农场召开经济工作会议。参加会议的有:全体场级领导,各分场(镇)副科级以上干部,生产队党支部书记、队长,场直各单位主要负责人,总场机关副科级以上干部。农场党委书记、场长郭儒刚作报告,号召全场人民抢抓机遇,真抓实干,奋力拼搏,开创西湖农场经济社会建设新局面。

5月10日 晚9时许,一分场二队戴某某将本队戴某某杀伤后,在卫生所丢下一枚炸弹,又杀死戴某某的两个儿子,之后再逃至戴某某的弟弟家放火。接到报案后,农场分管政法的领导坐镇指挥,西湖公安分局干警立即赶赴现场,在干部群众积极配合下,当晚12点左右将戴某某抓获。

10 月 17—18 日 湖南省“两基”(基本普及九年制义务教育、基本扫除青壮年文盲)评估验收团常德分团到西湖进行评估验收,认定西湖“两基”项目和指标达到国家标准和省定标准,评估为基本合格。

12 月 10 日 西湖农场被水利部评为“全国水库移民工作先进单位”。

1998 年

1 月 5 日 常德市农垦系统农村工作会议在西湖西苑宾馆召开。

1 月 18 日 工商、肉食管理部门组织肉食市场检查,当众销毁从不法商那里收缴来的130 斤注水牛肉。

1 月 22—23 日 农场遭受特大雪灾,地上积雪达 8~9 寸厚。全场供电设施遭到不同程度的破坏,镇区蔬菜市场钢架结构大棚被大雪压垮,并砸伤了经商人员。

2 月 19 日 凌晨 1 点 40 分,二分场机关一栋干部职工宿舍发生火灾,烧毁房屋 6 间,3 个住户财产受损,经济损失 5 万余元。

3 月 6 日 湖南省卫生厅厅长曾繁友、省药政管理局局长章力生一行,在常德市副市长杨光宏的陪同下,到西湖就制药厂的重新启动进行考察。

3 月 19 日 西洲分场五队个体客车司机彭某某行车于柳和公路上发生交通事故,导致黄珠洲乡秧田村人胡某某死亡,彭某某当时只交付安葬费 0.6 万元。21 日下午,死者亲属将胡某某遗体运至农机交通监理科院内,停尸闹事。当晚,该科召开紧急会议,决定暂垫付现金5 万元安葬死者。即付现款后,事态得以平息。

3 月 25 日 中共常德市委常委干〔1998〕19 号文件决定:陈本祥同志任中共西湖农场委员会书记。

3 月 31 日 常德市政府农办主任孙维忠、企业管理科科长曾长安、政工科科长卜中华一行到西湖考察企业生产与经营情况。

是日 中保财险武陵支公司西湖营业所在农场西湖车站挂牌成立。

4 月 8 日 公安分局组织干警去二分场七队抓捕犯罪嫌疑人王某某,在这次行动中,干警谈卫兵与犯罪嫌疑人及其家人展开殊死搏斗,身负重伤,终将王某某捉拿归案。17 日,农场召开表彰大会,表彰谈卫兵,号召全场广大干群向谈卫兵同志学习,并破格录用他为国家干部,晋升一级工资 。

5 月 15—16 日 湖南省原常务副省长、省人大常委会副主任、全国人大代表董志文,省最高人民检察院原检察长张树海在市人大常委会主任彭孟芝的陪同下,到西湖考察移民的生产、生活情况。

5 月 22 日 常德市委常委、常务副市长陈君文率市计委、建委、农经委、财政局、国土局等 16 家单位主要负责人到西湖召开现场办公会议。

是日 常德市委常委、政法委书记戴军勇、市公安局局长傅少祥,汉寿县政法委书记谢贵受、副书记彭松青、汉寿县公安局局长蒋中秋一行,到西湖检查社会治安综合治理工作。

6月6日 在原农贸市场地址新建的西湖商贸城举行奠基典礼,湖南省政协常委郑怡庭、省国信房地产投资公司经理周松泉及市农口系统有关负责人,农场场级领导出席庆典仪式。12月26日 西湖商贸城竣工,举行开业庆典。

7月24日 由于连降暴雨,三角堤外江水位已达38.20米,超过了历史最高水位。农场召开防汛工作紧急会议,动员全场上下团结一致,共同抗御特大洪灾。

7月25日 湖南省移民开发局局长熊金香、常德市人事局局长吴成银、市人大常委会副主任肖有志、市政协副主席李明安、市农管局局长郝界洲、副局长郭儒刚等,先后赶赴农场三角堤抗洪一线,指挥督导抗洪保安。

8月3日 总场机关宿舍区大门口路段,发生一起重大交通事故。一辆湘J00726牌号货车将骑自行车斜穿公路的黄珠洲干警周某某当场撞死。

8月12日 农场向澧县灾区捐赠现金2万元,大米1万公斤,衣物4000件,向安乡灾区捐赠现金1万元,大米0.5万公斤,衣物3000件。

9月12日 常德市人大常委会副主任罗寅阶等领导在农场党委书记、场长陈本祥的陪同下,先后考察纸厂、西湖镇珍珠养殖基地、汪氏养猪场、四分场水面立体开发养殖场。

10月10日 新化县慰问团到西湖慰问。

10月12日 继西湖商贸城之后,农场自行兴建的西湖工贸城破土动工,它位于西湖商贸城东侧,建筑面积3000平方米,总投资170万元。1999年4月15日,西湖工贸城竣工验收投入使用。

11月13日 湖南省移民开发局副局长曾振华、工程一处副处长邓应才率沅江市移民局、湘阴县移民局、四季红镇、杨林寨乡的负责同志到西湖考察水利设施建设情况。

11月30日 投资60万元,由建筑公司和职工合股经营的西湖液化气站投产营业。

12月4日 湖南省委常委、常务副省长周伯华到西湖召开现场办公会议,就农场管理体制的理顺、农场经济的发展、基础设施的完善、移民危房的改建、优惠政策的延长等问题进行调研。

1999年

1月30日 安化县慰问团到西湖慰问。

2月1日 南方黑米王酒业有限责任公司挂牌成立。

2月4—6日 农场召开三级干部暨“双先”表彰大会。参加会议的有:全体场级领导,各分场(镇)副科级以上干部,各村(场、居委会)主要负责人,各企事业单位主要负责人,场直机关副科级以上干部等。农场党委副书记黄云新作题为《统一思想,坚定信念,抢抓机遇,开拓奋进，夺取我场改革和发展的新胜利》的工作报告，农场党委书记陈本祥作题为《突出经济中心，抢抓发展机遇，为建设一个繁荣、稳定、富裕的新西湖而努力奋斗》的总结报告。

2月6—8日 湖南省农垦局、省移民开发局、常德市农经委、市农场管理局等单位领导到西湖农场走访、看望、慰问离退休老干部及部分特困企业职工。

2月24日 在西湖毛巾厂基础上改制而成的常德市金龙巾被股份责任有限公司挂牌成立。

3月18日 西湖医院内儿科荣获全市农垦系统“青年文明号”称号。

4月14日 西湖电讯支局“139”数字移动电话正式开通。

4月23—24日 西湖遭受历史上罕见的特大暴风雨袭击，24小时降雨量达239毫米，部分电杆被大风刮倒，排渍无法及时进行，4万余亩耕地受渍，淹没鱼池700亩，共损坏房屋151栋、变压器2台、电杆12根、基础设施15处，冲毁公路40余千米。

4月28日 常德市德瑞纸业有限责任公司挂牌成立。德瑞纸业有限责任公司是采取租赁西湖造纸厂厂房、设备，由职工集资入股组建起来的一家有限责任公司。

5月4日 为了纪念“五四”运动八十周年，农场团委举办题为《祝福春天》的大型文艺会演。

5月15日 西湖又一次遭到特大暴风雨袭击，累计降雨量181毫米，油菜、蚕豆等春收作物全部浸泡在水中，损失惨重。

5月17日 常德市委副书记洪明祥带领市农经委、市水利局、市农管局、市移民开发办等部门主要负责人专程赶赴西湖，查看灾情，指导抗灾。

6月10日 常德市农垦系统办公室主任会议在西湖召开，市农场管理局局长郝界洲到会并作重要讲话。

6月12日 西湖药业公司举办1999年夏季药品洽谈会，来自场内外有关医疗单位的200多名代表参加会议。

6月15日 常德市第三人民医院组织专家医疗队到西湖，开展义诊和健康咨询活动。

7月13日 柳和线小桥处至和平桥公路砂改砼工程开工建设，次年5月1日建成通车。

7月17日 湖南省水利厅洞工局局长甘明辉、常德市水利局总工程师张习桥一行，到西湖检查堤防建设情况。

8月18日 中共常德市西湖区委员会、常德市西湖区管理委员会正式成立，宣告西湖新体制的诞生。参加区委、区管委成立大会的省市领导有陈彰嘉、张树海、洪明祥、杨光宏、龚建明等。省移民局、省农垦局和新化、安化县领导致贺词。

8月27日 二分场五队农工黄某某，被其丈夫邓某某杀死，邓某某畏罪潜逃，11月12日被缉拿归案。2000年4月26日，邓某某被处决。

9月21日 原常德市人大领导罗寅阶一行到西湖考察，先后参观德瑞纸业有限公司、商贸城、三分场网箱养鱼示范片、四分场名贵鱼养殖基地等。

9 月 28 日 西湖区老科学技术工作者协会成立。老科学技术工作者协会是以自然科学为主的专业性社会团体。会议选举区管委顾问董学全为首届会长,组织部原副部长谢芳郊为秘书长,办公地点设组织部。

是日 中华人民共和国成立五十周年庆祝大会在西湖影剧院举行。

10 月 29 日 常德市委副书记洪明祥、市水利局局长罗英碧一行在区领导陈本祥、邓纯等陪同下,考察三角堤外江大堤护坡工程及水利冬修准备工作情况。

11 月 11 日 全区首届中小学生田径运动会在西湖一中体育场举行。

11 月 17 日 四分场企业办筹资 20 万元扩建的常新精白薯粉厂试产成功,其加工原料主要是红薯、玉米、马铃薯。

11 月 22 日 常德市计生委主任彭椒华一行到西湖检查计生工作。通过采取听、看、抽查等形式进行检查后,对西湖的计生工作给予高度评价。

11 月 24 日 在湖南省政府举办的全省首届名优特新农副产品博览会上,西湖食品总厂生产的南方黑米王酒系列产品获得金奖。

11 月 29 日 按常德市委常干〔1999〕28 号文件通知和市委常委试干〔1999〕3 号文件通知:中共西湖农场委员会、中共西湖农场纪律检查委员会分别更名为中共西湖区委员会、中共西湖区纪律检查委员会,中共西湖区委员会由陈本祥、黄云新、邓纯、曾德富、张铁光、童宗祥、戴耀华、李德琦、刘助中等同志组成,陈本祥任书记,黄云新、邓纯任副书记,李德琦任中共西湖区纪律检查委员会书记,刘助中任西湖区武装部部长。

是日 常德市人民政府常政人〔1999〕06 号文件决定:陈本祥同志任西湖管理区管理委员会主任。

12 月 29 日 西湖建筑公司承建的西湖区委办公楼通过竣工验收,正式交付使用。

是日 常德市老科协农垦系统年会在西湖召开。

是日 西湖电信支局投资 4 万元安装的 IC 卡公用电话开通。

2000 年

1 月 8 日 常德市政府副市长刘春林、市农经委副主任刘明玉、市畜牧局局长曾华山一行到西湖考察养殖业生产。

1 月 24—25 日 区委经济工作会议在影剧院召开。参加会议的有:全体区级领导,各办事处(镇)副科级以上干部,各村(场、居委会)主要负责人,各企事业单位主要负责人,区直机关副科级以上干部。区委书记陈本祥代表区委作题为《认清形势,抓住机遇,自加压力,开拓奋进,为加快西湖经济发展而奋斗》的工作报告。大会对二分场等 49 个先进单位、夏永盛等 10 名标兵和王深根等 109 名先进个人进行表彰。

是月 根据《关于在全国建立城市居民最低生活保障制度的通知》(国发〔1997〕29 号)和省、市有关文件精神,全区启动镇区居民最低生活保障制度。

2 月 19 日 西湖公安分局侦察股摧毁一摩托车盗窃团伙，抓获盗窃团伙首犯尹某某、赵某某,并追回被盗摩托车 6 台。

3 月 1 日 西湖获 1999 年度养殖业发展全市二等奖。

3 月 5 日 湖南省移民开发局工程一处处长舒平、工程师马剑中、龙礼斌等到西湖检查 1999 年移民工程项目实施和 2000 年移民项目规划情况。

3 月 21 日 晚，西湖区南圆盘路附近一理发店店主罗某在屋内生煤火时不慎煤气中毒身亡。

3 月 28 日 湖南省副省长庞道沐在省水利水电厅厅长王孝忠、常德市委副书记洪明祥等领导的陪同下,到西湖检查指导工作。

4 月 11 日 常德市委书记吴定宪、市长程海波、市人大常委会主任彭孟芝、市政协主席刘昌进、市委秘书长刘本之、副市长刘春林、市水电局局长罗英碧、市政府巡视员钦时中及有关部门负责人到西湖检查三角堤电排险工处理情况。

5 月 18 日 西湖一中物理教师何一中研制的“无缝对合无振平稳钢轨”获得国家知识产权局专利证书。

6 月 5 日 由湖南省农垦局局长曹德华带队,省政府办公厅、省劳动厅、省移民局等部门参与的联合调查组受省委、省政府委托,到西湖就财政体制理顺问题进行专题调查。

6 月 10 日 上午 8 时,由西湖三分场开往常德的客运中巴车,途经 1804 线蒿子港至西洞庭路段时,客运中巴车翻入沟中,造成 1 人死亡、18 人受伤的重大交通事故。

6 月 13 日 湖南省移民开发局局长熊金香一行到西湖,就移民危房改造,移民生产开发和基础设施重点项目建设情况进行考察。

6 月 15 日 西湖造纸厂卷筒纸试制成功。

6 月 16 日 西湖镇新桥村发生一起特大火灾,烧死一名 8 岁男孩,烧坏房屋 6 间,造成直接经济损失近 10 万元。

6 月 18—20 日 湖南省人大常委会原副主任董志文、省检察院原检察长张树海到西湖就 1998 年 12 月 4 日召开的省长办公会议落实情况、社会治安综合治理和计划生育情况进行调研。

6 月 29 日 常德市养殖业流动现场会在西湖召开。

7 月 3 日 湖南省委书记杨正午在常德市委书记吴定宪、市长程海波的陪同下,到西湖进行农业结构调整的调查研究。

7 月 9 日 区委在影剧院召开改革动员大会,区委书记、区管委主任陈本祥在题为《更新观念,坚定信心,抓住机遇,开拓进取,为夺取各项改革的全面胜利而努力奋斗》的报告中,就全区企业改革、教育改制、机关改革、分场(镇)改革、住房改革等进行全面动员和部署。

是日 中国联通微波传送基站西湖站正式建成投入使用,联通网开通。

7月12日 湖南省政法委副秘书长石时态率省公安厅、检察院、法院、司法厅、农垦局等部门有关负责人到西湖考察农垦司法体制改革情况,市政府副秘书长田小川陪同考察。

7月18日 区委在西湖一中召开全区中小学内部体制改革动员大会。会议决定在全区中小学实行"三制"(校长负责制、教师聘任制、绩酬挂钩制)改革。

7月19日 因西湖遭受长时期高温干旱,旱灾严重,省移民开发局邓应才、徐新刚等同志到西湖考察灾情,指导抗旱救灾工作。

8月4日 下窖分场三队村民罗某某因家庭矛盾,在饭菜中拌入"424"老鼠药,将其丈夫夏某某毒死。因死者的死亡症状与几个月前另一死者夏某某(夏某某之父)的死亡症状相似,引起群众质疑,便将情况报告至西湖公安分局。8月5日,常德市、汉寿县和西湖公安干警赶到案发现场进行勘察。经过尸检,证实夏某某、夏某某两人均系中毒身亡,罗某某有重大嫌疑。经审问,罗某某承认曾先后两次在个体商贩中购买"424"老鼠药,6月6日将5瓶老鼠药伴入饭中毒死公公夏某某。作案后,引起丈夫怀疑,便于8月4日采取同样的手段毒死丈夫夏某某。经汉寿县人民法院审定,罗某某被判处死刑,剥夺政治权利终身。2001年11月13日,常德市中级人民法院在西湖一中运动场召开执行大会,依法宣布对毒杀公公和丈夫的罗秀珍执行枪决。

是月 西湖高考上线51人,其中重点本科14人、一般本科9人、专科28人,创历史最高纪录。

11月1日 零时,全国第五次人口普查西湖区人口普查总数为42145人。

11月18日 湖南省高级人民法院、常德市中级人民法院、汉寿县人民法院有关领导到西湖检查法庭建设情况。

12月 经常德市计生委综合验收考评及年终抽样调查考评,西湖区计生委被评为全市红旗单位。

2001年

1月1日 湖南省制药企业换证验收检查组到西湖制药厂检查工作。

1月12日 西湖农贸大市场竣工开业。农贸大市场于2000年9月15日破土动工,整个工程投资300万元,建筑面积7000平方米,共有80个门面、160个固定摊位、12套住房。

2月4—6日 2001年度西湖区委经济工作会议在西湖影剧院隆重召开。参加会议的有:全体区级领导,各办事处(镇)副科级以上干部,各村(场、居委会)主要负责人,各企事业单位主要负责人,区机关副科级以上干部。区委书记、区管委主任陈本祥代表区委作工作报告。

2月12日 区委书记、区管委主任陈本祥代表区委、区管委在区委会议室与陕西西安白玉集团正式签署西湖造纸厂租赁经营合同,这是西湖管理区骨干企业改制的又一重大举措。

2月13日 西湖管理区"三个代表"重要思想教育活动动员大会在区委会议室举行。区委书记、区管委主任陈本祥在会上作动员报告。市委督导检查组的同志出席当天的动员大会。

2月16日 国家计生委环保基金投资总公司经济学博士雷红辉被聘为西湖管理区首席经济顾问。雷红辉参观制药厂、造纸厂、汪氏综合养殖场和新港办事处龚六生水面立体开发养殖场,并为西湖的农业产业结构调整提出宝贵意见。

3月5日 白玉纸厂生产出第一批双胶纸。这是西湖造纸厂于2001年2月被陕西白玉集团租赁后正式生产的第一批产品。

3月8日 常德市建委系统30余名干部进驻西湖园艺村,开展以实践"三个代表"重要思想为主题的"送科技、送信息、送政策、送温暖"四送活动。

3月10日 常德市公安局西湖分局首次授衔仪式在西苑宾馆举行。

3月16日 常德市委书记吴定宪到西湖调研,他强调西湖要突出地方特色发展经济,并对西湖机构改革、基础设施建设等工作提出了要求。

3月18日 湖南省公路局党组书记、副局长李嘉瑞、常德市交通局局长马承斌一行到西湖考察西柳公路建设。

3月22日 常德市"三个代表"重要思想学习教育活动驻西湖区检查小组组长、市政府助理巡视员叶培明到一分场检查"三个代表"重要思想学教活动情况。

3月30日 西湖管理区财政局正式挂牌成立,这标志着西湖体制改革已迈入新的历史时期。

4月11日 湖南省民政厅副厅长刘金生、市民政局副局长何英屏等领导到西湖检查防汛工作。

4月19—20日 常德市农垦系统工业生产调度会在西湖召开。

4月25日 西湖管理区工商行政管理体制改革启动。

4月26日 西湖一中教师何一中赴京参加"中国首届管理创新大会"。

5月9日 《桃花源》杂志社、西湖一中文学创作培训基地在西湖一中阶梯教室正式挂牌成立,常德市文联主席、党组书记李大胜参加挂牌仪式。

5月16—22日 西湖政法部门在全区范围内组织开展声势浩大的治爆缉枪集中统一行动,取得辉煌战果。至5月22日止,全区共出动治爆缉枪力量1150人次,安全检查及清查单位66家,清查户数6500户,收缴各类枪支172支、炸药412公斤、雷管31枚、导火索10米、其他爆炸物品2225公斤,整改隐患漏洞2处。

5月28日 西湖管理区、西洞庭管理区、德山开发区、柳叶湖旅游度假区、贺家山农场等单位计划生育现场会在西湖区召开,常德市政府副市长张元英、市计生委主任刘兴国出席会议。

6月11日 西湖镇第六届人民代表大会第三次会议在镇会议室召开,会议审议并通过

《西湖区城镇管理办法》和《西湖区城镇管理综合执法暂行规定》。

6月16日 西湖管理区交警中队成立。

6月20日 常德市农委、市农业局、林业局有关领导到西湖区考察“五个一百万亩”工程的落实情况。

8月27日 西湖区各分场(镇)干部农村实用技术培训班在区管委会议室开课,来自各分场(镇)的领导班子成员、各办主任和农业技术员、养殖专干共100多人参加培训,培训为期5天。

8月29日 常德市电力局、市农业局领导专程到西湖了解农村电网改造和城乡同网同价等有关情况。

9月15日 西湖公安分局根据群众举报,在西湖华茂旅社一举抓获四名贩卖假黄金的人员,当场缴获假金砖21块,四名犯罪嫌疑人伍某某、陆某某、陆某某、伍某某均系新化无业游民。

9月30日 西湖区卫生防疫站、西湖工商分局将没收的40个品种1028件假冒伪劣过期变质食品在镇区进行集中销毁。

10月12日 西湖镇人大换届选举工作动员大会在区委会议室召开，这标志着三年一次的西湖镇人大换届选举工作正式拉开序幕。

10月30日 常德市委常委、市政法委书记戴军勇、市公安局局长傅少祥一行到西湖区督导严打工作。

12月4日 中共常德市委常委干〔2001〕81号文件决定:黄云新任中共西湖管理区委员会书记。

12月18日 常德市工商行政管理局西湖分局正式挂牌成立。

12月20日 常德市人民政府常政人〔2001〕22号文件决定:黄云新任西湖管理区管理委员会主任。

12月21日 常德市政协副主席戴平安一行到西湖区考察社会治安综合治理工作。

12月26日 常德市电业局代管西湖、西洞庭管理区电力公司协议签订仪式在市华天大酒店举行。

2002年

1月14日 常德市委书记程海波到西湖调查研究,并深入队村慰问特困农户。

1月26日 区委经济工作会议在西湖影剧院隆重召开。参加会议的有:全体区级领导,各办事处(镇)副科级以上干部,各村(场、居委会)主要负责人,各企事业单位主要负责人,区机关副科级以上干部。区委书记、区管委主任黄云新作题为《认清形势,树立信心,深化改革,加快发展,努力掀起西湖经济建设的新高潮》的工作报告,其他领导分别作有关专题讲话。

1 月 28 日 常德市电业局代管西湖电力公司挂牌仪式在西苑宾馆举行，市经贸委、市电业局、鼎城电力局、各分场镇、区直机关各部委办负责人，以及区领导黄云新、曾德富、张铁光、孙功明参加授牌仪式。

1 月 30 日 常德市移民局、市扶贫办党组书记宁国凡带队到西湖进行年度工作检查考核，听取区管委副主任彭学云的汇报。

是日 新化县委书记刘佑华、副书记彭展发、副县长陈远才、移民局局长孙健一行 13 人到西湖慰问移民群众。

2 月 18 日 区委在区委会议室召开安全工作紧急会议，对生产、春运、消防等方面的安全工作进行部署。会上通报石门“2·17”特大交通事故情况和市委相关会议精神，并对相关部门和单位提出明确要求。

3 月 7 日 全区人口与计划生育工作会议在区委会议室召开。继 1999 年、2000 年连续两年夺得全市管理区系列的红旗单位之后，2001 年再次被评为红旗单位，实现“保旗”和夺冠的工作目标。

3 月 9 日 针对部分移民群众上访反映的一些问题，区委在区委会议室召开稳定工作会议，部署当前的稳定工作。会上，市政府办副主任郝界洲受刘春林副市长委托，对西湖区的稳定工作提出要求。

4 月 3 日 全区遭受特大暴风雨、冰雹袭击。3.5 万亩油菜、豌豆等农作物倒伏、部分电力设施毁坏。灾情发生后，区委迅速组织干部深入受灾第一线，了解灾情，帮助抗灾。

4 月 13 日 全区机构人事制度改革、农村税费改革和农村电网改造动员大会在西湖影剧院召开，会议对全区“三改”工作进行全面动员和部署。

4 月 14 日 国家移民局副局长杨嘉隆在湖南省移民局局长熊金香、副局长李显福、常德市委副书记戴军勇、副市长刘春林的陪同下到西湖就移民六年规划编制工作进行调研考察。

4 月 28 日 蓝天纯净水厂开业。蓝天纯净水厂位于西湖区自来水公司供水总站，厂房面积 110 平方米，总投资 30 万元。该厂的建成投产极大地缓解了居民喝不到好水的矛盾，居民生活用水质量又上了一个新的台阶。

5 月 5 日 全区内江全面防汛。4 月 17 日以来，全区连续出现低温阴雨天气，至 5 月 5 日累计降雨 346 毫米，内江水位涨至 32.16 米(防汛水位为 32 米)，外江水位达到 33.52 米。区防汛指挥部下达命令，内江全面开始防汛。

5 月 11 日 常德市人民政府副市长刘春林、市移民局局长吴金槐到西湖考查六年规划的基本情况。区委书记、区管委主任黄云新、管委会副主任彭学云陪同刘副市长考察内堤防汛、大西湖开发工程、三分场五队网箱养殖带和种草基地。

5 月 17 日 晚上 9 点，常德市委书记程海波、副书记戴军勇、市水利局局长周栋民一行到西湖考察防汛工作。

5 月 19 日 湖南省民政厅副厅长刘金生、常德市民政局局长卜功元到西湖考察灾情，督导防汛工作。

6月6日 西湖公安分局第一警署在西洲办事处挂牌成立。

6月17—19日 常德市委组织部副部长李皇娥、市政府农垦办主任刘佳昌一行专程到西湖调研西湖经济发展情况。

7月1日 区委举办以“党在我心中”为主题的庆“七一”征文比赛。周俊的散文《党旗下的随想》获一等奖,王景刚、廖彬文、伍贤益等人的作品获二等奖,马文波、周福忠等8人作品获三等奖。

7月2日 常德市政协副主席李明安到西湖督查养殖业生产和兴养补损工作。

是日 西湖一中获得“规范化完全中学”称号。

7月4日 湖南省农垦局常务副局长郭诚到西湖考察,决定在西洲办事处三队建立高标准农业生产示范队。

7月17日 湖南省农垦局局长张凯峰、副局长郭诚一行到西洲办事处三队抗灾补损示范点指导工作,鼓励农户养殖浏阳黑山羊。

8月17日 湖南省计划生育协会会长,原省委常委、常务副省长董志文在常德市委副书记曹儒国、市计生协会会长郑景阳、市计生委主任刘兴国的陪同下,到西湖对计划生育工作进行调研。

8月18日 西湖造纸厂产权转让陕西白玉集团签约仪式在常德芙蓉大酒店举行。市委常委、常务副市长杨光宏、市人大常委会秘书长高勇、市政府办副主任郝界洲出席签约仪式。区委书记黄云新、陕西白玉集团总裁、董事长赵建平、副市长杨光宏分别发表讲话。

8月19日 由于连日普降暴雨,外江、内江水位再度上涨。至19日下午3时,外江水位达35.94米,内河水位达32.04米,防汛形势十分严峻。当日晚,区防汛指挥部在水利局会议室召开防汛工作紧急会议,部署当前防汛工作。

8月20日 湖南省政府督查办主任李军、市民政局局长卜功元到西湖督查防汛工作。

8月30日 上午10时38分,西湖一中家属区一平房突然起火,烧毁房屋6间,造成家庭财产直接损失7万余元。由于扑救及时,没有人员伤亡。后经调查,火灾是由于电线老化后短路而引起的。

9月13日 区机关机构和人事制度改革动员大会在西苑宾馆召开。会上明确区机关机构、人事改革的目标和任务,并就改革的具体步骤进行部署安排。

10月28日 西湖管理区第一家大型超市——先云超市开业。区委副书记曾德富、先云超市老板罗先兵剪彩。

11月1日 常德市化学教学研讨会暨市教育学会化学学会第九届年会在西湖一中多媒体教室举行。

11月14日 由区教科文卫局、防疫、公安、工商、城管等部门组成的食品卫生整治联合执法队伍根据群众举报,迅速出击,查封镇区一家既未办理卫生许可证,也严重违反卫生要求的米粉厂。

12月10—11日 西湖管理区举行第二届中小学田径运动会。比赛分小学组、初中组和高中组，比赛项目有50米、100米、200米、400米、800米赛跑，另有4×100米接力赛，以及跳高、跳远、垒球、铅球等20余个项目。

12月8—21日 西湖管理区国家公务员过渡培训在西湖一中阶梯教室举行。各办事处（镇）行政编干部、区直机关行政编工作人员（含区级领导）共130余人参加培训。培训内容有公务员暂行条例、公务员行为规范、依法行政、WTO知识以及“三个代表”重要思想等。

2003年

1月1日 西湖管理区举行移民建场（区）30周年庆祝活动。参加庆祝活动的有：省、市有关单位领导，新化、安化县委、县政府负责人，西湖管理区干部、职工、群众等1000多人。常德市人民政府副秘书长田晓川、市政府农垦办主任刘佳昌受市委、市政府委托为庆祝西湖移民建场（区）30周年送来一对象征着平安、吉祥和富贵的石狮子。庆典仪式在西湖影剧院举行，由区委副书记、区管委副主任李德琦主持，田晓川发表热情洋溢的讲话。

1月8日 常德市人民政府副市长龚建明率市外经委、市招商局负责人到西湖考察招商引资和工业生产情况。对西湖利用特殊政策、发挥特殊优势、盘活旧资产、积极招商引资、发展工业生产给予充分肯定。

是日 西湖镇新民、东湖居委会挂牌成立，标志着镇区城镇管理和居民管理工作迈入一个新的里程碑。

1月14日 湖南省农业厅巡视员曹德华、省农垦局副局长郭诚到西湖，深入东洲办事处、西洲办事处及部分企事业单位的30多个贫困户家中进行节前慰问。

1月18日 区委经济工作会议在西湖影剧院隆重召开，会期一天。参加会议的有：全体区级领导，各办事处（镇）副科级以上干部，各村（场、居委会）主要负责人，各企事业单位主要负责人，区机关副科级以上干部。区委书记、区管委主任黄云新作题为《坚定信心，强化措施，与时俱进，奋发有为，为全面建设小康社会创造良好开局》的工作报告。

1月21日 湖南省移民局副局长黄善保、常德市移民局局长吴金槐到西湖走访慰问特困农户。

1月22日 常德市委书记程海波、副书记刘本之率领市委组织部、市民政局负责人到西湖考察经济发展状况并走访慰问特困户。

2月28日 西湖管理区消费者委员会成立，常德市工商局党组书记、局长黄腊喜到会祝贺，并授牌。选举张铁光、孙功明为消委会名誉会长，钟孝坤为会长。

是日 西湖镇第七届人民代表大会第一次会议选举杨辉为西湖镇第七届人民代表大会主席，选举谌永长为西湖镇第七届人民政府镇长，伍强健为副镇长。

3月2日 中共常德市委副书记周用金考察西湖外资企业贝丹药业有限公司。

3月27日 全区保持共产党员先进性教育活动动员大会暨农村基层党支部书记培训班在西苑宾馆举行。中共常德市委副书记周用金到会并作辅导讲话。

4月17日 常德市人大农业与农村工作联席会在西湖召开。市人大常委会副主任高勇、市政府副市长刘春林、各区县市人大常委会副主任、人大农委主任参加会议。

4月21日 区委召开全区防治非典型肺炎紧急会议,会上成立区防治非典型肺炎指挥部,部署防治工作。

4月23日 常德市政府副市长刘春林、市政府副秘书长田晓川到西湖督查非典型肺炎防治工作。

5月1日 西湖一中综合教学楼破土动工,该教学楼总建筑面积1420平方米,教室12间,总投资70万元。

5月12日 常德市政协副主席徐国清一行到西湖考察中小学危房改造情况。

5月30日 区残疾人联合会成立。会议选举西湖管理区第一届残疾人联合会委员,表决通过鲁光学为区残联第一届主席团主席,夏延丰为主席团副主席、区残联执行理事长,戴菊华为区残联副理事长,夏自权、潘文胜为区残联理事。市残联理事长罗尚杰出席会议并作重要讲话。

6月5日 常德市委保持共产党员先进性教育活动驻"四区"(西湖管理区、西洞庭管理区、德山开发区、柳叶湖旅游度假区)指导组组长杨石旭到西湖指导党性分析、民主评议工作。

6月5日 常德市委副书记曹儒国一行到西湖考察工业发展情况,对西湖立足实际出台一系列优惠政策,吸引外商投资建厂的措施给予充分肯定,并对企业改革、招商引资所取得的成果予以高度评价。

6月10日 常德市政法委副书记姚景平一行到西湖对部分政法单位"一中心五网络"建设情况进行督促指导。

6月27日 为庆祝中国共产党建党82周年,由市委先进性教育办公室组织的《时代先锋》文艺调演在市工人文化宫举行。西湖参演的舞蹈《天使英雄》荣获二等奖。

7月1日 区委"庆祝中国共产党成立82周年既农村党员先进性教育活动转段、现代远程教育动员大会"在接待处召开。

是日 湖南省电业总公司副总经济师王路、常德市电业局局长邹庚来一行到西湖调研电力公司由市电力局代管以来工作情况。

7月11日 常德市委先进性教育驻四区指导组组长杨石旭一行巡查西湖当前防汛情况。

7月12日 常德市驻西湖防汛责任单位市民政局领导到西湖防汛一线参加防汛工作。

7月14日 湖南省卫生厅助理巡视员丁绍云、省血防站副处长代长青一行到西湖就卫生工作进行为期2天的调研。

7月24日 由湖南省电力公司投入网改资金250余万元建成的电力集抄自动计费装置调试成功。

8月5日 常德市农业局工会主席周新正到西湖考察沼气建设情况。

8月8日 西湖管理区文化艺术协会成立,王井岗任协会会长。

8月13日 湖南省先教办督查组、常德市先教办督查组到西湖,对农村党员先进性教育活动的开展情况进行督促检查。

8月22日 常德市政府督查室副主任万中康、市低保中心副主任余普阳一行到西湖,对低保对象优惠政策落实情况等工作进行检查督促,对西湖狠抓低保工作落实和认真细致的工作作风给予充分肯定。

8月25日 总投资70万元、建筑面积1420平方米的西湖一中新综合教学楼竣工并通过验收。

8月27日 湖南省卫生厅、市卫生局领导到西湖考察卫生工作。

8月28日 投资55万余元、占地面积1000多平方米,可容纳学生300多人的西湖中心幼儿园开园。

9月1日 益阳市经济委员会、益阳市电业局、大通湖管理区、大通湖电力公司等部门和单位负责人组成的考察团到西湖就电力体制改革及电力公司由市电力局代管等有关情况进行考察。

10月12日 配网投资1695.8万元,主变容量20000千伏安的新建裕民变电站竣工投运,彻底解决了西湖几十年来线路老化、设备陈旧、供电量差、供电能力低等问题。

10月28日 先云茶艺休闲广场开业。

11月12日 常德市档案局局长郑春阶一行到西湖检查档案工作,对西湖档案工作给予充分肯定。

11月26日 常德市政府助理巡视员叶培明带领市政府督查室、市内贸办、市放心办、市蔬菜办、市屠宰办等单位负责同志到西湖督查"放心农产品"工程实施情况。

11月27日 常德市政府副市长刘春林到西湖考察农业生产工作,并深入西湖外资企业贝丹药业有限公司详细了解生产经营情况。

11月28—29日 西湖区文化艺术协会在影剧院举办西湖首届"银钢杯"十地青年歌手电视大奖赛。来自西港、文蔚、洲口、罐头嘴、鸭子港、坡头、黄珠洲、黑山嘴、十美堂、蒿子港、西湖等地的男女青年歌手87人参赛。评选出一等奖1名,二等奖3名,三等奖6名。西湖青年女歌手陈明伟获二等奖。

11月30日 常德市文明办副主任王子平一行到西湖,对西湖电力公司创建市级文明单位进行验收,并对电力公司在精神文明建设方面所取得的成绩给予高度评价。西湖电力公司是全区第一家争创市级文明单位的单位。

12月2日 常德市科技局局长胡作武到西湖考察。

12月24日 常德市养殖业验收组到西湖检查验收养殖业工作。

2004年

1月6日 常德市“五个百万亩工程”检查验收组一行5人到西湖检查验收“五个百万亩工程”实施情况。在听取区委副书记、管委会副主任李德琦的汇报后,验收组成员到裕民办事处戴怡辉山羊养殖场、下窖办事处网箱养殖带、新港办事处鳝鱼养殖基地进行实地察看,并对西湖“五个万亩工程”建设工作给予充分肯定。

1月7日 湖南省移民开发局副局长黄善保、常德市移民局局长吴金槐到西湖考察民情,慰问特困移民群众。

1月17日 常德市委书记程海波、市政协主席刘春林率市民政局等部门负责人到西湖慰问贫困户。

1月30日 湖南省教育厅副厅长朱俊杰一行受省长周伯华委托,在常德市政府副市长张元英、市教育局局长黎建平的陪同下,专程到西湖调研教育工作,调研组一行考察西湖一中的校园建设,并对准备筹建的多功能礼堂进行论证。

2月3日 为有效预防和控制禽流感的传播和流行,确保不发生重大动物疫病流行,区管委成立重大动物疫病防治指挥部,由区委副书记、管委会副主任李德琦任指挥长,管委会副主任彭学云、彭春生、助理调研员、区移民开发局局长邓建堂任副指挥长,农经局、财政局等相关部门负责人为指挥部成员。即日召开办事处(镇)分管农业负责人会议,部署安排全区禽流感防治工作。

2月9日 区农业综合服务中心邀请省亚华棉种分公司质量总监涂昌玉到西湖为部分制种棉农传授棉花制种技术。

是日 湖南省政府办公厅、省移民开发局、省农垦局等部门负责人受省长周伯华的委托,专程到西湖进行调研。

2月13日 西湖镇总体规划方案评审会在常德市华天大酒店举行。省市建设、规划、国土、计委等部门负责人及专家参加评审,由湖南城市学院规划建筑设计研究院编制的西湖镇中长期规划(2002—2020年)获得原则性通过。

2月20日 区委经济工作会议在西湖影剧院隆重召开,会期一天。参加会议的有:全体区级领导,各办事处(镇)副科级以上干部,村(居委会)主要负责人,各企事业单位主要负责人,区机关副科级以上干部。区委书记、区管委主任黄云新作题为《更新观念,振奋精神,强化措施,开拓奋进,把全面建设小康西湖的事业继续推向前进》的工作报告,区管委副主任鲁光学、彭春生分别就有关工作作专题讲话。

2月23日 常德市国土资源局副局长梁六顺一行到西湖考察耕地保护工作。

3月9日 为贯彻落实中央1号文件精神，根据市委统一安排，区委在区委会议室召开区直机关部门负责人会议，部署机关干部"四送下乡"活动（送政策科技、送医疗卫生、送文化教育、送支农物资）。

3月15日 为庆祝《中华人民共和国消费者权益保障法》颁布十周年，西湖区人民医院举行"3·15"义诊活动。

3月24日 区委在区委会议室召开全区农业职工养老保险工作会议，研究部署全区农业职工养老保险工作，标志着西湖农业职工养老保险工作正式启动。

3月27日 西湖镇人民政府邀请常德高职院教授徐北林到西湖讲解柑橘栽培管理技术。

3月31日 湖南省农垦局局长张凯锋一行到西湖调查了解中央1号文件精神贯彻落实情况和农民粮食种植计划及备耕等情况。

4月7日 常德市委副书记刘本之到西湖考察工作。

4月15日 全区第一个粮食种植直补资金现场发放会在西洲办事处九生产队举行。

4月23日 湖南省人大义务教育执法检查团在常德市政府副秘书长赵涌涛的陪同下，到西湖就义务教育情况进行督查。

5月9日 中央7台湖南记者站站长王建平一行三人在省农垦局负责人陪同下，到西湖采访农业发展情况。

5月18日 西湖公安分局第二警署破获一起因对村支书工作不满而毁坏其棉花苗床的案件，违法嫌疑人邹某被公安机关依法治安拘留。

5月20日 西湖首批农业职工养老保险金开始发放。

6月11日 西湖一中全体师生在田径场隆重集会，举行拒绝毒品千人签名活动。

6月17日 常德市劳动和社会保障局副局长涂贤怀一行4人到西湖就再就业工作进行调研。

7月5日 湖南省国土资源厅纪委书记易显奇一行，在常德市国土资源局局长钟华山、市血防办主任皮辉的陪同下，到西湖考察血吸虫防治工作。

7月13日 常德市民政局局长卜功元一行在区管委副主任鲁光学的陪同下，督查西湖民政工作。

7月15日 全区计划生育工作迎检动员大会在区委党校召开，市计生委主任刘兴国、市计生协会会长汪国志应邀出席会议。

8月25日 常德市人大常委会副主任邹克忠率市爱卫办负责人到西湖检查镇区卫生状况。

8月31日 西湖一中多功能礼堂顺利通过市规划建筑设计院、区监理领导小组及相关部门的检查验收。

9月8日 常德市副市长宋冬春率市劳动和社会保障局、市财政局等部门负责人到西湖就劳动和社会保障工作进行调研。

9月10日 湖南省政府参事室副主任程不吾,参事盛孝帮、瞿茂生等专家教授到西湖就农产品加工情况进行调研。

9月20日 湖南省监狱局常务副局长李云峰一行14人在区委副书记、纪委书记曾德富的陪同下对西湖的发展变化情况全面进行回访。

10月10日 在区垃圾场集中烧毁从全市烟草市场收缴的假冒劣质香烟1500余件,制假原材料1000余公斤。这次活动由市烟草专卖局牵头,常德卷烟厂、西湖工商分局参与。

10月13日 区委在区委会议室召开机关事业单位离退休人员养老金社会化发放动员大会。根据规定,从10月1日起经机构改革后确认的党政群、公检法司机关和全额、差额,自收自支事业单位的离退休人员养老金实行社会化发放。

11月1—2日 常德市食品药品监督管理局领导到西湖对医药市场进行监督检查,对存在问题的药店诊所的经营业主进行宣传教育,限期整改,对销售的过期药品予以没收,并当场销毁,同时给予处罚。

11月5日 常德市农垦企业养老保险工作现场会在西湖召开。市劳动社会保障处负责人以及全市各农场社保部门负责人参加会议。

11月6日 湖南省教育厅基础教育处副处长张晓普一行到西湖对中小学现代化远程教育试点工作进行验收,获顺利通过。

11月17日 全区举行农村适用技术大比武,经过激烈角逐,鼎港办事处获得第一名。

11月23日 常德市法制办主任向际云到西湖检查法制工作情况。

12月10日 常德市政协副主席邓正春带领部分市政协委员在市血防办主任皮辉的陪同下到西湖调研血吸虫病防治工作。

12月20日 常德市国土资源局投资250万元的北洼湖土地开发项目启动,这是移民建场(区)以来从外地引进的最大一笔土地开发资金。

12月25日 常德市政法委一行14人到西湖对政法工作进行全面检查验收,区委书记黄云新、区管委副主任鲁光学汇报全年政法工作情况,检查组对西湖政法工作给予高度评价。

2005年

1月1日 第一次全国经济普查开始正式登记,经济普查由准备阶段进入全面实施阶段。

1月4日 湖南省国土资源厅纪检组长易显奇一行在常德市国土资源局副局长梁六顺的陪同下,到西湖督查血防工作,管委会副主任彭春生、区血防办副主任黄志伟介绍全区血吸虫病防治工作情况。

1月20日 西湖五七桥、新港桥经市桥梁部门鉴定列为危桥。区管委副主任张铁光组织相关部门负责人就两座桥的改建工作进行协商。

1月24日 常德市政府副市长徐万发在市政府副秘书长田晓川的陪同下专程到西湖考察工作。区领导黄云新、李德琦、曾德富陪同实地考察白玉纸业、贝丹药业、大西湖海虾淡养基地和西港河网箱养殖带,徐万发对西湖招商工作给予充分肯定。

1月25日 区委经济工作会议在西湖影剧院隆重召开,会期一天。参加会议的有:全体区级领导,各办事处(镇)副科级以上干部,村(居委会)主要负责人,各企事业单位主要负责人,区机关副科级以上干部。区委书记、管委会主任黄云新作工作报告,报告回顾总结2004年全区的经济工作,对2005年经济工作进行部署安排。

是日 新化县委、县政府慰问团到西湖慰问移民群众。

是日 常德市政府副市长徐超文率市民政部门负责人到西湖慰问"五保"老人和特困户。

1月27日 西湖管理区水产协会正式挂牌成立,市水产协会领导、区管委会副主任彭学云到会祝贺,当天的成立大会上介绍协会筹备情况,审议协会章程,选出首届理事会成员。龚六生被选为理事长,夏拥军被选为副理事长。

2月19日 全区保持共产党员先进性教育活动动员大会在区委党校会议室隆重召开。常德市委副书记周用金、市委先进性教育督导组组长皮德秀及在家的区领导出席会议。区委书记、管委会主任、区先进性教育活动领导小组组长黄云新作动员报告,市委副书记周用金发表重要讲话。

3月10日 区委保持共产党员先进性教育活动领导小组在区委党校会议室举行倾听"农村党员心声"报告会,来自农村基层的五名共产党员就保持共产党员先进性教育活动倾吐心声。区直机关全体党员及全区事业单位的党组织负责人共计150余人参加报告会。

3月10日 区委在区委会议室召开专题会议,部署为期一个月的"四送下乡"(送政策、送农资、送技术、送卫生)活动,组织400余名干部进村入户,帮助群众解决实际困难。

3月14日 区委保持共产党员先进性教育活动领导小组组织第一批参加教育活动的44个单位开展党章知识竞赛活动。共有机关、教卫、农水、国建、经贸、政法6支代表队参赛。政法代表队获得一等奖,农水系统代表队获得二等奖,经贸系统代表队获得三等奖。

3月15日 区消费者协会邀请市烟草公司,并组织区电力公司、区人民医院、先云超市、经技贸公司、丰隆农资公司等单位,在镇区十字街举办"3·15"消费者维权咨询服务活动。

是日 管委会副主任鲁光学到下窖办事处调研该办事处撤队并村工作。据有关文件精神,全区将在下窖办事处开展撤队建村试点,下窖办事处原10个生产队将合并为3个行政村,试点工作将于3月底全面完成。

3月20日 常德市植保植检站对西湖种子、苗木经营市场进行检查。

3月21—22日 常德市人大教科文卫委主任委员赵正乐率市教育督导评估考核工作检查组一行7人,到西湖对区管委教育工作和区级党政主要领导教育实绩进行为期两天的督导考核评估。检查组对西湖两项工作给予充分肯定,对存在的问题和不足提出建议和整改意见。

3月30日 常德市劳动和社会保障局副局长涂怀贤一行3人到西湖调研劳动和社会保障工作。

3月31日 西湖通乡公路建设第一期工程全线竣工。该工程全长9.79千米，总投资630万元,于2004年9月动工。

4月1日 常德市委副书记戴军勇到西湖督查保持共产党员先进性教育活动开展情况。

4月5日 常德市农业局执法人员到西湖进行农资市场突击检查，并对不合格农资产品进行查封。

4月19日 湖南省通信管理局局长朱国斌一行5人到西湖督导防汛抗灾工作。

4月24日 投资300万元,建筑面积4376平方米的西湖人民医院急诊大楼破土动工,将于2006年3月竣工投入使用。

4月26日 西湖邮政支局升格为西湖邮政分局,行政级别为副科级。常德市、汉寿县邮政局负责人、区管委相关领导出席当天的授牌仪式。

5月1日 湖南省歌舞团首次来西湖为西湖人民献艺,这台名为“中国联通2005湖南省歌舞团常德巡回演唱会”由中国联通常德市分公司、市文化局主办。

5月20日 西湖54名参训民兵在区武装部工作人员的带领下前往汉寿进行实弹射击、打靶训练。

5月26日 常德市政法委综治负责人一行5人到西湖督查综治工作和队伍建设情况。

5月27日 常德市政府再就业办公室主任蒋中函率市总工会、市劳动局、市财政局等部门领导到西湖调研再就业工作。

5月31日 全区中小学德育工作社会评价体系专题会议在区委会议室召开,标志着西湖中小学德育工作社会评价体系正式启动。

是日 农业部农垦局财务处处长张国在湖南省扶贫办和省农垦局负责人陪同下到西湖调研。

6月10日 常德市人大常委会副主任孙维忠率市人大代表和市劳动和社会保障局负责人到西湖对《中华人民共和国劳动法》及相关配套法律法规执行情况进行督促检查,对西湖劳动和社会保障工作所取得的成绩给予肯定。

6月23日 区委在区委会议室召开信访工作会议。各办事处(镇)、部、办、局及学校负责人出席当天的会议。常德市政府副秘书长、信访局局长邱兵泉作新《信访条例》的辅导报告,区委书记、管委会主任黄云新作重要讲话。

7月4日 西湖第一个村级土地整理项目——北洼湖土地整理项目经过省国土资源厅验收合格。

7月8日 常德市公安局局长汤向荣到西湖就公安系统的管理及运作状况进行调研。

7月13日 常德市经济普查领导小组验收组人员一行12人到西湖对经济普查工作进

行检查验收。区领导刘助中汇报西湖经济普查工作开展情况，市经普检查组成员对西湖经济普查工作给予充分肯定，并希望总结经验，更好地搞好今后的经济普查工作。

7 月 14 日　常德市人大常委会副主任邹克忠一行 10 余人到西湖对公安系统“两法一条例”的贯彻落实情况进行调研。

7 月 19 日　常德市卫生局局长郑家火、副局长符中智一行到西湖就卫生事业发展现状和中心卫生院急诊大楼的建设情况进行调研。

7 月 31 日　常德市政府副市长龚建明率市粮食局、农发行、中粮储备库常德公司等单位负责人一行 12 人到西湖就粮食收购工作召开协调会。

8 月 5 日　西湖第一个技培职介服务中心——阳光职业介绍服务中心成立。该中心隶属区劳动和社会保障局管理，实行民办公助，宗旨是通过专业培训，不断提高劳动者的技能和素质，扩大就业门路。

8 月 8 日　正式开通西湖至长沙高桥大市场零担厢式大货车运输线路。这条营运线路由西湖镇新桥村阳雄玉与下岗职工谢爱中、张国强合股经营，共投资 56 万元，购买 2 台零担厢式大货车。该条线路开通后，可以将西湖的蔬菜、大米、瓜果等农副产品销售到高桥大市场，同时从长沙调运南货、日杂百货等物资到西湖，有利于促进西湖商品经济发展。

8 月 8 日　常德市委党史办副主任贵体谦一行 4 人到西湖调研党史工作。

8 月 16 日　由常德市政府相关部门组成的调查组，在市政府办工会主席郭儒刚的带领下，到西湖对经济发展、社会稳定等工作进行调研，区委书记、管委会主任黄云新就西湖行政体制、财政体制和司法体制等不顺畅的问题向调研组作汇报。

8 月 26 日　湖南省计生委到西湖进行计划生育工作年度检查。

9 月 16 日　根据常德市委办公室统一部署，区委办公室组织全区秘书工作业务知识竞赛活动，全区共有 22 名文秘人员参加竞赛。

9 月 21 日　由常德市民政局、市信访局等部门负责同志组成的市政府督查组对西湖落实复员退役士兵政策及退役士兵安置工作进行督查。

10 月 11 日　区委、区管委为欢庆老人节，在政法委会议室召开老人节座谈会，并对评选出的“十大孝亲敬老之星”进行表彰。经群众报名、基层组织推荐、部门审查，阳永坚、汪佩群、刘翠云等 10 位同志被评为区“十大孝亲敬老之星”。

10 月 18 日　总投资达 186 万元的“五·七”“新港”两座闸桥破土动工。该工程由常德天鹰建筑有限公司承建，将于 2006 年 2 月竣工通车。

是日　西湖管理区首届现场招聘会在新民社区居委会举行。前来现场招工的企业有东莞捷皇电子厂、深圳市声浪威音箱木制品厂、佛山市华劲电器有限公司等 10 余家广东省的知名企业，到会求职者有西湖及来自西港、坡头等周边 10 余乡镇近千人，这次招聘会上共有 20 余名求职者被聘用。

10 月 19 日　常德市“四五”普法领导小组到西湖进行“四五”普法工作验收。

10 月 20 日 常德市政府办工会主席郭儒刚带领原农场局离退休老领导一行 18 人到西湖考察,区委书记、管委会主任黄云新向老领导汇报西湖经济社会发展情况。

10 月 24 日 常德市政协副主席邓正春率领市阳光工程督查组成员到西湖, 对阳光工程工作进行全面检查,市督查组采取检查和听取汇报的方式,对西湖所做的工作给予较高评价,并要求在今后的工作中搞好基础工作,继续加大培训力度,确保圆满完成全年的任务。

11 月 5 日 湖南省人民政府原副省长董志文在省司法厅厅长周敦扣、常德市人大常委会副主任高勇、市司法局工会主席邓纯的陪同下到西湖视察。董志文一行考察贝丹药业、大西湖海虾淡养基地、酉水河网箱养殖基地和西湖一中,听取区委的工作汇报。董志文对西湖近年来的发展变化给予较高评价,要求西湖在经济建设中增强发展的危机感、紧迫感和责任感,化挑战为机遇,化压力为动力。

11 月 8 日 常德市畜牧局局长袁翠兰到西湖督导禽流感防控工作。

11 月 14 日 常德市档案局局长郑春阶、助理调研员张建国、查管科科长袁承义一行到西湖进行档案执法检查和了解档案“十一五”规划编制情况,区委副书记曾德富陪同。

11 月 17 日 常德市人大常委会副主任高勇、 副市长徐万发一行到西湖对禽流感防控工作进行督查。

12 月 1 日 常德市长陈君文、副市长徐万发带领市财政、劳动保障、环保和金融部门负责人到西湖调研。区委书记、管委会主任黄云新等区领导就近来取得的工作成绩和存在的困难作汇报,陈君文充分肯定西湖的发展变化,指出西湖要增强财政实力,加大招商引资力度,严厉打击干扰破坏经济建设的不法分子,抓好社会的长治久安。

12 月 19 日 常德市委书记程海波到西湖调研,程海波一行到贝丹药业、白玉纸业了解工业发展状况,考察五·七桥改建施工现场,并到夕阳红敬老院走访慰问五保老人。

12 月 28 日 常德市委常委、市人民政府常务副市长陈文浩、财政局局长万善志一行到西湖调研。

12 月 29 日 区领导黄云新、李德琦、张铁光、彭春生、孙功明带队前往广州参加西湖(广东)经贸促进会成立大会。

2006 年

1 月 1 日 西湖第二次全国农业普查正式开始入户普查。

是日 西湖(广东)经贸促进会暨西湖同乡会在粤成立。区领导黄云新、李德琦、张铁光、彭春生、孙功明出席成立大会。

1 月 15 日 新化县委副书记王本秀率领县委、县政府、县人大、县政协四大家领导到西湖走访慰问。

1 月 16 日 区委经济工作会议在区劳动力市场办公大楼会议室召开。参加会议的有:

全体区级领导，各办事处（镇）副科级以上干部，村（居委会）主要负责人，各企事业单位主要负责人，区机关副科级以上干部。区委书记黄云新代表区委作工作报告。

2月14日 常德市人大教科文卫工委主任赵正乐会同市财政局、市教育局、市政府教育督导室负责人对西湖教育工作进行全面系统的督导评估。

2月23日 常德市旺城建设监理有限公司驻西湖办事处在区建设局挂牌成立。

3月2日 常德市畜牧水产局总畜牧师张安福一行到西湖督导检查春季防疫工作。

3月15日 区委、区管委研究作出决定，从当天起至4月30日止，集中时间和精力开展撤队建村和村委会依法选举工作。决定明确原则上每个办事处只设3个村，特殊情况，经申请批准也不得超过4个村，西湖镇按原建制3个村进行选举。

3月21日 常德市副市长刘剑英率领市农经局、市环卫局等相关部门负责人到西湖对新农村建设进行调研。

3月22日 湖南省移民局一处常务副处长马剑中一行到西湖对移民工程项目实施情况进行调研。

4月10日 经湖南省国税局批准，汉寿县国税局西湖税务所升格为汉寿县国税局西湖税务分局。负责辖区内一般纳税人和小规模纳税人税收征管工作。

4月25日 常德市信访局副局长王洪平一行到西湖对信访工作进行督促检查。

4月28日 西湖第一家家政公司——宝洁家政服务公司挂牌成立。

4月29日上午 由区委政治部、团委共同组织的“社会主义荣辱观”主题演讲比赛在区委党校举行。党群系统周尔琛获一等奖，计卫系统张丽萍、政法系统刘则获二等奖，东洲办事处张谷丽、裕民办事处谢金莲、农水系统邹琳琳获三等奖。

5月22日 常德市人大常委会副主任邹克忠、张唐群率领市直机关职能部门负责人到西湖视察环境保护工作。

5月30日 湖南省移民局副局长彭秀利在常德市移民局局长吴金槐的陪同下，到西湖调研移民工作和“六年规划”实施情况。

6月8日 常德市工商系统网络责任监管工作督查情况通报大会在西湖召开。

6月11日 湖南省农场管理局副局长杨孟觉会同湖南日报社记者到西湖调研农业产业化工作。

6月12日 湖南省政协委员、湖南大川农业开发有限公司董事长彭庆光、湖南益华常务副总经理何佐学一行到西湖考察养殖产业化建设情况。

6月26日 常德市劳动和社会保障局工会主任向承一行到西湖督查8件实事落实情况，区领导黄云新、刘助中陪同。

7月5日 常德市委基层办、市基层组织建设工作队负责同志一行3人到新北河村检查新农村建设工作情况。

7月7日 常德市电业局局长邹庚来到西湖电力公司调研。

7月8日 常德市畜牧水产局副局长、高级兽医师陈兆祥带领市动物防疫专家组到西湖,对严峻的生猪疫情进行现场鉴定和治疗指导。

7月10日 西湖三中整体并入西湖一中,作为一中的初中部。

7月19日 西湖一中高中部办学体制改革签约仪式在区教育局举行。改制后的西湖一中高中部将以“国有领办公助”的模式办学。

7月20日 常德市政协主席刘春林率市政协四届第37次主席会议成员到西湖视察。

是日 常德市食品安全办副主任钟余国等到西湖督查定点屠宰工作。

8月4日 常德市委驻新北河村工作组成员单位市文化局选戏下乡到点村，为村民们送上一份精美的“文化大餐”。

8月22日 西湖第一家环保免烧砖厂——东洲办事处旺喜村环保砖厂建成投产。

8月29日 湖南省卫生厅副厅长丁绍云到西湖对血吸虫病防治工作进行督导检查。

8月30日 湖南省农垦系统水产养殖经验交流会在西湖召开。君山区、黄盖镇、西洞庭管理区、回龙圩管理区、大通湖管理区、屈原管理区和西湖相关负责人参加,省农垦局副局长杨青出席并讲话。

9月6日 区劳动和社会保障局组织102名农民工参加常德市“关注农村,情系农民”专场招聘会。

9月14日 西洲办事处邀请罐头咀乡负责人和派出所、村委会成员在办事处召开边邻友好联谊会,区领导鲁光学、区政法委、公安分局负责人出席。

9月20日 常德市住房公积金管理中心工作人员到西湖帮区劳动社保局职工朱某办理4万元住房贷款,开创西湖管理区申办住房贷款的先例。

9月23日 常德市委新农村建设工作组援建的新北河村办公楼竣工。

9月24日 常德市首届“农行杯”机关事业单位老年健身操表演赛在市体育中心闭幕,西湖代表队获得市直组第一名。

9月25日 常德市电影发行公司到新北河村送电影,受到当地群众热烈欢迎。

9月28日 西湖2006级中央党校经济管理专业本科班开学。

9月29日 西湖佛教协会在灵荟寺挂牌成立。

10月24日 西湖新型农村合作医疗工作全面启动。

10月25日 常德市老科协会长肖有志、副会长兼秘书长余志铭到西湖调研老科协工作。

是日 针对西湖及周边社会治安的严峻形势，常德市公安局决定在西湖开展为期三个月的西湖暨周边地区社会治安秩序集中整治。

11月15日 西湖首家农村客运站——下窖办事处客运站竣工通车。

11月22日 东洲办事处搬迁至原西湖三中办公，原办事处机关将改造成为西湖第二敬老院。

12月1日 由常德市汉剧院演出的新编现代戏《合家欢》在西湖影剧院隆重上演。

12 月 15 日 区委书记、区管委主任黄云新率领区农经局、区移民局和各办事处(镇)负责人前往安乡县考察学习新农村建设先进经验。

12 月 19 日 由区团委、新村办和妇联组织的西湖首个青少年活动阵地在新北河村挂牌成立。

12 月 24 日 湖南省教育厅专家组一行 12 人在常德市教育局领导的陪同下,深入西湖一中现场考察创建省现代教育技术实验学校的情况。

12 月 29 日 常德市委常委、市统战部部长吴友云到西湖调研。

2007 年

1 月 1 日 西湖第二次全国农业普查入户登记正式启动,整个登记工作将于 1 月 15 日结束。

1 月 1—2 日 湖南科技报记者到西湖采访了解“林—菌”套种模式。西湖利用湖区林地套种双孢蘑菇、黑木耳,以菌养林,亩均比“稻—油”套种增收 8000 元以上,标志着西湖探索“林—菌”套种成功。

1 月 15 日 一场大雪压垮区内 600 多个蘑菇大棚,预计经济损失 100 万元左右。

1 月 16 日上午 民营商业超市样样红服饰鞋城开业迎宾。

1 月 25 日上午 常德市公安局在西湖一中运动场召开公开处理大会,23 名犯罪嫌疑人被提请逮捕,10 名违法人员被劳动教养。

2 月 7 日 常德市副市长徐超文率市民政局负责人深入西湖部分特困家庭和夕阳红敬老院走访慰问。

3 月 9 日 中国人民财产保险股份有限公司西湖营销服务部在西湖交警队院内正式挂牌成立。

3 月 30 日 区委、区管委在区委会议室召开落实移民后期扶持政策工作大会,标志着西湖移民后扶工作正式启动。

4 月 3 日 凌晨 3 点左右,白玉纸厂芦苇堆码场发生火灾,烧毁芦苇 17 堆 7000 多吨。常德市副市长李爱国、区领导曾德富、鲁光学现场指挥灭火。

4 月 4 日 常德市动物防控站站长、副调研员唐德明一行到西湖督导检查动物春防工作。

4 月 5 日 湖南省水利厅厅长张硕甫一行在常德市政府巡视员、市人大常委会党组副书记刘本之陪同下,到西湖调研移民后扶及水利工作,并看望慰问省政府驻西湖的移民后扶调研工作组成员。

4 月 12 日 湖南省通信管理局副局长刘春鸣一行到西湖检查汛期通信保障工作。

4 月 13 日 常德市劳动社保局局长罗宏金、常务副局长沈跃到西湖调研劳动社保工作。

4 月 18 日 区委书记、管委会主任覃事共,区委副书记、管委会副主任李德琦,管委会副主任彭春生带领区劳动社保局、国建局、经贸局、西湖镇、城管办等单位负责人前往益阳大通湖管理区考察管理体制改革、城镇建设与管理、招商引资和工业经济发展等方面工作。

4 月 24 日 西湖工商分局、阳光办、劳动社保局在工商分局会议室联合举办农村培训班,常德市政协副主席邓正春、市工商局市场规范分局局长张宏军出席。

4 月 24 日 常德市人大常委会副主任高勇到西湖调研养殖生产情况。

4 月 30 日 常德市教育两项督导评估团一行 5 人到西湖检查教育工作和督导党政领导的工作实绩。

5 月 2 日 裕民办事处通村公路建设破土动工,标志着区通村公路建设全面铺开。

5 月 29 日 常德市政府就业办公室、市劳动保障局、市财政局联合检查组到西湖检查督导就业再就业工作。

5 月 31 日 中共常德市委常委干〔2007〕06 号文件和常德市人民政府常政人〔2007〕01 号文件决定:覃事共同志任中共西湖管理区委员会书记,西湖管理区管理委员会主任。

6 月 13 日下午 全区农业保险试点工作会议在区委会议室召开,标志全区农业保险工作正式启动。

6 月 18 日 西湖电力公司新营配大楼落成并投入使用,区领导覃事共、张铁光、市电业局副局长刘文春参加剪彩仪式。

6 月 22 日 常德市委副书记、代市长卿渐伟到西湖调研乡村和企业情况。卿渐伟一行先后考察贝丹药业、酉水河网箱养殖带。

7 月 26 日 常德市委常委、统战部部长吴友云到西湖督导防汛工作。

8 月 1 日 湖南省、常德市出口商品检疫检验局有关负责人到西湖考察叉尾鮰养殖基地。

9 月 3 日 湖南省人大常委会委员、农业与农村委员会主任委员胡正杨,省人大常委会委员、农业与农村委员会副主任委员沈国凡在省农垦局局长张凯锋等的陪同下到西湖考察农垦经济工作。

9 月 17 日 湖南省财政厅厅长李友志、副厅长石建辉、常德市政府常务副市长陈文浩一行到西湖调研农民负担和农场税费改革工作。

9 月 20 日 全区正式启动国有农场税费改革工作。

9 月 27 日 总投资 97 万元的 2006 年度农村安全饮水改造工程通过区安全饮水领导小组验收。该工程从 5 月开始实施,9 月下旬全部完工,历时 5 个月,改造管网 24 千米,解决 2500 人饮水难问题。

10 月 1—10 日 区委在区机关院内举办"庆祝国庆,喜迎'十七大',凝聚力量,建设新西湖"活动暨庆祝建场(区)35 周年成果图片展。

10 月 10 日 常德市委书记武吉海在市委秘书长刘明、副市长徐万发及市财政局、移民局、新村办等部门负责人陪同下深入西湖贝丹药业、西洲办事处移民后扶资金发放点、大西湖黄颡鱼养殖基地、西水河叉尾鮰养殖基地调研。

10月17日 常德市政府教育强市督导组到西湖检查教育强市工作落实情况。

10月19日 中国人民财产保险股份公司汉寿支公司西湖营业部正式挂牌运作。

10月25日 西湖城镇居民医疗保险工作动员会在区委会议室召开，标志着全区城镇居民医保正式启动。

10月27日 常德市农垦企业税费改革实施情况交流会在西湖召开，西湖、西洞庭、东山峰管理区、贺家山原种场主要负责人参加，市政府办工会主席郭儒刚等出席。

11月27日 湖南省卫生厅农村卫生处处长彭亮带领省第四件实事年终考核验收组在常德市卫生局局长郑家火的陪同下，对西湖中心卫生院建设项目进行检查验收。

11月28日 常德市老年人大学校长、市人大常委会原主任熊奇生，市老干局副局长石林到西湖对老干工作进行年终检查。

12月3日 西湖第一次污染源普查工作启动。

12月22日 常德市委常委、统战部部长吴友云深入东洲办事处开展宣讲中共十七大精神、送药义诊、技术咨询和走访慰问贫困户活动。

12月25日 按照文明卫生城镇创建总体部署，镇区4条主街道800余个荫雨棚全部拆除到位。

是日 区管委印发通告，规定从2008年1月1日起，镇区除腊月三十、正月初一、初二、十五4天时间外，全面禁止燃放烟花爆竹。

12月26日 常德市副市长宋冬春率领市公路局、交通局等部门负责人深入西湖至罐头嘴公路地段，现场检查公路基础状况，并指出该公路将在2008年修筑水泥路与S205接通。

2008年

1月3日 全区全面启动农村义务教育“普九”债务清理化解工作，债务范围从1993年全面推进“普九”义务教育起，到2005年12月3日止。

1月10日 湖南省移民局局长颜向阳一行在常德市移民局领导的陪同下，深入西湖西水河网箱养殖带和部分特困户家中调研。颜向阳指出：西湖要切实抓好网箱养殖，力争带动更多的移民致富，省移民开发局将对西湖的经济项目、基础设施建设等方面工作重点支持。

1月15日 西湖先云超市被评选为第五届全国诚信企业。此次评选活动由中国消费日报社与全国诚信企业评选委员会联合举办。

1月30日 常德市委常委、市委统战部部长吴友云率领市民政局等相关部门负责人到西湖检查防冻抗灾情况，察看裕民村双孢菇种植棚冻损情况，并慰问部分困难群众和敬老院老人。

2月23日 常德市国税局、市园林局等6家后盾单位干部到西湖镇新桥村开展“四送”(送政策科技、送医疗卫生、送教育文化、送支农物资)下乡活动。

3月19日 常德市植物检疫执法检查组到西湖,对全区的种子苗木经营店进行检疫执法检查。检查组共检查水稻、棉花、蔬菜等共计95个品种,发现大部分经营户无调运检疫证书。

4月12日 西洲办事处安康村百万肉鸡养殖场正式落成,该基地的两户肉鸡养殖大户以联合体的形式进行经营。总投资160万元,年可出栏肉鸡100万余只。

4月14日 西湖贝丹药业有限公司重组后,今日正式开工。贝丹药业的建成投产,填补了湖南省无大型原料药业生产企业及头孢菌素原料药生产企业的空白。

是日 常德市民政局党组书记、局长腾明友一行到西湖,对全区重点水利工程开展防汛督查。

5月19日 5月12日四川汶川8.0级地震发生后,区直机关、区团委、区人民医院、区交通局、湖南帅克公司、裕民小学、下窖小学、西湖基督教教会、灵荟寺等纷纷发起捐款活动,当日共捐款7.9万元。

是日 区投资191万元启动自来水管维修改造工程,至10月7日工程竣工通过验收。

是月 西湖镇渔场名贵鱼繁育基地鱼苗畅销,该基地培育鳜鱼、大口鲶等名贵鱼400万尾,草鱼、鲤鱼、鲢鱼等常规鱼苗8300万尾。

6月22日 区管委召开“六打四防”工作大会,会议决定从今日起至11月底,在全区范围集中开展以“打黑恶势力犯罪,打盗抢犯罪,打涉枪涉暴犯罪、打毒品犯罪、打赌博犯罪、打传销犯罪,防渗透、防破坏、防治安安全事故、防流动人员犯罪”为主要内容的“六打四防”总体会战。

6月25日 湖南省依法治省督查团团长,省人大常委会原常务副主任董志文率领省“五五”普法检查调研组到西湖调研。

6月27日 西湖一中高考创新高。本科升学率达到55.4%,一本上线18人,二本上线55人,共计73人,在2007年的基础上增加30人。

7月1日 莲花鞋厂正式建成投产。该厂位于原食品加工厂院内,有厂房1000多平方米,总投资35万余元,各类技术人员和从业人员70余人。

7月4日 湖南省民政厅以湘民办发〔2008〕70号文件批复认定西湖管理区为革命老根据地。

7月5日 湖南省工商行政管理局纪检组长余云彩、常德市工商局局长胡祖国一行10余人,到西湖调研工商工作。

7月28日 湖南省移民局、常德市移民局领导和专家到西湖对五七桥、新港桥改建工程进行竣工验收。验收委员会对两桥改建主体工程质量表示肯定,同意通过验收。

7月30日 为策应北京奥运会安保工作,西湖公安分局组织开展“百日会战”集中统一清查行动。出动警力 50 名，12 名党政领导督战、参战。清查涉恐重点人员、在册和网上逃犯等重点对象。

8 月 2 日 常德市委书记武吉海、副市长徐万发率市农办、市财政局、市移民局、市民政局等部门负责人到西湖考察工业企业、新农村建设和社会事业发展情况。

8 月 8 日 中国移动汉寿西湖和谐自控厅正式对外营业。该厅占地 215 平方米，总投资 100 万元。

8 月 19 日 常德市委副书记、市长卿渐伟到西湖考察经济社会发展情况。

9 月 4 日 城镇改造工程启动，该工程总投资 3000 多万元，至 2009 年 9 月共完成人行道板铺设 33000 平方米、人行道灯 147 盏、景观灯 46 盏。安装不锈钢垃圾箱 140 个，拆除砼路面、铺设油沙路面 25000 平方米。对排水沟、自来水管道等进行改造。

9 月 19 日 西湖镇召开第八届人民代表大会第二次会议。代表们听取和审议《西湖管理区城镇管理办法》，通过《西湖镇第八届人民代表大会第二次会议选举办法》。大会选举刘江文为西湖镇人民政府镇长。

11 月 14 日 西湖城镇居民医疗保险暨农业职工养老保险工作调度会召开，会议调整 2009 年城镇居民医疗保险政策：一是取消报销起付线，实行零起付报销；二是设立每人 200 元的包干门诊费；三是特殊门诊病种从 6 种扩大到 22 种；四是取消药品三个目标的限制。

11 月 19 日 常德市政府教育督导室督学郑正良一行 4 人到西湖督查合格学校建设情况。

11 月 21 日 西湖电力公司客户中心通过竣工验收。该客户中心已达省内县级小型客户中心领先水平。

11 月 23 日 常德市委统战部常务副部长郑维改率领市新闻出版局、市国税局、市园林局等部门负责人到西湖镇新桥村，为新落成的村委会办公楼剪彩。新桥村是 2007 年纳入市级扶贫建设的试点村，两年来，投资 30 多万元新建一栋 3 层村部办公楼，硬化通村主干路 260 米、污水沟渠 630 米，兴建 6 个垃圾箱，改造老橘园 60 多亩。

11 月 26 日 常德市副市长曹佳中在市政府办副主任蔡新的陪同下，到西湖考察招商引资工作。

12 月 18 日 湖南省农垦局副局长熊国强一行 3 人，到西湖就养老、失业工伤、生育保险、城乡居民低保、教育、卫生、农业、社会事业等进行调研。

12 月 23 日 从 2006 年开始，中国联通总公司投入资金 2000 万元，分别在 6 个办事处和 1 个建制镇建立 7 个网络基站，至当日 7 个网络基站全部建成。

12 月 24 日 安化县委常委、政法委书记李太沅，县人民政府副县长胡跃龙一行 10 人，到西湖走访慰问。

12 月 25 日 新化县人大常委会副主任刘亮光、县人民政府副县长周先成、县政协副主席陈善熊一行15人,到西湖走访慰问。

2009年

1月1日 从当日起,全区强力推进酒类流通随复单制度,让今后市场上销售的每一瓶酒都有自己的“身份证”。

1月8日 常德市政府副市长徐万发在市民政局负责人等陪同下,到西湖看望慰问孤寡老人和特困户。

1月13日 区委、区管委表彰孙旭新等十位“文明诚信十佳标兵”和徐跃华等50名“文明诚信工商户”。

2月16日 区劳动和社会保障局举办春季人才招聘会,此次入场招聘的是广东康氏实业有限公司,共提供求职岗位150多个。当天,接待进场200余人次,达成初步求职意向的有80余人。

2月18日 常德电业局局长李荣带领市局办及相关部门负责人一行到西湖电力公司调研。

3月17日 常德市委作风建设活动督导组到西湖检查工作。

3月25日 全区启动深入学习实践科学发展观活动。活动分两批进行,每批分学习调研、分析检查、整改落实三个阶段,至8月底结束。

3月31日 区疾控中心工作人员来到西湖中心小学,开展麻疹疫苗接种,标志着区麻疹疫苗强化免疫工作正式启动。

是月 西湖获“常德市人口和计划生育工作先进单位”及“常德市计划生育协会工作先进单位”称号。

4月9日 常德市政府助理巡视员魏立刚到西湖督查项目建设情况。

4月11日 湖南省洞庭湖工程管理局局长文柏海一行在常德市水利水电负责人张锡桥陪同下到西湖三角堤电排,现场督查排涝泵站更新改造施工情况。

4月13日 常德市委讲师团副主任刘桂平应邀到西湖作题为《深入学习科学发展观,努力提升贯彻落实科学发展观的能力和水平》的专题辅导报告。

是日 常德市作风建设督察组组长陆振岩到西湖督查指导作风建设。

4月15日 常德市副市长石谋军到西湖调研学习实践科学发展观第一阶段活动情况。

4月20日 常德市委常委欧运崇带领市国土局、市建设局、市规划局等相关部门负责人到西湖调研小城镇建设工作。

5月6日 常德市政协及相关部门领导深入大西湖龙虾养殖基地、新港办事处名贵鱼养殖场,就水产品开发、销售情况进行调研。

5月12日 常德市工商党组成员、副局长宴丰儒到西湖督查防汛工作。

5 月 27 日 常德市移民开发局、市财政局和市审计局领导、专家组成的检查组到西湖就移民后期扶持专项基金的使用管理情况进行专项检查。

6 月 17 日 西湖公安分局按照市公安局的统一部署,在全区开展统一清查行动,查处地下“六合彩”赌博案件 1 起,抓获吸食注射毒品违法人员 2 名,收缴盗抢摩托车 4 台。

6 月 30 日 西湖管理区殡仪馆落成。

7 月 14 日 常德市委扶贫工作领导小组在市委统战部副部长郑维改的带领下,到鼎港办事处扶贫点鼎福村考察工作。

是日 全区统筹城乡就业试点工作在裕民办事处和下窖办事处正式启动。统筹城乡就业就是坚持“五统筹”,即统筹就业服务平台、统筹劳动力市场体系、统筹城乡就业政策、统筹技能培训、统筹城乡就业服务。

是日 浏阳金园食品有限公司西湖分公司建成投产, 该分公司坐落在裕民办事处原棉花收购站内,安置近百名劳动力就业。

7 月 22 日 备受关注的 500 年一遇的日全食奇观“世纪日全食”于 8 时 11 分开始在常德附近出现,持续 5 分钟。此次日全食被誉为 21 世纪最完美的一次日全食。

是日 常德市人大常委会副主任张启祥带领市人大常委会执法检查组,到西湖就《中华人民共和国农村土地承包法》贯彻实施情况进行执法检查。

7 月 27 日 帅克集团西苑宾馆举行开业庆典。

7 月 28 日 西湖嘉和纺织品厂举行开业典礼。

8 月 1 日 农村饮水安全建设项目开工,该项目总投资 208.64 万元,至 11 月 1 日工程竣工通过验收。

8 月 25 日 区移民局正式启动首个移民情况基础信息库建设工作。

9 月 3 日 常德市扶贫办副主任吴红志带领项目科长来到鼎港办事处督导市县两级扶贫办点情况。

9 月 5 日 常德市人民政府常政人〔2009〕07 号文件决定:余俞任西湖管理区管理委员会主任。

9 月 17 日 全区深入学习实践科学发展观活动第一批总结暨第二批动员会议召开。区第二批学习实践活动从当日开始,至 2010 年 2 月份结束。

9 月 24 日 常德市副市长徐万发、市农业局局长黄云新等领导,到大西湖龙虾养殖基地和新港河网箱养殖带调研特色养殖运作状况。

10 月 19 日 常德市政协副主席彭明建带领市畜牧局、市动物防疫站负责人到西湖督导动物秋季防疫工作。

10 月 26 日 区劳动和社会保障局在汉寿县西港镇某钓鱼场举行庆祝重阳节老年人钓鱼比赛,共有来自全区的 90 多位老年人参加。

12 月 1 日 湖南省移民局经济中心孙健及湖南农业大学水产、蔬菜专家到西湖调研农业生产发展情况。

12月14日 常德市委组织部副部长、老干部局局长范贤宏,到西湖调研老干部工作。

12月29日 常德市振宇力食品有限公司正式挂牌成立。该公司是一家高新技术性、科技产业型农业产业化企业,位于东洲办事处旺福村,经营米、面、杂粮及其制品、果蔬制品、调味制品、熟食制品等,有员工50余人。

12月30日 西湖镇召开第八届人民代表大会第三次会议,会议通过《西湖镇第八届人民代表大会第三次会议选举办法》,选举何志雄为西湖镇人民政府副镇长。

2010年

1月28日 常德市副市长徐万发在市直有关部门负责同志陪同下,到西湖走访慰问部分困难群众、城镇低保对象和敬老院孤寡老人。

2月2日 常德市政协主席刘春林一行到西湖走访慰问省级劳模代表。

2月4日 西湖工商分局开展2010年春节食品市场专项检查,共检查各类食品经营户近150户,查扣近万元"三无""过期"食品。

3月16日 区劳动和社会保障局举办春季人才招聘洽谈会,553名务工农民与用人单位达成就业意向协议,占进场应聘人员的39%以上。

3月23日 区安委会、教育局、交警支队深入全区8所民办幼儿园开展车辆安全管理专项排查。发现3台没有车检、9台没有购买车上人员意外伤害险,同时超载问题十分严重。

4月1日 常德市蔬菜办和市蔬菜研究所的农技专家到裕民办事处新北河新月美农村合作社提供技术指导。

4月7日 常德市委书记卿渐伟率市直有关部门负责人,到西湖就转方式促发展等热点话题进行调研。

4月19日 月亮洲养殖场建成。该养殖场占地面积4000多平方米,建筑面积3000多平方米,猪舍5栋140间,总投资100余万元。

5月28日 常德市人大常委会副主任杨先平到西湖考察交通工作和公路建设情况。

6月1日 经湖南省民政厅批准,设立西湖管理区婚姻登记处。

6月18日 西湖区个体劳动者私营企业协会党支部委员会选举暨理事会六届八次会议在工商分局会议室隆重召开,协会32名党员、理事参加此次会议。会议选举产生新一届西湖区个体劳动者私营企业协会党支部委员会,钟孝坤任党支部书记,孙旭新任党支部副书记,张志红、陈建中、戴隆武、伍铁凯任支委委员。

6月23日 西湖第一家黄鳝养殖专业合作社正式成立。有入社养殖户49户,开挖低洼田地鱼池180亩,放置网箱12600口,预计年产值可达630万元,农户纯收入可达300多万元。

7月12日 由于连降暴雨，内江水位达30.75米，外江水位达34.83米。区委召开防汛紧急会议，部署当前防汛工作。

7月21日 西湖区委副书记、管委会主任余俞主持召开建设人民满意政府工作调度会，要求每个科局和科局负责人做到“四个一”，即联系一个经济大户，帮扶一户困难群众，挂包一个培植项目，解决一件涉稳矛盾。同时建立干部下基层调研制度，并将干部考核与工作业绩挂钩。成立督查组，对重点工作进行专项督查，作为年终考核依据。

8月4日 常德市副市长刘进能，市政府副秘书长李长春、市环保局副局长陈建国一行到西湖检查指导工业发展建设、镇区污水处理工作。

8月13日 浙江省杭州市萧山区红山农场一行28人，到西湖考察交流农场发展情况。

8月18日 中国人民人寿保险股份有限公司常德分公司在区管委会议室举行“服务三农，送保险下乡”活动启动仪式。

9月1日 常德市人大常委会副主任肖燕芳带领市人大常委会执法检查组，到西湖就贯彻落实《中华人民共和国城乡规划法》和《湖南省实施〈中华人民共和国城乡规划法〉办法》的工作情况进行执法检查。

9月7日 湖南省土肥站、湖南农大、湘潭市农业局、市农业局等领导和专家组一行13人到西湖对农业部测土配方施肥项目进行验收。

9月15日 常德市国税局副局长吴芳与市教育局及汉寿县国税局相关领导一行10人，到西湖对常德市国税局定点援建单位东洲小学进行实地考察。

9月28日 经湖南省政府批准，撤办建乡，撤销东洲办事处、鼎港办事处、新港办事处、西洲办事处、下窖办事处、裕民办事处，设立东洲乡、西洲乡。新建东洲乡辖新兴、春晓、新港、九狮、鼎兴、鼎福、鼎裕、鼎园、旺福、旺禄、旺寿、旺喜12个建制村。新建西洲乡辖新北河、黄泥湖、同兴、裕民、幸福、安康、西洲、田园、建湖、永安10个建制村。

10月 西洲乡同兴村3位养殖户从山东省济宁市嘉祥县引进西门塔尔、利莫赞、夏洛莱3个优良品种的肉牛115头，办起一家占地26亩的肉牛养殖场。

11月1日 全区人口普查于是日零时正式启动。全区180余名普查员将逐户上门开展为期10天的普查登记。

11月10日 在常德市政务中心六楼会议室，西湖第一宗国有建设用地使用权出让顺利成交。西湖出让的是原西湖影剧院土地，土地面积2892平方米，出让用途为商住综合，出让年限为商业用地40年，住宅用地70年，起拍价为365万元，最后由常德市武陵区振鑫房地产开发有限公司以750万元的高价取得该地块的建设用地使用权。

是日 常德市委常委、组织部部长石谋军，市委组织部常务副部长谭弘发到西湖专题调研基层组织和干部队伍建设工作。

11月25日 区委组织全区机关事业单位400余名党员干部到东洲乡新港村一组参加沟渠开挖义务劳动，开展党员干部队伍察民情、解民忧的主题活动。

12 月 1 日　西湖公安消防大队成立授牌仪式在消防大队院内隆重举行。至此,西湖正式有了专业消防队伍。

是日　在湖南省优秀复退军人表彰大会上,西湖退伍军人龚鑫被省民政厅、社保厅、省军区政治部授予“湖南省优秀复员退伍军人”光荣称号。

12 月 14 日　常德市农村工作部副部长岳克己带领市农委新农村建设办、市养殖办一行到西湖考核新农村建设和常德市“八个一”示范项目工程建设。

12 月 23 日　2010 年度“送温暖献爱心慈善一日捐”活动在区委机关大院举行。在家的区级领导及全区 44 个单位共 950 名干部职工参与募捐,共接收捐款 11 万余元。

第一篇《

建置与自然环境

第一章　建　置

第一节　地理位置

西湖管理区介于北纬 29° 02′ 至 29° 08′ 和东经 112° 02′ 至 112° 12′ 之间，地处洞庭湖西部、沅澧两水尾闾。东临澧水洪道与安乡、南县隔河相望；西抵复兴障东堤凹峡对岸及邓家沟东岸，分别与鼎城区黑山嘴乡和汉寿县罐头嘴乡接壤；南靠西港河，与汉寿县西港乡、文蔚乡相望；北抵鼎城区黄珠洲乡，其北部西段自邓家沟东岸入口起至黄珠洲止，以大黄泥湖南岸为界；北部东段自黄珠洲至八百弓止，以民主阳城垸垦区南面间堤为界。

第二节　历史沿革

西湖管理区所在地自古属洞庭湖西部的一个组成部分，春夏水涨为湖泊，秋冬水落为洲渚。周以前属古荆州，周为楚黔中地，秦为黔中郡地，西汉初为武陵郡索县地，新莽隶属建平郡，东汉复隶属武陵郡，三国晋至南朝宋、齐隶属武陵郡，南朝梁、陈先后隶属武州、沅州、嵩州和朗州，隋先后隶属武陵郡和朗州，唐先后隶属朗州、武陵郡和朗州，五代先后隶属武贞军、永顺军、武顺军和武平军，宋先后隶属鼎州节度使、武平军节度使、武平军团练使、鼎州龙阳军和常德府龙阳县，元隶属常德路安抚司、常德路龙阳州，明隶属湖广行省常德路和湖广行省常德府，清隶属湖广布政使司常德府和湖南布政使司常德府。

清光绪年间(1875—1908 年)，开始在此处围挽兴垸，民国末年，垸障多被洪水冲毁。

1954 年，湖南省政府组织全面治理洞庭湖，在此处修挽建垸，由省公安厅治湖劳改总队承担任务。次年 4 月正式创办“湖南省地方国营西湖农场”，内称“湖南省公安厅第三劳改农场”。

1969 年，撤销西湖劳改农场建制，交湖南驻军开办军垦农场和广州空军司令部开办“五·七”干校，是谓军垦农场。

1972 年 10 月，根据中共中央、中央军委〔1972〕28 号文件精神，将西湖基地退还地方，中共湖南省委、湖南省革命委员会于同年 10 月 28 日决定，接收西湖基地，迁柘溪水库淹没区移民 3 万人(新化县、安化县各 1.5 万人)至此地开办湖南省国营西湖农场，是谓移民办场。

移民办场初期,农场既是一级政权组织,又是经济组织,为政场合一制。1975 年,为全民所有制企业,实行企业管理。1978 年纳入农垦系统,成为省属十三大国营农场之一。1984 年 8 月 16 日,湖南省政府办公厅重申,西湖农场属全民所有制性质,分场以上按国营企业对待,分场以下按农村合作经济对待。形成“一场两制”格局。

1998 年 12 月 4 日,湖南省常务副省长周伯华亲临西湖,代表湖南省人民政府在西湖农场召开专题会议,决定成立常德市西湖管理区。1999 年 8 月 12 日,根据湘编〔1999〕3 号文件批复(此文件原文详见本志《丛录》),常德市西湖管理区正式挂牌成立,列为常德市人民政府的派出机构,建立一级财政,实行“国营西湖农场”与“西湖管理区”两块牌子、一套人马统一管理运作。

第三节　政区演变

劳改农场初期,全场设 2 个分场、9 个耕作区。1956 年 3 月,农场撤销 2 个分场 9 个耕作区建置,改设 5 个分场。1958 年 10 月,撤销 5 个分场的建置,改设 4 个分场。1960 年 5 月,重新恢复 2 个分场的建置,1964 年,农场又将分场调整为 4 个。

1969 年,部队进驻农场,仍保留原分场称号,广州空军“五·七”干校驻三分场,其余分场为 0646 部队所驻。

1972 年移民办场初期,全场设 6 个分场,即一分场、二分场、三分场、四分场、五分场、六分场,另设 1 个农科所、1 个水产队。1976 年增设七分场,管辖原农科所和水产队。1978 年,农场将七分场所属水产队划出,新设大西湖渔场。1981 年 12 月,经常德地区行政公署批准,原以序数命名为一、二、三、四、五、六、七分场,分别更名为裕民、西洲、下窖、新港、鼎港、东洲、新民分场。1984 年,农场将新民分场更名为园艺场。1985 年 2 月,在园艺场基础上成立西湖镇。1998 年 2 月,根据场发〔1998〕04 号文件,裕民、西洲、下窖、新港、鼎港、东洲分场依次更名为一、二、三、四、五、六分场。1999 年 8 月,经湖南省政府批准成立西湖管理区,建立了县一级财政,管理体制初步理顺。2002 年 5 月,6 个分场更名为 6 个办事处,即裕民办事处、西洲办事处、下窖办事处、新港办事处、鼎港办事处、东洲办事处。

2010 年 4 月,裕民办事处、鼎港办事处、东洲办事处合并为 1 个办事处,称东洲办事处;新港办事处、下窖办事处、西洲办事处合并为 1 个办事处,称西洲办事处。

2010 年 9 月,经湖南省政府批准,撤办建乡,原东洲办事处、鼎港办事处、新港办事处合并为东洲乡,原西洲办事处、下窖办事处、裕民办事处合并为西洲乡,原西湖镇保持不变。至此,西湖管理区形成两乡一镇的新格局。

第四节　乡镇简介

一、东洲乡

(一)概况

东洲乡地处西湖管理区东南部,东临澧水洪道,与安乡、南县隔河相望,东南靠西港河,西接西湖镇和西洲乡,北抵鼎城区黄珠洲乡。西湖管理区之柳和公路从境内贯穿东西,将全乡分为南北两半边。全乡土地总面积 31.22 平方千米,折合 46830 亩,其中耕地 28908.29 亩。2010 年年底,全乡总人口 19519 人,其中农业人口 6086 人、非农业人口 13433 人。全乡辖 12 个村:新兴村、春晓村、新港村、九狮村、鼎兴村、鼎福村、鼎裕村、鼎园村、旺福村、旺禄村、旺寿村、旺喜村。乡人民政府驻九狮桥。1991 年,国内生产总值 1367 万元,2010 年国内生产总值 14886 万元,是 1991 年的 10.9 倍。1991 年,农民年人均纯入 510 元,2010 年农民年人均纯收入 4910 元,是 1991 年 9.6 倍。

东洲乡办公楼

(二)农业

水稻　1991 年,境内水稻种植面积 26471 亩,单产 354 公斤,总产量 9385.4 吨。1995 年以后,由于机械化程度提高,稻谷价格上涨,水稻种植面积逐年增多。至 2000 年,全乡种植水稻(杂交稻为主)28107 亩,一季稻栽培占 90.12%,单产 450~550 公斤,总产 13491 吨。2004 年以后,随着农村二、三产业的蓬勃兴起,大批农村青壮年外出务工,加之棉花价格上涨,水作改为旱作,水稻种植面积减少,至 2010 年,全乡水稻种植减少至 11083 亩,总产稻谷 5238 吨。

棉花　1991 年,全乡种植棉花 6553 亩(含甩苗),总产皮棉 530 吨。2002 年后,随着棉花价格上涨,很多农民将田改土种植棉花,种植面积保持在 13250 亩左右。由于推广新品种"湘杂"棉抗虫系列品种,一般亩产皮棉 100~120 公斤。2010 年,全乡棉花种植面积达 14950 亩(含甩亩),总产皮棉 1794 吨,是 1991 年的 3.38 倍。

蔬菜　蔬菜作为经济作物生产,始于 20 世纪 90 年代中后期,每年种植 2600 亩左右,总产 2500 吨左右。当时种植品种以辣椒、南瓜为主,规模不大,多为零散种植。2000 年,随着市场经济体系逐步推进,农民种植蔬菜的积极性提高。种植面积扩大,品种增多。至2010年,全乡蔬菜种植面积达12530亩,总产2.5万吨。品种有辣椒、南瓜、苦瓜、丝瓜、白菜、萝卜、西红柿等。2010年,境内成立3个蔬菜生产合作社,形成种植、生产、流通销售的产业链。

西瓜 1991—2000年,是全乡西瓜生产的辉煌时期。全乡推行瓜—油、瓜—菜、油—瓜—稻、瓜—稻等种植模式,选购从外引进的"蜜宝""湘桂""新橙"等优良品种,施用农家肥,生产出来的西瓜质好味美,深受消费者好评。种植面积一直保持在5000亩以上,亩产1500公斤以上。由于连年种植,西瓜生产病虫害增多,且品种杂乱,产量下降,品质降低。至2010年,全乡种植面积不足1400亩,总产2100吨。

油菜 1991年起,境内农民普遍推广稻—稻—油、稻—油、棉—油等种植模式,引进"秦油2号"杂交品种,采用育苗移栽方式种植油菜,平均亩产菜籽80公斤,高产丘块达150公斤以上,比采用传统品种和传统播种方式的产量高50%。1991年境内油菜播种面积12174亩,单产63公斤,总产量767.4吨。2000年油菜播种面积扩大至18658亩,单产83公斤,总产量1550吨。是年后,大批劳动力外出务工,油菜种植面积逐年减少,至2010年,全乡油菜种植面积10981亩,单产115公斤,总产量1292.8吨。

甜叶菊 20世纪80年代开始引进种植,1991年种植面积361亩,产干叶10余万公斤。1995年,西湖甜叶菊糖甙厂拍卖,甜叶菊干叶没有加工收购单位,境内甜叶菊亦逐年弃种,至2010年,全乡已无甜叶菊生产。

水果 境内水果种植主要是柑橘、柰李、桃子。20世纪70—80年代,境内只有少量柑橘栽植,1991年,柑橘栽植面积630亩,总产920吨。1995年,农户自行从桃源、石门等地引进特早、早中型蜜橘品种,此后柑橘栽培面积逐年增加。2002年,全乡境内柑橘园面积扩大至1800亩。2004—2008年,由于树龄老化,柑橘外观、口感欠佳,销路不畅,农户将大批橘树砍伐,至2010年,全乡橘园面积仅存300余亩,年产柑橘450吨。

20世纪80年代中期,西湖农场从湖南省园艺研究所引进柰李种苗,境内部分农户开始栽植。1995年,全乡柰李种植面积600余亩,总产柰李900吨。1996年以后,柰李树龄老化,产量下降,连年种植,病虫害增多,农药用量增大,社会上流传吃柰李致癌,造成销路不畅,农户只得将柰李树砍掉。至2000年,全乡境内柰李树不复存在。

1998年,境内农户从常德市园艺场引进脆蜜桃种苗6000株,栽植面积120亩,2001年投产。该桃个大味甜,但成熟期太长,掉果严重,产量、产值低。2002年,该桃树基本被砍掉,只有部分农户庭院有少量留存。

养殖 20世纪70年代,养殖业主要由集体经营,境内各生产队均办有养猪场,规模在100~200头之间,出栏肥猪主要为完成上交任务。各分场有渔业队,各队有渔业组,从事渔业生产。70年代末至80年代初,集体养猪场全部解散。80年代末至90年代初,境内养殖业开始发展,逐渐形成一定规模,并出现一批养殖专业户。是时,年养猪1.5万头左右,家禽5.5万多羽。至2010年,全乡有养殖专业户131个,从业人员282人,人均年收入几万元到十几万元不等。1991 年，全乡存栏生猪 7892 头，出栏 6385 头。2010 年，存栏生猪 5312 头，出栏 8645 头。1991 年，产鲜鱼 210 吨，2010 年产鲜鱼 882 吨，是 1991 年的 4.2 倍。1991 年，存笼家禽 2.9 万羽，出笼 2.1 万羽。2010 年，存笼家禽 16.7 万羽，出笼 21.9 万羽，分别为 1991 年的 5.8 倍、10.4 倍。

（三）乡办企业

1991—1998 年，东洲乡境内原新港分场办有油脂木器加工厂，从业人员共 28 人，年均总产值 18.16 万元，利税 4.71 万元。原鼎港分场办有糖酒食品厂，从业人员 27 人，年均总产值 12.48 万元，利税 2.95 万元。原东洲分场办有农药厂，从业人员 29 人，由于产品质量不达标，经营一年多后停产。1998 年后，其他企业由于各种原因（经营体制制约、管理不善、市场营销不畅等），都亏损严重。至 2002 年，乡办企业全部倒闭。此后，个体工商业呈快速发展之势，至 2004 年，全乡个体工商户发展至 81 户，从业人员 98 人。至 2010 年，个体工商户增至 122 户，从业人员 148 人，2010 年与 2004 年比，个体工商户增加 41 户，从业人员增加 50 人。

（四）财政收支

1991—2001 年，财政收入来源主要是税金和农户上交的管理费。2001 年后，逐步免除部分税费，至 2006 年彻底取消农业税。从 2002 年开始，财政收入来源为上级财政拨款。财政支出主要是干职工工资、办公费、防汛抗旱费、小农水工程费。历年财政支出略大于收入。

附：东洲乡财政收支情况统计表

东洲乡财政收支情况统计表

表 1-1-1

单位:万元

年度	总收入	其中				总支出	其中			
		税金	管理费	预外收入	补助收入		干职工工资	防汛抗旱费	小农水工程费	办公费
1991	123.6	59.3817	61.2183	3	—	123.6	89	11	15	8.6
1992	128.5	59.4716	62.0284	7	—	129	91	9	16	13
1993	134.5	59.5176	70.4824	4.5	—	135	93	12	18	12
1994	139.9	59.5282	71.3718	9	—	140	93	11	21	15
1995	141.7	60.3241	70.3759	11	—	145	99	11.3	20	14.7
1996	144.9	61.2358	79.5642	4.1	—	150	101	12	21	16
1997	147	63.4167	78.5826	7	—	150	102	11.3	22	15
1998	152.7	65.7174	84.2826	2.7	—	153	102	20	19	12
1999	158.2	68.8114	81.2886	8.1	—	160	111	10	23	16
2000	167.1	69.8145	90.1855	7.1	—	170	120	9	20	21
2001	174.4	70.6925	99.3075	4.4	—	175	125	10	21	19
2002	215	—	—	—	215	215	160	8	19	28
2003	222	—	—	—	222	230	175	9	18	28
2004	237	—	—	—	237	238	181	11	19	27
2005	242	—	—	—	242	245	188	8	21	28
2006	261	—	—	—	261	262	203	7	23	29
2007	261	—	—	—	261	263	203	7	22	30
2008	287	—	—	—	287	290	225	6	23	36
2009	334	—	—	—	334	335	263	5	25	42
2010	301	—	—	—	301	320	263	4	23	30

（五）基础设施

住房　移民建场以来，住房难一直是困扰人民群众的突出问题。1991—2010 年，通过国家扶持，全乡累计改造危房 2582 户，面积 153741 平方米。80%的农户危房得到改造，部分农户建成了楼房，有的还修建别墅式农家小院。1991—2010 年，全乡共新建住房 1406 栋，面积 223060 平方米。其中楼房 422 栋，面积 106240 平方米；平房 984 栋，面积 116820 平方米。居民人均住房面积达 30 平方米。

供水　1983 年，东洲乡境内原六分场实施首次自来水饮水工程建设，在西港河边修建 30 千瓦提水泵站 1 座，铺设 8 公里水泥主水管道，从西港河取水，分送至各队。1991 年以后，全乡逐年开始饮水工程改造，先后建立供水站 3 座。至 2000 年，境内居民全部用上自来水。2004 年，国家投资进行饮水工程升级改造，至 2008 年完成。至此，全乡居民全部用上干净卫生的自来水。

道路　柳和线从境内穿过，东至柳林嘴码头，西至西湖镇，从西湖镇可直达汉寿、常德。2001—2010 年，新建通乡公路 10.7 千米，新建通村公路 18.82 千米，实现村村通水泥路。每日有各类车辆往返于乡村，交通便捷。

电信　1990 年以前，境内使用的都是移民建场初期的“摇把子”电话机，1991 年改装成自动电话，尔后又更换成程控电话。1998 年，移动通信开始出现，部分青年人率先购买手机，以后逐年增多，至 2010 年，手机普及到每一个家庭。全乡拥有手机量达 18656部。

电视　20 世纪 80 年代末，部分农户有了小型黑白电视机。1991—2000 年，电视机入户率逐年攀升，且很多农户开始用彩色电视机。至 2010 年，大多数农户换用彩电，全乡拥有彩电 4574 台，黑白电视机基本被淘汰。1997 年建立有线电视差转站，入户率 60%以上。通过差转站可收视 80 多个频道的节目。

电力　自 1990 年全区变电站增容至 8200 千伏安以来，东洲乡原三个办事处（东洲、新港、鼎港）的照明用电能基本保证，但线路的老化，电容量的不足，设备的陈旧远远适应不了时代的发展和现实的要求。

2002 年，西湖区开始电网改造，境内所有外线全部更换，修建输电线塔 9 座，拉输电主线 13.85 万米，分线 23.56 万米，安装变电箱等配套设施 38 处。为 2 万多名群众解决用电问题。2009 年，全乡进行第二次局部电网改造，至 2010 年全乡共新建 100 千伏变压器 6 台，80 千伏变压器 2 台，新装综合计量箱 7 台，新拉 0.4 千伏旧线路 41.2 米，10 千伏线路 198 米，改造 0.4 千伏旧线路 9027 米。2010 年全乡人均用电量 359 千瓦时。

（六）文教卫生

文艺　1991 年以前，境内原生产队都办有业余文艺宣传队，自编自演各种小型文艺节目。1991 年以后，文艺小分队、腰鼓队、舞龙舞狮队开始兴起，每年演出几十场，活跃于全乡及周边乡镇，颇受人们喜欢。至 2010 年，全乡有个体腰鼓队 2 支，有队员 40 余人。舞龙舞狮队4支,有队员80余人,每年演出70多场。1997年成立“火牛管乐队”,有队员21人,每年演出90多场。2009年成立“兴旺军鼓艺术团”,有队员20人,每年演出100余场。至2010年,有村级文化站12个,青年文艺之家12处,村级图书室12个,各藏书5000余册。

教育 从2001年开始,境内相继成立3所幼儿园,即苗苗幼儿园、小星星幼儿园、新港幼儿园。教职工共21人,在园幼儿常年保持在600人左右。1991年,境内有小学10所,其中中心小学3所、初小7所。1992年后,几次调整学校布局,至2004年,境内只设3所完全小学,即东洲、新港、鼎港小学。2010年3所完小有教职工96人,在校学生1375人。小学适龄儿童入学率100%,巩固率99%以上。

1983年,农场在六分场曾设立第二初级中学,1992年更名为西湖三中。2006年,该校搬至西湖一中与其初中合并,仍为西湖三中,2009年,该校与西湖一中合并。

卫生 1991—2002年,境内有卫生所3所,医务人员12人。2003年,实行改制,原卫生所改由私人经营。此后,乡村私人诊所开始发展,至2010年,境内有私人诊所25所,从业人员28人。

附:分场(办事处)及东洲乡领导班子成员名录表

新港分场(四分场、新港办事处)领导班子成员名录表

表1-1-2

单位演变名称	负责人姓名	性别	职务	任职年限
新港分场	邓纯	男	党总支书记	1987.3—1991.3
	刘助中	男	场长	1992.1—1992.12
	王求来	男	副场长	1990.3—1992.12
	夏爱山	男	副场长	1990.2—1993.6
	周云武	男	党总支副书记	1991.1—1993.5
	郑所孝	男	党总支书记	1991.3—1992.5
	朱健平	男	党总支副书记	1991.4—1992.3
	彭光庆	男	党总支副书记	1991.3—1992.3
	余志新	男	党总支副书记	1991.4—1992.3
	刘六林	男	副场长	1991.3—1992.3
	朱续辉	男	副场长	1991.4—1992.3
	夏经纬	男	书记	1992.5—1994.3
	邓刚岩	男	场长	1992.12—1994.3

续表 1-1-2

单位演变名称	负责人姓名	性别	职务	任职年限
	夏运会	男	副书记	1992.3—1994.3
	张人忠	男	副书记	1992.3—1994.3
	谢国勇	男	党委委员	1992.3—1994.3
	戴志华	男	党委委员	1992.3—1994.3
	邓苏洲	男	党委委员	1992.3—1994.3
四分场	彭春生	男	书　记	1995.3—1998.3
	王映明	男	场　长	1995.3—1998.3
	张文辉	男	场　长	1998.12—2000.12
	夏偿和	男	副书记	1995.3—1998.3
	苏绿林	男	副书记	1995.3—1998.3
	夏运会	男	副书记	1995.3—1998.3
	戴志华	男	副书记	1995.3—1998.3
	邓苏洲	男	党委委员	1995.3—1998.3
	黄湘春	男	党委委员	1995.3—1998.3
	周艳辉	男	副场长	1996.3—1996.12
新港办事处	刘怡志	男	党委委员	1998.1—1999.1
	谢晴亮	男	书　记	1998.3—2010.4
	伍文明	男	主　任	2001.1—2009.12
	程爱华	男	副书记	1999.3—2009.3
	戴建雄	男	副主任	1999.4—2009.3
	程伯安	男	副书记	1999.4—2009.3
	龚旦生	男	副主任	1999.3—2009.3
	王永来	男	副主任	1999.1—1999.12
	刘　琪	男	副主任	1994.3—2009.3
	谢孟良	男	党委委员	1998.1—2002.8

鼎港分场(五分场、鼎港办事处)领导班子成员名录表

表 1-1-3

单位演变名称	负责人姓名	性别	职务	任职年限
鼎港分场	刘让丰	男	党总支书记	1988.3—1991.3
	周佑夫	男	党总支副书记、场长 党委书记	1991.3—1992.1 1992.2—1995.12
	余志新	男	场长	1992.3—1995.3
	余国荣	男	副书记	1991.4—1993.3
	朱续辉	男	副书记、副场长	1991.3—1993.3
	万经年	男	副场长	1991.4—1993.5
	杨　辉	男	副场长	1991.3—1993.4
	汪本和	男	党总支委员	1991.3—1993.5
	周艳辉	男	党总支委员	1991.3—1993.4
	周一夫	男	书记	1995.12—1999.3
	杨　辉	男	场长	1994.4—1997.3
	万经年	男	副书记	1994.4—1997.3
	谌永长	男	副书记	1998.3—1999.2
	周艳辉	男	副场长	1994.5—1997.4
	汪本和	男	党委委员	1994.3—1997.5
	姜培兰	男	党委委员	1994.5—1997.3
五分场	刘六林	男	书记	1999.3—2002.4
	易梦康	男	场长	1998.4—2001.5
	周艳辉	男	副书记	1999.3—2001.3
	吴鹏伟	男	副场长	1998.2—2001.3
	洪振荣	男	副场长	1998.4—2001.3
	汪本和	男	党委委员	1998.4—2001.3
	黄志军	男	党委委员	1998.3—2001.4
	易梦康	男	书记	2002.5—2006.3
	曾维斌	男	主任	2002.5—2006.4

续表 1-1-3

单位演变名称	负责人姓名	性别	职　务	任职年限
鼎港办事处	吴鹏伟	男	副书记	2002.5—2006.4
	易著辉	男	副主任	2002.5—2006.3
	谌永长	男	书　记	2007.5—2009.3
	彭先道	男	主　任	2007.4—2009.3
	王永来	男	副书记	2003.5—2008.5
	袁　政	男	副书记	2007.4—2009.3

东洲分场(六分场、东洲办事处)领导班子成员名录表

表 1-1-4

单位演变名称	负责人姓名	性别	职　务	任职年限
东洲分场	曾德富	男	党总支书记	1991.3—1992.3
	胡玉雄	男	场　长	1991.3—1992.3
	卿定宗	男	党总支副书记	1991.3—1992.3
	陈满生	男	副场长	1991.3—1992.3
	马远尧	男	党总支委员	1991.3—1992.3
	刘助汉	男	党总支委员	1991.3—1992.3
	胡玉雄	男	书　记	1992.3—1994.3
	毛友明	男	场　长	1992.3—1993.3
	陈满生	男	副书记	1992.3—1993.3
	马远尧	男	党总支委员	1992.3—1993.3
	刘助汉	男	副场长	1992.3—1993.3
	戴竹青	女	党总支委员	1992.3—1993.3
	周福忠	男	场　长	1993.3—1996.12
	王映民	男	副书记	1993.2—1995.3
	曾寿生	男	副书记	1995.3—1996.3
	陈满生	男	副书记	1994.3—1996.3
	刘六林	男	副书记	1995.3—1998.3
	马远尧	男	党委委员	1994.3—1995.3
	戴竹青	女	党委委员	1994.3—1995.3
	曾维斌	男	党委委员	1995.3—1996.3
	余志新	男	书　记	1995.4—1998.2

续表 1–1–4

单位演变名称	负责人姓名	性别	职务	任职年限
	张人忠	男	场长	1997.1—1998.2
	陈满生	男	副书记	1996.3—1997.4
	刘福初	男	副书记	1996.3—1997.3
	马远尧	男	副场长	1996.4—1997.4
	戴竹青	女	副场长	1996.4—1997.3
	刘爱福	男	党委委员	1996.4—1997.3
六分场	袁介中	男	书记	1998.11—2000.1
	万经年	男	场长	1997.4—199.3
	苏绿林	男	场长	1999.4—2001.3
	马远尧	男	副场长	1998.3—2000.3
	曾维斌	男	副场长	1998.3—1999.3
	戴竹青	女	副书记	1998.3—2002.3
	刘爱福	男	党委委员	1998.3—2002.3
	张文辉	男	书记	2000.2—2002.5
	袁志明	男	场长	2001.3—2002.7
	龚旦生	男	副书记	2000.3—2002.3
	马远尧	男	副场长	2000.3—2002.3
	王本合	男	党委委员	2000.3—2002.3
	王永来	男	党委委员	2000.1—2002.5
东洲办事处（合并前）	袁志明	男	书记	2002.7—2004.3
	龚旦生	男	主任	2002.4—2004.3
	马远尧	男	副书记	2002.5—2003.3
	刘爱福	男	党委委员	2002.3—2003.3
	王本合	男	党委委员	2002.5—2003.3
	龚旦生	男	书记	2004.3—2007.3
	朱健平	男	主任	2004.4—2007.3
	马远尧	男	副书记	2003.5—2005.3
	彭先道	男	副主任	2002.5—2007.4
	王本合	男	党委委员	2003.5—2005.3
	曾维斌	男	书记	2007.3—2010.4
	刘江文	男	副书记、主任	2007.3—2008.3
	马远尧	男	副书记	2006.3—2008.3
	王本合	男	副主任	2006.3—2010.4

续表 1-1-4

单位演变名称	负责人姓名	性别	职务	任职年限
	吴　思	男	副主任、党委委员	2007.3—2008.3
	谢艳艳	女	副主任、党委委员	2008.5—2010.4
	王铁生	男	主　任	2008.4—2010.4

东洲办事处(合并后)领导班子成员名录表

表 1-1-5

单位演变名称	负责人姓名	性别	职务	任职年限
东洲办事处	刘登勇	男	书　记	2010.5—2010.8
	彭先道	男	主　任	2010.5—2010.8
	袁　政	男	副书记	2010.5—2010.8
	王本合	男	副书记	2010.5—2010.8
	王　斌	男	副书记	2010.5—2010.8
	戴龙堂	男	副主任	2010.5—2010.8
	夏建辉	女	党委委员	2010.5—2010.8

东洲乡领导班子成员名录表

表 1-1-6

单位演变名称	负责人姓名	性别	职务	任职年限
东洲乡	王求来	男	代书记	2010.9—2010.12
	周　浩	男	代乡长	2010.12—2010.12
	王本合	男	党委委员	2010.9—2010.12
	袁　政	男	党委委员	2010.9—2010.12
	夏建辉	女	党委委员	2010.9—2010.12
	邓吉傲	男	党委委员	2010.9—2010.12
	何志雄	男	党委委员	2010.9—2010.12
	邓付云	男	党委委员	2010.9—2010.12

二、西洲乡

(一)概况

西洲乡位于西湖管理区西半部,东与西湖镇渔场、东湖、东洲乡新兴村接壤;西抵汉寿县复兴障东堤凹峡对岸及邓家沟东岸,分别与鼎城区黑山嘴乡和汉寿县灌头嘴乡毗邻;南靠西港河,与汉寿县周口、文蔚乡隔河相望;北抵黄珠洲、自邓家沟东岸入口起至黄珠洲止,以大黄泥湖南岸为界。全乡土地总面积28.98平方千米,折合43380亩,其中耕地面积28648.7亩。2010年年底,全乡总人口18441人,其中农业人口6227人、非农业人口12214人,全乡辖新北河、黄泥湖、同兴、裕民、幸福、安康、西洲、田园、建湖、永安10个行政村,乡人民政府驻十字闸。1991年国内生产总值1315万元,2010年国内生产总值13128万元,是1991年的9.98倍。1991年农民年人均纯收入603元,2010年农民年人均纯收入4932元,是1991年的8.18倍。

2011年3月,西洲乡召开党代会

(二)农业

水稻 1991年境内水稻种植面积27310亩(含甩亩),其中早稻10830亩,中稻1250亩,晚稻15230亩,总产量9681吨。20世纪90年代后期,特别是进入21世纪,由于优质杂交稻品种的推广应用,单产普遍提高,故大力推广种植优质高产的杂交稻,扩种一季稻,缩减双季稻,常年水稻种植面积相应减少。至2010年,全乡水稻种植面积14507亩(含甩亩),总产量6875吨。

棉花 1991年,全乡棉花种植8061亩,总产皮棉652.9吨。2002年后,随着棉花价格上涨,棉花种植面积逐年扩大,至2010年,达15193亩(含甩亩),总产皮棉1822吨,是1991年的2.71倍。

油料 西洲乡的主要油料作物就是油菜。1991年,全乡油菜种植面积12476亩,共产菜籽730.45吨,除满足本乡消费外,略有外销。1994年,调整种植业产业结构,大力推广杂交双低油菜油研7号、华杂3号、4、号,油菜的种植一般都是套作在棉田或稻田里,90年代末推广油菜下田,实施油菜板田移栽。2000年,全乡油菜种植面积扩大至14500亩,单产113公斤,菜籽总产量1638.5吨。2010年,油菜种植面积减少至13469亩,单产121公斤,总产菜籽

1665.7 吨，是 1991 年的 2.28 倍。

油料作物除油菜外还有芝麻、花生等，都是零星种植，农户主要用于自己食用，销量甚少。

蔬菜　西洲乡蔬菜种植主要有辣椒、萝卜、蘑菇、香葱、南瓜、苦瓜、丝瓜、白菜等。1991 年，全乡种植蔬菜 2543 亩，总产 3814 吨。因蔬菜种植效益较高，此后逐年扩大种植面积，至 2010 年达 9920 亩，总产 1.98 万吨，是 1991 年的 5.2 倍。

瓜类　西洲乡主要生产西瓜、香瓜。20 世纪 70—80 年代，是西瓜、香瓜生产的黄金时期，常年种植西瓜 1851 亩、香瓜 1005 亩。所产西瓜、香瓜品质优良，深受消费者好评。90 年代后期，由于连年种植，西瓜、香瓜品质有所下降，名誉受损，种植面积减少。进入 21 世纪，常规品种逐渐被淘汰，新品种得到推广，有籽西瓜逐步减少，无籽西瓜大面积增加，但昔日辉煌不再。2010 年，全乡西瓜、香瓜种植面积只有 1603 亩，产量 2200 吨。

除西瓜、香瓜之外，20 世纪 90 年代末，在产业结构调整时，曾大力推广蜜本南瓜种植，2001 年达到高潮，当年全乡种植面积达 3100 多亩，产量达 4200 多吨。2004 年后，南瓜价格下跌，产品滞销，导致南瓜种植大面积缩减，2010 年全乡种植面积不足 2000 亩，产量 2709 吨。

林果　西洲乡林果主要有柑橘、桃、梨、柰李、枣、柚等。1991 年，农场提出庭院经济发展规划，重点发展林果业。1992 年，西洲乡原一、二、三分场共建成庭院经济户 512 户，大力发展柑橘、桃、柰李等林果业，种植面积 2200 多亩，后因柰李不耐储存等原因，到 1994 年，大部分柰李树被砍掉改种柑橘。2001 年，按照西湖区委提出的“改造传统农业，发展特色农业，推进市场农业，突出特色，发挥优势，形成一场一品，一场数品”的发展战略，西洲乡原三个办事处从常德、长沙、益阳等地引进早熟椪柑 11 万多株，冠溪蜜柚和沙田柚 2 万多株，新增果园 4000 多亩，改造老橘园 2000 多亩。此后，相继建立起各具特色的林果基地，规模较大的有原裕民办事处六队（现同兴村）的无核椪柑示范片，原下窖办事处大寨路以南的柑橘、脐橙林果带。至 2010 年，全乡林果面积达 6600 多亩，共产各种水果 5940 吨。

养殖　西洲乡养殖业分为禽畜养殖和水产养殖两大类，禽类主要有鸡、鸭、鹅等，畜类主要有猪、牛、羊、狗、兔等；水产类以青鱼、草鱼、鲢鱼、鳙鱼为主，此外，还有特种水产。

20 世纪 90 年代初，禽畜一般是家庭圈养，规模都较小。常年养猪 1.3 万头左右，家禽 4.8 万余羽。90 年代中后期，调整产业结构，养殖业迅速发展，涌现出一批养殖大户。2000 年后，养殖业向名、优、特发展，产值迅速提高。2001 年，饲养牛 510 头，生猪 16158 头，出栏生猪 9165 头。饲养家禽 31.2 万羽，出笼 27.3 万羽。产鲜蛋 540 吨，鲜鱼 610 吨。2010 年，饲养牛减少到 375 头，饲养生猪减少到 15460 头，其中出栏 9862 头。存笼家禽 17.3 万羽，出笼 22.6 万羽，产鲜蛋 402 吨，鲜鱼 850 吨。

（三）乡办企业

西洲乡历来以农业为主，工业基础十分薄弱。20 世纪 80 年代末开始兴办集体企业，至 1991 年办有第一食品罐头厂、西洲食品加工厂、下窖食品酿酒厂、西洲砖厂，从业人员 130 余人，年均总产值 237 万余元，利税 24.7 万元。此后，由于受经济体制制约，加之管理不善，市场营销不畅,导致企业先后停产、关闭。至2010年,仅剩西洲砖厂尚在运作。1991年,有个体工商户32户,从业人员38人。进入21世纪,个体工商业发展迅速,至2004年,全乡有个体工商户63户,从业人员84人。2010年个体工商户增至116户,从业人员139人。2010年与1991年比,个体工商户增加了84户,从业人员增加了101人。

(四)财政收支

1991—2001年,财政收入来源主要是税金和农户上交的各项管理费。2001年后,逐步取消部分行政事业性收费和政府性基金及管理费,减免部分税费,至2006年,彻底取消农业税。从2002年开始,财政收入来源为区财政拨款。西洲乡原各办事处作为全额拨款单位,实行财政预算制,由区财政局每年按照财政预算拨付工作人员工资和各项工作经费。历年财政支出略大于收入。

附:西洲乡财政收支情况统计表

西洲乡财政收支情况统计表

表 1-1-7

单位：万元

年度	总收入	其中			总支出	其中			
		税金管理费	预算外收入	财政拨款		干职工工资	防汛抗旱费	小农水工程费	办公费
1991	120.5	118.1	2.4	—	122.4	87.3	13.5	14.2	7.4
1992	126.4	120.2	6.2	—	128.8	88.5	16.6	14.5	9.2
1993	133.2	130	3.2	—	136.3	92.2	14.2	16.6	13.3
1994	139.1	132	7.1	—	142.1	92.2	12.4	20.5	17.0
1995	140.5	131.5	9.0	—	143.3	96.5	13.5	18.8	14.5
1996	142.8	134.6	8.2	—	145.6	98.8	14.1	21.2	11.5
1997	146.9	141.1	5.8	—	150.2	102.3	11.3	21.6	15.0
1998	151.4	144.5	6.9	—	155.8	105.1	16.5	18.4	15.8
1999	156.9	148.3	8.6	—	166.8	114.5	15.4	21.7	15.2
2000	166.8	160	6.8	—	175.5	122.6	12.4	19.5	21.0
2001	174.1	166.9	8.1	—	182.6	132.3	9.2	20.3	20.8
2002	214.5	—	—	214.5	215.6	158.3	12.8	18.3	26.2
2003	221.4	—	—	221.4	230.5	170.5	15.6	17.5	26.9
2004	235.8	—	—	235.8	235.4	172.7	13.1	19.2	31.1
2005	241	—	—	241	246.3	177.4	15.4	22.8	30.7
2006	260	—	—	260	263.4	186.5	17.4	24.5	35.0
2007	261	—	—	261	265.2	189.6	18.8	25.2	31.6
2008	285	—	—	285	291.3	214.3	19.6	26.6	30.8
2009	332	—	—	332	336.8	254.4	20.5	29.1	32.8
2010	209.5	—	—	209.5	345.4	257.8	22.8	31.7	33.1

(五)基础设施

住房　1991 年,西洲乡原 3 个分场共有住房 1882 栋,8718 间,总面积 183078 平方米,人均居住面积 10.5 平方米。这些住房大部分都是移民建场时修建,早已破烂不堪。为了改善移民居住条件,省移民局以湘移函〔1999〕27 号文件批复西湖移民危房改造方案。1999 年,西洲乡原 3 个分场正式开始实施危房改造,至 2001 年年底,全部完成,共新建住房 735 栋,改建、扩建住房2405 栋。2008—2010 年,通过国家扶持,又有部分农户住房得到改建或扩建。至 2010 年年末,全乡共有住房 5458 栋,18092 间,住房总面积 542760 平方米,人均 29.4 平方米。

道路　柳和线是穿过西洲乡中部的一条砂石公路,是西湖通往汉寿的主动脉,长 16 千米。1999—2000 年,农场筹资 800 多万元对此路进行硬化改造,使之成为水泥公路。境内原来有 3 条乡级简易砂石公路,即西湖镇通往 3 个分场(办事处)的通乡公路。2006—2010 年,全部改造成水泥公路,共 9.03 千米。2006 年以前,全乡没有一条村级水泥公路,从 2006 年开始,修建村级水泥路,至 2010 年,实现村村通水泥路,共 16.75 千米。并且还有部分村内的主要人行道也建成水泥路。

供水　20 世纪 80 年代,原 3 个分场均建有自来水站,但设备已老化,输水管多处破损,水质也不达标。1998 年开始对原有自来水站进行改造,2002 年 10 月,改造全面完成。2009 年,原下窖办事处投资 50 万元改造清水池、机电设备、公益管网等,管网辐射 1200 米,惠及 1000 人。2010 年,原下窖办事处又投资 156.7 万元(包括中央财政 94.02 万元,省财政 25.07 万元,市配套 24.44 万元,其他 13.17 万元),修建新的自来水厂,管网辐射 12000 米,供水 1403 户 4334 人。至此,西洲乡人民全部用上自来水。

电力　2002 年,原 3 个办事处开始启动电网改造,所有外线全部更新,修建输电线塔 10 座,拉输电主线路 13.2 万多米,分线路 22.4 万多米,安装变电箱等配套设施 32 处,全乡1.5 万多名群众彻底解决了用电问题。2009 年,全乡进行第二次局部电网改造,至 2010 年,全乡共新建 160 千伏变压器 4 台,80 千伏变压器 1 台,新装综合计量箱 5 台,新拉 0.4 千伏线路 3107 米,10 千伏线路 244 米,改造 0.4 千伏旧线路 8855 米,确保正常安全用电。2010 年,全乡年人均用电量 358 千瓦时。

通信　20 世纪 90 年代,全乡的主要通讯方式有信件、电报和有线电话,90 年代末,西洲乡原各分场与汉寿县电讯部门经过协商决定推广程控电话,由于安装费用高(安装 1 门程控电话 1800~2000 元,另月租 15 元),当时只安装了 224 门。2000 年后,初装费降至 600 元/门,要求安装的人数激增,至 2001 年,增加至 2325 门,2010 年略有减少,因手机通话方便,部分人弃座机而用手机。

通信发展的另一方面是手机的普及。1997 年手机才进入西洲乡,由于价格高,用户较少。2007 年,电讯部门在原三个办事处投资修建移动、联通等通讯塔 4 座,提高了手机信号强度和通话质量。加上此时手机价格猛跌,且款式新、功能多,手机用户大增。至 2010 年,全乡手机拥有量达 17595 部。

电视　1998年,原各分场相继建成有线电视站。与原来相比,节目数量增多,可收看80多个频道的节目,且收视效果好。2010年全乡有线电视用户达到917户。20世纪80年代末至90年代初,部分农户有了小型黑白电视机,90年代中后期,一般农户都有了黑白电视机,有的有了彩电。至2010年,农户全部换用彩电,全乡拥有彩电4408台,黑白电视机被淘汰。

(六)文教卫生

文艺　境内有"野奏"乐队和"梵贝声"农民文艺宣传队。"野奏"乐队成立于1997年,有演艺人员14人,每年演出120多场。"梵贝声"农民文艺宣传队成立于2009年,有演艺人员50多人,2010年发展至70多人。该队围绕党的路线、方针、政策,采用群众喜闻乐见的表演形式(快板、歌舞、相声等)开展宣传活动,每年演出近100场。境内有文化广场一处,该广场共投资40余万元,于2009年11月动工修建,2010年2月正式竣工。广场占地面积4000多平方,内设室内活动室、戏台、篮球场、健身房,是一个集文化娱乐、健身、休闲于一体的群众性文化广场。

教育　境内有私营幼儿园3所:童心幼儿园,成立于2002年9月,教职工2人,在园幼儿常年保持100人左右。阳光幼儿园,成立于2002年9月,教职工3人,在园幼儿常年保持100人左右。春蕾幼儿园,成立于2008年9月,有教职工2人,在园幼儿常年保持在90人左右。1991年,境内有小学10所,其中中心小学3所、初小7所。1992年后,通过几次调整学校布局,至2004年,境内只设3所完全小学,即裕民、西洲、下窖小学。2010年,3所完全小学有教职工38人,在校学生741人。小学适龄儿童入学率100%,巩固率99%以上。

20世纪70年代,各分场联校的中心校都曾办过初中部甚至高中部,但均只办了几年就停办。1983年,农场在原二分场设立西湖第一初级中学(1992年更名为西湖二中),在原三分场联校设立附属中学(简称三附中)。2000年,三附中并入西湖一中。2002年,西湖二中并入西湖一中。

卫生　1991年,境内有分场卫生所3家,医务人员10多人。生产队私人小诊所30余家,每家诊所医务人员1人,共30多人。20世纪90年代后期,通过规范整顿,撤销一批不合格的私人诊所。90年代末,3家卫生所相继承包给私人经营,2002年以后,又改制为私营卫生所。至2010年,全乡共有乡级卫生所3家,村级医务室28家,从业人员53人。

附:分场(办事处)及西洲乡领导班子成员名录

裕民分场(一分场、裕民办事处)领导班子成员名录表

表 1-1-8

单位演变名称	负责人姓名	性别	职务	任职年限
裕民分场	阳立群	男	党总支书记、党委书记	1991.3—1996.12
	陈代聪	男	党总支副书记、党委副书记	1991.3—1995.10
	陈代永	男	党总支副书记、党委副书记	1991.3—1998.9
	夏胜利	男	党总支委员、副场长	1991.3—1993.12
	伍贤益	男	党总支委员、副场长	1991.1—1992.4
	夏吉祥	男	党总支委员	1991.3—1993.12
	汪　清	男	党委委员	1993.3—1995.9
	何　岩	男	党委委员、副场长	1993.3—1997.10
	方正福	男	党委委员、副场长	1993.3—2002.4
	袁介中	男	党委委员、副场长	1993.3—1998.11
	张人忠	男	党委副书记	1995.3—1997.12
一分场	朱剑平	男	党委书记	1996.3—1999.10
	刘福初	男	场长	1997.3—1998.9
	谭小鹏	男	副场长	1997.3—1998.10
	王永安	男	党委委员、副场长	1997.3—2000.10
	苏绿林	男	场长	1998.3—1999.12
	袁志明	男	党委副书记	1998.3—2000.9
	周艳辉	男	副场长	1998.3—2000.10
	刘乐文	男	党委委员	1998.3—2000.12
	张卫华	男	党委书记	1999.3—2000.10
	苏怡福	男	场长 党委书记	1999.3—2000.3 2000.3—2002.4
	谌永长	男	党委副书记、场长	2000.3—2002.4
	曾维斌	男	党委副书记	2000.3—2001.12
	刘助汉	男	副场长	2000.3—2002.4
	周玉先	男	党委委员	2000.3—2001.10
	戴石元	男	党委委员	2000.3—2001.12
	刘登勇	男	党委书记	2002.3—2010.4
	周艳辉	男	党委副书记、主任	2002.5—2008.10
	洪振荣	男	党委副书记、纪委书记	2002.5—2007.10
	方正福	男	党委委员、副主任	2002.5—2005.10

续表 1-1-8

单位演变名称	负责人姓名	性别	职务	任职年限
裕民办事处（合并前）	戴石元	男	党委委员、副主任	2002.5—2007.10
			党委副书记、纪委书记	2007.11—2008.12
	周　浩	男	党委委员、副主任	2007.3—2008.4
			党委副书记、主任	2008.5—2010.4
	王　彬	男	党委副书记	2008.3—2010.4
	戴龙堂	男	党委委员、副主任	2008.3—2010.4

西洲分场（二分场、西洲办事处）领导班子成员名录表

表 1-1-9

单位演变名称	负责人姓名	性别	职务	任职年限
西洲分场	彭学云	男	党总支书记、党委书记	1991.3—1994.12
	伍必勇	男	党总支副书记	1991.3—1993.12
	李跃科	男	党总支委员、党委委员	1991.3—1997.10
	刘其生	男	党总支委员、党委委员	1991.3—1995.10
			党委副书记、场长	1995.11—1998.12
	朱剑平	男	党总支副书记、党委副书记	1992.3—1994.3
			党委书记	1994.4—1996.12
	周一夫	男	党委副书记	1993.3—1995.12
	谌贵诚	男	党委委员	1993.3—1995.10
	夏　芒	男	党委委员、副场长	1993.3—1998.7
	熊双全	男	党委副书记	1998.8—1995.10
	谢晴亮	男	党委委员	1994.3—1995.10
	陈显光	男	党委委员	1995.3—1998.12
	程爱华	男	党委委员、副场长	1995.3—2000.3
			党委副书记	2000.4—2001.12
	伍文明	男	党委委员	1995.3—1998.12
	李德琦	男	党委书记	1996.3—1999.10
	夏延山	男	分场场长	1998.3—2000.8
			党委书记	1999.9—2000.12
	刘少坚	男	党委委员、副场长	1998.3—2002.4
	龚　辉	男	党委委员、副场长	1998.3—2001.12

续表 1-1-9

单位演变名称	负责人姓名	性别	职务	任职年限
二分场	刘怡志	男	副场长	2000.3—2001.10
	王铁生	男	党委委员、副场长	200.3—2002.4
	夏经纬	男	党委书记	2001.1—2001.6
	夏延峰	男	党委书记	2001.7—2001.8
	刘水源	男	党委副书记、场长	2001.1—2001.8
	刘登勇	男	党委副书记、场长	2001.7—2002.4
	夏运会	男	党委副书记	2001.3—2002.4
西洲办事处(合并前)	陈显光	男	党委书记	2002.5—2008.10
	王求来	男	党委副书记、主任	2002.5—2008.10
			党委书记	2008.11—2010.4
	夏运会	男	党委副书记、纪委书记	2002.5—2007.10
	夏　芒	男	党委委员、副主任	2002.5—2007.10
	王铁生	男	党委委员、副主任	2002.5—2007.10
			党委副书记、纪委书记	2007.11—2008.12
	刘少坚	男	党委委员、副主任	2007.3—2008.9
			党委副书记、纪委书记	2008.3—2010.4
	郭建明	男	党委副书记、主任	2008.3—2010.4
	尹国花	女	党委委员、副主任	2008.3—2010.4

下窖分场(三分场、下窖办事处)领导班子成员名录表

表 1-1-10

单位演变名称	负责人姓名	性别	职务	任职年限	备注
下窖分场	刘友云	男	党总支书记、党委书记	1991.3—1994.12	
	夏经伟	男	党总支副书记	1991.3—1992.10	
	刘唐吉	男	党总支副书记	1991.3—1992.12	
	夏延山	男	党总支委员、党委委员	1991.3—1994.6	
			党委副书记	1994.7—1998.2	
	苏怡福	男	党总支委员、党委委员	1991.3—1994.12	
	王求来	男	党总支副书记 党委副书记	1992.3—1994.6	
			党委书记	1994.7—1998.12	
	夏惠香	女	党总支委员、党委委员	1992.3—1999.9	
			党委委员、副场长	1999.10—2002.4	

续表 1-1-10

单位演变名称	负责人姓名	性别	职　务	任职年限
下窖分场	邓群智	男	党委副书记	1993.3—1997.10
下窖分场	夏集云	男	党委委员	1994.4—1998.10
下窖分场	刘建平	男	党委委员	1994.4—1998.10
下窖分场	汪　清	男	党委委员	1995.3—1997.12
下窖分场	刘唐仲	男	党委委员	1995.3—1998.9
下窖分场	刘唐仲	男	党委委员、副场长	1998.10—1999.10
下窖分场	刘唐仲	男	党委副书记	1999.11—2000.12
下窖分场	谌贵诚	男	党委副书记、分场场长	1997.3—1998.12
下窖分场	张卫华	男	副场长	1997.3—1998.10
下窖分场	张卫华	男	党委副书记	1998.11—1999.12
三分场	谢晴亮	男	党委书记	1998.12—1999.12
三分场	陈显光	男	党委副书记	1998.3—1999.3
三分场	陈显光	男	党委书记	1999.12—2002.4
三分场	夏安林	男	党委委员	1998.3—2002.4
三分场	戴建雄	男	党委委员	1998.3—2000.11
三分场	夏新国	男	党委副书记、分场场长	1999.3—2002.4
三分场	彭先道	男	党委委员、副场长	1999.3—2002.4
三分场	马文波	男	党委副书记	2000.3—2002.4
三分场	王永安	男	副场长	2000.3—2002.4
下窖办事处（合并前）	苏怡福	男	党委书记	2002.5—2007.6
下窖办事处（合并前）	夏新国	男	党委副书记、主任	2002.5—2007.12
下窖办事处（合并前）	马文波	男	党委副书记、纪委书记	2002.5—2007.12
下窖办事处（合并前）	刘唐仲	男	党委委员、副主任	2002.5—2007.4
下窖办事处（合并前）	刘唐仲	男	党委副书记、纪委书记	2002.5—2008.8
下窖办事处（合并前）	夏爱山	男	党委委员、副主任	2002.5—2007.8
下窖办事处（合并前）	张文辉	男	党委书记	2007.6—2008.9
下窖办事处（合并前）	李跃明	男	党委副书记、主任	2007.6—2008.8
下窖办事处（合并前）	李跃明	男	党委书记	2008.9—2010.4
下窖办事处（合并前）	张学华	男	党委委员、副主任	2007.3—2008.12
下窖办事处（合并前）	莫佳文	男	党委副书记、主任	2008.3—2010.4
下窖办事处（合并前）	胡助林	男	党委委员、副主任	2008.3—2010.4

西洲办事处(合并后)领导班子成员名录表

表 1-1-11

单位演变名称	负责人姓名	性别	职务	任职年限
西洲办事处	王求来	男	党委书记	2010.5—2010.8
	郭建明	男	党委副书记、主任	2010.5—2010.8
	程伯安	男	党委副书记	2010.5—2010.8
	刘少坚	男	党委副书记	2010.5—2010.8
	胡助林	男	党委委员、副主任	2010.5—2010.8
	邓吉傲	男	党委委员、副主任	2010.5—2010.8
	尹国花	女	党委委员、副主任	2010.5—2010.8

西洲乡领导班子成员名录表

表 1-1-12

单位演变名称	负责人姓名	性别	职务	任职年限
西洲乡	刘登勇	男	代书记	2010.9—2010.12
	彭先道	男	代乡长	2010.9—2010.12
	程伯安	男	党委委员	2010.9—2010.12
	刘少坚	男	党委委员	2010.9—2010.12
	王　彬	男	党委委员	2010.9—2010.12
	胡助林	男	党委委员	2010.9—2010.12
	尹国花	女	党委委员	2010.9—2010.12
	戴明星	男	党委委员	2010.9—2010.12

三、西湖镇

(一)概况

西湖镇位于西湖管理区中部,东临东洲乡,南接新港,西与西洲乡隔河相望,北抵鼎城区黄珠洲乡。全镇土地总面积 10.12 平方千米,折合 15180 亩,其中耕地 5912 亩,水域面积 1745 亩,园林、厂房、街道等面积 7523 亩。2010 年全镇总人口 11051 人,其中农业人口 984 人、非农业人口 10067 人。全镇辖园艺村、新康村、新桥村、渔场和新民社区居民委员会、东湖社区居民委员会。镇人民政府驻东湖路东侧。1991 年国内生产总值 1488 万元,2010 年国内生产总值 12983 万元,是 1991 年的 8.7 倍。1991 年农民人均纯收入 1592 元,2010 年农民人均纯收入 4351 元,是 1991 年 2.7 倍。1991 年,社区居民人均纯收入 1512 元,2010 年,社区居民人均纯收入4850元，是1991年的3.2倍。

(二)农业

水稻 1991年，西湖镇下辖园艺村、新康村、新桥村，园艺村无水田，只有旱土，其余2村共种植水稻340亩，是年产粮150吨。1998年，西湖渔场划归西湖镇管理，使水稻面积增加至2040亩，是年产粮512吨。2005年，新康村水田全部改为旱土，新桥村水田绝大部分亦改为旱土，仅存10亩水田。西湖镇渔场围湖造田1700亩，水稻种植面积增加至2610亩，产粮1045吨。此后几年水稻种植面积未变，但产量逐年提高。至2010年，水稻种植面积仍维持在2610亩，产量1305吨。

2010年9月，西湖镇班子成员研究工作

棉花 1991年，西湖镇只新康村、新桥村种植棉花，面积共275亩，产皮棉22.5吨。此后几年基本维持原种植面积。1995年，新康村、新桥村棉花种植面积增加至347亩，产棉28.91吨。2000年，因棉花价格上涨，销路尚可，园艺村调整土地种植棉花，西湖镇渔场湖改田具备了种棉花条件，是年棉花种植面积734亩，产棉65.1吨。此后，逐年扩大种植面积，至2010年，全镇棉花种植面积达1357亩，产棉164吨，是1991年的7.3倍。

蔬菜 西湖镇园艺村种植蔬菜最早，种植技术比其他村强，因该村村民多系原新化县城郊菜农。1991年，该村种植蔬菜200亩，产蔬菜300吨。此后，其他村也相继种植蔬菜，1993年，全镇蔬菜种植面积增加至880亩，产蔬菜1540吨。此后数年，蔬菜种植面积略有增加，至2009年，全镇蔬菜扩种至2000亩，产蔬菜3900吨，是1991年13倍。2010年基本维持上年种植面积和产量。

油菜 1991年，全镇共种植油菜220亩，产油菜籽22.15吨。此后几年，基本维持这一面积，渔场划归西湖镇后，2000年油菜种植面积增加至250亩，产菜籽29.25吨。2010年全镇油菜种植面积达300亩，产菜籽36.5吨。

西瓜香瓜 1991年，全镇种植西瓜香瓜70亩，产量175吨。从1994年开始，种植面积逐年加大，至1999年，达320亩，产量1280吨，但质量欠佳，卖价不高。是年起，瓜农纷纷改种经济效益较高的棉花和别的作物，西瓜香瓜种植面积大幅减少，至2010年，仅小块零星种植见于田间地头，共50亩。

柑橘 1991年，种植柑橘60亩，产量155吨。因行情看好，以后面积逐年增加，1995年增加至430亩，产量1255吨。2000年，脐橙的价格较柑橘高，部分柑橘嫁接脐橙，是年柑橘种植面积410亩，产量1280吨。后柑橘价格大幅下跌，种植面积随之大幅减少，至2010年，全镇柑橘种植面积仅20亩,产量60吨。

养殖　西湖镇养殖业分为畜禽养殖和水产养殖。畜类主要是猪、牛,禽类主要鸡、鸭、鹅,水产类主要是鱼、珍珠。

1991年,生猪养殖全为家庭圈养,规模都很小,是年,全镇共养生猪770头,其中出栏342头,存栏428头。1996年,有养猪专业户6个。1997年,镇党委、政府鼓励发展养殖业,是年全镇养殖生猪2163头,出栏1303头。此后,引进优良品种,生猪养殖逐年发展。至2010年,全镇共养殖生猪4000头,其中存栏500头,出栏3500头。1991年,镇内有耕牛14头,1999年发展至20头。2000年后,因使用农用机械,结束了用牛耕田的历史。至2010年,虽有几家喂牛的农户,但所喂全是肉牛。

1991年,全镇养殖家禽2318羽,经几年的发展,至1996年,已形成3个家禽养殖场,5个小型家庭雏鸡孵化场,全年共出笼家禽3468羽。1999年,成规模家禽养殖场增至11个。2002年,全镇家禽养殖创5.9万羽的纪录,是1991年的25.5倍,出栏4.3万羽。但此后逐年呈下降趋势,至2010年,仅养殖1.2万羽。

1991年,有养鱼水面343亩,产鱼26.2吨。1998年,西湖渔场划归西湖镇管理,成为西湖镇水产养殖的主要基地。是年,全镇有养鱼水面3800亩,产鲜鱼510吨。2000年后,改湖造田,水面减少,为提高单位面积效益,引进推广名、优、特水产养殖。至2010年,养鱼水面1800亩,出产各类鲜鱼380吨,是1991年的14.5倍。

(三)镇办企业

20世纪80年代中期,西湖镇开始兴办企业,至90年代初,共有企业5家:糕点厂、塑料厂、安瓿厂、食品加工厂、贸易批发部,共有职工177人。1986—1992年年均产值93万元,利税7.5万元。此后几年,企业虽然推行目标管理责任制,实行全员风险抵押承包,但均难扭转亏损局面,相继倒闭。至1998年,镇无所属企业。

镇办企业破产倒闭前后,个体工商业和私营企业在镇区迅速发展起来。1991年,全镇有个体工商户126户,从业人员146人。此后逐年增加,至2000年,个体工商户增至162户,从业人员242人。私营企业4家,从业人员52人。2010年,个体工商户发展至397户,从业人员1206人,私营企业18家,从业人员196人。2010年与1991年比,工商户增加271户,从业人员增加1060人。2010年与2000年相比,私营企业增加14家,从业人员增加144人。

(四)财政收支

1991年,上级政府无下拨款项,镇内干职工工资和一切维持经费来自三个方面:镇属企业所交利润;镇属3个村的管理费上交;镇内向西湖棉麻公司所交棉花的提成。因企业不景气,所交利润甚少;棉花种植面积不大,所交棉花少提成亦少,镇年总收入才17万余元,财政运转困难。1995年开始,农场酌情向镇拨款,镇财政可勉强维持。2002年,西湖镇实行以"三定"(定岗、定编、定人)为核心的机构改革,镇财政被纳入西湖管理区财政拨款范围,干职工工资及办公费概由区财政拨付。

附：

西湖镇财政收支情况统计表

表 1-1-13 单位：万元

年份	总收入	其中			总支出	其中		
		预算收入	预算外收入	上级拨款		预算支出	预算外支出	其他支出
1991	17	13	4	—	17	15	2	—
1992	17	13	4	—	17	15	2	—
1993	19	17	2	—	19	15	4	—
1994	21	17	4	—	21	17	4	—
1995	23	4	2	17	23	17	5	1
1996	27	6	2	19	27	21	4	2
1997	31	5	3	23	31	26	3	2
1998	33	5	3	25	33	27	4	2
1999	35	5	4	26	35	27	5	3
2000	38	7	5	26	38	31	4	3
2001	43	9	3	31	43	37	4	2
2002	65	11	7	47	65	53	7	5
2003	87	13	2	72	87	73	9	5
2004	103	12	6	85	103	91	8	4
2005	116	17	24	75	116	93	17	6
2006	157	24	12	121	157	142	11	4
2007	191	17	15	159	191	173	14	4
2008	213	21	15	167	213	189	17	7
2009	232	17	33	182	232	197	23	12
2010	246	29	31	186	246	205	31	10

（五）基础设施

住房 1991 年，西湖镇居民的住房多系移民建场时所建，早已破旧，有的成了危房。1999 年，镇政府根据省移民局批准的西湖危房改造方案，摸清底子，分步实施。至 2010 年，共改建住房 934 间，22416 平方米。1991—2010 年，部分居民还兴建或购置新房。2010 年，人均住房面积达 29 平方米。

交通 1991 年，两条干线公路柳和线和西黄线均为砂石路面。1994 年，投资 263 万元，将西湖镇至沙河口沙石公路建成柏油路面。1999—2000 年，投资 869 万元，将柳林嘴经西湖镇至和平桥 16 公里沙石路建成水泥公路。2008—2009 年，投资 3000 万元，将镇区教育路、西湖路、东湖路、西常路共 4.8 公里水泥路面改建成油砂路。1991 年 5 月，农场筹资 70 万元，建成集停车、候车、售票、修理、食宿于一体的汽车客运新车站（三级汽车客运站）。1993 年，西湖汽车运输公司尝试经营体制改革，改统一经营为承包经营，1996 年又改承包经营为个体经营。1998 年，个体客运车辆实行统一有序又各显其能的联合经营。2002 年年底，西湖个体客运车发展到 32 辆，996 个座位，开通西湖往长沙、株洲、新化、安化、常德、汉寿、益阳、武陵镇等8条专线。2010年,常德文华汽运公司以275万元价格收购西湖汽运公司。文华汽运公司拥有36辆汽车1098座位,日客均流量490余人次。

电力 1990年6月以前,镇区用电比较紧张,1990年6月,市政府投资50万元对西湖变电站进行扩建增容,电力供需基本趋于平衡。2002年投资1100万元修建新的裕民变电站,启动农网改造工程,改善设施,完善功能。此后,镇区生产和生活用电得到保障。

供水 1990年,投资535万元建成镇区首座供水总站,基本解决镇区及新港、裕民办事处1.4万人的饮水问题。1996—2005年,投资1088万元,将镇区供水总站及各办事处的供水站全部拆除重建,重建后的镇区供水总站供水能力达4000立方米/天,水质较好,供水正常,确保镇区生产、生活用水。

通信 20世纪80年代,全镇的通信方式主要有信件和有线电话,80年代后期开通程控电话,至1995年共安装程控电话机3809台,至2010年达4095台。2000年开通移动通信,中国移动公司、联通公司、电信公司分别在镇区建立通信塔,手机作为新的通信工具倍受欢迎,是年全镇有手机1318部,至2010年达到9108部。

电视 1992年,境内建立有线电视台,可传输模拟电视12套节目,1994年增加至50套节目,是年,开通无线模拟电视。2010年后,又相继开通有线数字电视和无线数字电视,可收看80多套节目。2010年,有线电视用户442户。1991年,一般家庭用的都是黑白电视机,很少有彩电。1995年有彩电442台,2005年发展到3310台,2010年达7703台,黑白电视机被淘汰。

(六)文教卫生

文艺 1998年5月,成立嘉兴艺术团,有演艺人员12人,表演各类文艺节目,每年演出100余场。2005年,成立金秋文艺队,2007年,更名为夕阳红腰鼓队,队员有40多人。每逢寿庆婚嫁或其他红白喜事,腰鼓队应邀表演节目,颇受人们欢迎。境内有休闲广场4处,工会前坪、西湖小学、步行街、国税局各1处。每当气候适宜的早晨或傍晚,4处休闲广场各聚集50人左右,或跳舞,或舞剑,或打太极拳,或打球,欢声一片,自得其乐。2007年开始,镇政府开始筹建“示范文化站”,2009年,修建50平方米的阅览室1间,内置座位50个,购置图书800册。2010年,阅览室增建至4间,150平方米,座位115个,新购图书7224册。

教育 境内有2所公办学校,西湖第一中学和西湖中心小学。1991年,西湖一中占地面积41651平方米,有一栋4层教学楼和几栋平房,有教职工80人,学生949人。西湖中心小学占地面积27700平方米,有1栋2层旧教学楼和几栋平房,有教职工41人,学生827人。1994—1997年,农场加大了对2所学校的投入,实现了“一无七有八配套”(无危房,有围墙,有校门,有校牌,有标准课桌凳,有足够教学用房,有师生食宿条件,有适量劳动基地,有配套的仪器室、实验室、活动室、阅览室、会议室、办公室、保健室、体育活动场地)。2008年,西湖中心小学建成“义务教育合格学校”,由常德市教育局挂牌确认。2010年,西湖一中建成“合格学校”。是年,西湖中心小学有在校学生986人,教职工48人。西湖一中有在校学生 1781 人，教职工 150 人，学校占地面积增至 62650 平方米。1997 年，全镇实现普及九年义务教育，2010 年，普九成果更为巩固，适龄儿童入学率 100%，巩固率 100%，残疾儿童入学率 95%。

境内有 2 所幼儿园：中心幼儿园，成立于 2003 年，是年有入园幼儿 200 人，有专任教师和保育员 14 人。2010 年，入园幼儿增加至 450 人，有专任教师和保育员、管理员、司机等 30 人。新世纪幼儿园，成立于 2002 年，是年入园幼儿 140 人，有专任教师、保育员、司机等 7 人，2010 年，入园幼儿增加至 301 人，有专任教师、保育员、司机等 15 人。

卫生　境内有公办医院 1 所，1991 年称西湖医院，2003 年更名为西湖区人民医院。经过多年建设，至 2010 年已成为设施配套、功能齐全的综合医院。医院占地 10637 平方米，有医务人员 152 人，病床 120 张。另有血防医院 1 所，个体诊所 9 家，药房 8 家，村级卫生室 5 家。

附：

西湖镇历届领导班子成员名录表

表 1-1-14

姓　名	性别	职　务	任职年限
刘业刚	男	党委书记	1991.1—1992.3
马康田	男	镇长、副书记	1991.1—1992.3
杨昌平	男	副书记	1991.3—1997.5
李胜利	男	人大主席、党委委员	1991.1—1998.12
吴海林	男	副镇长、党委委员	1991.1—1995.3
曾明清	男	镇长、副书记	1992.3—1995.1
伍光勇	男	镇长、副书记	1993.5—1994.12
		书　记	1995.1—1998.4
张卫华	男	副镇长、党委委员	1993.5—1997.3
陈代聪	男	镇长、副书记	1995.5—1997.12
李树英	女	副书记	1995.5—2002.6
		人大副主席	1997.4—1998.3
		纪委书记	1998.5—2002.6
谌永长	男	副镇长、副书记	1997.3—1998.3
袁志明	男	副书记	1997.5—1998.4
戴菊华	女	党委委员	1997.5—1999.1
苏怡福	男	镇长、副书记	1998.4—1999.1
夏吉祥	男	人大副主席	1998.4—2005.3
杨　辉	男	党委书记	1999.1—2004.7
万经年	男	镇长、副书记	1999.3—2002.2
		纪委书记	2002.7—2007.5
马文波	男	副书记	1999.1—1999.12
易梦康	男	人大主席	2001.4—2002.4

续表 1-1-14

姓　名	性别	职　务	任职年限
杨　辉	男	人大主席	2003.7—2004.7
伍强健	男	党委委员	1991.1—2010.12
		副镇长	2003.7—2004.9
		副书记、纪委书记	2007.5—2007.9
		人大主席	2007.9—2010.12
谌永长	男	镇长、副书记	2003.7—2004.7
		党委书记、人大主席	2004.7—2006.4
张文辉	男	镇长、副书记	2004.7—2007.5
方正福	男	人大副主席	2005.4—2007.5
李华容	女	副镇长	2006.3—2010.12
王小才	男	副镇长	2007.4—2008.3
		政协联络主席	2008.3—2010.12
何　岩	男	党委书记	2006.4—2010.4
李宗希	男	人大副主席	2007.9—2010.9
朱剑平	男	镇长、副书记	2007.5—2008.4
刘江文	男	镇长、副书记	2008.5—2010.12
何志雄	男	副镇长	2009.10—2010.12
伍文明	男	党委书记	2010.4—2010.6
汪　清	男	党委书记	2010.6—2010.12

西湖镇新办公楼

第二章　自然环境

第一节　地质地貌

一、地　质

现今之西湖管理区所在地，曾是洞庭湖的一个组成部分，早在4000多年以前就有先民在此繁衍生息。

“秦汉以前，云梦泽南连长江，北通汉水，方九百里……长江出三峡后，入云梦调蓄再下汉口。那时洞庭湖只是君山附近的一小块水面，其余都是被湘、资、沅、澧四水切割的沼泽平原……至南朝时，云梦泽由过去九百里演变到四百里，迫使荆江水位抬升，江水倒灌洞庭湖，使洞庭湖南连青草，西吞赤沙，横亘七八百里。”(《洞庭湖水利志》)。

境内地质皆属松散堆积层。

0.00米~17.15米(由地表往下计，下同)，为褐色、褐红色粉质黏土。其中间部为灰绿色黏土，含有机质，质地细腻，具滑感，属全新统(Q4)湖积相。

17.15米~86.75米，顶部为沙质黏土，其下分别为沙砾卵石层、卵石层及含卵砾沙层，属上更新统(Q3)冲击层。

86.75米~144.40米，其上部为黑色粉细沙及灰绿色粉砂质黏土，下部为灰色沙砾石层，局部夹粉细沙及黏土层，属中更新统(Q2)冲击层。

二、地　貌

西湖管理区地形似葫芦，蒂生于东，腹落于西，东西全长15千米，南北最宽8千米(南屏电排至月亮洲)，最窄2.5千米(鼎港至六合洲)，周围全长43.5千米。地势由西北向东南倾斜，芦腹有新港河横贯南北，将全区分为东、西两部分。

西部：北面月亮洲最高，海拔高程33.87米(黄海高程，下同)，黄泥湖、黑鱼港一带，由32米~28米向东南倾斜；西南柳浪、南屏一带，由30.2米~27.2米向北倾斜；中心地带的西湖、十字闸、大西湖渔场一带最低27米~30米。整个西部呈盆形地势。

东部：较西部地势平坦，但其中浪耙湖一线稍低，海拔高程为27.5米~28.3米，浪耙湖以北一带为29.0米~30.7米，以南一带为28.5米~30.9米，整个东部呈狭长、河谷地势。

全区地势平坦,四周稍高,中部略低。西部黑鱼港海拔高程34.8米,为全区最高点。大西湖北面靠春晓电排站处,海拔26.8米,为全区最低点,高低相差8米。全区海拔高程29.5米以下面积8378亩,占总面积7.8%,32.0米以上面积26175亩,占总面积24.3%,29.5米~32.0米面积73273亩,占总面积67.9%。

第二节　气　候

一、四季变化

西湖管理区域气候,处于中纬度中亚和北亚季风区内,又值湖南凹形地势北端入口处,为北方冷空气南侵湖南之首冲。具有季风影响强烈、天气多变、热量丰富、雨水充沛、四季分明的特点。

四季按日平均温度划分,10℃~20℃为春季和秋季,超过22℃为夏季,低于10℃为冬季。冬夏时间长,春秋时间短。春季,3月25日—5月28日(65天);夏季5月29日—9月15日(110天);秋季9月16日—11月20日(64天);冬季11月21日—3月24日(126天)。

春季,受北方冷空气团与太平洋暖气流交相影响,气温呈非周期性变化,暴冷暴热。寒潮来时,气温骤降,并伴有大风和连绵阴雨;寒潮过后,气温急升,风和日暖。

夏季,前段受太平洋暖气流影响,暴雨时至,旷日不歇。4—6月雨量约占全年雨量41%,是为汛期。后段受太平洋副热带高压控制,持续高温少雨,盛行西南风。

秋季,气温由高到低,降温快,少雨易旱。9月北方冷高压南侵,出现规律性寒露风。

冬季,常受大陆冷高压控制和高纬度冷气团影响,北方寒流频频南侵,盛行偏北风,气温低,气候阴湿。

二、日照与降雨

全年平均日照1702.4小时,日照率38%,其中7月、8月最为充足,其日照率分别为58%和57%。7月下旬每日日照达9.2小时。年平均太阳辐射总量106.77千卡/平方厘米,最多年为115.72千卡/平方厘米,最少年为99.91千卡/平方厘米。

1991至2010年平均降雨1313.39毫米。年降雨量主要集中在4—6月,历年4—6月平均降雨523.2毫米,占全年雨量41%,全年雨日128天,4—6月年均降雨日44天,占全年雨日34.4%。最大日降雨量1999年4月23日239毫米,最大年降雨量2002年2406毫米。

三、气　温

年平均气温 16.7℃。1 月最冷，月均气温 4.2℃，极端最低气温为 –14.5℃（1977 年 1 月30 日）。7 月最热，月均气温 33.2℃，极端最高气温 38.9℃（1963 年 7 月 29 日）。无霜期年平均 274 天。

全年≥0℃积温平均 6073.3℃，≥5℃积温平均 5760.6℃，≥10℃积温平均 5310.8℃，≥15℃积温平均 4495.3℃，≥20℃积温平均 3479.5℃。

稳定通过 15℃初日平均为 4 月 24 日（1979 年为 2 月 20 日，1988 年为 5 月 11 日），终日平均为 10 月 25 日（1981 年为 10 月 10 日，1987 年为 11 月 25 日），间隔期 185 天。

稳定通过 10℃初日平均为 3 月 25 日（1978 年为 1 月 7 日，1974 年 4 月 17 日），终日平均为 11 月 20 日（1981 年为 11 月 14 日，1978 年 12 月 26 日），间隔期 241 天。

稳定通过 5℃初日平均为 2 月 27 日（1977 年为 2 月 18 日，1982 年为 3 月 28 日），终日平均为 12 月 10 日（1979 年为 11 月 25 日，1980 年为 12 月 23 日），间隔期 287 天。

第三节　水　文

一、河　流

西湖管理区东临澧水洪道，澧水源于桑植，其尾闾干流绕石龟山，白涛湖，过沙河口，走西湖管理区东侧三角堤段，流经柳林嘴，然后归入目平湖。

西湖管理区所在地围垦前，澧水尾闾支流自蒿子港、冲天湖一带迂回南下，于西湖大垸西北部与沅水交错相汇，顶托其间，致使整个西湖大垸洪患时至，垸障屡溃。1954 年治理洞庭湖，合修西湖大垸，撇澧水于东北，撇沅水于西南，使沅澧两水分流。

酉港河

沅水源于贵州南部都匀市云雾山，出贵东而入湘西，经黔阳、辰溪、沅陵、桃源、常德、汉寿而入洞庭湖。沅水入汉寿境后，出围堤，过小港，于鸭子港处分南北两支。南支直入目平湖，北支在合修西湖大垸前出易家嘴，绕文蔚经保和障，于西湖管理区西南涌入,与澧水汇合。合修西湖大垸后,则沿大垸之堤东出赵家河。

西港河 合修西湖大垸前,为长沙至津市、安乡航道。合修西湖大垸时,在小港口处修堤堵口,在柳林嘴处筑堤断流。从此,西港河废,成为西湖大垸调蓄内河。河长 24.3 千米,河床面宽 350 米,最大调蓄量 5660 万立方米,汛期蓄洪,旱季灌田。

新港河 系西港河支流,为境内唯一河道。全长 4.134 千米,河面宽 30 米 ~100 米,河床海拔25.0 米,河堤高程 34.0 米,一般水位 30.5 米,最高水位达 33.05 米(2002 年 5 月 14 日),最大容量 749.2 万立方米,为全区工业用水主要来源,也是境内涝水外泄重要通道。

二、湖　泊

大西湖 位于西湖管理区偏南地带,四周分别与原新港、下窖、西洲 3 个分场接壤,属大西湖渔场管理,大西湖为不规则长方形,面积 5059.95 亩,湖底高程 26.2 米 ~27.5 米,控制水位 30 米,一般持水量 844 万立方米。调蓄水位 30.3 米,调蓄量 101 万立方米,总蓄水量 945 万立方米,为全区最大调蓄养殖场。

大西湖

浪耙湖(浪耙河) 西起黄泥湖,沿原裕民分场北堤折入东北部中心地带,出柳林嘴而入澧水。1954 年合修西湖大垸后,黄泥湖已垦为农田,浪耙河乃成浪耙湖。1977 年冬,西湖农场又将其东半部中间一段浅湖开垦成田。现在的浪耙湖包括两处浅湖,其一为东半部新垦农田以东至柳林嘴大堤一段河道,长 4000 米,宽 200 米 ~300 米,面积 1530 亩,一般持水量 71 万立方米,可调蓄水量 40.8 万立方米,总蓄水量 111.8 万立方米。其二为原裕民分场北面与黄珠洲交界处一段河道(习称新北湖),长 3550 米,宽 200 米 ~300 米,面积 1330.05 亩,常年持水量 191 万立方米,最大持水量 375 万立方米。此湖一部分为西湖管理区与黄珠洲乡共同养殖。

东湖 围垦前,西湖管理区区域为一片浅湖,西半部称西湖,东半部称东湖。围垦后,东半部除个别零星残塘外,已全被开垦为农田,原称之东湖已不复存在。管理区东半部,自来水总站北侧,新北湖东侧,区委机关以南的两处水面,为今之东湖。原为浪耙湖河道一部分,几经修整改造而成,有南北主干公路贯通,将其一分为二(习称东侧湖面为东东湖,西侧湖面为东西湖),总面积 490.05 亩,一般持水量 16.3 万立方米,为养殖湖。

北洼湖 系因取土筑堤所成。西起造纸厂,东至三角堤排污站,紧靠西湖管理区北面民主阳城垸大堤，长 6650 米，宽 50 米 ~200 米，面积 1254 亩，一般持水量 82 万立方米。1978 年以后，该湖陆续改造成农田和鱼池，湖面已不过 30 亩。

麦岭湖 位于原鼎港分场白沙、新园生产队区域内，成南北向长方形，长 1954 米，宽50 米 ~100 米，柳和公路将其截成南北两部分，有水面 15.47 亩，一般持水量 12 万立方米。

三、地下水

境内地表为全新统河湖沉积物，下部为沙砾层，地下水含量丰富，有两个含水层：17.5 米~86.75 米含水层，厚度 69.60 米，属上更新统（Q_3）冲击层，单位涌水量 4.133 升 / 秒·平方米；117.45 米 ~144.40 米含水层，厚度 26.95 米，属中更新统（Q_2）冲击层，单位涌水量 3.214 升 / 秒·平方米。

水质属 HCO_3–CaMg 型。一般水温 19.0℃，水中离子总量为 0.236 克 / 升，其中铁离子含量，上更新统层为 25 毫克 / 升；中更新统层为 7.6 毫克 / 升，属洞庭湖高铁质水区。通过科学的工艺处理后，有关各项理化指标，均符合饮用水标准。

第四节 土 地

一、面 积

1954 年建场设计任务书，将西湖农场区域划定为：东抵澧水尾闾洪道右岸江堤，南抵西港河北岸，西抵复兴障东堤凹峡对岸及邓家沟东岸，北部西段自邓家沟东岸入口起至黄珠洲止，东段自黄珠洲至八百弓止，以民主阳城院垦区南面间堤为界。当时垸内面积为 71.8 平方千米，折合 107790 亩。另有实际管理和抢种的柳林嘴大堤外芦苇洲 8 平方千米。全场总面积为 79.86 平方千米，折合 119700 亩。此后，土地面积曾有多处变动。

其一，柳林嘴外洲 8 平方千米，合 12000 亩，建场后即为劳改农场管辖，秋冬收种，春夏泄洪。1969 年部队接管农场后，因人力不足，放松对外洲管理，常德、安乡、汉寿附近农民趁机收割芦苇，就此占据。移民建场后，场、乡民众曾为此处权属多次发生争执与械斗。现由西湖管理的面积仅 888 亩。

其二，西湖区西部原西洲分场与汉寿县罐头嘴乡接壤处，合 799.5 亩，劳改农场时属二分场三队，军垦农场期间为 0646 部队 437 团驻地。1972 年，部队将农场移交给地方，由当时农场主要领导同意，将此地让与汉寿县罐头嘴公社和平大队管属。

其三，黑山嘴，原属西湖的一个分场，合 1999.95 亩。1973 年，常德县以原所属西湖医院区域 86.67 亩交换黑山嘴。

其四，西港河水面原以河中心线为界，南属汉寿西港，北属西湖农场，1975 年，常德地区领导在西湖主持召开关于西港河水面权属纠纷协调会议,会议决定,西湖疆域以西港河北岸水压线为界。

其五,月亮洲,原属西湖土地,在军垦农场时期,被常德县黄珠洲公社部分农民占用。移民办场以后,根据农垦部专题文件,收回月亮洲部分土地 1304.85 亩。

其六,1988 年 5 月至 1990 年 12 月,在土地利用现状调查中,经由常德市国土资源局调处,收回黄珠洲老街木工厂下面的 3 个小鱼塘 10.8 亩。

其七,1988 年 5 月至 1990 年 12 月,在土地利用现状调查中,经与汉寿县国土资源局协商,收回跃进坝地域面积 199.95 亩。

1981 年农业区划,测得全场土地总面积为 70.01 平方公里,折合 105015 亩,其中水田 40401 亩,占总面积 38.5%;旱地 28828.05 亩,占总面积 27.5%;交通和建筑用地 10540.05 亩,占总面积 10%;森林、园林、芦洲面积 1861.95 亩,占总面积 1.7%;水域 23371.95 亩,占总面积 22.3%。

1990 年,对全场土地进行详查,查得全场土地面积为 102936 亩(不含澧水洪道面积),人均土地面积为 2.55 亩。其中:耕地面积 59044.5 亩,占土地总面积 57.58%,人均耕地 1.5 亩。耕地中,水田 35931 亩,旱地 24034.05 亩,林地 445.95 亩,水面 10105.95 亩,果园 3942 亩。居民点及工业用地 3682.95 亩,其他 27778.05 亩。全场基本上是六分耕地,三分水域,一分道路和庭园。

2009 年至 2010 年,对全区土地进行第二次详查,查得全区土地面积 105394.05 亩,人均土地面积 2.1 亩。其中耕地 63468 亩,人均耕地 1.35 亩。园地 3627 亩,林地 22.05 亩,城镇及工矿用地 9948 亩,交通用地 423 亩,水域占地 24031.05 亩,未利用地 67.95 亩。

附:西湖农场(区)历年土地分类统计表

西湖农场(区)历年土地分类统计表

表 1-2-1　　　　单位:万亩

年份	土地总面积	其中						
		耕地	园地	林地	城镇及工矿用地	交通用地	水域占地	未利用地
1991	10.2935	5.9045	0.531	0.0441	0.8849	0.1546	2.5251	0.2494
1992	10.2935	5.9001	0.531	0.0441	0.8893	0.1549	2.5251	0.2491
1993	10.5254	5.9448	0.5722	0.0440	0.9159	0.1346	2.7649	0.1490
1994	10.5254	5.4786	0.8173	0.0347	0.9755	0.1635	2.8230	0.2328
1995	10.5254	6.0262	0.5722	0.0440	0.9158	0.1346	2.7650	0.0676
1996	10.5254	5.4936	0.8243	0.0345	0.9918	0.1665	2.9471	0.0676
1997	10.5254	5.4936	0.8243	0.0345	0.9936	0.1665	2.9471	0.0658
1998	10.5254	5.4936	0.8243	0.0345	0.9936	0.1665	2.9471	0.0658
1999	10.5254	5.4936	0.8237	0.0339	0.9929	0.1665	2.9471	0.0652
2000	10.5254	5.4945	0.8237	0.0339	0.9952	0.1665	2.9464	0.0652
2001	10.5254	5.4963	0.8237	0.0339	0.9984	0.1665	2.9414	0.0652
2002	10.5254	5.3845	0.9350	0.0339	1.0025	0.1665	2.9378	0.0652
2003	10.5254	5.3846	0.9344	0.0339	1.0034	0.1665	2.9379	0.0647
2004	10.5254	5.3850	0.9344	0.0339	1.0036	0.1665	2.9378	0.0642
2005	10.5254	5.5077	0.9344	0.0339	1.0045	0.1665	2.8142	0.0642
2006	10.5254	5.5129	0.9344	0.0339	1.0052	0.1665	2.8095	0.0630
2007	10.5254	5.5170	0.9344	0.0339	1.0060	0.1665	2.8046	0.0630
2008	10.5254	5.5238	0.9344	0.0339	1.0070	0.1665	2.7968	0.0630
2009	10.5254	5.5527	0.9344	0.034	1.0125	0.1666	2.7624	0.0630
2010	10.5394	6.3468	0.3627	0.0022	0.9948	0.423	2.4031	0.0068

二、土壤类型

西湖管理区为典型滨湖平原,土壤成土母质为河湖沉积物。1979年土壤普查测定,西湖土壤分为2个土类、5个亚类、7个土属、26个土种。土种中,紫潮泥田、紫潮沙泥田、紫潮泥土、紫潮沙泥土、沙底紫潮沙泥土、沙底紫淤泥土多分布在地势较高的四周,以原鼎港、东洲分场所占比例较大,青泥田、青沙泥田、烂湖田则集中在大西湖周围,以原西洲、下窖、新港分场所占比例较大。青隔泥田则介于上述两者之间,呈零星分布。

三、土壤性状

耕层:按高产标准,稻田要求15厘米~20厘米,旱地要求20厘米~25厘米。据1979年土壤普查报告,76%的稻田在15厘米以下,98%的旱地在20厘米以下,耕层普遍较浅。

质地:土壤中泥沙比例,水田中壤土类面积29962.95亩,占水田85.6%,黏土类面积5037亩,占14.4%;旱地中,壤土类面积22159.05亩,占旱地92.3%,黏土类面积1840.95亩,占旱地7.7%。全区近河道处沙性较重,台地处黏性较重。原新港、鼎港分场沿西港河堤一带,原裕民、东洲沿堤一带及柳林嘴处,多为沙质土,原下窖分场西南和原裕民分场南部多为粘性土,东半部沿浪耙河一线为明显沙田带。

酸碱度:pH值均在8.0以上,属碱性土壤。其中旱地pH值较水田高,心土层较耕作层高。耕层中,旱地pH值平均8.2,水田平均pH值8.1;心土层,旱地平均pH值8.4,水田平均pH值8.2。

石灰反应:耕地石灰反应与土壤酸碱度相应,普遍较强。其中,强度石灰反应面积48048亩,占81.4%;中度反应面积990.9亩,占16.8%;轻度反应面积1015.05亩,占1.8%。

稻田水文类型:分为潴育性、潜育性和沼泽性三种。潴育性地下水位一般大于60厘米(从上至下,下同);潜育性、沼泽性一般小于30厘米。全区稻田中,地下水位小于30厘米面积为4377亩,占12.5%;大于60厘米面积为24730.95亩,占70.7%;30厘米~60厘米面积为5892亩,占16.8%。

亚铁反应:由于大部分稻田因地下水位高,排水不良,长期渍水,土体中呈程度不一的亚铁反应。犁底层或耕作层呈亚铁反应面积10420.95亩,占稻田29.8%。其中强度亚铁反应面积2281.95亩,占稻田6.5%,中度亚铁反应面积711亩,占稻田2%。有亚铁反应稻田,多有青泥层出现,土体通气性差,早稻返青阶段常发生黑根坐蔸,亦枯僵苗。

四、土壤养分

水、旱土类中,旱地各种养分含量较为平衡协调,稻田有效磷含量低,缺磷面积大。全区

1425 个稻田速测土样中，速效磷含量小于 1ppm 者 326 个，占总土样 22.6%。在地域分布上，原裕民、东洲分场水、旱耕地养分含量较为协调；原新港、下窖分场缺磷严重。原新港分场速效磷速测低于 10ppm，面积 6748 亩，占原分场稻田面积 90.1%；原下窖分场速效磷速测低于 10ppm，面积 6748.05 亩，占原分场稻田面积 88.3%。

根据湖南省第二次土壤普查分级标准(六级)，西湖区土壤中有机质、氮素、磷素、钾素含量分别为：

有机质　据 87 个土样常规化验，稻田最高含量 3.24%，最低含量 0.84%，平均含量 2.37%；旱地最高含量 3.04%，最低含量 0.71%，平均含量 1.62%。稻田有机质属三级水平，其面积 27372 亩，占稻田总面积 78.2%；旱地属四级水平，其面积 19962 亩，占旱地总面积 83.2%。

氮素　稻田中全氮含量，最高 0.23%，最低 0.08%，平均 0.186%，属二级水平。速效氮含量最高 197ppm，最低 50ppm，平均 134ppm，属二级水平。其中一、二级面积 23538 亩，占稻田 67.3%。旱地中，全氮含量最高 0.18%，最低 0.07%，平均 0.134%，属三级水平。速效氮含量，最高 149PPM，最低 51ppm，平均 94ppm，属三级水平。其中三、四级面积 21714 亩，占旱地 90.5%。

磷素　稻田中全磷含量，最高 3%，最低 0.107%，平均 0.187%，属三级水平。速效磷含量（$0.5MNaHCO_3$—钼兰比色法）最高 20ppm，最低 2ppm，平均 9.7ppm，属四级水平。其中，5.1~20ppm 面积 28693.05 亩，占稻田 82%；5ppm 以下面积 6145.95 亩，占稻田 17.5%；21ppm 以上面积 10.73 亩，占稻田 0.5%。旱地中，全磷含量最高 2.72%，最低 0.111%，平均 0.189%，属三级水平。速效磷含量最高 45ppm，最低 2ppm，平均 17.7ppm，属三级水平。其中 5.1~20ppm，面积 808.13 亩，占旱地 50%，20ppm 以上面积 7729 亩，占旱地 17.3%。

钾素　稻田中全钾含量，最高 3.28%，最低 2.24%，平均 2.28%，属一级水平。速效钾含量最高 192ppm，最低 15ppm，平均 99.5ppm，属四级水平。其中 51~150ppm 以上面积 28867 亩，占稻田 82.5%，150ppm 以上面积 4351 亩，占稻田 12.4%，50ppm 以下面积 1782 亩，占稻田 5.1%。旱地中，全钾含量最高 3.42%，最低 2.29%，平均 2.74%，属一级水平。速效钾含量最高 199ppm，最低 70ppm，平均 133.9ppm，属三级水平。其中 51~150ppm 面积 12057 亩，占旱地 50.2%，150ppm 以上面积 11943 亩，占旱地 49.8%。

全区各土种间，紫潮泥田、紫潮沙泥田、紫潮泥土、紫潮沙泥土有机质、氮、磷、钾各元素含量较为丰富协调，底潜紫潮泥田、紫潮沙田次之，烂湖泥田、紫河沙田、沙底紫河沙土再次之。

五、耕地评级

西湖管理区耕地，综其性状、环境和养分含量，按全国统一评级标准，分为三级：

一级土壤　面积 41390 亩，占耕地 70.1%，其中稻田 20182 亩，占区稻田 57.7%，旱地

21208 亩,占区旱地 88.4%。

二级土壤 面积 10602 亩,占 18.0%,其中稻田 7810 亩,占区稻田 22.3%,旱地 2792 亩,占区旱地 11.63%。

三级土壤 面积 7008 亩,占耕地 11.9%,占稻田 20%。

第五节 野生动植物

一、野生植物

西湖管理区植物群落多具湖泊湿地草原植物特性,由洪水涨落引起植物游移、变迁。水体所含养料丰富,植物生长发育繁茂。野生植物群落主要有:

(一)湖泊及低湿地植物:红萍、青萍、茨、麦菱、三菱草、三角草、丝草、水稻稗、剪刀草、鸭舌草、金鱼藻、聚草、马来眼子草、苦草、轮叶黑藻、牛毛毡、四叶草、莲藕、灯芯草、野芹菜等。

(二)两栖植物:红蓼、芦、荻等。

二、野生动物

(一)哺乳类:刺猬、黄鼠狼、水老鼠、尖嘴鼠、小耗子、野兔等。

(二)鸟类:老鹰、野鸡、布谷鸟、燕子、鸳鸯、麻雀、乌鸦、斑鸠、湖鸡、野鸡、白头翁、翠鸟鸲(八哥)、白鹭、黄鹂等。

(三)爬行类:乌龟、甲鱼(亦称水鱼或鳖)、鳝、蛇、螃蟹、壁虎等。

(四)两栖类:青蛙、癞蛤蟆、泥蛙、泽蛙等。

(五)软体类:蚌、田螺、钉螺、蜗牛、蚂蟥等。

(六)昆虫类:螟虫、飞虱、叶蝉、蝗虫、蚜虫、蓟马、稻包虫、金刚钻、地老虎、棉铃虫、斜纹夜蛾、毒蛾、尺蠖、菜青虫、果蝇、瓢虫、蟢象、萤火虫、苍蝇、蚊、蟑螂、蝉、蜜蜂、蚕、白蜡虫、长腰蜂、杨舟蛾、云斑天牛、星天牛、柳蓝叶甲等。

(七)鱼类:草鱼、青鱼、鲤鱼、鲢鱼、鲫鱼等。

(八)螨类:蜘蛛、红蜘蛛等。

(九)寄生类:血吸虫、蛔虫、蛲虫、勾虫、猪涤虫、赤眼蜂等。

第六节　自然灾害

西湖管理区系湖区，主要的自然灾害是水灾。此外，还有旱灾、风灾、虫灾等。1991—2010年，较大的灾害有：

1996年7月中下旬，洞庭湖区和湘、资、沅、澧普降特大暴雨，江河水位猛涨，是月22日水位达38.61米，超历史最高水位。农场指挥部组织3500名民工上堤，24小时不停地进行查险处险，历时37天，终于保住大堤。

1998年6—7月，澧水流域普降大暴雨，形成全流域型大洪水，仅次于1954年洪水。7月25日达到最高水位38.26米，基本接近1996年历史最高水位38.61米。农场指挥部组织300名抢险突击队员，冒着大雨，抢修子堤，并组织3500名民工轮流上堤，严防死守，终于战胜洪水，确保大堤安全。此次抢险耗用砂石1200立方米，编织袋5000个，木材30立方米，防渗布610米，耗资120万元。

1999年4月23日和5月15日，两次日降暴雨量分别为239毫米和216毫米，为建场（区）以来最大雨量，造成5.7万亩耕地受灾，3万亩农田被淹，直接经济损失1500万元。

2008年遭受一场严重冰灾，冰冻时间长达近2个月之久，造成13户民房倒塌，交通受阻，居民生产生活受到严重影响。

2009年1~7月累计降雨774毫米，与多年同期对比减少35%，特别是7月2—24日，连续22天高温无雨，实为罕见。严重干旱造成6.7万亩农田受灾，其中轻旱3.8万亩、重旱2.5万亩、干枯0.4万亩，直接经济损失1200万元。

第三章　环境保护

第一节　管理机构

2007年以前,西湖管理区没有专设环境保护机构,环境保护由区经贸局兼管。随着经济社会的发展,环境保护面临的问题增多,工作任务加大。2004年6月,西湖管理区管委会向市编办呈送专题请示(西管〔2004〕42号),要求成立"西湖管理区环境保护局",2005年8月常德市编办正式行文(常编办〔2005〕79号)批复同意设立环境保护局,2007年年初,"西湖管理区环境保护局"正式挂牌成立。根据批复文件精神,西湖环境保护局为管委会工作机构,正科级,承担县级环境保护行政职能:负责全区水体、大气等环境要素的保护;监督管理全区废水、废气、固体医疗废弃物、有毒化学品、噪声、振动、机动车排气、电磁波辐射以及放射性等污染防治工作;调查处理环境污染事故和生态破坏事件,对环境违法行为实行行政处罚;负责全区建设项目的环境影响审批,污染防治设施的竣工验收,排污申报登记,排污许可证发放;负责对排污单位征收排污费和超标排污费,会同财政部门对环保专项资金进行管理。核定编制4人,其中正副科级领导职数2名、工作人员2名,下辖环境监察大队和环境监测站,余天顺、吴思分别担任局长、副局长至2010年。

第二节　环境质量

水环境质量　西湖水系发达,水质良好。湖泊有大西湖、浪耙湖、东湖、北洼湖、麦岭湖。河流有西港河、新港河,澧水沿界擦肩而过。随着区域经济的发展,工业企业、畜禽养殖业和投肥养鱼产业的废水不断增多,水质受到污染,水质有下降趋势。据统计,2007年废水排放量在85万吨左右,其中工业废水排放量约7.7万吨,生活废水约77.7万吨,废水污染物主要有COD、氨氮(NH3)、石油类、挥发酚和BOD5等5种。2008年,对澧水河西湖段面进行监测,pH均值7.68,COD均值15.3mg/L,悬浮物33mg/L,总磷均值0.194mg/L,所检项目均优于三类标准。

附:

2008—2010年澧水西湖段面监测情况表

表1-3-1　　　　单位:mg/L

年度	pH值	COD	氨氮	悬浮物	总磷	BOD_5
2008	7.68	15.3	0.72	33	0.194	0.62
2009	7.27	12.86	0.69	31	0.186	0.66
2010	7.21	12.50	0.68	30	0.183	0.65
GB3838—2002Ⅲ标准	6~9	≤20	≤1.0		≤0.20	≤4

大气环境质量　全区大气环境质量总体水平良好，优于 GB3095-2002 年《环境大气质量标准》规定的二级标准，据 2007 年度污染源普查统计，全区废气排放量约为 9746.72 万立方米，其中燃烧过程排放废气约 8705.02 万立方米，其他排放废气约 1041.7 万立方米，废气中主要污染物有二氧化硫（SO_2）、烟尘、氮氧化物（NO_X）等，城区大气中 SO_2、NOX 和 PM10 值均无超标现象。

附：

2010 年环境空气质量监测情况表

表 1-3-2　　单位：mg/L

监测地点	类别	SO_2	NO_2	PM_{10}
西湖镇	浓度范围	0.022~0.053	0.03~0.047	0.138~0.142
	超标次数	0	0	0
	超标率	0	0	0
	最大超标值	0	0	0
	评价范围	0.5	0.24	0.15

声环境质量　全区噪声污染区主要集中在交通干线、集镇、企事业单位以及建筑施工场所周围，据 2010 年监测，镇区交通干线噪声 61.9～92.5 分贝，平均值 74 分贝，区客运站 60.1～90.2 分贝，平均值 73.6 分贝，超标率 56%，区农贸市场 62.4～89.3 分贝，平均值 76.4 分贝，超标率 63%，西湖镇十字街 63.5～90.4 分贝，平均值 77.1 分贝，超标率 64%，其余区域噪声环境质量尚好。

第三节　环境污染治理

企业污染减排　2000 年以前，工业企业排污成为主要的污染源，绝大多数企业污染物都是直排，2000—2007 年，企业破产改制，企业数量锐减，仅存常德南方制药厂。2006 年，湖南省人民政府办公室印发《关于洞庭湖区造纸企业污染物整治实施方案的通知》（湘政办函〔2006〕212 号），2006 年 12 月 26 日，西湖管理区管理委员会办公室印发了《关于对湖南省白玉纸业有限公司停产整治的通知》。2007 年 2 月 10 日，常德电业局西湖电力公司对湖南省白玉纸业有限公司送达停电通知。2007 年 11 月 23 日，常德市工商行政管理局对湖南白玉纸业有限公司作出吊销营业执照的行政处罚。2007 年 2 月，对全区重点污染源湖南白玉纸

新建污水处理厂

业有限公司实行关闭。随着纸厂和其他企业相继关闭,全区主要污染物排放锐减,2005年全区COD排放总量为4421吨,SO_2排放量为659吨,通过企业污染治理和结构减排,2010年COD和SO_2排放量为1524吨和78吨,分别下降了65%和88%。

畜禽污染治理 2007—2010年,通过环评审批严格把关,砍掉近10个不符合条件的畜禽养殖场项目的上马兴建,减少了污染的发生。2010年,西湖管理区制定《西湖管理区畜禽养殖管理办法》,对养殖场布局、建设条件以及污染治理设施的要求都作出严格翔实的规定。

第四节 环境建设与管理

饮用水源保护区建设 2008年,由区环保局牵头制定《西湖管理区农村饮用水源保护区环境管理办法》,划定西洲乡、东洲乡和西湖镇5个自来水厂取水点半径200米以内为一级水源保护区。通过地界勘测,设立饮用水源保护的标志牌,加强水质监测和污染源整治,确保饮用水安全。

农村环境建设 2010年,西湖管理区规划编制农村环境综合整治规划,并优先进入国家级农村环境整治的规划项目库。

建设项目环境保护管理 2007—2010年,根据国务院《建设项目环境管理条例》和环保部《建设项目分类管理名录》累计审批项目35个,其中审批环境报告表的项目4个,环境影响登记表的项目31个。

企业环境管理 根据国家颁发的《工业企业环境保护考核制度实施办法》和《常德市创建国家环境模范城市实施方案》,要求企业完善规章制度,将环境保护纳入企业管理范畴。常德南方制药厂、美嘉参生物制品厂分别于2009年和2010年建立环境保护考核体系。常德南方制药厂通过省环保厅的《清洁生产报告》的审核。企业内部环境管理得到加强,环保设施正常运转率达100%。

排污申报和收费 2006年,西湖管理区印发了《关于加强排污费征收管理的通知》,2006—2010年,经审查,累计发放"排污许可证"12个,临时许可证31个,颁证行业主要集中在餐馆服务业和工业企业。此后每年进行年审验证,截至2010年年末,全区排污单位和个体私营业主全部实行了排污申报登记和领证营业。全区排污费的征收始于2006年,依据《湖南省排污费征收管理办法》以及《西湖管理区关于加强排污费征收管理的通知》规定的标准执行征收,征收排污费缴入同级财政纳入国库,2006—2010年全区累计征收排污费31.8万元。

环保执法 西湖管理区的环保执法主体是常德市环境保护局,在日常管理执法中,西湖管理区环保局由市环保局委托执法。2006—2010年,西湖环保局加强对常德南方制药厂等5家企业污染物达标排放的监管。2007年严格执行市环保局的决定,关闭湖南白玉纸业有限公司。2006—2010年对排污不达标的个体业主下达21份责令限期整改通知书,牵头组织或配合处理各种因污染而产生的矛盾纠纷12起。

第二篇《

经济综述

第一章　经济体制改革

第一节　农村经济体制改革

1991 年以前，西湖已解散大集体经营，打破“大锅饭”，实行家庭联产承包责任制。1991 年至 2010 年期间，仍实行家庭联产承包责任制，并逐步进行调整和完善。各分场(办事处)、镇以队(村)为单位，按家庭人口平均分配承包责任田土。1991 年至 2000 年，耕地承包期为 3~5 年，实行 3 年一小调，5 年一大调。2001 年至 2010 年，耕地承包期限由3~5 年延长至 5~10 年，也有队(村)组延长至 10~15 年的。耕地承包由分场(办事处)、镇、队(村)组与承包户签订《家庭联产承包合同》。合同内容含田土承包期限、面积、农业税、“三提五统”、农产品征收、经营管理与技术服务等甲乙双方的权利和义务。农户所承包的田土只有使用权，无所有权。每一轮承包期届满时，以队(村)组为单位实行新一轮耕地承包经营。按家庭人口计算调整承包面积。农户所承包的耕地可转包给他人经营，按转包协议约定的标准收取田地承包经营权转让金。在此 10 年间，各队(村)组留有适当数量的机动田土。所留的机动田土由队(村)统一管理，用于补给新增人口的承包耕地面积，剩余部分由队(村)发包，租赁给种田能手承包经营。租赁承包期一般为 1 年，特殊情况下，最长不超过 5 年。租赁金根据上年市场物价而定，随行就市进行适当调整。实行一年一结账制度，按机动田土租赁承包协议收费标准交清租赁金。大小湖面、路(渠)边林地、低洼荒洲及闲散土地均由队(村)统一管理，实行专业承包经营。租赁承包期为 5 年、10 年、15 年不等，签订租赁承包合同，约定甲乙双方的权利和义务，按合同规定的面积和收费标准逐年缴交租赁金。各队(村)收取的机动田土租赁金和湖面、林地、荒洲租赁金，均作为集体福利基金，用于队(村)组公益项目建设。

第二节　工业经济体制改革

一、企业分配制度改革

20 世纪 80 年代末期至 90 年代末，农场各个工业企业在发展过程中，均想方设法加强和改进经营管理。1988 年 1 月，三角堤砖瓦厂在全场率先打破“大锅饭”，端掉“铁饭碗”，取消固定等级工资，实行《岗位定额联产计酬责任制》。全厂各车间职工实行计件工资制，以职工个人当月产量或完成的工作量计发工资。随后，食品总厂、建材厂、机修厂等多家工业企业实行计件工资制,按职工当月产量计发工资。同时,场部对直属工业企业实行"全员风险抵押承包责任制"。1991 年至 2000 年,先后有砖瓦厂、食品总厂、建筑公司、造纸厂、建材厂、机修厂等工业企业实行车间承包责任制,以产计酬。此期间内,其他工业企业也都相应实行各种形式的经济指标承包责任制。

二、企业经济体制改革

2000 年 7 月 8 日,中共西湖区委、区管委会根据中共湖南省委、省人民政府湘发〔2000〕4 号《关于国有大中型农场体制改革的意见》的精神,制定颁发西管发〔2000〕17 号《关于转换企业国有产权置换职工身份的若干意见》。同时成立"西湖管理区企业改革领导小组",下设办公室,领引指导全区工商企业"两个置换"体制改革工作。

实施"两个置换"体制改革,先行思想政治工作开道,动员企业职工全员参与。同时,充分利用电视、广播、标语、横幅、墙报、宣传车等舆论工具,大力宣传改革方针、政策、措施,使广大职工了解掌握改革内容、范围、对象、步骤、目标等与己有关的事项,把广大干部职工的思想认识引导到经济体制改革的轨道上来。"两个置换"体制改革基本方法与步骤是:

制定实施方案

具备实施"两个置换"条件的企业自行清产核资,界定产权后,制定本企业实施"两个置换"的详细方案。

提出书面申请

企业改革实施方案经职工代表大会审议通过后,向区企业改革领导小组办公室提出书面申请。

搞好资产评估

区企改办接到企业书面报告和方案后,组织相关部门对企业资产进行评估、审核、界定、折价,报区企业改革领导小组审批后实施。

处置国有产权

清理家底,收缴应收款,变卖企业资产,变固定资产、地产、物资为流动资金现款,用作置换职工身份,买断工龄的补偿资金。

支付工龄补偿金

改制企业根据核实的职工置换身份时的工龄,按本企业核定的工龄补偿核准,逐人计发职工的补偿金。

签订买断协议书

核发职工工龄补偿金的同时,办理置换补偿手续,企业与职工签订买断协议,解除劳动关系。劳动部门凭此依据办理解除、终止劳动关系的相关手续。

扶持企业重组

符合企业重组条件的改制企业，按照西管发〔2000〕17号文件的规定给予优惠，扶持其重组。

办理重组手续

重组企业根据重组形式，按照西管发〔2000〕17号文件有关规定，及时依法办理企业变更登记手续。

1991年至2000年，全场（区）11家工业企业累计亏损5477.21万元，占全场（区）工商企业累计亏损总额8815.95万元的62.13%。2001年至2010年，全区11家区属国有工业企业先后实施"两个置换"体制改革，置换企业国有产权，置换企业职工身份，用企业国有资产变现金额买断职工工龄。改革到位后，共有5家工业企业实现重组。此次工业体制改革，共置换企业国有资产净值4906.29万元（含物资公司、建材厂），资产处置变现总金额896.93万元，资产处置变现率18.28%；共置换职工身份1731人，核发工龄补偿金677.33万元。上述企业固定资产净值均为1980年不变价。全区工业企业体制改革重组情况，详见表2-1-1。

2001—2010年国有工业企业体制改革情况统计表

表2-1-1

企业名称	改革时间	置换国有产权		置换职工身份		是否重组	
		固定资产净值(万元)	折价变卖金额(万元)	人数（人）	补偿金额（万元）	是	否
造纸厂	2002.10	2897.26	345	903	403.63		√
制药厂	2002.6	1273.6	131.5	68	27.51	√	
食品总厂	2001.10	159.43	86	117	45.73		√
砖瓦厂	2003.3	91.66	60	101	24.79	√	
机修厂	2002.4	13.81	15	29	14.06		√
印刷厂	2004.7	25.1	21	23	9.27		√
甜叶菊糖甙厂	2004.5	89.16	30	62	15.09	√	
兴盛实业公司	2006.5	81.72	52	44	8.27		√
毛巾厂	2004.9	104.83	25.8	127	21.78		√
航运公司	2002.3	58.63	60	64	42.91	√	
建筑公司	2001.7	110.79	74.6	181	53.56	√	
公路段	2003.3	0.3	—	12	10.73		√
合计		4906.29	900.9	1731	677.33		

说明：改革时，公路段隶属农机交通监理科，建筑公司数据中含物资公司数据

第三节　商业经济体制改革

一、企业分配制度改革

1990年以后,农场的商业企业均受到私营商业的冲击,加上人员多、包袱重、管理不善等原因,造成营业收入减少,经营成本增加,利润为零或亏损的严峻局面。面对此种局面,先后有贸易公司、饮食服务公司、粮油贸易公司、药材公司等企业改革分配制度,改企业"大锅饭"为班组"小锅饭",实行柜台(班组)集体承包经营。然而,此举仅打破企业"大锅饭",未打破柜台(班组)"大锅饭",职工的积极性并没有完全调动起来。柜台(班组)承包经营造成物资积压、流动资金短缺、管理费收不回、企业亏损的局面。1993年3月,上述商业企业彻底打破"大锅饭",实行柜台(班组)个体承包经营。但是,承包上交额中不包括固定资产折旧费、企业管理费、养老统筹费和下岗职工基本生活费等费用,且承包基数偏低,企业仍存在包袱重、收入少、成本高等问题,导致连年亏损。至2000年年末,全区商业企业(药材公司盈利21.73万元)累计亏损3338.4万元,其中棉麻土产公司亏损1836万元,占亏损总额55%。此时,全区所有商业企业均处于倒闭状态。例如:贸易公司2000年年末固定资产净值181.27万元,账面亏损额896.71万元,资产负债715.44万元,负债率达294.68%。当时仅有流动资金280元,账面应收款96万元,其95%为死账、呆账,无法收回。若继续经营,每年需开支40万元以上,而公司的门面承包上交额不足7万元。又如粮油贸易公司,2000年年末固定资产净值49.85万元,账面亏损额351.03万元,资产负债301.18万元,负债率达504.17%,且已歇业4年。

二、企业经济体制改革

自2001年开始,区属国有商业企业先后施行"两个置换"体制改革,置换企业国有产权、置换企业职工身份。改革过程由区企业改革领导小组办公室负责具体把关、操办、运作,逐企逐项实施到位。商业体制改革举措,同样按照西管发〔2000〕17号文件制定的具体政策、总体目标、具体措施,采取与工业体制改革相同的步骤,稳妥推进"两个置换"体制改革。其基本方法与步骤是:首先由企业自行清产核资,初步进行资产评估,摸清家底,核实掌握能够变现多少资金用于置换职工身份,买断职工工龄需发多少补偿金,退休职工需缴纳多少养老统筹金,共需多少资金,存量资产变现资金如何支配等情况。然后制定本企业改革方案,连同书面报告一起提交区企改办审批。改革方案经区企改办批准后,置换企业国有产权与置换职工身份同步进行,由两套班子分头操作。一套班子评估处置企业国有资产,另一套班子计算核实职工工龄及其补偿金。买断工龄的补偿标准根据西管发〔2000〕17号文件,由企业资产处置变现资金数额而定，有高有低，标准不一，但企业资产变现金额计发职工工龄补偿金平均每年低于150元的，由区财政补齐至150元。企业的门面、仓库、办公房、地产及其他资产处置到位后，由原企业与职工签订《解除劳动关系协议书》，并依规核发工龄补偿金。至2010年年末，全区共有6家（不含汽运公司）商业企业置换国有产权，累计处置国有资产净值（1980年不变价）648.52万元，共收回折价变现金额485.27万元（不含汽运公司275万元），资产处置变现率74.83%。全区商业企业共置换职工身份538人（含汽运公司21人），共核发工龄补偿金343.71万元（含汽运公司24.45万元）。全区商业企业体制改革（重组）情况，详见表2-1-2。

2001—2010年国有商业企业体制改革情况统计表

表2-1-2

企业名称	改革时间	置换国有产权		置换职工身份		是否重组	
		固定资产净值（万元）	折价变卖金额（万元）	人数（人）	补偿金额（万元）	是	否
贸易公司	2002.3	178.31	137.91	218	103.19		√
棉麻公司	2001.5	231.96	236	185	147.14	√	
药材公司	2002.9	69.38	43.86	38	22.73		√
粮油公司	2004.3	49.85	39	41	21.95	√	
饮食服务公司	2001.8	39.66	28.5	35	24.25		√
汽运公司	2010.9	79.36	275	21	24.45	√	
华湘公司	1995.4停业	—	—	—	—		√
合　计		648.52	760.27	538	343.71		

说明：改革时，汽运公司隶属区交通局；华湘公司于改革前歇业，无数据可考

第四节　财政体制改革

一、农场财务管理体制改革

20世纪80年代，国家施行国营农场财务管理体制改革，改国家“统收统付，统负盈亏”为农场“独立核算，自负盈亏”。据此精神，西湖农场先后实行4次不同内容的财务管理体制改革。改农场“大锅饭”为单位“小锅饭”，逐步向深度发展，在实践中探索改革方略。

1987年以前，西湖农场的财务管理体制，实行国营农场“统收统付，统负盈亏”的计划经济管理体制。国家对农场实行亏损包干，自负盈亏，盈利不上交，超亏不补贴。在此期间，农场自行制定具体经营方案与管理制度，实行“统一计划，统一管理，统一核算，统一分配，统一提留”的财务管理体制。年初分业核算，年终集中决算，全场统收统付，统负盈亏。农场所辖单位的年度财务收支盈亏金额，由场部统一支配，平衡调节，以盈补亏。中共十一届三中全会以后，财政部会同农垦部

门对国营农场财务体制实行改革,取消国家“大锅饭”。1987年,西湖农场成为独立核算,自负盈亏,自主经营的经济实体。同时制定《国营西湖农场财务管理暂行办法》,对场属经营单位实行“五定”管理,即定编制、定资金、定产值、定成本、定利润。规定在场部统一计划指导下,各分场(镇)和企事业单位须对生产、销售、直接成本和间接费用、流动资金、劳动工资、专用基金、基本建设和固定资产、设备设施、低值及易耗品购置、利税目标等经济项目,制定翔实的年度计划,报场部审定后,自行按年初计划执行。农场对各单位实行年度经济目标管理,年初统一制订各单位的生产经营计划,明文确定年度经济目标任务,规定年度产量、产值、成本、工资、利税、上交额、年终奖金等经济指标,逐项落实、实施、管理到位。对企业推行“全员风险抵押承包”责任制,核定企业利润基数,由企业职工平均交纳风险抵押金,年终按企业盈亏金额兑现奖惩。

1990年,农场制定《国营西湖农场财务管理实施细则》,规定分级管理,分业(户)核算,合理划小核算单位,统分适度的财务核算体制。农场施行“定死基数,自主经营,自负盈亏”的经营方针,对直属工商企业实行“定编制、定资金、定产值、定成本、定利润、超利分成,亏损自负”的经济目标管理责任制。年初由各企业法人代表与农场法人代表签订《经济目标管理责任状》,年终按责任状兑现奖惩。对分场(镇)及场部各科室实行“定职责,定编制,定经费,节余留用,超支不补”的包干经济责任制,年终按责任制兑现奖惩。对行政事业单位实行年度预算管理,定编制,定经费(有收入者定收入额),节余(增收)留用,超支自负,年终兑现。对分场以下农业经济实行“三提五统”定额包干经济责任制,“三提”即公积金、公益金、管理费统一提取,“五统”即农村教育事业费附加、计划生育费、优抚费、民兵训练费、乡村道路建设费统筹。按家庭农场承包耕地面积和单位标准计算,年终以队为单位核算兑现。

1991年5月,农场再次制定出台场发〔1991〕34号《国营西湖农场财务管理实施细则》,规定实行场部统一领导下的分级管理,分户核算,自主经营,自负盈亏。重点对农场直属工商企业经济目标管理体制、内容、办法作适当调整。进一步完善经营管理机制,仍实行“五定”经济目标管理责任制。年初核定各企业的人员编制、流动资金、产品产量及产值、产品单位成本及年度总成本、年利润及上交额、年工资总额、效益工资及年终奖金等年度经济计划指标,以《年度经济目标管理责任状》形式落实到每个独立核算单位。年终对责任状内容进行逐项考核、验收、评分,依规兑现奖惩。对分场(镇)及场部各科室仍实行年度预算管理,经费包干责任制。对有收入来源的事业单位实行企业管理,定编制,定职责,定工资,定利润,超利分成,亏损自负,年终考核兑现。对农业生产队及家庭农场仍实行“三提五统”包干经济责任制,分户核算,年终以队为单位逐项兑现。此种财务核算体制及管理制度,一直运作至2000年。

1995年1月,农场实行经济核算体制改革,适度撤并核算机构,减少行管人员。将物资公司、建材厂合并至建筑工程公司,合并财务,保留银行账号,单独核算,自负盈亏。将汽车运输公司、农场公路段合并至农机交通监理科管理,保留汽运公司银行账号,单独核算,自负盈亏;对公路段实行经费包干责任制,节余留用,超支自补。此时,农场直属工商企业由23家减少至19家。

二、管理区财政体制改革

2000 年 1 月 24 日，中共湖南省委、省人民政府颁发湘发〔2000〕4 号《关于国有大中型农场体制改革的意见》。明确规定：按照政企分开、职能配套、权力和责任对等、事权和财权统一的原则，建立健全行政管理体制、司法体制、财政体制和符合现代企业制度要求的企业运行机制。管理区比照县一级建立分税制财政体制，设立相应的财政管理机构、税收征管机构和国库；建立财政预算决算制度，将管理区的各项税收、规费、土地承包费、罚没款和其他各项收入纳入财政统一管理，同时将管理区的行政性支出、社会事业管理和建设支出等列入财政支出预算；按分税制财政体制确定收入级次，省、市州对管理区执行与县市区相同的财政政策。管理区的财政基数确定后，地方税收增长部分，共享税分成部分及上划中央两税系数返还部分，在 5 年内由管理区全额留用……农场所属工商企业要加快进行股份制改造，改组为农垦（集团）公司的控股、参股企业，登记为独立法人。其工商企业改制时享受县市区国有企业相同的政策待遇，市区有关部门和金融机构要一视同仁给予支持。是年，中共常德市委、市人民政府据此规定精神，照章推进西湖农场体制改革。

2000 年 9 月 15 日，常德市财政局颁发常财预字〔2000〕93 号《关于西湖农场建立财政体制的通知》。规定“西湖农场按照机构人员从简，收支基数求实，财权事权统一，兼顾农场利益的基本原则，建立区县级公共财政体制”。2001 年 3 月，西湖分别比照县、乡（镇）建立分税制财政体制，建立一级财政，设立“西湖管理区财政局”和国库。自此，西湖区域内的规费、罚没款和其他各项收入纳入财政统一管理；行政性支出、社会事业管理和建设支出等列入财政支出预算。此后，西湖区对财政体制实行一系列相应的改革。

（一）机构人事制度改革

西湖管理区财政局成立后，原农场计划财务科机构及职能并入区财政局。区财政局下设乡镇财政管理局、会计核算中心、裕民办事处财政所、西洲办事处财政所、下窖办事处财政所、新港办事处财政所、鼎港办事处财政所、东洲办事处财政所、西湖镇财政所等 9 个分支机构。2002 年 5 月，中共常德市委办公室、市人民政府办公室颁发常办通字〔2002〕36 号文件，明确西湖管理区财政局为正科级行政单位，定编 8 人，其中领导职数 3 人，办事员 5 人。同时，中共常德市委机构编制委员会颁发常编办〔2002〕15 号文件，批准成立西湖管理区会计核算中心，为股级单位，隶属区财政局。2009 年 6 月，经市编委常编办〔2009〕85 号文件批准，区会计核算中心更名为“常德市西湖管理区财政国库集中支付局”，升格为副科级单位，核定领导职数 1 名，隶属关系不变。2010 年合办建乡时，原 6 个办事处财政所撤并为 2 个，设立东洲乡财政所、西洲乡财政所，原西湖镇财政所名称不变。区财政局内设预算国库股、企业社保股、教科文卫股、办公室，归口单位有乡镇财政管理局、区财政国库集中支付局，在编人员共 16 名。

(二)农村税费改革

2002 年以前,家庭农场需缴纳的主要税费有:农业税、农业附加费、农业特产税、农业特产税附加、屠宰税、教育附加费、教育集资、书杂费、"三提五统"经费、义务工农业税等。

2002 年实行农村税费改革,全区取消"三提五统"(公积金、公益金、管理费统一提取,教育事业费附加、计划生育费、优抚费、民兵训练费、乡村道路建设费统筹),减轻农民负担,核定税改转移支付资金年基数 372 万元。

2005 年根据省农垦局有关国有农场税费改革精神，西湖全面取消农业税及农业特产税,排渍费减少至 20 元 / 亩。2006 年 1 月 1 日,国家废止农业税条例,全国免征农业税,实现农民"零"负担目标。

2006 年市财政局核定西湖区农业税免征及取消农业特产税转移支付资金基数 370 万元,增加深化国有农场税费改革转移支付资金基数 1556 万元。

2007 年实行进一步减轻洞庭湖区农民负担综合改革,取消湖区共同生产费,免除农业全部水费,并将 2006 年收取的每亩 20 元基本水费退还给农户,是年核定洞庭湖区农民负担综合改革转移支付资金基数 176 万元。至 2007 年年末,共核定西湖区农村税费改革转移支付资金年基数 2474 万元,占历年上级补助总额 44.45%。

(三)财政管理体制改革

收支两条线改革

2002 年以前,全区事业单位预算外资金实行自收自支管理体制,缺乏统一管理的财政专户和国库。2002 年全区财政实行"收支两条线"管理体制改革,清理整顿部门和单位预算外资金账户,将长期分散管理的预算外资金(行政事业性收费)统一纳入区财政专户管理。建立统一的财政专户体系,推行"票款分离"和"上缴下拨"制度,实行"单位开票,银行收款,财政统管"的运作办法。初步建立起"收之有据、用之合理、调度灵活、运筹有方"的预算外资金管理机制,施行"部门管理,财政管钱,收支脱钩,相互监督"的收支两条线运作方式。2002 年至 2010 年,全区累计实现预算外资金收入 5922 万元,年均值 658 万元。

政府采购制度改革

2003 年以前,全区的建设工程、货物、服务设施等项目均由各单位自行采购。2003 年贯彻执行《中华人民共和国政府采购法》,规范政府采购行为,对全区财政性资金投入的建设工程、货物、设施、服务项目实行政府采购制度。按照省市政府采购目录和方式,对工程、货物、服务三大类采购分别实行公开招标、竞争性谈判、询价等方式的采购制度。至 2010 年年末共实现政府采购预算总额 2752 万元,合同总额 2456 万元,节约资金 296 万元,资金节约率为 10.76%。

政府收支分类改革

2007 年以前的财政预算科目分类范围,只含纳入预算管理的政府投入,不含预算外收支、社会保险基金收支。2007 年施行政府收支分类改革,建立公共财政体系,形成较为规范合理的政府收支分类体系。其分类范围包括政府预算收支、预算外收支、社会保险基金收支,均按改革要求建立新的政府收入分类、支出功能分类、支出经济分类和新的科目编码体系。是年，政府预算及部门预算的编制、执行、决算均按相关科目运作。

第五节　交通运输体制改革

一、公路管理体制改革

1988年8月，农场将林路站更名"国营西湖农场公路段"，始设财务室，属独立股级单位，路政管理归口农机交通监理科。1988年9月至1994年12月，公路段的经费来源由场部实行定额包干责任制，节余留用，超支不补。1995年1月农场实行机构改革，将公路段合并至农机交通监理科，属其二层机构。1995年至2002年，公路段经费来源由农机交通监理科每年拨付10万元，实行定额包干，不足部分由其在林木收入中解决。1992年5月至2003年3月，先后实行4次不同内容的公路养护管理体制改革。

1992年5月，根据农场党委、场部目标管理责任制的要求，公路段实行"三定两挂钩"(定任务、定质量、定报酬，工资和年终奖金与工作量及质量挂钩)的内部管理制度改革，落实责任制，打破"大锅饭"。根据岗位责任制的规定与要求，按月检查、考核、评分，以分计酬，兑现奖惩。

1993年3月，农场党委、场部出台《西湖农场公路养护管理体制改革实施方案》，同年9月付诸实施。据此方案，改公路养护"统一管理"为"分散管理"，将各支线公路养护管理工作下放给各分场(镇)负责养护管理。根据不同路况，按每千米1600~1700元的材料费标准，由农场财务科拨付包干经费，不足部分和人头经费由各分场(镇)自行解决。养路职工按每人养护2千米的标准，由公路段随编配员至各分场(镇)，由其自行安排管理。

改革后，公路段定编14人(含书记、段长、会计、出纳各1人)，承担柳林嘴至和平桥16公里主干公路养护管理任务。各分场(镇)负责养护管理公路里程、人员配置及材料费年包干额，详见表2-1-3。

西湖农场各分场(镇)管理养护公路情况一览表

表2-1-3

单位	公路起止地段名称	数量（千米）	调配人数	年材料费包干（元）		
				合计里程（千米）	标准	金额
一分场	新北桥东侧至罐头厂	1.28	1	1.28	1600	2048
二分场	三工班至二分场场部 四门闸至大西湖闸口	1.79 2.25	2	4.04	1600	6464
三分场	大西湖闸口至三分场场部	2.27	2	2.27	1600	3632

续表 2-1-3

<table>
<tr><th rowspan="2">单位</th><th rowspan="2">公路起止地段名称</th><th rowspan="2">数量（千米）</th><th rowspan="2">调配人数</th><th colspan="3">年材料费包干 （元）</th></tr>
<tr><th>合计里程（千米）</th><th>标准</th><th>金额</th></tr>
<tr><td>四分场</td><td>西湖大米厂至四分场场部</td><td>0.55</td><td>1</td><td>0.55</td><td>1600</td><td>880</td></tr>
<tr><td>五分场</td><td>小桥至五分场商店</td><td>1.80</td><td>1</td><td>1.80</td><td>1600</td><td>2880</td></tr>
<tr><td rowspan="3">六分场</td><td>六分场六队闸口至砖瓦厂厂部</td><td>6.50</td><td rowspan="3">3</td><td rowspan="3">8.10</td><td rowspan="3">1700</td><td rowspan="3">13770</td></tr>
<tr><td>鼎港十字路口至六分场四队</td><td>1.25</td></tr>
<tr><td>六食品站至六分场商店</td><td>0.35</td></tr>
<tr><td rowspan="6">城建站</td><td>新民桥至一中体育场</td><td>1.19</td><td rowspan="5"></td><td rowspan="5">4.14</td><td rowspan="5">1600</td><td rowspan="5">6624</td></tr>
<tr><td>园艺队至六分场六队闸口</td><td>0.45</td></tr>
<tr><td>食品站至大米厂</td><td>1.46</td></tr>
<tr><td>东湖桥至新北桥东侧</td><td>0.52</td></tr>
<tr><td>制药厂至黄珠洲堤下</td><td>0.52</td></tr>
<tr><td>合　计</td><td>22.18</td><td>10</td><td>22.18</td><td></td><td>36298</td></tr>
</table>

2003 年 3 月，在经济体制改革步步深入，水泥混凝土公路建成通车，交通规费征收难度增大，交通局资金收不抵支的情况下，经贸局领导研究决定，报请中共西湖区委、区管委会批准，对公路段施行“两个置换”体制改革。改革措施为：

将柳林嘴至和平桥干线公路两旁的欧美杨等林木以 12 万元出售，林地面积随林实行对外承包经营，承包期自 2003 年 11 月 15 日起至 2014 年 11 月 14 日止。此林木出售款用作公路段 12 名职工置换身份的补偿金。

按企业性质置换职工身份，买断工龄一次性计发补偿金。是年 6 月公路段“两个置换”改革到位，共买断职工 12 人，核发工龄补偿金 10.73 万元。保留段长、书记的劳动编制，纳入交通局统一管理，另行安排工作。

2003 年 3 月起公路养护管理走向市场，主要是水泥公路养护管理。采取的主要方法与措施是：聘请专业人员从事养护管理工作，明确养护施工责任人，定域作业，限期轮换，公平竞岗，择优上岗。实行合同制岗位责任管理，落实“以量计酬、以质付酬”的岗位责任制。采取定路段、定任务、定质量、定经费、定奖惩的“五定”包干形式，将公路养护管理职责落实到位。建立健全公路养护管理制度、施工技术监督制度、质量鉴定验收制度和质量责任追究制度等规章制度，逐路段、逐工次、逐工地落实到位。根据公路养护管理有关规定和制度的要求，签订合同，明确甲乙双方的职责、任务、义务和权利。按照合同约定，逐路段对公路养护质量进行检查、监督、鉴定、验收，做好记录，经甲乙双方签字后入卷存档。根据公路养护施工质量，逐段次进行考核评分，奖优罚劣，依照合同兑现奖惩。

二、客运经营体制改革

1987年1月1日,农场成立西湖汽车运输公司,接管农场汽车队跑柳林嘴短途客运的上海640型客车1辆。是年12月30日,汽运公司从农场场部贷款48万元,购入黄河680型客车3辆,收购伍敦辉凤凰652型客车1辆,利用汽车队场所改作小型客运汽车站,从事西湖至柳林嘴、汉寿、常德等地客运业务。至1992年年底,汽运公司先后开通西湖至常德、汉寿、长沙、新化、安化、益阳等地6条客运线路。

1990年6月至1994年,汽运公司先后购进大型客车7辆共332座位。此时,汽运公司客运车辆增至12辆610座位,从业人员49人。

1992年3月,鼎城区黄珠洲乡等周边乡镇的个体客运车辆进入汽运公司参与营运。1994年年底,西湖境内的个体营运客车发展至20辆386座位。

1993年年初,西湖汽运公司改革经营管理体制,改统一经营为承包经营,扭转亏损局面。

1995年1月,农场实行机构改革,将汽运公司纳入农机交通管理科管理,设为其下属机构,由科里指派副科长兼任汽运公司经理,先后有伍贤益、刘尧华、周尚金等人兼任此职。汽运公司仍设会计、出纳,保留银行账户,独立核算,自负盈亏。

1996年8月,汽运公司加挂西湖客运车辆站管理办公室牌子,行管人员列为事业编制。

1996年9月,汽运公司改革经营体制,改承包经营为个体经营,将公有客车折价卖给职工私营。此转体经营举措推动了个体客运的发展,至2002年年底,西湖的个体客车发展到32辆996座位,开通西湖至长沙、株洲、新化、安化、常德、汉寿、益阳、武陵镇等地8条客运线路。

1998年3月,西湖的个体客运车辆实行联合经营。针对私营客车争班抢客、欺行霸市、你追我赶,导致事故频发的混乱局面,周方云、吕国顺、周水云等23家个体客运经营户自发成立西湖客运联营车队,走向联营。在首届联营车主会上以不计名方式投票选举,产生由队长、副队长、会计、出纳、监察员、安全员组成的客运联营管理委员会,联营会成员任期一年,可连选连任。联营车队自觉服从运管部门的管理,坚持定路线、定车辆、一车一牌制度。站务管理坚持定线路、定点、定时、定班次、定票价制度。将客运车辆分组编号,统一调度、统一排班、准时发车。客运业务实行统一经营、统一管理、统一票价、分车售票、统一核算,客运收入按联营车辆平均分配。具体管理办法:客车每天发班前由队长在车与车之间调派收银员和记票员,收银员负责售票、收款;记票员负责验票、记票。每天收班后由各车收银员与记票员对清账目,将所收现金交给出纳员入账入库,月底办理分配,结清账款。各项税费、燃油费、修理及材料费等由车主各自支付,联营车队管理费按客运收入2%提取,用于管委会成员工资、办公费、应酬费等开支。管委会成员实行底薪与效益挂钩,月底薪为队长1000元,副队长和会计800元,其他人员500元,按车队当月目标效益增减比率增减。联营后,车辆年均营运收入和年均纯利分别比联营前增长两成和两成半。

2010年9月,汽运公司实行"两个置换"体制改革,将主站场、办公楼(不含一楼)、修理厂、候车室等国有资产总建筑面积2371.19平方米的产权折价出售。经国有资产管理办公室逐项评估,作价275万元,由常德市文华汽车运输有限公司收购。资产处置变现金额用于21名职工置换身份的补偿,共核发工龄补偿金24.45万元。合同约定由收购方安置原西湖汽运公司在岗职工7人工作至退休,并负责缴纳原汽运公司下岗职工14人的"五险一金"(养老保险、医疗保险、生育保险、工伤保险、就业保险、住房公积金)费用。

三、运政管理体制改革

2003年6月,西湖区交通局根据中共西湖区委西发〔2003〕3号《西湖区事业单位机构、人事改革工作实施意见》的规定,对运管所实行机构改革和人员分流。具体步骤和方法是:核定机构、编制和领导职数,公布聘任岗位和条件;公开报名,资格审查;理论考试,竞岗演说,民主推荐;组织考察,决定聘用;办理聘用和人事代理手续。整个改革过程按规定要求操作,依序进行,逐岗逐人进行审核、评定、定员上岗,于是年10月改革到位。运管所竞聘上岗人员17人,农机监理9人。

四、交通行政体制改革

1991年1月至2008年12月,西湖农机交通监理科(交通局)属自收自支的经济核算单位,实行独立核算,自负盈亏。交通行政经费主要来源为常德市交通规费征稽处授权委托其代征交通规费所得代征手续费、运管费和拖拉机养路费返回额、超征规费奖金等。2009年1月1日,国家实施《成品油价税费改革方案》,取消公路养路费、公路运输管理费、公路客运附加费等六项交通规费,开征燃油税。从此,交通行政经费纳入区财政预算,交通局列为全额拨款单位。

五、航运经营体制改革

1972年冬,农场以接收部队移交的10艘机动船为基础,组建西湖农场船队,1986年更名为"西湖农场航运公司"。主要承运进出西湖的芦苇、煤炭、油料、纸张、木材等大宗货物,年运输量10万吨左右。所有货物装卸,皆由西湖农场柳林嘴搬运队肩挑背驮。1991年以前,西湖航运公司实行统一经营、统一管理、统一核算、统一分配。1991年至2002年,航运公司先后实行三次改革。

1991 年 3 月，随着柳林嘴港口码头的扩建改造，搬运装卸实现机械化作业，不再需肩挑背驮。此时，农场将柳林嘴搬运队合并至西湖航运公司，由其负责经营管理。

1991 年至 1999 年，航运公司实行经营体制改革，改公司统一经营为职工承包经营。由于船舶远航经营，不便管理及承包款无法收回等诸多原因，导致连年亏损，至 2000 年年末累计亏损 79.86 万元。

2002 年 3 月 12 日，西湖区经济贸易局采用公开竞标形式拍卖航运公司资产，拍卖底价为 55 万元。是日，罗平忠以 60 万元的竞价中标。次日，甲方区经济贸易局与乙方罗平忠签订拍卖合同，甲方将航运公司如下资产卖给乙方：机械装卸码头、硫化碱厂、办公室 7 间及地下室 7 间、40 平方米仓库、3 艘钢质机船及其附属设施和航运证件、港航所 3 间房屋、160 千伏安变压器及配电瓶。从此，西湖航运公司转体更名为联兴航运公司，属股份制民营企业。

第二章　经济总量

第一节　农业经济总量

农业是西湖的主导产业,在三大产业总产值中所占比重始终保持在50%以上。1991年全场农业总产值2397万元,占全区国内生产总值4170万元的57.48%,比1990年1932万元增加465万元,增长24.07%。2000年全区农业总产值6350万元,占全区国内生产总值9850万元的64.47%,比1991年增加3953万元(含价格涨幅),增长164.91%;比1999年6165万元增加185万元,增长3%。2010年全区农业总产值24000万元,占全区国内生产总值40990万元的58.55%,比2000年增加17650万元(含价格涨幅),增长277.95%;比2009年19500万元增加4500万元,增长18.75%。历年农业总产值及其所占全场(区)国内生产总值的比率,同比增减额、同比增减率详见表2-2-1。

西湖农场(区)历年农业总产值统计表

表2-2-1

年度	国内生产总值(万元)	农业总产值			
		总金额(万元)	占国内生产总值之比(%)	同比±金额(万元)	同比±率(%)
1991	4170	2397	57.48	576.96	24.07
1992	3953	2294	58.03	-103	-4.30
1993	3936	2331	64.06	37	1.61
1994	4876	2842	58.29	511	21.92
1995	7460	4372	58.61	1530	53.84
1996	8567	5843	68.20	1471	33.65
1997	7309	6095	83.39	252	4.31
1998	8092	5899	72.90	-196	-3.22
1999	9160	6165	67.30	266	4.51
2000	9850	6350	67.47	185	3.00
2001	15282	10103	66.11	3753	59.10
2002	16500	10864	65.84	761	7.53
2003	16100	8000	49.69	-2864	-26.36
2004	25112	15407	61.35	7407	92.59
2005	27473	16270	59.22	863	5.60

续表 2-2-1

年度	国内生产总值（万元）	农业总产值			
		总金额（万元）	占国内生产总值之比(%)	同比±金额（万元）	同比±率（%）
2006	28572	16727	58.54	457	2.81
2007	30399	18749	61.68	2022	12.09
2008	28739	16939	58.94	-1810	-9.65
2009	30600	19500	63.73	2561	15.12
2010	40990	24000	58.55	4500	23.08
合计	327140	201147	61.49		

说明:1994 年及以前的数额为不变价

第二节　工业经济总量

1991 年全场工业生产总值 1029 万元，占全场国内生产总值 4170 万元的 24.68%,比 1990 年 1111 万元减少 82 万元,减少 7.96%。2000 年全区工业总产值 862 万元,占全区国内生产总值 9850 万元的 8.75%,比 1991 年减少 167 万元,减少 16.22%。2010 年全区工业总产值 6000 万元,占全区国内生产总值 40990 万元的 14.64%,比 2000 年增加 5138 万元,增长 596%。历年工业总产值及其所占当年全区国内生产总值的比率、同比增减额、同比增减率详见表 2-2-2。

西湖农场(区)历年工业总产值统计表

表 2-2-2

年度	国内生产总值(万元)	工业总产值			
		总金额（万元）	占国内生产总值之比（%）	同比±金额（万元）	同比±率（%）
1991	4170	1029	24.68	-82	-7.38
1992	3953	934	23.63	-95	-9.23
1993	3936	920	23.37	-14	-1.50
1994	4876	799	16.39	-121	-13.15
1995	7460	1808	24.24	1009	126.28
1996	8567	976	11.40	-832	-46.02
1997	7309	294	4.02	-682	-69.88
1998	8092	633	7.82	339	115.31
1999	9160	827	9.03	194	30.65
2000	9850	862	8.75	35	4.23

续表 2-2-2

年度	国内生产总值(万元)	工业总产值			
		总金额(万元)	占国内生产总值之比(%)	同比±金额(万元)	同比±率(%)
2001	15282	576	3.77	-286	-33.18
2002	16500	936	5.67	360	62.50
2003	16100	2300	14.29	1364	145.73
2004	25112	3705	14.76	1405	61.09
2005	27473	4544	16.54	839	22.65
2006	28572	3610	12.63	-934	-20.55
2007	30399	2100	6.91	-1510	-41.83
2008	28739	2200	7.66	100	4.76
2009	30600	1500	4.90	-700	-31.82
2010	40990	6000	14.64	4500	300.00
合计	327140	36553	11.17		

第三节　商业经济总量

1991 年全场商业（含服务业）总产值 744 万元，占全场国内生产总值 4170 万元的 17.84%，比 1990 年 843 万元减少 11.74%。2000 年全区商业总产值 2638 万元，占全区国内生产总值 9850 万元的 26.8%，比 1991 年增加 1894 万元，增长 254.6%。2010 年全区商业总产值 10990 万元，占全区国内生产总值 40990 万元的 26.81%，比 2000 年增加 8352 万元，增长 316.6%。历年商业总产值及其所占全场(区)国内生产总值的比率、同比增减额、同比增减率详见表 2-2-3。

西湖农场(区)历年商业总产值统计表

表 2-2-3

年度	国内生产总值(万元)	商业总产值			
		总金额(万元)	占国内生产总值之比(%)	同比±金额(万元)	同比±率(%)
1991	4170	744	17.84	-99	-11.74
1992	3953	725	18.34	-19	-2.55
1993	3936	685	17.40	-40	-5.52
1994	4876	1235	25.33	550	80.29
1995	7460	1280	17.16	45	3.64

续表 2-2-3

年度	国内生产总值(万元)	商业总产值			
		总金额（万元）	占国内生产总值之比（%）	同比±金额(万元）	同比±率（%）
1996	8567	1748	20.42	468	36.56
1997	7309	920	12.59	-828	-47.37
1998	8092	1560	19.28	640	69.57
1999	9160	2168	23.67	608	38.97
2000	9850	2638	26.78	470	21.68
2001	15282	4603	30.12	1965	74.49
2002	16500	4700	28.48	97	2.11
2003	16100	5800	36.02	1100	23.40
2004	25112	6000	23.89	200	3.45
2005	27473	6659	24.24	659	10.98
2006	28572	8235	28.82	1576	23.67
2007	30399	9550	31.42	1315	15.97
2008	28739	9600	33.40	50	0.52
2009	30600	9600	31.37	0	0.00
2010	40990	10990	26.81	1390	14.48
合计	327140	89440	28.56		

说明:1991 年至 2010 年的服务业总产值,区统计局将其计算于商业总产值数额中,不便分解,故服务业经济数据未能单列。此表所列数据含服务业

第三章　人民生活

第一节　收　入

一、城镇居民收入　1991年,西湖城镇居民年人均可支配收入仅1260元,此后,随着经济的发展,收入逐年增加。1995年上升至4210元,2000年达到5465元,2005年达到7426元。2010年突破8000元大关,达8103元,是1991年的6.43倍。收入的主要来源是工资、津贴及其他经营收入等。

二、农民收入　1991年,农民人均纯收入587元。此后,随着改革的深化,农业产业结构的调整,农民年人均纯收入逐年提高,2000年提高至1778元,2005年提高至2820元,2010年达4850元,是1991年的8.26倍。从收入的结构看,家庭经营农牧渔业收入约占60%,外出打工的工资性收入约占25%,家庭经营的二、三产业收入约占10%,其他收入约占5%。

第二节　储　蓄

1991年,居民储蓄年末余额6272万元(农行存款5130万元,邮政存款1142万元),人均存款1555元。2000年,居民储蓄年末余额9417万元(农行存款5893万元,邮政存款3524万元),人均存款2234元。此后,随着经济的进一步发展,居民收入逐年增加,个人储蓄亦逐年增长,至2010年,居民储蓄年末余额44788万元(农行存款35189万元,邮政存款9599万元),为1991年的7.14倍。人均存款9138元,为1991年的5.88倍。

第三节　消　费

一、衣着　20世纪80年代,一般人没有经济条件讲究衣着。衣料以棉布、化纤布、合成纤维布为主,难见毛料。颜色大多为青、蓝、灰、白,款式主要有中山装、青年装、列宁装、解放装、学生装、对襟衣等。鞋类主要有解放鞋、布鞋、胶鞋,穿皮鞋的不多。袜类主要是棉纱袜和化纤袜。进入90年代,人们开始讲究衣着质量和品位。1991—2000年,论衣着颜色,赤、橙、黄、绿、青、蓝、紫,色彩丰富;论款式,西装、夹克、休闲装、健美服、裙、袍等品类繁多;论衣料,人们大多倾向于布料、毛料、皮革、麻制品。鞋类有皮鞋、胶鞋、布鞋等,高跟鞋开始流行,马靴亦偶有所见。袜类增加了裤袜、丝袜之类。2000—2010年,人们更讲究衣着的时髦、新潮、品牌。男士喜着西装革履或休闲装、夹克、唐装;女士喜穿连衣裙、短裙、吊带装、丝质裤袜套马靴等。部分青年人追求高档名牌,穿衣选“恒源祥”“培罗蒙”等名牌,穿鞋必选“蜘蛛王”“意尔康”“啄木鸟”等品牌。

二、饮食 20世纪80年代,境内有15%的农村居民尚徘徊在温饱线上,至1991年,尚有5%的居民未解决温饱问题。主要食物为米饭、面条、蔬菜、瓜果等,偶有鸡、鸭、鱼、肉。此后,随着经济的发展,人们收入的增加,生活水平亦不断提高。至2000年,境内全面解决温饱问题,逐步开始向小康迈进。人们开始注重饮食质量,鸡、鸭、鱼、肉、蛋已是家常菜,酒、饮料、糕点、水果成为一般家庭的佐餐之物。2000—2010年,人们的饮食水平又上了一个台阶,大多数家庭不再追求大鱼大肉,唯恐患“三高”(血脂、血糖、血压高),而是注重饮食养生,讲究荤素搭配,营养卫生。抚今追昔,常有老百姓说:当年徘徊于温饱线上,粗茶淡饭,只有等到过年才能改善生活。如今丰衣足食,天天像过年。

新化三大碗特色食品

裕民小区

三、住房 1991年,大部分居民的住房为部队留下来的老房子和移民建场初搭建的简易安置房,早已破旧,有的成了危房,且人均住房面积仅18平方米左右。但限于财力,人们只能小修小补,勉强栖身。1998年以后,通过政府扶持,危旧房屋大部分得到改造改建,部分居民在本地修建或购置新房,有的还修建别墅式小院。还有部分居民在常德、长沙等地楼盘购置新房。至2010年,西湖农村居民人均住房面积30平方米左右,镇区居民人均住房面积28平方米左右。

四、用品 20世纪80年代,居民家庭用品十分简陋。一般家庭只有衣柜、箱子、木床、方桌,部分家庭有“三转一响”(单车、手表、缝纫机、收音机),少数家庭有黑白电视机、电风扇等。进入90年代,手表、单车、收(录)音机、电风扇、黑白电视机在居民家中已相当普遍,还有部分家庭购置彩电、冰箱、摩托等。进入21世纪,彩电逐渐普及,冰箱、洗衣机、空调、电脑、手机、轿车进入寻常百姓家。大部分女性和部分男性拥有一件或几件金、银、玉制饰品。至2010年,全区49011人拥有冰箱5582台、彩电16685台、空调5590台、洗衣机8221台、电脑1687台、摩托4866辆、轿车259辆、手机45361部。

第三篇《

农业　林业　水利

第三章

第一章 种植业

第一节 粮食作物

一、水稻生产

(一)种植面积

水稻在种植业中占有较大比重,1991 年种植面积 54121 亩,单产 355 公斤,总产 19213 吨,占农作物种植面积 111941 亩的 48%。随着农业结构调整,种粮比较效益偏低,种植面积逐步减少,至 2010 年,水稻种植面积减至 28200 亩,单产 476 公斤,总产 13418 吨,占农作物种植面积比重下降为 23%,比 1991 年降低 25 个百分点。水稻种植的复种指数也逐渐减少,1991 年以种植双季稻为主,双季稻种植面积为 46913 亩,至 2010 年以种一季稻为主,双季稻种植面积 11550 亩,一季稻种植面积达到 16650 亩。随着杂交稻的推广普及和农民科学种田水平的提高,水稻单产水平逐渐提高,1991 年平均单产为 355 公斤,2010 年平均单产 476 公斤。稻米品质逐渐改变,早、中、晚稻基本实现优质稻生产,米质达到国标三等优质米标准。详见表 3-1-1。

西洲乡裕民村优质水稻基地

(二)耕作模式

油—瓜—稻模式 冬季种植油菜,再套种西瓜,西瓜成熟收获后种植晚稻。此模式种植效益较高,同时通过水旱轮作可以改良土地结构,加上种植西瓜,土壤较肥沃,有利晚稻生产。该模式推广于 20 世纪 80 年代初,在 20 世纪 80 年代中期至 90 年代中期推广面积较大,种植面积主要集中在原二分场、三分场、四分场相关生产队,全区种植面积最高年份达到 8000 亩,此模式的推广技术人员主要是原西瓜种子公司经理、高级农艺师蒋祖新和原西湖农业科高级农艺师沈仕移。油—瓜—稻栽培技术的推广在 1988 年获得省农业厅科技成果三等奖,为农民增收及发展粮食生产做出贡献。

油—稻—稻模式 冬季种植油菜,油菜收获后插早稻,再晚稻,此模式复种指数高,土地利用率高,但劳动强度大,生产季节安排紧凑。在20世纪80年代至90年代初种植面积较大,集中在原三分场、四分场的有关生产队。至2010年,已无人按此模式种植。

绿—稻—稻模式 冬季稻田种植绿肥(红花草子),再种植双季稻,此模式复种指数高,种植绿肥改良了土壤,提高了稻田肥力,可以减少化肥的施用。该模式在20世纪70年代就全面推广普及,在90年代初绿肥种植面积较大,1993年全区种植绿肥1.39万亩,以后逐年减少,至2010年全区已基本没有种植绿肥,该模式逐渐停用。

稻—稻模式 即种植早稻和晚稻双季稻模式,该模式在20世纪80年代中期开始推广,复种指数较高,有利粮食生产的发展,可以保面积保总产。随着外去劳动力的增多,加上肥料、农药、机耕成本的上升,比较效益降低,双季稻种植面积逐年减少,1991年种植双季稻46913亩,2010年仅为11550亩。

一季稻种植模式 即一年只种植一季中稻,该种植模式,复种指数低,土地利用率低,但随着超级杂交稻的推广,单产水平较高,一般每亩产量在550~650公斤,种植的比较效益较高。该模式推广于20世纪90年代,至2000年种植面积不断扩大。2004年一季稻种植面积达28200亩。后因为通过农业产业结构调整,扩种经济作物,至2010年一季稻种植面积减少至16650亩。

(三)种植品种

在20世纪90年代初至90年代中期,早稻品种以常规稻为主,品种有浙福802、87早等品种,这些品种相对而言米质较差。中稻、晚稻为杂交稻组合,有威优46、汕优63、威优49、汕优桂99、汕优77等杂交组合,这些杂交稻品种米质一般,没有达到优质米标准,但在中稻、晚稻生产上基本普及杂交稻生产。进入90年代中期后,早稻生产推广优质稻品种,如中鉴100、湘早籼20号等。中、晚稻推广金优桂99、金优207、丰源优299、金优77等优质杂交稻品种,大米品质有很大改善和提高,已达到三等优质米标准。1998年从省农科院引进两优培九和E32两个超级杂交稻品种,在二分场3队推广示范,种植50亩,获得高产,单产达到600~650公斤,超级杂交稻平均单产比一般杂交稻要高50公斤以上。2001年后超级杂交稻逐渐推广普及,至2010年超级杂交稻种植面积占杂交稻种植面积60%以上,品种有:两优培九、E32、培两优慈4、Y两优1号、新两优6号等。

长势喜人的水稻

(四)栽培技术

软盘抛秧 即利用专用育秧软盘育秧,每亩用软盘45~50个,种谷10~12斤,用营养土进行育秧,秧龄20天左右后,通过人工抛撒秧苗。此项技术针对传统洗插秧,具有明显优势:秧苗素质好,返青快,不易僵苗，产量高，并且可以减轻插秧的劳动强度，提高工效。此技术在20世纪90年代中期推广较多，1993—1996年每年在早稻生产上推广软盘抛秧3000亩以上。以后，此项种植技术逐渐被直播栽培技术取代。

直播栽培技术　即搞好浸种催芽后，整理好大田，分厢将种谷播下。此项技术操作简单，工效高，但在早稻播种季节，若遇阴雨天气，易造成烂种烂芽，且存在易倒伏的问题。此技术在20世纪90年代中后期全面推广普及，至2010年在水稻生产上继续采用。

二、玉米生产

主要采用间套作方式生产，20世纪90年代初至中期，以掖单系列品种为主，90年代中期至2010以澄海系列品种（糯玉米）为主。1991年种植318亩，总产44吨。1999年增加至3091亩，总产1073吨。2010年减至2400亩，总产888吨。

三、豆类、小麦

主要有大豆、绿豆、蚕豌豆。大豆以套种为主，原二分场、三分场、四分场相关生产队种植较多，绿豆为土边、沟渠边零星种植，无成块种植，蚕豆在20世纪90年代中期作为冬季种植的粮食作物，10月中下旬播种，套种于棉地，次年5月中旬收获。当时种植面积较大，1997年种植面积达到8182亩，总产851吨。以后种植面积逐渐减少，至2010年，只有1800亩，总产216吨。小麦主要是冬小麦，品种为鄂麦9023.10号，在棉地套种或中稻收割后翻耕播种。种植面积不大，单产200~350公斤。1991年仅种植23亩，总产2吨。此后，大多年份种植面积增加，至2010年种植面积达到900亩，总产306吨。

四、薯　类

主要是红薯和马铃薯，种植面积不多。1991年种植红薯800亩、总产720吨，马铃薯50亩、总产30吨。此后大多年份种植面积增加，至2010年，红薯种植1200亩、总产1500吨，马铃薯种植900亩、总产630吨。详见表3-1-2、表3-1-3。

第二节　经济作物

一、棉花生产

(一)种植面积

棉花是西湖种植的第一大经济作物,1991 年棉花种植面积 1.49 万亩，占全区农作物种植面积的比重为 13%,随着农业结构调整以及棉花价格的提高,种植面积逐年扩大,2008 年棉花种植面积达到 3.72 万亩,2010 年略有减少,为 3.15 万亩。随着新品种的推广,科学种棉水平的提高，单产水平逐步提高,1991 年棉花单产皮棉为 81 公斤,2010 年达到 120 公斤。1991 年总产皮棉 1206 吨,2010 年达到 3780 吨,是 1991 年的 3.13 倍。详见表 3–1–4。

(二)种植品种

1997 年前种植泗棉二号、岱红岱、湘棉 12 号等常规品种,1998 年后逐渐推广普及杂交棉及抗虫杂交棉,品种有湘杂棉 1 号、2 号、3 号、15 号,湘丰棉 3 号等。2010 年良种普及率 100%,为抗虫杂交棉,品种有湘杂棉 3 号、7 号、农杂 70、湘丰棉 1 号等。

棉花制种

(三)栽培技术

主要采用营养钵育苗,地膜覆盖育苗，此技术在 20 世纪 80 年代推广,90 年代普及。合理密植(常规品种每亩栽 2500 株，杂交棉每亩 1100~1200 株),肥促化调,亦为农户普遍采用的栽培技术。

(四)棉花制种

1997 年,西湖农技推广中心与省棉科所合作在西湖进行杂交棉制种,制种面积 30 亩,采取人工去雄、人工授粉的制种技术,取得成功,生产杂交棉种 3750 公斤,以后制种面积逐步扩大。2006 年制种面积 600 亩,生产种子 7.5 万公斤,至 2007 年累计生产杂交棉种 50 万余公斤,为农民直接增收 3000 多万元。到 2008 年因棉花制种监管难以到位,部分农民的质量意识差,制种质量无法保证,致使制种基地丧失,推广中心棉花制种终止。

二、蔬菜生产

随着农业结构的调整，加上生产、流通大户的带动，蔬菜生产种植面积逐年扩大，1991年全区为5420亩，总产量6667吨，到2010年达到2.44万亩，总产量48900吨，是1991年的7.3倍。品种主要有辣椒、冬瓜、南瓜、苦瓜等。种植效益相对较高。2010年是蔬菜市场价格最好的一年，辣椒亩产值高达7000~8000元，苦瓜每亩产值8000~10000元。蔬菜生产种植面积主要集中在原六分场、五分场、一分场相关生产队。2010年蔬菜制种1500亩，集中在原二分场、三分场、四分场有关生产队。详见表3-1-5。

蔬菜加工

食用菌是一种保健营养蔬菜，它以棉籽壳、稻草、木屑、莲壳为基本原料，生产多种可供人们食用的微生物菌（食用菌）。西湖食用菌生产起步于20世纪90年代，生产品种以平菇为主，另有金针菇、秀珍菇等，在区内种植面积不大。随着食用菌产业的兴起，西湖在外从事食用菌生产的人员增多，遍布全国大部分城市，从业人员有近1000人，常年生产食用菌2.3万吨左右。至2010年，从事食用菌生产的人员尚保持在1000人左右。

三、西甜瓜生产

农户外销南瓜

西甜瓜生产在20世纪80年代是西湖一种高效、特色产业，西甜瓜生产、西甜瓜制种在省内外均小有名气。当时西甜瓜种植及制种面积近万亩，西瓜种子公司生产的西瓜种子（蜜桂、湘西瓜3号、甜瓜802）销往全国20多个省市。西湖生产的西甜瓜，品质好、销路畅，种植效益比较高，西甜瓜生产的发展带动农民增收致富。20世纪80年代出现的首批“万元户”就是西瓜制种与生产的大户。随着市场经济的发展,外地西瓜种植面积扩大,加上西湖多年种植西甜瓜,品质有所下降,优势逐渐丧失。1991 年西甜瓜种植面积 6460 亩,总产 7558 吨;此后逐年减少,2000 年仅 762 亩,到 2010 年增至 2400 亩,总产 6532 吨。

四、食用油、甜叶菊、甘蔗

油菜生产 1991 年至 2010 年种植品种有湘杂油系列、秦油 2 号、油研 7 号等,杂交“双低”(低硫甙硫甘、低脂肪酸)油菜,逐渐普及全区。种植模式为棉—油、稻—油两种模式。种植面积 1991 年 2.48 万亩, 总产 1513 吨,2000 年达到 3.74 万亩, 总产 4190 吨。以后随着外出劳力增多,种植效益不高,农民种植油菜的积极性下降,2008 年全区种植油菜只有 1.42 万亩, 但 2010 年又增加至 2.43 万亩,总产 2916 吨。详见表 3-1-6。

油葵种植基地

甜叶菊生产 1974 年引进种植,当时为一种高效经济作物,为多年生植物, 由西湖甜叶菊厂收购干叶,加工生产甜叶菊糖甙,1992 年全区种植面积达到 1189 亩, 总产甜叶菊干叶 160 吨,产地主要集中在原二分场、三分场、四分场部分生产队。后因企业发展不景气,甜叶菊厂改制、倒闭,种植面积逐步减少,至 1999 年甜叶菊停止了种植。

甘蔗生产 移民建场后,甘蔗一直未列入生产计划,由农户自行种植,常年种植 200 亩左右,一般亩产 3000 公斤左右,种植最多的年份为 1992 年,达到 366 亩,总产 1008 吨。

五、麻 类

主要种植品种有黄麻、苎麻,20 世纪 80 年代初开始种植,种植面积一直比较小,1991 年种植 236 亩,总产 41 吨,1996 年种植 300 亩,总产 62 吨,以后因市场价格因素,逐渐被淘汰,至 2005 年已无农户种植。详见表 3-1-4。

第三节 病虫害防治

一、防治机构

1991年成立西湖农场植保植检站，专门负责全场主要作物病虫害的监测，并提出防治意见。该站根据作物病虫情况，不定期编发《病虫情报》（每年14期左右），分析病情、找准病因，指导防治。

二、主要病虫害

水稻病虫害主要有：纹枯病、恶苗病、稻蓟马、螟虫、稻纵卷叶螟、稻飞虱等。

棉花病虫害主要有：立枯病、炭疽病、棉蚜、棉红蜘蛛、棉铃虫、甜菜夜蛾、枯黄萎病等。

蔬菜瓜类病虫害主要有：猝倒病、立枯病、灰霉病、早疫病、沤根、霜霉病、枯萎病、病毒病、青枯病、白绢病、黄萎病、菜青虫、小菜蛾、斜纹夜蛾、甜菜夜蛾、菜螟等。

柑橘病虫害主要有：柑橘红蜘蛛、锈壁虱、吹绵蚧、矢尖蚧、黑点蚧、天牛、花蕾蛆、潜叶蛾、黑刺粉虱、柑橘凤蝶、柑橘疮痂病、流胶病、炭疽病、脚腐病。

三、防治方法

1991年至2010年，西湖一直采用四种防治方法：农业防治、物理防治、生物防治、化学防治。

农业防治 即利用农业生产中的各种技术，对农作物生态系统加以调整，创造有利于作物生长，不利于病虫害繁殖的条件，从而减轻病虫危害。具体措施为：铲除杂草，消灭寄主；深水灭蛹，消除虫源；水旱轮作，减少病虫；选用抗病品种，培育无病虫壮苗，合理安排作物布局等。

物理防治 即利用物理因子和机械作用对病虫的生长发育进行干扰，减轻或避免其对作物的危害。主要采用三种方法：一种是在田间地头安放诱蛾灯，杀灭蛾子；一种是在田间插上杨树枝把，利用杨树的气味诱杀蛾子；另一种是机械或人工除虫。

生物防治 即利用有益生物防治病虫害，主要是以菌治虫、以菌治病和以虫治虫。一般采用两种方法：一种是在农作物中放养寄生蜂，让寄生蜂杀灭虫子；另一种是在稻田放养鸭子，让鸭子吃掉虫子。

化学防治 即利用化学农药防治病虫害，根据病虫害发生的情况，选用相应的药物进行防治，此种方法是普遍使用的最有效的防治方法。

附:种植、加工、销售大户

刘让运　男,1974年8月出生于西湖农场,东洲乡旺寿村1组村民。从事蔬菜生产、销售工作多年,2010年种植蔬菜200余亩,销售蔬菜35万公斤,年利润16万元左右。2010年5月注册登记富民合作社。

夏晓源　男,1963年9月出生于湖南省安化县,1972年12月移民至西湖农场,西洲乡田园村2组村民。多年从事蔬菜制种,生产面积1000多亩,年产丝瓜、苦瓜、黄瓜等种子3.5万公斤,年产值450万元。2010年4月注册登记福源合作社。

龚吉康　男,1946年1月出生于湖南省安化县,1972年12月移民至西湖农场,东洲乡新港村2组村民。多年与省蔬菜研究所合作,主要从事蔬菜制种,2010年制种面积500余亩,生产黄瓜、丝瓜种子,年产种子2万公斤,年产值260万元。

代隆斌　男,1973年1月出生于湖南省新化县,西洲乡新北河2组村民。多年从事蔬菜生产、销售,2010年种植面积200亩,新建大棚34个,年利润15万元。2009年11月注册登记新月美合作社。

蔬菜制种

周楚平　男,1967年9月出生于湖南省新化县,1972年月12月移民至西湖农场,东洲乡机关职工。2000年在鼎福村1组承包土地120亩,种植柑橘、黄花梨等水果,年生产水果300吨,年实现产值50万元。

刘楚元　男,1962年11月出生于湖南省安化县,1972年12月移民至西湖农场,东洲乡新港村1组村民。多年从事蔬菜生产、加工、销售工作,种植面积200亩,年加工销售蔬菜50余万公斤,年利润12万元左右。

夏石春　男,1967年7月出生于湖南省安化县,1972年12月移民至西湖农场,西洲乡田园村2组村民。多年从事食用菌生产,种植木耳、秀珍菇品种,种植面积2000多平方米,年产鲜菇6万公斤,年利润10万元左右。2010年4月注册登记美春食用菌专业合作社。

邓宗荣　男,1983年5月出生于西湖农场,东洲乡新港村1组村民。多年从事葡萄生产,种植葡萄12亩,年利润10万元以上。2010年6月注册登记益农葡萄种植合作社。

西湖农场(区)历年水稻生产情况统计表

表 3-1-1　　计量单位：亩、公斤/亩、吨

年度	水稻播种面积	单产	总产	(1)早稻			(2)中稻(一季稻)			(3)晚稻		
				播种面积	单产	总产量	播种面积	单产	总产量	播种面积	单产	总产量
合计	787022	431	338976	204446	340	69483	302640	518	156677	279936	403	112816
1991	54121	355	19216	17732	265	4699	7208	427	3078	29181	392	11439
1992	49359	360	17773	17784	317	5638	3512	467	1640	28063	374	10496
1993	41555	377	15679	12538	289	3623	6517	493	3213	22500	393	8843
1994	39277	383	15058	13757	315	4333	6375	475	3028	19145	402	7696
1995	42577	395	16845	15990	312	4989	5778	507	2929	20809	429	8927
1996	47640	385	18335	17700	338	5983	6990	490	3425	22950	389	8928
1997	45953	420	19325	16881	357	6027	6032	608	3667	23040	418	9631
1998	42952	435	18693	14437	344	4966	8911	579	5159	19604	437	8567
1999	46288	390	18068	12000	344	4128	10893	498	5425	23395	364	8516
2000	41300	435	17966	10427	357	3722	17824	518	9233	13049	384	5011
2001	39600	495	19590	5850	396	2317	24750	543	13439	9000	426	3834
2002	39150	501	19626	5700	397	2263	25200	544	13709	8250	443	3655
2003	34500	474	16346	2700	378	1021	28200	486	13705	3600	450	1620
2004	41250	493	20351	6150	369	2269	28200	535	15087	6900	434	2995
2005	40500	466	18889	6750	361	2437	27900	510	14229	5850	380	2223
2006	33900	485	16451	5550	405	2248	23400	516	12074	4950	430	2129
2007	25050	478	11983	5400	405	2187	14850	520	7722	4800	432	2074
2008	20850	460	9586	4200	383	1609	13200	493	6508	3450	426	1470
2009	33000	478	15779	6750	391	2639	20250	525	10631	6000	418	2508
2010	28200	476	13418	6150	388	2386	16650	527	8775	5400	418	2257

西湖农场(区)历年杂粮生产情况统计表

表 3-1-2　　　　计量单位:亩、公斤/亩、吨

年度	1.小麦			2.玉米			3.大豆			4.绿豆			5.蚕豌豆		
	播种面积	单产	总产量	播种　面积	单产	总产量	播种面积	单产	总产量	播种面积	单产	总产量	播种面积	单产	总产量
合计	6485	288	1870	28479	332	9464	26604	174	4642	2505	130	326	80881	87	7064
1991	23	80	2	318	138	44	833	111	92	32	95	3	2716	71	193
1992	25	85	2	95	291	28	809	105	85	38	100	4	3029	70	212
1993	16	81	1	224	263	59	2065	103	213	60	102	6	4923	60	295
1994	86	150	13	298	248	74	1600	118	189	151	93	14	6157	72	443
1995	101	168	17	165	260	43	1132	158	179	22	91	2	3870	78	302
1996	600	194	116	3000	297	891	1245	130	162	41	98	4	4350	107	465
1997	42	238	10	419	339	142	1137	152	173	33	152	5	8182	104	851
1998	67	179	12	438	361	158	1184	159	188	77	143	11	7648	84	642
1999	22	227	5	3091	347	1073	1172	262	307	76	250	19	5657	65	368
2000	83	145	12	1981	357	707	1627	167	272	115	135	16	3249	101	328
2001	150	167	25	1500	355	533	1500	225	338	150	140	21	3150	117	369
2002	180	170	31	1800	356	641	1500	225	338	150	133	20	3750	100	375
2003	240	185	44	3150	243	765	1350	210	284	300	100	30	3900	76	296
2004	300	210	63	1500	334	501	1350	239	323	300	93	28	4500	80	360
2005	450	280	126	1050	337	354	1500	166	249	150	127	19	4050	75	304
2006	600	320	192	900	373	336	1650	179	295	150	153	23	2850	99	282
2007	800	350	280	750	379	284	1950	184	359	160	145	23	3000	105	315
2008	1000	340	340	150	360	54	150	187	28	170	160	27	2250	100	225
2009	800	340	272	5250	360	1890	1350	200	270	150	152	23	1850	120	222
2010	900	340	306	2400	370	888	1500	200	300	180	155	28	1800	120	216

西湖农场(区)历年薯类生产情况统计表

表 3-1-3　　计量单位:亩、公斤/亩、吨

年度	薯类			红薯			马铃薯		
	播种面积	单产	总产量	播种面积	单产	总产量	播种面积	单产	总产量
合计	30873	1007	31083	21172	1158	24513	9701	677	6570
1991	850	882	750	800	900	720	50	600	30
1992	877	971	852	814	1000	814	63	603	38
1993	1180	941	1110	998	1000	998	182	615	112
1994	740	928	687	600	1000	600	140	621	87
1995	624	888	554	440	1000	440	184	620	114
1996	730	988	721	560	1100	616	170	618	105
1997	938	999	937	737	1099	810	201	632	127
1998	822	979	805	602	1100	662	220	650	143
1999	1507	1062	1601	1382	1100	1520	125	648	81
2000	1855	998	1852	1439	1099	1582	416	649	270
2001	1500	1092	1638	1200	1200	1440	300	660	198
2002	2250	1092	2457	1800	1200	2160	450	660	297
2003	2400	1099	2637	1950	1200	2340	450	660	297
2004	1950	1071	2089	1350	1250	1687	600	670	402
2005	2100	997	2094	1200	1250	1500	900	660	594
2006	2400	975	2340	1200	1250	1500	1200	700	840
2007	2550	991	2527	1350	1250	1687	1200	700	840
2008	1800	929	1672	750	1249	937	1050	700	735
2009	1700	959	1630	800	1250	1000	900	700	630
2010	2100	1014	2130	1200	1250	1500	900	700	630

西湖农场(区)历年棉麻、甘蔗、甜叶菊生产情况统计表

表 3-1-4

计量单位:亩、公斤/亩、吨

年度	棉花			麻类			甘蔗			甜叶菊		
	播种面积	单产	总产量	播种面积	单产	总产量	播种面积	单产	总产量	播种面积	单产	总产量
合计	512584	95	48756	2703	154	416	4254	2772	11790	6241	109	682
1991	14889	81	1206	236	174	41	343	1915	657	830	108	90
1992	21162	73	1545	99	152	15	366	2754	1008	1189	135	160
1993	25685	74	1901	131	176	23	297	3034	901	1168	106	124
1994	29077	74	2152	71	127	9	282	2989	843	518	118	61
1995	27290	76	2074	238	168	40	124	3129	388	518	106	55
1996	24645	90	2218	300	207	62	150	2593	389	600	100	60
1997	23452	96	2251	217	180	39	150	3060	459	600	100	60
1998	29981	95	2848	200	195	39	104	3423	356	818	88	72
1999	21990	80	1759	200	165	33	188	3420	643	—	—	—
2000	23663	75	1775	211	152	32	150	3067	460	—	—	—
2001	23100	85	1964	300	100	30	150	3200	480	—	—	—
2002	24300	98	2381	200	100	20	150	3200	480	—	—	—
2003	20850	92	1918	150	100	15	150	3333	500	—	—	—
2004	22050	95	2095	150	120	18	150	3360	504	—	—	—
2005	22650	93	2106	—	—	—	150	2427	364	—	—	—
2006	27450	117	3211	—	—	—	150	2427	364	—	—	—
2007	28500	120	3420	—	—	—	300	2480	744	—	—	—
2008	37200	114	4241	—	—	—	300	2500	750	—	—	—
2009	33150	118	3911	—	—	—	300	2500	750	—	—	—
2010	31500	120	3780	—	—	—	300	2500	750	—	—	—

西湖农场(区)历年蔬菜、瓜类、绿肥生产情况统计表

表 3-1-5　　计量单位:亩、吨

年度	蔬菜播种面积	总产量	瓜果类播种面积	总产量	青饲料播种面积	绿肥播种面积
合计	288629	472494	49439	81699	31566	134989
1991	5420	6667	6460	7558	360	12810
1992	5096	6240	5360	6294	182	14107
1993	3565	6286	4370	5113	257	13851
1994	6460	7946	1485	1738	378	11548
1995	6326	7725	1277	1325	218	13686
1996	7050	16167	750	779	300	12550
1997	6887	10826	1734	2081	238	8417
1998	10183	15412	3204	4856	416	11845
1999	12687	19168	3787	3781	457	10947
2000	15255	27423	762	840	710	8878
2001	14250	20203	2850	5627	3450	7950
2002	18750	26583	2700	5331	3750	6750
2003	23700	35550	1500	2962	5400	900
2004	24000	34698	1050	2074	3900	750
2005	19950	27073	1350	2890	4200	—
2006	22500	38237	1950	6115	3450	—
2007	25800	46440	2400	6258	2850	—
2008	16500	31350	1500	3920	600	—
2009	19800	39600	1950	5625	300	—
2010	24450	48900	3000	6532	150	—

西湖农场(区)历年油料生产情况统计表

表 3-1-6　　计量单位:亩、公斤/亩、吨

年度	油料			1. 花生			2. 油菜籽		
	播种面积	单产	总产量	播种面积	单产	总产量	播种面积	单产	总产量
合计	525406	91	47650	5315	175	930	520091	90	46720
1991	24870	61	1520	59	119	7	24811	61	1513
1992	25638	67	1722	75	120	9	25563	67	1713
1993	23278	72	1683	97	147	14	23181	72	1669
1994	24873	83	2067	139	100	14	24734	83	2053
1995	29472	68	2016	140	156	22	29332	68	1995
1996	28890	69	2003	90	171	15	28800	69	1987
1997	25290	84	2135	126	167	21	25164	84	2114
1998	24913	86	2131	158	171	27	24755	85	2104
1999	30701	87	2669	458	148	68	30243	86	2601
2000	37781	113	4262	373	193	72	37408	112	4190
2001	33600	103	3453	300	187	56	33300	102	3397
2002	32550	103	3345	300	185	56	32250	102	3290
2003	31650	89	2830	450	187	84	31200	88	2746
2004	26850	93	2498	300	186	56	26550	92	2443
2005	27600	95	2633	450	180	81	27150	94	2552
2006	26100	96	2497	450	190	86	25650	94	2411
2007	16350	106	1726	300	190	57	16050	104	1669
2008	14650	108	1586	450	180	81	14200	106	1505
2009	15600	121	1880	150	175	26	15450	120	1854
2010	24750	121	2995	450	175	79	24300	120	2916

第二章 养殖业

第一节 家 畜

一、猪

20世纪90年代初，农户所饲养的猪，大多是宁乡猪，宁乡猪虽然耐粗食、抗病能力较强，但生长较慢，且属于“脂肪型”，市场前景欠佳。农场为改良生猪品种，先后多次从外地引进优良种公猪和母猪。1997年从湖北引进种公猪50头、母猪300头。1998年又引进大约克公猪10头、杜洛克公猪10头、长白母猪200头，把引进的良种公猪和母猪分配给有饲养管理技术、有一定规模的养猪专业户饲养。通过杂交改良，到2002年全区50%的养猪专业户和散养户饲养的生猪是“瘦肉型”三元杂交猪，2006年达到85%，2010年达到95%以上。1991年全区出栏生猪1.45万头，存栏生猪1.57万头，2010年出栏生猪2.2万头，存栏生猪1.15万头。详见表3-2-1、表3-2-4。

在90年代初，西湖区饲养生猪大多采用熟食饲喂，一头生猪饲养到200斤，需要8~10个月。90年代中期，随着饲料行业的发展，养猪户在猪料里面加喂浓缩饲料、全价饲料及添加剂等，加快生猪的生长速度，一头猪饲养到200斤一般只需4~5个月，添加的饲料品种主要有“正虹”和“骆驼”饲料。由于猪饲料对生猪具有生长速度快、生产周期短、周转快的特点，深受养猪户欢迎，从1998年起各养猪户都普遍使用。1998—2008年，西湖区养猪专业户最多，年出栏生猪50头以上的有205户，100~300头的有50户，300~500头的有5户，500头以上的有2户。2008—2010年，生猪市场旺盛，猪价上涨，出栏一头肥猪可获纯利400元左右。2008—2010年主要是专业户饲养，散养户甚少，仅占农户的5%左右，散养户饲养生猪每年也就1~2头，用于过年过节自宰食用。2008—2010年全区年均养猪纯收入超5万元的有50户，超10万元的有25户，超20万元的有5户。其中西洲乡新北河

东洲办事处龙生猪场

村戴恩美2010年饲养母猪100头，出栏肥猪960头，获利80万元。

西湖区从2007年起，落实惠农补贴政策，对能繁母猪实行保险、补贴，养殖户年饲养一头能繁母猪，中央财政补贴100元，对投保的能繁母猪养殖户每头交12元，财政补贴48元。死亡一头母猪保险公司赔付1000元。2007年全区能繁母猪2000头，补贴资金20万元，母猪投保580头，死亡母猪61头，赔付资金61000元。2010年全区有能繁母猪910头，补贴资金9.1万元，母猪投保450头，死亡母猪33头，赔付资金3.3万元。

二、牛

牛类有水牛和黄牛，以滨湖水牛为主，滨湖水牛体形高大、骨骼强壮、性情温驯、役力强、抗病耐粗食、毛稀皮薄、腰背平直、毛色多为深灰色，体重在450~500公斤。

裕民办事处肉牛养殖场

1991—2010年，年均饲养牛1346头，1991年饲养牛1659头，此后，由于机械化程度不断提高，牛的饲养量逐年减少，至2010年仅饲养910头。养牛头数最多的是东洲乡旺福村和鼎园村，旺福村年饲养牛500余头，鼎园村年饲养牛400余头，1998年区里投资50万元在东洲乡旺福村一组新建牛栏3栋，栏舍面积3000余平方米，可容纳600头牛。2002年市政府实施“五个百万亩”工程，区里从外地引进湘西黄牛、南阳黄牛400余头，分配到各个村组由农户饲养（每头黄牛引进价格800元，区里补贴养殖户每头300元）。其中，东洲乡旺福村一组分配120头。2003年全区出栏牛最多，达1100头，牛肉产量165吨，2010年出栏牛400头，牛肉产量60吨。详见表3-2-1。

牛的饲养方式是舍食与放牧相结合，舍食以稻草为主，放牧以青草为主，严冬补食一定的精料。

1998年，区委在东洲乡旺福村投资10万元种植皇竹草、矮象草、墨西哥玉米、桂牧1号等优质牧草200亩。，2002年，区委在全区落实牧草种植面积2000余亩，为发展养牛业创造条件。

三、羊

1991—2000年，西湖区年均饲养羊只有300余只。2002年区里从石门引进马头羊、黑山羊1500多只，分配给养殖户饲养(每只羊引进价格300元，区里补贴养殖户每只100元),2002年全区共有养羊专业户20户,存栏2000余只。主要品种有马头羊、黑山羊、波尔山羊、南江黄羊。养羊最多的是西洲乡新北河村二组胡加和,饲养200多只,次年获纯利3万余元。2005年全区年末存栏数2500只,2006年以后,因有的专业户饲养管理或饲草跟不上等原因而相继转行,养羊数量逐年减少。2010年全区年末存栏数仅500只。详见表3-2-4。

西洲办事处养羊大户

四、狗

西湖区居民素来有养狗的习惯,镇区居民饲养的狗一般是玩赏犬,常年饲养100余只。农户饲养的狗一般是肉犬,1991—2010年年均出栏肉犬4023只。详见表3-2-1。

第二节 家 禽

东洲办事处养鸡场

一、鸡

1991年以前,以农家散养土鸡为主，一般农家喂养5~8只或10多只食用。1993年有养殖专业户10余户,少则养殖400多羽,多则上1000羽,常年共养殖7000余羽。2004年后,养殖专业户增加至20余户,养殖规模扩大,养殖数量大幅增加。2005年原西洲办事处安康村夏新招、夏新良、夏新佳三人投资100万元,新建夏氏百万鸡场,次年从外地引进鸡苗50万羽,进行温室饲养,待鸡长至0.5公斤左右出售给本区及周边乡镇农户饲养,年纯收入30万元。2008年,东洲乡旺禄村伍永健、西洲乡同兴村张桂元分别从桃源引进蛋鸡5000羽,年获纯利10万元。至2010年年末,全区存笼鸡35万余羽。

二、鸭

鸭农放养鸭子

西湖区湖、塘、沟较多,适宜鸭的饲养,以专业户为主,家庭散养鸭甚少。1991—1994年全区年均有养鸭专业户23户,年均存棚数1.4万羽。1995年养鸭专业户增至28户,存棚数2万羽。2007年达到36户,存棚数4万羽。养殖户饲养数量在800~2000羽。其中西洲乡黄泥湖村何秋新2009年饲养蛋鸭6000羽。2009年蛋产品销路不畅,加之鸭饲料价格上涨,成本增加,大部分养鸭户亏本。2010年饲养量迅速减少,养鸭专业户下降至13户,存棚数仅1.5万羽。

三、鹅

全区饲养量很少,仅有部分靠近河湖的农户饲养。1991—1999年全区年均饲养鹅800只左右,2000—2008年全区年均饲养鹅500只左右,2010年下降至300只。鹅的品种多为溆浦鹅,毛色为白色,成鹅体重一般4~6公斤。

四、鸽

1991—2009年,全区无养鸽专业户,仅有少数农户饲养,年均饲养鸽1000余只,农户饲养鸽少则5~10只,多则30~50只,饲养的鸽一般自宰食用。2010年全区饲养鸽9000余只,有养鸽专业户3户,其中东洲乡旺寿村二组何熊辉从新化引进种鸽400多对,出笼鸽4000只,年纯收入达8万多元。

第三节 水 产

一、常规养鱼

(一)养殖条件

西湖区地理条件优越,区内湖泊、哑河、池塘星罗棋布、沟港渠道纵横交错、水域肥沃、饵饲种类繁多,适宜鱼类的生长繁殖。全区共有水域面积18645亩,有鱼类品种34种、虾贝类水生物10余种,另外还有一定数量的水生珍贵动物,如银鱼、鳜鱼、水鱼、乌龟等。西湖区养殖水面主要有西水河(汉寿县西港乡与原新港分场、鼎港分场、下窖分场联合开发水面)、新北河(原裕民分场与常德县黄珠洲乡联合开发水面)、大西湖渔场、东东湖、东西湖和人工开挖的池塘。全区有放养水面10958亩,其中湖泊6412亩,河沟2337亩,池塘2209亩。西水河、新北河平均水深3.5米以上,其他湖泊、池塘水深1.5~2米。各种渔业机械(抽水机、粉碎机、投饵等)800余台,各种渔具、渔网1200条。1991—2000年全区年均有养鱼专业户175户,渔业劳力283人,专业劳力215人。2001—2010年全区年均有养鱼专业户215户,渔业劳力332人,专业劳力265人。1991—1998年全区有水产专业技术干部4人,1999—2010年有水产专业技术干部6人,其中国家干部3人、水产工程师3人。

繁育鱼苗

(二)鱼类养殖

养殖面积、产量 西湖区渔业生产全为人工养殖,西水河、新北河、东东湖、东西湖等水域面积较大的湖泊实行股份承包,其他面积较小的池塘由养殖专业户承包。1991年养殖面积10589亩,总产586吨。此后,养殖面积增减不大,由于采取技术措施,产量增大。1991—1999年年均产鲜鱼847.6吨,2000—2010年年均产鲜鱼2068吨。2005年水产品总产量2590吨,是1991年586吨的4.5倍。2010年由于养殖面积减少至9750亩,产量降至1866吨。详见表3-2-3。

鱼类品种 西湖区放养的鱼苗主要自外地购买,品种大致有三类。

传统养殖鱼类:主要有青、草、鲢、鲤、鲫、鳊等。

新引进和驯化品种:有东北鲫、兴国红鲤、日本白鲫。

杂交品种:有芙蓉鲤、并肩银鲫。

在这些品种中,草、鲢、鲤养殖产品占70%左右。1995年后,鲭、鳊等粗鳞鱼比例有所上升。

鱼类饲料 西湖区鱼饲料有四大类。

水陆生植物和水生动物饲料

陆草类:有苏丹草、黑麦草、狼尾草等,其中苏丹草是草鱼、鳊鱼的主要饲料。苏丹草长势快,产量较高,一般亩产鲜草1万公斤以上。1991—1997年全区年均种草面积980亩,1998年1500亩,2002年种草面积达2000余亩,2005年后种草面积逐年减少,2010年种草面积减少到800亩。

水草类:有浮萍、水花生、水浮莲、水葫芦等。

蔬菜类:有各种菜叶、瓜叶、瓜蔓及豆科植物的茎叶等。

水生动物饲料:除浮游动物外,还有湖螺、田螺、小河蚌、水蚯蚓及各种水生昆虫。

网箱养鱼

养鱼肥料

西湖区自进行鱼类人工饲养以来,就开始利用人、畜粪、杂草培育鱼苗和鱼种。养鱼主要用有机肥和无机肥,有机肥有人粪尿、堆肥、生活污水等,无机肥有碳胺、过磷酸钙、尿素等。1991—2010年年用碳胺1000吨、磷肥800吨、尿素500吨左右。

配合饲料

有全价配合饲料,如通威鱼料。配合饲料养鱼一般用于池塘网箱。

其他饲料

有禾本科谷类、豆科籽实类、油饼类、糠麦麸类、糟渣类等。

(三)捕捞

西湖区捕捞一般采取放水干湖法,每年12月前后开始放水起鱼,来年蓄水投苗。大西湖每年干一次,其他小湖塘一年一干或两年一干,西港河与新北河由于水深一般在冬季采用拖网捕捞。

二、网箱养鱼

西湖区网箱养鱼从1993年开始,区移民局对网箱养鱼给予扶持,每口网箱(3米×8米)补助300元。1993年全区共有80口网箱,每口网箱可放养鱼苗1000尾,年获纯利800元左右。因网箱养鱼面积小,便于管理,1997年全区发展到1000余口,养殖品种以草鱼、鲢鱼为主。2004 年,全区网箱增至 4000 口,引进大口鲶、加州鲈、叉尾鮰、鳜鱼、黄颡鱼等名优鱼养殖。2005 年全区网箱养鱼产值突破 3000 万元。因网箱养鱼对水质污染较大，从 2006 年开始,减少网箱口数,并将原网箱改为 12 米 × 24 米大规格网箱,以养殖叉尾鮰、草鱼为主。至 2010 年大规格网箱养鱼达到 500 余口，养殖集中在西港河沿线原四分场相关生产队,单个网箱养殖叉尾鮰产量达到 1 万公斤,产值12 万元 ~18万元。网箱养鱼的发展充分利用了大水面资源,促进了水产养殖的发展及农民增收。

叉尾鮰养殖

三、特种水产

(一)龙虾、南美白对虾

龙虾养殖

小龙虾原产于北美洲,是美国淡水虾类养殖的重要品种,在动物分类学上属节肢动物门、甲壳纲、原螯虾属。小龙虾适应能力强,繁殖速度快。区内河沟、池塘、沟港渠道等多种水体中均有小龙虾存在。1991—2002 年年捕捞小龙虾 5000 公斤以上。后因田间、沟港渠道农药残留较重,加之捕捞的多,小龙虾逐年减少。2010 年捕捞小龙虾仅 800 公斤。

南美白对虾是一种海虾,2005 年由上海奉贤区一个老板引进,在大西湖养殖场进行养殖,当年基本养殖成功,每亩产量 400 余公斤,每亩产值 6000~8000 元。后因各种原因,上海老板放弃在西湖的养殖。

(二)甲鱼

甲鱼又名中华鳖、水鱼、王八。西湖区 1991—1995 年仅有部分农户饲养,年产甲鱼 0.2 吨,1996—2000 年,年均养殖面积达 1000 余亩,年产甲鱼 30 吨。后因价格下跌,养殖面积逐年减少。2010 年全区甲鱼养殖面积仅 250 亩,产量 9 吨。

(三)珍珠

西湖区珍珠吊养从1997年开始，是年全区珍珠吊养水面2000亩,2000年达到4000亩。大面积吊养珍珠均是浙江老板,本区仅有部分农户小面积吊养。后因吊养珍珠对水质污染较大,2008年市政府决定禁止投肥养鱼，压减珍珠吊养面积，区委采取各种措施压减面积,2010年全区珍珠吊养面积550亩。

(四)黄鳝

西湖区养殖黄鳝始于1996年,均采用网箱养殖,是年全区有黄鳝网箱200口,每口网箱产黄鳝15公斤,共产黄鳝3000公斤。1998年增加至500口,产黄鳝7500公斤,因效益较好，是年后迅速发展，至2010年全区有黄鳝网箱2万多口，产黄鳝32万公斤。2010年东洲乡春晓村黄鳝专业合作社挂牌成立。产品畅销常德、益阳、岳阳、长沙、武汉等大中城市。

第四节　疫病防治

一、防治机构

1992年,原西湖农场动物防疫站和水产站合并为畜牧水产站,设编制数8人,差额拨款,各办事处有在编专职兽医1人(共6人)。2000年,区畜牧水产站从各办事处聘请取得“兽医资格从业证”的技术员12人,负责全区动物疫病防疫、诊疗等工作。2002年5月,根据常编办〔2002〕15号文件,西湖区畜牧水产站更名为西湖区畜牧水产技术服务中心,设编职数8人,由区财政全额拨款。2010年,全区共有畜牧水产技术人员20人(畜牧16人,水产4人)。其中,注册兽医师1人,兽医师2人,助师2人,技术员15人。

二、畜禽类

(一)主要疫病

2006年,开展全区畜禽疫病调查,调查结果显示:全区主要畜禽疫病有39种,其中猪病18种,有猪瘟、丹毒、肺疫、副伤寒、猪繁殖和呼吸综合症(蓝耳病)、传染性胃肠炎、口蹄疫、气喘病、流感、白痢、黄痢、水肿病、链球菌、布氏杆菌、弓形体、附红体、蛔虫、肺丝虫。牛病7种,有牛出血性败血症、破伤风、炭疽、牛传染性胸膜肺炎、日本血吸虫病、锥虫、肝片吸虫。羊病3种,有羊痘、羊肠毒血症、羊传染性胸膜肺炎。狗病1种,狂犬病。禽病10种,有高致病性禽流感、新城疫、鸡霍乱、鸡白痢、鸡法氏囊、支原体、球虫、鸭出败、鸭瘟、蛔虫。

(二)疫病流行

西湖区畜禽传染病主要有牛出败、口蹄疫、猪瘟、猪肺疫、猪繁殖和呼吸综合症、高致病性禽流感,另有个别炭疽病和狂犬病。

牛出败　牛出败主要发生在耕牛多、饲养密度大的东洲乡旺福村和鼎园村。1992 年这两村死牛 58 头,1993 年死牛 45 头。1994 年春季,区委、区畜牧水产站通过宣传发动,对旺福村和鼎园村的存栏耕牛全部免疫注射牛出败疫苗,当年因该病死亡的牛仅 3 头,以后每年春秋两季注苗一次。1991—2010 年全区死亡耕牛 126 头。详见表 3—2—5。

口蹄疫　口蹄疫又称五号病。1991—2010 年,全区扑杀牲畜 752 头,其中扑杀水牛 186 头,黄牛 86 头,母猪 150 头,肥猪 206 头,仔猪 124 头。扑杀头数最多的是 1998 年扑杀牛 128 头,猪 248 头,其次是 2010 年扑杀黄牛 86 头。

猪瘟　常年发生。1991—2010 年死亡生猪 2860 头,其中母猪 426 头、肥猪 606 头、仔猪 1828 头。2001 年因猪瘟死亡的猪达 372 头。

猪肺疫　地方性流行。1991—2010 年死亡猪 1274 头。

猪繁殖和呼吸综合症（蓝耳病）　2005 年开始发病死亡。2006 年全区暴发该病，发病 6800 余头,死亡 680 头。2007 年死亡 360 头。2005—2010 年全区共死亡生猪 1731 头。

高致病性禽流感　2000 年开始发病。2000—2010 年全区共死亡家禽 8600 羽,其中鸡死亡 4200 羽,鸭死亡 4400 羽。扑杀家禽 68000 羽,其中扑杀鸡 42000 羽,扑杀鸭 26000 羽。2008 年,西洲乡安康村夏氏鸡场一次性扑杀鸡 3 万羽。

炭疽病　东洲乡春晓村一组 1995 年 1 头 400 公斤左右的母水牛经区畜牧水产站确诊为炭疽病,确诊后进行焚烧、深埋等无害化处理。

狂犬病　1991—2010 年全区共发生狂犬病 4 例,死亡 4 人。1992 年 4 月西湖镇渔场发病1 例,死亡 1 人。2008 年 7—9 月,西洲乡同兴村、安康村各发病 1 例,死亡 2 人。2010 年 10 月,东洲乡旺禄村发病 1 例,死亡 1 人。

(三)疫病防疫

1991—1997 年,全区畜禽防疫主要病种有五号病、牛出败、猪瘟、猪肺疫、仔猪副伤寒、鸡新城疫、霍乱、狂犬病。上述疫病春秋两季各防 1 次,五号病实行强制防疫。防疫员工资由政府按每头每次 1 元补贴,其他病种规定由防疫员按每头每次 1 元,家禽每羽每次 0.5 元,狂犬病每只每次 10 元向养殖户收取。1998 年,实施《中华人民共和国动物防疫法》,全区健全了疫病防疫体系,层层签订动物防疫责任状,逐步推行免疫证、卡耳标识、加挂耳标等制度。1991—2010 年常年免疫密度达 95%以上。

2005—2010 年,牲畜五号病、猪瘟、高致病性禽流感、猪繁殖与呼吸综合症、狂犬病、实行强制免疫、防疫员工资由区财政按实际防疫头数给付。

(四)检疫检测

西湖区畜禽检疫检测工作由区畜牧水产技术服务中心(原西湖农场动物防疫站、西湖区畜牧水产站)负责。1991—1994 年设专职检疫员 2 人,1995—2010 年设专职检疫员 4 人,负责全区屠宰检疫,农贸市场肉类产品检疫、产地检疫。1995 年,实施牲畜“定点屠宰、集中检疫、统一纳税、分散经营”办法,加强上市动物及动物产品的管理,保证上市肉类质量和人民身体健康。1996 年全区设定点屠宰场(点)3 个,镇区设一个中心屠宰场,西洲乡、东洲乡各设一个屠宰点。1998 年区计划物价局、财政局调整动物及动物产品检疫收费标准,规定检疫费按每头牛 5 元、猪 3 元、羊 2 元收取,动物产品检疫费按每头牛 7 元、猪 5 元、羊 2 元标准收费。从 1995 年开始,区畜牧水产站派 2 名专职检疫员到屠宰场(点)实施屠宰检疫,常年检疫屠宰生猪 8000 余头。从 2005 年开始,区畜牧水产技术服务中心对全区专业户饲养的生猪及屠宰上市的生猪按 5%的比例进行“瘦肉精”检测,确保消费者吃上放心肉。

三、鱼　类

(一)常见鱼病

西湖区常见鱼病有 30 多种,分三大类。

传染性鱼病　有出血病、白头白嘴病、烂腮病、赤皮病等,其中出血病、肠炎病流行最广,危害最大。

寄生虫病　主要有车轮虫病、指环虫病、鱼虱病、条虫病、钩介幼虫病等。

非寄生性鱼病　主要有青泥苔、水蜈蚣、螺蚌等。

此外有创伤、泛塘和污染中毒等。

(二)常用鱼药

西湖区常用鱼药有四类。

外用杀菌剂　有漂白粉、二氯异氰尿酸纳、三氯异氰尿酸、二氧化氯制剂等。

外用杀虫药　有敌百虫、强效灭虫精、硫酸铜等。

内服杀菌药　西药类有土霉素、氯霉素、氟哌酸、环丙沙星、呋喃唑酮、新诺明、败血宁、克瘟灵、肠腮灵、出血散等。中草药类有牛黄、大黄、黄芩、黄连、连翘、大蒜素、大青叶、穿心莲等。

内服杀虫药　有硫酸二氯酚、阿苯达唑、吡喹酮、鱼虫速灭、鱼朗净、绦虫净、鱼用肠虫净等。

(三)鱼病防治

西湖区防治鱼病贯彻“三防”(防浅水、防缺氧、防冻害)为主,防重于治的方针,积极推广“三消毒”(鱼池、鱼种、饵料)、“四定”(定时、定量、定质、定位)为主要内容的预防措施,并对为害草鱼的“三大病害”(烂腮病、肠炎病、出血病)进行重点防治,使草鱼成活率由 1993 年的 50%提高到 2010 年的 90%。

附:养殖大户

伍永健,男,1963 年 2 月出生于湖南省新化县,1972 年 12 月移民至西湖农场,东洲乡旺禄村人。

2007 年,伍永健通过多次考察论证后,投资 22 万元,新建鸡舍 1000 余平方米,购进各种养鸡设备,并从桃源引进成年蛋鸡 5000 羽,通过科学饲养,取得了较好的收益。2007—2010 年,年饲养蛋鸡 5000 羽,年获纯利 12 万元。

张桂贞,男,1974 年 3 月出生于西湖农场一分场,西洲乡同兴村人。

2008 年,张桂贞投资 20 万元,新建鸡舍 1000 余平方米,从桃源引进蛋鸡 5000 羽。2008—2010 年,年饲养蛋鸡 5000 羽,年获纯利 10 万元。

夏新招,男,1965 年 5 月出生于湖南省安化县,1972 年 12 月移民至西湖农场,西洲乡安康村人。

2000 年春,夏新招承包了村里一片荒湖,经过全面考察论证,先后投入资金 10 万余元,在湖岸上修建猪舍和鸡舍 600 多平方米,开发精养名贵鱼池 50 多亩,利用禽粪养猪、猪粪养鱼的综合养殖模式,取得较好收益。2001—2004 年,年饲养良种母猪 10 头,出栏肥猪 200 多头,出笼肉鸡 6000 多羽,出售鲜鱼 50 吨。2001—2004 年,夏新招的综合养殖纯收入达 30 万元。2005 年,夏新招与本村夏新佳、夏新良合伙投资 100 万元,新建夏氏百万鸡场。2006—2007 年,出笼肉鸡 100 万羽。2008 年 12 月,鸡场暴发禽流感,一次性扑杀肉鸡 3 万羽。2009—2010 年,鸡场出笼肉鸡仅 5 万羽。

汪伟,男,1961 年 11 月出生于益阳市,西湖管理区西湖镇人。

2001 年投资 60 万元,新建汪氏猪场。2002—2010 年,常年饲养良种母猪 60 余头,出栏肥猪 300 余头,出售仔猪 500 余头,年纯收入 10 万元。

夏新建,男,1975 年 10 月出生于西湖农场二分场,西洲乡安康村人。

2006—2010 年,夏新建猪场年饲养母猪 40 头,出栏肥猪 500 余头,年纯收入 20 余万元。

戴恩美,男,1970 年 4 月出生于湖南省新化县,1972 年 12 月移民至西湖农场,西洲乡新北河村人。

2009 年,戴恩美投资 95 万元对原一分场月亮洲养殖场进行栏舍改建,另新建栏舍 1000 平方米,栏舍总面积达到 15 亩。2010 年出栏肥猪 960 头,存栏母猪 100 头,纯收入 80 万元。

龚陆生,男,1965 年 6 月出生于湖南省安化县,1972 年移民至西湖农场,东洲乡新兴村党支部书记。

1996 年,在西港河畔创办综合养殖场,主要养殖青鱼、草鱼、鳜鱼等,年利润 6 万余元。1999 年,投资 40 万元,建成新港名贵鱼综合养殖示范场,主要养殖甲鱼、加州鲈鱼、大口鲶鱼等,年利润 20 多万元,2010 年利润提高至 90 万元。2000 年,被评为湖南省劳动模范。

马建平,男,1971 年 7 月出生于湖南省新化县,1972 年 12 月移民至西湖农场,东洲乡旺福村村民。

2002 年开始从事生猪养殖业,2003 年建立生猪良种繁育场和生猪人工授精站。2004—2010 年,常年饲养母猪 150 头,出售良种仔猪 3000 余头,养猪年利润 20 余万元,对外生猪人工授精业务收入 10 万多元。

夏雨,男,1967 年出生于湖南省安化县,1972 年 12 月移民到西湖农场,西洲乡田园村村民。

2007 年承包村里的一块低洼地,创办甲鱼养殖场。2008 年底,获利润 10 多万元,2010 年利润达 20 多万元。

刘红旗,男,1961 年 7 月出生于湖南省安化县,1972 年 12 月移民至西湖农场,东洲乡春晓村村民。

2006 年网箱养殖黄鳝 110 口,至 2010 年增加至 300 口,年利润 12 万元。2010 年 3 月,他联合同村黄鳝养殖户挂牌成立"春晓黄鳝养殖专业合作社"。

夏东生,男,1955 年 2 月出生于湖南省安化县,1972 年 12 月移民至西湖农场,西洲乡田园村村民。

1991 年开始网箱养鱼,当年 4 口网箱产鱼 1500 公斤,获利润仅 3000 多元。1997 年,扩大养殖规模,网箱增至 50 口,获利润 6 万余元。至 2010 年,网箱增至 200 余口,获利润 20 多万元。2005 年被评为湖南省劳动模范。

西湖农场(区)畜牧业主要产品产量统计表

表 3-2-1

年度	出栏牲猪（万头）	出栏肉牛（头）	出栏肉羊（头）	出笼家禽（万羽）	肉类总产量（吨）	其中：猪肉(吨)	牛肉（吨）	羊肉（吨）	禽肉产量（吨）	当年出售和自宰的肉用兔（只）	禽蛋产量（吨）	出栏狗（只）
合计	87.49	8034	15931	844.12	101755	87490	1205	398	12662	9360	15480	80452
1991	1.45	50	250	4.67	1534	1450	8	6	70	750	128	856
1992	1.48	33	220	4.72	1561	1480	5	6	71	2500	113	878
1993	1.45	18	280	4.6	1529	1450	3	7	69	4550	178	924
1994	1.68	24	285	6.79	1793	1680	4	7	102	1560	213	945
1995	2.22	69	285	12.67	2428	2220	10	7	190	—	305	867
1996	3.54	305	251	30.68	4052	3540	46	6	460	—	757	1020
1997	4.27	383	270	36.98	4889	4270	57	7	555	—	1051	1132
1998	5.31	466	220	22.25	5719	5310	70	6	334	—	985	1228
1999	6.66	604	340	50.76	7521	6660	91	9	761	—	1162	1345
2000	6.46	682	680	65	7554	6460	102	17	975	—	801	1007
2001	6.52	700	200	66	7620	6520	105	5	990	—	1103	1400
2002	6.12	600	350	68	7239	6120	90	9	1020	—	1200	1580
2003	7.1	1100	2500	72	8408	7100	165	63	1080	—	1300	2000
2004	7.3	700	2600	76	8610	7300	105	65	1140	—	1382	3300
2005	7.5	600	2700	77	8813	7500	90	68	1155	—	1400	9070
2006	6.63	600	1400	62	7685	6630	90	35	930	—	1079	10100
2007	5.5	400	1000	63	6530	5500	60	25	945	—	1080	10300
2008	2.06	100	300	31	2548	2060	15	8	465	—	328	11200
2009	2.04	200	300	45	2753	2040	30	8	675	—	453	10450
2010	2.2	400	1500	45	2973	2200	60	38	675	—	462	10850

表 3-2-2

西湖农场(区)历年农林牧渔业总产值统计表

单位：万元

	合计	1991年	1992年	1993年	1994年	1995年	1996年	1997年	1998年	1999年	2000年
农林牧渔业总产值	201327	2397	2294	2331	2842	4372	5843	6095	5899	6345	6350
1.农业总产值	118977	2040	1911	1935	2294	3320	4417	4459	4163	4125	4186
2.林业总产值	684	12	17	22	24	26	24	23	25	27	26
3.牧业总产值	54460	275	281	287	432	728	1036	1258	1436	1862	1815
4.渔业总产值	27206	70	85	87	92	298	366	355	275	331	323

	2001年	2002年	2003年	2004年	2005年	2006年	2007年	2008年	2009年	2010年
农林牧渔业总产值	10103	10864	8000	15407	16270	16727	18749	16939	19500	24000
1.农业总产值	4833	4941	4152	7658	7859	9392	9918	10045	12292	15037
2.林业总产值	26	40	40	38	29	41	51	58	63	72
3.牧业总产值	2810	3180	3422	4325	4697	4611	6897	4332	4630	6146
4.渔业总产值	2434	2703	386	3386	3685	2683	1883	2504	2515	2745

西湖农场(区)历年渔业生产情况统计表

表 3-2-3

年度	一、水产品总产量(吨)	鱼类(吨)	其他类(吨)	珍珠(吨)	甲鱼(吨)	牛蛙(吨)	二、养殖面积(亩)	(一)池塘养殖(亩)	其中：精养(亩)	(二)湖泊养殖(亩)	(三)河沟养殖(亩)
合计	30962	30378	268	21	261	34	204896	54300	18234	91187	59409
1991	586	586	—	—	0.15	—	10589	2609	640	5800	2180
1992	707	707	—	—	0.18	—	10832	2296	650	6399	2137
1993	716	716	—	—	0.22	—	10609	2204	850	6268	2137
1994	749	749	—	—	0.22	—	10499	2204	920	6055	2240
1995	849	849	—	—	0.23	—	10437	2200	1327	6100	2137
1996	1074	1048	—	—	26	—	10610	2800	1120	5580	2230
1997	884	836	18	0.55	29	—	10527	2800	1327	5590	2137
1998	789	736	18	1.14	34	—	10238	3301	1200	4800	2137
1999	1449	1401	18	1.7	28	—	10238	3301	1050	4800	2137
2000	1848	1804	3	2.8	33	5	9972	3335	950	4500	2137
2001	2135	2103	7	1.55	21	2	9600	2850	900	4500	2250
2002	2308	2269	20	1.65	15	2	9600	3000	850	3800	2800
2003	2436	2385	23	2.5	13	12	10400	3000	880	3500	3900
2004	2426	2378	24	3	9.5	11	9900	2800	850	3200	3900
2005	2590	2561	16	3.1	8.5	1	10600	3000	800	3400	4200
2006	1907	1871	25	1.2	8.5	1	10650	3000	820	3450	4200
2007	2053	2017	26	0.75	9	—	10400	3000	820	3200	4200
2008	1738	1707	22	0.37	8.5	—	9700	2100	780	3400	4200
2009	1820	1789	23	0.34	8	—	9745	2250	750	3345	4150
2010	1900	1866	25	0.35	9	—	9750	2250	750	3500	4000

西湖农场(区)畜牧业主要畜禽年末存栏情况统计表

表 3-2-4

年度	一、年末大牲畜存栏(头)	其中：能繁母牛(头)	二、年末牲猪存栏(万头)	其中:能繁母猪(头)	三、年末羊存栏(只)	其中：能繁母羊(只)	四、年末养蜂箱数(箱)	五、年末家禽存笼(万羽)	六、年末兔存笼(只)
1991	1659	604	1.5682	220	180	12	30	6.5214	90
1992	1611	596	1.6049	216	120	15	184	4.2014	96
1993	1588	794	1.6644	522	100	14	40	5.1095	637
1994	1687	681	1.7936	506	115	18	40	7.6900	—
1995	1496	635	1.6117	413	105	45	25	9.8118	—
1996	1815	615	1.7919	292	92	36	21	14.8340	—
1997	1767	828	2.2111	873	277	37	35	14.1503	—
1998	1498	614	3.4015	1563	220	16	56	17.7551	—
1999	1425	568	2.3651	1457	452	125	85	22.0858	—
2000	1070	518	2.3012	1515	673	182	100	20.1549	—
2001	1100	339	3.9	2000	1000	300	400	27.6500	—
2002	1248	312	3.8	1900	2000	250	450	31.6800	—
2003	1300	740	3.1	1800	2400	1500	350	30.6900	—
2004	1546	880	3.1	1900	2300	1500	650	32.6400	—
2005	1376	701	3.2	1700	2500	1500	435	35.0200	—
2006	1389	950	2.27	1700	2100	1400	275	29.9500	—
2007	1300	850	2.3	2000	1700	450	280	29.8500	—
2008	550	380	0.95	1400	300	85	320	19.2000	—
2009	600	280	1.05	1200	600	185	350	36.4000	—
2010	910	360	1.15	950	500	168	320	37	—

西湖农场(区)主要动物传染病流行情况统计表

表 3-2-5

年份	疫病名称							
	牛出败死亡（头）	五号病扑杀（头）	猪瘟死亡（头）	猪肺疫死亡（头）	蓝耳病死亡（头）	禽流感扑杀（羽）	狂犬病死亡（人）	炭疽病死亡（头）
合计	126	752	2860	1274	1731	68000	4	1
1991	5	4	146	75	—	—	—	—
1992	58	19	168	82	—	—	1	—
1993	45	15	142	63	—	—	—	—
1994	3	16	86	47	—	—	—	—
1995	2	20	95	68	—	—	—	1
1996	—	15	143	31	—	—	—	—
1997	2	35	171	49	—	—	—	—
1998	—	376	135	58	—	—	—	—
1999	3	35	96	102	—	—	—	—
2000	2	30	190	95	—	12500	—	—
2001	3	18	372	89	—	18000	—	—
2002	1	17	182	43	—	—	—	—
2003	—	14	175	67	—	6700	—	—
2004	2	13	147	55	—	—	—	—
2005	—	12	158	72	120	—	—	—
2006	—	22	85	60	680	800	—	—
2007	—	5	93	46	360	—	—	—
2008	—	—	136	38	210	30000	2	—
2009	—	—	68	81	186	—	—	—
2010	—	86	72	53	175	—	1	—

第三章 林 业

第一节 林业管理

一、林业管理机构

1991—2010年，西湖农场(区)未设立专门的林业管理机构，其职能归口农业部门行使，林业生产由农场农业科(委、办、局)负责管理，组织全场(区)农工开展植树造林活动，做好营林护林及其各项管理工作。负责制定“四边”(路边、渠边、街边、屋边)造林规划及管理制度，并组织实施，逐年完成全场(区)植树造林任务。林木砍伐及补植由农场(区)农业部门负责把关审核，报常德市林业局批准，办理砍伐证，缴纳育林税后，方可砍伐树木，并按伐一补一的规定补植树苗。林政执法由常德市林业局授权委托行使，由农场(区)农业科(委、办、局)代行林政执法职能，依法查处林木乱砍滥伐行为，调解林业产权纠纷。

1982年，农场在养路队基础上成立“湖南省国营西湖农场林路管理站”(以下简称林路站)，划拨林木苗圃基地10.5亩，用于培育树苗。林路站作为全场林业主管机构，归口农业科管理，由林路站具体负责全场路(渠)边造林、护林、育苗及树苗自足外的苗木场内供应和公路养护管理工作。1990年，农场将林路站更名为“国营西湖农场公路段”，为独立股级事业单位，其营林护林与公路管理职能不变，植树造林接受农业科的业务指导，具体负责做好路(渠)边造林、护林、育苗等林业管理工作。1992年9月，农场将公路段苗圃地6.9亩划拨给汉寿县粮食局修建西湖粮站。此时，公路段有旱地3.75亩，其中职工家属菜地2.85亩，苗圃地仅0.75亩，树苗供不应求，只好外购。1995年1月，公路段合并至农机交通监理科(交通局)，主要工作仍是营林护林和公路养护管理，以营林护林为主，兼负水泥公路养护工作。2003年3月，公路段实施“两个置换”改革，柳和线路边林木及林用地实行个体经营。

二、林业管理体制改革

1991—2010年间，西湖农场(区)共施行两次林业体制改革。改革后，全场(区)的林业用地均实行承包经营。

1993年3月至9月，农场施行公路(林业)养护管理体制改革，将各支线公路及路边林木林用地下放给各分场(镇)养护管理，场部只负责管理柳和线16千米干线公路及路边林木林地。此次林业体制改革，共下放给各分场（镇）管理的22.18千米支线公路两边林木为18483株，计木材蓄积量约5281立方米，计路边林用地约49.95亩，均实行个体承包经营。场部管理的柳和线有路边林木21336株，计木材蓄积量约6096立方米，计路边林用地约45.6亩。全场干、支线公路两边的林木为39819株，计木材蓄积量11377立方米，计路边林用地95.55亩。此次林业体制改革，下放到各分场(镇)管理的路边林木及林用地数量，详见表3–3–1。

西湖农场各分场(镇)管理路边林木林地统计表

表3–3–1

单位	公路起止地段名称	里程（公里）	林木蓄积量		路边林用地（亩）
			株数	立方米	
一分场	新北桥东侧至罐头厂	1.28	1066	304.58	2.89
二分场	三工班至二分场场部	1.79	3367	961.97	9.10
	四门闸至大西湖闸口	2.25			
三分场	大西湖闸口至三分场场部	2.27	1892	540.6	5.10
四分场	大米厂至四分场场部	0.55	458	130.9	1.24
五分场	小桥处至五分场商店	1.8	1500	428.58	4.05
六分场	六队闸口至砖瓦厂	6.5	6750	1928.58	18.21
	十字路口至六分场商店	1.6			
城建站	新民桥至一中体育场	1.19	3450	985.79	9.32
	园艺队至六分场六队闸口	0.45			
	食品站至大米厂	1.46			
	东湖桥至新北桥东侧	0.52			
	制药厂至黄珠洲堤下	0.52			
合计		22.18	18483	5281	49.91

2003年3月，公路段施行“两个置换”改革时，将柳和线公路两边的活林木21336株以12万元出售，林用地约45.6亩随林木由买方接管，实行承包经营。林用地(含林木)承包期为14年，即从2003年3月15日起，至2017年3月14日止。自此，西湖境内的路(渠)边林用地(含林木)均由个体户承包经营或合股承包经营。

第二节　林木种类

一、用材林

西湖土地有限，人均面积仅2.1亩，无多余土地开辟成片林地，只能利用沟渠边、道路边植树造林，既是防护林，又是用材林，品种主要有欧美杨、水杉、柳树、苦楝、槐树、椿树、女贞、桑树、喜树、枫杨等。1991 年,西湖有大小林带 100 余条,约 110 千米,有用材林 1999.95 亩。此后,每年开展植树造林,特别是 2008 年,在三角堤外洲栽植欧美杨 66.67 亩,至 2010 年,全区用材林面积增加至 3499.95 亩。

二、绿化林

20 世纪 80 年代初,农场将各生产队所有公有住房无偿分配给农户,并明确规定,在房前屋后植树造林,归种植者所有。这一举措激发了群众的积极性,家家户户在自家屋旁栽植各种树木,主要有水杉、柑橘、桃树、柳树、椿树等。1991 年,全场有庭院绿化面积 2760 亩。1992 年,农场出台庭院经济发展规划,促进了庭院绿化林的发展,广大农户在自家屋旁更新品种,种植林果、培植花卉。主要品种有脐橙、葡萄、石榴、水竹、牡丹、仙人掌(球)、美人蕉、凤仙花等,至 2010 年,农户庭院绿化林增加 760.05 亩,达 3520.05 亩。1991 年以后,西湖镇区亦开始整治环境,更新树种,培植花木。至 2010 年,镇区街道旁共栽植柳树 60 株,樟树 1228 株,广玉兰 363 株。植树面积约 3.6 万平方米,灌木丛约 3000 平方米,绿化面积 3.9 万平方米,合58.5 亩。随着城镇建设的发展,居住及办公条件的改善,各居民小区、各单位院落亦开始注重庭院绿化建设,一般栽植樟树、广玉兰、柳树、水竹、紫荆、芙蓉、茉莉花之类,亦有部分家庭在自家院落向阳处栽植小块花草,或在阳台上培植数盆花卉,如仙人掌(球)、水仙、芦荟等。至2010 年,全区有绿化面积 3600 亩。

大西湖杨树

三、经济林

西湖经济林以果木为主，品种主要有柑橘、桃、梨、柰李、葡萄等。水果种植面积，1991 年为 3997.95 亩，2000 年为 4990.95 亩，2010 年达 6460.05 亩。水果产量，1991 年为 2768 吨，2000 年为 5937 吨，2010 年为 7465 吨，是 1991 年的 2.7 倍，详见表 3–3–2。

柑橘　西湖水果以柑橘栽培的历史最长，种植面积最大，产量亦最多。1991 年，有柑橘面积 2452.05 亩，产量 1839 吨；2005 年，扩种至 8500.05 亩，产量 5489 吨；2010 年 5749.95 亩，产量6684 吨。品种主要温州蜜橘、南丰蜜橘、椪柑、脐橙、柚子等。

桃　有脆蜜桃、油桃等品种，脆蜜桃于 1998 年引进，因产量低，加上裂果，2004 年被淘汰。油桃 1991 年种植 150 亩，产量 210 吨，由于果质欠佳，种植面积逐年减少，至 2010 年，仅存 19.95 亩，产量 32 吨。

柰李　1985 年西瓜种子公司从省农科院引进柰李种苗 47700 株，建园 1192.05 亩。因 1988 年 9 月 3 日农场溃垸，部分柰李树被淹死，最终成园 499.95 亩，年产柰李 304 吨。西湖所产柰李质好味美，深受消费者好评。1991 年扩种至 1531.05 亩，产柰李 920 吨。是年，将柰李送北京亚运会参展，荣获优质农产品称号。1993 年发展至 2623.95 亩，产柰李 1540 吨。后来因枯枝病未能得到有效防治，加上 1997—1998 年连续两年在花期遇上寒潮低温，不能正常结果，至 1999 年基本上是砍树毁园，改种其他作物。

梨　有幸水梨、黄花梨等品种，幸水梨 1998 年从常德农校引进，因种植要求高、投入大，试种没有成功。黄花梨 1991 年种植 10.05 亩，产量 6 吨。此后几年种植面积略有增加，至 1999 年发展至 30 亩，产梨 30 吨。此后逐年减少，至 2010 年，仅 12 亩，产梨 10 吨。

葡萄　主要品种为巨峰系列，1991 年种植 4.95 亩，年产量 2 吨。以后逐年扩大种植面积，至2010 年种植面积达 97.95 亩，产量 110 吨。

西湖农场(区)历年水果生产情况统计表

表 3-3-2

年度	水果总产量（吨）	果园总面积（亩）	柑橘园（亩）	柑橘（吨）	橙(亩)	橙（吨）	柚子（亩）	柚子（吨）	柰李（亩）	柰李（吨）	梨子（亩）	梨子（吨）	葡萄（亩）	葡萄（吨）
合计	107068	119528	99459	93394	2780	2948	299	307	16047	9506	341	315	602	598
1991	2768	3998	2452	1839	—	—	—	—	1531	920	10	6	5	3
1992	3343	4620	2452	1820	—	—	—	—	2150	1510	10	7	8	6
1993	3918	5221	2576	2359	—	—	—	—	2624	1540	12	11	9	8
1994	4662	5366	2844	3160	—	—	—	—	2500	1480	12	12	10	10
1995	4738	5351	3076	3418	—	—	—	—	2250	1295	15	16	10	9
1996	3760	4641	2364	2627	—	—	—	—	2250	1105	16	17	11	11
1997	3878	4499	2750	2868	—	—	—	—	1722	985	15	14	12	11
1998	2947	3363	2581	2418	—	—	—	—	750	496	20	21	12	12
1999	4453	4126	3814	4238	—	—	—	—	270	175	30	28	12	12
2000	5937	4991	4950	5898	—	—	—	—	—	—	28	26	13	13
2001	5694	5439	5400	5656	—	—	—	—	—	—	26	24	13	14
2002	5561	5542	6600	5521	—	—	2	2	—	—	26	24	14	14
2003	5538	6639	6600	5499	—	—	2	3	—	—	22	20	15	16
2004	9006	10592	10500	8923	50	45	2	3	—	—	20	17	20	18
2005	5903	8888	8500	5489	350	376	3	4	—	—	16	16	19	18
2006	5800	7756	7300	5342	360	365	8	9	—	—	13	12	75	72
2007	7114	7210	6600	6496	510	521	12	11	—	—	13	12	75	74
2008	7209	7279	6600	6516	515	536	75	70	—	—	13	12	76	75
2009	7374	6447	5750	6623	495	540	95	109	—	—	12	10	95	92
2010	7465	6460	5750	6684	500	565	100	96	—	—	12	10	98	110

第三节　林业效益

一、经济效益

经济林效益　1991—2010 年,共产各类水果 107068 吨,其中柑橘 93394 吨,产值 5603 万元;橙 2948 吨,产值 235 万元;柚 307 吨,产值 31.7 万元;柰李 9506 吨,产值 1235 万元;梨315 吨,产值 37 万元;葡萄 598 吨,产值 239 万元;累计产值 7380.7 万元。

用材林效益　1991 年产值 12 万元, 以后逐年增长,2002 年增加至 40 万元,2010 年达 72 万元。1991—2010 年累计产值 682 万元。

二、生态效益

西湖属平原地带,常遭风雹、寒流、旱涝侵袭,农作物受损严重。1991 年后,随着农田防护林(用材林)建设的逐年加强,逐渐形成绿色屏障,防风抵浪,保护水土,减轻各类灾害造成的损失。多类型多层次的林业生产结构,维持了生态平衡,改善了局部气候,净化了空气,美化了环境。

第四章　农业机械

第一节　农机管理机构

1989 年 2 月,西湖农场在农机安全监理站的基础上,组建国营西湖农场农机交通监理科,农机与交通两套机构、一套班子,合署办公,统一管理。农机交通监理科下设农机安全监理站,主要职能是:农机作业与安全生产管理,农机安全监理(含拖拉机户籍管理、驾驶员培训与年审、拖拉机年检、农机事故处理)、农机行政委托执法、拖拉机养路费代征上解、农机推广与应用等农机管理工作。1991 年 1 月至 2002 年 5 月,各办事处(分场)、镇设兼职农机安全管理员 1 名,负责农机安全管理等方面的联络与协调工作。

2002 年 6 月,农机交通监理科更名为西湖管理区交通局,内设农业机械化管理局,行使原有职能。是年 9 月,区机关实行机构改革,交通局(农机局)合并至经济贸易局,下设交通农机管理办公室,辖农机安全监理站、财务室、办公室,行使全区农业机械化管理与农机安全监理职能。

2008 年 5 月,成立常德市西湖管理区交通局,并对口设立西湖管理区农业机械化管理局,下设农机安全监理站,其职能不变。农业机械化管理与农机行政执法职能由常德市农业机械化管理局授权委托行使;农机安全监理等工作接受常德市农机安全监理所的业务指导、人员培训、工作检查、业绩考核、执法监督等行业管理。此种管理机构运作至 2010 年尚无变化。2002 年 6 月至 2010 年 12 月,各办事处(镇)设兼职农机安全管理员 1 名,配合农机局做好农机安全管理工作。农机交通监理科(农机局)领导班子几经变动,任职名单详见表3-4-1。

农机交通监理科(农机局)历届领导班子成员名录表

表 3-4-1

机构演变名称	负责人姓名	职务	任职年限
西湖农场农机交通监理科	袁国政	科长	1991.3—1992.3
	刘淑松	副科长	1991.2—1996.9
	方荣石	副科长	1991.4—2001.1
	何爱球	副科长	1991.2—1992.3
	蒋中山	科长 书记	1992.4—1995.12 1991.3—2001.1
	夏延峰	副科长 副科长(正科级)	1993.5—2002.3 2002.4—2006.7

续表 3-4-1

机构演变名　称	负责人姓　名	职　务	任职年限
西湖农场农机交通监理科	刘尧华	副科长	1993.3—2001.1
	伍贤益	副科长	1995.1—2001.1
	袁国政	副科长	1995.1—1996.9
	周明矣	科　长	1996.1—2001.8
	周尚金	副科长	1996.12—2001.1
	夏胜利	副科长	1998.7—2002.7
	李宗宏	科　长	2001.1—2002.5
西湖管理区农机局	夏延山	书　记 局　长	2000.12—2002.6 2002.3—2010.4
	洪振荣	副局长	2008.8—2010.12
	曾维斌	局　长 书　记	2010.4—2010.12

第二节　农机推广与农机拥有量

一、农机推广

1991 年 1 月至 2002 年 5 月，西湖农机交通监理科不定时深入到各队(村)调查了解农业机械的需求与使用情况，开展农机科普调研活动，掌握农机生产动态，宣传农机科技知识，落实农机推广普及措施。根据调研情况，研究探索实现农业机械化的新途径，做好农机科普应用、添置、维修等农机推广应用工作。在此期间，共引导扶持发展个体农机具销售部(店)14 家，农机修理点(店)10 家，推广应用小盘拖机耕犁(耙)127 套、耕整机 108 套、联合收割机 5 台，培训拖拉机驾驶员 296 人次，培训农机具操作员 238 人次。

软盘育秧推广

2007 年，国家实施农业机械购置补贴政策，西湖管理区农机局抓住这一契机，大力宣传，召开专题会议，层层签订《农机购置补贴政策实施工作责任状》。专职专责，多措并举，强化农机购置补贴政策实施力度。启用农机购置补贴电脑软件系统,实行农机与财政两部门联合审批制度,严格把关,确保农机购置补贴政策落实到位。根据湖南省农机局制订的补贴资金规模、标准、种类等相关规定与要求,将农机购置补贴资金依规核发到户。2007 年至 2010 年,西湖共购置联合收割机、微耕机、田园管理机、潜水泵等各类农机具 2141 台件,核发农机购置补贴资金 207.14 万元。此期间内,西湖农户购置各类农机具数量及核发的农机购置补贴金额,详见表 3-4-2。

2008—2010 年西湖管理区农机购置补贴所购机具及核发资金统计表

表3-4-2

年 度	农机具购置数量(台/件)	农机购置补贴金额(万元)	备 注
2008	425	24.195	国家于 2007 年实施农机购置补贴政策,由于体制问题,西湖从 2008 年才开始实施这一政策。
2009	412	80.351	
2010	1304	102.594	
合计	2141	207.14	

二、农机拥有量

1991 年至 2000 年,西湖的个体农机具主要有七大类:运输机械、耕作机械、排灌机械、植保机械、收获机械、加工机械、其他机械。运输机械主要有:大型轮式拖拉机,主要机型有"丰收—35" 型、"东方红—30" 型、"东方红—40" 型、"铁牛—55"型、"丰收—27"型等国产拖拉机;盘式手扶拖拉机,主要机型为"工农—10"型、"工农—12"型、"工农—15"型等国产手扶拖拉机;小四轮农用运输车,机型各异,一般为 1.5~2 吨位,主要有解放牌、东风牌、福田牌等国产柴油动力车。耕作机械主要有耕整机、机滚船、手扶拖拉机及单铧犁等国产农机具。排灌机械主要有潜水泵、离心泵机组。植保机械主要有背负式液压喷雾器、机动喷雾器。收获机械主要有动力打稻机、动力脱粒机、人力打稻机等。加工机械主要有轧花机、碾米机、榨油机、磨粉机、破碎机、打浆机等。其他机械有推土机、挖掘机、动力开沟犁、扬尘机等辅助农业机械。

2001 年至 2010 年间,西湖的农业机械化道路步入快速发展期,特别是国家实施农机购置补贴政策以来,农业机械化发展步伐加快,个体农机具品种、类型、数量、作业项目等均有不同程度的增加,农业机械化程度与作业工效不断提高。在此期间,西湖的主要农机具从 2000 年的七大类,发展到 2010 年的十大类。增加的农机具类别,主要有联合收获机械、挖掘机械、自卸运输机械 3 大类。2000 年以前拥有的各类农业机械,也发生质的变化。自 2001 年起,农业运输机械逐步走向以小四轮农用运输车为主体,以手扶拖拉机为补充的发展道路,境内的小四轮农用运输车逐年增加,2010 年全区拥有 62 辆 1817 马力。2001 年至 2010 年,耕作机械逐步走向以微耕机为主体，以机耕船为补充的发展道路，原有老旧耕整机和机滚船先后被淘汰。收获机械以联合收割机为主体，以动力打稻机为补充，联合收割机逐年增加，逐步实现专业化收割作业，形成收割服务市场。原有的人力打稻机、汽油动力打稻机被淘汰。植保机械以汽油动力喷雾器为主体，以背负式液压喷雾器为补充，原有的圆桶式液压喷雾器被淘汰，新型机动喷雾器在植保作业中大显身手，形成专业植保服务市场。自1991年起，排灌机械以电排机埠为主体，以柴油动力抽水机为补充，95%以上的排灌作业由电排机埠承担；柴油动力抽水机逐年被淘汰。2010年，西湖的排灌机械实现电排机埠“一体化”运转，排灌作业全由电排机埠承担。1991年，农产品加工机械有电动机械和柴油动力机械两种。此后，柴油动力碾米机、磨粉机、破碎机和人力榨油机等个体加工机械逐年被淘汰。2010年，西湖的农产品加工机械实现电力化。1991年以后，其他机械在家庭农场中的使用率逐年降低，柴油动力脱粒机、电动扬尘机、柴油动力开沟犁等机械逐年被淘汰。推土机、沟渠清淤机、鱼池投料机等其他类个体农机具逐年增加。2001年至2010年，西湖的农业生产资料、农产品、建筑材料等物资的运输与卸货作业全由自动翻斗车承担。农田水利建设、乡村道路建设、住宅建设等土方挖掘作业全由挖掘机承担，结束人工手挖肩挑的历史。1991年至2010年间，西湖农场(区)的农业机械拥有量，详见表3-4-3。

农机插秧现场

西湖农场(区)历年各类农业机械拥有量统计表

表 3-4-3

种类/年份	耕整机械		收获机械		植保机械		加工机械		排灌机械		运输机械						其他机械	
											大型拖拉机		手扶拖拉机		小四轮			
	台	马力	台	马力	台	马力	台	千瓦	台	千瓦	台	马力	台	马力	辆	马力	台	马力(千瓦)
1991	128	680	476	1156	3867	93	40	392	156	2539	26	782	89	788	21	1513	4	221
1992	128	680	479	1171	3793	126	40	392	156	2539	26	782	89	788	21	1513	4	221
1993	142	755	482	1190	3689	159	44	436	175	2821	29	869	99	876	23	1681	4	221
1994	142	755	486	1203	3679	193	44	436	175	2821	29	869	99	876	23	1681	5	552
1995	158	839	491	1215	3592	227	49	484	194	3134	32	966	110	973	25	1868	5	552
1996	158	839	495	1227	3523	263	49	484	194	3134	32	966	110	973	25	1868	5	552
1997	176	932	510	1236	3467	295	54	538	216	3482	35	1073	122	1081	28	2075	6	663
1998	176	932	516	1254	3401	329	54	538	216	3482	35	1073	122	1081	28	2075	6	663
1999	195	1036	521	1271	3387	362	60	598	240	3869	39	1192	136	1201	33	2305	6	663
2000	195	1036	524	1282	3305	397	60	598	240	3869	39	1192	136	1201	33	2305	7	773
2001	217	1151	528	1294	3126	433	67	664	267	4299	43	1324	151	1334	37	2561	7	773
2002	217	1151	532	1306	3078	468	67	664	267	4299	43	1324	151	1334	37	2561	7	773
2003	241	1279	537	1321	3013	499	74	738	297	4777	48	1471	168	1482	41	2846	8	884
2004	268	1421	472	1556	3002	534	82	820	330	5308	54	1634	187	1647	46	3162	8	884
2005	298	1579	426	1636	2937	589	91	912	367	5898	51	1519	156	1372	51	3513	8	884
2006	331	1754	308	1926	2869	657	101	1014	408	6554	53	1559	159	1898	57	3904	9	994
2007	364	1929	249	2496	2716	759	111	1115	449	7209	55	1612	154	1856	62	4294	9	994
2008	637	4289	176	2945	1921	1382	220	2211	1762	40267	57	1671	146	1760	—	—	9	994
2009	708	4765	185	3255	11024	1530	245	2457	1958	44741	59	1729	132	1591	—	—	10	1105
2010	787	5294	194	3600	11138	1709	272	2730	2176	49712	62	1817	135	1627	—	—	10	1105

说明:1.收获机械含联合收割机、动力打稻机、动力脱粒机、其他机械含推土机、挖掘机、扬尘机、动力开沟犁等;

2.自 2008 年 1 月 1 日起,小四轮农用运输车更名为低速汽车,由农机部门移交给交警部门管理

第三节　农机作业服务市场

一、机耕作业

1991 年至 1995 年，西湖有 40%左右的农户仍用耕牛耕地，60%左右的农户用耕整机或机滚船耕地。1996 年至 2000 年，西湖的机耕作业主要采用耕整机、机滚船，也有少数农户用手扶拖拉机牵引单铧犁耕地。1991 年，多数农户主要采取以机换工形式，有机户为无机户耕地，无机户为有机户帮工。1999 年，西湖的耕牛退出服役，不再耕地。此后，机耕作业逐步走向市场，按所耕面积收取机耕费。2001 年至 2010 年，西湖的机耕作业机具有所更新，大部分农户聘用大型轮式拖拉机牵引三铧犁作业，也有部分农户聘用微耕机或耕整机或机耕船耕地，少部分农户聘用手扶拖拉机牵引单铧犁耕地。有机户在耕完本户耕地之余，应聘服务于机耕作业市场。1991 年至 2010 年，西湖的机耕作业面积，详见表 3–4–4。

2010 年 8 月，西洲乡黄泥湖村开展机耕作业

西湖农场(区)历年机耕作业面积统计表

表 3–4–4　　单位：万亩

年份	机耕面积	其中		年份	机耕面积	其中	
		水田	旱地			水田	旱地
1991	6.11	4.38	1.73	2002	5.58	4.01	1.57
1992	6.11	4.38	1.73	2003	5.60	4.01	1.59
1993	6.15	4.41	1.74	2004	5.58	4.0	1.58
1994	5.67	4.07	1.60	2005	5.58	4.09	1.49
1995	6.23	4.47	1.76	2006	5.70	4.09	1.61
1996	5.69	4.08	1.61	2007	5.71	4.1	1.61
1997	5.71	4.08	1.63	2008	5.72	4.1	1.62
1998	5.72	4.12	1.60	2009	5.74	4.12	1.62
1999	5.70	4.15	1.55	2010	6.56	4.7	1.86
2000	5.73	4.17	1.56	总计	116.28	83.61	32.67
2001	5.69	4.08	1.61				

说明：此表所列机耕面积为复耕面积

二、机收作业

1991年至1995年,西湖的机收作业有少数农户采用人力打稻机,大多数农户采用动力打稻机,部分农户采用动力脱粒机,收割水稻。1996年后,人力打稻机逐年退出机收作业行列,主要采用动力打稻机收割水稻,辅以动力脱粒机作业。无机农户以换工形式,聘请有机农户代其机收作业。2000年至2003年,西湖先后有6家农户购买6台联合收割机,在收割自家水稻之余,以每亩60元的价格,为其他农户收割水稻。从此,水稻机收作业走向市场。2004年至2005年,西湖先后有7台联合收割机开赴河南许昌、周口、南阳等地协助收割小麦,年均收割面积4800余亩。至2010年,西湖拥有个体联合收割机94台,从事水稻收割作业,每亩收取收割作业服务费80元,年均收割作业面积1.8万余亩,水稻收割作业基本实现机械化。

三、植保、排灌、加工作业

1991年至2000年,西湖农户主要使用背负式液压喷雾器,辅以机动喷雾器从事大田防病、治病、杀虫等植保作业。2001年至2010年,西湖农户主要使用机动喷雾器,辅以背负式液压喷雾器从事水稻、棉花、瓜果等农作物植保作业。30%以上农户采取承包方式,聘请植保服务专业户包干进行植保作业,按承包面积计收植保作业服务费。

2010年5月,西洲乡西洲村机插秧比武现场

1991年至2010年,西湖的水田旱地排灌作业,其95%以上的面积由各队(村)的小型电排机埠承担,以灌溉为主,按受益面积分摊成本费用,年均灌溉面积2.39万亩。境内抗旱排渍,全由西湖水利科(局)管理的大型电排机埠承担作业。

1991年至2010年,西湖的农产品加工项目主要有:碾米、轧花、榨油、打浆、粉碎等,从事加工业者均为个体农户,从业人员260余人,年均加工稻谷3.2万吨、籽棉0.175万吨、油菜籽0.165万吨、棉籽0.119万吨。农产品加工费收取标准,根据当年市场行情上下浮动。

四、运输作业

1991 年至 2000 年，西湖的农业生产资料、农产品、建筑材料、生活资料等进出口货物运输，7 成以上由大型拖拉机、手扶拖拉机承担，其余则由汽车运输。年均运输农业生产资料 3.29 万吨、农产品 4.86 万吨、建筑材料 45.36 万吨、生活资料 2.97 万吨。根据当年市场行情，按吨公里收取运输作业服务费。1991 年至 1998 年，东洲分场三队农工马清平购买一辆小四轮农用运输车从事仔猪贩运，往返于宁乡、湘阴、桃源等地，贩运仔猪近万头，纯收入 30 余万元。2000 年，马清平修建一栋 200 多平方米的两层楼房，开办一家小商店。同一时期，东洲分场六队农工张先林，利用"丰收—35"型拖拉机从事芦苇、建材、农资等物资运输，获利 28 万余元。1998 年，他家修建一栋近 200 平方米的两层楼房。1995 年至 2002 年，鼎港分场三队农工张人福自购一台小四轮农用运输车跑运输，将西湖的柑橘、西瓜、辣椒等农产品销往新化、冷水江、娄底等地，返程将当地的柴煤、竹器、木器等特产运回西湖，搞活了地方经济，自己也富起来了。2008 年，张人福在新化修建一栋 300 多平方米的三层楼房。

第四节　农机经营服务市场

一、农机销售服务市场

1991 年至 1995 年，西湖有个体小型农机配件销售点 4 家，从业人员 5 人。1996 年，个体农机户孙旭光将自己经营多年的"东方红—30"型拖拉机拆除，作为零配件销售，并购入部分小型农机具及零配件，办起西湖经技贸农机经营店。1997 年，西湖物资公司下岗职工夏旺香，发挥其在岗时的农机采购经验，开办个体农机具及零配件经营部。此后，西湖的农机经营服务市场逐年发展，稳步形成销售网络。2008 年至 2010 年，境内有 3 家个体农机经营部成为农机购置补贴定点经营单位，主要经营联合收割机、微耕机、手扶拖拉机、潜水泵、轴流泵、机动喷雾器等农机具及零配件。至 2010 年，境内有个体农机销售服务部（店）12 家，从业人员 28 人。农机经营业务覆盖西湖全境及汉寿县罐头嘴镇、洲口乡、西港镇、文蔚乡和鼎城区黄珠洲乡、黑山嘴乡、十美堂镇等周边乡镇。

二、农机修理服务市场

1991 年至 1995 年，西湖有个体农机修理店 3 家，从业人员 7 人。1992 年，西湖农机交通监理科退休职工王高才发挥一技之长，承包经营西湖农业服务部农机修配厂，从业人员 2 人，从事农机修理业务。业务逐年扩展后，王高才带徒 3 人，传授农机修理技术，此 3 人均获取农机修理操作证。1996年,西湖农场农机修配厂下岗职工王定文发挥农机修理技术员的优势,开办起宏达农机修配厂,从事拖拉机、耕整机、机滚船、水泵等农机修理业务,从业人员3人。此后,西湖的农机修理服务市场有所发展,逐步形成农机修理服务网络。至2010年,西湖境内有农机修理部(站)13家,从业人员31人。农机修理业务覆盖西湖及周边7个乡镇。年均修理拖拉机3600余台(次)、耕作机械2300余台(次)、收割机械1800余台(次)、加工机械3200余台(次)、排灌机械2800余台(次)、植保机械5300余台(次)、其他机械1600余台(次)。

第五节　农业机械化管理

一、基层农机管理

1991年至2010年,西湖农机交通监理科(农机局)根据《湖南省农业机械管理条例》和《中华人民共和国安全生产法》的规定,结合西湖农业机械逐年增加,新上岗农机手技术不够熟练,安全措施不得力等情况,全面加强对基层农业机械的管理。按照有关规定及要求,科(局)领导带领农机管理人员适时深入农村,与各分场(办事处)、镇农机安全员一道,对从事机耕作业、收割作业、植保作业、排灌作业、加工作业、道路作业、农机检修、农机销售等农机专业服务户进行调查摸底,逐机逐人登记、审验、注册,建立台账,依规核发证、牌、从业资格证,逐机落实安全生产责任制。照章做好农机上户、转籍、过户、变更、报废等管理工作,对技术性能不符合安全规定的农机具,一律不予核发证、牌、从业资格证,并责令其停业或报废。1991年至2010年,先后对各类农机具建立台账,核发证、牌,管理在册。对所有从事各项作业的农机具都按有关规定与要求,逐机落实安全生产责任制。

二、农机安全监理

(一)拖拉机驾驶员培训

1984年4月,常德市农机安全监理所在西湖设立拖拉机驾驶员培训点,授权委托西湖农场农机安全监理站负责培训大型轮式拖拉机驾驶员和手扶拖拉机驾驶员。西湖农机安全监理站指派职工孙德贵为驾驶员培训教练,负责理论授课和实习操作指导。1991年,参加培训的驾驶员为35人,其中大型拖拉机驾驶员15人,手扶拖拉机驾驶员20人,经培训、实习、考试,核发了15人的G型驾驶证和20人的K型驾驶证,合格率达100%。此后,农机安全监理站每年主办1~2期拖拉机驾驶员培训班,年均参加培训人数13人,合格发证率达100%。至2010年,西湖共培训拖拉机驾驶员264人,合格发证率达100%。

(二)拖拉机驾驶员年审

1984 年 4 月,西湖成立农机安全监理站,由常德市农机安全监理所授权委托行使拖拉机驾驶员年度审验职能。1991 年,西湖农机安全监理站根据有关规定与要求,依规对拖拉机驾驶员进行年度审验。是年,应年审人数 153 人,实参加年审人数 148 人,年审率 96.7%,年审合格率达 100%。此后,每年对拖拉机驾驶员进行一次年度审验,年审率达 95%以上,年审合格率均达 100%。2010 年,全区应参加年审的拖拉机驾驶员 161 人,实参加年审 158 人,年审率 98.1%,年审合格率达 100%。

(三)农用车辆户籍管理

1991 年至 2010 年,西湖的农业运输车辆户籍管理工作,由农机安全监理站先后指派邹国钧、夏延峰、伍贤益、孙德贵、周本华、蒯志清等人具体负责管理。管理内容:新购车辆上户、在册车辆转户或变更、车辆报废等户籍管理工作。上户注册的基本要件为:农用车辆名称、生产厂家、生产日期、主机号码、检验合格证、车主姓名及地址、购机发票、身份证复印件等必备资料。在此期间内,共办理大小拖拉机、农用运输车登记注册手续 750 台,其中大型拖拉机 615 台、手扶拖拉机 135 台。

(四)农用车辆年度检验

1991 年至 2010 年,西湖的农用运输车辆年度检验工作,由常德市农机安全监理所授权委托西湖农机安全监理站负责实施。先后有袁国政、夏延峰、伍贤益、孙德贵、周本华、蒯志清等人具体负责这项工作,逐年逐车检验到位。按照农机法规的规定与要求,每年对大型轮式拖拉机、手扶拖拉机、小四轮农用运输车的安全技术性能,逐车逐项进行检验。此期间内,每年的应检车辆为 215 台左右,实际参检车辆 210 台左右,年检合格率均达 97.6%以上。

(五)农机交通事故处理

1991 年至 2010 年,西湖农机安全监理站由常德市农机安全监理所委托授权,行使西湖境内的农机交通事故处理职能。先后有蒋中山、夏延峰、伍贤益、孙德贵、夏胜利、周本华、蒯志清等人具体负责农机交通事故处理工作。此期间内,全场(区)共发生大小农机交通事故13 起,其中重大交通事故 1 起,死亡 1 人,伤 2 人,经济损失 1.3 万余元;一般交通事故 12起,伤 12 人,经济损失 4.9 万余元。农机安全监理站对每起农机交通事故都及时进行现场勘察、调查取证、访问当事人,根据案卷资料及事故起因划分责任,下达责任认定书。然后按照相关法律法规,组织双方当事人开会进行调解。1991 年至 2010 年,共调解事故纠纷 13 起,成功签约调处 12 起,调处成功率达 92.3%。

第五章　移民开发

第一节　管理机构

1972年至1996年,西湖农场未设专职移民工作机构,每年明确一名场级领导兼管移民事务,移民工程计划的申报及实施归口农场水利科承办,资金拨付及财务统计报表年终由农场计划财务室直接报送省水利厅移民办。

1996年11月,成立国营西湖农场移民开发办公室,内设办公室、财务室。主要职能为负责全场移民开发规划编制和实施,负责移民资金管理,参与移民信访接待。机构成立后,因房屋紧缺无办公场所,借用汉寿检察院西湖分院3间办公室和1间会议室。2000年3月,由湖南省移民局专项拨款55万元新建一栋移民开发办公楼。1997年至2000年,西湖农场移民开发办连续4年被评为全省移民系统先进单位,2人被评为省、部级移民工作先进个人。

2002年9月,西湖实行机关机构改革,国营西湖农场移民开发办公室更名为常德市西湖管理区移民开发局,内设办公室、财务室,保持原工作职能,区计划局、物价局、统计局并入移民局合署办公。2003年,按省移民局要求,移民资金管理实行县级报账制,区委决定撤销移民局财务室,由区财政局接管移民局财务。2008年5月,区计划局、物价局、统计局与移民局分离后,成立区发展改革物价统计局,移民局进行内部机构调整,增设移民后扶办公室和经济中心。2010年,西湖管理区撤办建乡,各乡镇设立移民工作站。

附:

移民开发工作机构领导班子成员名录表

表3-5-1

机构名称	负责人姓名	职　务	任职年限
西湖农场移民开发办公室	邓建堂	主　任	1996.11—2002.3
	佘志新	党支部书记	1999.4—2002.3
	胡玉华	副主任	1996.11—2002.3
西湖管理区移民开发局	邓建堂	局　长	2002.3—2005.5
	袁志明	副局长 局　长	2005.5—2007.3 2007.3—2010.12
	刘吉长	副局长	2002.3—2006.7
	杨旭红	副局长	2002.3—2007.8
	鲁由旺	副局长	2007.3—2010.12

第二节 移民概况

一、移民人口

1973年移民搬迁安置后,年底总人口为33670人,其中新化县移民15511人,安化县移民15994人,从邵阳、益阳、常德抽调的300名干部及家属子女和部队转留的干部职工共计1865人,人口密度为每平方千米477人。

1995年统计全场人口达40900人,其中移民人口38775人,人口密度为每平方千米584人。

2006年全区人口增加到46075人,其中移民人口43800人,人口密度为每平方千米658人。

2010年,全区常住人口达到50582人,西湖户籍人口为18098户49011人,其中移民人口为45902人,人口密度增加到每平方千米706人,比周边的鼎城区每平方千米高出339人,比汉寿县高出323人。

2010年,全区农业人口为13297人,非农业人口为35714人(含湘政办〔1984〕508号文件解决的非农户口),农村劳动力总数为21088人,其中从事种植业移民劳动力为10372人,从事养殖业移民劳动力为1516人,农村剩余劳动力约为9200人,移民下岗职工及待业人员约5000人,每年外出务工人员约5000人。

移民人口中具有高中以上文化的有8822人,占总人口的18%;初中文化的有19114人,占总人口的38%;小学文化的有9802人,占总人口的19%;小学以下半文盲、文盲人数为11255人,占总人口的25%。

二、主要问题和困难

(一)遗留问题多

移民原居住地的山林折价补偿问题 柘溪库区属山地岗丘,林业资源丰富,林木业是当地群众的主要经济收入来源。1969年,迁往沅江四季红镇的1万多移民,迁出时分到部分山林折价款,1972年留住的部分群众迁往西湖后,却未能得到任何山林折价款。他们认为,同样是移民,待遇却不一,心里不平衡。2009年9月6日,上万名移民上访区委,游行示威,堵塞街道,影响交通。后经常德市委派出40名特警进行现场疏导,才平息事态。此外,还有部分移民攀比后续移民安置待遇,埋怨情绪无法消除。

移民住房问题 1972年移民搬迁安置时,人均住房面积不足5平方米,且质量很差。1988年西大垸溃垸,移民住房损毁严重,又无能力重修,只得勉强栖身。1998年部分危房经改造处理,但仍有40%的房屋为B、C级危房,移民反映十分强烈,要求参照三峡移民住房安置予以补偿。

此外,部分移民干部及其子女和干部职工未分配移民住房也是一个问题。1982年,湖南省政府和常德市政府批准西湖房屋产权划归移民个人所有,农村移民人均分得8平方米住房,而农场当年却未将2373名干部职工(含移民带队干部)列入移民住房分配范围,致使一些老干部和部分职工多年上访,要求享受移民应有的权益。1999年,西湖移民开发办专题请示省移民局,同意适当补助解决,但后来由于市政府配套资金未到位,造成问题搁置。

血吸虫病的防治问题 西湖大垸是洞庭湖区血吸虫重点疫区,移民建场以来,经过多年的查螺灭螺,查病治病,血吸虫病得到控制,但尚未根治。至2005年,全区尚存血吸虫感染病人1081人,2010年有血吸虫病晚期病人21人,垸外尚存有螺面积1875亩,年年需灭螺处理,年年需救治病人。全区每年用于血防及救治的资金达100万余元,而所需资金不能纳入国家预算,靠西湖的财政又无法满足需求,已成为制约西湖发展的一大问题。

(二)环境容量小

移民建场前,西湖人口设计容量为3万人,但移民安置结束后,人口达33370人,超过设计容量3370人,人口密度超过周边地区。建场初期,全场耕地人均1.82亩,至2010年,人平耕地仅1.29亩,与相邻的西洞庭管理区(人均约3亩)相比,土地资源差距很大。

(三)生产条件差

1991年以后,通过多年的努力,西湖的农业基础建设已基本形成格局,生产条件有所改善,但仍然存在不少问题。全区2万多亩水田,近3万亩旱土支干渠道配套硬化不到10%,直接影响农户增产、增收,也增加生产成本。田间生产运输条件差,移民靠肩挑手提,劳动强度大。因道路不畅,运输不方便而使农产品烂在田间地头的情况时有发生。至2010年,全区尚有450米机耕道急需改造。以外,至2010年全区尚有低产田3000亩,低产水面及可利用水面10000亩,因缺乏资金未能及时开发利用。

(四)公共设施少

移民建场以来,公共设施建设虽然取得一些成绩,但至2010年,公共设施建设与周边县市相比,仍然严重滞后,全区25个行政村、1个渔场无医院药店和文化活动中心,无公立幼儿园,无垃圾处理站。西湖镇作为全区的政治、经济、文化中心,没有1处文化体育活动场所,没有1家影剧院,没有1处职业培训中心。

第三节 移民工作调研与规划

一、移民工作调研

1996年11月成立西湖农场移民开发办公室后,为了解决移民遗留问题,搞好生产开发，移民局领导、干部职工深入基层，广泛开展调查研究，掌握全区移民情况，明确工作思路。

（一）移民贫困问题调研

1972年移民建场后，西湖移民的贫困问题一直未能得到根本解决，至1991年全场近40%的移民生活水平尚处于贫困线以下。1996年11月成立移民开发办后，全办人员会同其他单位一起，为摸清贫困移民情况，在全场范围内组织详细的调查摸底，历时3个月，对全场7774户32690名农业移民人口现状、经济收入等进行登记造册，建立户卡。此次调查，比较准确地掌握贫困人口的基本结构，找出贫困移民的根本原因，确立扶贫攻坚的措施和方法，提出解决贫困问题的目标和任务。1997年3—4月，西湖移民局撰写《西湖移民走出贫困低谷的探讨》及《关于西湖农场有关情况和几个问题的请示》，为1998年省长办公会议解决西湖问题提供决策参考。

2014年4月，常德市委副书记宋冬春（右六）等市、区领导在育秧基地视察工作

（二）移民饮水难问题调研

1972年至1986年，西湖移民一直采用沟渠水、湖水作为生活用水。1987年至1990年，上级主管部门为解决西湖移民饮水问题，拨专款修建简易水处理站7处，使部分移民第一次改用地下水，另有40%边远村组移民没有受益。由于投入不足和设计不配套，管道口径小堵塞严重，水质有害物严重超标，移民饮水问题依然突出。1996年年底至1997年2月，西湖移民办会同自来水公司对全场饮水情况进行深入调研，并邀请省移民局领导到西湖现场考察。1997年6月，西湖移民局组织编写《西湖自来水改造和总体规划的情况汇报》，为后来全面实施全场移民改水工程做好了基础性工作。

（三）部分移民房屋产权问题调研

1997年2月，针对部分老干部提出的移民住房产权问题，农场决定由场级领导易后宗牵头，由移民办组织专门人员进行专题调查。共走访移民老骨干100余人，先后召开座谈会12次，摸清了底子，最后确定全场2373人没有享受移民住房。西湖移民局及时向省移民局提交《关于恳请解决我场部分移民房屋产权遗留问题所需资金的请示》，为上级妥善解决这一历史遗留问题提供了准确数据和资料。

（四）移民危房改造问题调研

1997年10月至12月，西湖移民办组织相关人员对全场67个生产队的移民住房进行全面调查，核实4500户人均住房面积不足5.8平方米，经鉴定一级危房122栋2.6万平方米，二级危房178栋3.8万平方米。1998年5月，由西湖移民局编写的《关于西湖农场移民危房改造实施方案的报告》上报省移民局，1999年获水利部、省局批准。

（五）生产资源开发利用调研

2001年3月，西湖移民办与区管委配合，组织全区离退休老科技人员和专业骨干组成智囊团，专门开展移民生产的资源调查、项目立项、业务咨询，为广大移民想实招、办实事。对西港河大水面和大西湖5000亩低产水面进行全方位勘测，经过近3个月的调查论证，将西港河大水面开发利用和大西湖综合开发两大项目列为生产开发“龙头”，使西湖的水产养殖逐步形成产业链，成为移民生产开发新的经济增长点。

（六）防洪保安问题调研

西湖地处洞庭湖最低洼地带，防洪保安一直是西湖基础建设的重点。为了彻查安全隐患，2000年2月至3月，由移民办牵头，组织水利、农经部门对垸内防洪保安问题进行专题调查后，认定存在三大问题。一是堤身单薄且高程不足，两水夹一堤堤线长，部分堤段渗漏严重。二是排灌设施严重老化，急需更新增容。三是防汛公路不畅，遭遇高洪险情时防汛物资不能运输到位，影响抗洪抢险。是年4月，以西湖移民办为主，组织沅江市四季红镇、湘阴县杨林寨乡多次向省移民局等部门汇报，争取上级扶持解决问题。是年12月，三家单位协同省水电设计院对三个移民区防洪保安问题进行认真研究，制定规划设计方案，整体规划方案经相关部门审查通过，报省发改委后给予了专文批复（湘经农〔2001〕632号）。

（七）移民后期扶持调研

2006年，国务院下发《关于完善大中型水库移民后期扶持政策的意见》（国发〔2006〕17号），湖南省发改委、省移民局联合下文《关于做好大中型水库移民扶持规划编制工作的通知》（湘发改农〔2006〕587号），为了配合全区移民后扶工作顺利进行，区移民局组织退居二线的移民老干部和相关人员，对后扶工作进行前期准备和深入调查：就西湖移民后期人口现状先后进行3次摸底，基本摸清移民结构状况。组织群众座谈4次，参加座谈移民代表200余人，广泛听取群众意见。配合上级（水利部、省移民局）调研4次，协同省委办公厅调查组就西湖特殊情况进行专题调查，并形成《落实水库移民后期扶持政策必须高度重视非农户口移民》调研报告专页《关于西湖问题》。同时，为合理制订基础设施建设和经济社会发展规划，西湖移民局共完成社会调查7项：移民生产生活贫困现状调查；血吸虫病防治情况调查；智力移民工程建设现状调查；工商企业、二、三产业现状调查；劳务输出现状调查；农业资源、产业结构现状调查；西湖非移民现状调查。

二、移民工作规划

从1997年至2010年，西湖管理区移民开发局完成的各项规划和大型项目方案有：

《西湖农场1997—2000年移民脱贫规划》（规划编制完成时间1997年5月）；

《西湖农场自来水改水试点和总体规划报告》(规划报告编制完成时间 1997 年 7 月);

《西湖农场危房改造实施方案》(实施方案编制完成时间 1998 年 5 月);

《西湖农场 1998—2000 年移民遗留问题处理和扶贫攻坚规划》(规划编制完成时间 1998 年 4 月);

《柘溪库区外迁洞庭湖三个集中安置区防洪保安规划》(规划编制完成时间 2000 年 5月);

《西湖农场 2001—2006 年移民遗留问题处理规划》(规划编制完成时间 2000 年 10 月);

《西湖区堤防安全规划》(规划编制完成时间 2000 年 12 月,与西湖水利部门共同完成);

《西湖区移民危房后续期滚动改造实施方案》(实施方案编制完成时间 2001 年 5 月);

《西湖区加快农业结构调整,发展“五个万亩”工程实施方案》(实施方案编制完成时间 2001 年 7 月);

《西湖区水产养殖产业化发展及配套产业项目建议书》(建议书编制完成时间 2002 年 3 月);

《西湖区大西湖综合养殖基地开发工程项目建议书》(建议书编制完成时间 2002 年 4 月);

《西湖区 2002—2007 年移民遗留问题处理实施规划》(实施规划完成时间 2006 年 6 月);

《西湖区 2016—2026 年移民经济社会发展规划》(发展规划编制完成时间 2007 年 5 月);

《西湖区 2006 年—2010 年大中型水库移民安置区基础设施建设和经济发展规划》(发展规划编制完成时间 2009 年 7 月);

《西湖区“十二五”大中型水库移民经济社会发展规划》(发展规划编制完成时间 2010 年 5 月)。

第四节 移民生产项目开发

一、基本农田改造与开发

1996 年 11 月成立西湖移民开发局后, 立即将低产田改造作为生产开发重点列入三年移民脱贫计划。从是年冬开始,在农业部门技术专家指导下,采用深沟抬田,提高土壤透气性能的方法,按照移民投工投劳与上级扶持配套设施相结合的方式,分轻重缓急每年对低产田进行改造和配套建设。从是年冬至 2000 年 8 月,全场共投入库建资金 120 万元,移民投工投劳 5.5 万个,累计改造低产田 5000 亩,每年新增粮食 100 万公斤,5000 多移民受益。

1997 年以前,大西湖是西湖农场最大的淡水内湖,共有水面 5053 亩,移民建场以来,既养鱼又调蓄,为农场经济发展起到重要作用。但由于长期泥沙淤积,湖底逐年抬高,1997年湖底高程已抬高至29.5米,比周边农田高出1.5米,常年平均蓄水深度仅0.8米,不仅失去了调蓄功能,也不能满足鱼类生长的要求。多年来水产品每亩不足100公斤,效率极低。为了充分挖掘资源,提高效益,1997年10月,农场出动劳力1000余人,对大西湖东半部进行第一期开发,西湖移民局投入生产开发专项资金20万元,历时5个月,共建成水田1100亩。从2003年开始,西湖移民局投入专项资金200万元,又对大西湖西半部进行第二期综合开发,至2005年,建成标准养鱼池500亩,为后期水产养殖打下了良好基础。

二、种植基地建设与果蔬开发

1996年以后,西湖扶贫攻坚除了大规模改造基本农田和开发资源外,着重开展种植业基地建设和果蔬开发。采用典型引路带动生产开发的模式,在水果、蔬菜生产上培育新的经济增长点。

东洲乡新港村大蒜种植基地

原四分场八队六组移民邓华庭,自学农业科技知识,率先发展庭院经济,在自家屋前屋后和责任土上引种各类名优水果,每年仅水果一项收入近万元。1996年他被推选为作业组长,该组是当时有名的贫困组。分场决定将该组列为生产示范基地,重点开发水果和蔬菜品种,经过农场移民办重点帮扶和邓华庭的示范带动,移民群众积极投入生产开发,到2000年,引种蜜柚、红提(葡萄)等名优水果70亩,新增蔬菜制种面积30亩,人均果蔬面积达到1亩,亩均年产值达6000多元,仅果蔬一项人均年收入6000元。

1996年至2010年,西湖移民生产开发种植业投入专项资金达1000余万元,进行品种改良,开发优质水果面积达6000亩,蔬菜种植面积达5000亩,蔬菜制种面积每年达1000亩,农村移民每年从果蔬生产中人均增收500元以上。

三、畜牧水产基地建设与开发

发展生猪养殖一直是增加移民收入的有效途径。1997年5月,通过学习洞口县发展生猪生产致富的先进经验,西湖农场决定大力引进优良生猪品种。从是年6月至1998年10月,移民局共投入生产周转金200万元,引进良种母猪100多头,新建种猪繁育基地3个。

1997年至1998年商品猪饲养达8万余头，出栏6万余头。1999年年底，全场生猪存栏达1万多头，瘦肉型优良品种达80%。2000年以后，由于生猪市场疲软，效益不高，该产业一直未能列入年度计划，生猪生产由市场进行调节。

西湖地区水面资源较丰富，水质较好，适宜各种淡水鱼类生长。1996年初，西湖移民局根据部分移民群众的要求，决定开发水面资源，发展网箱养鱼和栏网养鱼，接着输送一批人员参加省移民局举办的网箱养鱼培训班，并多次组织人员到外地学习养殖技术，投入生产周转金大力扶持水产养殖。1997年开始在四分场一队网箱试养常规鱼获得成功，1口网箱（12平方米）年产鲜鱼250公斤，净利润达300多元。1998年，三分场、四分场、五分场网箱养殖达3000多口，四分场一队还养殖加州鲈鱼、叉尾鮰等名贵鱼种。至2000年，全场网箱养殖达1万口，栏网养鱼2000余亩，年产鲜鱼达1200吨，产值达1000万元。2007年，叉尾鮰养殖达到高潮，是年生产出口成品鱼1000吨，产值1200万元，利润达100万元。1998年至2010年，因市场行情转低，效益下滑，西湖水产养殖基地网箱养鱼逐年减少，至2010年，网箱养鱼由原来的1万余口减少至只有3000余口。

多年的水面资源开发给移民群众带来实实在在的好处，也培养了一批专业养殖能手。原四分场一队移民龚六生，通过长期学习钻研和实践，掌握了各种名贵鱼养殖技术，成为西湖的养殖大户，曾多次应邀到省内其他库区传授技术。2000年，他被评为湖南省劳动模范。原三分场一队移民夏冬生，利用网箱养殖发展生产，成为致富典型，2005年亦被评为湖南省劳动模范。

第五节 移民公益设施建设

一、饮水工程

1987年至1990年，国家投入专项资金对西湖农场进行第一次改水工程（设计为环流式过滤净水池），由于当时投资不足及设计方案不合理，只缓解部分移民群众的饮水困难，大多数移民的饮水问题没有真正解决。1996年，省移民局领导来西湖现场考察后，同意在六分场进行试点改水，并在年度计划中安排37万元在该分场新建一座水处理站和安装部分供水主管道。工程项目由湖南大学土木工程系于1996年9月完成设计，1997年10月项目竣工。完成投资50万元。1997年年底，总体饮水工程规划经上级审查后，开始在全场进行第二期自来水改造，至2001年在二、三、四、五、六分场及镇区共新建供水处理站5座，铺设到队（社区）供水主管道（ф100~ф250）6.8万米，到组支管道（ф65~ф80）6.5万米，从组到户的分管道连接全部由移民群众自行解决。1996年至2001年，全场累计投入移民改水资金966万元，受益移民达3.8万人。至2005年，除边远地段的零星散住户外，95%以上的群众都用上自来水。

2006年至2010年，分年度对全区原有部分堵塞的4处4800米供水主管进行更新改造,按计划新铺设边远地段大小供水管7处18000米,完成投资121万元。至此,西湖人民全部用上自来水。

二、危房处理

移民建场时,西湖共接收部队移交的营房178栋9.8万平方米,房屋净资产值仅89万元。1974年至1980年,省、市政府拨专款抢建移民安置用房1000栋20万平方米,人均住房面积近7平方米。全部为简陋土坯砖瓦结构房,房顶大部分用楠竹搭建,单位造价27元/平方米。经过20多年的风雨侵蚀,房屋损毁严重,住房面积减少。1997年通过调查摸底,全场还有4500户人均住房面积仅5.8平方米。是年经过专业部门鉴定,全场存在一级危房122栋2.6万平方米、二级危房178栋3.8万平方米,1420户7100多人的生命财产受到严重威胁。1998年年初,省移民局同意西湖危改方案,是年4月在四分场一队、五队、六队、八队进行危改试点。1999年危改方案正式批准,总工程于是年4月5日全面开工,2000年10月竣工,经水利部移民局、省移民局验收合格。此次,共完成危房改造2288栋32.6万平方米,工程总投资2400万元,其中上级扶持850万元,移民群众自筹1585万元,受益移民5194户19463人。改造后户均住房面积达63平方米,危改户由原来的人均5.8平方米增加到17平方米。

2002年至2008年,因政策原因,危改房屋不能列入年度计划,全区农村危房后续滚动改造规划无法实施。

2008年至2010年,按照省政府妥善解决农村住房困难户的精神,西湖按每户扶持1万元的标准,对农村232户住房困难户进行帮扶,共投入帮扶款232万元,农户新建改建住房232栋17800平方米。

三、防洪保安

移民建场以来,堤垸建设始终是各项基础建设的重点,但由于体制不顺等原因,水利投入资金长期不能列入国家预算,地方财政又无法满足防洪保安要求。1999年,西湖移民办会同四季红和杨林寨乡,专题向省政府及各部门提交3个移民安置区防洪保安报告及建设规划,是年12月,规划经专家组审查通过。设计重点是将西湖垸内防洪堤原来的31.5米加高至32.6米,两水夹一堤段全部加固处理,并配套其他防洪设施。工程从2001年开始实施,2006年竣工,共完成内堤加高培厚38千米(土石方46万立方米),堤身灌浆2.9万米进尺,两水夹一堤加固护基7处,内堤防渗护坡10处5千米,新铺防汛公路41千米,更新改造排灌机埠13处,增容1255千瓦。5年累计投入移民专项资金1791万元。

四、交通设施

1991年，西湖境内共有干线公路2条，支线公路84条，长达164.58千米（不含机耕道），其中43.29千米为沙石公路，121.29千米到队到组公路均为简易公路，一到雨季，路面一片泥泞，车辆行人无法通行，生产运输困难。为改善交通条件，西湖移民长期投工投劳、修路搭桥。1999年，国家拨专款500万元修建西湖第一条水泥公路（柳林嘴至二分场九队），全长15.5千米。由于资金存在缺口，2001年从移民资金中投入52.5万元用于该工程的路基铺填。

2002年至2007年，全场用于交通建设投入的移民专项资金达1480万元，地方配套及移民自筹815万元，修建沙石公路16条21.7千米，新建水泥路12条21.2千米，新增配套设施200多处.

2006年至2010年，全区开展"村村通"公路建设，共铺设沙石路12条24千米，新修水泥路12条35.9千米，新修配套交通桥涵4座。在此期间，移民后期扶持资金用于交通建设达639万元。

五、电力建设

1991年至2001年，西湖农村电网普遍存在设施老化、线径小、供电半径大、电能损耗严重等问题，移民生产、生活用电得不到及时供应。2002年，通过农网改造后，用电紧张才得到缓解。1996年至2005年，移民资金专项投入电力设施改造资金达200多万元，改造高压线路1条10千米、低压线路52千米，更新各种变压器30余台。

2006年至2010年，西湖电力供应进入国家电网系统，归口市电力公司管理，不再列入移民扶持范围。

六、文教卫生

1996年至2005年，西湖通过移民库建资金投入，共改造维修农村校舍8000平方米，投资50万元；维修医院房屋面积5600平方米，投资45万元；投入血吸虫防治设施建设及灭螺查病经费30多万元。

2006年以后，文教卫生各项建设及投入由归口部门直接管理，不再列入移民扶持范围。

第六节 移民后期扶持

一、政策依据和规划

2006年5月，国务院颁发《关于完善大中型水库移民后期扶持政策的意见》(国发〔2006〕17号),决定加大对水库农村移民的扶持力度。扶持分两个部分,一个部分是对移民个人,从2006年开始,按每人每年600元的标准,补助20年。第二个部分是对移民生产开发和基础设施建设的扶持，亦从2006年开始，扶持20年，规划扶持资金28868万元。其中2006年至2015年13796万元,2016年至2025年15072万元。

镇区天然气管道安装

国务院2006年第17号文件下发后，西湖区委立即组织各级领导和干部群众认真学习,领会文件精神,并成立移民后扶领导小组，抽调有移民工作经验的干部组成移民后扶办公室，负责制定规划和实施方案及前期工作准备。2007年3月开始,相继制订出《西湖管理区落实大中型水库移民后期扶持政策实施方案》《西湖区(2006—2010)大中型水库库区和移民安置区基础设施建设和经济发展规划》《西湖区“十二五”大中型水库移民经济发展规划》《西湖区(2016—2026)年移民经济社会发展规划》。

二、移民个人扶持

2007年3月，根据省移民局《关于做好大中型水库移民后期扶持人口核定工作的通知》,西湖移民局组织各单位进行统计造册分类,并在所在村组实行三榜公布,经区后扶领导小组审定后,确定后扶对象11805户33000人,采用直接现金补助方式对移民进行扶持,每人每年600元,至2010年,已全部到位。此外,对西湖管理户籍制度改革前为非农业户口的移民另每年安排500万元项目扶持资金。

三、生产开发和基础设施建设扶持

通过移民后扶资金的扶持，以前因无财力而无法启动的生产开发项目和基础设施建设相继启动。2006年至2010年，全区共完成生产开发项目投资1697万元。其中粮食作物项目72个，共1.2万亩，投资127万元；经济作物项目273个，共3.06万亩，投资677万元；林业项目1个300亩，投资14万元；家禽项目1个，养鸭2000只，投资22万元；网箱养鱼3000个，投资173万元；农产品加工服务业投资670万元；特种水产养殖25亩，投资14万元。完成基础设施建设项目投资1539万元，其中农田水利项目50个，投资505万元；饮水工程项目11个，投资121万元；农村交通建设项目51个，投资750万元；文教卫生项目32个，投资163万元，累计投资1539万元。2006年至2010年，生产开发与基础设施建设两项合计投资3236万元。

排灌两用渠道

第六章 水利建设

第一节 管理机构

西湖管理区水利主管机构,1991年为水利科,内设办公室、财务室,共定编10人。科属二层机构水利站、电排站各1个,干部职工共52人。1993年,科属二层机构增设水政监察室,定编1人。2004年9月成立西湖管理区水利局,水政监察室改为水政室,定编2人,其他二层机构保持不变,全局干部职工增加至64人。主要工作职能:负责全区水利工程建设规划设计和管理,负责全区防汛、抗旱、排涝和水政执法,负责全区水资源管理。

第二节 排灌建设

一、泵站建设

1991年初,全区共有电力排灌泵站39处/74台/4514千瓦,设计流量每秒45.1立方米,其中排灌结合泵站18处/49台/3860千瓦,流量每秒38.6立方米,小型纯灌泵站21处/25台/1654千瓦,流量每秒6.5立方米,基本上达到了三日降雨215毫米,三日末排出垸内渍水的要求。

三角堤电排

是时,泵站建设尚存在诸多问题:一是20世纪60、70年代修建的泵站设备严重老化,效率严重衰减;二是由于改湖造田,扩大耕地,将大西湖、北洼湖、浪粑湖先后改湖造田,丧失了调蓄功能,装机容量存在严重不足;三是各村管理的小型纯灌泵站都是用皮带转动的离心泵,均为淘汰产品,且年久失修,腐蚀严重。上述问题严重制约西湖农场经济的发展,引起西湖区委和上级党和政府的高度重视。

1993年起,西湖电力排灌建设迎来了良好的发展机遇,一是国家每年对洞庭湖区电力排灌泵站改造实行以工代赈资金投入;二是湖南省政府对西湖水库移民遗留问题实施六年规划建设;三是中央对大型排区、大中型泵站实施更新改造。西湖管理区水利局抓住这一机遇,深入实际,认真调研,先后制订西湖管理区"八五""九五""十五""十一五"排灌设施更新改造规划,完成电力排灌泵站以工代赈及泵站更新改造的立项申报工作,积极主动向省、市政府及有关部门汇报情况,争取更多资金,用于水利建设。

(一)扩建泵站

1991 年,为了彻底解决造纸厂生产废水、镇区污水、北洼湖涝水问题,将东洲泵站原来用皮带传动的离心泵,装机 130 千瓦的机组全部拆除,重新扩建为立体轴流泵机组,装机 2 台 420 千瓦,设计流量 3.0 立方米每秒,投资 95 万元。

1999 年,在东湖扩建 1 台 80 千瓦机组,投资 45 万元;2002 年,在九狮扩建 1 台 155 千瓦机组,投资 45 万元;2004 年在"七一"泵站扩建 1 台 80 千瓦机组,投资 40 万元。2005 年,因纸厂扩建,为满足其生产需求,对东洲泵站进行了第二次扩建,增加 1 台 250 千瓦的潜污泵机组(该机组具有排纤维颗粒料等杂物,且噪音小、维护成本低等特点),投资 110 万元。

(二)新建泵站

1991—1995 年,因大西湖全部改造成良田和精养鱼池,失去调蓄功能,导致西洲乡西汉公路以北的耕地渍水,不能通过月亮洲排渠往大西湖调蓄,故决定新建一座新北湖泵站,装机 3 台 465 千瓦,设计流量 4.5 立方米每秒,投资 82 万元。工程于 1994 年 11 月动工,1995 年 5 月竣工并投入使用。

2006 年,为了解决三角堤排渠末端水位过高,造成新桥村耕地受渍问题,恢复新北东泵站,投资 1 万元,装机 1 台 155 千瓦(新北东泵站设备曾于 1990 年建成三角堤泵站后废除)。

(三)更新泵站

1991 年起,逐年更新改造 20 世纪 60、70 年代修建的老化泵站设备。先后更新改造了月亮洲泵站 2 台 150 千瓦,新北西泵站 3 台 305 千瓦,观鱼泵站 2 台 150 千瓦,复兴泵站 2 台 310 千瓦,南屏泵站 4 台 520 千瓦,新兴泵站 2 台 310 千瓦,春晓泵站 5 台 720 千瓦,东湖泵站 2 台 150 千瓦,九狮泵站 2 台 310 千瓦,鼎港泵站 2 台 160 千瓦,"七一"泵站 1 台75 千瓦,知春泵站 2 台 150 千瓦。

2005 年"五七"桥泵站因集水前池底板高程过高,抗旱时无法取水,加之机房墙体多处裂缝,危及泵站安全运行,故拆除重建,机电设备全部更新,装机 3 台 160 千瓦,投资 84 万元。

2009 年,更新三角堤泵站,装机 10 台 1600 千瓦。三角堤泵站是一座中型泵站,1989 年建成投产,使用多年后,设备老化,能耗高,效益低。2008 年年底,因爆发国际金融危机,为拉动内需,国家加大基础设施建设力度。为了争取将三角堤泵站纳入国家大中型泵站改造计划,区水利局多次向省、市有关部门请示和汇报情况。经过努力,终于将三角堤泵站纳入国家第三批大型泵站改造范围,计划投资 921 万元,其中国家投资 589 万元、地方自筹 332 万元,由于地方自筹资金不能到位,实际只完成国家投资 589 万元,完成拦污桥拆除重建、前池加固、泵房整修、降压站和副厂房新建、进入场路坪扩建、水泵电机变压器及高低压配电设备等全部更新。工程于 2009 年 1 月开工,同年 12 月竣工投产。泵站改造前装机 10 台1150 千瓦,泵站改造更换新泵 10 台 1600 千瓦,设计排水量由改造前 11.2 立方米每秒,增加到 11.4 立方米每秒,排水扬程由改造前 7 米,增加到 8 米。

1991 年至 2009 年,国家投资 200 万元,完成各村管理的小型纯灌溉泵站改造共 67 处 69 台 1709 千瓦。

至 2010 年年末,全区电力排灌泵站总装机 87 处 126 台 8869 千瓦,设计总流量 86.75 立方米每秒,其中排灌结合泵站总装机 14 处 37 台 4030 千瓦,流量 42.1 立方米每秒,纯排泵站 5 处 19 台 3050 千瓦,流量 23.9 立方米每秒,纯灌溉泵站 68 处 70 台 1789 千瓦,流量 20.76 立方米每秒。与 1991 年相比,排灌泵站总装机净增 4355 千瓦,流量 41.66 立方米每秒,增长 92%。全区总排涝耕地 6.9 万亩,总灌溉面积 6.1 万亩,旱涝保收面积达到 88%。同时,达到洞庭湖区十年一遇三日降雨 215 毫米,三日末全部排完垸内积水的排涝标准和 60 天无雨抗旱保丰收的要求。

二、渠系建设

1990 年年末,全区共有干支斗农渠道 958 条 860 千米,各级渠道交叉有序配合一体,形成比较完善的农田灌溉体系。

1991 年后,由于大西湖,北洼湖等低洼湖面积已改造成耕地,同时泵站装机容量增加,排水流量加大,排涝标准提高,加之原有排灌渠道断面小、渠底高,已不适应农业生产发展的要求,故渠系建设仍然是把新开渠道、清淤、护砌、配套等建设作为重点。

(一)新开渠道

1991 年,为了彻底解决造纸厂生产废水、镇区污水、北洼湖涝水问题,农场党委、场部决定废除原来的污水渠道,从西湖镇北圆盘起沿北洼湖南面至东洲泵站,新开挖一条主干污水排渠,全长 7 千米,设计底宽 2.5 米 ~10 米,坡比 1∶25,渠底高程 26 米 ~27.5 米。是年冬,农场成立水利冬修总指挥部,农场党委书记杨光宏任政委,党委副书记高勇任指挥长,组织劳力 1.4 万人,苦战一个冬天,投工 234 万个,完成土方 35 万立方米。渠道建成后彻底解决农田和内河水源经常被纸厂污水污染的问题,同时,将北洼湖 1200 亩荒湖变成良田。

1995 年起,先后分批对大西湖进行改造,至 2010 年已全部改造成良田和精养鱼池,新开干渠 2 条 4.6 千米、支渠 5 条 9 千米,斗渠 31 条 17.98 千米。

(二)渠道清淤

每年冬春是组织全场(区)群众开展渠道清淤工作的黄金期。对跨乡镇的主干支渠,清淤任务由全场(区)统一组织完成,对于乡村田间渠道清淤则由乡村自行组织完成,平均每年渠道清淤 15 条 33 公里,土方 20 万立方米。1993 年 11 月,农场组织民工 12000 人,对三角堤主干排渠进行彻底清淤。三角堤干渠全长 10 千米,底宽 8 米 ~10 米,坡比 1∶25,淤泥深

0.8~1.0 米，由于工程量大，加之淤泥全是带水稀泥，无法使用土箕将其移走，人们只有排成长队站在渠道边坡上，拿着脸盆端着稀泥一个传一个地将稀泥移走。此次清淤共投工 36 万个，奋战一个月，移走淤泥 12 万立方米。

2005 年起国家全部取消农民义务工，渠道的清淤工作几乎停止。

2009 年至 2010 年，渠道清淤工作由国家和地方财政拿钱，采用挖掘机和水陆两用挖泥船对渠道实施机械清淤。先后完成了大西湖围湖渠、春晓排渠、九狮排渠、新兴排渠、永安排渠、三角堤排渠、同兴村黑鱼港共 6 条 23 千米的渠道清淤工作，完成土方 18.5 万立方米，累计投资 185 万元。

（三）渠道护砌

1991—1999 年，全区没有一条渠道进行护砌，全部都是土渠排灌。为了提高渠道排灌效率，节约水资源，降低排灌成本，从 2000 年起，逐年对渠道进行护砌，一般是先灌溉渠道护砌，后排水渠道护砌。2001 年投资 43 万元，首条复兴灌溉干渠护砌 200 米，以后逐年增加。到 2010 年，共护砌灌溉渠道 89.49 千米，护砌率 33.5%，护砌排水渠道 9.28 千米，护砌率1.5%。

2010 年年末，全区共有排灌渠道 1498 条 911.57 千米，其中干渠 45 条 108 千米，支渠 52 条80.6 千米，斗渠 826 条 468.96 千米，农渠 575 条 254.01 千米。护砌 98.77 千米，护砌率 10.8%。渠系建筑物 4941 处，其中桥 155 处、水闸 1367 座、涵洞 3324 处、渡槽 95 处、泵站 87 处。至 2010 年年末，全区干支斗农渠分布成网，桥、涵、闸、泵站相互配套，形成一个覆盖全区的完整的排灌体系。

第三节　堤防建设

一、大堤建设

西湖管理区东面靠近澧水洪道处，有柳林嘴至三角堤一段临洪大堤，该堤段长 4937 米，高程初为 36.5 米，面宽初为 3 米，外坡比为 1 : 2.5，内坡比为 1 : 3。系 1954 年冬围挽西湖大垸时，由湖南省公安厅治湖劳改总队修筑。此堤东御澧水之患，西截西港之流，为西湖大垸之生命线。

农场几乎每年都集中一定的人力、财力和时间，进行培修加固。1991 年以后，加大资金投入力度，搞好大堤建设，提高抗洪能力。

（一）培修加固

1991 年至 1999 年对大堤进行 7 次培修加固，共投资 363.8 万元，投工 69.44 万个，完成土方 111.34 万立方米。堤顶高程达到上游起点四百弓 40.5 米，下游终点柳林嘴 40 米，堤面宽 8 米，外坡比 1 : 2.5，内坡比 1 : 3，达到了 30 年一遇的防洪标准。

（二）坡面护砌

1999 年将三角堤护砌工程纳入国家洞庭湖区二期治理规划。此后经过 6 次护砌，至 2004 年，大堤临水坡面已全部采用水泥预制六角块护砌，共完成护砌坡面 4941 米，砼 4941 立方米，累计投资 545 万元。

（三）堤身灌浆

大堤修建时堤基用部分芦苇填筑，多年之后芦苇腐烂使堤基形成空隙，加之堤身土质沙性重，经过长期渗漏和翻沙鼓水，带去大量泥沙，引起地面裂缝、下陷，威胁大堤安全。解决这一问题的有效措施是进行大堤灌浆。2001 年后，大堤灌浆工程纳入洞庭湖治理二期规划并逐年实施。大堤灌浆采用劈裂式充填灌浆方法，在堤内形成防渗帷幕。截断渗流钻孔位置距离外羊角 3.5 米，布成一条直线，孔间距 3 米，孔深打至堤基以下 2 米，灌浆孔深 12 米。至2007 年此项工程竣工，累计投资 67 万元，共钻孔 1647 个，灌浆长度 19776 米。

三角堤外洲

（四）大堤吹填

在柳林嘴堤段原西湖贸易公司仓库处有一较大坑塘，塘水长期浸泡堤脚，影响堤身稳固，2001 年投资 109 万元采用挖泥船进行吹填，完成吹填面积 42 亩，土方 2.82 万立方米。

（五）大堤河口机械压浸

此项工程位于柳林嘴大堤桩号 119+130 至 119+430 处。1954 年 12 月，在修筑堵口工程时采用芦苇、草袋、蔑笼填筑，多年之后填充物腐烂使地基形成空洞，加之堵口土质沙性很重，造成长期渗漏和翻沙鼓水，带走大量泥沙，威胁大堤安全。2006 年将河口实施机械压浸纳入洞庭湖治理规划，并在当年实施，采用挖泥船从外洲直接输送土料，进行填筑压浸，共投资 45 万元，完成土方 3.85 万立方米。

二、内堤建设

西湖管理区共有内堤防汛堤段 6 段，长 40.26 千米，其中西港河堤段 17.5 千米、永安堤段 2.4 千米、跃进堤段 1.86 千米、黑鱼港堤段 4.1 千米、新港河右岸堤段 8.73 千米、新港河左岸堤段 5.67 千米。上述堤段从 1955 年开始经过历年培修加固，至 1990 年堤顶高程达到 34 米，面宽 3.0 米，坡比 1∶2。1991 年以后，场（区）党委继续组织民工对内堤进行培修加固和护砌灌浆。

(一)修筑防汛公路

从 1991 年起,逐年对防洪大堤进行培修加宽,并在堤身内侧完成一条面宽 6 米、高程 32.5 米、坡比 1∶2.5、长 33.5 千米的防汛公路。投工 27 万个,完成土方 40 万立方米。2002 年至 2004 年,投资 89.6 万元,将防汛公路全部铺成砂石路面。

(二)内堤护砌

2002 年至2007 年, 对内堤临水面和两水夹堤险段进行护砌护脚, 共完成护坡 9 处,长 3.24 千米,砼 0.972 万立方米,投资 156.5 万元;完成护脚 8 处,长 2.36 千米,土石方 0.196 万立方米, 投资 60.8 万元。

(三)培修加固险堤险段

2002 年至 2009 年,对堤身单薄、渗水严重、两水夹堤、外坡垮塌等险段进行培修加固,其完成险堤险段加固 24 处,长 43.53 千米,土方 66.47 万立方米,共投工 54.87 万个,投资 117 万元。

(四)堤身灌浆

由于堤身土质沙性较重,在汛期因长期渗漏和翻沙鼓水带走大量泥土,威胁内堤安全,从 2002 年至 2005 年连续 3 年对内堤进行机械灌浆,完成灌浆堤长 14.16 千米,投资 112.2 万元。

第四节　涵闸建设

一、大堤涵闸建设

三角堤电排出水闸　该闸修建于 1987 年,1991 年因大堤不断培修加高加宽,故闸身务必加长才能适应。1997 年,投资 44 万元,闸身加长 27 米。2002 年,因启闭台设计高程是 37.4 米,而防汛最高水位是 38.61 米,故启闭台机房和工作桥在汛期常被水淹。为解决这一问题,是年投资 6.7 万元,将启闭台和工作桥提升 1.6 米。2010 年,因启闭机年久老化,磨损严重,与三角堤设备改造一起将 2 台启闭机按原型号进行更新。

东洲东排污闸　1992 年因东洲泵站扩建增容,故将原有一处孔径 1.0 米×1.0 米钢管结构简易启闭机拆除,重新建造一座长 70 米、直径 1.5 米、铪圆涵管。底板高程 30.25 米,启闭台高程 38.0 米。2000 年,因大堤不断培修加高加宽,原有闸身已不适用,故投资 30 万元,将原有闸身加长 27 米。2002 年因启闭台高程设计太低,而防汛最高水位达 38.61 米,启闭台和工作桥在汛期经常被水淹。为了解决这一问题,投资 6.7 万元,将启闭台提升 1.6 米,达到高 39.5 米,超过最高防汛水位 0.89 米。

东洲西排污闸　2007 年修建,全长 68 米,钢管结构涵直径 1.0 米,出口高程 36.5 米,采用拍门自动启闭,当时主要为造纸厂扩建而增加一台 250 千瓦潜污泵机组排污水用。

二、内堤涵闸建设

1991年,投资48万元修建1坝4闸。1坝4闸位于西湖镇新港河堤的新北桥处,北面建坝,拦蓄河水用于月亮洲泵站农田灌溉和纸厂生产用水,东、西、南、北面各建1座节制闸,4闸相互配合,可以把新港河、西港河的洪水和西大垸的涝水通过东闸引到三角堤排渠,由三角堤泵站排出外河。

1996年至2004年,投资205万元,在内堤上新建和扩建泵站4处,新建配套涵闸4处。

2002年至2006年,投资75.1万元,针对块石结构涵闸渗水严重危及堤身安全和底板高程过高,抗旱时引水不进,影响农田灌溉的进水闸进行拆除重建,共完成拆除重建涵闸8处。

至2010年年末,内堤上共建有各类水闸47处,其中进水闸14处,排水闸25处,节制闸8处。

第五节　防汛抢险

一、大堤防汛抢险

1991年至2010年平均年降雨量1313.39毫米,最大年降雨2002年2406毫米,最小年降雨1992年959.7毫米。汛期4—9月降雨集中,占全年降雨量的68.5%。澧水洪道三角堤防洪水位控制标准为:防汛水位35.0米,警戒水位36.5米,危险水位37.5米。2005年因大堤逐年培修加固,防洪标准提高,由三防水位调整为二防水位,即警戒水位36.0米,保证水位36.73米,达到警戒水位后各级防汛指挥部立即组织人员巡堤查险。

1991年至2010年汛期最低水位32.69米,最高水位38.61米。每年最高水位一般发生在7月,个别年份出现在8月。超警戒水位的年份为1991年、1993年、1995年、2002年,超保证水位的年份为1996年、1998年、1999年、2003年。

农业抗旱

1996年7月22日,三角堤出现超历史最高水位,是年进入汛期后,特别是7月,洞庭湖区和湘资沅澧流域普降特大暴雨,连续不断,致使江河水位猛涨。至7月22日水位达38.61米,超历史最高水位1.88米。

农场防汛指挥部组织3500余名民工上堤，昼夜24小时不停地进行巡堤查险处险，历时37天严防死守，终于战胜了特大洪水，保住大堤。

1998年发生全流域型大洪水。是年主汛期澧水流域普降大暴雨，范围广，强度大，持续时间长。同时，长江上游先后出现8次洪峰，有时洪峰流量超历史，洪水经松滋河分流入澧水，与沅水顶托导致洪水猛涨，形成全流域型大洪水，仅次于1954年洪水。三角堤外江水位从6月23日起进入防汛水位，7月24日，洪水以每小时8厘米的速度猛涨，7月25日3点达到最高水位38.26米，基本接近1996年历史最高水位38.61米，而柳林嘴堤段，堤顶高程只有39.0米。区防汛指挥部立即决定，组织300名抢险突击队员，冒着大雨，挑灯夜战至当晚12点。通过苦战，一条长200米、宽1米、高程40米的标准子堤抢修完成。同时，组织3500名民工轮流上堤，领导坐镇一线，严防死守，决战洪魔。一直奋战至9月7日洪水降至防汛水位以下，历时72天(其中防汛水位以上8天，警戒水位以上44天，危险水位以上20天)，终于战胜历史上防汛时间最长的全流域型大洪水。此次抗洪抢险耗用砂石200立方米，编织袋5000个，木材30立方米，防渗布610米，耗资120万元。

1999年6月30日，三角堤电排机房内发生管涌险情。三角堤泵站修建于1989年，机房长40米，宽9米，砼地面，出水箱涵为钢筋砼双孔方箱涵，断面长2.0米×2.0米，长70米。汛期5月至6月，暴雨不断，外河水位上涨，且高水位持续时间长，6月30日达到36.93米，电排值班人员发现厂房7号机组基座边水泥地面裂缝处，突然冒水，水柱直径0.1米，水柱高度0.8米，流量每小时40立方米。得知此情，常德市防汛指挥部立即派专家到现场勘察，分析出水原因，得出的结论一是出水箱涵伸缩缝破坏漏水、二是堤身缝隙漏水归总。应急处理措施须立即做反滤井，用纤维袋装卵石围井压沙反滤。经认真处理后，解除了险情，大堤安全无恙。

二、内堤防汛抢险

1991年西湖管理区内堤防洪水位标准确定为：防汛水位32.0米，警戒水位32.5米，危险水位32.8米，保证水位32.86米。从2005年，警戒水位调整为32.0米，当内河水位达到警戒水位后，各级防汛指挥机构立即组织人员上堤巡逻、查险、处险。1991年至2010年，内河达到警戒水位以上有6年：1991年、1992年、1993年、1995年、1999年、2002年，其中保证水位以上的只有2002年，水位32.95米，汛期最高水位一般发生在6—7月，亦有少数发生在5月。

1993年向阳电排发生溃垸型险情。7月26日13点30分，内河水位达到32.56米，超危险水位0.06米，向阳电排进出口水闸东侧旁边发现一个碗口大的水流漩涡，堤坡上发现一个直径1.5米的跌窝，水闸已经倾斜，汹涌的洪水以2立方米每秒的流量从进水闸流向垸内。农场防汛指挥部在常德市防汛指挥部的直接领导和专家的指导下，组织抢险队员2000

人,采取在临水坡打大包围的办法,填堵漏洞,截断洪流。同时,在堤背水面电排进水前池渠道采用麻袋装土夯筑堤坝,抬高前池渠道水位,降低进水闸内洪水流速。经过36个多小时的紧张奋战,于27日凌晨1点,终于堵住了漏洞,切断了洪流,确保了安全,使西湖人民又避免了一场特大水灾。此次抢险耗用麻袋9500个、草袋4500个、木材30立方米、大米2000公斤、棉絮110床、晒垫30床、用工2500个,抢险直接耗资10万元,经济损失40万元。

2002年发生历史上罕见的夏汛和秋汛,内河从5月4日起达到防汛水位,5月14日达到最高水位32.95米,超历史最高水位0.09米,5月26日降至防汛水位,汛期达23天。8月又普降暴雨,8月20日,内河水位又达到防汛水位,持续11天。为了确保安全,区防汛指挥部报请常德市防汛指挥部同意,对西湖高水内江洪水实行泄洪调度方案,即从汉寿县易家嘴闸开闸泄洪,流量35立方米每秒,由坡头大泵站排出外河。西湖新港河节制闸一坝四闸南闸、东闸同时开启泄洪,流量5立方米每秒,由三角堤泵站排出外河。此举缓解了内河高水位的压力,确保了人民生命财产安全。是年5月开始的夏汛和8月的秋汛,历时4个月,其中有34天的紧急防汛期,动员全区10000名防汛指战员轮番上阵,日夜坚守在防洪第一线,全力巡堤、查险、处险,共排除西东湖堤身垮坡和新北湖翻沙鼓水等大小险情30多处,投入砂卵石5500立方米,编织袋65000个,耗资25万元。

第六节　水政机构及管理

一、水政机构

1993年3月成立西湖农场水利科水政监察室,由1名专职水政监察员和4名兼职领导组成。2004年9月,实行机构改革,更名为西湖管理区水利局水政室,由2名专职人员组成。主要负责:宣传贯彻《中华人民共和国水法》《中华人民共和国防洪法》《中华人民共和国水土保持法》等法规,保护水资源、水域、水工程、水生态环境和水文监测等;对水事活动进行监督检查,维护正常的水事秩序,对违反水法规的行为实施行政处罚或采取其他行政措施;配合和协助公安司法部门查处水事治安和刑事案件;受水事行政执法机关委托,办理行政许可证和征收行政事业性收费等有关事宜。

二、水政管理

(一)水政宣传

每年3月22日为“世界水日”,又为“中国水周”。在此期间,西湖管理区水利部门利用标语、广播、电视、宣传车等,深入到各乡镇重点宣传《中华人民共和国水法》《中华人民共和国防洪法》《中华人民共和国水土保持法》等法律法规,提高公众的水法律法规意识,增强全社会的水患意识和水法治观念,促进依法治水、依法取水、依法用水。

(二)清基扫障

为了充分发挥堤防防洪功能和排灌机埠的抗洪减灾效益,确保内、外江安全度汛和农业抗灾夺丰收,根据有关法规,西湖水利部门每年对辖区内堤及矮子堤进行清基扫障,及时清除堤坡和渠道内坡上树木、农作物和杂草,清除排灌渠内的渔具、杂物,以确保堤防安全、渠道畅通。

1990 年 10 月,西湖水利部门组织清扫队伍对大西湖排渠和三角堤排渠进行大清扫,清除排渠边沿的农作物、树木和渠内的杂物,并没收排渠内的拦网渔具。

2009 年 5 月,水利局水政室组织人员对 38 千米内渍堤进行大规模清扫,清除堤上违法种植的农作物及其他杂物。

(三)水资源管理

西湖管理区系洞庭湖区,水资源丰富。1991 年后,西湖水利部门制订严格的水资源管理制度,每年每季度开展一次专项执法检查,发现问题及时处理。1991 年至 2010 年,未出现大的违法违纪案件,确保了三条红线,即水资源开发利用控制红线、用水效率控制红线、水功能区限制纳污红线。

(四)河道管理

1991 年后,为了加强河道堤防管理,保障堤防安全,充分发挥江河、湖泊、堤防的综合效益,根据《中华人民共和国水法》《中华人民共和国河道管理条例》和《湖南省实施(中华人民共和国河道管理条例)的办法》,西湖水政部门严格执法,认真查处违法违纪案件,至 2010 年,共查处各类案件 500 多起,其中影响较大的案例有:

2003 年 5 月, 东洲办事处二队个别群众强行在三角堤外洲砖瓦厂堤段外滩围垦植树,使该办事处 1 队养牛户的草场面积减少,养牛户极其不满,扬言若不制止,他们将把牛赶到区委机关。水利局领导带领水政人员,会同办事处领导和村干部到现场处理此事。但当事人态度坚决,要求继续围垦。后经耐心做工作、讲政策,使他终于认识到了自己的过错,当天就拆走了施工设备。

2006 年 3 月 6 日,西湖镇一些个体户擅自围垦三角堤电排外洲滩地植树,利用夜间调挖机突击施工,以掩人耳目。第二天,放牛的群众发现此事后,立即组织几十人到现场向施工者讨要说法,双方始则发生口角,继而准备打架。水政人员赶到现场,出面制止,却被拳打脚踢。2 名群众被砍伤,凶手逃之夭夭。事态严重,水政人员立即报告区委,区委派公安分局和办事处的同志赶到现场,与水政人员一起反复做工作,终于制止了事态的进一步发展。几天以后,擅自违法围垦者终止了施工。打人凶手承担全部医药费,并向被打者赔礼道歉。

2009 年 2 月,新港办事处一农户未经许可擅自在内堤临水坡建房,水政执法人员巡查发现后,对其进行劝阻,但置之不理,继续施工,在反复做工作无效的情况下,西湖水利局将情况上报市水利局,市水政监察支队赶到新港办事处展开调查,认定其违反《中华人民共和国河道管理条例》第二十四条第二款“在堤防和护堤禁止建房、放牧、开渠、打井……”的规定,按法律程序对其下达责令改正违法行为通知书,行政处罚告知书,行政处罚决定书。同时,汉寿县法院的同志也找当事人进行警告性谈话。此时,当事人才认识错误,愿意改正,并接受处罚。

2010年3月,西湖联兴运输有限公司与西湖管理区沙砾经营户因经营权属问题经常发生纠纷,甚至发展到双方组织人员手持器械,互相对峙,矛盾一触即发。西湖公安分局先后出警4次,政法委、经贸局、水利局、东洲办事处等相关部门先后协调10余次,均未达成一致意见,最后,上报市水利局,市水利局将情况上报市政府,市政府副秘书长受副市长徐万发委托,召集市水利局、市海事局、西湖管理区和汉寿县政府负责人,专题研究解决柳林嘴芦苇码头经营场地纠纷问题。最终界定了经营范围,明确了经营权属,长期的纠纷得以平息。

附:

西湖农场(区)水利科(局)历届领导班子成员名录表

表3-6-1

机构名称	姓 名	职 务	任职年限
西湖农场水利科	邓建堂	科长	1991.1—1996.12
	伍必勇	支部书记	1993.12—1996.12
	陈历云	副科长	1991.5—1995.12
	陈明芳	支部副书记	1990.1—1996.12
	刘业刚	科长	1996.12—2003.8
	周福忠	支部书记	1996.12—1997.12
	秦久远	副科长	1995.5—2001.11
	张先云	副科长	1996.12—1999.12
	邓解华	支部书记	1998.1—1999.8
	谢本儒	工会主席	1999.12—2005.12
西湖管理区水利局	刘业刚	局长	1999.9—2007.6
	邓解华	副书记	1999.9—2007.5
	张先云	副主任科员	2007.5—2010.12
	刘东生	局长	2007.7—2010.12
	刘正勇	总支副书记	2009.5—2010.12
	刘传真	总支委员	2009.5—2010.12
	周先龙	副主任科员	2007.5—2010.12
	肖爱民	总支委员	2009.5—2010.12

西湖农场（区）电力排灌泵站基本情况统计表

表 3-6-2

序号	泵站名称	所在河流	装机台数（台）	装机容量（千瓦）	设计流量（立方米/秒）	管理单位	用途	排渍效益（万亩）	灌溉效益（亩）	投资（万元）	修建年份	备注
1	月亮洲	新港河	2	150	1.2	水利局	排灌	0.15	2820	6.25	1971	2001 年更新 2×75 千瓦、1×155 千瓦
2	新北西	新港河	2	150	1.2	水利局	排灌	0.17	1287	1.98	1965	1994 年更新电机 2×75 千瓦、1×155 千瓦
			1	155	1.5	水利局	排灌	0.17	—	1.57	1982	—
3	新北湖	新港河	3	465	4.5	水利局	排	0.44	—	82	1995	—
4	五七桥	新港河	3	240	3	水利局	排灌	0.23	1250	84	2006	2006 年拆除重建 3 台×80 千瓦机组
5	大西湖	新港河	1	80	1	水利局	灌	—	1341	13	1988	—
6	观鱼	西湖内河三支支河	2	150	1.2	水利局	排灌	0.15	2500	1.88	1965	2005 年更新电机 2×75 千瓦
7	复兴	西湖内河三支支河	2	310	3	水利局	排灌	0.3	3704	6.28	1971	1994 年更新电机 2×155 千瓦
8	永安	西湖内河三支支河	2	160	2	水利局	排	0.15	—	45	1990	—
9	南坪	西湖内河	4	520	6	水利局	排灌	0.49	963	71.06	1965	1998 年更新电机 4 台×130 千瓦
10	向阳	西湖内河	2	160	2	水利局	排灌	0.15	463	25	1987	—
11	新兴	西湖内河	2	310	3	水利局	排灌	0.3	2565	3.19	1965	2003 年更新电机 2 台×155 千瓦
12	春晓	新港河	3	465	4.5	水利局	排灌	0.69	2712	11.21	1982	1995 年更新电机 3 台×155 千瓦
			2	260	3	水利局	排灌	0.1	—	10.15	1971	1995 年更新电机 2 台×130 千瓦

续表 3-6-2

序号	泵站名称	所在河流	装机台数（台）	装机容量（千瓦）	设计流量（立方米/秒）	管理单位	用途	排渍效益（万亩）	灌溉效益（亩）	投资（万元）	修建年份	备注
13	东湖	新港河	2	150	1.2	水利局	排灌	0.22	1500	2.14	1965	1994 年更新电机 2 台×75 千瓦
			1	80	1	水利局	排灌	0.1	—	45	1999	—
14	九狮	西湖内河	2	310	3	水利局	排灌	0.34	2467	8.89	1965	1999 年更新电机 2×155 千瓦
			1	155	1.5		排灌	0.15	—	38	2002	2002 年扩建 1 台×155 千瓦机组
15	鼎港	西湖内河	2	160	2	水利局	排灌	0.15	1500	8.39	1965	2005 年更新电机 2 台×80 千瓦
16	七一	西湖内河	1	75	0.6	水利局	排灌	0.07	1500	5.6	1971	1998 年更新电机 1 台×75 千瓦
			1	80	1		排灌	0.07	—	50	2004	2004 年扩建新增电机 1 台×80 千瓦
17	知春	西湖内河	2	150	1.2	水利局	排灌	0.14	1003	3.39	1965	2001 年更新电机 2 台×75 千瓦 2005 年更新水泵 2 台
18	三角堤	澧水洪道	10	1600	11.4	水利局	排	1.52	—	165	1989	2009 年更新电机 10 台 1600 千瓦
19	东洲	澧水洪道	2	420	3	水利局	排	0.35	—	95	1991	1991 年新建 2 台×155 千瓦 1999 年更新电机 2 台×210 千瓦
			1	250	1.5		排	0.15	—	110	2007	2007 年扩建 1 台×250 千瓦机组
20	新北东	新港河	1	155	1.5	水利局	排	0.15	—	11	1977	1990 年拆除，2006 年恢复 1 台×155 千瓦

西湖农场(区)历年电力排灌泵站更新改造统计表

表 3-6-3

年度	泵站名称	建设性质	装机容量(台/千瓦)		新增装机		更新改造情况					
			改造前	改造后	台	千瓦	电机(台)	水泵(台)	变压器(台/千瓦)	配电瓶(块)	房屋(栋)	投资(万元)
1991	东洲	改造	2/130	2/130	0	180	2	2	1/500	2	1	95
1992	—	—	—	—	—	—	—	—	—	—	—	—
1993	—	—	—	—	—	—	—	—	—	—	—	—
1994	新北西	改造	3/190	2/305	0	115	3	0	1/400	2	—	25
1994	观鱼	改造	2/80	2/110	0	30	2	0	0	0	—	12
1994	复兴	改造	2/160	2/310	0	150	2	0	1/400	3	—	14
1994	东湖	改造	2/110	2/150	0	40	2	0	—	—	—	12
1995	春晓	改造	5/400	5/625	0	225	3	0	1/630	4	—	20
1996	新北湖	新建	0	3/465	3	465	0	0	1/630	4	2	82
1997	—	—	—	—	—	—	—	—	—	—	—	—
1998	南坪	改造	4/320	4/520	0	200	4	0	1/630	6	—	25
1998	春蓝	改造	4/625	5/725	0	100	3	0	1/400	3	—	30
1998	七一	改造	1/55	1/75	0	25	1	0	1/100	0	0	10
1999	东湖	扩建	2/150	3/230	1	80	2	0	1/315	1	1	45
1999	九狮	改造	2/145	2/310	0	165	2	0	1/400	2	—	15
1999	东洲	改造	2/310	2/420	0	110	2	2	1/500	3	—	30
2000	三角堤	改造	10/1150	10/1150	0	0	0	0	2/1600	12	1	50
2001	知春	改造	2/110	2/150	0	40	2	0	1/250	—	—	10

续表 3-6-3

年度	泵站名称	建设性质	装机容量(台/千瓦)		新增装机		更新改造情况					
			改造前	改造后	台	千瓦	电机(台)	水泵(台)	变压器(台/千瓦)	配电瓶(块)	房屋(栋)	投资(万元)
2001	月亮洲	改造	2/110	2/150	0	40	2	0	1/250	—	—	10
2002	九狮	扩建	2/310	3/465	1	155	0	0	1/630	4	1	38
2003	新兴	改造	2/130	2/310	0	180	2	0	—	3	—	30
2004	七一	扩建	1/75	2/155	1	80	0	0	1/250	3	2	40
2005	观鱼	改造	2/110	2/150	0	40	2	2	1/250	3	1	20
2005	鼎港	改造	2/130	2/160	0	30	2	0	1/200	3	2	21
2005	新兴	改造	2/310	2/310	0	0	0	2	0	0	1	9
2005	知春	改造	2/150	2/150	0	0	0	2	0	3	1	17
2006	新北东	扩建	0	1/155	1	155	0	0	1/400	1	1	11
2006	五七桥	改造	3/240	3/240	0	0	3	3	1/400	4	2	84
2007	东洲	扩建	2/420	3/670	1	250	0	0	1/315	2	1	110
2008	新北西	改造	3/305	3/305	0	0	0	2	0	3	2	30
2009	东湖	改造	3/230	3/230	0	0	0	2	0	4	2	30
2009	三角堤	改造	10/1150	10/1600	0	450	10	10	3/2600	16	1	589
合计		改造			8	3305	51	27	25/12180	91	22	1514

西湖农场(区)排灌主干渠道统计表

表 3-6-4

序号	渠道名称	起点	终点	渠道级别	渠道类别	设计流量（立方米/秒）	渠道长度（千米）	已衬砌长度（千米）	底宽（米）	渠底高程（米）	始建年份
1	大西湖北灌渠	大西湖电排	下窖公路	干渠	灌溉	1.5	3.2	1.5	1.5~2.0	30.0~29.5	2003
2	大西湖南灌渠	虾子湖	稻田湖	干渠	灌溉	1.5	1.4	1.4	1.5~2.0	30.0~29.5	2010
3	九狮东灌渠	九狮电排	新港村交界	干渠	灌溉	1.5	0.3	0	1.5~2.0	31.0~30.5	1965
4	九狮西灌渠	九狮电排	鼎兴村一组	干渠	灌溉	2	1.5	1.5	1.5~2.0	31.0-~30.5	1970
5	鼎港西灌渠	鼎港电排	鼎兴村二组	干渠	灌溉	2	3.1	1	1.5~2.0	30.0~30.5	1966
6	东湖北灌渠	东湖电排	九狮村交界	干渠	灌溉	1.5	1.7	0.8	1.5~2.0	30.0~30.5	1996
7	东湖南灌渠	东湖电排	新港村一组	干渠	灌溉	1.5	0.7	0.2	1.5~2.0	30.0~30.5	1996
8	春晓灌渠	春晓电排	新兴村交界	干渠	灌溉	2	1.2	1.2	1.5~2.0	30.0~30.5	1971
9	新兴东灌渠	新兴电排	新兴村一组	干渠	灌溉	2	1.3	0.5	1.5~2.0	30.0~30.5	1966
10	新兴西灌渠	新兴电排	新兴村二组	干渠	灌溉	2	2.1	0	1.5~2.0	30.0~30.5	1966
11	七一灌渠	七一电排	鼎裕村一组	干渠	灌溉	1	1	0	1.0~1.2	30.0~30.5	1971
12	知春灌渠	大西湖电排	鼎福村三组	干渠	灌溉	1.5	2	0.5	1.5~2.0	30.0~30.5	1996
13	八一灌渠	八一电排	东至三角堤 西至园艺村	干渠	灌溉	2	6.7	2	2.0~4.0	30.0~30.5	1996
14	月亮洲东灌渠	月亮洲电排	西汉公路	干渠	灌溉	1.5	3.6	0.4	1.5~2.0	31.5~32.5	1976
15	月亮洲西灌渠	月亮洲电排	西汉公路	干渠	灌溉	1.5	3.7	2	1.5~2.0	31.5~32.5	1976
16	新北西北灌渠	新北西电排	新北河村	干渠	灌溉	2	1.7	1.2	1.5~2.0	30.0~30.5	1966
17	新北西南灌渠	新北西电排	裕民村一组	干渠	灌溉	2	1.6	0	1.5~2.0	29.5~30.0	1966
18	五七桥西灌渠	五七桥电排	西洲村一组	干渠	灌溉	2	4	2	1.5~2.0	29.5~30.0	1971

续表 3-6-4

序号	渠道名称	起点	终点	渠道级别	渠道类别	设计流量（立方米/秒）	渠道长度（千米）	已衬砌长度（千米）	底宽（米）	渠底高程（米）	始建年份
19	观鱼南灌渠	观鱼电排	安康村一组	干渠	灌溉	1.5	1	0.5	1.5~2.0	30.0~30.5	1966
20	观鱼北灌渠	观鱼电排	安康组二线	干渠	灌溉	1.5	1.8	1	1.5~2.0	30.0~30.5	1966
21	复兴灌渠	复兴电排	下窖公路	干渠	灌溉	2	2.6	2	1.5~2.0	30.0~30.5	1971
22	向阳东灌渠	向阳电排	田园一组大寨路	干渠	灌溉	1.5	0.7	0	1.5~2.0	30.0~30.5	1994
23	向阳西灌渠	向阳电排	田园二组大寨路	干渠	灌溉	1.5	0.7	0	1.5~2.0	30.0~30.5	1994
24	鼎港东灌渠	鼎港电排		干渠	灌溉	2	0.7	0.2	1.5~2.0	30.0~30.5	1966
25	南坪东灌渠	南坪电排		干渠	灌溉	2	1.9	1.9	1.5~2.0	29.5~30.0	1966
26	南坪西灌渠	南坪电排		干渠	灌溉	2	0.8	0	1.5~2.0	29.5~30.0	1966
27	鼎港干渠	鼎港电排	西柳排渠	干渠	灌排结合	10	0.9	0	5.0~10.0	27.3~27.8	1965
28	九狮干渠	九狮电排	三角堤干渠	干渠	灌排结合	6	0.7	0	5.0~8.0	27.5~28.0	1966
29	新兴干渠	新兴电排	大西湖围渠	干渠	灌排结合	6	1.4	9	5.0~8.0	27.5~28.0	1966
30	春晓干渠	春晓电排	大西湖围渠	干渠	灌排结合	15	0.9	0.8	8.0~15.0	27.5~28.0	1971
31	东湖干渠	东湖电排	九狮村交界	干渠	灌排结合	5	1.4	0	2.0~5.0	27.5~28.0	1966

续表 3-6-4

序号	渠道名称	起点	终点	渠道级别	渠道类别	设计流量（立方米/秒）	渠道长度（千米）	已衬砌长度（千米）	底宽（米）	渠底高程（米）	始建年份
32	东洲干渠	东洲电排	西湖镇南圆盘	干渠	灌排结合	6	7.5	0.6	2.0~4.0	27.0~28.0	1992
33	七一干渠	七一电排	鼎裕村一组	干渠	灌排结合	5	0.8	0	5.0~6.0	27.5~28.0	1971
34	知春干渠	知春电排	柳林公路	干渠	灌排结合	5	0.9	0	3.0~5.0	27.5~28.0	1966
35	五七桥干渠	五七电排	大西湖围渠	干渠	灌排结合	6	1.6	0	5.0~6.0	27.5~28.0	1970
36	三角堤干渠	三角堤电排	新北东电排	干渠	灌排结合	20	10	1	8.0~10.0	27.5~28.0	1990
37	月亮洲干渠	月亮洲电排	西汉公路	干渠	灌排结合	5	3.3	0	3.0~4.0	28.0~28.5	1971
38	新北西干渠	新北西电排	新北河村	干渠	灌排结合	6	2.2	0	3.0~5.0	28.5~29.5	1966
39	观鱼干渠	观鱼电排	幸福村	干渠	灌排结合	5	1.3	0	4.0~5.0	27.5~28.0	1966
40	复兴干渠	复兴电排	大西湖	干渠	灌排结合	6	3.6	0	4.0~6.0	27.5~28.0	1971
41	南坪干渠	南坪电排	节流支渠	干渠	灌排结合	15	4.8	0	5.0~10.0	27.5~28.0	1966
42	新北湖干渠	新北湖电排	黑鱼港	干渠	灌排结合	10	4.6	0	5.0~10.0	27.5~28.0	1995

续表 3–6–4

序号	渠道名称	起点	终点	渠道级别	渠道类别	设计流量（立方米/秒）	渠道长度（千米）	已衬砌长度（千米）	底宽（米）	渠底高程（米）	始建年份
43	永安干渠	永安电排	节流港	干渠	灌排结合	6	2.6	0	3.0~5.0	27.5~28.0	1990
44	向阳干渠	向阳电排	大西湖围渠	干渠	灌排结合	6	1.1	0	3.0~5.0	27.5~28.0	1994
45	大西湖围湖干渠	大西湖	春晓干渠	干渠	灌排结合	15	7.5	0	5.0~8.0	27.5~28.0	1991

西湖农场(区)大堤培修加固工程统计表

表 3-6-5

年度	堤段名称或桩号	完成堤长（米）	完成土方（万立方米）	完成投工（万个）	完成投资（万元）
1991	四百弓至水利组堤段	3200	28.7	28.7	86.1
1992	四百弓至柳林咀堤段	4941	30.9	30.9	92.7
1993	—	—	—	—	—
1994	四百弓至柳林咀堤段	4941	1.6	1.6	1
1995	柳林咀	113	4.6	4.6	2
1996	柳林咀	210	3.64	3.64	2
1997	三角堤电排至柳林咀	2260	17.9	机械加工	80
1998	三角堤电排至柳林咀	2200	24	机械加工	100
1999—2010	—	—	—	—	—
合计		17865	111.34	69.44	363.8

西湖农场(区)大堤护砌工程统计表

表 3-6-6

年度	堤段名称或桩号	完成堤长（米）	完成混凝土（方）	完成投工（万个）	完成投资（万元）
1991—1998	—	—	—	—	—
1999	119+230 至 121+270	2140	2140	机械施工	265
2000	121+370 至 122+070	700	700	机械施工	70
2001	122+070 至 122+770	700	700	机械施工	70
2002	122+770 至 123+470	700	700	机械施工	70
2003	123+470 至 123+970	500	500	机械施工	50
2004	123+970 至 124+171	201	201	机械施工	20
2005—2010	—	—	—	—	—
合计		4941	4941		545

西湖农场（区）内堤护砌统计表

表 3-6-7

年度	险堤险段名称		长度（千米）	土石方（万立方米）	投工（万个）	投资（万元）	备注
1991—2001	—		—	—	—	—	
2002	建筑公司至粮油公司堤段		0.54	0.162	—	28	护坡
2003	七一堤段		0.05	0.015	—	1.9	护坡
	粮油公司堤段		0.17	0.051	—	11.2	护坡
	西东湖堤段		0.7	0.210	—	20.2	护坡
2004	春晓堤段		0.2	0.06	—	13.8	护坡
	红旗至南坪		1.4	0.087	—	26	护脚
	鼎港电排堤段		0.09	0.017	—	5	护脚
	五七桥堤段		0.41	0.049	—	14.6	护脚
	七一堤段		0.12	0.014	—	4.3	护脚
	新港八队堤段		0.06	0.007	—	2	护脚
2005	黄泥湖堤段		0.3	0.090	—	15	护坡
	跃进坝		0.12	0.0006	—	1.8	护脚
	红旗护脚		0.08	0.013	—	4	护脚
2006	跃进坝		0.12	0.036	—	5.2	护坡
	新北湖堤段		0.9	0.270	—	49.1	护坡
	棉麻公司堤段		0.26	0.078	—	12.1	护坡
2007	观鱼堤段		0.08	0.009	—	3.1	护脚
2008	—		—	—	—	—	—
2009	—		—	—	—	—	—
2010	—		—	—	—	—	—
合计	17 处	护坡 9 处	3.24	0.972		156.5	
		护脚 8 处	2.36	0.1966		60.8	

西湖农场(区)内堤培修加固险堤险段统计表

表 3-6-8

年度	险堤险段名称	长度（千米）	土石方（万立方米）	投工（万个）	投资（万元）
1991	柳林咀至鼎港	5.2	6.9	6.9	—
	跃进坝加固	0.4	1	1	—
1992	—	—	—	—	—
1993	五分场四队堤段	0.2	0.3	0.3	—
1994	鼎港至跃进坝	15	26.8	26.8	—
1995	黄泥湖内堤加固	0.25	0.4	0.4	—
	五七桥至新北西	0.9	4.2	4.2	—
	复兴至和平闸	2.3	2.2	2.2	—
	新港河两岸堤培修	4	3.7	3.7	—
	三分场一队至南坪	2.9	2.1	2.1	—
1996	一分场联校至月亮洲	1.7	3.8	3.8	—
	新北东至扎花场	0.34	1	1	—
	复兴内堤加固	0.5	0.57	0.57	—
1997	五分场九队内堤加固	1.5	0.2	0.2	—
	四分场四队内堤加固	1	1	1	—
1998	—	—	—	—	—
1999	—	—	—	—	—
2000	—	—	—	—	—
2001	新港六队至五七桥内堤	0.6	0.7	0.7	—
2002	建筑公司至新北东堤段	1.2	2	机械施工	20.3

续表 3-6-8

年度	险堤险段名称	长度（千米）	土石方（万立方米）	投工（万个）	投资（万元）
	西东湖外平台	0.37	0.5	机械施工	5.1
	柳林咀内堤堤防培修	0.25	0.3	机械施工	2.8
2003	—	—	—	—	—
2004	—	—	—	—	—
2005	裕民内堤培修	1.6	1.2	机械施工	12.3
	五七桥内堤（西边）培修	0.6	2	机械施工	20.1
2006	—	—	—	—	—
2007	新港内堤培修	1.5	1.6	机械施工	16.4
2008	五七桥内堤（东边）培修	0.7	1.4	机械施工	14
2009	新港内堤（毛巾厂）培修	0.38	1.8	机械施工	18
	新北西内堤培修	0.15	0.8	机械施工	8
2010	—	—	—	—	—
合计		43.54	66.47	54.87	117

西湖农场(区)历年雨情水情汛情基本情况统计表

表 3-6-9

年度	降雨量（毫米）	内江水情						外江水情						指挥长	政委
		防汛水位		最高水位		防汛天数	防汛人数	防汛水位		最高水位		防汛天数	防汛人数		
		水位（米）	发生时间	水位（米）	发生时间			水位（米）	发生时间	水位（米）	发生时间				
1991	1299.4	32.00	7月13日	32.13	7月14日	10	250	35.00	7月10日	36.60	7月11日	7	100	高勇	杨光宏
1992	959.7	32.00	6月25日	32.00	6月25日	1	250	35以下	—	34.61	7月9日	—	—	高勇	杨光宏
1993	1587.1	32.00	7月22日	32.58	7月28日	10	2500	35.00	7月23日	36.09	7月25日	4	100	袁贵友	高勇
1994	1306.1	32.00以下	—	31.08	6月26日	—	—	35以下	—	33.69	7月14日	—	—	郭儒刚	詹松柏
1995	1433.6	32.00	6月22日	32.77	7月2日	15	2500	35.00	6月26日	36.65	7月4日	18	267	郭儒刚	詹松柏
1996	1017.7	32米以下	—	31.79	7月22日	—	—	36.00	7月4日	38.61	7月21日	37	3500	邓纯	郭儒刚
1997	1068.6	32以下	—	30.35	5月8日	—	—	36以下	—	34.60	7月24日	—	—	邓纯	陈本祥
1998	1234	32以下	—	31.48	5月12日	—	—	36.00	6月28日	38.26	7月25日	72	3500	邓纯	陈本祥
1999	1526.1	32.00	6月29日	32.60	7月18日	8	2500	36.00	6月25日	37.47	7月18日	28	2500	邓纯	陈本祥
2000	1343.5	32以下	—	31.40	6月13日	—	—	36以下	—	33.96	7月21日	—	—	李德琦	黄云新
2001	1222	32以下	—	31.50	6月16日	—	—	36以下	—	32.69	7月9日	—	—	李德琦	黄云新
2002	2406	32.00	5月4日	32.95	5月14日	34	10000	36.00	8月22日	36.99	8月24日	5	267	李德琦	黄云新
2003	1197	32以下	—	31.48	5月28日	—	—	36.00	7月2日	38.12	7月11日	27	3500	李德琦	黄云新
2004	1243	32以下	—	31.67	7月23日	—	—	36以下	—	33.15	7月2日	—	—	李德琦	黄云新
2005	1208	32以下	—	31.50	6月15日	—	—	36以下	—	35.98	7月1日	—	—	彭学云	黄云新
2006	1356	32以下	—	31.50	7月20日	—	—	36以下	—	32.85	7月14日	—	—	彭学云	黄云新
2007	1134	32以下	—	31.50	7月22日	—	—	36.00	7月27日	36.02	7月27日	3	100	彭学云	覃事共
2008	1145	32以下	—	31.55	7月11日	—	—	36以下	—	34.61	8月17日	—	—	彭学云	覃事共
2009	1055	32以下	—	31.00	6月11日	—	—	36以下	—	35.00	7月8日	—	—	彭学云	覃事共
2010	1526	32以下	—	31.00	6月14日	—	—	36以下	—	35.90	7月12日	—	—	余俞	覃事共

第四篇《

工业与商贸服务业

第一章　工　业

第一节　工业概况

1991 年年初，全场有国营工业企业 12 家。1992 年，农场新建成制药厂。此时，全场有制造业、加工业、纺织业、印刷业、机修业、运输业、建筑业等工业企业 13 家，在岗干部职工 2183 人。农场将企业划分为 3 个级别：正科级、副科级、股级。正科级工业企业有造纸厂、制药厂，副科级有三角堤砖瓦厂、食品总厂、毛巾厂，其余工业企业为股级单位。1994 年年底，农场直属工业企业有：造纸厂、制药厂、农机修配厂、印刷厂、三角堤砖瓦厂、航运公司、食品总厂、甜叶菊糖甙厂、果脯糖厂（即兴盛实业公司）、毛巾厂、建材厂、建筑工程公司 12 家。2000 年年底，西湖有区直属工业企业 11 家。其中：固定资产净值达到千万元以上的仅有造纸厂 1 家（1993 年年底的固定资产净值为 3074 万元，不含地产），达到百万元以上的只有制药厂和食品总厂 2 家，达 50 万元以上的也只有三角堤砖瓦厂和航运公司 2 家，机修厂、建材厂、印刷厂的固定资产净值不足 20 万元。除造纸厂、三角堤砖瓦厂、甜叶菊糖甙厂和航运公司外，其他工厂均无任何先进设备，生产仍用手工操作。工业产品种类不多，主要产品有：机制纸、谷酒、饮料酒、红砖、平瓦、毛巾、酱油、脱水菜、甜叶菊糖甙、菜油、棉油、果脯糖、预制件、印刷品等。除机制纸、谷酒、甜叶菊糖甙、脱水菜、酱油、菜（棉）油、果脯糖销往他省外，其他产品的销售范围都在本省、本市、本场内及周边地区。大多数产品的市场竞争力不强，销路不广，效益不佳，企业发展后劲不足。例如：1992 年建成的制药厂因产品滞销，只生产 1 年便停产。直到 2003 年 5 月，广州白云制药厂投资商贝照汉购买西湖制药厂后，才于次年重新启动生产西药半成品。

2000 年，全区 11 家工业企业共计亏损 1183.9 万元，亏损额比 1991 年增加 1154.31 万元，增长 40 倍。2001 年起先后实行“两个置换”体制改革后，国有工业企业有的停产关闭，有的变卖处理，有的重组联营。至 2010 年，原区属 11 家工业企业只有转体为民营的三角堤砖瓦厂、甜叶菊糖甙厂、制药厂、建筑工程公司和航运公司仍在生产经营，其余 6 家均破产倒闭。此时，全区共有私营工业企业 6 家，其中国企改制转体为私营的 5 家、民资新办工业企业 1 家。

第二节　工业企业

一、国有工业企业

(一)转体经营企业

三角堤砖瓦厂

移民办场后,农场建筑队下设砖瓦生产组,有手压砖机和手压瓦机各一台,在现建筑公司家属区外建有轮窑一座,年均烧制红砖 46 万块、平瓦 20 万片。1976 年 6 月,国家投资 70 万元,农场调用 6 分场 1 队旱地 84 亩,利用外洲河滩面积 348 亩,兴建起西湖农场三角堤砖瓦厂,建成 24 门轮窑一座,并将建筑队砖瓦组从建筑队分出并入三角堤砖瓦厂。该厂除原有砖瓦组 10 名技术工人外,另自东洲分场等地抽调农工 70 名为生产工人。该厂分设制砖、制瓦、焙烧 3 个车间,机械设备除原有手压砖机、手压瓦机外,新购进 300 型电动砖机 1 台,真空挤瓦机 1 台,班产机砖坯 3 万块、机瓦坯 0.5 万片,年生产能力为 1000 万块(片)。

三角堤砖瓦厂一角

1979 年,农场投资 10 万元,购置四轮翻斗车 14 台,专用于外洲采掘运输黏土矿,开采黏土矿仍用手工掘土上车。1980 年后又先后购进电动挤瓦机、粉碎机、搅运机等设备,并建成凉瓦房 5 栋、贮坯房 2 栋。1990 年农场投资 30 万元,新增 JKY350 型挤砖机 1 台(套)及生产车间 1 栋 158.6 平方米,年产能力增至 1800 万块。生产的黏土红砖和黏土平瓦,分获湖南省"优质粘土砖"和"优质黏土平瓦"称号,双获湖南省质量监督检测局颁发的"优质产品证"。是年,固定资产净值由 1987 年的 59.45 万元增至 99.63 万元。是年红砖产量突破 1000 万块大关,平瓦产量达 280 万片,年产值 77.96 万元,年销售收入 77.44 万元。

1991 年至 1995 年砖瓦产量、产值、销售收入逐年下降,经济效益逐年滑坡,每年只基本维持财务收支平衡。1996 年及以后,由于建材市场疲软,砖瓦产品的市场竞争力较弱,销路不畅,售价偏低,加上经营管理不善等原因,经济效益每况愈下,连年亏损。2000 年年末固定资产净值 91.66 万元,累计亏损 114.27 万元,昔日辉煌不再呈现。

2003 年 3 月,该厂施行"两个置换"的经济体制改革。置换企业国有产权,置换职工身份，买断工龄。此次改革共置换职工身份 101 人，按每人每年工龄 150 元给予补偿，共补偿 24.79 万元，51 名退休职工按每人每月 150 元计算，由厂部向区社保局缴纳 5 年养老统筹金后，由区社保局发放退休金。企业重组由 57 名职工出资 60 万元购买三角堤砖瓦厂，更名为“西湖区东旺砖瓦厂”，选举产生由 3 人组成的董事会。股东开会研究决定东旺砖瓦厂实行承包经营，承包者必须是股东。承包期每六年为一届，六年后再重新投标承包。第一届承包者每年交纳租金 10 万元。第二届承包者六年共交纳租金 110 万元，从中提取 3 个董事工资 7.2 万元(每人 2.4 万元)，余款按股份分红。承包者必须先交清承包款，方可经营。2009 年，东旺砖瓦厂添置 2 台电动车用于轮窑进坯、出砖瓦，减轻工人的劳动强度。到 2010 年，已生产经营 8 年，主要生产淤泥实心砖，年均产红砖 1283 万块，年均利税 37.9 万元。

西湖制药厂

1992 年，国家拨款 1700 万元(其中固定资产 1320 万元、流动资金 380 万元)，在原西湖医院旧址建成西湖制药厂，占地 38.49 亩，总建筑面积 7086 平方米。1994 年开始试生产原料药“奈普生”和“氯洁霉素”，由于经营管理不善，生产成本太高，年产值 35.26 万元，当年亏损 21.53 万元。产品因价格高而销不出去，又缺少流动资金，只生产一年就停产。此后派人守厂造成连年亏损，至 2000 年年末累计亏损 37.79 万元。

西湖制药厂

2002 年 9 月，该厂固定资产净值 1273.6 万元。是年 10 月，根据西湖区西管发〔2000〕17 号文件精神，制药厂实行“两个置换” 体制改革，共置换职工身份 68 名，补偿标准为每年工龄 1 个月档案工资，补偿总金额为 27.51 万元。2003 年 5 月 28 日，广州白云制药厂投资商贝照汉用 1315040 元购买西湖制药厂(含地产)，更名为“贝丹药业有限公司”。2004 年正式生产原料药“头孢曲松纳”“头孢拉定”“头孢替唑纳”等产品，当年产量 64 吨。贝丹药业因缺乏资金，于 2008 年转卖给湖南有色凯铂生物药业有限公司，成立南方制药厂。2009 年 10 月，南方制药厂由凯铂公司全资控股。该厂有两个生产车间：大环内酯车间，生产原料药“罗红霉素”；头孢菌素车间，生产原料药“头孢拉定”“头孢替唑纳”“头孢噻肟钠”“头孢曲松钠”“硫酸头孢匹罗”“头孢呋辛纳”等。

产品“罗红霉素”和“头孢拉定”于 2004 年 11 月通过湖南省食品药品监督管理局 GMP 认证；无菌原料药“头孢曲松纳”于 2006 年 4 月通过湖南省食品药品监督管理局 GMP 认证；“硫酸头孢匹罗” 于 2007 年 1 月通过湖南省食品药品监督管理局 GMP 认证；“头孢呋辛纳”于 2009 年获得国家食品药品监督管理局颁发的无菌原料药药品注册批件。

2010年南方制药厂有固定资产净值1409.6万元,全年生产“头孢曲松纳”等原料药药品80吨,年产值6602.9万元,销售收入663.35万元,上缴税金45.98万元,实现利润42.1万元。

甜叶菊糖甙厂

甜叶菊糖甙厂于1984年建成,1985年投产。1991年有固定资产净值67.89万元,职工82人。此后几年,甜叶菊糖甙年产量徘徊在4~6吨之间。1994年农场投资30.97万元对该厂设备进行更新改造,改进生产工艺,产品质量和产量有较大提高,糖甙颜色由米黄色变成纯白色。1995年产量达9.1吨,生产成本由以前的每吨406.39元降到146.17元。为促进产品销售,该厂对销售人员采取包干销售办法,即包销售量,包销售费用,定销售基价,无工资,超过基价的收入归己。包干销售办法促使销售人员千方百计推销糖甙产品,完成和超额完成任务。1995年共销售糖甙17.8吨,销售收入238.86万元,实现利润1.86万元。自1996年起连年亏损,至2000年末累计亏损43.47万元,年均亏损8.69万元。

在经营管理中,该厂采取多种办法来提高经济效益,但最终还是亏损严重。究其原因,主要是甜叶菊糖甙产品没有多大市场,人们不习惯饮用甜叶菊糖甙,应用范围一般只添加于食品之中。它的甜度是蔗糖的300倍,食品饮料厂家对它的需求量也很少。此外,甜叶菊的产量低,农民不愿意种植,导致甜叶菊糖甙的原料来源也有限。以上因素都影响糖甙的产量和销售量,使得收入少,成本高,亏损不可避免。

2004年5月改制时,该厂有固定资产净值89.16万元,共负债388万元,没有流动资金,66名职工的工资、生活费无法发放,企业已无法生产。经与西湖美嘉参生物制品厂商讨,达成协议,由美嘉参生物制品厂一次性出资30万元购买甜叶菊糖甙厂,这笔资金全部用于“两个置换”体制改革。按照西管发〔2000〕17号文件精神,共置换62名职工身份。买断工龄的补偿标准为每人每年工龄150元,共计补偿15.09万元。应交区社保局的4名退休职工5年养老统筹金10.35万元,无资金缴纳,由区财政解决。

西湖美嘉参生物制品厂接手该厂后,即开始生产经营。生产的产品有“西洋参皂甙”“人参皂甙”“田七皂甙”“绞股蓝皂甙”“甜叶菊糖甙”,年均产量4.5吨,年均产值406.7万元。产品主要销往沿海城市的保健品厂、牙膏厂、食品厂。2010年有固定资产净值80.7万元,在岗职工28人,年产量4.89吨,年产值419.6万元。

(二)破产倒闭企业

西湖造纸厂

湖南省国营西湖农场造纸厂始建于1958年,占地面积59278.4平方米,计88.93亩。建厂初期,年产量1000吨左右。移民建场后,经过1988年、1992年、2003年3次技术改造,生产规模不断扩大,至2007年破产倒闭时,年生产能力达到1.8万吨。破产倒闭以前,年均产量8078.67吨,年均产值4308.662万元。

1990年年底有固定资产净值1209万元(不变价),在岗职工724人。主要机械设备有:787毫米单园网单烘缸纸机1台、787毫米双园网烘缸纸机2台、1575毫米双园网双烘缸纸机1

台、1760毫米长网多缸纸机1台。主要生产双胶纸、书写纸、胶印书刊纸、静电复印纸、墙壁原纸、挂历原纸、扑克牌面纸、账册纸等20多个品种。产品以洞庭湖区的优质芦苇为原料,机制纸的白度高、耐折度强,适印性好,不返黄,尘埃少,漏选率低。80g/㎡普压双胶纸1989年被评为省优和部优产品,单面胶版纸在1990年湖南省造纸行业纸品评比中获第三名,60克书写纸在全省行评中名列第一。产品主要销往广东、江西、湖北、四川、江苏、浙江、上海等10多个省、市。1991年机制纸产量为6232吨。1990年,为扩大生产规模,该厂贷款1865万元,动工兴建新1760毫米长网造纸机生产车间,1992年底建成,年生产能力达1.2万吨,于次年初试生产。开始生产时纸机加油系统漏油,经过一段时间的边试产边改进,纸机不漏油了。1993年年末有固定资产净值3074万元(不变价),在岗干部职工1283人,年产量7381吨。1994年正式大量生产,是年产量突破万吨,达到10623吨,比1991年增加4391吨,增长141.93%。

1994年改革经营管理制度,对生产车间实行产量与成本挂钩的效益工资制,同岗职工实行同工同酬。年初由厂部核定生产任务和成本指标,超产并降低成本有奖,反之则罚。对采购环节实行成本消耗与效益挂钩责任制,年终兑现奖惩。销售环节实行风险自负责任制,资金回笼的快慢与销售员工资挂钩,吨纸销售价格的高低与销售报酬挂钩。1994年机制纸销售量达11177吨,为建厂以来销量最高年份。

1994年以后受多方面因素影响,造纸厂的产量和效益逐年下降,连年亏损。1995年至2000年累计亏损4198万元,其中1995年至1998年亏损2224.4万元,1999年至2000年亏损1973.6万元。

1999年3月,造纸厂实行第一次体制改革,成立股份制的"湖南德瑞纸业有限公司"。全公司有职工608名,每人出资3000元入股。成立由7人组成的董事会,余天顺任董事长兼总经理。在生产经营中,新公司并没有采取行之有效的措施来提高经济效益,反而亏损愈加严重。1999年亏损961万元,2000年亏损1012.6万元。视此情况,西湖区管委会于2001年颁发西管发〔2001〕3号文件,宣布德瑞纸业公司破产还债。同时恢复西湖造纸厂名称,启动对外租赁经营联系工作。

2001年2月,西湖造纸厂由陕西省西安市白玉纸业集团租赁经营,更名为"常德市白玉纸厂"。租赁期从2001年2月至2004年5月,年租金为180万元。2003年4月23日,买方白玉纸业集团与西湖区管委会协商议定,经常德市政府批准,以实际成交价格345万元购买西湖造纸厂,投入周转资金100万元启动生产经营。

2002年9月,造纸厂有固定资产净值2897.26万元。是年10月施行"两个置换"体制改革,置换职工身份,买断工龄,解除与原厂的劳动关系。全厂共置换职工身份903名,按每年工龄1个月档案工资的75%给予补偿,共发放补偿金403.63万元。退休人员31人由造纸厂缴纳24.86万元养老统筹金后,由社保局发放退休金。

2005年,白玉纸厂投资110万元,新建成1760毫米双缸长网造纸机生产车间1栋212.8平方米,是年秋末投入生产,以旧报纸回炉生产再生新闻纸。原有生产线以芦苇为原料,主要生产60克或80克书写纸和牛皮包装纸。2006年年底,白玉纸厂有1760毫米长网多缸造纸机 3 台、1575 毫米和 787 毫米圆网造纸机各 1 台、1092 毫米造纸机 2 台,从业人员 716 人,年生产能力达 1.8 万吨。是年实际产量 1.5 万吨,年产值 8012 万元,年利税 1580 万元。

2007 年 2 月 25 日,白玉纸厂因污水排放量大(年二氧化硫排放量 6970 吨,年化学需氧量 5401 吨),排污设施简陋,环保设备、设施、措施不到位,被环保行政部门依法责令其停产关闭。至此,白玉纸厂破产倒闭,结束西湖造纸业的历史。

西湖毛巾厂

1987 年,湖南省移民办投资 95 万元,自筹资金 100 万元,新港分场利用原大会堂改建成西湖毛巾厂,于次年 9 月竣工投产,属新港分场企业,有职工 147 人。1992 年由农场接管为直属企业,是年有固定资产净值 117 万元,在岗职工 160 人,拥有“1511D”织机 16 台、“1515D75”织机 10 台、“1515D90”织机 2 台,主要生产枕巾、浴巾、面巾,年产毛巾 97.7 万条,年产值 89.8 万元。1992 年至 1993 年由于管理不善,导致连年出现小额亏损。故此,1994 年在工资分配上向一线工人倾斜,落实多劳多得政策,实行计件工资制,按当月产量计发职工工资。在财务管理上坚持厉行节约,紧缩开支。厂里来客一律在本厂食堂就餐,不上饭店。在产品销售上做好市场调研工作,及时按市场需求调整产品。通过市场调查分析,得知全国不少贫困山区对低档毛巾的需求量大,便合理调整产品结构,以生产低档毛巾为主,也生产中高档毛巾。1994 年产毛巾 207 万条,销售收入 373.9 万元,实现利润 29.7 万元。由于机器设备、毛巾品质与先进毛巾厂有很大差距,产品的市场竞争力较弱,在激烈的市场竞争中立足不稳,企业逐渐被疲软的市场拖垮。1995 年至 1996 年,基本维持财务收支平衡。1997 年后连续亏损,且亏损幅度较大,至 2000 年年末累计亏损 329.1 万元。2004 年施行企业改制时,其房屋及机械设备整体变卖处理的资金除支付职工买断工龄的补偿金外,还还不清其他应付的费用。

2004 年 8 月,毛巾厂有固定资产净值 104.83 万元。是年 9 月按西湖区西管发〔2000〕17 号文件精神施行“两个置换”体制改革。置换企业产权,用出售房屋及设备的 25.8 万元资金置换职工身份,买断工龄。全厂共置换职工身份 127 人,计发补偿金 21.78 万元。

西湖食品总厂

西湖食品总厂原名为“国营西湖农场副食品加工厂”,成立于 1973 年春末,1984 年 1 月更名为“国营西湖农场食品总厂”。1991 年有固定资产净值 173.29 万元,在岗职工 146 人。主要生产白酒、瓶装酒、饮料、酱油、酱菜、糕点、粉丝、冷饮、脱水菜、纸箱等产品。1995 年年末研制开发出“南方黑米王酒”新产品,次年 3 月开始小批量生产。该产品选用珍稀的黑糯米为原料,采用传统工艺结合现代先进技术精心酿造而成。其色泽棕黄明亮,陈香浓郁,醇和甘甜,回味悠长。经检测,该产品含有多种氨基酸、维生素、微量元素和糖类,具有强筋壮骨、益神明目、滋肝养肾、健脾美颜、降低血脂、增强记忆等功能。1996 年南方黑米王酒荣获 96 巴拿马国际酒文化博览会“国际金奖”;1998 年获得“中国市场知名信誉品牌”;1999 年荣获第八届亚洲(常德)皮划艇锦标赛指定产品;1999 年获湖南省首届农业博览会金奖。2000 年后,该产品由于生产、罐装条件简陋,缺乏严格消毒设施,大批量生产时出现质量问题,销路不畅而停产。

1991年至1995年,该厂开发生产"菊花晶饮料"新品种,还生产过豆奶和汽水。

1989年至1990年实行全员风险抵押承包,超利分成,亏损全员共担。自1991年开始实行车间承包,由车间向厂部上交管理费。此种经营模式,一直运作至2001年9月。

20世纪90年代后期市场经济取代计划经济,市场产品竞争日趋激烈,名牌瓶装酒层出不穷,该厂的瓶装酒逐渐失去市场。个体户生产的白酒越来越多,成本低而价格便宜,占领散白酒市场七成以上销量。同时加加酱油、长康酱油等名牌酱油争相称霸酱油天下。如此食品市场局势严重影响食品总厂的生产经营,1993年后销售收入呈逐年下降趋势。1994年销售收入只有23.83万元,首次呈现亏损局面。此后连年亏损,至2000年年末累计亏损361.2万元,净资产负债317.6万元,资产负债率220.3%。

2001年9月,该厂有固定资产净值159.43万元。是年10月实行"两个置换"体制改革,置换企业产权,置换职工身份。折价变卖逸人酒楼等企业资产,用处置资产变现金额46万元买断职工工龄。共置换职工身份117人,核发工龄补偿金45.73万元。厂院内的财产权及土地使用权作价40万元由本厂21名职工购买(使用期40年),重新组建西湖食品有限责任公司。

2002年,重组的公司开始生产经营。主要生产销售散白酒、榨菜、酸豆角等食品,一年生产4个月,效益较好,每人每年约有万余元收入。2010年由西湖区收回原食品总厂土地作他用,公司自行解散,股东另谋职业。

兴盛实业公司

西湖兴盛实业公司的前身是西湖果脯糖厂,成立于1989年9月,1994年1月更名为兴盛实业公司。企业资产有房屋总建筑面积3368平方米,固定资产净值88.9万元,在岗职工44人,主要生产柰李果脯、脱水菜、红姜、冬瓜糖、糖姜片、辣椒脯等,产品销往省内。在经营管理上,厂部对车间职工实行计件工资制。创办初期3年间累计产值和销售收入分别为78.9万元、76.3万元(不变价),年均产值26.3万元,年均销售收入25.43万元。从1993年起产值和销售收入逐年减少,至1997年的5年间,年均产值和销售收入不足10万元,仅1990年盈利1.03万元,其余4年共亏损15.97万元。此后连年亏损,至2010年末累计亏损78.52万元。到2006年企业改制时累计负债218.35万元,负债率达245.61%,严重资不抵债。

2006年4月,该公司有固定资产净值81.72万元,是年5月施行"两个置换"体制改革,将土地和房屋等企业资产折价52万元卖给房地产商修建商品房。用变卖资产的资金支付职工置换身份的工龄补偿金和应付款,共置换职工身份44名,买断工龄补偿金按每人每年工龄150元计发,共核发补偿金8.27万元。3名退休职工每人2000元医保费、月退休养老金由区社保局发放。

西湖印刷厂

西湖农场印刷厂成立于1979年1月,1990年年末有固定资产净值17.19万元,在岗职工25人。主要设备有:自动圆盘机、切纸机、自动圆盘对开平台机、上蜡机、多用机、打样机、方箱机、印烫机、打字机、复印机等。1991年添置全自动四开胶印机和压形机各1台,改进生产工艺技术。该厂主要承印场内外文稿纸、学生作业本、票据、账簿、套色商标、广告、复印及打字等业务。1991年的产量为3867千印,年产值17.41万元,实现利税3.65万元。1991年1月至2004年6月,该厂对车间职工实行计件工资制,行管人员则拿固定工资。1979年至1993年,15年间累计盈利22.24万元。20世纪90年代中期,西湖相继开办起西湖一中印刷厂、罗氏印刷厂、风帆印刷厂3家个体印刷厂。西湖一中印刷厂除供应本校印刷品外,还对外销售,罗氏印刷厂和风帆印刷厂的产品成本低,价格优惠,服务热情,因而国营竞争不过私营。1994年后印刷厂销售收入逐年减少,连年亏损,8年累计亏损39.68万元,年均亏损4.96万元。2003年,该厂因无启动资金而停产1年。

2004年该厂有固定资产净值25.1万元,在册职工30人。是年7月按照西管发〔2000〕17号文件精神施行“两个置换”体制改革。用变卖房屋、机器、设备的资金21万元支付职工买断工龄的补偿金、欠发工资、退休人员医药费、养老统筹金等款项。共买断工龄23人,补偿标准为每年工龄1个月本人档案工资的60%,共核发工龄补偿金9.27万元,上缴7名退休职工养老统筹金2.26万元后,其退休养老金由区社保局发放。2004年至2005年,房地产开发商在印刷厂原址建起两栋5层商品房。2010年全区有个体印刷厂3家:西湖一中印刷厂、罗氏印刷厂、风帆印刷厂。

农机修造厂

国营西湖农场农机修造厂原名为国营西湖农场机修厂,成立于1972年初冬,1984年1月更名为“国营西湖农场农机修造厂”。1991年有固定资产净值18.68万元,在册职工42人。主要设备有:车床6台,铯床1台,洗床2台,钻床2台。1995年以前主要生产耕整机、机滚船、带锯机、小水泵,修理大小拖拉机、农用运输车、动力打稻机等各类农机具,也给湖南拖拉机厂加工拖拉机配件。1976年至1994年的经营业务较好,效益较佳,年年盈利,19年间累计盈利165.12万元,年均盈利8.69万元。1994年自筹资金3万元,添置磨床1台、空气锤1台、油泵测验仪1台、朝鲜产20型加长1米机床1台。在生产中充分发挥各种设备的作用,视市场需求组织生产,安排专人到场外做市场调查。根据市场行情确定产品类型,例如原来生产的锯木机为园锯,当发现市场上需要带锯而很少用园锯时,便改产带锯机。1995年,该厂换任1名企业管理经验不足的厂长,经济效益急剧直下,年终会计报表仅维持财务收支平衡。1996年至1997年连续亏损,累计亏损29.94万元,年均亏损14.97万元。1998年原厂长调回农机修造厂,对车间实行承包经营责任制,调动了职工的积极性。此后3年间,年产值和年销售收入都超额完成计划,降低了亏损,但仍累计亏损9.83万元,年均亏损3.28万元。由于设备大多是老产品,经过长期使用已严重磨损老化,所加工出的零配件质量达不到工艺技术要求,且产品单一,种类偏少,资金缺乏,收入低,成本高,导致效益越来越差,连年亏损。2000年年末有固定资产原值28.17万元,净值13.81万元。1996年至2000年累计亏损60.25万元,企业面临举步维艰的困境。

2002年4月,该厂实行“两个置换”经济体制改革。按西管发〔2000〕17号文件规定,对29名职工置换身份,买断工龄,按每人每年工龄150元的标准给予补偿,共核发补偿金

14.06 万元。7 名退休职工养老统筹金按每人每月 150 元的标准向区社保局缴纳 5 年后，由社保局发放退休金。资金来源：折价出售机械设备和库存物资，并将办公室、厂房、厂区土地作价 15 万元转让卖给西湖工商分局修建办公大楼。

该厂“两个置换”改革到位后，下岗职工各自开办个体农机修理店或个体金属加工厂。2010 年全区有个体农机修理店 13 家，从业人员 31 人。

西湖建材厂

西湖建材厂前身为农场水电科预制件车间，1985 年 1 月独设为 “国营西湖农场建材厂”。1991 年有固定资产原值 14.3 万元，净值 8.65 万元（不变价），在岗职工 28 人。该厂主要生产水泥电杆和空心预制板，供应农场内外。建厂初期至 1992 年产值和销售收入连年增长，效益较好，每年都有利润。8 年间累计盈利 30.89 万元，年均盈利 3.86 万元。从 1993 年起生产经营效益大幅滑坡，产量减少，成本增加，产品滞销导致连年亏损。至 1994 年年末累计亏损 10.78 万元，年均亏损 5.39 万元。主要原因是：处于计划经济向市场经济过渡期的国有企业设备落后，观念滞后，管理松弛，包袱沉重，导致生产经营不景气。

1995 年 1 月，农场将建材厂合并至建筑工程公司，保留银行账户独立核算。2000 年末有固定资产净值 34.28 万元，在册职工 20 人，负债 55.49 万元，负债率 161.87%，严重资不抵债。

2001 年 4 月，该厂有固定资产净值 34.28 万元。是年 5 月施行“两个置换”体制改革，将门面、办公楼、仓库、车间等资产作价 15 万元出售变现，用于 19 名职工置换身份，买断工龄。按每年工龄 1 个月档案工资给予补偿，共核发补偿金 14.13 万元。1 名退休职工由单位上缴养老统筹金后，由区社保局发放退休金。

纸箱包装厂

西湖农场纸箱包装厂成立于 1985 年，有职工 21 人，主要设备有：订箱机、压线机、切纸机、胶水机、印字机等。办厂初期经济效益较好，连年盈利。3 年间累计盈利 9.64 万元，年均盈利 3.21 万元（不变价）。1988 年至 1989 年连续亏损，累计亏损 7.18 万元，年均亏损 3.59 万元（不变价）。1990 年 1 月农场将纸箱包装厂并入西湖食品总厂，设为其下属的一个生产车间，合并银行账户，分户立账核算。生产纸箱的包装纸、瓦楞纸、牛皮纸等原料从外地购进，生产的纸箱除供应食品总厂各车间外，还销往外地。自 1991 年起，纸箱车间职工实行计件工资制。由于机械设备老化，故障频发而产量不高，单色（黑）产品售价偏低，销路不好，时产时停。1990 年至 2000 年，基本维持财务收支平衡。2001 年 10 月食品总厂实行“两个置换”体制改革，纸箱车间置换职工身份 21 人，买断工龄的补偿按食品总厂标准计发。此后，西湖境内没有包装企业。

航运公司化工厂

1994 年 3 月，西湖航运公司投资 20 万元开办一个硫化碱厂，有在岗职工 20 人，主要设备有锅炉、槽子、储存罐等。该厂以元明粉和烟煤为主要原料生产硫化碱，产品除供应农场造纸厂外，还销往西洞庭造纸厂。2002 年企业改制时停办，9 年累计产值 365.59 万元，年均产值 40.6 万元，累计利税 43.87 万元，年均利税 4.87 万元。

二、分场(镇)办企业

第一食品罐头厂

1985年8月,裕民分场利用其大会堂改建成食品罐头厂,取名为“国营西湖农场第一食品罐头厂”,当年10月正式投产。该厂占地面积9.54亩计6359平方米,有生产车间2栋、办公楼1栋、仓库1栋,总建筑面积3019.6平方米。1991年末固定资产净值29.73万元,有工资制农工29人,计划内临时工8人,主要生产蜜橘罐头、梨子罐头、柰李罐头、蜜桃罐头、辣椒罐头、蜜橘原汁、菠萝汽水、松花皮蛋等食品。产品销往长沙、新化、安化、吉林、黑龙江等地。1991年至1992年,年均产量197.8吨,年均产值56.9万元,年均销售收入49.6万元,年均实现利税0.86万元。1992年底,账面累计亏损65.81万元。

1991年8月,食品罐头厂从四川省万县市购入罐头瓶盖螺旋四·六半封机1台,于9月1日投入生产。从此开始批量生产四·六旋瓶盖罐头新产品,开拓省内外新市场。是年对厂房、设备、设施进行技术改造,改善卫生条件。同时回收旧罐头瓶2.53万个,利用闲置多年的罐头瓶1.29万个,经严格消毒后投入生产,罐头成本由1.58元/瓶降至1.17元/瓶,全年节省成本1.46万元。是年生产各类罐头54.9万瓶、蜜橘原汁4.97万瓶、菠萝汽水4.93万支、松花皮蛋53.8万个,年产值69.73万元,年销售收入56.97万元,年利润0.783万元,年税金1.736万元。此前,历年累计亏损47.93万元。1992年,该厂与西湖果脯糖厂联营生产,年终账面亏损17.1万元。自1993年起停止生产罐头等食品,更名为“裕民分场棉花代收点”,为棉麻土产公司代收(加工)棉花至1998年1月被撤销。5年间收花累计销售收入1246.61万元,年均销售收入249.32万元,累计利润78.26万元,年均利润15.65万元。1997年年底,该厂累计亏损79.64万元。1998年3月,该分场将罐头厂场地、设施、厂房承包给个体户开办卫生纸厂,每年收取租赁金1.5万元,并解决原罐头厂14名下岗职工的再就业问题。其余下岗职工由该分场另行安排工作的6人,退休4人,提前退养7人,内退6人。至此,第一食品罐头厂以倒闭而告终。

西洲砖厂

1985年4月,西洲分场在十字闸生产队兴办砖厂。因土质不适,管理不善,翌年下马。1987年9月,西洲分场利用外洲面积30亩,征用闸口生产队耕地70亩,抽调农工32人,再次兴办砖厂。其占地面积100亩,经上级有关部门批准,获得粘土矿采矿权。开采粘土矿用手工挖掘、上车,用四轮翻斗车运输泥料。该厂由省移民办解决低息贷款68万元,分场自筹10万元,购置450型挤砖机1台,日产量8万块。1988年8月正式建成西洲砖厂,亦称二砖厂。1989年有工资制农工45名(含行管人员10人),计划内临时工41人。该厂建有20门轮窑1座,设机砖车间、轮窑车间、维修车间3个生产车间。建有生产车间1栋计525平方米、办公室和宿舍各1栋共392平方米、储坯房10间262.5平方米,总建筑面积1179.5平方米(不含轮窑)。1989年1月添置翻斗车8

台、推土机2台、产运机2台、粉碎机1台、搅运机1台等机械设备，是年3月投入制砖生产。自1990年起实行计件工资制，以产计酬。1991年生产红砖780万块，年产值132.6万元，实现利税11.2万元。计件工资制一直运作至1999年，此间均实行统一规划，统一管理，统一核算。

1992年至1999年累计生产红砖5928万块，年均产红砖741万块，累计产值1007.76万元，年均产值125.97万元，累计利税78.08万元，年均利税9.76万元。2000年9月，该厂施行经营体制改革，置换职工身份，实行承包经营至2005年。自2006年起实行租赁经营，租赁期为8年，共计租金10万元；2010年仍实行租赁经营。

西洲食品加工厂

西洲食品加工厂前身为二分场综合厂，始建于移民建场初期，占地5.39亩，有部队移交的平房3栋作为厂房和办公室，总建设面积648平方米。1990年有固定资产净值19.7万元，工资制农工24人，计划内临时工5人。主要生产白酒、粉丝、酱菜、酱油、冷饮、冰棒等食品，产品销往常德、益阳、安化、沅江、长沙、场内及周边地区。1989年以前，年均产值29.73万元，年均销售收入26.94万元，年均利税6.85万元。1989年至1990年连年亏损，共亏损19.84万元，年均亏损9.92万元。1991年5月停止生产食品，更名为“西洲分场棉花代收点”，专为棉麻土产公司代收(加工)棉花至1998年1月被撤销。收花期间累计销售收入1706.31万元，年均销售收入243.76万元，累计利润107.74万元，年均利润15.39万元。棉花代收点撤销后，29名下岗职工均得到妥善安置，其中8人另行安排工作，9人提前退休，9人内退，3人自谋职业。此后10年间，西洲食品加工厂场地、厂房、设备、设施一直闲置。

2007年3月，下岗职工李春明租赁西洲食品加工厂的厂房及设备，投资50万元开办个体腐乳加工厂。该厂采用安化传统秘方，生产安化特产“程氏牌”腐乳，年产量5万坛。产品销往常德、益阳、长沙等全省各地，年产值近200万元。

下窖食品酿酒厂

下窖食品酿酒厂原名为“西湖农场三分场综合厂”，始建于1975年3月，占地4.73亩，有平房2栋用作厂房和办公室，总建筑面积484.5平方米。1990年末有固定资产净值19.37万元，工资制农工20人，计划内临时工5人。主要生产白酒、菜油、酱菜、粉丝、卷糖等食品，产品销往汉寿、常德、桃江、安化、新化、长沙等地。1989年以前年均产值24.57万元，年均销售收入22.27万元，年均利税5.79万元。1989年至1990年连续亏损，共亏损21.38万元，年均亏损10.69万元。1991年1月停产食品，更名为“下窖分场棉花代收点”，专为棉麻土产公司代收(加工)棉花至1998年1月被撤销。1991年至1997年累计销售收入1867.21万元，年均销售收入266.74万元，累计利润115.31万元，年均利润16.47万元。

1998年2月，下窖分场企业办利用原食品酿酒厂场地、厂房、设备，投资51.2万元开办酱菜厂。该厂每年与农户联营种植小白菜1800余亩，用小白菜生产脱水菜。年产量406吨，产品销往广东、广西、上海、浙江、北京等地。1998年至1999年累计销售收入68.06万元，年均销售收入34.53万元，累计利税27.22万元，年均利税13.61万元。2000年及以后连年亏损,至2002年累计亏损23.76万元,年均亏损7.92万元。2000年3月停产倒闭,是年6月施行机构、人事改革,25名职工中有6人另行安排工作,8人提前退休,9人内退,2人自谋职业。此后,下窖分场未再开办公营企业。

新港油脂木器加工厂

新港油脂木器加工厂原名为“国营西湖农场四分场综合厂”,成立于1974年春末,1985年更名为“国营西湖农场四分场油脂木器加工厂”。该厂位于西湖镇南圆盘西侧,南面与农场公路段相接,北面与农场建材厂相邻,东面靠近南圆盘,西面与西湖渔场毗邻。厂区占地面积14.6亩计9733.38平方米,建有平房4栋1231.2平方米,其中3栋为厂房,1栋为办公和宿舍。1988年年末有固定资产净值15.93万元,在岗职工28人,主要生产菜油、棉油、米粉丝和木柜、木床、木桌、木椅、沙发等产品,销往场内及周边地区。1989年以前年均产值18.16万元,年均利税4.71万元。1989年至1990年连续亏损,共亏损13.27万元,年均亏损6.64万元。1991年3月停产,更名为“新港分场棉花代收点”,为棉麻土产公司代收棉花至1998年1月被撤销。收花期间有在岗干部职工42人,累计销售收入1672.75万元,年均销售收入238.96万元,累计利润106.97万元,年均利润25.28万元。

1998年2月,该厂又更名为“新港分场喜相逢有限公司”,复产原产品。至2002年年底累计亏损34.61万元,年均亏损6.92万元。2003年6月施行机构、人事改革,39名职工中有14人另行安排工作,退休4人,提前退养13人,内退8人。此后,该公司场所由法人代表谢桂永承包经营至2008年12月。2009年8月,油脂木器加工厂1栋厂房被拆除修建“南苑小区”住宅楼,于次年12月建成5层楼房1栋。同时,另有2栋平房正在拆除,拟建楼房。

鼎港糖酒食品厂

鼎港糖酒食品厂原名为“国营西湖农场五分场综合厂”,成立于1973年秋,1983年3月更名为“国营西湖农场五分场糖酒食品厂”。该厂占地面积10.7亩计7133.37平方米,有平房2栋,总建筑面积547.2平方米。1987年末有固定资产净值11.76万元,工资制农工21人,计划内临时工6人,主要生产米糖、白酒、冰棒等产品销往场内及周边地区。1987年以前年均产值12.48万元,年均利税2.95万元。1987年至1988年连续亏损,共亏损10.76万元,年均亏损5.38万元。1989年6月停产,更名为“鼎港分场棉花代收点”,为棉麻土产公司代收(加工)棉花至1998年1月被撤销。收花期间累计销售收入2123.65万元,年均销售收入235.96万元,累计利润133.31万元,年均利润14.81万元。

1999年2月,该厂又更名为“鼎港分场鸿远公司”,除生产原有产品外,还将渔场列入鸿远公司统一管理。是年职工增至41人,年产值49.13万元,实现销售收入48.68万元,利润3.29万元,税金1.58万元。2000年年底有固定资产净值13.47万元,在岗职工37人,年产值53.56万元,年销售收入51.83万元,年终财务收支持平。2001年至2002年连续亏损,累计亏损39.38万元,年均亏损19.69万元。

2003年6月,该公司施行机构、人事改革,34名职工中有另行安排的9人,提前退养9

人，内退 13 人，3 人自谋职业。此后，该公司厂房一直闲置。

东洲农药厂

东洲分场农药厂原名为“国营农场六分场棉麻加工厂”，1998 年更名为“国营西湖农场东洲分场农药厂”，简称“东洲农药厂”，为独立核算单位。

1985 年 5 月，西湖农场六分场筹资 5.8 万元，利用其原机电队场所开办棉麻加工厂，取名为“国营西湖农场东洲分场棉麻加工厂”。该厂占地面积 12.36 亩计 8240 平方米，有平房 5 栋 42 间，总建筑面积 1216 平方米，固定资产净值 21.63 万元，在岗职工 19 人。聘请专业技术员 2 名，主要以苎麻为原料加工生产精干麻。由于生产技术不过关，精麻质量不达标准，单位产品成本偏高，产品销路不畅，麻价暴迭等因素影响，投产当年造成亏损。至 1986 年 12 月停产时共亏损 27.64 万元，职工全力卖麻保工资。

1987 年 1 月，东洲棉麻加工厂更名为“东洲分场棉花代购加工点”，职工增至 29 人，专为棉麻土产公司代购并加工棉花至 1998 年 1 月被撤销。代购加工棉花 11 年间累计实现销售收入 3535.91 万元，年均销售收入 321.44 万元，累计利润 221.86 万元，年均利润 20.17 万元。

1998 年 3 月，东洲分场筹资 90 万元，添置机械设备，利用原棉麻加工厂场所、厂房、设施开办农药厂，名曰“西湖农场东洲农药厂”。是年固定资产净值增至 48.73 万元，有流动资金 61.27 万元，在岗职工 29 人。主要生产“一扫光”“杀虫双”“杀虫脒”3 种品牌农药，其中“一扫光”为该厂开发的注册商标，“杀虫双”和“杀虫脒”系租用商标。自投产至次年 8 月停产共生产农药 311 吨，产品销往湖南、湖北、江西等地，总产值 189 万元，总销售收入 142.63 万元，实现利税 23.19 万元。停产的主要原因：农药浓度偏低，含药量不足而产品质量未达标；所租用的 2 个注册商标被收回；后期产品库存报废。

该厂于 1999 年 9 月停产后，26 名职工另行安排工作的 8 人，提前退休 7 人，内退 9 人，3 人自谋职业；其厂房、设备、设施、场地一直闲置。2000 年 5 月，东洲办事处将农药厂固定资产折价 17 万元，以合同形式让售给新化县白溪镇个体户王志忠。资产折价处理时，该厂的固定资产净值为 44.12 万元。

西湖镇食品加工厂

1985 年 3 月，西湖镇在镇区中心距影剧院约 50 米处利用部队移交的 2 栋平房和 1 栋两层楼房，开办食品加工厂，取名为“西湖镇食品加工厂”。建厂时，将 2 栋平房改作厂房，1 栋楼房用作职工宿舍，总建筑面积 806.4 平方米，占地面积 6.83 亩。建厂初期有和面机、烤箱、模具、工作台等生产设备和办公室、仓库、营业部等设施，固定资产原值 26.13 万元（不变价）。全厂有干部职工 41 人，先后由刘祖献、龚志华、李春华等人任厂长。

该厂主要生产饼干、桃酥、空心酥、花片、麻花、蛋糕、月饼、豆根等食品，年产量 79.8 吨，产品销往新化、安化、汉寿、益阳、常德等全省各地。1986 年至 1992 年 7 年间共生产食品 585.3 吨，年均产量 83.6 吨；累计产值 111.43 万元，年均产值 15.92 万元；累计销售收入 95.28 万元，年均销售收入 13.61 万元；累计利税 14.97 万元，年均利税 2.14 万元。1993 年至

1995 年连续亏损,累计亏损 11.49 万元,年均亏损 3.83 万元。1996 年年初,该厂停产关闭。是年 5 月,西湖镇将食品加工厂的厂房、场地、设施租赁给黄珠洲乡秧田村黄某开办个体大米加工厂至 1998 年。此后,该厂场所闲置,至 2003 年其原厂房被拆除,场地设为停车场。

西湖镇塑料厂

1986 年 12 月,西湖镇筹资 26 万元,利用原七分场大会堂开办塑料加工厂,取名为"西湖镇塑料厂"。该厂占地面积 561.6 平方米,总建筑面积 432 平方米,有职工 47 人,主要生产碳氨袋等黑色塑料包装袋。其产品销往桃源、华容、安乡、石门、汉寿、澧县、涟源等地氮肥厂,1987 年至 1990 年累计产值 131.04 万元,年均产值 32.76 万元;累计销售收入 109.25 万元,年均销售收入 27.31 万元;累计利税 12.57 万元,年均利税 3.14 万元。1991 年 3 月 20 日,该厂迁址新康村东北侧,占用耕地 5.13 亩,新建平房 3 栋 24 间 604.8 平方米,总投资 20.18 万元。其中 2 栋 16 间 403.2 平方米用作厂房,另 1 栋 8 间 201.6 平方米用作办公室,除仍生产黑色塑料包装袋外,还开发生产塑料牛膏袋新产品。1992 年生产塑料包装袋 73.5 万个,产品除销给老用户外,还销往石首、藕池、公安等地,年产值 30.87 万元,年销售收入 26.24 万元,年利税 3.75 万元。1993 年至 1995 年累计产量 187.9 万个,年均产量 62.63 万个,年均产值 26.31 万元,年均销售收入 22.36 万元,年均利税 3.31 万元。1996 年至 1999 年连续亏损,累计亏损 22.84 万元,年均亏损 5.71 万元。2000 年 1 月 1 日至 2001 年 6 月 25 日,该厂实行租赁承包经营。2001 年 6 月 26 日,租赁承包经营者周仲国以 25 万元收购塑料厂。私营企业仍以生产塑料包装袋为主,2010 年仍在正常生产。

西湖镇安瓿厂

1988 年 4 月,西湖镇筹资 3 万元,在距西东湖北侧 80 米,西湖影剧院南侧 50 米处修建药用安瓿厂,取名为"西湖镇安瓿厂",占地面积 150 平方米,总建筑面积 120.9 平方米。1989 年 3 月有职工 67 人,其中安排待业青年 54 人,占职工总数 82%。1989 年 7 月 24 日,安瓿厂迁址原塑料厂(原西湖农场七分场大会堂内),厂房面积增大至 206 平方米。1990 年职工增至 81 人,有固定资产原值 5.1 万元,净值 4.22 万元,流动资金 6 万元。该厂主要以玻璃为原料生产药用直颈安瓿,产品销往长沙、德山、湖北等地制药厂。1989 年产值 0.8 万元,无利润。1990 年产值 1.12 万元,销售收入 1.53 万元,收支平衡。1991 年,该厂因用人不当导致管理不善,安瓿产品质量差造成滞销,货款不能及时回笼,当年亏损 2.2 万元。1992 年 1 月因资金短缺,并负债 9.46 万元,且技术不济无法改产曲颈安瓿而停产倒闭。

西湖镇饮料食品厂

1990 年 10 月经西湖镇批准,任旭光自筹资金 1.6 万元,将距南圆盘东北方约 100 米,原五七桥东约 500 米处的私人住宅楼 1 栋改为厂房,开办饮料食品加工厂。该厂占地面积 509 平方米,总建筑面积 210.7 平方米,始有职工 2 人,1991 年增至 10 人。是年,西湖镇委派任旭光任厂长,伍玉群任会计。主要生产葡萄酒、红高粱酒、四特酒、谷酒、汽水等饮料食品,销往怀化、溆铺、麻阳、会同等地,年产值近 10 万元。1990 年至 1992 年累计产值 149.14 万元,年均产值 49.71 万元；累计销售收入 118.85 万元，年均销售收入 39.62 万元；累计利润 6.16 万元，年均利润 2.05 万元。其间，1992 年利润 4.38 万元。1993 年因管理不善、资金短缺、市场疲软、产品滞销等原因，导致亏损 16.06 万元。1994 年初转行为汽车修配厂，于 1995 年 9 月因业务不景气而歇业。

西湖镇贸易批发部

1985 年 3 月，西湖镇投资 3 万元购买货架设备，在食品加工厂内开办贸易批发部，营业面积 100.8 平方米，有流动资金 3.24 万元，职工 12 人。是年，西湖镇任命食品加工厂厂长刘祖献为批发部经理，实行独立经营，批零兼营，自负盈亏。主要经营百货、南杂、五金交电、日化等商品，经营范围为西湖农场及周边柳林咀、罐头咀、酉港、黄珠洲等地。1985 年至 1988 年累计销售收入 131.85 万元，年均销售收入 32.96 万元，累计利润 19.45 万元，年均利润 4.86 万元。1989 年随部分业务人员更换，管理不善造成经营状况失常，尤其是个体商贩蜂起，公办贸易批发部不敌个体商店，是年亏损 2.07 万元，1990 年又亏损 6.44 万元，累计亏损 8.51 万元，于次年 1 月关门歇业。

三、私营工业企业

振宇力食品有限公司

振宇力食品有限公司位于东洲办事处旺福村，属私营工业企业。

2009 年 5 月，东洲办事处旺福村罗新文利用在打工期间学到的专业技术，创办方便米线加工厂。是年 5 月 14 日，罗新文投资 329 万元，对其父罗贞富花 5 万元购买的原三竹小学场所进行技术改造与扩建。将原教室改造成生产车间，新建冷冻库 1 栋，购置生产设备 3 台。2010 年 5 月 4 日，"西湖区振宇力食品有限公司"挂牌成立，启动生产。

该公司占地面积 2207 平方米，计 3.31 亩，总建筑面积 1261 平方米，总资产 329 万元，其中固定资产 172 万元，流动资金 157 万元，员工 21 人。主要生产设备有：制粉机 1 台、烘干机 1 台、自动化包装机 1 台、冷冻库 1 座 228 平方米、厂房（含办公室）1 栋 973 平方米。主要生产方便红薯粉丝，产品有"陈材"牌方便米线、重庆酸辣粉，年产量 22 万箱计 220 吨，年产值624 万元，年销售收入 569.3 万元，年利税 72.6 万元。产品销往湖北、江西、贵州、河北及本省各地，2010 年获纯利 43.6 万元。

振宇力方便粉丝场一角

第二章　商贸服务业

第一节　商贸服务业概况

1991 年至 1994 年,农场有直属商业企业 10 家:贸易公司、棉麻土产公司、粮油贸易公司、饮食服务公司、物资公司、自来水公司、药材公司、食品公司、汽车运输公司、华湘企业公司,共有干部职工 859 人。贸易公司、物资公司为正科级单位,棉麻土产公司、药材公司、自来水公司、华湘企业公司为副科级单位,其余为股级单位。1995 年 1 月,农场将物资公司合并至建筑工程公司,将汽运公司合并至农机交通监理科。同年 3 月,华湘企业公司关门停业,深圳市工商行政管理局依法注销其营业执照。此时,西湖共有场属商业企业 7 家,仍在商贸市场发挥着主导作用。随着计划经济的瓦解和市场经济的兴起,不断发展的个体、私营、联营商贸业逐步取代国营商贸业地位,国企亏损额逐年增加,经济体制改革势在必行。据此,西湖区于 2000 年启动施行国企"两个置换"体制改革。自 2001 年起,全区 7 家国有商业企业先后实行改革,置换企业国有产权,置换职工身份,买断工龄,共置换职工身份 538 人。改革到位后,西湖仅有自来水公司和电力公司仍在正常运转。贸易公司、饮食服务公司、棉麻土产公司、粮油贸易公司、药材公司、汽运公司相继转体倒闭,取而代之的是私营综合商场和个体商店。至 2010 年全区有私营商业企业 12 家,从业人员 235 人;有个体商业经营户 635 户,从业人员 1493 人。私营商业企业规模较大的有:西湖先云超市、香港帅克集团(西湖)化学有限公司(含西苑宾馆及商业步行街)、亿客隆购物广场西湖店、经技贸商城。此外还有益丰大药房西湖店、民康药号西湖店、样样红服饰城、常德市西湖棉麻有限公司、兄弟粮油加工厂等。个体商贸服务业经营户有:九九九批发部、新时代批发部、春华批发部、老百姓批发部、开元批发部、康春堂药房、德海大药房、西湖大药房、全草大药房、益寿堂药店、兴唐家俱超市、新港湾旅社、百万旅馆、金博士文体超市、杏林诊所、罗氏印刷厂、红苹果网吧、星光照相馆、蓝月亮娱乐城等。西湖镇城区大小个体商店遍地开花,各类商品应有尽有,随时可购。东洲乡境内有大小个体商店 122 户,从业人员148 人。西洲乡境内有大小个体商店 116 户,从业人员 139 人。西湖镇城区有大小个体商店397 户,从业人员 1206 人。

第二节　商贸服务业

一、国有商贸企业

（一）现有国有企业

自来水公司

1989年4月，西湖农场自来水站从农场水利电力科析出，单设“国营西湖农场自来水公司”，为独立股级企业。始有职工11人，由杨冬胜任经理兼党支部书记。1991年至2010年间，先后由张先云、夏乃政、伍跃红任党支部书记兼副经理，杨冬胜一直任经理无易动。2010年年底有在岗干部职工33人，退休人员13名，为副科级国有企业。主要负责自来水生产与销售、供水服务与管理、管道设备安装与维护等企业经营管理工作，独立核算，自负盈亏。

该公司位于西湖镇东湖路中段，有集办公、经商、住宿于一体的4层综合大楼1栋、3层住宅楼1栋、供水总站1座、平房2栋，分为北南2个小院，南院为生产区，北院为办公商住区，二者相距约1千米，共占地4.83亩计3220平方米，总建筑面积1569平方米。

1991年拥有取水井2口，水处理设施2座，机电设备4台（套），总装机容量90千瓦，100毫米供水主干管道31.37千米，水处理能力200吨/小时，日供水能力4000吨。是年底有固定资产原值24.5万元，净值22.2万元。初始供水范围仅限镇区，供水户数为2517户10163人，供水普及率98.3%。1991年至1997年累计销售收入253.21万元，年均销售收入36.17万元；累计税金12.82万元，年均税金1.83万元；无盈利，每年基本维持财务收支平衡。

1998年春，农场投资300万元，拆旧新建水井及水处理设施1座（套），水处理能力200吨/小时，日供水能力6000吨。同时对原有机电设备进行改造增容，电机增至8台，总装机容量325千瓦，新建100毫米供水主干管道21.32千米，总里程达52.69千米。供水范围扩大辐射至裕民分场、新港分场、东洲分场六队、黄珠洲乡新街等地，镇区自来水供水率达100%，供水总户数增至7897户，计3.16万人。同年投资200万元，对裕民分场、新港分场主干供水管道进行改造，共改造新铺主干管道20.13千米。此时，裕民分场和新港分场原有的4座供水站均废止。

2002年区财政投资200万元，对镇区主干供水管道进行升级改造，共改造新铺主干管道5.51千米。公司投资20万元建成蓝天纯净水厂，是年投入营业。2006年至2007年，区财政投资500万元，重点改造更新供水主干管道20.17千米。1998年至2006年，区财政累计投入饮水改造资金1200万元。2010年年底，该公司辖区内的供水主干管道达61.83千米。

1998年至2010年累计实现销售收入1126.3万元（含纯净水厂201.29万元），累计上缴税金56.81万元（含纯净水厂8.69万元）。其中2010年销售收入103.1万元（含纯净水厂25.13万元）、税金5.17万元（含纯净水厂1.086万元）。此13年间的年均销售收入为86.64

万元,年均税金为4.37万元,年均销售收入比1997年增加50.47万元,增长138.54%,年均税金增加2.24万元,增长138.79%。

1991年至2010年期间,该公司逐年建立、健全、完善《劳动管理制度》《财务管理制度》《经营管理制度》等各项规章制度,实行财务"一支笔"审批制度,逐岗落实岗位责任制,在日常管理中逐项落实到位。按照"同工同酬,按劳取酬"的原则,打破等级工资制,以工效定劳酬,以责定酬,以效计酬,合理核定月工资标准。每年年终,按岗位责任制兑现奖惩。逐年提高服务质量和工作效率,推动公司的正常发展,增强企业后劲。

根据经济社会的发展和用户对饮用水水质的新要求,该公司已规划于2012年新建万吨级水厂1座,彻底废弃老水厂。同时对原有老主干管网进行升级改造,让广大用户饮用上洁净自来水。此规划已纳入常德市"十二五"改水工程立项项目之一,正在组织实施。

(二)转体经营企业

粮油贸易公司

西湖农场(区)粮油贸易公司原名为"国营西湖农场大米加工厂",成立于1973年年初,1986年更名为"国营西湖农场粮油贸易公司"。该公司的主要业务是收购稻谷加工大米,供应全场计划内统销、场销粮人口的口粮及食油,亦对外做粮油生意。同时还有榨油、酿酒、制面条等经营业务,副产品碎米、油糠、统糠除按计划供应外,也对外出售。公司占地19.86亩,1991年末有固定资产净值79.31万元,干部职工44人。有打米设备1套,设计能力为日产60吨大米。有95型榨油机1台,在菜籽收获季节每天24小时分3班轮流榨油。1991年生产大米1355吨、饲料491吨、菜油158.6吨,年产值226.31万元,实现利润8.26万元。随着市场经济的兴起和国家对粮油市场的放开,粮油贸易公司的业务大幅度减少,产量产值逐年下降。1997年只生产大米66吨、饲料89吨、菜油27.9吨,年产值126.18万元,当年亏损58.6万元。从1998年起一直没有生产经营,厂房设备损坏严重。至2000年年末累计亏损351.03万元,资产负债301.18万元,负债率504.17%,企业处于破产倒闭状态。

2004年2月,该公司有固定资产净值49.85万元,于是年3月施行"两个置换"体制改革。按照西管发〔2000〕17号文件规定,对41名职工置换身份,买断工龄。补偿标准为每人每年工龄1个月档案工资的75%,共核发补偿金21.95万元。退休人员由单位交清养老统筹金后,由区社保局发放养老金。改革中置换企业国有产权,将公司全部资产折价39万元卖给五分场二队邹联斌兄弟。买方将企业改名为"西湖兄弟粮油加工厂",从业人员13人,为民营粮油加工企业。2010年年末仍在正常生产经营,成为区内独家小型粮油经营企业。

棉麻土产公司

棉麻土产公司原名为"国营西湖农场轧花厂",成立于1973年春,1987年1月更名为"国营西湖农场棉麻土产公司",为自主经营、独立核算、自负盈亏的副科级国有企业。主要从事棉花收购、加工、销售,具体业务有轧花、棉籽榨油、菜籽榨油、皮棉和食油及其副产品销售。主要设备有80片锯齿轧花机2台、脱绒机2台、打包机2台、平地式移动清花机1台,厂区占地面积 17.15 亩。1991 年年末有固定资产净值 124.92 万元，干部职工 160 人，年产皮棉 431.34 吨，短绒 106.44 吨，总产值 412.32 万元，实现利税 69.46 万元。该公司属于季节性生产，全年只生产 6 个月。1998 年撤销各分场棉花代购点以后，全场的棉花统一由棉麻公司收购。自 1993 年起，棉麻公司的经济效益开始下滑。1999 年年末有固定资产净值 248.91 万元，无流动资金，依靠贷款维持公司运转。1997 年至 2000 年累计亏损 1836 万元，到 2003 年已负债 3456 万元，负债率达 1288.4%。亏损负债的主要原因：1998 年以前各分场棉花代购点将棉麻公司的棉花收购资金挪作他用，久未结帐，导致资金收不回；企业人员多，负担重，收入少，费用高；造纸厂等企业向棉麻公司所借款项无法归还；企业管理不善，管理制度未落实到位。据此，该公司于 2001 年 5 月施行"两个置换"体制改革。置换企业国有产权，置换职工身份，买断工龄。改制时公司注册资金 105 万元，干部职工 235 人，固定资产净值 231.9 万元。为盘活存量资产，确保改革顺利进行。该公司与常德市棉麻公司多次洽谈达成协议，双方认定西湖棉麻土产公司固定资产 270 万元（不含地产），由市棉麻公司出资 236 万元收购西湖棉麻土产公司等值的固定资产，组建新的棉花收购、加工、经营企业，市棉麻公司控股新公司。西湖棉麻土产公司将转让产权获得的部分资金用于置换职工身份，共置换职工身份 185 人，补偿标准为每年工龄补偿 1 个月档案工资，共计补偿 147.14 万元。50 名退休人员由公司缴纳85.89 万元养老统筹金后，由区社保局发放退休养老金。市棉麻公司收购西湖棉麻土产公司后，又转卖给市棉麻总公司和西湖的 9 人。经营几年后因效益不好，于 2007 年又转卖给汉寿籍投资商余胜利。2010 年，余胜利又转卖给一名姓张的澧县商人，有从业人员 19 人，是年投入生产经营。

西湖食品公司

西湖食品公司的前身是肉食水产站，组建于 1973 年 9 月，1991 年更名为"西湖食品公司"，有职工 35 人，固定资产净值 13.7 万元。由于国家取消肉食计划供应，放开肉食水产市场，因而食品公司面临业务少、收益低的困境。1991 年 1 月至 2002 年 4 月，该公司负责人把屠夫和皮蛋加工师傅集中起来，进行生猪屠宰和皮蛋加工，并借钱翻新门市部，购进 2 车桃花源牌电风扇销售。借农场实行生猪统一由食品公司屠宰的东风，开展生猪集中屠宰业务。屠夫都各自到生产队收猪，自找货源自行宰销，业务逐渐好起来。1991 年至 1993 年共实现利润 17.76 万元，年均利润 5.92 万元。市场经济的进一步发展，国营肉食行业逐渐处于劣势。到 20 世纪 90 年代后期，食品公司的效益大幅度下降。1994 年至 2001 年累计亏损 49.76 万元，年均亏损 6.22 万元。2002 年 5 月，在全区直属企业体制改革中，区管委会撤销食品公司，在其基础上成立"西湖管理区生猪屠宰管理办公室"，为独立股级事业单位。

（三）破产倒闭企业

饮食服务公司

西湖饮食服务公司原名为"国营西湖农场服务站"，成立于 1974 年 3 月。当时利用部队移交的 1 栋平房作经营场所，有饭店、理发店、照相馆、缝纫店、修理部各 1 个，隶属农场副食品加工厂。1976年1月,该站从副食品加工厂分析出,单设为"国营西湖农场服务站"。1987年更名为"国营西湖农场饮食服务公司",属独立股级企业,先后由肖芳、谢中文、田祖中、伍发松、方荣石、陈显光、薛升平、封明汉、颜克新任经理(站长)。1977年农场投资13万元,在西湖镇城区十字路口修建两层(靠北侧3间为3层)服务大楼1栋,共29间房总建筑面积939.6平方米,与贸易公司连成一体。次年投资0.6万元,在服务大楼斜对面建成平房1栋共8间281平方米,新旧房总建筑面积2585平方米。其中饭店面积518.4平方米,旅社面积388.8平方米,修理部和缝纫店面积251平方米。1978年增设旅店1个,设施简陋。1985年后,逐年对旅社设施进行添置更新,新增一批高低床、床头柜、电风扇、电视机等设备。1986年旅社有12间客房,30个床位。

1991年1月至2001年7月,饮食服务公司主要经营饮食、住宿、照相、理发、冷饮等业务,另有4间门面经营文具、书刊。饭店小吃类有包子、馒头、糖卷、油条、馄饨、米粉、面条、米饭等。菜肴类有雪花丸、粉蒸肉、扣肉、红烧鱼、清蒸鸡、脆香排骨、竹筒排骨、铁板烧等,皆由公司统一经营。1991年营业收入38.1万元,实现利税3.37万元。1993年至1995年连续亏损,累计亏损27.48万元,年均亏损9.16万元。1996年公司将门面租赁承包给职工个人经营,租金按每间门面每年0.38万元、饭店每年2万元收取。1998年公司筹资90万元,将服务大楼斜对面的原修理部平房拆除,新建成1栋4层商住两用楼房,总建筑面积2202平方米,第一层为门面,第二层以上为住房。20世纪90年代后期,西湖镇城区的个体饭店、饮食店、旅店、照相馆、理发店越办越多,导致饮食服务公司的业务越来越少,效益大幅下降。1991年至2000年间仅3年略有盈利,共盈利3.81万元,其余年份均为亏损,盈亏相抵累计亏损57.82万元。年均亏损5.78万元。2001年7月有固定资产净值39.66万元,资产负债18.16万元,负债率45.79%。是年8月实行"两个置换"体制改革,置换企业国有产权,置换职工身份。全公司共置换职工身份35人,买断工龄的补偿按每人每年工龄1个月档案工资计算,共发补偿金24.25万元。公司的门面、办公室、旅社等资产共折价28.5万元卖给职工私营。其中,职工王学勤夫妇以11万元的价格购买旅社和办公室,将其改造成"西湖大饭店",经营至2010年,其业务仍在拓展。

华湘企业公司

华湘企业公司是西湖农场于1986年6月在深圳经济特区开办的1家副科级国有企业。主要经营农场的农副产品和土特产品,兼营日用百货、五金交电、金银首饰、白酒、饮料、副食品及家具等。通过华湘公司,农场的大米、纸张、甜叶菊糖甙、果脯等产品源源不断地销往深圳、东莞、珠海等地。深圳人吃的大米及深圳食品行业所用的甜叶菊糖甙,有10%以上来自华湘企业公司。1989年仅10名员工的华湘企业公司实现利税59.37万元,其中利润46.93万元。自1993年起连续亏损,累计亏损127.56万元,年均亏损56.69万元。1995年4月,华湘企业公司关门停业,深圳工商部门依法注销其营业执照。2010年,原华湘企业公司有固定资产净值约200余万元(即1套三室两厅的住房),由原该公司退休职工姜志华负责看管。

西湖贸易公司

西湖贸易公司成立于1972年冬，始属常德地区供销合作社，1984年5月划归西湖农场，为正科级国有商业企业。农场对其实行“统一计划，独立核算，定额上交，自负盈亏”的管理制度。

该公司建立初期，利用部队移交的两层楼（上下26间，面积741平方米）军人服务社场所及设施，以上下层2间大厅作门市部，底层两间作办公室，上层4间作仓库，启动营业。同时在全场6个分场和柳林嘴各设立分店一个，时称分场商店，在柳林嘴码头设立煤炭供应站，二者皆由公司统一计划，统一采购，统一调拨，统一管理，统一核算，各分店和柳林嘴煤站均为报账单位。

1976年秋，农场在影剧院斜对面建成曲尺型两层商贸大楼1栋，上下各23间总建筑面积1368平方米（与饮食服务大楼相连）。其底层3间大厅（共655.5平方米）为门市部，上层23间中，9间为办公室，14间为干职工住房。搬迁后，此前用作商业门市部的军人服务社改作仓库。

该公司主要经营业务是：日用百货、南杂、五金、日化、缝纫机、自行车、纺织品、家用电器、木器、煤油、文体用品等生活物资和农药、化肥、种子、锄头、扁担、镰刀等农业生产资料。1988年商品营业额1639.79万元，实现利税21.73万元，营业额比1978年增长4.3倍，利税增长2.7倍。1989年商品营业额2066.14万元，实现利税34.13万元，占农场全年商贸利税30%以上。1988年5月，柳林嘴煤炭供应站从贸易公司析出，成立“国营西湖农场煤炭公司”。是年开办1家藕煤加工厂，占地1286平方米，有生产车间1栋162平方米，动力藕煤机1台，皮带运输机、粉碎机、搅拌机各1台，在岗职工7人，主要生产120毫米和220毫米型藕煤销往场内及周边地区。经营2年后，因业务不景气，煤炭公司被撤销，其人员大都重返商贸公司，也有另行安排到其他部门工作的，藕煤加工厂也由贸易公司接管。1991年有固定资产净值85.48万元，总建筑面积19435.3平方米，在岗干部职工281人。随着市场经济的发展，越办越多的私营、个体、联营商店冲击国营商店，贸易公司在激烈的市场竞争中失去主导地位，经营业务日显劣势状态，经济效益每况愈下，连年亏损。至2000年年底累计亏损896.71万元，资产负债715.37万元，资产负债率395.23%，实已无回天之力。2002年2月，该公司有固定资产净值178.31万元，是年3月施行“两个置换”体制改革。置换企业国有产权，将公司的门面等资产折价132.91万元卖给职工私营；藕煤加工厂设施及厂房折价5万元转让给陈淑华，变卖资产总金额137.91万元用于置换职工身份，买断工龄。全公司（含分店）共置换职工身份218人，按每人每年工龄1个月档案工资的70%给予补偿，共核发补偿金103.19万元。57名退休人员的养老统筹金免交，其退休养老金由区劳动和社会保障局发放。

西湖药材公司

西湖药材公司原名为“国营西湖农场药材医药批发站”,简称“药材站”,成立于1980年,时属农场医院二层机构。1983年升格为农场直属企业,其名称未变,属独立股级单位。随着业务的发展与扩大,1987年更名为“国营西湖农场药材公司”,升格为副科级单位。

该公司位于西湖镇城区中心地段,西侧北侧与西苑宾馆相连,东侧为小巷,南侧临大街,占地面积4.29亩计2860平方米,总建筑面积798平方米,其中临街门面4间114平方米。主要经营业务为中药、西药、医疗器械、医疗用品等的购入与批发销售,业务范围含农场医院、各分场卫生所、柳林嘴(航运公司)医务室及汉寿、常德、鼎城、津市、沅江、南县、张家界等地的部分医疗单位。1997年及以前,行管人员实行月标准工资制,销售业务员实行灵活工资制,按当月药品销售金额计发工资。自1998年1月起,药品销售由公司的业务组承包经营。此后的药品销售业务较好,销售收入逐年递增,连年盈利。1998年至2000年累计盈利57.97万元,年均盈利19.32万元。2001年年末有固定资产净值74.29万元,当年盈利21.73万元。由于未办理药品经营注册手续,未领取药品经营许可证,不便继续营业。2002年8月,该公司有固定资产净值69.38万元。是年9月施行“两个置换”体制改革,将门面4间114平方米折价卖给职工私营,将两层办公楼共8间210平方米折价17万元卖给个体户开办餐馆。2002年9月将办公房及仓库3栋684平方米、场地3412平方米,合计4096平方米场所折价12.8万元让售给个体户陈远球开办“西湖中心幼儿园”。全公司共置换职工身份38人,买断工龄的补偿按每人每年工龄1个月档案工资计发,共核发补偿金22.73万元。7名退休人员养老统筹金由公司按规定计算交缴,另发2000元医保费,其退休养老金由区劳动和社会保障局发放。2002年10月,西湖药材公司不复存在,取而代之的是个体药店。

西湖物资公司

西湖农场物资公司始建于1972年冬,与西瓜种子公司毗邻,1987年更名为“国营西湖农场物资局”,1992年恢复原名,为正科级国有企业。公司占地4.36亩计2906平方米,有专用仓库2栋649.8平方米、办公室1栋6间171平方米、加油站1座193平方米、4层商住楼1栋1692平方米(上三层为职工优惠购房住宅,底层为门面)。原办公室于2004年改造成西湖镇新民社区居委会办公室。

该公司始属农场计财科二层机构,负责全场各类物资采购与发放,以旧换新,实行报账制。成为经济实体后,主要经营农机具与配件、电机电线、五金电器、仪器仪表、劳保用品、钢材、板车、工具、衡器、柴油、汽油、润滑油、沥青等工农业生产资料。1991年至1992年共实现利税11.94万元,年均利税5.97万元。1993年至1994年累计亏损19.86万元,年均亏损9.93万元。1995年1月,农场将物资公司合并至建设工程公司,保留银行账号,单独核算。2001年7月随同建筑工程公司一道施行“两个置换”体制改革。

二、私营商业企业

西湖先云超市

常德市西湖区先云超市有限公司坐落于西湖镇城区中心的商贸城内，成立于2002年10月，简称“先云超市”。租赁场所经营面积2037平方米，公司总资产769万元，从业人员68人。自2003年起，该超市被常德市公安局西湖分局列为“重点保护单位”。总经理罗先兵，系鼎城区黑山嘴乡白泥村人。该公司为西湖区首家私营大型综合超市，主要经营日用百货、南杂、粮油、农副产品、副食品、纺织品、水果、饮品、五金日化、电器、皮革、文体用品、童车、童床、玩具等万余种商品。零售与批发兼营，自选自购，并提供相关配套服务。2003年实现销售收入497.69万元、利润32.35万元、税金14.93万元。2006年有从业人员46人，实现销售收入467.68万元、利润30.4万元，税金14.03万元。2010年有从业人员24人，实现销售收入296.76万元、利润19.28万元、税金8.9万元。2003年至2010年累计实现销售收入4038.82万元、利润262.51万元、税金121.46万元，年均销售收入504.85万元，年均利润32.81万元，年均税金15.18万元。

亿客隆购物广场

常德市西湖亿客隆购物广场坐落于西苑宾馆一楼，成立于2009年12月29日，为私营商业企业，总经理廖长清，副总经理肖云。租赁广场营业面积2079平方米，企业总资产809万元，从业人员65人。该购物广场主要经营日用百货、南杂、粮油、纺织品、家用电器、炊具、餐具、文体用品、日化用品、水果、蔬菜、肉食、饮品、玩具、奶制品、黄金、珠宝、童车、童床等万余种商品。广场商品自选自购，并提供相关配套服务。2010年3月由常德市工商行政管理局西湖分局列为“服务‘一化三基’联系企业”，并授予牌匾，同时被常德市粮食局定为“粮食应急供应定点单位”。2010年实现销售收入598.93万元、利润35.95万元、税金17.97万元。

亿客隆购物广场

西湖经技贸商城

西湖经技贸商城位于西湖镇城区十字路口（原影剧院）地段，成立于1992年11月28日，总经理孙旭新，副总经理孙旭光。商城共有营业面积3983平方米，总资产1013.6万元，其中固定资产608.16万元，流动资金405.44万元，从业人员31人，下设家用电器销售服务部、家俬销售服务部、农机销售服务部、家居卫浴器材销售服务部等4个门市部。家电销售服务部主要经营彩色(黑白)电视机、洗衣机、冰箱、空调机、音响器、计算机、灶具、太阳能器具等家电商品;农机销售服务部主要经营手扶拖拉机、收割机、抽水机、碾米机、耕整机、机滚船、机动喷雾器、小四轮农用运输车、手摇喷雾器等农业机械及零配件;家俬销售服务部主要经营床、柜、椅、桌、沙发、梳妆台等木器商品;卫浴器材销售服务部主要经营便盆、浴缸、洗脸池、洗碗池、灯饰器材等家居装饰商品。所售商品均送货上门,免费安装,并提供售后服务。1993年实现销售收入183.21万元、利润10.63万元、税金2.5万元。2001年实现销售收入491.16万元、利润28.29万元、税金14.73万元。2009年实现销售收入612.79万元、利润35.53万元、税金18.38万元。1993年至2010年累计实现销售收入4461.85万元、利润258.16万元、税金123.59万元,年均值为:销售收入347.88万元、利润14.34万元、税金6.87万元。

第五篇《

城乡建设

第一章　城镇建设

第一节　管理机构

1991 年 1 月，成立西湖农场城镇建设管理站，负责镇区规划建设管理等工作。

1995 年，成立西湖农场国土城建科，负责全场国土管理和城镇规划建设管理。

1998 年 2 月，西湖农场国土城建科改名为西湖农场建设委员会。

2002 年 10 月，西湖农场建设委员会改名为西湖管理区国土规划建设局。

2008 年 5 月，国土局单列，成立西湖管理区城管规划建设局，履行全区规划、建设管理职能。下设公用事业管理站、质量安全监督管理站两个二层管理机构，并归口管理西湖管理区房地产管理局和城镇管理办公室两个事业单位。

附：

西湖农场（区）城镇建设管理机构历届领导班子成员名录表

表 5-1-1

机构名称	姓名	职务	任职年限
西湖农场城镇建设管理站	刘明生	站长	1991.2—1993.8
	杨旭红	站长	1993.9—1994.12
西湖农场国土城建科	刘让丰	科长	1995.1—1998.1
西湖农场建设委员会	刘让丰	主任	1998.2—2000.10
	周佑夫	主任	2000.11—2002.9
西湖管理区国土规划建设局	周佑夫	局长	2002.10—2008.4
西湖管理区城管规划建设局	杨旭红	局长	2008.5—2010.12
	夏学礼	副局长	2008.5—2010.12

第二节　城建规划

西湖镇是西湖管理区唯一的建制镇。1991 年，西湖农场国土城建科对 1986 的城建规划进行一次调整，完成第一次规划修编。确定西湖镇区的发展方向为：近期建设向南发展，远期建设向东发展，严格控制向北发展；依托旧城区，紧凑集中布局。镇区规模为：近期（1991—1995 年）人口控制在 14100 人，人均建设用地控制在 85 平方米之内；远期（1996—2005 年）人口控制在 16100 人，人均建设用地控制在 92 平方米之内。通过 10 多年的努力，将西湖镇建设成为设施比较配套、功能比较齐全的新兴城镇。

2002年,中共西湖区委、区管委为了加快城乡一体化建设步伐,委托湖南城市学院规划建筑设计院对1991年的总体规划进行修编,于2004年5月完成。

此次规划修编确立西湖镇的城镇性质为:西湖管理区的政治、经济、文化、信息中心,沅澧两水尾闾物资集散地,以农副产品加工、制药业、造纸业为主的具有湖乡特色的生态小城镇。

规划建设范围:北起黄珠洲,西抵裕民办事处,南起新港办事处,东至园艺村,总用地面积为4平方公里。

城镇规模:近期(2004—2005年)人口1.3万人,用地规模1755亩,人均建设用地90平方米;中期(2006—2010年)人口1.6万人,用地规模2280亩,人均建设用地90平方米;远期(2011—2020年)人口2.5万人,用地规模3750亩,人均建设用地100平方米。

2008年,西湖管理区聘请常德市勘察设计院,完成了全区区域村庄布局规划和全区村庄的整建规划。是年,西湖区管委委托常德市城镇建设设计院编制西湖镇区控制性详细规划,于2009年完成。该规划分别对土地使用、配套设施、建筑工程、电力电信、园林绿化、给排水等,进行统筹布局,详细安排。根据该规划,新城区用地面积为2940亩。

2009年,按照新农村建设"镇村同治"的要求,西湖管理区城建局委托常德市天城规划建筑设计有限公司完成镇村同治规划。

根据镇区整体建设规划,凡镇区内单位建设项目必须到区城管规划建设局办理规划选址意见书、建设用地规划许可证、建设工程规划许可证。2007年10月,西湖管理区管理委员会出台《西湖镇规划区内村(居)民私人建房管理规定》,根据这一规定,西湖镇规划区内村(居)民个人建房必须申领建设用地规划许可证和建设工程规划许可证,且每户总用地不得超过130平方米。镇区主干道临街私人建房的规划许可,经区国土、规划建设部门初步审查后,须报区城建领导小组同意,镇区非临街面和次干道私人建房的规划许可由区国土和规划建设部门审批。

第三节 基础设施建设

一、道 路

1991年至2001年,西湖镇主街道(东湖路、西湖路、教育路、西常路)宽度一般为10~12米,均为水泥路面,普通街道及小巷多为砂石路面,宽度只有3~5米。

2002年至2006年,为改善镇区路面状况,区委、区管委投资300多万元,硬化道路总长4500米,硬化面积达26000平方米。

2007年至2008年,西湖管理区争取上级投资2300万元,按照常德市委、市政府的要求，开展文明卫生城镇创建活动，对东湖路、西湖路、教育路、西常路进行改造扩建，共改造沥青路面43000平方米，铺设人行道34000平方米，铺设污水管道1800米。

2008年至2010年，为方便群众出行，西湖区委、区管委投资150万元，改造小街小巷7条。

至2010年，西湖镇区拥有大小街道12条，总长9245.43米，巷道12条，总长2145.1米。详见表5-1-1。

镇区教育路一角

二、路　灯

1994年，在镇区电线杆上安装68盏简易铁杆路灯。2004年取消原有简易路灯，在教育路、东湖中路、东湖路新安装123根高杆路灯；2005年在西湖区人民医院后面和连心巷、服务站小区、纸厂家属区安装18根高杆路灯；2006年在公安分局、接待处、西湖中心小学家属区安装8根高杆路灯。2008年区委、区管委投入128.8万元，更换原有部分路灯，新安装景观灯46根、高杆路灯143根。详见表5-1-1。

三、园林绿化

1998年以前，镇区街道两旁栽植的均为法国梧桐树，约700余株。从1999年起，改植樟树、广玉兰，至2002年栽植广玉兰420株、樟树384株。2003年至2005年，栽植广玉兰35株、樟树573株、垂柳60株。至2008年，原有700株法国梧桐树全部更换完毕，累计投入28万元，在所有街道栽植樟树和广玉兰，在南圆盘、北圆盘栽种金叶女桢、红檵木、杜鹃等灌木丛3000平方米。至2010年止，镇区共有垂柳60株、樟树和广玉兰树1591株。植树面积约36000平方米，灌木丛约3000平方米，绿化面积达到39000平方米。至2010年年底，西湖镇区绿地面积达到138.99亩，绿地率达到6.156%，绿化覆盖率已达到30%。

四、给排水

1990年建成镇区首座集中供水总站，日供水3000吨，基本解决西湖镇区的用水问题。1996年以后，鉴于原建供水总站规模小、供水量不足、水质不达标、管网入户率低，完全不能满足居民用水需求的状况,将原供水总站工程拆除重建,重建后的供水总站日供水4000吨,满足镇区居民用水需求。

1991年以前,镇区个别主干街道无排水管道,其他街道及住宅区内均以简易沟道排雨水和污水。1991年以后,加大了对雨污水道的改造,主干街道均铺设直径0.8米至1米的下水管网,其他街道及住宅区均铺设直径0.5米的下水管网,连通汇合后,雨污水流入镇区北面的东洲渠道。

西湖造纸厂的工业排污水经镇区北边大堤下的专用排污渠流入东洲渠,经柳林咀提升泵站排入澧水。

至2010年,镇区的排水管道部分改造成雨污合流管网,大小污水管网累计长度10300余米。

五、供　气

1998年以前,西湖管理区尚无液化气罐装站,居民用液化气必须在外地罐装,用液化气的家庭甚少。

1998年,西湖建筑公司筹建液化气站,当年动工,次年竣工使用,储气能力为30立方米,年销售气量300立方米。

2002年储气能力提高至56立方米,是年,西湖建筑公司实行改制,液化气站从公司剥离,转让给私人经营,成立西湖四联液化气站。液化气作为一种燃料,价格适中,使用快捷,此时,居民用液化气越来越多,几近普及。饭店、宾馆等餐饮业也逐步开始使用。至2010年,镇区居民用气已完全普及,全区用气户数已达8000余户。

六、工程建设

1991年至2010年,共完成各类建设工程86项,其中综合楼46栋、住宅楼16栋、办公楼5栋、教育楼8栋、其他工程11处。详见表5-1-2。

七、市场建设

1991年至2010年,西湖镇区共新建各类市场5处:西湖商贸城,1998年6月动工,是年12月竣工,建筑面积9250平方米。西湖工贸城,1998年10月动工,1999年3月竣工,建筑面积1642平方米。西湖农贸大市场,2009年9月动工,2001年1月竣工,建筑面积5040平方米。西湖建材市场,2000年9月动工,2001年7月竣工,建筑面积2024平方米。西湖步行街,2009年9月动工,2010年3月竣工,建筑面积15940平方米。步行街处建有4栋商住楼、

1 座宾馆,宾馆一楼为亿客隆购物广场,此处已成为西湖商贸中心。

1991 年至 2010 年,文教、卫生、广播、电视、邮政通讯、电力、交通等各项建设事业均获得长足发展。详见本志其他章节。

第四节　城镇管理

一、环卫管理

西湖农贸市场一角

1987 年，西湖镇成立环卫所,在街道两旁修 20 多个水泥管式垃圾桶,在居民区修 18 个水泥垃圾池,配备环卫工人 4 名,用板车把垃圾拖运到垃圾掩埋点掩埋。1990 年,随着镇区建设发展,街道逐渐增多,环卫工作量增大,环卫所工作人员增加至 17 人，其中管理人员 2 名、清扫工 12 名、垃圾清运工 3 名。在街道旁修建 8 个塔台式垃圾池,购买 2 辆翻斗式垃圾运输车，每天分早晚两次清扫,把垃圾运到与黄株洲交界的堤下掩埋,并做好防渗、防爆、杀灭病害、除蚊蝇等工作。2003 年成立城镇管理办公室以后,购买 2 辆农用拖拉机作为垃圾运输车,环卫所工作人员增加至 23 人,其中管理人员 2 人,清扫工 19 人,垃圾清运工 2 人,分小组按路段清扫。同时,对临街门面实行“三包”(包环境卫生、包镇容秩序、包公共设施)。2007 年,常德市推行城乡垃圾一体化,从是年开始,把垃圾运送到常德桃树岗垃圾处理场进行无害化处理。2008 年 5 月成立城管监察大队,下辖城管中队和环卫所,环卫所工作人员增加至 41 名,其中清扫工 24 名,垃圾清运、收费人员 15 名,管理人员 2 名。是年,城管队投入资金 21.55 万元购买了 120 个不锈钢垃圾箱、18 个压缩车垃圾桶。至 2010 年,环卫所共承担 9.85 万平方米道路的清扫保洁工作,每天运往指定垃圾场的垃圾 70 吨左右。

二、违章建筑与广告管理

1991 年以来，镇区街道常有乱搭雨棚、占道扩大门面、乱挂招牌等违章建筑问题出现。2007 年 11 月,西湖区管委出台《关于加强镇容镇貌整治创建文明卫生城镇的通告》《关于加强镇区户外广告招牌霓虹灯和宣传横幅设置管理的通告》。至 2010 年,共拆除违章建筑 90

万平方米,清除违章户外广告800多块,整治“牛皮癣”(街边墙上、电杆上的小广告)7000多处,整改门店招牌1460块,取缔流动摊贩8万多人次。

三、烟花爆竹管理

每逢节日或红白喜事,镇区居民总喜欢燃放烟花爆竹,大街小巷,居民区内,单位门前,往往鞭炮声此起彼落。2007年11月,西湖区管委颁发《关于在镇区限制燃放烟花爆竹的通告》,通告规定限制燃放区为:东抵园艺队,西抵造纸厂与黄珠洲交界处,南抵南园盘,北抵与黄珠洲交界处。限制燃放区燃放时间为:农历十二月三十日至正月初二和正月十五日,其余任何时候禁止燃放。

西湖镇区街道及巷子情况表

表 5–1–2

序号	路名及巷名	起　止　点	建设年度	长度（米）	路面宽度（米）	面积（平方米）	路灯(盏)	投资额（万元）
一	**西黄路**	西湖加油站对面路口起至新康村	1982—1983	681.33	10	6813.3	13	10
二	**建设路**	五七桥至新民桥	2001—2002	1171.2	6	7027.2	—	75
三	**同心路**	东东湖南堤从新民桥起通过新桥至新北桥	2003	1129.7	6	6778.2	10	70
四	**新港路**	从南园盘至汉寿粮站	2004—2005	620	6	3720.0	10	40
五	**园艺路**	果木队往南至新民桥、西柳公路	2004—2005	747.3	6	4483.8	18	50
六	**西常路**	北园盘往常德方向至与黄珠乡交界处	2007—2008	709.4	12	8512.8	30	90
	平安巷	加油站对门入口上堤	2002—2003	146.3	6.6	965.6	—	10
七	**西湖西路**	十字街口往西至棉麻公司、白玉纸厂至北园盘	2007—2008	452.4	10	4524.0	32	50
	商贸巷	商贸城西边往北至教育路	1991—1992	135.7	4	542.8	—	7
	宝塔巷	西湖宾馆对面往南入口至东西湖边	2002—2003	118.7	4.1	486.7	2	6
	西小巷	宾馆西侧入口往北至西小	2003—2004	134.8	4.7	633.6	2	8
	兴业巷	棉麻公司、纸厂南围墙入口往西	2008—2009	165.1	2.5	412.8	6	8
八	**东湖路**	从一中至南园盘	2007—2008	1032.8	14/10	12393.6	55	130
	兴旺巷	往东至甜叶菊厂	2005—2006	221.4	4.2	929.9	6	10
九	**滨湖路**	自来水公司往西至老干活动中心	2007—2008	474.9	5	2374.5	4	30
十	**教育路**	北园盘往东至果木队	2007—2008	1079.4	12	12952.8	49	130
	知苑巷	从南往北至西小家属区、西小与西中之间	2008—2009	138	3.7	510.6	—	8
十一	**西湖东路**	十字街口往东至果木队	2007—2008	648.1	10	6481.0	30	70

续表 5-1-2

序号	路名及巷名	起止点	建设年度	长度（米）	路面宽度（米）	面积（平方米）	路灯（盏）	投资额（万元）
	康民巷	往南人民医院住宿区	2000—2001	477.6	3.5	1671.6	2	18
	连心巷	往北至教育路	2004—2005	154.4	5.1	787.4	2	10
	果园巷	邮政局对面住宅楼东侧入口往南拐弯往东至原七分场办公楼南面	2000—2001	280	3	840.0	5	10
	西民巷	区机关东侧斜对面入口至公安分局	2008—2009	133.1	3	399.3	2	5
	爱民巷	区机关老家属院对面入口往里（公厕）	2008—2009	40	4.3	172.0	1	3
十二	裕兴路	教育路汽运公司往南至五七桥	2007—2008	498.9	3.7/6.9	2494.5	10	30
		合计		11390.53		86907.9	289	878

西湖农场(区)历年主要建设工程情况表

表 5–1–3

序号	工程名称	建设内容	投资额（万元）	开竣工时间	工程地点	建设单位	施工单位
一	**综合楼**		8082.1583				
1	西湖邮电支局综合楼宿舍	建筑面积900平方米，结构类型：砖混结构，层数：4层	39.43	1991.8.10—1992.4.28	机关大楼旁	汉寿县邮电局	汉寿县建筑安装工程股份有限公司
2	西湖工商综合楼	建筑面积2100平方米，结构类型：砖混结构，层数：5层	80	1994.5.28—1995.1.8	西湖教育路中段	西湖工商所	常德市鼎城区南坪建筑公司
3	西湖饮食综合楼	建筑面积2202平方米，结构类型：砖混结构，层数：4层	90	1998.6.15—1998.12.15	西湖镇	西湖农场服务站	西湖建筑公司
4	西湖工贸楼	建筑面积1798平方米，结构类型：砖混结构，层数：3层	94	1998.10.23—1999.3.20	东湖路北路	西湖农场建委	西湖建筑公司
5	西湖工贸市场综合楼	建筑面积1642平方米，结构类型：砖混结构，层数：3层	86	1998.10.23—1999.3.20	西湖镇	西湖房地产开发公司	桃源渔文建筑公司
6	西湖商贸城	建筑面积9250平方米，结构类型：砖混结构，层数：3层	600	1998.6.6—1998.12.6	东湖路北路	湖南省国信房地产开发公司	南县茅草街建筑公司
7	西湖农场水利科综合楼	建筑面积909.51平方米，结构类型：砖混结构，层数：5层	38.5	1999—2000	西湖农场教育路东侧	西湖农场水利科	常德市鼎城蒿子港建筑安装工程公司
8	西湖房安1#楼	建筑面积1600平方米，结构类型：砖混结构，层数：4层	62	1999.6.2—1999.12.1	西湖中路	西湖房产公司	西湖建筑公司
9	西湖移民办培训综合楼	建筑面积1500平方米，结构类型：砖混结构，层数：5层	84	1999.7.20—2000.5.30	西湖镇教育路东段	西湖移民办	西湖建筑公司
10	西湖建委综合楼	建筑面积996平方米，结构类型：砖混结构，层数：5层	43.8	1999.7.18—2000.1.18	教育路	西湖农场建设委员会	西湖建筑公司

续表 5-1-3

序号	工程名称	建设内容	投资额（万元）	开竣工时间	工程地点	建设单位	施工单位
11	西湖电力科综合楼	建筑面积1371平方米,结构类型：砖混结构，层数：4层	53.469	1999.10—2000.7	电力科变电站内	西湖电力科	西湖建筑工程公司
12	西湖区汽运公司全额集资综合楼	建筑面积850平方米，结构类型：砖混结构，层数：5层	35	1999.11.8—2000.6.15	教育路西段	西湖区汽运公司	西湖建筑工程公司
13	建工楼	建筑面积2370平方米,结构类型：砖混结构，层数：5层	90	2000.4.30—2000.10.30	西湖路中段	西湖区建筑工程公司	西湖建筑工程公司
14	西湖建材市场综合楼	建筑面积2024平方米,结构类型：砖混结构，层数：5层	74.8876	2000.9.10—2001.7.1	西常路变电站西侧	西湖贸易公司	常德阳城建筑公司
15	西湖房安4#楼	建筑面积1600平方米,结构类型：砖混结构，层数：5层	62	2000.6.28—2001.4.8	西湖中路	西湖房产开发公司	西湖区建筑工程公司
16	房安5#综合楼	建筑面积3300平方米,结构类型：砖混结构，层数：5层	100	2001.8.1—2002.11.8	西湖镇教育路	西湖区房产公司	西湖建筑工程公司
17	西湖食品公司综合楼	建筑面积2353平方米,结构类型：砖混结构，层数：3层	87	2001.8.15—2002.4.25	西湖西常路	西湖食品公司	常德市德成建筑公司
18	西湖兴茂公司综合楼	建筑面积1890平方米,结构类型：砖混结构，层数：4层	70	2002.9.10—2003.3.10	西常路	西湖兴茂公司	常德市两栖建筑有限公司
19	房安6#商住综合楼1栋（西楼）	建筑面积2060平方米,结构类型：砖混结构，层数：5层	120	2002.6.30—2003.5.30	西湖镇教育路北面,西小前面	西湖区房地产开发公司	西湖建筑工程公司
20	房安6#商住综合楼2栋（东楼）	建筑面积3100平方米,结构类型：砖混结构，层数：5层	110	2002.7.1—2004.7.1	西湖教育路	西湖区房地产开发公司	西湖建筑工程公司
21	房安8#商住综合楼	建筑面积2131平方米,结构类型：砖混结构，层数：5层	80	2003.11.23—2004.6.30	西湖一中校门前原环卫所办公房处	西湖区房地产开发公司	常德市两栖建筑工程有限公司
22	房安8#综合楼	建筑面积2480平方米,结构类型：砖混结构，层数：5层	120	2004.1.8—2004.8.28	教育路（西湖一中对门）	西湖区房地产开发公司	常德市两栖建筑工程有限公司

续表 5-1-3

序号	工程名称	建设内容	投资额（万元）	开竣工时间	工程地点	建设单位	施工单位
23	房安9#综合楼主楼及附楼	建筑面积4800平方米，结构类型：砖混结构，层数：5层	180	2004.7.28—2005.6.16	西湖区西湖路南边西段	西湖区房地产开发公司	常德市两栖建筑工程有限公司
24	急诊综合楼（住院楼）	建筑面积4376平方米，结构类型：砖混结构，层数：5层	248	2005.4.18—2005.12.28	西湖东路医院院内西北角	西湖区人民医院	常德市两栖建筑工程有限公司
25	西湖管理区劳动力市场	建筑面积2174平方米，结构类型：砖混结构，层数：4层	120.5	2005.1.17—2005.8.1	教育路东段	西湖区社保局	常德市两栖建筑工程有限公司
26	西湖区社保局办公楼	建筑面积2194平方米，结构类型：砖混结构，层数：5层（12.0米跨）	186	2005.3.18—2005.12.18	西湖区教育路东路	西湖区社保局	常德市两栖建筑工程有限公司
27	房安10#商住综合楼（知苑小区1#、2#楼）	建筑面积4485.75平方米，结构类型：砖混结构，层数：5层	200	2005.7.8—2006.7.31	农行旧址院落	西湖房产开发公司	常德市两栖建筑工程有限公司
28	兴旺小区1#楼	建筑面积5816平方米，结构类型：框架结构，层数：5层	261	2005.11.8—2006.8.8	原食品站院内	西湖房产开发公司	湖南广宇建设股份有限公司
29	常德电业局西湖电力公司营配楼	建筑面积2238平方米，结构类型：框架结构，层数：3层	176.5617	2005.12.18—2006.12.23	西湖	西湖电力公司	湖南广宇建设股份有限公司
30	西湖区兴盛小区1#楼	建筑面积4035.95平方米，结构类型：砖混结构，层数：6层					
31	西湖区兴盛小区2#楼	建筑面积3256.12平方米，结构类型：砖混结构，层数：6层	800	2006.8.28—2008.1.28	西湖区西湖路东段	西湖房产开发公司	常德市两栖建筑工程有限公司
32	西湖区兴盛小区3#楼	建筑面积4528.95平方米，结构类型：砖混结构，层数：6层					
33	西湖管理区竹木市场2号综合楼	建筑面积4280平方米，结构类型：砖混结构，层数：5层	200	2006.9—2007.9	西常路	西湖房产开发公司	湖南顺昌建筑有限公司
34	常德电业局西湖电力营配楼内装饰工程	建筑面积2238平方米，结构类型：框架结构，层数：4层	94.03	2006.9.12—2006.12.23	西湖	西湖电力公司	湖南马王堆建筑工程有限公司

续表 5-1-3

序号	工程名称	建设内容	投资额（万元）	开竣工时间	工程地点	建设单位	施工单位
35	西湖建工 2#楼	建筑面积3173平方米，结构类型：砖混结构，层数：6层	128	2006.11.8—2007.10.1	西湖镇教育路以南农行，北面围墙以北	西湖房产开发公司	常德市两栖建筑工程有限公司
36	西湖镇东湖社区综合楼	建筑面积1300平方米，结构类型：砖混结构，层数：5层	75	2007.5.25—2007.12.25	西湖镇东民巷（原七分场）	西湖房产开发公司	常德市两栖建筑工程有限公司
37	西湖梦里水乡综合楼	建筑面积6955平方米，结构类型：砖混结构，层数：6层	417	2007.8.28—2009.3.28	西湖区湖光西路	西湖房产开发公司	常德市两栖建筑工程有限公司
38	西湖社保局培训综合楼	建筑面积2680平方米，结构类型：砖混结构，层数：5层	209	2007.11—2008	西湖镇教育路东段	西湖房产开发公司	湖南广宇建设股份有限公司
39	西湖一中商住楼	建筑面积4595平方米，结构类型：底框结构，层数：6层	276	2008.5.25—2009.10.15	教育路北侧	常德市民主实业有限公司	常德市两栖建筑工程有限公司
40	湖南帅克国际大酒店	建筑面积5400平方米，结构类型：框架结构，层数：8层	600	2008.4.20—2009.10.3	原西苑宾馆内	张志红	常德市两栖建筑工程有限公司
41	西湖帅克商住2#楼	建筑面积2200平方米，结构类型：底框结构，层数：6层	210	2009.9.16—2010.8.10	原西苑宾馆内	西湖房产开发公司	常德市两栖建筑工程有限公司
42	西湖帅克商住3#楼	建筑面积4530平方米，结构类型：砖混、底框结构，层数：6层	280	2008.7.4—2010.5.20	西湖教育路南侧	西湖房产开发公司	常德市两栖建筑工程有限公司
43	西湖帅克商住4#楼	建筑面积5985平方米，结构类型：砖混结构，层数：6层	480	2009.8.6—2010.6.10	西湖教育路中段	西湖房产开发公司	常德市两栖建筑工程有限公司
44	西湖帅克商住5#楼	建筑面积5425平方米，结构类型：砖混结构，层数：6层	418	2010.3.1—2011.1.25	西湖教育路南侧	西湖房产开发公司	常德市两栖建筑工程有限公司
45	西湖区疾控中心检验大楼	建筑面积1470平方米，结构类型：框架结构，层数：4层	147	2009.9.16—2010.6.16	西湖教育路北侧	西湖房产开发公司	常德市两栖建筑工程有限公司
46	西湖南苑小区1#楼	建筑面积2978.91平方米，结构类型：砖混结构，层数：6层	155.98	2009.9.1—2010.12.24	南圆盘西汉公路南侧原四分场加工厂院内	西湖房产开发公司	常德市两栖建筑工程有限公司

续表 5-1-3

序号	工程名称	建设内容	投资额（万元）	开竣工时间	工程地点	建设单位	施工单位
二	**办公楼**		971.8				
47	西湖农场一分场办公楼	建筑面积 690 平方米，结构类型：砖混结构结构，层数：4 层	39.1	1998.8.18—1999	西湖一分场院内	西湖农场一分场	汉寿水利水电工程公司
48	西湖工商分局办公楼	建筑面积 599.03 平方米，结构类型：砖混结构，层数：3 层	29	2002.5.25—2002.10.1	西湖路	常德市工商局西湖工商分局	西湖建筑工程公司
49	西湖交警队办公楼	建筑面积 719.95 平方米，结构类型：砖混结构，层数：3 层	46.7	2003.8.1—2003.12.30	西湖教育路东段南侧	常德市公安局西湖分局	常德市两栖建筑工程有限公司
50	常德市白玉纸厂办公大楼	建筑面积1200 平方米,结构类型：砖混结构，层数：3 层	57	2003.8.1—2003.12.1	白玉纸厂厂区内	湖南白玉纸业股份有限公司	常德市两栖建筑工程有限公司
51	西湖区管理委员会办公楼	建筑面积3399 平方米,结构类型：框架结构，层数：7 层	800	2010.9.20—2012.1	区办公院落内	西湖区管理委员会	常德市两栖建筑工程有限公司
三	**住宅楼**		1565.1359				
52	农行常德市西湖办事处宿舍楼	建筑面积 1560.8 平方米，结构类型:砖混结构，层数：:4 层	43.83	1991.11.18—1992.5	国营西湖农场西湖镇园艺村	中国农业银行常德市西湖办事处	常德市鼎城区武陵镇红云建筑工程公司
53	西湖农场纸厂住宅楼工程	建筑面积 2400 平方米，结构类型：砖混结构，层数：4 层	96	1991.6.20—1991.12.20	西湖纸厂宿舍区	西湖农场纸厂	西湖建筑公司
54	机关宿舍	建筑面积 453 平方米，结构类型：砖混结构，层数：平房	8.3159	1992.5.15—1992.6.30	西湖镇园艺村	西湖农场建设办	新化白溪建筑公司
55	新港分场职工宿舍楼	建筑面积 1600 平方米，结构类型：砖混结构，层数：4 层	28.35	1994.6.15—1994.9.15	新港分场机关	西湖农场新港分场	沅江市建筑工程总公司
56	西湖果脯糖厂住宿楼	建筑面积 800 平方米，结构类型：砖混结构，层数：4 层	21	1999.6.20—2000.3.4	西湖中路	西湖果树脯糖厂	西湖建筑公司
57	棉麻公司职工住宅楼	建筑面积 1188 平方米，结构类型：砖混结构，层数：4 层	48.7	1999.7.1—1999.12.15	西湖镇东湖渔塘旁	棉麻公司	鼎城区蒿子港建筑公司

续表 5-1-3

序号	工程名称	建设内容	投资额（万元）	开竣工时间	工程地点	建设单位	施工单位
58	西湖建筑公司宿舍楼	建筑面积 2072 平方米，结构类型：砖混结构，层数：4 层	85	1999.1—1999.9	西湖镇东区	西湖建筑工程公司	西湖建筑公司
59	西湖医院住宿楼	建筑面积 1911 平方米，结构类型：砖混结构，层数：5 层	79	1999.7.1—2000.2.1	西湖路东段	西湖区人民医院	西湖建筑公司
60	西湖区经贸委住宿楼	建筑面积 1300 平方米，结构类型：砖混结构，层数：5 层	60	1999.3—1999.10	西湖教育路体育场对面	西湖经贸委	西湖区建筑工程公司
61	西湖公安干警住宅楼	建筑面积 2000 平方米，结构类型：砖混结构，层数：4 层	89	2005.11.8—2007.2.5	西湖区交警大队院内	西湖区房地产开发公司	湖南顺昌建筑有限公司
62	红旗小区 1#楼	建筑面积 3498 平方米，结构类型：砖混结构，层数：6 层	140	2008.4—2009.3	西湖区西湖中路（区机关宿舍区内）	西湖房产开发公司	常德市两栖建筑工程有限公司
63	红旗小区 2#楼	建筑面积 3128.4 平方米，结构类型：砖混结构，层数：6 层	140	2008.11.18—2009.9.28	西湖区西湖中路（区机关宿舍区内）	西湖房产开发公司	常德市两栖建筑工程有限公司
64	红旗小区 3#楼	建筑面积 3195 平方米，结构类型：砖混结构，层数：6 层	140	2008.11.18—2009.9.28	西湖区西湖中路（区机关宿舍区内）	西湖房产开发公司	常德市两栖建筑工程有限公司
65	西湖知苑小区廉租房 2#楼	建筑面积 3188 平方米，结构类型：砖混结构，层数：5 层	208	2008.9.18—2009.8.30	西湖镇知苑小区（教育路西段北侧）	西湖房产开发公司	常德市两栖建筑工程有限公司
66	西湖区白银小区廉租房 1#楼	建筑面积 3197 平方米，结构类型：底框结构，层数：5 层	268.74	2009.9.8—2010.7.23	西湖镇西湖西路西侧	西湖房产开发公司	常德市两栖建筑工程有限公司
67	西湖北苑小区廉租房 3#楼	建筑面积 1360.17 平方米，结构类型：砖混结构，层数：5 层	109.2	2010.3.28—2010.9.28	西湖教育路东段	西湖房产开发公司	常德市两栖建筑工程有限公司
四	**教育楼**		1159.9942				
68	西湖中学宿舍楼	建筑面积 740 平方米，结构类型：砖混结构，层数：4 层	28.8	1999.3.5—1999.8.5	西湖一中宿舍区	西湖中学	汉寿县建筑安装工程公司

续表 5-1-3

序号	工程名称	建设内容	投资额（万元）	开竣工时间	工程地点	建设单位	施工单位
69	西湖中心小学住宿楼	建筑面积2300平方米，结构类型：砖混结构，层数：4层	93	2000.5.2—2000.12.10	西湖中心小学院内	西湖中心小学	西湖建筑工程公司
70	西湖一中学生宿舍楼	建筑面积2118平方米，结构类型：砖混结构，层数：4层	91	2001.12.15—2002.5.30	西湖一中教学区内	西湖区第一中学	西湖建筑工程公司
71	西湖一中多功能礼堂	建筑面积2528平方米，结构类型：钢混结构，层数：1层	151.59	2004.3.15—2004.8.20	西湖一中校内	西湖一中	常德市两栖建筑工程有限公司
72	西湖一中学生宿舍楼	建筑面积3491平方米，结构类型：砖混结构，层数：6层	250	2005.7.18—2006.4.18	西湖一中校内	西湖一中	常德市两栖建筑工程有限公司
73	西湖区中心小学科教楼	建筑面积1950平方米，结构类型：框架结构，层数：4层	139.6042	2006.10.16—2006.12.31	西湖中心小学院内	西湖区中心小学	常德市两栖建筑工程有限公司
74	西湖新港联校教学楼	建筑面积1508平方米，结构类型：框架结构，层数：3层	166	2009.4.1—2010.2.1	新港小学校园内	西湖区教科文卫局	湖南顺昌建筑有限公司
75	西湖区第一中学初中部教学楼	建筑面积2200平方米，结构类型：框架结构，层数：4层	240	2010.2.22—2010.10.20	西湖一中校内	西湖一中	常德市两栖建筑工程有限公司
五	**其他**		1666.0454				
76	西湖农贸大市场	建筑面积5040平方米，结构类型：砖混结构，层数：1—3层	270	2000.9.15—2001.1.28	西湖镇园艺村	西湖镇	常德斗姆湖建筑公司
77	五分场自来水改造工程	自来水净水处理站50T/H，结构类型：钢砼结构，建筑面积130平方米	27	2001.3.22—2001.7.22	西湖五分场	西湖农场移民办	常德市宏兴建筑安装有限责任公司
78	常德安华白云制药有限公司厂房	建筑面积1305平方米，占地49.7586亩，结构类型：轻刚结构	60.135	2002.10.10—2002.11.30	西湖区西常路西边	常德安华白云制药有限公司	湖南省地质建设工程（集团）总公司

续表 5-1-3

序号	工程名称	建设内容	投资额（万元）	开竣工时间	工程地点	建设单位	施工单位
79	再生新闻纸生产线工程—制浆造纸车间	建筑面积2300.72平方米，结构类型：排架结构，层数：1层	110	2004.9—2005	白玉纸厂厂区内	湖南白玉纸业股份有限公司	常德市两栖建筑工程有限公司
80	西湖殡仪馆食堂、商店	建筑面积448平方米，结构类型：砖混结构，层数：1层	30	2008.8.8—2009.4.28	西湖区新桥村	西湖区民政局	常德市两栖建筑工程有限公司
81	西湖殡仪馆吊唁厅	建筑面积491平方米，结构类型：框架结构，层数：1层	33	2008.8—2009.5.6	西湖区新桥村	西湖区民政局	常德安厦建筑有限公司
82	西湖镇区街道提质改造沥青混凝土路面工程（一标段）	西湖路、教育路、东湖路、西常路及北园盘43413.03平方米，沥青混凝土路面，共长3942.4米	588.25	2008.7.29—2008.9.14	西湖镇区	西湖管理区文明卫生城镇创建指挥部	湖南天鹰建设有限公司
83	西湖区人行道改造工程（二标段）	西常路北圆盘、教育路、东湖路18196.58平方米，共长2818.74米	231.8032	2008.4.24—2008.8.3	西湖镇区	西湖管理区文明卫生城镇创建指挥部	常德市固城市政建设有限公司
84	西湖区道路改建（镇主干道改造水稳层分项工程、镇主干道改造水泥砼工程）	西湖路、东湖路、教育路5%水泥含量水泥稳定砂砾3534.6平方米，C30水泥砼道路12092平方米	160.44	2007.12.8—2008.4.5	西湖镇区	西湖管理区文明卫生城镇创建指挥部	株洲市政建设有限公司
85	西湖区道路改造工程（三标段）（西湖路人行道改造和铺设）	铺筑面积14323.41平方米	115.4516	2008.4.24—2008.7.30	西湖镇区	西湖管理区文明卫生城镇创建指挥部	常德市广宇建设股份有限公司
86	棉麻至黑桥道路工程	棉麻至黑桥全长69米，2945.44平方米；五七桥道路恢复：砼面层20厘米厚：69.4米×6.0米；砼面层15厘米：6.9米×7.0米	39.9656	2008.9.30—2008.11.30	西湖镇区	西湖管理区文明卫生城镇创建指挥部	常德市两栖建筑工程有限公司

第二章　新农村建设

第一节　通畅工程

2006 年至 2010 年,国家、省、市共投资 3573.2 万元,西湖区共筹资 1466.81 万元,合计 5040.01 万元用于“通畅工程”等农村交通基础设施建设。其具体用途为:通乡公路建设 861.4 万元,通畅工程通村公路建设 742.51 万元,西湖镇城区油砂路建设 3000 万元,农村客运站建设 65 万元,其他交通基础设施建设 371.1 万元。“十一五”期间共建成通乡公路水泥砼路面 18.37 千米、通村公路水泥砼路面 47 千米、镇区油砂路面 3.8 千米、彩色砖人行道 3.2 万平方米、农村客运站 2 座 2365.13 平方米、农村客运招呼站 12 个等农村交通基础设施建设工程。2010 年年底,西湖境内有通车里程 149.97 千米,其中县道 2 条 16.83 千米,乡道 7 条 26.46 千米,村道 62 条 106.68 千米。此外,尚有农村砂石路面断头公路 66.37 千米,已纳入常德市“十二五”交通基础设施建设规划立项项目之一,拟建设通村公路 32 千米。

2010 年,裕民办事处修建通村公路

第二节　供水工程

1989 年以前除总场范围外,各分场人民基本上是用扁担和水桶从河、湖、渠、井里挑水吃。从 1990 年开始,西湖管理区加大供水工程建设力度,通过 20 余年的努力,至 2010 年,解决了长期困扰人民群众的饮水难、饮水不卫生的问题。

西湖供水工程建设大致可分为三个阶段。

1990 年至 1995 年为第一阶段。在这一阶段里,首座镇区集中供水总站于 1990 年建成投产,共投资 535 万元,取水水源为地下水,采用曝气氧化处理工艺流程,水质基本达标,解决了西湖镇、新港办事处和裕民办事处总人口 1.4 万人的饮水问题。此后又逐年修建西洲水厂、东洲水厂、鼎港水厂、下窖水厂,总投资 358 万元,解决 0.9 万人的饮水问题。在这一阶段,解决全场约50%的人口饮水问题,尚有50%的人口没有解决,人们只有出资请小型打井队在自家门前打一个人力摇把井取水。

1996年至2005年为第二阶段。在这一阶段里,西湖争取湖南省移民遗留问题处理六年规划资金1088万元,对西湖供水总站、西洲水厂、下窖水厂、鼎港水厂、东洲水厂5处供水工程全部拆除重建。其中西湖供水总站设计供水每日4000立方米,其余水厂设计供水能力每日1200立方米。全区完成管网铺设130千米,所有供水设备进一步完善。至此阶段,西湖已基本解决4.3万人的饮水问题。

2006年至2010年为第三阶段。在这一阶段,西湖争取国家饮水安全工程资金1000万元,重点对西洲水厂、鼎港水厂、下窖水厂、东洲水厂4个农村集中供水工程进行更新改造,共更新自动叠压变频供水设备4台(套),消毒设备4台(套),管网100千米,新建办公用房4栋。至此,西湖供水工程建设已基本满足需求,西湖区5万余人全部吃上比较安全卫生的自来水。

但全区供水工程建设尚存在问题:部分管网腐蚀严重,急需更新改造;水质尚不达标,必须进行处理;管理不健全,不到位,除西湖供水总站属公司法人制管理外,其余4家水厂均由下岗职工承包经营,不利于供水工程建设的发展。

第三节 危房改造工程

1998年至2010年,西湖农场(区)移民危房改造工程先后施行2次,总投资2632万元,共改造更新移民危房13097间34.38万平方米。其中:1998年至2001年,湖南省移民开发局共投入西湖移民危房改造资金2400万元,改造更新移民危房12419间32.6万平方米。2008年至2010年,省移民开发局按每户扶持1万元的标准,对西湖农场(区)农村移民中的232户危房户给予帮扶,共投入移民危房改造资金232万元,改造更新农村移民危房678间1.78万平方米。此后,西湖区农村危房改造整体规划,已纳入湖南省农垦系统农村危房改造工程立项项目之中,正在全面组织实施。

第四节 新能源工程

一、农村沼气池建设

1975年春,农场在四分场试点推广农村沼气池建设工程,并派专人到北京等地学习沼气池建设、使用、管理技术,学成后回场负责全面推广。是年9月,农场在四分场第三、四、八生产队共建沼气池6个,点火试用成功,主要用于煮饭、炒菜、烧水和照明。此后,农场掀起沼气池建设热潮,全场各生产队都纷纷出资出工修建沼气池。时任中共西湖农场六分场党总支书记肖宏富亲自上阵,在该分场科研队把关建成沼气池1个,成功产气,试用效果达到炊用、浴用、照明等设计标准。历经多年的发展，至 1981 年，全场共建成 20 立方米上流式浮罩沼气池 59 个投入使用，总投资 5.74 万元。所建沼气池均进行了改厨、改厕、改灯三连通的配套应用改革，一池多用，充分发挥其效能作用。可是，由于建池技术不过关、日常使用不当、维护管理措施不完善、湖区地下水位高等诸多原因，所建沼气池能连续产气的仅有 30%，70%的沼气池只用完首池气后便不再产气。至 1985 年，90%以上沼气池停止产气，不再使用，仅有不到10%的沼气池仍在连续产气并使用，其中四分场八队农工邓孝先家的沼气池连续产气达 10 年之久。此后，农场的沼气池建设处于停滞状态。直至 1998 年，农场号召重启农村沼气池建设工程，但只有个别农户修建小型沼气池。

2002 年，西湖区重新全面启动农村沼气池工程建设，制定出台优惠政策，对修建沼气池的农户，每户给予补助金 500 元。鼓励新建住宅的农户在建房的同时，修建 1 个容量 10 立方米以上的沼气池。全区的新建房农户积极响应西湖区委、区管委会的号召，90%以上新建房户修建容量 10~20 立方米的家用沼气池，且都具有连续产气功能。至 2005 年年底，全区共修建上流式浮罩沼气池 41 个，均达到产气的技术标准。

天然气普遍使用

2006 年，西湖区全面实施社会主义新农村建设工程，着力推行“新村新貌”工程建设。将沼气池建设作为开发新能源、改善农村生态环境、发展农村经济、切实改善民生的重要举措，全方位铺开农村沼气池建设工程。贯彻落实惠民政策，加大补助力度，对修建沼气池的农户每户给予 1000~1200 元财政补贴。全面推广沼气池建造、使用、维护新技术，实行“猪→沼→菜”、“猪→沼→果”综合发展新模式。立体开发，综合利用，一举多得，利国利民。其具体操作方法为:将沼气池建在猪舍旁，入料口连通猪圈粪便出口，将猪圈里的猪粪引入沼气池做原料，换料时利用沼渣作肥料，适度稀释后用喷雾器喷洒，给蔬菜、果树、棉花等庄稼叶面施肥，用沉淀的沼渣作底肥种植农作物。沼气池产气后，将从池盖出口中伸出的供气管与室内的沼气灶、沼气灯、沼气热水器相连接。一打开便可煮饭、炒菜、沐浴、照明，既方便又卫生。此举得到广大农户的积极拥护，全区再度掀起沼气池建设热潮。一年内，全区共立体开发建成 10~20 立方米容量的上流式浮罩沼气池 29 个。经过几年的发展，至 2010 年年末，全区共建成沼气池 174 个，均在正常产气，其中东洲乡 91 个、西洲乡 69 个、西湖镇 14 个，总投资 37.59 万元，其中财政补贴 17.24 万元、占 45.86%，农户投资 20.35 万元、占 54.14%。

二、农村太阳能建设

自2002年起,西湖区农村新建房户中有个别农户在屋顶安装太阳能热水器,拉开农村太阳能推广应用的序幕。此后,农村家庭安装太阳能热水器的逐年增多。至2005年年末,全区农村家庭安装太阳能热水器的户数达251户。2006年全面实施新农村建设工程后,村组干部家庭带头安装太阳能热水器,以点带面推动农村太阳能利用进程。至2008年年末,3年内全区农村共安装使用太阳能热水器79台(套)。2009年国家实施"家电下乡"惠农政策,凡农户购买中标品牌太阳能热水器等家用电器产品,政府给予购机户家电购置款13%的财政补贴。惠农政策激发出农户购买太阳能热水器的热情,具备条件的农户都纷纷购买、安装、应用太阳能热水器。2009年至2010年,全区农村家庭共购买太阳能热火器349台(套),总投资105.86万元,其中财政补贴资金13.76万元、占总额13%,农户投资92.1万元、占总额87%。2010年年底,全区农村总共有太阳能热水器715台(套),其中东洲乡318台(套)、西洲乡278台(套)、西湖镇119台(套),累计总投资216.87万元,年均投资24.1万元。此后,家电下乡惠农政策继续执行。

第三章　交通建设

第一节　管理机构

1972年至1984年,西湖农场的交通管理工作归口农机水利科管理。1984年4月,成立西湖农场农机安全监理站,主要职能为农机安全监管。1986年5月,成立常德市西湖农场交通运输管理所,主要职能为道路运输管理。1987年3月,成立西湖农场道路交通(19)安全联组,协助市交警支队代管驾驶员年审、车辆年检、交通事故调处等工作。1989年2月,成立西湖农场农机交通监理科,下设交通运输管理所、交通规费征稽办、农机安全监理站、第19安全联组、财务室、办公室,主要职能为水陆交通运输管理、交通行政委托执法、交通规费代征上解、农机行政委托执法、农业机械化管理、农机安全监理、拖拉机养路费代征上解、交通(农机)事故处理等行业管理。1992年12月30日,根据常德市交通局常交字〔1992〕146号文件,成立常德市柳林嘴港航管理所,负责当地港口航运管理。定员4人:市港航处委派1人任所长,汉寿1人,西湖2人。柳林嘴港航管理所的党务、政治工作,由市港航处委托西湖农场代管,农场决定由农机交通监理科代行管理。此种机构设置及名称保持至2002年5月。2002年6月,农机交通监理科更名为西湖管理区交通局,属内设机构。2000年11月13日,西湖区管理委员会以西请字〔2000〕68号文件《关于请求批准成立"常德市公安局西湖分局交通警察大队"的请示》,报请市交警支队批准。次年5月,成立西湖公安分局交通警察大队,接收交通局职工3人,交通局不再承担交通事故处理职责。2002年9月,区机关实行机构改革,交通局合并至经济贸易局,由副局长兼任交通局局长,下设交通运输管理所、交通农机管理办公室、公路管理站、办公室、财务室,柳林嘴港航管理所与西湖交通局分离,由经济贸易局代行管理。2008年5月,正式成立常德市西湖管理区交通局,下设交通运输管理所、公路管理站、财务室、办公室、农机安全监理站。2010年12月,柳林嘴港航管理所重新划纳西湖交通局管理。

第二节　交通线路

一、公路建设

1991年以前的公路总体状况,据1992年7月6日西湖农场公路段编制的《西湖农场公路普查测量汇总资料》显示:西湖境内有干线、支线、简易公路共86条,总里程164.58千米。

其中干线公路(县道)2 条 16.83 千米,支线公路(乡道)14 条 26.46 千米,干线、支线公路合计里程 43.29 千米,简易公路 70 条 121.29 千米。干线、支线公路均为沙石路面,简易公路除少数路段为炉渣路面外,绝大多数为泥土路面。境内有柳和线、西黄线两条干线公路,是西湖通往境外的交通要道。柳和线东起柳林嘴大堤界桩处,西至汉寿县罐头嘴镇和平村闸口小桥处,全长 16 千米。西黄线北起鼎城区黄珠洲乡黄珠洲村闸口拱桥处,西至西湖造纸厂门口,全长 0.83 千米。

1991 年 1 月至 1994 年 4 月,西湖境内除有部分新建工程以外,主要是对原有公路实施扩建改造。

1994 年 5 月,湖南省政府、常德市政府共投资 263 万元,将西湖至沙河口 15 千米砂石公路改建成柏油路面。

1999 年至 2000 年,湖南省政府、常德市政府共投资 869 万元,将柳林嘴至和平桥 16 千米砂石公路改建成水泥混凝土公路。

2006 年至 2010 年,是西湖交通建设的重要发展时期。在此期间,国家、湖南省政府、常德市政府共投资 3573.2 万元,西湖区自筹 1466.81 万元,合计 5040.01 万元,用于各项交通基础设施建设。其中,通乡公路建设,国家、湖南省政府、常德市政府共投资 349.6 万元,西湖区筹资 511.8 万元,建成通乡公路 18.37 千米。“通畅工程”通村公路建设,国家、湖南省政府、常德市政府共投资 618 万元,西湖区筹资 124.51 万元,共计 742.51 万元,建成通村公路 47 千米。2008 年 10 月至 2009 年 9 月,湖南省政府、常德市政府共投资 2550 万元,西湖区筹资 450 万元,共计 3000 万元,将西湖镇区 3.8 千米水泥路改建成油砂路,将水泥砼板人行道 2.3 万平方米改铺成彩色砖人行道 3.2 万平方米。

截至 2010 年年底,西湖境内有公路通车里程 149.97 千米。按等级分:县道 2 条 16.83 千米,乡道 7 条 26.46 千米,村道 62 条 106.68 千米。按技术等级分:三级公路 16.83 千米,四级公路 83.97 千米,等外公路 49.17 千米。按路面状况分:水泥砼公路 53.94 千米,油砂路面 3.8 千米,砂石公路 92.23 千米。砂石公路中有断头公路 66.37 千米,已纳入常德市“十二五”交通基础设施建设规划中,并获准立项建设通村公路 32 千米。西湖境内干线、支线公路分布状况及里程,详见表 5-3-1。

西湖境内干线、支线公路里程统计表

表 5-3-1

线路		起止地段	里程（千米）
干线	柳和路	柳林嘴至和平桥	16
	西黄线	造纸厂至黄珠洲	0.83
支线	裕民线	东湖桥至罐头厂	1.8
	西洲线	四门闸至大西湖闸口 三工班处至西湖二中	2.25 2.06
	下窖线	大西湖闸口至三分场场部至酉港河岸	2.92
	新港线	大米厂至四分场场部	0.55
	鼎港线	小桥至五分场商店	1.80
	东洲线	六分场六队闸口至砖瓦厂至大堤脚下 鼎港路口至六分场四队 六分场食品站至六分场商店	6.75 1.25 0.35

线路		起止地段	里程（千米）
支线	轧园线	轧花厂至园艺队	0.89
	纸闸线	造纸厂至六分场六队闸口	1.36
	校米线	西湖一中至大米厂	2.08
	新园线	新民桥至园艺队	0.8
	轧食线	轧花厂仓库至食品总厂	0.4
	招老线	招待所至老干科	0.16
	车新线	汽车站至新北河桥边	0.52
	油黄线	加油站至黄珠洲堤下	0.52
合计里程			43.29

二、水路建设

西湖农场东临澧水，南靠西港河。移民建场初期，水路为人、货进出农场的重要通道，柳林嘴码头为农场唯一水运码头，可通往省内航道和武汉、南京、上海等地港口。

（一）港口码头权属划定

1990 年以前，柳林嘴码头为西湖农场工农业生产资料、产品、生活物资等进出口货物运输的简易货运码头。为使其适应经济社会发展的需要，农场党委决定改造扩建柳林嘴码头，但因权属不明，不便开发建设。1990 年 1 月，农场党委、场部具文呈请常德市人民政府划定柳林嘴外江码头权属问题。1990 年 4 月 20 日，常德市人民政府办公室以常政办函〔1990〕14 号《关于西湖柳林嘴外江码头管理权属问题的批复》，作出决定：

柳林嘴码头

柳林嘴外江码头是建设好西湖农场的基础设施项目之一，由西湖农场包干建设。按照“谁承建、谁使用、谁受益”的原则，建成后的码头所有权、使用权归西湖农场。汉寿县要积极支持该码头的建设。

码头建成后，成立柳林嘴港务管理站，由市交通局直管。港务站的组建由市交通局商西湖农场和汉寿县政府确定。

港务站收取的规费和管理费除上交和必要的开支外，应首先用于归还建设码头的农行贷款。

柳林嘴码头的选址，由市交通局在市计委牵头组织的可行性论证的基础上选定。

1991 年 1 月 6 日，常德市人民政府就三角堤至柳林嘴大堤及柳林嘴外江码头建设等有关问题召开专题会议，形成专题会议纪要。

(二)港口码头建设

客货两用码头建设

1991 年 3 月，西湖农场筹资 80 万元，启动柳林嘴码头改造扩建工程，由农场建设办负责施工建设。是年 5 月破土动工，年底建成客货两用码头，通过验收，交付使用。扩建后，此码头功能较齐全，设备较先进，建有货物堆场 300 平方米，仓储建筑 400 平方米，3 吨、5 吨起运吊车各 1 台等配套设施。

专线公路建设

1992 年冬至次年夏，农场在柳林嘴大堤外，建成自柳和线上堤处通往客货两用码头的砂石路面专线公路 0.5 千米。

简易码头建设

1992 年冬，农场将柳林嘴港口码头南侧的枯水湖洲建成简易码头 2000 平方米，辅助用于停泊货运船舶，冬季则为西湖造纸厂起运芦苇的专用码头。

(三)民间渡口

1991 年至 1995 年，境内西港河北岸有 9 个渡口。1996 年至 2000 年，西湖移民先后在西港河水面上建起 4 座浮桥，境内渡口减少至 5 个。这 5 个渡口为：复兴渡口，位于下窖分场五队；新港渡口，位于新港中心小学旁边；九狮渡口，位于新港分场和鼎港分场交界处；鼎港渡口，位于鼎港分场二队与三队之间；知春渡口，位于鼎港分场六队。

此 5 个渡口，均为民间渡口，用小筏摆渡，有偿服务。渡口的运输秩序与安全工作由西湖交通局负责管理。设有专职岗位，每年指派专人管理渡口，落实安全措施，定期检查、整改安全隐患。1991 年至 2010 年，先后查处超载行为 23 起。

第三节　交通设施

一、站场建设

1991年5月,西湖农场筹资70万元,建成集停车、候车、售票、修理、食宿、经商于一体的汽车客运新车站,总建筑面积3063.6平方米,其中停车场面积1826平方米、站房面积1237.6平方米。2003年7月,经常德市交通局现场考察、审核、验收、批准注册为三级汽车客运站。

新建汽运站

2008年9月至2009年10月,省、市交通行政部门投资35万元,将原下窖办事处办公场所改建成下窖农村客运站。占地面积1545.53平方米,总建筑面积1135.13平方米,其中停车场面积935.9平方米、站房面积199.23平方米。省、市交通行政部门投资30万元,在原鼎港办事处鼎园村建成鼎港农村客运站。占地面积1500平方米,总建筑面积1230平方米,其中停车场面积1040平方米、站房面积190平方米。

二、服务设施建设

1991年5月15日,湖南省交通厅拨款37.8万元,西湖农场投资5万元,农机交通监理科干部职工集资5.1万元,农场场部在西湖镇水稻二队划拨土地4.83亩,经市国土部门批准使用。是年6月3日破土动工,修建农机交通管理大院。次年3月竣工验收,交付使用。大院内建有办公楼一栋,建筑面积385.37平方米,干部职工宿舍楼一栋,建筑面积1503平方米,停车场1000平方米,配套设施107平方米,总建筑面积2995.37平方米。

三、桥梁建设

(一)钢筋混凝土桥

1991年,西湖有五七桥、新北桥、黑桥、建新桥4座桥。五七桥建于1968年,位于新港河段,长18米、宽6米;新北桥建于1967年,位于新北河段,长13米,宽5.5米;黑桥建于1958

年,位于黄泥湖河段,长12米,宽7米;建新桥建于1987年,位于抗旱渠,长7米,宽5.4米。4桥总长度40米。

1992年5月至1998年6月,先后建成钢筋砼桥梁5座。

新港河交通桥 位于新港河中段,1991年3月开工建设,次年5月竣工通车,桥长30米,宽5米。

六一桥 位于东洲分场十队排渠,1991年7月开工建设,次年6月1日竣工通车,桥长24米,宽6米。

东湖桥 位于自来水厂北侧,1992年7月开工建设,次年4月竣工通车,桥长18米,宽12米。

东风桥 位于下窖分场向阳港,1993年9月开工建设,次年4月竣工通车,桥长15米,宽6米。

黎园桥 位于东洲分场三队北洼湖,1997年8月开工建设,次年6月竣工通车,桥长18米,宽6.1米。

1992年至2007年,共投资656万元,先后改建危桥4座:新北桥、新港河交通桥、黑桥、五七桥。

改建以后,五七桥成为涵拱桥,其余3座桥均在原基础上进行改造、加宽、加固。

(二)静水浮桥

1995年以前,西港河两岸民间往来全靠小筏过渡。沿岸居民见小筏过渡不应急,大风大浪不能摆渡,西湖贸易公司下岗职工夏新嘎首先提议集资修建浮桥。1996年3月,西港河上第一座静水浮桥应运而生。至2000年,西港河北岸的西湖移民先后自筹资金4.5万元,在西港河上建起4座静水浮桥。桥分别建于下窖分场三队、五队、新港分场三队、鼎港分场六队。此种浮桥用铁油鼓按0.6米间距分两行浮于水面作桥墩,用杉木条、钢丝等材料将铁油鼓连成整体,铺上固定竹板或木板作桥面,便成了水上浮桥。浮桥长200余米,宽2米,浮桥设有起动闸,可灵活升降,不影响船舶通行。静水浮桥可供行人推着两轮摩托车、空板车或骑着自行车通行,比小筏摆渡方便、平稳、安全,过桥者只交0.5元过桥费。浮桥建成后,西港河中此4处渡口的小筏改作他用,浮桥成为两岸居民往来的交通要道。

静水浮桥属民间出资建设,股份经营,自负盈亏的私营浮桥。2001年以后,境内没有新建浮桥。

第四节　交通运输

一、道路运输

(一)道路客运

1987年1月,成立西湖农场汽车运输公司,从事客运业务,开通西湖至常德的首条客运线路,有营运客车4辆往返于西湖至常德的公路线上。同时,移民建场初期开通的一辆湘运班车照常往返于常德至西湖。此后,西湖的客运事业不断发展。

客运线路

1987年至1992年,西湖汽车运输公司先后开通西湖至常德、汉寿、安化、新化、益阳、长沙等地6条客运线路。西湖车站每天发出客运班次14个,年运客量达10万人次以上。1993年至2009年,西湖汽运公司先后开通西湖至株洲、沅江、常德桥南市场、蒋家嘴、黑山嘴等地5条客运线路。1994年1月,停运西湖至益阳的客运班线。至2010年年底,西湖汽运公司共开通客运线路10条,其中市级线路5条、县级线路5条。

客运车辆

1990年6月至1994年12月,西湖汽车运输公司先后购进黄河680型、衡山642型、东风CK690型、北京212型等大型客运车辆7辆,计332座位。此时,汽运公司有公营客车12辆610座位。1992年3月至2009年12月,黄珠洲乡村民周方云、吕国顺、周水云等人先后购进中巴客车25辆475座位,西湖农工先后购进中巴客车3辆57座位,均挂靠西湖汽运公司,签订经营合同,参与客运。2010年年底,西湖汽运公司拥有个体客运汽车36辆1098座位。其中大型高级客车4辆226座位;大型普通客车3辆128座位;中型高级客车1辆39座位;中型普通客车11辆250座位;小型中级客车13辆247座位;包车客运车辆4辆208座位。西湖车站每天往返常德的班车有19辆,每隔15分钟开出一趟,日均旅客流动量490余人次。

农村客运

1990年以前,西湖境内无农村客运。1991年至2004年,西湖个体车主先后开通西湖镇区至柳林嘴、下窖分场九队等地2条农村客运线路。在此期间,农场职工李珠佳、夏渊源、邓中午、谢盛良等人先后购买二手客运汽车6辆,从事西湖镇区至柳林嘴、下窖分场九队的农村客运。2005年至2006年,境内先后建成农村客运站2座,开通农村客运线路6条,拥有个体客运车辆6辆114座位。2010年年底,西湖境内有农村个体客运车辆15辆285座位,开通农村客运线路11条。

(二)道路货运

货运车辆及运量

1973年初,农场建立汽车队,利用部队留下的旧长车(220吨位)从事货物运输。1984年

3月,全场货运汽车达46辆119吨位,年运输量3万吨。

1983年,农场职工伍孝枝率先购置一辆2吨位的卡斯牌运输车,从事个体货运,开启西湖个体货运的序幕。1984年7月,农场撤销汽车队,所有汽车折价售给车队司机,实行停薪留职承包,由个人自行营运。从此,农场陆上货运以个体为主。到1990年,全场共有货运车辆62辆239吨位,其中个体货车47辆191吨位。

1991年年底,全场有大小货运车辆66辆239吨位,其中个体货运车辆47辆191吨位。自此,个体货车逐年增加,货运业务不断扩大。至2010年年底,全区拥有各种类型的个体货运车辆514辆2089.4吨位。其中"危货"运输车辆49辆433.7吨位;牵引车1辆11吨位;挂车1辆30吨位;大型货车135辆1539.6吨位;中、小型货车328辆86.2吨位。

2010年,完成社会公路货运量79.48万吨,货物周转量125637.8吨千米。

货运配载

1991年1月至2002年5月,西湖运管所在柳林嘴货运码头设有货运配载中心,对进出农场的各类物资实行配载运输。配载中心由运管所运管员和航运公司行管人员联合组成。具体运作由运管所授权委托航运公司代行管理,对各类货运车辆实行归点、限价管理,实现车归点、货入市的目标。2002年6月,西湖区机关实行机构改革,交通局合并至经济贸易局,柳林嘴港口码头由经贸局直接管理。此时,西湖运管所派驻柳林嘴货物配载中心的人员被调回,货物配载中心停止运作。

二、水上运输

(一)水上客运

1990年以前,柳林嘴的客运业务由湘航局经营。1991年3月,西湖航运公司购置2艘客运船舶,共70座位,其中30座位客轮1艘、40座位客轮1艘,开通柳林嘴至茅草街、沅江、杨林寨等地3条客运航线。客运船舶实行承包经营,年运客量2.8万人次左右。2002年3月,航运公司实行"两个置换"改革,两艘客轮折价卖给私人经营。从此,这两艘客轮由船主自主经营在原有3条客运航线上,一直营运至2010年。

(二)水上货运

货运船舶

1990年,西湖航运公司原有的10艘木质船舶被淘汰。1990年至1991年,航运公司先后购置钢质甲板船10艘,计260马力1000吨位。其中20马力船舶7艘,40马力船舶3艘,主要从事农场工农业生产资料、产品、建筑材料、生活物资等进出口货物运输。货运线路主要为省内航道和长江中、下游航道,年运货量21.5万吨左右。货运船舶统一经营,维持至1996年。1997年至2001年,先后有7艘货运船舶转体为民营。至2002年,航运公司的10艘货运船舶全部转体为民营。

货运装卸

1991 年以前，柳林嘴码头各类进出口货物的搬运装卸作业，均为人工肩挑背驮，由西湖农场柳林嘴搬运队承担搬运装卸任务。1991 年 12 月，柳林嘴港口码头的起运吊车投入使用，搬运装卸实行机械化作业，日吞吐量 800 吨左右。1993 年 3 月，起运吊车、堆场、仓库实行承包经营，生产效益有所提高。2002 年 3 月，柳林嘴港口码头的起运吊车、堆场、仓库等设施折价卖给私人经营。

第五节　交通管理

一、公路运输管理

（一）运输行业管理

客运市场管理

在客运市场管理上，运管所每年制定《客运市场管理工作方案》，常年坚持“定线定车、一车一牌”制度，抓好运力源前管理和证牌管理。在运政稽查活动中收缴自制线路牌，督促其悬挂正式营运线路牌。坚持定线路、定班次、定时间、定票价的制度，逐车逐班落实到位，适时检查，督促车主做到“车进站、人归点”，依法营运，照价收费。一旦发现问题，及时整改到位。通过有效的管理，年年实现客运车辆证牌齐全，营运合法，收费合理，车容车貌整洁，安全技术性能合格的目标。

货运市场管理

在货运市场管理上，运管所根据西湖的特点，每年制定《货运市场管理工作方案》，全面加强货运市场管理，强化“危货”运输管理。以柳林嘴货运码头为依托，依规整顿货运配载中心配载秩序，督促其照章做好货运物源配载与管理工作。按照有关规定与要求，定期审验货运车辆经营资质行为，适时检查鉴定货运车辆载运情况和安全技术状况，依法整顿无证经营和欺行霸市等违法经营行为，及时下达整改通知书，责令其停业限期整改。凡整改不到位的车辆，一律不允许参与货物营运。重点抓好“危货”运输车辆管理，督促其持证上岗，悬挂“危货”标志营运。有效的管理收到了实效，年年实现货运车辆经营手续齐全，安全技术设施完备、合格，危险货物运输车辆“危货”标志悬挂率和从业人员持证上岗率均达100%的目标。

运输服务市场管理

每年年初，科（局）、所制定《运输服务市场管理工作方案》。按照行业管理有关规定和要求，确定管理范围、内容、方法，突出重点，全方位做好运输服务市场管理工作。全力督促车站做到定线、定时、定点排班，准时发车。指导车站切实解决服务态度“冷、横、硬”和环境“脏、乱、差”问题，全面转变服务作风，改善服务态度，保持清洁卫生，做到礼貌待客，文明服务。通过有效管理,年年实现站场服务设施与管理制度齐全,票价合理,车辆运行有序,环境整洁,服务态度好的目标。

机动车维护市场管理

1991 年 3 月,西湖汽运公司修理厂经常德市交通运输管理处维修科考核认定,被定为二级汽车维护厂家,核发汽车二级维护厂家经营合格证。机动车维护市场管理初见成效后,每年年初,运管所制定《机动车维护市场管理工作方案》。按照方案的具体目标与要求,对机动车维护市场进行清理、整顿,对修理厂、点进行重新审查、注册。依规审核从业人员的技术资格,核发证照,核定维修经营范围、质量技术标准、收费标准。每年定期检查、审验经营资质,检验、鉴定维修质量,审核收费价格,依法查处抬价、杀价、乱涨价和以次充好等违法经营行为。通过治理、整顿,规范了机动车维修业户的经营行为,扭转了无照经营、无证上岗、占道经营的混乱局面,维持了正常的机动车维护市场秩序。

搬运装卸市场管理

运管所按照行业管理要求和当年制定的《搬运装卸市场管理工作方案》,指派专人负责管理柳林嘴搬运装卸市场。每年重新核定从业人员,核发、审验搬运装卸经营证、照、牌,确定经营范围、服务项目、收费标准,逐日逐项管理到位。在工商、物价、公安等部门配合下,适时整顿搬运装卸市场秩序,查处抬价、杀价、乱涨价、欺行霸市等不正当竞争行为。有效的监督管理收到了搬运装卸行为规范,市场有序运行,收费合理的预期效果。

春运市场管理

每年春运期间,交通局(科)成立春运领导小组,加强对春运工作的领导。全面落实管理职责、制度、措施,逐站、逐点、逐班次管理到位。实行 24 小时值班制,领导小组成员轮流值班,带领运管人员深入到车站、班线、路段,进行现场指导、把关、疏导,督促车站加强管理,定线经营,依序排班,正点发车。全方位落实安全管理措施,严查、严堵、严禁“三品”进站上车。旅客高峰期,领导小组成员亲临春运现场,指导车站增加班次,延长售票时间,确保每个旅客走得了,走得安全。据统计,西湖车站每年的春运班次达 2240 车次以上,年均接送旅客 14.3 万余人。

(二)交通规费征收管理

征收管理机构及内容

1991 年至 2008 年,西湖的交通规费征收,分别由常德市交通规费征稽处和交通运输管理处授权委托西湖运管所代征上解。根据西湖在册客货运输车辆数目及征费标准,确定全年征收总额。每年的公路运输管理费征收任务为 9 万元,按征收总额返回 70%作为西湖运管所的运政管理经费。公路养护费、客运附加费、调节基金、建勤费等交通规费实行全年总额包干征收责任制,按西湖在册客货运输车辆数目及月征费标准计算,核定全年征收总额。每年由市征稽处与西湖运管所签订包干征收合同,按所征车辆的月征费标准返回 1 个月或 0.5 个月的规费额,作为西湖运管所的劳动报酬。2009 年 1 月 1 日起,国家实施《成品油价税费改革方案》,取消公路养护费、公路运输管理费、公路客运附加费等六项交通规费,开征燃油税。

征收管理措施及方法

1991 年至 2008 年,交通规费征收所得劳酬是农机交通监理科(交通局)管理经费的主要来源,交通规费征收是其行业管理主要内容之一,也成为其重要工作。在执法环境欠佳、征费难度大的情况下,克服种种困难,采取有力措施,依法征收各项交通规费。摸清费源底子,掌握征收对象。逐车落实规费征收政策,按标准核定征费额度,与车主签订《交通规费征收合同》,按月征费,及时上解。明确职责,工效挂钩。西湖农机交通监理科(交通局)下设运管组、征稽组、安全组 3 个机构,工作职责中均负有交通规费征收任务。交通规费征收实行月工资与工效挂钩责任制,定额包干到组,按月核算结账。具体方法与措施是:每年由法人代表与各组负责人签订《岗位经济责任承包合同》,确定应征规费的车辆、项目、标准、金额和各组年度费用包干项目、金额,核定奖惩标准,分月核算,按各组当月完成征费任务之比计发该组干部职工等级工资,兑现奖惩。各组按照合同任务与要求,制订工作方案与征费管理措施,落实岗位责任制。建立交通规费征收台账,逐月、逐车、逐项征管到位。每年征费总额在 110 万元~120 万元之间,年均纯利润 40 万元左右,全额用于交通行政经费开支,基本维持收支平衡,但也有收不抵支的年份。

(三)交通安全管理

驾驶员管理

主要内容:驾驶员年度审验。1991 年 1 月至 2001 年 4 月,西湖的汽车驾驶员年度审验,由市交警支队授权委托第十九安全联组代行管理。每年组织西湖的汽车驾驶员,参加市交警支队主办的驾驶员年度审验学习班。经考试合格者,办理年审合格手续。其间,共参与市交警支队主办的驾驶员年审学习班 11 次,参审人数 2079 人,年均参加年审人数 189 人,年审合格人数 189 人,合格率 100%。从 2001 年 5 月起,汽车驾驶员由西湖公安分局交通警察大队负责管理。驾驶员培训。1991 年至 2010 年,西湖尚未设立专门的驾驶员培训机构。1994 年至 1995 年,常德市交通局在西湖设立驾驶员培训点,授权委托西湖农场交通运输管理所代行管理驾驶员培训工作。采用解放牌汽车作教练车培训驾驶员,两年间共培训 B 型汽车驾驶员 417 名,经考试合格,均核发 B 型驾驶证。1996 年至 2010 年,常德市多所汽车驾驶员培训学校先后进驻西湖设培训点,开班培训汽车驾驶员。此期间内,累计培训汽车驾驶员1300 余名,年均培训汽车驾驶员 80 余名,均获准核发 B 型或 C 型驾驶证。交通事故处理。1991 年 1 月至 2001 年 4 月,西湖的交通事故处理,由常德市交警支队授权委托第十九安全联组代行调处。根据现场勘察资料、调查材料、当事人陈述等实事证明材料进行综合分析、鉴定、判断,辨明事故因果关系。以事实为依据,以法规为准绳,根据事故起因及其因果关系划分责任,下达《道路交通事故责任认定书》。根据《道路交通事故处理办法》规定,组织双方当事人协商调解。在此期间,共立案、调查、调处大小交通事故 28 起,共死亡 4 人,伤 25 人,其中重大交通事故4起,调解签约28起,调解成功率100%。自2001年5月起,道路交通事故由西湖公安分局交通警察大队负责处理。2001年5月至2010年12月,共调处交通事故29起。

客货车辆管理

西湖的客、货运输车辆管理,分别由常德市交通局、市交警支队授权委托西湖农机交通监理科(交通局)代行管理。主要内容:客运车辆管理。1991年至2010年,西湖的客运车辆营运线路牌、道路运输证、道路经营许可证等经营资质和车辆安全技术性能,由西湖运管所负责核发、审验、检测、鉴定、管理。建立客运车辆台账,实行动态管理,逐车管理到位。根据行业管理规定与要求,每年对客运车辆营运线路牌、道路运输证、道路经营许可证等经营资质进行一次审验,对客运车辆安全技术性能进行一次检测。在此期间,每年的年审合格率和年检合格率均达100%。1991年1月至2001年4月,西湖的客运车辆年度检验,由市交警支队授权委托第十九安全联组代行管理。每年定期组织客运车辆先后开到市交警支队车辆检验中心进行年度检验,年检合格率均达100%。2001年5月,客运车辆年度检验业务由西湖公安分局交通警察大队施行管理。货运车辆管理。1991年至2010年,西湖的货运车辆管理由西湖运管所负责施行。建立货运车辆台账,实行规范化、系统化、动态化管理,逐车管理到位。每年对货运车辆道路运输证、道路经营许可证、“危货”运输许可证等经营资质进行一次审验,年审合格率均达100%。1991年1月至2001年4月,西湖的货运车辆年度检验由市交警支队授权委托第十九安全联组代行管理。按有关规定,每年适时组织货运车辆先后开到市交警支队车辆检验中心进行年度检验。年检合格率均达100%。2001年5月,货运车辆年度检验业务由西湖公安分局交通警察大队负责管理。

西湖大道

(四)交通行政管理

执法队伍建设

主要内容:岗位培训。1991年至2010年,西湖运管所的运政执法人员先后多次参加市运管处在市委党校主办的交通行政执法培训班。学习内容为《中华人民共和国行政诉讼法》、《中华人民共和国行政处罚法》《中华人民共和国道路运输管理条例》等法律法规和行业管理知识。在此期间,累计参加执法培训班8期152人次,有25人通过结业考试,成绩及格,均领取“交通行政执法证”。1998年5月,运管所所长方荣石参加湖南省公路运输管理局举办的全省交通运政执法培训班,经考试合格,获得结业证书。制度建设。1991年至2010年,运管所每年均建立《客运市场管理岗位责任制》《货运市场管理岗位责任制》《机动车维护市场管理岗位责任制》《搬运装卸市场管理岗位责任制》《运输服务市场管理岗位责任制》《行政执法岗位责任制》《道路运输安全管理岗位责任制》等规章制度，用制度约束人、管理人，严格按制度兑现奖惩。作风建设。科（局）领导每月组织干部职工学习时事政治、邓小平理论、“三个代表”重要思想、科学发展观、法律法规和业务知识。通过学习，全体干部职工都能牢固树立勤政为民、廉洁自律的民本思想。在工作中坚持秉公办事，文明执法，杜绝“索、拿、卡、要”和乱扣车、乱罚款、乱收费等违纪现象。

交通运政稽查

主要内容：检查经营资质行为。运管所每年适时检查客货运输车辆经营资质行为，依法对无客运线路牌，无“道路运输证”、无“道路经营许可证”或安全技术设施不符合标准的客货运输车辆和超班线经营的客运车辆进行停业整顿，视情节作出相应的处理。1991 年至2010 年，先后查处违法经营行为 13 起。检查运价执行情况。运政执法人员适时深入站点查处抬价、乱涨价、乱收费等违规经营行为。1991 年至 2010 年，共查处“春运”乱涨价等违法经营行为 47 起。查处无证上岗行为。运政执法人员不定时深入到机动车维修站点，检查车辆维修人员从业资质，对无“机动车维护操作证”上岗的行为，依法予以纠正。适时检查“危货”运输车辆悬挂标志牌营运情况，对无“危货”运输许可证或不悬挂“危货”标志营运的行为，依法进行整改。1991 年至 2010 年，共查处车辆维修站点无证上岗人员 21 人次，查处“危货”运输车辆不悬挂“危货”标志营运的行为 6 起。

运输纠纷调处

1991 年至 2010 年，先后接待、解答、处理来信来访事件 43 起。在此期间，先后召开道路运输纠纷调处会议 16 次，调处纠纷 16 起，签约解决 14 起，调解成功率达 87.5%。

公路养护管理

1991 年 1 月至 1993 年 9 月，西湖农场公路段有在岗干部职工 31 人，负责全场 43.29 千米干线、支线公路养护管理工作。1992 年 6 月，公路养护作业实行岗位责任制，打破“大锅饭”，改统一作业为个人单独作业，将路段确定到人，落实养护管理责任制。按月对公路养护管理质量进行检查、验收、评分，以分计酬。验收评分办法：每月 26 日至 30 日，组织全段干部职工对公路养护质量进行检查、验收、评分，满分为 100 分，实得分数张榜公布。所得分数作为当月工资、防尘补贴、劳保费、工具费等项的计发依据。奖惩标准：得满分者，计发当月全额工资、防尘补贴、劳保用品和工具费，发月质量奖金 10 元。得分 95 分（含 95 分）以上者，计发当月全额工资、防尘补贴、劳保费、工具费等。得分低于 60 分（不含 60 分）者，扣发当月工资、防尘补贴、劳保费、工具费各 20%。全年总分达 1200 分者，计发全额年终奖金，另奖励 100 元。全年总分低于 720 分（不含 720 分）者，扣发年终奖金 30%，取消各项补贴。

1993 年 9 月，农场公路养护管理体制改革方案实施到位。改革后，公路段退休 7 人，调往各分场共 10 人，在岗 14 人，负责柳林嘴至和平桥 16 千米干线公路的养护管理。仍实行岗位责任制,落实职责,任务到人,管理到位。支线公路由调派至各分场的养路职工负责养护管理。

2001 年 1 月起,由于柳和线已建成水泥砼公路,西湖公路段职责以造林护林为主,兼负养路任务。

2003 年 6 月,公路段"两个置换"改革到位,职工买断工龄,置换身份,自谋职业。从此,公路养护管理走向市场,由交通局适时聘请专人承包养护,签订合同,实行"三包"(包工、包料、包质量)责任制。由承包者自主购料,自主施工,发包方按合同规定,逐段逐次进行检查、验收、结账。此种公路养护管理办法,一直延续至 2010 年。

公路路政管理

1991 年 1 月至 1994 年 12 月,西湖农机交通监理科设兼职公路管理员 1 人,负责路政管理工作。

1995 年 1 月至 2008 年 4 月,农机交通监理科(交通局)明确 1 名副科(局)长负责路政管理工作。

2008 年 5 月,交通局设公路管理站,具体负责全区的路政管理工作。路政管理的主要内容有:法规宣传。1991 年至 2010 年,利用广播、电视、墙报、标语、图册等宣传工具,重点宣传《中华人民共和国公路法》《中华人民共和国道路交通管理条例》《中华人民共和国道路交通安全法》等法律法规。每年举办墙报 10~12 期,张贴标语 1500 余条,悬挂横幅标语 12~15 条,印发宣传图册 280 余本,举办电视讲座4~6 期,出动广播宣传车 4~5 次。建筑用地审核。1991 年至 2010 年,公路两旁建房用地的审批由交通部门按《中华人民共和国公路法》的规定,把关审核,签署意见,由国土管理部门核准签发建设用地许可证。在此期间,农机交通监理科(交通局)协同国土管理部门到现场测量、划线、放样,审批签字,共批准境内干线、支线公路两旁民宅建设用地 85 宗 15300 平方米。路障查处。沿路居民在公路两旁摆摊设点、乱搭乱建、在路面上晒谷、晒棉花、堆放砂卵石的行为常有发生,造成路障,危害交通安全,成为路政管理的难点。针对此种情况,公路管理站采取相应措施,切实加强路政管理,依法进行整治,及时签发整改通知书,清除路障,恢复交通。1991 年至 1994 年,共查处马路摊点 16 起,拆除违章建筑 3 起,整改乱堆乱放行为 21 起。1995 年至 2007 年,共取缔马路市场 13 处,拆除违章建筑 8 起,整改乱堆乱放行为 32 起。2008 年至2010 年,由于管理力度加大,违章建筑、马路市场基本消失,乱堆乱放行为有所收敛, 3 年间共查处占道晒物行为 7 起。超载查处。1991 年至 2010 年,路政管理人员适时上路检查来往车辆运载情况。开展"反超载,纠违章"活动,依法查处超载违章行为。此期间内,共检查、整改、纠正客货运输车辆超载违章行为 169 起。公路设施管理。1991 年至 2010 年,路政管理人员不定时深入到各路段检查评估公路、桥梁、涵闸等交通基础设施完好率。发现有路面毁坏、桥梁破损、涵闸陷落等交通安全隐患,及时采取相应措施进行整改,恢复原状。在此期间内,共维修路面 27 处 1.28 千米,修理桥梁 13 处、涵闸 11 处。

二、水上运输管理

1991 年至 2010 年，西湖柳林嘴港口码头的航运管理工作，每年由柳林嘴港航管理所制订工作方案，由所长组织实施。西湖农机交通监理科（交通局）先后指派邹元东、刘淑松、伍先如等人进驻柳林嘴港航管理所，汉寿县港航所派 1 人参与其中，实行联合管理，统一执法。

（一）航运市场管理

1991 年至 2010 年，农机交通监理科（交通局）每年指派专人，配合柳林嘴港航管理所抓好航运市场管理。逐年建立和完善航运市场管理机制与制度，全面落实安全管理制度、职责、措施，责任到人。按照《柳林嘴港口码头安全管理责任制》的要求，切实做好境内外进出柳林嘴港口码头的车船安全管理工作。港航所管理人员不定期深入到柳林嘴港口沿线，检查、清理、整顿船舶运载、航行、停泊秩序。一旦发现安全隐患，及时采取相应措施，依规整改到位。在此期间的日常工作中，柳林嘴港航所管理人员坚持亮证执法，对港口内所泊船舶进行检查。依法查处超载运行、无证驾驶、人证不符、学徒单驾等违章驾船行为，对事故隐患及时下达整改通知书，责令其限期停业整改。经整改仍不符合安全航行标准者，报请船籍主管部门注销其航运经营资格。1991 年至 2010 年，累计查处超载运输行为 18 起、无证驾驶 6 起、人证不符 3 起、学徒独驾 5 起，均先后整改到位。通过整治，规范了航运市场秩序。

（二）交通规费征收管理

1991 年至 2008 年，西湖农机交通监理科（交通局）先后指派 3 人常驻柳林嘴港航管理所，参与水路交通规费征收。具体运作方法为：统一标准，统一票据，统一行动，依法征费，统一管理。征费项目：航运管理费、养河费、货物港务费、滩地使用费、岸线使用费等。此期间内，累计征收水路交通规费 76 万元，年均征收 4.22 万元。所征规费，按《常德市柳林嘴港口管理暂行办法》有关规定，逐月上解，照比分成。2009 年 1 月，国家开征燃油税，水路交通规费停止征收。

（三）港口码头管理

1992 年 12 月 30 日，成立常德市柳林嘴港航管理所，由市港航管理处委派 1 人任所长，西湖派工作人员 2 人，汉寿派工作人员 1 人，实行统一办公，联合管理。此种机构与管理形式，延续运作至 1997 年年底。

1998 年 1 月，柳林嘴港航管理所所长退休，市港航处未另派人员。由于港航所效益不佳，汉寿 1 人和西湖农机交通监理科 1 人均被调回。柳林嘴港航管理所仅剩下西湖航运公司 1 人。是年 2 月至 2008 年 4 月，柳林嘴码头的港航管理业务由市港航处授权委托西湖航运公司代行管理，并指定该公司经理何维让为柳林嘴港航管理所代副所长，代行港航管理职能。2008 年 5 月至 2010 年年底，柳林嘴码头的港航管理工作，由市港航处授权委托西湖管理区交通局实行管理，代行港航行政执法职能，履行港航管理职责。

第四章　电力建设

第一节　管理机构

1989年4月水电分家,设立西湖农场电力科、西湖农场电力公司,为一套班子、两块牌子的正科级事业单位,负责全场(区)及周边乡镇的电力供应和管理,归口农场工业系统,实行企业管理制。1991年至2010年,先后由邓解华、周福忠、夏楚珍等人任经理。二层机构几经调整,2010年,西湖电力公司下设综合办、计财办、营销办、农电办、生产办、网改办,在册员工46人。2001年12月,西湖电力公司与湖南省电力公司签订代管协议,由省电力公司委托常德电业局代管,属国有企业。西湖电力科(公司)历届领导班子成员名录,详见表5-4-1。

西湖电力科(公司)历届领导班子成员名录表

表5-4-1

机构名称	姓名	性别	职务	任职起止年限
西湖农场电力科 西湖农场电力公司	邓解华	男	科长、经理、书记	1990—1997.12
	徐少平	男	副书记	1990—1992.12
	刘新华	男	副科长、副经理	1990—1997.12
	夏楚珍	男	副科长、副经理	1990—1997.12
	吴文定	男	工会主席	1990—1997.12
	周福忠	男	科长、经理	1998.1—2001.12
西湖农场电力科、西湖农场电力公司	夏楚珍	男	书记	1998.1—2001.12
	董成炎	男	副经理	1998.1—2010.12
	刘新华	男	副经理	1998.1—2001.5
	余国荣	男	工会主席	1998.1—2001.5
	龚安华	男	工会主席	2001.6—2001.12
常德市电业局西湖电力公司	夏楚珍	男	经理	2002.1—2011.2
	周福忠	男	书记	2002.1—2008.2
	董成炎	男	副经理	2001.6—2010.12
	谭德秋	男	副经理	2002.1—2003.3
	龚安华	男	工会主席 副经理	2002.1—2010.12 2002.6—2010.12

第二节　供电网络

一、输电线路

1972年，由汉寿县电力局、西脑湖变电站分两条10千伏线路向西湖农场供电，解决西湖农耕、排灌、场直企业生产用电和机关、居民照明用电问题。由于西脑湖变电站距西湖农场较远，中间有西港河相隔，交通不方便，供电欠正常。1980年改由常德县电力局秧田变电站供电，由一条10千伏线路负责西湖农场的电力供应。随着农场工业、农业生产的发展和人民生活水平的提高，用电量逐年增长，秧田变电站一条10千伏线路供电已不能满足全场用电的需求。1985年，农场自筹资金115万元，新建1座35千伏西湖变电站，安装主变机2台计容量5200千伏安，新架35千伏高压输电线路5条19.7千米、10千伏配电线路30余千米。5条高压输出线路分布为每两个分场共用1条出线，镇区1条出线，纸厂1条专线。此35千伏变电站建成后，改变了过去1条线路一停电就全场停的局面，全场的电力供需矛盾有所缓解，供电输出迈上一个新台阶，但电力供应仍不能满负荷运转。造纸厂、砖瓦厂、大米厂和西湖镇区都装备有型号不一的柴油动力发电机，自行发电解决停电时的生产和照明用电难题。1990年，常德市政府拨款50万元，将35千伏变电站扩建增容至8200千伏安，输出线路增至10条。2001年，电力公司由省电力公司代管后，西湖的电力体制初步理顺，电力发展步入新阶段。2002年7月，省电力公司投资1652.65万元，对西湖的农村电网进行改造。2003年11月，西湖的农村电网改造工程全面竣工。此次农网改造，完成所规划的工程项目有：新架10千伏配电线路48.883公里；改造10千伏配电线路48.665千米；铺设10千伏电缆线1.22千米；新增10千伏配电变电器81台7615千伏安；改造10千伏配电变电器50台5040千伏安；改造配电台区163个，安装远程抄表设备29套，并实行集抄。由每户筹资200元，对镇区3909户进行“两电分离”一户一表改造。新架0.4千伏配电线路336.28千米，铺设0.4千伏电缆线10.516千米；完成76个队（场）、村的农村电网改造和1.2万户农户的入户改造。农网改造结束后，电力公司按省统一价格全部收费到户，全面实行“同网同价”，让广大农民真正得到实惠。此后，西湖电网每年都进行更新改造，不断完善。2004年至2010年间，湖南省电力公司累计投入农网升级改造资金807.36万元，先后完成下列项目的改造扩建。新架110千伏洲蒿线12.58千米；新建10千伏线路16.164千米；新建配变机42台6245千伏安；新建380伏线路24.041千米；改造380伏线路20.909千米；新建220伏线路4.688千米；改造10千伏线路6.186千米；新建380伏线路12.822千米；改造配变机5台795千伏安。省电力公司历年投入农网升级改造资金数额，详见表5-4-2。

省电力公司历年投入西湖农网升级改造资金统计表

表 5-4-2　　单位:万元

年度	2002	2004—2005	2006	2007	2008	2009	2010	合计
金额	1652.65	245	110	49	93	68	242.36	2460.01

二、变电站

2002 年 9 月,省电力公司投资近 1100 万元兴建裕民变电站。2003 年 9 月 22 日,该变电站正式投入运营。裕民变电站安装 110 千伏变压器 1 台 /20000 千伏安、无功电容器 2 组/2400 千乏、110 千伏电流互感器 3 组、110 千伏电压互感器 1 组、110 千伏断路器 3 台、配电变压器 215 台 35115 千伏安。该变电站建成后，能确保全区及周边 4 个乡镇的电力供应，满足城乡居民的用电需求,解除民众的“电荒”之忧。

西湖电力网络

电网改造扩建工程完成后，西湖电力公司的供电能力、供电可靠性、用电安全性全面提高。镇区配电网“手拉手”,农村裕民线与裕付线、裕南线与裕港线、裕柳线与裕外线也实现“手拉手”。全区电网布局合理,网架坚固,供电正常,安全可靠,城镇居民高温高负荷季节用电“卡脖子”状况不复存在。

第三节　电力供应

一、供电状况

1991 年,西湖供电范围内有 6 个分场、1 个镇和周边西港镇、黑山嘴乡、罐头嘴镇、洲口乡等 4 个乡镇 11 个村,供电总户数为 15890 户。当时的主变机容量低,设备线路老化,因而供电紧张,时有停电现象发生,但好于周边乡镇的供电状况。因此,后来又有黄珠洲乡交通街申请进入西湖供电范围。1995 年,供电量达到 2402 万千瓦时。2001 年之前,黑山嘴乡移堤村和黄珠洲乡交通街先后退出西湖供电范围。随着电力管理体制改革的不断深入，西湖电力公司进入代管行列，随即进行大规模的农网改造扩建，新建成的裕民变电站主变机容量增至 2 万千伏安，供电线路、设施、设备都得到全新的改造，西湖电网的供电能力、供电质量、用电安全性全面增强，有效地满足了城乡居民不断增长的用电需求。2005 年，西湖电力公司的供电量为 2899 万千瓦，达到最高峰。2010 年，供电户数达到 19125 户。西湖电力公司历年供、售电量，详见表 5–4–3。

西湖电力公司历年供、售电量统计表

表 5–4–3　　单位：万千瓦时、%

年份	供电量	售电量	线损	年份	供电量	售电量	线损
1991	1829	1524	16.7	2001	1848	1576	14.7
1992	1827	1578	15.7	2002	2531	2121	16.2
1993	1944	1616	16.9	2003	2416	2085	13.7
1994	2177	1831	15.9	2004	2422	2095	13.5
1995	2402	2142	15	2005	2899	2436	15.9
1996	2050	1743	15	2006	2371	1905	19.6
1997	1766	1457	17.5	2007	1883	1506	20
1998	2194	1887	14	2008	1804	1486	19.03
1999	2320	1977	14.8	2009	2109	1768	16.17
2000	2212	1865	15.7	2010	2385	2024	15.16

二、用电状况

1991 年至 2010 年，西湖的用电量有增有减。1991—1995 年，用电量呈增长趋势，1995 年用电总量为 2142 万千瓦时。用电量增长因素：西湖造纸厂、棉麻公司、砖瓦厂等工业企业用电量和城乡居民用电量均不同程度增加。1997 年，造纸厂亏损停产，用电量跌入低谷。1999 年3 月，造纸厂重新运营，用电量随即有所回升。2007 年 2 月 25 日，白玉纸厂因环保未达标而被强制停产，西湖的工业用电量大幅减少。实施农网改造工程后，电网布局合理化，设备逐步更新，供电能力不断增强。随着经济的发展，家用电器不断普及，农村照明及商业用电量迅速增长。1991 年至 2010 年的全场（区）城乡用电量，详见表5–4–4。

西湖农场(区)历年城乡用电量统计表

表 5-4-4　　单位:万千瓦时

年份	农村	城镇	年份	农村	城镇
1991	610	914	2001	640	936
1992	615	963	2002	809	1312
1993	608	1008	2003	787	1298
1994	678	1153	2004	790	1305
1995	778	1264	2005	1027	1409
1996	690	1053	2006	872	1033
1997	610	847	2007	932	574
1998	728	1159	2008	882	664
1999	756	1221	2009	951	817
2000	733	1132	2010	1138	886

第四节　电力管理

一、电力营销管理

1991 年至 2001 年，西湖电力公司营销体系和内设机构还带有计划经济体制下的管理模式,电力营销方针、策略、方法缺乏长期、整体、统一的规划和部署。管理措施乏力,营销人员偏少,缺乏一支高素质的电力营销队伍,导致电力营销市场运行规则不规范,社会诚信度不高。先用电后交钱的管理方法,在供用电关系的处理上受行政干预较多,仍习惯于采用“靠上级、靠行政手段”的方法来处理和解决市场经济环境中的问题,市场营销意识淡薄。电力营销仍实行原始的管理办法:电费收缴抄表到各变压器台区,以村(街)为单位设总表计量结算,城乡居民用电按限价上门抄收。导致电力营销工作处于“头痛医头、脚痛治脚、忙于应付”的被动局面。

西湖电力设施

2001 年 12 月代管后,西湖电力公司率先成立“西湖城区电力客户服务中心”，相继在镇区配备先进科学的集抄收费系统,改变原有的上门抄表收费模式,扭转“电老虎”作风和行业优越感养成的不良习气。同时,成立“西湖电力抢修队”,公司通过广播、电视、宣传标语向社会公开承诺“电力以人为本,优质服务”。在电力营销中全力履行职责,兑现承诺,用言行取信于社会,促使广大客户主动及时到营业厅交付电费。

农村供电区域辖西湖管理区6个办事处、1个镇共26个村(场)和汉寿县9个村,农村供电管理难度相对较大。西湖电力公司按照市场营销规则,对农村用户采取购票制收费管理模式,其具体办法是:以变压器台区为单位(可以跨村但不能跨台区),1个或几个台区选定1名具有相应技能的电费代缴员,签订代缴协议书,明确双方的责、权、利,由代缴员负责该台区范围内的电费抄、核、收,按月按时送卡到营业厅审核开票,用现金购回当月电费发票,负责台区内0.4千伏及以下线路维护、扫障、用电售后服务与安全用电管理工作,公司按其代管的台区总表电度和分表户数所实收电度考核线损,实行全奖全罚,代缴员报酬按其所管台区内计费表户数计算,每户表每月0.5元,另加电费回收总额2%提成,不享受“五险一金”等其他待遇。此种管理模式,既能保证电费按时百分之百回收,又无人员包袱和后顾之忧。

2006年后,电力公司对原有的营销管理制度逐年逐项进行完善,增强可操作性、实用性、实效性,简化办事程序,提高办事效率。营销管理从分配上入手,建立各项工作常态运行机制,规范工作流程,逐步形成“层层负责、人人有责”的岗位责任体系。分配制度打破“大锅饭”,责任到人,严格将电费回收与工资、奖金挂钩,按责任制兑现奖惩。从而增强营销管理人员的危机意识、责任意识、紧迫意识,相互形成竞争压力。在营销中争相做到“优质、规范、方便、真诚”为用电客户服务。2009年5月,电力公司在西湖镇区和下窖办事处试点城镇居民电费代收模式,至11月底,城镇居民电费代收点在供电辖区内全部设置到位,实现电费抄收分离,结束走收电费的历史。

2008年至2009年,电力公司先后从原聘请的13名村组电工中重新招聘11名农电管理员,次年又招聘4人,均签订劳动用工合同,落实农电管理岗位责任制。按照岗位责任制的内容与要求,电力公司对每个农电管理员都明确了任务、职责、报酬和奖惩标准。2010年年底,西湖电力公司聘有农电管理员15名,具体负责农村电网维护、抄表、收费和农电安全管理等工作。

二、电力安全管理

1991年以来,西湖电力公司全面落实“安全第一,预防为主,综合治理”的安全生产方针,制定“可控、能控、在控”的电力安全生产目标;明确“三个百分之百”(人员百分之百、时间百分之百、精力百分之百)的安全生产职责,采取从基层、基础、基本功抓起,以“三铁”反“三违”,杜绝“三高”的安全生产监管措施;落实全员、全面、全过程的电力安全管理责任制,齐抓共管,全方位做好电力安全生产工作。

自2002年由省公司代管后,西湖电力公司根据上级的要求,围绕“职业健康”达标、“三问一保”、“三要六查”、“百问百查”、“反违章年”和“无违章年”等内容,开展电力安全“严抓严管”活动。逐年落实生产调控、计划检修、现场把关、安全稽查、设备主人等五类安全生产管理制度,对安全生产工作从发起、实施、到结束的全过程进行有效管控。全力加强安全生产管理、督导、检查,按考核评分结果兑现奖惩制度。为保证电网安全有序运行,自 2002 年起,公司每年投入资金 3 万余元,对各班、站、所的器具、仪器、仪表进行更新、添置、补充,确保人身和设备安全。在 1991 年至 2010 年间,西湖电力公司结合实际,建立健全安全生产管理长效机制。根据管理体制的变化和技术进步,及时修订和完善安全生产规章制度,增强制度的针对性和实效性。按照安全生产管理制度的规定和要求,逐年开展春季防小动物短路、防雷迎峰,夏季防汛保电、迎峰度夏,秋季“百日安全大检查”、迎峰度冬,冬季防冻融冰、迎峰保电、防火、防小动物短路等季节性安全生产大检查。逐季开展安全生产违章记分考核活动,整改现场安全隐患,实现可控、能控、在控的目标。每年编制、修订、完善各类应急预案,电网安全实行闭环管理。各办(站)都建立风险管理、应急管理、事故管理和标准化作业等安全管理体系,在实施中逐项管理到位。有效的管理、检查、整治,维持了稳定的电力安全生产局面。

2007 年,根据西湖特点和《电力设施保护条例》的要求,西湖电力公司成立以公安分局副局长刘泽忠为组长,公安、司法、法庭、电力等部门参加的“保护电力设施领导小组”,发动群众义务护站护线,依法打击破坏电力设施的行为。2008 年捕获盗窃电力线路犯罪嫌疑人 1 名,被判处有期徒刑 10 年。1991 年至 2010 年间,西湖电力公司逐年采用标语、墙报、广播、电视讲座和发放《电力设施保护宣传册》等形式,全面开展“保护电力设施”宣传活动。此举对遏制犯罪,保护电力设施,保障安全生产起到积极作用。

2007 年年底至 2008 年年初, 全公司员工投入到 50 年一遇的抗冰冻保供电活动中,敲冻护线,排险抢修,确保正常供电。冰冻期间,供电区域内没有断一根电线,没有倒一根电杆,电网稳定安全运行,顺利度过冰灾期。

2009 年,西湖电力公司开展“百问百查”活动,强化安全基础管理,全员参与清查、治理、整改电力安全隐患,落实整改措施,及时整改到位。

三、电力线损管理

1991 年 3 月,电力公司成立线损管理领导小组,加强线损管理。公司领导亲自跟班抄表,核实线损电度数量,依规兑现奖惩。每月召开一次线损分析例会,查找线损原因,制订整改方案。1991 年至 2010 年,每年定期或不定期组织业务人员进行全区用电稽查,发现问题或隐患,及时整改到位。在电力线损管理上,实行电管员线损率与工资、奖金挂钩,包干到人,建立台账,逐岗逐人管理到位,按月考核,兑现奖惩。在此期间,共查处窃电行为 936 起,处罚线损率超标的电管员 897 人次。与此同时,对有人窃电并屡教不改的村(队)进行供电、用电专项整治,依法维护正常的供电、用电秩序。

第五章　建筑与房地产业

第一节　建筑业

一、从业机构沿革与体制改革

（一）从业机构

建场伊始，农场即组建起建筑队，承担建场的建筑任务。军垦农场时期，场内未设建筑队。农场建筑任务或聘请民间建筑队，或由军区调遣专门施工人员承担。1973 年，成立国营西湖农场基建队，从事农场建筑业，1989 年更名为“湖南省国营西湖农场建筑工程公司”。1991 年，建筑工程公司拥有固定资产净值 21.62 万元，有专业技术人员 9 人、职工 119 人，无卷扬机、搅拌机、钢管脚手架等设备。1991 年至 2001 年，西湖建筑工程公司租用混凝土搅拌机、卷扬机、钢管脚手架等器具，进行楼房建设施工。在此期间，先后承包建成西湖造纸厂职工住宅楼、西湖饮食服务公司综合楼、西湖工贸城、西湖果脯糖厂住宿楼、西湖工商分局办公楼、房安 1 号、4 号、5 号楼等 26 处工程。

西湖农村别墅群

1995 年 1 月，西湖农场调整场直工商企业机构，将物资公司并入建筑工程公司，仍实行分户核算。原物资公司的门面和加油站由职工承包，按合同规定缴纳租金。原物资公司年收入甚微，每年由建筑工程公司拿出一部分资金发放原物资公司退休人员养老金。

20 世纪 90 年代后期，建筑工程公司由于业务少，人员多，开支大，负担重，多数年份收不抵支，亏损较严重。

（二）体制改革

2001 年，西湖建筑工程公司的固定资产净值为 30.12 万元，在册干部职工 197 人，总资产为负债 79.58 万元，负债率为 264.2%，严重资不抵债。此时，正值西湖施行区直企业经济体制改革。按照西管发〔2000〕17 号文件精神，建筑工程公司实行“两个置换”改革。按照改革方案有关规定,将门面、液化气站、加油站折价卖给职工个人经营。国有资产变卖处理的资金,用于置换职工身份,买断工龄。此次改革共处置国有资产净值76.51万元(含物资公司),资产处置变现金额59.6万元;共置换职工身份162名(含物资公司),买断工龄核发补偿金39.43万元。同时办理退休手续63人,由建筑工程公司按月标准工资70%缴纳养老保险金5年后,由劳动和社会保障局发放工资。

2001年7月,西湖建筑工程公司按照自愿原则进行重组,与西洞庭建筑工程公司联合组建"常德市两栖建筑工程有限公司"。民营企业设理事会、财务部、业务部、项目经理部和西湖、西洞庭两个分公司,理事会设董事长兼总经理1人、副董事长兼副总经理2人、董事3人、监事会3人。是年8月8日正式成立,共有50名股东。股东中有工程师7人、一级建筑师1人、二级建筑师6人。至2010年,两栖建筑工程公司西湖分公司承包施工建成湖南帅克国际大酒店(西苑宾馆)、梦里水乡小区、红旗小区和白银小区等35处工程。

二、建设施工与经营管理

(一)建设施工

两栖建筑工程有限公司西湖分公司租用混凝土搅拌机、卷扬机、钢管脚手架和安全网等设备进行施工。2001年7月至2010年12月,两栖建筑公司的建筑业务,由分公司各自联系或建设方上门联系。西湖的大型公共建筑工程皆由区委、区管委指定两栖建筑公司西湖分公司承建。建筑工程由分公司承接后,由两栖建筑公司与建设方签订承包施工建设合同。合同内容包括:项目名称、建筑面积、工程造价、承包方式、开工和竣工日期、付款方式、质量标准与质量保证、安全生产管理等。合同签订后,由承接该工程的分公司组织施工队进行施工,由两栖建筑公司与分公司签订施工承包合同,内容与两栖建筑公司同建设方签订的合同大致相同。签订合同的程序是:分公司接手工程后,先由两栖建筑公司(施工单位)预算造价,经区建设委员会审查核定后,由两栖建筑公司与建设方签订合同。然后由西湖分公司组织施工队伍,实行子项目承包施工,一般只包工不包料。施工项目由分公司与子项目承包人签订合同,由该项目承包人组织施工。两栖建筑公司对每个工程项目都明确了项目负责人、材料员、安全员、施工员、决算员。按照岗位责任制的具体内容与要求,落实职责,各司其职,各负其责,各取其酬,逐岗逐人制定计酬标准,分工段承包施工,包工建设,按定额计酬。

自2007年起,混合结构楼房建设施工采用整体钢砼倒制工艺技术,提高建筑物的结构力。此前惯用的预制配搭建房工艺被淘汰,不再使用。

(二)经营管理

两栖建筑工程有限公司行使法人管理权,履行法人职责与义务,对承接的工程业务实行统一预算、统一管理、统一提留,建设工程施工以分公司为核算单位,实行"独立核算,自主经营,自主分配,按比提成,自负盈亏,自担风险"的目标管理责任制。工程的建设资金是国家投资的，则由国家先付建设施工费用；是民间投资的，建设方有资金则由其按合同预付，建设方暂无资金的则由承建方垫支。承建工程有包工包料和包工不包料两种承包方式。工程竣工后，由区建设规划局、区房地产管理局和建设方联合进行验收。经验收合格后，由建设方结账付款，建设方按工程总造价的2%~3%扣除质量保修金（保修期一年）。一年后，如果工程质量无问题，则由建设方付清保修金。大型工程的竣工造价，须经常德市建设委员会审核。施工方对建筑工人实行单项定额计件工资制。一般以平方米为计件定额单位，按完成的工作量计算劳动报酬。施工一般以班组为单位，由包工头组织专业人员施工，施行管理，按考勤计算工资。施工期间，可按月预支工资，竣工后结账。工程质量由区建设委员会质监站派专业技术人员进行监理。工程开工后，质监人员须坚守在工地，跟班检查监督施工质量，直到竣工。西湖农场（两栖）建筑工程公司自成立以来，先后施工建成61处工程。其所承建的工程，未出现过质量事故，也未出现过安全事故。

第二节　房地产业

一、管理机构

1992年以前，西湖干部职工的住房都是公房，由各单位、各分场（镇）按干部职工的家庭情况自行分配、自行管理、自行维修或拆建。农场没有专门的房地产管理机构，更无房地产交易市场管理机构。

1992年6月，成立西湖农场房地产开发公司，兼挂国营西湖农场住房领导小组办公室牌子。1999年1月，西湖农场房地产公司更名为西湖管理区房地产管理科。2003年区机关、事业单位施行机构改革时，正式登记为西湖管理区房地产管理局，加挂“西湖管理区白蚁防治所”“西湖管理区房屋租赁管理办公室”“西湖管理区房屋鉴定办公室”“西湖管理区拆迁管理办公室”“西湖管理区房地产交易服务中心”“西湖管理区住房保障领导小组办公室”“西湖管理区棚户区改造工作领导小组办公室”等机构牌子，实行多个机构、一套班子合署办公。至2010年，此种机构设置一直保持不变。

房地产管理局为正科级事业单位，下设综合管理办公室、产权产籍管理股、行政执法管理股，共有干部职工12人。主要职能：负责全场（区）房地产业管理；编制房地产业和城镇住宅建设发展规划，并组织实施；拟定全区住房制度改革方案，并组织实施；负责全区存量公有住房的出售、住房工龄补贴、职工集资建房的审核；负责房地产开发经营；负责制订经济适用房建设计划，并组织实施。历届领导班子成员任职情况，详见表5-5-1。

西湖农场(区)房地产管理机构历届领导班子成员名录表

表 5-5-1

机构名称	姓 名	职务	任职起止时间
西湖农场房地产公司	刘承芳	经理	1992.3—1997.12
	刘秉仪	副经理	1992.3—1995.3
	张先云	副经理	1993.1—1993.12
	曾长生	副经理	1994.1—1997.12
	夏集云	副经理	1998.1—1999.12
西湖管理区房地产开发公司 西湖管理区房地产管理科 西湖管理区房地产开发公司 西湖管理区房地产管理科	张人忠	科长 经理	1999.1—2003.4
	夏集云	副科长 副经理	2000.1—2003.4
	戴志华	副经理 副科长	2001.3—2003.4
西湖管理区房地产管理局	张人忠	局 长	2003.4—2010.12
	戴志华	副局长	2003.4—2010.12
	周育平	副局长	2007.1—2010.12

二、城镇住房制度改革

(一)公有住房存量

1997 年以前,西湖镇区共有公有住房 243 栋,总面积 101615.07 平方米,其中平房 183 栋 46709.17 平方米;砖木楼 14 栋 7082.9 平方米;砖混楼 46 栋 47823 平方米。具体由以下三个部分组成:

原部队遗留下的营房和劳改农场时的住房共有 91 栋 24559.42 平方米，其中砖木楼 7 栋 4514.51 平方米、平房 84 栋 20044.91 平方米。

1972 年至 1982 年修建的住房共有 50 栋 14349.6 平方米，其中平房 40 栋 10360.48 平方米、砖木楼 6 栋 2116.5 平方米、砖混楼 4 栋 1872.61 平方米。

1983 年至 1996 年,由农场各单位筹资所建住房共有 102 栋 62706.05 平方米,其中平房 59 栋 16303.78 平方米、砖木楼 1 栋 451.88 平方米、砖混楼 42 栋 45950.39 平方米。

公有住房由各单位根据干部职工的家庭情况进行分配，住房租金按每平方米每月 0.1 元收取。

(二)住房制度改革

1991 年,农场开始与常德市同步施行“公有住房,以息抵租”住房制度改革。公有房屋由住户一次性交纳相应数额的住房保证金,以利息抵租金。1992 年至 1996 年,全场共收取干职工住房保证金 1218232.52 元。1996 年 11 月 28 日，农场颁发场发〔1996〕22 号《西湖农场住房制度改革试行意见》，启动住房制度改革。此次房改力度加大，范围拓宽，涉及面广。

优惠出售公有住房

改革范围：总场、分场机关、企事业单位全民或个人集资、国家或单位资助的所有住房以及产权属农场所有的在常德市城区的公有住房。

分配对象：家住农场的正式职工（包括场部决定，经过考试统一招收的合同工），以户为单位，可优先购买一处公有住房，严禁多处购、占。下列人员不能购买公有住房：在场内有私房，且人均使用面积达到 10 平方米以上者；尚未结婚成家者；离职承包未按政策交清各项费用者；不属农场正式职工的个体户和其他人员。

售房方法：按房屋等级质量评估定价，对购房面积、价格、付款方式等作了具体安排。

此次房改，称为“福利购房”，价格优惠，购房者拥有 80%产权，于 2005 年开始签发房屋产权证。据统计，此次共优惠出售公有住房 243 栋 101615.07 平方米（含平房、楼房），收取优惠售房金总额 4053996.83 元。公有住房优惠出售标准价格、成新增减系数、地段价差调节等情况，详见表 5-5-2 至表 5-5-7。

提高公有住房租金

根据省、市房改政策规定，从 1997 年 1 月 1 日起，砖混结构成套房，每平方米使用面积租金提高到 1.3 元。此后逐年提高，1999 年达 2.2 元，2000 年达 2.8 元。在租金水平达到成本租金前，新房的租金标准按同期住房租金标准加收 50%，超过规定标准面积的部分、不应享受住房的住户，按同期成本租金 3.5 元 / 平方米计租。公有住房租赁保证金标准基本价、公有住房月租金标准基本价、标准地段差价、楼层增减价等情况，详见表 5-5-8 至表 5-5-12。

推行住房公积金制度

根据《湖南省职工住房公积金制度实施办法》和省、市有关文件，1996 年 11 月 29 日，农场颁发场发〔1996〕23 号《西湖农场职工住房公积金管理办法》。1997 年 1 月，农场启动实施住房公积金制度。对全场干职工住房公积金建立统一专用账户，由农场房产公司负责管理。2004 年 6 月，住房公积金专用账户移交区财政局管理。

全场所有党政机关和企事业单位在职正式职工（含统招合同工），均按照“个人存储，单位资助，统一管理，专项使用”的原则，从 1997 年 1 月 1 日起交纳住房公积金。单位和职工个人住房公积金缴交率，分别按职工工资总额和职工个人工资的 5%执行，逐月交纳。此后，随着经济发展和职工月标准工资的增长，对住房公积金缴纳率进行调整。2010 年，全区干职工住房公积金缴纳率为月标准工资的 12%，分别由单位和职工个人按此比例缴交。

三、集资合作建房和经济适用房建设

(一)集资合作建房

根据省、市有关文件精神,1998 年 7 月 5 日,农场颁发场发〔1998〕25 号《西湖农场全额集资建房和自费改造住房的有关规定》,鼓励职工集资合作建房。凡双职工中的无房户、拥挤户、愿退出公房户,可以户为单位申请参加职工集资合作建造住宅,也可由单位统一组织职工集资合作建房。职工集资标准应达到住房成本价 50%以上,按集资比例确定产权。职工按成本全额集资建房,产权归个人所有,享受有关优惠政策。

当时,干职工住房比较紧张,且质量较差。此次多项优惠政策的出台,推进集资建房悄然兴起。1998 年,建成造纸厂住宅楼。1999 年,建成经贸委住宿楼、水利局住宅楼、建委住宅楼、汽运公司住宿楼、棉麻公司住宅楼、西湖一中住宿楼、建筑公司住宿楼、种子公司住宿楼。2000 年,建成区委办住宿楼、西湖中心小学住宿楼。集资建房项目及具体情况,详见表 5-5-13。

(二)经济适用房建设

根据建设部、国家计委、国土资源部颁发的《关于大力发展经济适用住房的若干意见》和湖南省人民政府颁发的《湖南省城镇"安居工程"实施方案》,从 2004 年开始,西湖启动经济适用房建设。2005 年,建成西湖法院住宿楼。2006 年,建成兴旺小区、悦来小区。2007 年,建成西湖交警住宿楼、东湖社区、建工 2 号楼。2008 年,建成兴盛小区、梦里水乡。2009 年,建成知苑小区 1 号楼、红旗小区。经济适用房建设项目有关情况,详见表 5-5-14。

四、临街危房改造

西湖镇区临街面的房子,很多是劳改农场、军垦农场时期修建的老房子,年久失修,已陈旧破烂,有的成了危房。改造危房,已势在必行。中共西湖区委、区管委通过多渠道筹资,特别是广纳民间资本,于 1999 年 6 月开始实施镇区临街面危房改造扩建工程。1999 年,危改建成房安 1 号楼、房安 2 号楼。2000 年,危改建成房安 3 号楼、房安 4 号楼。2001 年,危改建成房安 5 号楼。2002 年,危改建成房安 6 号楼。2003 年,危改建成房安 7 号楼、房安 9 号楼。2004 年,危改建成房安 8 号楼。

改建项目具体情况,详见表 5-5-15;临街面危房改造扩建工程税费减免项目,详见表 5-5-16。

西湖农场公有住房优惠出售标准价格表

表 5-5-2　　单位：元/平方米

房屋结构等级		出售标准
砖混结构	成套住宅	180
	非成套住宅	150
砖木结构	成套住宅	140
	非成套住宅	110
平　房		110

西湖农场公有住房优惠出售成新增减系数表

表 5-5-3　　单位：%

折价率 / 年份 / 年代	0	1	2	3	4	5	6	7	8	9
90 年代	98	99	100	103	106	109	—	—	—	—
80 年代	88	89	90	91	92	93	94	96	96	97
70 年代	78	79	80	81	82	83	84	85	86	87
60 年代	68	69	70	—	—	—	—	—	—	—

西湖农场公有住房优惠出售地段价差调节表

表 5-5-4　　单位：±%

地段等级	场　外	总场	分　场
增减	+	0	-3

西湖农场公有住房优惠出售朝向价差调节系数表

表 5-5-5　　单位：±%

朝　向	东西向	南北向
增减	-2	0

西湖农场公有住房优惠出售层次价差调节系数表

表 5-5-6 单位:±%

层次＼层数	1	2	3	4	5
1	0	-1	-1	-1	-1
2	—	—	+2	+2	+2
3	—	—	—	+3	+3
4	—	—	—	+3	+3
顶　层	0	0	-2	-4	-6

说明:1.第一层有杂屋或门面的均算层次;

2.顶层有隔热板的房屋,不按本表所列顶层价差调节系数执行;

3.西山墙间靠墙使用面积每方减 1 元,平房减 0.6 元(杂屋不计算)

常德市城区公房出售价格表

表 5-5-7 单位:元/平方米

房屋结构	规　格	标准价	成本价	市场价
砖混	成　套	340	450	600
	非成套	300	400	520
砖木	成　套	290	390	480
	非成套	260	350	420
平房	—	260	350	420

西湖农场公有住房租赁保证金标准基本价情况表

表 5-5-8 单位:元/平方米

项　目	标准及规格		租赁保证金	备　注
房屋结构	楼房	成　套	100	1.平房成套房按 80 元/平方米; 2.新建房和非享受政策住户另定价
		非成套	80	
	平　房		60	
	简易房		45	

西湖农场公有住房月租金标准基本价情况表

表 5-5-9 单位:元/平方米·月

房屋结构	规　格	基本价(元)
砖混	成　套	1.00
	非成套	0.90
砖木	成　套	0.95
	非成套	0.85
平房	—	0.70

西湖农场公有住房租金标准地段差价情况表

表 5-5-10 单位：元/平方米

地段等级	场 外	总场	分 场
增 减	+0.01	0	-0.01

西湖农场公有住房租金楼层增减差价情况表

表 5-5-11 单位：元/平方米

层数 增减价 层次	1	2	3	4	5
1	—	-0.02	-0.02	-0.02	-0.02
2	—	+0.01	+0.02	+0.02	+0.02
3	—	—	+0.01	+0.02	+0.02
4	—	—	—	-0.02	+0.01
5	—	—	—	—	-0.02

西湖农场公有住房其他因素差价情况表

表 5-5-12 单位：元/平方米

朝向	南 北 向	+0	说 明
	东 西 向	-0.01	
房屋建筑年代	1986 年后建成的（含 1986 年）	0	具体价格，经评估后，再增减
	1986 年至 1985 年建成	-0.02	
	1970 年建成的	-0.04	
	移民前建成的	-0.05	
其他	水磨石地面砖、地面瓷砖、塑料地板	+0.02	
	纱窗门（按实际面积）	+0.01	
	贴墙布、墙纸、高级墙裙（按实际面积）	+0.02	

西湖管理区集资房建设项目汇总表

表 5-5-13

项目名称	用地面积（平方米）	总建筑面积（平方米）	非住宅（间）	住宅（套）	开工竣工时间
经贸委住宿楼	255	1335.17	7	8	1999.3—1999.10
水利局住宿楼	310.8	1062.32	6	8	1999.3—2000.7

续表 5-5-13

项目名称	用地面积（平方米）	总建筑面积（平方米）	非住宅（间）	住宅（套）	开工竣工时间
建委住宿楼	418.5	967.48	6	8	19999.7—2000.1
区委办住宿楼	119	500.48	3	3	2000.11—2001.4
西湖小学住宿楼	715.6	2421.60	—	24	2000.5—2000.12
汽运公司住宿楼	207.26	903.39	7	6	1999.11—2000.6
纸厂住宿楼	183	795.22	—	8	1998.10—1999.7
棉麻公司住宿楼	324	1230.20	—	12	1999.7—1999.12
西湖一中住宿楼	274	782.25	—	9	1999.3—1999.8
建筑公司住宿楼	566.9	2026.92	—	24	1999.1—1999.9
种子公司住宿楼	419	1711.60	—	16	1999.7—1999.12

西湖管理区经济适用房建设项目汇总表

表 5-5-14

项目名称	用地面积（平方米）	总建筑面积（平方米）	非住宅（间）	住宅（套）	开工竣工时间
兴旺小区	1670	5855.59	6	40	2005.5—2006.12
悦来小区	1650	5028.59	6	36	2005.7—2006.7
东湖社区	260.1	1302.52	2	8	2007.5—2007.12
兴盛小区	3009	12010.83	10	75	2006.8—2008.1
知苑小区 1 号楼	706	3208.1	7	35	2008.9—2009.8
梦里水乡	1431	6038.83	13	45	2007.8—2009.3
红旗小区	3792	10205.46	—	84	2008.2—2009.4
建工 2 号楼	460.21	3080.48	7	24	2006.12—2007.12
交警住宿楼	674.55	1961.2	—	16	2005.11—2007.2
西湖法院住宿楼	140	493.64	—	4	2004.6—2005.8

西湖镇区临街面危房改造扩建项目汇总表

表 5-5-15

项目名称	用地面积（平方米）	总建筑面积（平方米）	非住宅（间）	住宅（套）	开工竣工时间
房安 1 号	394.26	1518.4	10	12	1999.6—1999.12
房安 2 号	460.87	1037.55	8	8	1999.12—2000.6
房安 3 号	756	2434.25	9	18	2000.6—1001.1
房安 4 号	317	1698.23	8	12	2000.6—2001.4

续表 5-5-15

项目名称	用地面积（平方米）	总建筑面积（平方米）	非住宅（间）	住宅（套）	开工竣工时间
房安5号	525.37	3314.42	9	24	2001.8—2002.11
房安6号	872.5	5067.23	16	40	2002.6—2003.7
房安7号	750.05	3356.97	12	24	2003.4—2004.3
房安8号	489.06	2388.7	8	16	2004.1—2004.8
房安9号	960	5023.24	11	34	2003.9—2004.11

西湖农场城镇住房建设主要税费减免项目表

表 5-5-16

序号	项目	执行部门	计费单位	正常征收标准	优惠比例
1	土地使用费	国土办	土地面积	地段基价	三分之一
2	建设规划费	建委	投资总额	1‰~3‰	减半
3	城镇基础设施配套费	建委	投资总额	4%	三分之一
4	建筑施工垃圾污染费	建委	投资总额	1元/平方米	—
5	固定资产投资方向调节税	地税	投资总额	12%	5%
6	水增容费	自来水	户	300元/户	五分之一
7	供电增容费	电力公司	户	300元/户	五分之一
8	建安质监费	建委	投资总额	2‰	减半
9	消防设施费	建委代收	建筑总面积	2元/平方米	减半
10	建设用地管理费	国土办	征地费总额	2%	减半
11	道路占用费	建委	占用面积	0.15元/平方米·天	免
12	造地费	国土办	建筑总面积	18元/平方米	免
13	交通设施建设基金	财政或国土代	建筑总面积	1500元/亩	免
14	通讯设施建设基金	财政或国土代	建筑总面积	2500元/亩	免
15	工农业发展专项基金	财政或国土代	建筑总面积	2.5元/平方米	免
16	防汛保安基金	国土代	建筑总面积	1000元/亩	免
17	商业网点建设费	国土代	建筑总面积	20元/平方米	免
18	育林基金	国土代	以林积计算	5元/平方米	免

五、安居工程建设

2008年1月，西湖管理区启动保障性安居工程建设，到2010年年底，累计投资383.7万元，建成廉租房107套4333.8平方米。累计发放廉租住房租赁补贴1177户538149元。

西湖廉租房一角

2008 年 10 月，在镇区教育路建成知苑小区廉租住房 1 号楼，总建筑面积 3188 平方米，共 35 套住房，其中廉租房 10 套 500 平方米，总投资 50 万元。按照相关规定，是年共发放廉租住房租赁补贴 259 户 118674 元。

2009 年 11 月，在西湖西路建成白银小区廉租住房 2 号楼，共 5 层，底层为门面，56 套住房，总建筑面积 3197 平方米，其中廉租住房 42 套 2475.2 平方米，廉租房建设投资 223 万元。是年共发放廉租住房租赁补贴 401 户 186603 元。

2010 年 8 月，在北苑小区建成廉租住房 3 号楼，共 5 层，30 套住房，总建筑面积 1358.6 平方米，总投资 110.7 万元。是年，共发放廉租住房租赁补贴 517 户 232872 元。

六、商品房开发建设

(一)西湖商贸城

1998 年 4 月 21 日，西湖农场以西请字〔1998〕18 号《关于要求出让老农贸市场用地的请示》文书，申请常德市人民政府批准出让老农贸市场土地使用权。1998 年 5 月 30 日，湖南省国信房地产开发公司向常德市国土资源局提交《关于申请受让国有土地使用权的报告》申请书。1998 年 7 月 23 日，经〔1998〕政土让字 019 号《常德市人民政府国有土地使用权出让审(报)批单》核定：经常德市人民政府常国用〔1998〕字第 077 号批准，领取№0173442 号《国有土地使用证》。然后，农场采取统一征地形式，将西湖镇西湖中路老农贸市场用地 4711.33 平方米国有土地使用权出让给湖南省国信房地产开发公司。1998 年 7 月，受让方与常德市国土资源局签订《国有土地使用权出让合同》，合同总金额为 465040 元，出让年

西湖家苑小区

限为40年,合同终止日期为2028年7月22日。是年8月,受让方投资600万元动工建设,于2000年4月建成7768.28平方米的西湖商贸城。是年5月,西湖商贸城正式投入营运。

(二)西湖工贸城

1998年7月30日,农场以场发〔1998〕40号《关于旧工贸城市场改建报告的批复》文件,批准西湖农场房地产开发公司施行旧工贸市场改造扩建。1998年10月15日,西土字第8号文件批准工贸城建设用地1137平方米。1998年10月8日,农场计划财务科下发《关于下达西湖工贸市场年度计划的通知》。农场房地产开发公司集资180万元,由西湖农场建筑工程公司施工建设。西湖工贸城于1998年10月20日动土施工,1999年5月30日竣工通过验收,总建筑面积3412平方米。

(三)竹木市场

2006年5月,经西湖管理区国土规划建设局土字2006年8号文件批准,西湖管理区房地产开发公司获得西湖镇西常路地段土地面积1400平方米的国有土地使用权。此宗地于2006年9月动工兴建竹木市场和住宅楼,2007年9月竣工通过验收,总建筑面积4349.91平方米,其中住房36套3969.43平方米。

(四)西湖一中商住楼

2008年3月1日至3月13日,西湖管理区国土资源局以西国土资挂号〔2008〕第1号牌榜在其办公楼挂牌出让西湖镇教育路西湖一中临街面地段的国有土地使用权。出让土地面积1042平方米,成交总地价95万元,由常德市民主实业有限公司竞得此宗地的土地使用权。受让方于2008年5月在此宗地上动工建设,2009年10月竣工通过验收,总建筑面积4892.47平方米,其中住宅25套、非住宅20间。

(五)西苑宾馆

2007年12月11日,区管理委员会西纪要〔2007〕3号《关于西苑宾馆建设与开发会议纪要》决定对西苑宾馆进行改造重建。2008年1月,经区国土资源局2008年政拨第1号文件批准,拆除原西苑宾馆住宅楼,由区房地产开发公司在原宅基地4010平方米土地上拆旧新建楼房。此宗地的净利出让价为负数,不收取土地出让金,其旧楼房的拆迁、补偿、安置等费用由张志红负责。此工程于2008年9月动工兴建,2009年10月竣工通过验收,总建筑面积5592.21平方米,其中住宅24套、非住宅22间。

2008年10月,区国土资源局以出让方式,将西湖镇西湖路西段的原西苑宾馆国有土地使用权出让给区房地产开发公司,受让土地面积5409平方米。此折旧新建工程于2009年8月动工兴建,2010年6月竣工通过验收。新建的西苑宾馆总建筑面积15625平方米,其中住宅100套、非住宅61间。

(六)南苑小区

2009年8月,经区国土资源局2009年西土字1号文件批准,由区房地产开发公司拆除西湖镇南园盘西南侧的四分场木器油脂加工厂平房,在原宅基地905平方米土地上新建住宅楼。2009 年 9 月,此工程动工兴建,于 2010 年 12 月竣工通过验收。南苑小区总建筑面积 3080.1 平方米,其中住宅 20 套、非住宅 4 间。

七、房地产管理

(一)房屋产权产籍管理

房屋产权是指房屋所有权,即房屋所有权人依法对房屋享有占有、使用、收益和处分的权力,包括由房屋所有权派出的抵押、租赁等他项权利。房屋产籍是指房屋的地籍、图纸、账册、表卡等反映房屋产权现状和历史情况的资料。房屋产权产籍管理实行登记发证的管理制度。全面推行一次性告知制度,一次性收齐房屋登记必备要件,简化业务手续,优化工作流程,改善服务质量,实行面对面交流,心贴心沟通,零距离办公,消除业主办理手续时的心理障碍。全方位推行和落实首问负责、政务公开制,建立快速反应机制,提高快速反应能力,实行"急事急办,特事特办,难事帮办"的服务方针,确保各项业务及时办结,用实际行动树立人民满意房产形象。1998 年至 2012 年,共办理镇区规划区内的房屋初始登记 1125 宗、交易 3190 宗、遗失补证 32 宗、按揭抵押 185 宗,整理上架产权产籍档案 4315 卷。

1998 年至 2010 年 4 月,办理房屋产权证书由西湖区房地产管理局直接收件、初审、复审、终审、缮证、颁证。从 2010 年 5 月 1 日起,西湖房地产管理局只负责收件、初审、发证,终审和缮证由常德市房地产管理局直接负责。

(二)开发经营市场管理

1998 年,西湖启动房地产开发经营市场,是年开发建成商贸城 7768.68 平方米。至 2010 年年底,共开发房地产项目 36 个,总建筑面积 133480.84 平方米。其中:集资建房 11 个项目 13736.63 平方米,经济适用房 10 个项目 49185.24 平方米,临街危房改造 9 个项目 25838.99 平方米,商品房开发 6 个项目 44719.97 平方米。所建项目均由西湖区房地产管理局按程序对其建设规划、房屋销售、物业管理等项目实行统一管理,由西湖区房地产开发公司具体组织实施。

1998 年,西湖管理区开始颁发房屋产权证书,逐步形成房地产交易市场。结合西湖的实际情况,房地产管理局根据区委、区管委的部署,有序培育房地产市场。实行优惠政策,免收房地产相关税费:销售营业税、个人所得税、城建维护税、教育费附加、契税等。优惠政策的实施,推动了西湖房地产市场的发展。镇区房地产市场从无到有,逐步活跃起来。

2008 年,西湖正式启动商品房预售许可证制度。2010 年,西湖镇区域内的房地产相关税费全面启征。至此,西湖的房地产交易市场管理步入正轨。

从 2005 年开始,西湖区房地产管理局按照有关规定,逐年逐月对西湖镇区域内的私有出租房进行逐户清理、整顿、注册、审核发证。截至 2010 年 12 月,共发放租赁登记证书 650 本。

(三)城市房屋拆迁管理

中共西湖区委、区管委根据《城市房屋拆迁管理条例》,于 2003 年成立"西湖管理区房屋拆迁管理办公室”，正式启动镇区房屋拆迁管理。

1999年至2010年，房地产开发建设共拆迁13个项目，拆除房屋37栋12723.23平方米；公益事业项目2个，拆除房屋面积4500平方米。

所有拆迁开发项目均由西湖区房地产管理局依法施行管理，统一规划，及时拆迁，合理补偿，妥善安置。采取得力措施，管理到位，规范操作，全区的拆迁补偿工作进展顺利，无一强制拆迁现象，无一上访对象。

（四）房地产执法管理

2005年3月以前，西湖管理区尚无房地产行政执法队伍。2005年3月，经常德市房地产管理局批准，成立西湖区房地产行政执法队。全队5人，均核发了房地产行政执法证，由常德市房地产管理局授权委托，行使辖区内的房地产行政执法职能。在每年的房地产行政执法工作中，该队坚持统一着装、统一行动、统一管理，做到亮证执法、文明执法、秉公办事。2005年3月至2010年12月，全区共查处违规装饰装修案件5起，调处房地产纠纷25起。

（五）城镇住宅物业管理

法规建设

根据国务院《物业管理条例》、湖南省《城市住宅物业管理条例》、《常德市物业管理暂行办法》等法律法规之精神，结合西湖实际，区管委会于2001年和2006年先后颁布《关于印发〈关于规范镇区房地产行政管理与开发经营的暂行办法〉的通知》和《关于印发常德市西湖管理区物业管理实施办法的通知》。

扶持培育

西湖区房地产管理局采取有效措施，广泛开展宣传发动，积极扶植，全力培育城镇住宅物业管理服务市场。

2006年至2010年，区房地产管理局采用电视、广播、标语、墙报、宣传车等多种形式，大力宣传物业管理法规、政策、规章、作法、目标和意义。5年间，共举办物业管理电视讲座21场次，张贴宣传标语768条，悬挂横幅标语113条，出版墙报49期，出动宣传车27车（次），全方位宣传物业管理业务知识。通过宣传发动，增强了广大业主投入物业管理的自觉性、主动性、积极性，开创了镇区住宅物业管理工作新局面。

西湖区房地产管理局全面落实西管发〔2006〕10号文件精神，采取相应措施，全力扶持物业管理企业的建立与发展。在组建市场化运作型物业管理公司的申报、审核、注册、颁证等诸多环节上给予鼎力支持，多措并举，提供方便。几经努力，于2006年10月挂牌成立“西湖区兴旺物业管理有限责任公司”。

规范管理

西湖区房地产管理局按照有关规定，制定管理方案、制度、措施，全面加强对物业服务企业的引导、监督、管理，使之物业服务活动逐步规范，走向正轨。

在物业管理服务过程中，区房地产管理局在商品房出售、产权证书办理、产权交易管理等环节上从严把关,引导物业服务市场协调发展。结合西湖实际,制定管理方案和制度,落实管理措施,把关督促物业管理活动自觉接受房地产管理部门的行业管理和社区居委会的属地管理。严把商品房出售关,对不按有关规定签订合同缴交物业管理费的业主,一律不予办理房屋产权证书。对安居房、经济适用房、廉租房住户未缴交物业管理费的,不得发给门锁钥匙。通过把关督促,推进了物业服务市场的协调、有序、稳定发展。

在物业服务项目运作中,区房地产管理局按照有关法律、法规、政策的规定,逐项加强对物业管理企业注册资金、办公场所、生产设备、管理措施、人员资格、服务技能及其服务质量等物业管理服务要素的规范化管理。逐年逐月组织专业人员,对物业管理企业的资质、资格、技能、质量等各项指标及其运作状况进行检查、考核、验收。一旦发现偏差,及时采取相应措施进行整改,照章纠正。

按照有关规定,定期对物业服务行为及质量进行考核。具体考核内容为:综合管理服务;公共区域清洁卫生服务;公共区域秩序维护服务;公共区域绿化日常养护服务;共用部位、共用设施设备日常运行、保养、维护服务;电梯日常运行、保养、维护服务;遵守物价、房管部门管理规定的情况。集中考核采用听取汇报、查验现场、查看资料、调查群众、走访业主等方法进行。考核实行百分制,依据考核得分结果兑现奖惩。得分在95分及以上为合格;得分90分(含90分)至95分为基本合格,限期整改;得分在85分(含85分)至90分(不含90分)时,降低10%到15%的物业服务费标准;得分85分(不含85分)以下时,执行下一个等级的物业服务费标准或建议业主改聘物业服务企业。通过有效的监督、管理、考核,提高了物业服务企业的管理水平与服务质量。西湖区兴旺物业管理有限责任公司的物业服务项目,详见表5-5-17。

西湖兴旺物业公司各小区物业服务项目一览表

表 5–5–17

小区名称	住房（套）	面积（平方米）	门面（套）	面积（平方米）	总面积（平方米）	物业费（元）	工程造价（万元）	开工日期	竣工日期
梦里水乡	45	5893	13	1062	6955	21288	418	2007.8.28	2008.12.28
白银廉租房	42	1882	—	—	1882	9024	268	2009.8	2010.5
西湖电力公司	建筑物	7800	空坪	4200	12000	30000	53	1999.10	2000.7
西湖区人民医院	建筑物	9500	空坪	4500	14000	53000	363	2004.5	2006.3
帅克 2 号楼	25	3460	7	844	4304	18533	210	2008.12.1	2011.1.1
帅克 3 号楼	27	3479	20	1055	4534	20120	280	2008.12.1	2010.2.8
帅克 4 号楼	40	4689	29	1282	5971	26110	480	2008.12.1	2010.2.8
帅克 5 号楼	30	4149	18	854	5003	21085	418	2008.12.1	2011.1.1
西湖区委机关院	办公楼	5900	绿化	8035	13935	96000	800	2010.9.20	2011.10.31
房安 7 号楼	24	3356	12	588	3944	3600	180	2003.4	2004.3
红旗小区	84	10205	—	—	10205	30615	420	2008.2	2009.4
兴盛小区	75	12010	—	—	12010	36030	800	2006.8	2008.1
总　计		72323		22420	94743	365405	4690		

第六章 邮政电信

第一节 西湖邮政分局

一、机构沿革

汉寿县邮政局西湖邮政分局的前身为汉寿县邮电局西湖邮电支局，成立于1956年,隶属汉寿县邮电局管辖。1993年3月，西湖邮电支局从西湖镇东湖路北段迁址西湖路东段。1998年9月以前,该支局主要负责管理西湖农场的邮政、电信、邮政储蓄等工作,先后由王珍训、戴定华、周正南任局长。

1998年9月邮政、电信实行分营,电信机构从西湖邮电支局析出,单设“汉寿县邮政局西湖邮政中心支局”(同时单设电信分局)。西湖邮政中心支局下设罐头嘴邮政所、洲口邮政所、西港邮政所,先后由李光明、孙晓兰任局长。

2009年3月,西湖邮政支局更名为“汉寿县邮政局西湖邮政分局”,先后由陈圣、邱志刚、陈焕新、彭正波任局长。与此同时,罐头嘴邮政所、洲口邮政所、西港邮政所从西湖邮政分局析出,另设邮政机构。西湖邮政分局历年下设机构情况,详见表5-6-1。

西湖邮政分局历年机构一览表

表5-6-1 单位:处

年 度	邮政所	代办点	邮票代办点	信箱 信筒	信报接转点
1991	3	45	52	21	179
1992	3	45	52	21	190
1993	3	45	51	21	196
1994	3	45	51	21	211
1995	3	43	49	21	212
1996	3	43	49	21	199
1997	3	43	44	21	186
1998	3	5	35	15	153
1999	3	6	35	15	161
2000	3	6	35	15	158
2001	3	6	35	15	160
2002	3	6	35	15	171
2003	3	6	35	15	172
2004	3	6	35	15	188
2005	3	6	35	15	173

续表 5-6-1

年 度	邮政所	代办点	邮票代办点	信箱 信筒	信报接转点
2006	3	6	35	15	169
2007	3	6	38	15	165
2008	3	6	38	15	174
2009	0	6	6	3	172
2010	0	6	6	3	186

二、邮政业务

(一)邮路

1991 年至 2010 年间,全场(区)共有邮件投递段道 3 条,其中农村段道 2 条,集镇段道 1 条,邮路总里程 118 千米。邮件投递交通工具:1991 年 1 月至 2002 年 3 月,邮递员均使用自行车,自 2002 年 4 月起使用两轮摩托车,原有的“中国邮政”专用自行车改作他用。

(二)邮件

1991 年至 2010 年年末,西湖邮政分局开办的主要业务有:报刊发行、函件、印刷品、包裹、机要文件、汇兑、邮政快件、邮政直递、邮送广告等邮件投递业务。其中:邮政快件开办于 1988 年 3 月,邮政直递和邮送广告开办于 1999 年 4 月。

邮政分局

函件

邮政函件分为普通函件和给据函件两大类,二者又有国内、国际、港澳台之分。自 20 世纪80 年代末期开始,邮政快件、明信片、明星片、个性明星片快速发展,函件逐年增多。邮政服务种类齐全,不仅有民间函件、包件投递等基本业务,还承担着军邮、边防通信、盲人邮件和党报党刊发行等诸多政策性业务。自 20 世纪 90 年代中期起,电话机、传真机、手机等通信工具逐年增多,传统的书信和函件被电话、传真文件、电子邮件所取代,函件投递量逐年减少。1991 年至 2010 年的函件投递量,详见表 5-6-2。

包件

邮政包件分为普通包件、快递小包、航空包裹、商品包裹、纸质包裹、保价包裹、国际小包、国际保价包裹等。1998 年至 2010 年,邮政包件的种类、邮资、要求有所变化,年投递量有增有减。随着电子网络购物业务的发展,自 2003 年起邮政包裹逐年增多。2006 年电子商务市场又推出一款“E 邮宝”产品，西湖网络购物业务逐年增多，邮政包裹投递量也逐年增加。1991 年至 2010 年的包裹投递量，详见表 5–6–2。

报刊发行

自 1991 年起，西湖农场各单位的《人民日报》《湖南日报》《常德日报》《湖南宣传》《新湘评论》等党报党刊，均由西湖邮政分局承办发行。报刊发行分为整订和零售两类，实行邮发合一。随着经济社会的发展和文化水平的提高，订阅报刊的家庭逐年增多，报刊发行量逐年增加，2010 年增至 106 种。1991 年至 2010 年报刊发行量，详见表 5–6–2。

机要文件

自 2000 年起，该分局承担中共西湖区委、政治部、政法委、公安分局、民政局等单位的机要文件投递工作。11 年间，各类机要文件投递实现零差错、零事故的目标。

汇兑

汇兑业务分为普通汇兑和电报汇兑两种。普通汇兑包括：帐号汇款、按址汇款、商务汇款，最高限额 5 万元，最低不限，按汇款额 1%收取汇费，电报汇款另加收电报费和附言费。西湖的汇兑业务始于 1956 年，移民建场以后，邮政汇兑业务逐年增加。1990 年以后，随着外出务工人员的逐年增加，邮政汇兑业务不断扩大，汇兑数额逐年增加。1991 年至 2010 年的邮政汇兑数额，详见表 5–6–2。

西湖邮政分局历年业务完成量统计表

表 5–6–2　　单位：万元（件）

年度	年收入	函件	包件	汇票	特快	报纸	杂志
1991	54	5.77	1.70	1.63	1.15	30.4	1.38
1992	59	5.64	1.62	1.61	1.20	29.7	1.29
1993	68	5.15	1.50	1.58	1.24	28.9	1.27
1994	70	5.43	1.60	1.51	1.11	29.5	1.36
1995	77	5.27	1.54	1.59	1.09	30.0	1.37
1996	73	5.39	1.56	1.57	1.20	30.3	1.42
1997	76	5.61	1.61	1.54	1.18	29.1	1.35
1998	85	5.54	1.54	1.23	1.26	28.6	1.27
1999	93	5.65	1.69	1.25	1.23	29.8	1.29
2000	89	5.32	1.72	1.24	1.25	29.4	1.31
2001	96	4.83	1.92	1.23	1.30	30.3	1.27
2002	114	4.77	1.85	1.19	1.21	31.4	1.32
2003	131	3.98	1.74	1.17	1.19	32.5	1.36
2004	144	4.12	1.83	1.16	1.17	32.6	1.43
2005	157	4.26	1.94	1.12	1.16	32.1	1.51
2006	169	4.41	1.80	0.95	1.10	32.4	1.49
2007	187	4.21	1.62	0.89	1.12	32.8	1.44
2008	195	4.33	1.79	0.94	1.22	33.6	1.51
2009	223	4.19	1.78	0.91	1.23	32.8	1.27
2010	248	4.07	1.91	0.78	1.14	31.9	1.36

三、其他业务

代发工资

自 2005 年起，西湖邮政分局开办工资代发业务，为西湖社保局代发企事业单位退休人员和全区农业职工退休工资。同时，为西湖民政局代发最低生活保障金。2010 年，每月代发金额 200 万元，逐月逐户发放，6 年间差错为零。

代办保险

自 2006 年起，该分局在营业厅设立保险代办柜台，为人寿保险公司、财产保险公司代办保险业务，按比例收取代办业务手续费。

办理集邮

1999 年 1 月，该分局始为用户办理集邮业务。集邮分为预定订购和零售专卖两种发行方式，预定订购于年底预定来年发行的集邮年册、套票、方联等，零售在专卖窗口购买票册卡片及集邮产品。1999 年至 2010 年，西湖邮政分局只开办有集邮预定订购业务。

第二节　西湖电信分局

一、机构及设施

（一）机构

中国电信股份有限公司汉寿县电信分公司西湖电信分局在 1998 年 8 月以前，隶属汉寿县邮电局西湖邮电支局。西湖境内的邮政、电信业务，均由西湖邮电支局统一管理，统一规划，统一操作，统一核算，一体化运行。1998 年 9 月邮政、电信实行分营时，电信机构从西湖邮电支局析出，单设“汉寿县电信分公司西湖电信分局”。1998 年 9 月至 2010 年 12 月期间，该分局有职工 6 名，先后由周正南、江中泽、伍新刚任局长。

（二）设施

邮电分营以前，西湖电信机构与西湖邮政机构合为一体，于同一院内共用一栋办公楼，分设邮政、电信两个营业部。邮电分营后，西湖电信分局有办公楼 6 间 162 平方米、门市部 3 间 81 平方米、国产全电子 300 门自动交换机 1 台、有线通信线路 65.95 千米等设施。1999 年，汉寿县电信分公司特批西湖电信分局新建模块化通信机房 2 处，分设于西洲分场六队、东洲分场十队(鼎港路口)。2000 年为有效接入互联网，满足用户对网络的需求，该分局投资建成 ADSL 网站 1 处。2009 年为提高 ADSL 网络服务质量，满足偏远地区用户需求，在全区新建成 AG 点(小型机站)16 个；同时撤销原有 2 处模块化通信机房。2009 年收购联通CDMA 移动通信，分别在西湖镇、下窖办事处、东洲办事处设立移动通信基站。在保障提升用户使用电话业务质量上,一直与大唐电信、华为、中兴等技术公司合作,适时进行升级换代。2010年,全区的互联网接入达千兆以上。

二、电信业务

西湖区的电信经营服务工作,历经邮电合营和电信独营两个运作阶段。前阶段主要经营有线电信业务,后阶段除经营有线电信业务外,同时经营无线电信业务。

(一)邮电合营时期电信经营

1989年5月1日以前,农场的场内电话由自设的总机室插转;长途电话由汉寿县邮电局西湖邮电支局接转。是年5月1日,农场改装成自动电话,将场内电话设施全部移交汉寿县邮电局西湖邮电支局管理。支局于当年购入1台加拿大产120门总机,是年11月又安装1台特高频24路总机。1990年3月,西湖邮电支局斢换1部国产全电子300门自动交换机。随着总机的不断更新,场内电话机不断增加。1997年年末全场有自动电话机1873部、传真机126部,西湖邮电支局全年进出口电话41396次,其中长途电话18443次,农话22953次。1997年与1990年相比,全年进出口电话增加29118次,增长237.16%;长途电话增加9986次,增长118.08%;农话增加19132次,增长500.71%。

(二)西湖电信分局电信经营

1998年9月至2010年12月,西湖电信分局主要负责西湖境内的电信通信工作。其具体经营项目,分为基础电话业务和增值电话业务两大类。

基础电信业务

西湖电信分局自独营以来,主要有固定通信、蜂窝移动通信、数字通信和中国卫通基础等基础电信业务项目。

增值电信业务

1998年至2010年间,西湖电信分局的增值电信业务,主要有移动网、互联网、因特网、呼叫中心、固定网电话等信息服务业务。电信网络除基本的本地电话网(包括ISDN网)和IP电话业务网外,还于2000年年初发展开通ADSL技术服务项目。

2000年开发电信宽带服务业务,是年末有用户10户,2010年末电信宽带用户达1016户。2009年收购联通CDMA手机号码,有用户302户,2010年年末CDMA手机用户达407户。1年内增加133号码用户105户,增长34.77%。2010年年末有固定电信用户4013户,比1991年增加3016户,增长302.5%。

第三节　中国移动西湖营业部

一、机构属性

中国移动通信集团湖南有限公司汉寿分公司西湖营业部成立于2009年10月，下辖自控厅2家、指定专营店2家、村级服务站7家，合计总资产291万元，其中固定资产211.11万元，流动资金79.89万元，共有营销服务人员13人。2010年末，西湖境内有移动通信营销服务厅(店)4家：永联移动通信指定专营店、金诚移动通信指定专营店、教育路移动通信自控厅、和谐移动通信自控厅，均为个体经营店。是年，全区有移动通信用户10857户，通信市场份额达61.73%，3G网络覆盖西湖镇、西洲乡、柳林咀等区域。

移动公司铁塔

二、业务经营

中国移动通信西湖营业部主要从事全区及周边乡镇的手机上户、话费收缴、手机入网、手机销售与维修、无绳电话安装与售后服务等移动通信营销业务。各项业务的具体运作，由该营业部下属机构负责操办。2001年至2010年间，各个移动通信指定专营店的经营范围与内容基本相同，但业务营销状况有异。2010年实现销售收入608.13万元，实现利润41.59万元，实现税金7.13万元。

三、经营专店

西湖永联移动指定专营店

中国移动通信集团湖南有限公司汉寿分公司西湖永联移动指定专营店位于西湖镇西湖路东段,手机销售有三星、苹果、小米、华为、步步高、中兴、亿通等品牌。2010年年末有门市部2间96.4平方米,总资产81.86万元,其中固定资产59.95万元,流动资金22.21万元,营销服务人员4名。店主周建辉1975年6月8日出生于西湖农场五分场四队,祖籍新化县上渡乡上渡村一组。

1992年有移动用户316户,年销售收入28.97万元(含手机销售),年利税2.46万元。2010年年末有移动通信用户3502户,年销售收入201.63万元,年利润15.38万元,年税金2.41万元。

西湖金诚移动指定专营店

中国移动通信集团湖南有限公司汉寿分公司西湖金诚移动指定专营店位于西湖镇十字路口东侧,成立于2006年5月17日。2010年年末有门市部2间49平方米,总资产38.51万元,其中固定资产32万元,流动资产6.51万元,营销服务人员2名。店主张伏玲1976年6月18日出生于西湖农场,祖籍新化县白溪镇。

2010年年末有移动通信用户2379户。2007年至2010年累计销售收入215.68万元,年均销售收入53.92万元;累计利润18.53万元,年均利润4.63万元;累计税金3.57万元,年均税金0.89万元。

西湖教育路移动通信自控厅

中国移动通信集团湖南有限公司汉寿分公司西湖教育路移动通信自控厅,成立于2006年5月。2010年年末有门市部2间68.4平方米,总资产80.9万元,其中固定资产59.6万元,流动资金21.3万元,营销服务人员3名。店主孙志坚1976年10月出生于西湖农场五分场二队,祖籍新化县桑梓乡满竹村。

2010年有移动通信用户1253户。2007年至2010年累计销售收入(含手机销售)416.96万元,年均销售收入104.24万元,累计利润16.85万元,年均利润4.21万元;累计税金3.48万元,年均税金0.87万元。

西湖和谐移动通信自控厅

中国移动通信集团湖南有限公司汉寿分公司西湖和谐移动通信自控厅位于西湖镇西湖路东段,成立于 2008 年 8 月 8 日。2010 年末有门市部 2 间 72.2 平方米,设移动基站总机房 1 间,营业部 1 间设业务受理平台 2 个,自助缴费机 1 部,总资产 89.73 万元,其中固定资产 59.86 万元,流动资金 29.87 万元,营销服务人员 4 名。店主龚艳萍 1975 年 11 月 17 日出生于西湖农场四分场一队,祖籍安化县奎溪乡漏屋溪村。

2010 年末拥有移动通信用户 3643 户。2009 年至 2010 年累计销售收入（含手机销售）496.68 万元,年均销售收入 248.34 万元;累计利润 36.86 万元,年均利润 18.43 万元;累计税金 5.92 万元,年均税金 2.96 万元。

2009 年 4 月荣获全省“湖南移动社会渠道业务竞赛三等奖”。2010 年 4 月荣获全省“湖南移动社会渠道业务竞赛优秀门店”称号。

第四节　中国联通西湖志诚通讯

一、机构属性

中国联合通信有限公司常德市联通分公司西湖志诚通讯成立于 2001 年 3 月，属中国联通常德市联通分公司设立于西湖境内的唯一一家个体代理机构。西湖志诚通讯位于西湖镇西湖路东段,营销部有门面 4 间(市联通分公司 2 间、租赁 2 间)面积 150 平方米,营销人员 6 名，总资产 30 万元。店主龚朝阳 1972 年 9 月出生于安化县奎溪乡漏屋溪村，1972 年 12 月随父母移民至西湖农场四分场一队，中专毕业后参加工作,1999 年 9 月于西湖毛巾厂下岗。次年 7 月 19 日,下岗职工龚朝阳自筹资金 5 万元开办西湖志诚手机经营店,2001 年 3 月成为中国联通常德市联通分公司的业务代理商,取名为“中国联通西湖志诚通讯”。由中国联通常德市联通分公司授权委托,具体负责西湖区及周边乡镇的中国联通通信业务经营服务。

二、业务经营

西湖志诚通讯主要经营:三星、OP、步步高、朵唯、苹果、金立、小米等高、中档智能手机和手机缴费,软件下载,联通宽带安装等通信营销服务项目。1998 年 3 月,中国联通常德市联通分公司在西湖建立通信基站 1 个,开通西湖的联通通信业务。2001 年至 2010 年,常德市联通分公司先后投资 2700 万元,在西湖境内建成通信基站 10 个。此期间内,西湖志诚通讯共发展中国联通用户 7683 户,年均发展用户 768.3 户;累计收解手机话费2069.76 万元,年均收解手机话费 206.97 万元。2010 年有营销员 9 人,收解手机话费 249.74 万元,人均收解手机话费 27.75 万元。是年,手机销售收入 103.28 万元,利润 21.73 万元(含收解话费的手续费),税金 2.86 万元。

第六篇《

财税金融

第八节

第一章　财　政

第一节　财政机构

1991年至2010年间，西湖区的财政体制历经国营农场企业财政和管理区一级财政两个运作阶段。前者为国有农垦企业统收统支的计划财务管理体制,后者为县乡镇分税制财政体制。

1991年1月至2000年8月,西湖农场(区)设立计划财务科,各分场(镇)、企事业单位设立财务室。1991年年末,全场有财务机构101个,其中分场(镇)、生产队财务机构74个,企事业单位财务机构27个，共有财会人员230人，具大、中专以上学历人员103人,占44.78%。1995年全场财会人员达282人,为农场财会人员最多的年份。

1999年8月12日,根据中共湖南省委机构编制委员会湘编〔1999〕3号《关于成立常德市西湖区管理委员会的批复》文件,成立"常德市西湖区管理委员会",与西湖农场两块牌子、一套班子运作。2000年9月15日,根据常德市财政局常财预字〔2007〕93号《关于西湖农场建立财政体制的通知》文件,西湖管理区分别比照县、乡镇建立分税制财政体制,建立一级财政,成立"常德市西湖管理区财政局"。同时,西湖农场(区)计划财务科机构及职能并入西湖管理区财政局。财政局下设乡镇财政管理局、会计核算中心、裕民办事处财政所、西洲办事处财政所、下窖办事处财政所、新港办事处财政所、鼎港办事处财政所、东洲办事处财政所、西湖镇财政所等9个分支机构。2009年6月,经中共常德市委机构编制委员会批准,西湖管理区会计核算中心升格更名为"常德市西湖管理区财政国库集中支付局"。2010年9月28日,根据湖南省民政厅湘民行发〔2010〕17号文件,撤销6个办事处,建立东洲乡、西洲乡。同时撤销原6个办事处财政所,设立东洲乡财政所、西洲乡财政所。2010年末,西湖区财政局有分支机构5个,编制59人,在编48人,其中农税人员26人,具大、中专以上学历人员42人,占87.5%。

西湖农场计划财务科主要职能:负责农场财务计划编制、机关单位财务预算与管理、资金筹集与分配等财务管理工作;负责农场财务预算方案和财务管理制度执行情况的监督、检查、管理工作;负责农场财务人员培训与管理、财会业务指导与督查,国有资产和住房公积金管理工作;负责场部机关各部门的经营报账和工资发放等工作;负责农场各项建设资金的争取、使用、管理和有关税费的征管、督导、协调等工作。

西湖管理区财政局主要职能:负责编制全区年度财政预算方案,推行零基预算,做好区机关及事业单位财政预算与管理工作;负责在国家政策、规章、制度规定范围内组织收入、分配资金,抓好财源建设;负责全区年度财政预算方案和财务制度执行情况的监督、检查、管理工作;负责全区财会人员选拔、委派、管理和财会业务指导、检查、监管工作;负责全区各项建设资金的争取、使用、管理与督查工作;负责全区国有资产管理,住房公积金管理、有关税费征管协调工作;负责区机关各部门的经费报账和工资发放,做好财经纪律把关工作。

该局历届领导班子成员名录和全场(区)历年财会机构与人员变化情况,详见表6-1-1、表6-1-2、表6-1-3。

西湖农场(区)财政局(计财科)历届领导班子成员名录表

表6-1-1

单位名称	姓名	姓别	职务	任职起止年月
国营西湖农场计划财务科	朱云珍	女	科长	1991.1—2002.12
			党支部书记	1994.1—1998.1
	刘春祥	男	党支部书记	1991.1—1994.1
	朱礼端	男	副科长	1991.1—1996.6
	陈署荣	男	副科长	1995.1—2000.12
	王在勤	男	副科长	1995.1—1998.1
	谌贵诚	男	党支部书记、副科长	1998.1—2002.12
西湖管理区财政局	谌贵诚	男	局长	2002.12—2010.6
	王在勤	男	副局长	2002.12—2007.5
	罗解恒	男	副局长	2002.12—2010.6
	徐广湘	女	副局长	2007.5—2010.12
	刘词顺	男	副局长	2008.5—2010.12
	吴鹏伟	男	局长	2010.6—2010.12
	马　飞	男	国库集中支付局副局长(财政局下设)	2010.8—2010.12

1991—2000年西湖农场财会机构及人员变化情况统计表

表6-1-2　　单位:个、人

项目＼年度	1991	1992	1993	1994	1995	1996	1997	1998	1999	2000
机构数	101	101	101	101	101	101	101	31	41	39
在编人数	230	230	257	274	282	270	262	256	227	220
本科学历	5	5	5	5	5	5	5	5	5	5
大专学历	21	22	25	32	33	33	34	34	31	29
中专学历	77	76	83	85	88	84	85	85	81	80
高中学历	79	79	82	84	86	82	77	76	59	56
初中学历	48	48	62	68	70	66	61	56	51	50

2000—2010 年西湖管理区财政机构及人员变化情况统计表

表 6-1-3　　单位：个、人

项目＼年度	2001	2002	2003	2004	2005	2006	2007	2008	2009	2010
机构数	9	9	9	9	9	9	9	9	9	5
编制人数	59	59	59	59	59	59	59	59	59	59
在编人数	56	51	51	51	51	51	49	49	49	48
其中农税员	33	32	30	28	28	26	26	26	26	26
本科学历	5	5	5	5	5	5	3	3	12	14
大专学历	22	20	20	20	20	20	17	17	12	10
中专学历	22	20	20	20	20	20	24	24	18	18
高中学历	5	5	5	5	5	5	4	4	7	6
初中学历	1	1	1	1	1	1	1	1		

第二节　财政管理

一、国营农场财务管理

1987 年以前，西湖农场财务管理体制，实行国营农场统收统付的计划财务管理体制。国家对农场实行亏损包干，自负盈亏，盈利不上交，超亏不补贴。在此期间，农场自行制定具体经营方案与管理制度，实行“统一计划，统一核算，统一管理，统一分配，统一提留”的财务管理体制，分业记账，集中决算，由农场统收统付，统负盈亏。农场所辖单位的年度财务收支盈亏金额，由场部统一支配，平衡调节，以盈补亏。中共十一届三中全会以后，财政部会同农垦部对国营农场财务体制进行改革，取消国家“大锅饭”。1987 年，农场成为独立核算、自负盈亏、自主经营的经济实体。同时制定《国营西湖农场财务管理暂行办法》，规定各经营单位对于生产、销售、直接成本和间接费用、流动资金、劳动工资、专用基金、基本建设和固定资产、设备购置、利税目标等，制定出翔实的年度规划并自行按计划执行，不准有计划外基本建设和设备购置，不准乱占用流动资金和专用基金。1990 年，农场制定《国营西湖农场财务管理实施细则》，规定分级管理，分业核算，统分适度的核算体制。农场对行政事业单位实行“定编制，定经费，节余留用，超支不补”的包干责任制；对场属工商企业实行“定死基数，定额上交，超利分成，自负盈亏”的目标管理经济责任制；对分场（镇）以下农业经济实行以队为核算单位的“三提五统”（公积金、公益金、管理费提取，教育费附加、计划生育费、优抚费、民兵训练费、乡村道路建设费统筹）包干经济责任制，统一标准，包干负责，分户核算，自负盈亏，自主经营。

1991 年,农场再次制定场发〔1991〕34 号《国营西湖农场财务管理实施细则》。规定实行场部领导下的分级管理,分业核算,合理划小核算单位,统分适度的经济核算体制。农场对行政事业单位仍实行预算管理,经费包干(有收入者定收入)经济责任制,节余留用,超支不补。对场属工商企业实行“五定”(定编制,定资金,定产值,定成本,定利润)经济目标管理责任制,定额上交,超利分成,亏损自负。对分场以下农业经济仍实行“三提五统”包干经济责任制,按家庭农场所承包耕地面积计算,年终以队为单位核算兑现。家庭农场实行“自主经营,单独核算,定额上交,自负盈亏”的财务管理制度。上述财务管理体制,一直运作至 2000 年年末。

二、管理区财政管理

2000 年 9 月 15 日,西湖管理区建立一级财政,理顺了财政管理体制。自此,区财政局按照财政管理的内容与要求,制定财政管理方案与制度,落实财政管理职责与措施,全面抓好收支两条线管理、政府采购管理、政府收支管理、会计集中核算管理等各项财政管理工作。

(一)收支两条线管理

2002 年 1 月以前,各单位预算外资金实行“自收自支”的分散管理方式,收入未缴入国库或财政专户。2002 年 1 月,全区财政实行“收支两条线”管理制度改革,清理整顿各部门和单位预算外资金账户,把长期以来分散管理的预算外资金统一纳入财政专户管理。全区建设统一的财政专户体系和“上缴下拨”制度,集中统一管理预算外资金。改革行政事业性收费征缴方式,推行“票款分离”制度,实行“单位开票,银行代收,财政统管”的管理办法,规范管理各项预算外资金。建立“收之有据、用之合理、调度灵活、运筹有方”的预算资金管理机制,施行“部门管事、财政管钱、收入脱钩、相互监督”的收支两条线运作方式。2002 年至 2010 年,全区累计实现预算外资金收入 5922 万元。

(二)政府采购管理

2003 年 1 月以前,西湖区的各种公款采购业务均由有关单位各自预算,各自采购,各自管理。2003 年 1 月,西湖区推行政府采购工作,对财政性资金投入的建设工程、专项货物、服务项目实行政府采购制度。按照省、市政府采购目录和方式,对工程、货物、服务三大类采购,分别实行公开招标、询价、竞价等方式的政府采购。至 2010 年年末,全区实现政府采购预算总额 2752 万元,合同总金额 2456 万元,节约资金 296 万元,资金节约率为 10.76%。

(三)政府收支分类管理

2007 年 1 月以前, 西湖区的财政预算科目分类范围只包括纳入预算管理的政府收支,不包括预算外收支、社会保险基金收支。为适应市场经济条件下转变政府职能,建立公共财政体系的总体要求,逐步形成较为规范合理的政府收支分类体系。2007 年 1 月,全区施行政府收支分类管理制。分类范围:政府预算收支、预算外收支、社会保险基金收支等政府收入分类、支出功能分类、支出经济分类,建立新的科目编码体系。是年政府预算及部门预算的编制、执行、决算等方面的管理工作,均按新科目进行操作,逐项管理到位。至 2010 年年底,此种政府收支分类管理办法无变更。

(四)会计集中核算管理

2002 年 6 月以前,全区的行政事业单位均实行独立核算。其独立的财务机构、银行账户、财会人员与会计核算方式,存在监管分散、各行其是、管理效益欠佳等弊端。故此,西湖区于 2002 年 6 月实施公共财政支出管理体制改革,实行会计集中核算。改革的主要内容为:在资金所有权、使用权、财务自主权不变的前提下,取消同级机关事业单位的银行账户、会计机构、会计岗位,实行以会计核算中心为单位的集中核算制度,集中办理行政事业单位的会计核算工作。落实会计监督制度与措施,逐项管理,阳光操作,接受监督。自此,机关各部、委、办、局、血吸虫病防治管理服务站、计划生育技术服务站、西湖一中、西湖二中、西湖三中、西湖小学和 6 所联校等行政事业单位的会计业务,纳入区会计核算中心统一核算。纳入区会计核算中心管理的行政事业单位支出,通过一个账户进出,按照国家统一的会计制度进行预算。此外,城管大队、畜牧中心、疾控中心、农技中心、区人民医院、西湖房地产开发公司、区广播电视中心、区市场服务中心等事业单位保留银行账户,实行单独核算。

第三节　财政收支

一、农场财务收支情况

(一)农场经营盈亏情况

1991 年至 2000 年间,西湖农场所有直属工商企业实行“独立核算、自主经营、‘五定’包干、定额上交、超利分成、自负盈亏”的经济目标管理责任制。10 年间农场(区)直属工商企业累计实现营业收入 111612 万元,营业外收入 4875 万元,累计总收入 116487 万元,年均总收入 11648.7 万元。其间,1995 年实现营业收入 15999 万元、营业外收入 890 万元,合计年收入16889 万元,为总收入额最高年份;2000 年实现营业收入 6333 万元,营业外收入 804 万元,合计年收入 7137 万元,为总收入额最低年份。此 10 年间全场(区)工商企业累计营业成本 98315 万元,营业费用 3990 万元,营业税及附加 762 万元,管理费用 14950 万元,财务费用 5239 万元,营业外支出 2719 万元,六项费用合计 125975 万元,年均总成本 12597.5 万元。其间,1995 年营业成本 13457 万元,营业费用 400 万元,营业税及附加 39 万元,管理费用 1924 万元,财务费用 1089 万元,营业外支出 338 万元,年度总成本 17247 万元, 是年亏损 358 万元, 为亏损额最低年份。1999 年营业成本 6840 万元,营业费用 376 万元,营业税及附加 27 万元,管理费用 2752 万元,财务费用 422 万元,营业外支出 294 万元, 年度总成本 10711 万元, 是年营业收入 7782 万元, 营业外收入

626 万元,合计收入额 8408 万元,亏损 2303 万元,为亏损额最高年份。此 10 年间全场(区)利润总额累计亏损 9488 万元,年均亏损 948.8 万元,其中工商企业累计亏损 8815.95 万元,年均亏 881.6 万元,占全场(区)亏损总额 91.95%。此期间盈利年份仅两年,共计利润 122 万元,其中 1991 年盈利 58 万元,1992 年盈利 64 万元。1991 年至 2000 年全场(区)财务收支情况,详见表 6-1-4。

1991—2000 年西湖农场(区)财务收支统计表

表 6-1-4　　单位:万元

年度	营业收入	营业成本	营业费用	营业税金及附加	管理费用	财务费用	营业外收入	营业外支出	利润总额
1991	9518	8412	665	206	—	—	129	306	58
1992	10284	9100	732	220	—	—	74	241	64
1993	11822	10910	364	117	875	511	118	195	-1032
1994	13555	11815	350	32	1294	796	254	279	-757
1995	15999	13457	400	39	1924	1089	890	338	-358
1996	13128	11146	319	24	1659	815	629	282	-488
1997	12585	10600	263	37	1599	952	768	386	-484
1998	10606	10120	337	42	2210	454	583	169	-2143
1999	7782	6840	376	27	2752	422	626	294	-2303
2000	6333	5915	184	18	2637	200	804	229	-2046
合计	111612	98315	3990	762	14950	5239	4875	2719	-9488

(二)农场资产、负债及权益

资产情况

1991 年年末农场资产总额为 11178 万元,其中:流动资产 9356 万元,固定资产 1822 万元。2000 年年末资产总额为 20875 万元,其中:流动资产 13703 万元,固定资产 7064 万元。2000 年总资产比 1991 年增加 9697 万元,增长 86.8%,其中:固定资产增加 5242 万元,增长 2.87 倍;流动资产增加 4346 万元,增长 46.5%。

负债情况

1991 年年末负债总额为 4374 万元,均为流动负债。2000 年年末负债总额为 29847 万元,其中:流动负债 23832 万元,长期负债 6015 万元。2000 年负债总额比 1991 年增加 25473 万元,增长 5.8 倍。

所有者权益情况

1991 年年末所有者权益总额 6804 万元,2000 年年末所有者权益总额负 8972 万元,2000 年所有者权益总资产比 1991 年减少 15776 万元。历年资产负债及所有者权益总额,详见表 6-1-5。

1991—2000 年西湖农场(区)资产负债及权益统计表

表 6-1-5　　单位:元

年度	资产					负债			所有者权益
	流动资产	长期资产	固定资产	无形及递延资产	合计	流动负债	长期负债	合计	
1991	9356	—	1822	—	11178	4374	—	4374	6804
1992	12336	—	2442	—	14778	5160	—	5160	9618
1993	10021	57	7425	66	17569	12958	2731	15689	1880
1994	8658	—	6696	42	15396	11690	2871	14561	835
1995	8192	25	7107	45	15369	12036	2775	14811	558
1996	12544	38	6482	44	19108	16888	2138	19026	82
1997	14818	38	7423	39	22318	21146	1574	22720	-402
1998	12703	70	6648	38	19459	22677	1550	24227	-4768
1999	14526	104	7896	53	22579	26543	2966	29509	-6930
2000	13703	74	7064	34	20875	23832	6015	29847	-8972

二、管理区财政收支情况

历年财政总收入情况

2001 年财政总收入 1556 万元,其中一般预算收入 182 万元、上级补助收入 1250 万元、基金收入 134 万元。2010 年财政总收入 19386 万元,其中一般预算收入 1126 万元、上级补助收入 15007 万元、基金收入 3253 万元。10 年间财政总收入增长 12.34 倍, 年均增长 32.25%。历年财政总收入数额,详见表 6-1-6。

2001—2010 年西湖管理区财政总收入统计表

表 6-1-6　　单位:万元

项目 年度	收入					
	合计	一般预算收入	上级补助收入	基金收入	其中:社保基金收入	上年结余收入
2001	1566	182	1250	134	773	—
2002	2080	425	1574	81	777	1
2003	2645	524	2065	56	1190	1
2004	5078	533	4494	51	2411	1
2005	4600	522	3984	94	1056	1
2006	6245	551	5566	128	2142	1
2007	13694	663	10446	2585	2364	11
2008	15511	731	12035	2745	3319	522
2009	17304	847	13437	3020	4399	1
2010	19386	1126	15007	3253	5457	62
合计	88109	6104	69858	12147	23888	101

历年财政总支出情况

2001年财政总支出2441万元,其中一般预算支出2122万元、上解上级支出45万元、基金支出134万元。2010年财政总支出19345万元,其中一般预算支出16104万元、上解上级支出12万元、基金支出3253万元。10年间财政总支出增长7.93倍,年均增长25.86%。历年财政总支出数额及支出项目,详见表6-1-7至表6-1-9。

2001—2010年西湖管理区财政总支出金额统计表

表6-1-7　　单位:万元

年度	支出						
	合计	一般预算支出	上解支出	基金支出	其中:社保基金支出	社保基金本年结余	年终滚存
2001	2301	2122	45	134	573	0	1
2002	2317	2182	54	81	577	0	1
2003	2749	2638	55	56	1190	0	1
2004	4982	4862	69	51	2411	0	1
2005	4773	4610	69	94	1056	0	1
2006	6407	6210	69	128	2142	0	11
2007	13705	11046	74	2585	2364	0	522
2008	16055	13238	72	2745	3319	0	1
2009	17244	14143	81	3020	4399	0	62
2010	19345	16104	-12	3253	5457	0	102
合计	89878	77155	576	12147	23888	0	539

2001—2006年西湖管理区财政支出项目统计表

表6-1-8　　单位:万元

项目 \ 金额 \ 年度	2001	2002	2003	2004	2005	2006	合计
支援农村生产支出	26	—	—	—	—	—	26
农林水气象事业费	27	22	108	141	123	142	563
工交事业费	—	39	19	38	14	14	124
城市维护费	—	10	10	9	65	71	165
文教事业费	595	559	603	712	1005	980	4454
科学事业费	—	—	—	—	—	—	0
抚恤救济费	94	186	191	252	269	386	1378
行政管理费	662	796	792	827	864	1007	4948
公检法支出	80	83	85	139	182	197	766

续表 6-1-8

项目＼金额＼年度	2001	2002	2003	2004	2005	2006	合计
政策性补贴	—	—	—	—	—	—	0
支援不发达地区	115	43	70	55	35	64	382
专项支出	—	—	22	36	5	6	69
其　他	—	35	27	64	158	313	597
合　计	1599	1773	1927	2273	2720	3180	13472

2007—2010 年西湖管理区财政支出项目统计表

表 6-1-9　　　　单位：万元

项目＼金额＼年度	2007	2008	2009	2010	合计
一般公共服务	1624	1798	1637	2204	7263
外交	—	—	—	—	0
国防	6	14	8	11	39
公共安全	290	347	381	421	1439
教育	1097	1560	1756	1797	6210
科学技术	—	2	0	3	5
文化体育与传媒	12	12	58	47	129
社会保险和就业	3932	5675	7130	7975	24712
医疗卫生	423	673	945	936	2977
环境保护	12	25	24	27	88
城乡社区服务	1343	525	217	218	2303
农林水事务	1294	1968	1309	1379	5950
交通运输	243	373	141	138	895
工业企业金融等事务	1	2	—	—	3
地震灾后恢复重建	—	—	—	—	0
采掘电力信息等事务	—	—	22		22
粮油物资储备管理事务	—	—	129	170	299
资源勘探电力信息事务	—	—	—	1	1
国土资源气象等事务	—	—	—	46	46

续表 6-1-9

项目 \ 金额 \ 年度	2007	2008	2009	2010	合计
住房保障支出	—	—	—	579	579
其他支出	769	264	386	152	1571
合计	11046	13238	14143	16104	54531

三、税收收入情况

1991 年税收总收入为 53 万元，其中产品税 9 万元，增值税 8 万元，营业税 31 万元。2010 年工商税收总收入 589 万元，其中增值税 29 万元，营业税 205 万元，所得税 30 万元。20 年间工商税总收入增长 11 倍，年均增长 13.51%。历年税收总额，详见表 6-1-10 至表 6-1-11。

1991—2000 年西湖农场(区)上缴税金统计表

表 6-1-10　　单位：万元

年度	产品税	增值税	营业税	城建税	流转税	农牧业税	教育 附加	合计
1991	9	8	31	2	—	—	3	53
1992	16	126	38	2	—	—	5	187
1993	—	—	—	—	228	30	—	258
1994	—	12	30	4	—	2	—	48
1995	—	60	—	—	—	2	—	62
1996	—	200	8	7	—	3	—	218
1997	—	216	22	—	—	3	—	241
1998	—	216	13	9	—	3	—	241
1999	—	169	13	12	—	—	8	202
2000	—	103	10	3	—	3	—	119
合计	25	1110	165	39	228	46	16	1629

2001—2010 年西湖管理区工商税收收入统计表

表 6-1-11　　单位：万元

年度	合计	增值税	营业税	所得税	城建税	房产税	其他
2001	69	30	27	9	1	—	2
2002	91	40	45	2	2	1	1
2003	115	45	63	2	3	2	0

续表　6-1-11

年度	合计	增值税	营业税	所得税	城建税	房产税	其他
2004	132	54	67	2	5	—	4
2005	161	55	84	3	10	1	8
2006	201	65	120	8	6	—	2
2007	204	19	163	14	7	—	1
2008	234	25	174	21	5	5	4
2009	328	28	214	16	10	7	53
2010	589	29	205	30	32	17	276
合计	2124	390	1162	107	81	33	351

四、基本建设项目投资情况

1991 年至 2010 年，全场(区)基本建设项目总投入 15682 万元，其中：西湖造纸厂、制药厂等工商企业建设投入 3364 万元，占总投资 21.5%；教育基建投资 2030 万元，占总投资 12.9%；镇区建设投资 1859 万元，占总投资 11.9%；农村公路建设投资 1133 万元，占总投资 7.2%；土地平整投资 1020 万元，占总投资 6.5%；廉租房建设投资 940 万元，占总投资 6%；农村饮水建设投资 894 万元，占总投资 5.7%；农田水利建设投资 856 万元，占总投资 5.5%；其他项目投资 3586 万元，占总投资 22.8%。20 年间基本建设投资中，前后十年项目投资占比分别为 35%与 65%。历年建设项目及金额，详见表 6-1-12 至表 6-1-13。

1991—2000 年西湖农场基本建设项目投资统计表

表 6-1-12　　单位：万元

项目＼金额＼年度	1991	1992	1993	1994	1995	1996	1997	1998	1999	2000	合计
农田水利	49	—	73	51	—	86	56	17	2	46	380
教育基建	—	—	89	—	—	—	—	87	—	120	296
镇区建设	—	—	—	16	—	—	—	—	—	21	37
洞庭湖治理	—	—	—	—	—	—	—	—	36	150	186
公检法办房	11	13	—	—	22	—	—	36	—	—	82
机关办公、接待处建设	—	—	59	283	54	—	—	2	31	170	599
工商企业	43	73	83	10	—	30	—	—	—	—	239
交通工具	3	—	29	9	51	—	—	—	14	43	149
医疗卫生	3	—	158	—	—	—	—	—	3	—	164
广播电视	—	—	17	3	43	8	13	—	—	6	90

续表 6-1-12

项目 \ 金额 \ 年度	1991	1992	1993	1994	1995	1996	1997	1998	1999	2000	合计
机关宿舍	—	—	190	—	—	—	—	—	—	—	190
纸厂扩建	980	825	—	—	—	—	—	—	—	—	1805
药厂新建	520	580	220	—	—	—	—	—	—	—	1320
合计	1609	1491	918	372	170	124	69	142	86	556	5537

2001—2010年西湖管理区基本建设项目投资统计表

表 6-1-13　　单位:万元

项目 \ 金额 \ 年度	2001	2002	2003	2004	2005	2006	2007	2008	2009	2010	合计
农村公路	67	181	23	—	—	122	302	333	54	51	1133
农田水利	15	22	15	15	15	20	20	30	138	186	476
堤防工程	—	100	—	29		45	11	69	9	5	268
渠道护坡	—	28	40	42	77	60	20	77	86	105	535
机电排灌	—	—	62	30	30	11	40	50	52	84	359
农村饮水	—	—	—	—	—	140	137	173	161	283	894
教育基建		99	75	177	228	334	216	93	157	355	1734
镇区建设	10	20	20	25	37	42	55	1001	577	35	1822
农村沼气	—	—	11	—	—	—	6	92	5	2	116
廉租房建设	—	—	—	—	—	—	—	74	582	284	940
产业开发	—	—	—	—	—	—	—	33	46	32	111
司法办公房	—	—	—	—	—	11	11	17	12	—	51
乡村卫生院	—	—	—	—	—	35	—	50	5	5	95
国土所公房	—	—	—	—	—	—	—	8	—	—	8
养殖场建设	—	—	—	—	—	—	—	20	20	20	60
新农村建设	—	—	—	—	—	9	118	77	39	15	258

续表 6-1-13

项目＼金额＼年度	2001	2002	2003	2004	2005	2006	2007	2008	2009	2010	合计
财源扶持	40	5	20	25	40	35	30	30	15	25	265
土地平整	—	—	—	—	102	132	160	165	201	260	1020
合计	132	455	266	343	529	996	1126	2392	2159	1747	10145

五、移民资金收支情况

1991 年至 2010 年移民资金总收入 19915 万元，其中：库区建设基金收入 5877 万元，占总收入 29.5%；六年规划建设基金收入 3498 万元，占总收入 17.6%；后期扶持基金收入 10540 万元，占总收入 52.9%。此期间移民资金总支出 18455 万元，其中：库区建设基金支出 5350 万元，占总支出 29.0%；六年规划建设基金支出 3518 万元，占总支出 19.1%；移民后期扶持基金支出 9587 万元，占总支出 51.9%。20 年间移民资金收入与支出均增长 64 倍。历年移民资金收支情况，详见表 6-1-14。

西湖农场(区)历年移民资金收支统计表

表 6-1-14　　单位：万元

年份＼项目	收入				支出			
	合计	库区基金	六年规划	后扶基金	合计	库区基金	六年规划	后扶基金
1991	40	40	—	—	40	40	—	—
1992	40	40	—	—	40	40	—	—
1993	24	24	—	—	24	24	—	—
1994	19	19	—	—	19	19	—	—
1995	128	128	—	—	128	128	—	—
1996	255	255	—	—	194	194	—	—
1997	627	627	—	—	671	671	—	—
1998	865	865	—	—	500	500	—	—
1999	727	727	—	—	693	693	—	—
2000	453	453	—	—	702	702	—	—
2001	364	364	—	—	388	388	—	—

续表 6-1-14

项目 年份	收入				支出			
	合计	库区基金	六年规划	后扶基金	合计	库区基金	六年规划	后扶基金
2002	355	355	—	—	249	249	—	—
2003	437	187	250	—	350	181	169	—
2004	978	628	350	—	688	399	289	—
2005	2038	468	1,570	—	1102	173	929	—
2006	1077	259	818	—	960	244	716	—
2007	2909	157	272	2480	3591	374	767	2450
2008	3519	181	238	3100	3161	195	478	2488
2009	2485	5	—	2480	2385	89	85	2211
2010	2575	95	—	2480	2570	47	85	2438
合计	19915	5877	3498	10540	18455	5350	3518	9587

第二章　税　收

第一节　税收机构

一、国税机构

汉寿县国家税务局西湖国税所的前身同为“汉寿县税务局西湖税务所”,1994 年 10 月税制改革时从汉寿县税务局析出,设立“汉寿县国家税务局西湖国税所”，隶属汉寿县国税局管理。1998 年 4 月西湖国税所升级更名为“汉寿县国家税务局西湖国税分局”，隶属关系不变。1991 年至 2010 年,先后由梅巨久、周慧强、戴明华、廖先军任局(所)长。2010 年年底有在岗干部职工 7 人。

国税办公楼

二、地税机构

地税办公楼

1991 年 1 月至 1994 年 9 月间,汉寿县税务局在西湖农场设立“汉寿县税务局西湖税务所”,属汉寿县税务局派出机构，负责西湖农场税收工作。1994 年 10 月,根据国家税制改革精神,汉寿县国地两税分设,分别设立“汉寿县国家税务局西湖国税所”“汉寿县地方税务局坡头税务所西湖征收组”。1996 年 2 月,成立“汉寿县地方税务局西湖税务所”。1998 年 2 月撤所设为“汉寿县地方税务局第五税务分局西湖征收组”,2004 年 7 月更名为“汉寿县地方税务局第四税务分局西湖征收组”,负责西湖农场(区)的地方税收(费金)征收管理工作。2011 年 7 月,根据中共湖南省委、省政府湘发〔2000〕4 号《关于国有大中型农场体制改革的意见》和湖南省地方税务局湘地税函〔2011〕65 号《关于常德市地方税务系统县市区局机构改革实施方案的批复》精神,设立“湖南省常德市西洞庭西湖管理区地方税务局”,负责西洞庭、西湖管理区行政区划内的地方税收及法律法规规定的费金征收管理工作。1991 年至 1998 年,有在岗干部职工 3 人,1999 年后增加到 4 人。1991 年至 2003 年,先后由夏孝平、曾新春、方武林、刘稳贵任局长(负责人),2004 年至 2010 年由朱雄伟任局长。

第二节　税收征管

一、国税征管

汉寿县国家税务局西湖国税分局具体负责西湖区的国税(增值税、企业所得税)征管工作。主要税源来自各类超市、制药厂、电力公司、砖瓦厂、大米厂等行业,2010 年有纳税人 798 户。在日常税收征管工作中,该分局坚持以“为国聚财,为民收税”的神圣使命为己任,以“依法治税、优化服务”为根本,以“凝聚、和谐、发展、创新”为主线,强化管理,秉公执法,依法征税。1991 年至 2010 年,累计完成国税征收入库额 1324.95 万元。其历年所征收的国税入库数额,详见表 6-2-1。

西湖国税分局(所)历年国税征收额统计表

表 6-2-1　　单位:万元

年　度	国税征收额	年增长率(±%)	年　度	国税征收额	年增长率(±%)
1991	12.1	—	2002	81.4	15.3
1992	11.2	-7.44	2003	96.1	18.06
1993	15.3	36.61	2004	101.3	5.41
1994	18.1	18.3	2005	120.4	18.85
1995	21.3	17.68	2006	88.7	-26.33
1996	27.2	27.7	2007	103.6	16.8
1997	33.05	21.51	2008	110.5	6.66
1998	48.1	45.54	2009	115.2	4.25
1999	57.2	18.92	2010	125.3	8.77
2000	68.3	19.41	合计	1324.95	
2001	70.6	3.37			

二、地税征管

1991 年至 2010 年,汉寿县(地方)税务局西湖税务所(组)主要负责西湖农场(区)的地方税征管工作。税制改革以前,所有法定征收税种皆由西湖税务所负责征管。税制改革以来共开征地方税种15个：营业税、企业所得税、个人所得税、资源税、城建税、房产税、印花税、土地使用税、土地增值税、车船费、屠宰税、固定资产投资方向调节税、契税、耕地占用和教育费附加。根据国税发〔2000〕65号文件精神，停征两个税种：固定资产投资方向调节税于2000年1月1日停止征收，屠宰税于2006年2月17日停止征收。1991年至2010年，西湖的地方税征收入库总额为1895万元。其中1991年至2004年累计征收入库额为461万元，年均征收入库额32.93万元；2005年至2010年累计征收入库额为1434万元，年均征收入库额239万元。年税收入库额超百万元的年份有：2005年104万元、2006年137万元、2007年190万元、2008年229万元、2009年283万元、2010年491万元。以上数据，均不含“两税”。地方税结构及税收完成情况，详见表6-2-2、表6-2-3。

第三节　税务稽查

一、国税稽查

1994年10月至2010年12月，汉寿县国家税务局西湖国税分局（所）逐年建立、健全、完善《国税征收管理制度》《国税征收稽查制度》《国税征管岗位责任制》等规章制度。坚持以中共西湖区委、区管委大力推进“法治西湖”建设为契机，全面推进法治国税建设，为纳税人营造公平、公正的税收法治环境。在日常国税征管工作中，坚持公平执法、理性执法、文明执法和柔性执法的征税理念，先后排查19个重大税收执法风险点。逐年建立纳税人台账，将全区纳税人按照行业、规模、风险等级进行分级分类管理，对不同纳税人采取不同的征管措施，逐月征管到位。切实加强对涉农和商业等高风险行业的管理、监督、稽查，对涉农免税户进行全面的产能核定，落实“享受优惠，自主申报，自觉缴税”的征管措施，施行动态管理，定期评估，按月征税。树立“税收环境也是投资环境”的服务理念，加大项目服务力度。建立项目跟踪服务制度，定期主动上门为企业提供涉税咨询，及时了解项目进展，变事后监督、稽查为事前服务、管理，促进税源健康发展，早日产生税收效益。全面推行网上办税，简明资料，简明流程，将办税服务工作切实做“简”、做“优”、做“实”。定期检查纳税人缴税情况，建立举报制度，及时了解掌握纳税人的缴税动态，依法查处偷税、漏税行为。对群众举报的偷税、漏税案件，及时上报县局依法查处。1995年至2010年，西湖境内尚未发生重大涉税犯罪案件。此期间内共查处漏税案件2起，追缴税款入库额1.26万元。

二、地税稽查

1994年至2010年，汉寿县地方税务局西湖税务所（组）按照“执法规范、征收率高、成本降低、社会满意”的地税征管要求，全面推行征管责任承诺制。应用湖南地税省级数据集中综合征管系统、信息管税系统等软件平台，开展日常税收征管和监督考核工作。针对个体纳税人大多地处偏远,税源零星分散,交通不便,征收成本居高不下的情况,在深入调查研究、重点稽查的基础上,采取“户籍管理,简并征期”的办法,对确实未达“起征点”的个体户建立手工信息台账,定期回访;对达到“起征点”的个体户建立大集中平台账户,实行电子化管理,定期稽查其缴税情况;对国有工商企业逐一建立大集中综合征管系统台账,实行电子化监管,定期上门稽查,依法查处偷税漏税行为。通过采取简并征期或预缴税款、按月征收、定期稽查等办法,有效解决税收征管死角,征管质量和效益明显提升。1991 年至 2010 年,西湖境内尚未发生重大偷税漏税案件。此期间内共查处个体户漏税案件 3 起, 追缴税款入库额 1.17 万元。

西湖农场(区)历年地税收入结构表

表 6-2-2

单位:万元

项目＼年度	1994	1995	1996	1997	1998	1999	2000	2001	2002	2003	2004	2005	2006	2007	2008	2009	2010
合计	18.00	20.10	22.12	22.11	27.20	25.06	25.05	42.90	57.11	78.22	85.35	107.49	142.85	193.80	240.84	298.09	517.24
营业税	13.90	15.04	12.56	19.24	18.23	21.12	20.29	29.26	44.54	62.66	67.29	84.08	119.73	163.22	173.64	214.21	274.23
企业所得税	—	—	—	—	—	—	—	0.94	0.53	0.91	0.25	0.34	0.37	3.76	16.96	10.54	41.79
个人所得税	1.50	4.24	4.93	1.24	1.07	2.63	4.30	8.03	7.31	8.02	8.07	10.02	9.88	14.77	21.73	32.15	59.85
资源税	—	—	—	—	—	—	—	—	—	—	0.12	0.04	—	0.07	0.56	2.07	3.01
城建税	—	—	—	—	—	—	—	1.75	2.23	2.95	4.86	9.34	5.57	6.56	5.25	10.52	32.30
房产税	—	—	—	—	—	0.80	—	—	0.76	1.90	—	0.57	—	1.32	5.04	7.74	17.02
印花税	0.20	0.31	0.27	0.73	0.17	0.15	0.16	—	0.24	—	0.57	0.07	0.82	—	1.08	1.75	1.88
土地使用税	—	—	—	—	—	—	—	—	—	—	—	—	—	—	4.07	2.08	27.32
土地增值税	—	—	—	—	—	—	—	—	—	—	—	—	—	—	—	—	28.64
车船费	0.60	0.51	1.28	0.50	0.53	0.36	0.30	0.14	0.29	0.31	2.16	0.04	1.08	0.29	0.72	1.56	4.97
屠宰税	1.80	—	3.08	0.40	—	—	—	2.01	—	—	—	—	—	—	—	—	—
固定资产投资方向调节税	—	—	—	—	2.29	—	—	—	—	—	—	—	—	—	—	—	—
契税	—	—	—	—	—	—	—	—	—	—	—	—	—	—	—	—	2.17
耕地占用税	—	—	—	—	—	—	—	—	—	—	—	—	—	—	—	—	0.16
教育费附加	—	—	—	—	—	—	—	0.77	1.21	1.47	2.03	2.99	5.40	3.81	11.79	14.87	23.90

西湖农场(区)历年地税完成情况统计表

表 6-2-3

单位:万元

项目 \ 年度	1994	1995	1996	1997	1998	1999	2000	2001	2002	2003	2004	2005	2006	2007	2008	2009	2010
合计完成	18	20.1	22.12	22.11	22.2	25.1	25.1	42.9	57.11	78.22	85.35	107.49	142.85	193.8	240.84	298.09	517.24
中央级	—	—	—	—	—	—	—	—	—	5.36	4.99	6.22	6.15	11.12	23.21	25.61	60.98
省级	—	—	—	—	—	—	—	—	—	1.07	1	1.24	1.23	2.22	4.64	5.12	12.2
市级	18	20.1	22.12	22.11	22.2	25.1	25.1	—	—	—	—	—	—	—	—	—	—
县区级	—	—	—	—	—	—	—	42.13	55.9	70.32	77.33	97.04	130.07	176.65	201.2	252.49	420.16
教育费附加	—	—	—	—	—	—	—	0.77	1.21	1.47	2.03	2.99	5.4	3.81	11.79	14.87	23.9

第三章　金　融

第一节　农业银行西湖支行

一、机构沿革

中国农业银行汉寿县西湖支行的前身为农行汉寿县支行西湖营业所，成立于1955年。成立之初负责农场财务辅导工作，管理农村金融。1957年中国农业银行划入中国人民银行，西湖营业所更名为“中国人民银行汉寿县支行西湖分理处”。1962年中国农业银行与中国人民银行分立，西湖分理处复名“中国农业银行汉寿县支行西湖营业所”。1965年中国农业银行再次并入中国人民银行，西湖营业所更名为“汉寿县人民银行西湖分理处”。1979年中国农业银行再次从中国人民银行内析出，西湖分理处恢复“西湖营业所”名称。1990年12月19日，根据中国农业银行湖南省分行湘农银〔1990〕人字第541号文件，西湖营业所升格为县支行级办事处，更名为“中国农业银行常德市西湖办事处”，改属中国农业银行常德中心支行领导。1991年年初，中国农业银行常德市西湖办事处升格为县级支行，更名为“中国农业银行常德市西湖支行”，隶属中国农业银行常德市中心支行管辖。西湖支行内设人事科、信贷科、储蓄科、稽查科、财务科、办公室6个科室，下辖10个储蓄所，在岗干部职工98人，由焦盛唐任行长。2001年初，西湖支行被降级并入汉寿县农行，更名为“中国农业银行汉寿支行西湖分理处”。原西湖支行设立在各分场(办事处)和西湖镇的储蓄所被撤销，保留支行营业部本部。2009年8月，经省银监局和省农行批准，中国农业银行汉寿县支行西湖分理处升格为二级支行，命名为“中国农业银行汉寿县西湖支行”，由胡月光任行长。2010年年末有员工13人，各项存款35189万元，各项贷款1318万元。

农业银行西湖支行

二、存款与贷款

(一)存款

1991年12月底,农行西湖支行有各项账面存款额5130万元。2010年12月底有各项账面存款额35189万元,比1991年增加30059万元,增长585.95%,年均增长率29.3%。其历年存款数额,详见表6-3-1。

(二)贷款

1991年12月底,农行西湖支行有各项账面贷款额8916万元。2010年12月底有各项账面贷款额1318万元,比1991年减少7598万元,减少85.20%,年均减少率4.26%。减少的主要缘由为不良贷款和老账贷款共计9690万元。2001年中国农业银行总行成立长城资产管理公司,将不良贷款剥离给长城公司管理。同年10月,西湖农行将6556万元不良贷款划入长城公司。2005年中国农业银行为做好上市准备工作,于年底将西湖支行3134万元老账贷款划出,交给总行资产管理公司经营。实际上,2001年至2010年的各项贷款是增加的,历年明细数额详见表6-3-1。

西湖农村信用社

农业银行西湖支行历年存款贷款统计表

表6-3-1　　单位:万元

年度	存款		贷款		年度	存款		贷款	
	金额	年增长率(±%)	金额	年增长率(±%)		金额	年增长率(±%)	金额	年增长率(±%)
1991	5130	—	8916	—	2001	6050	2.66	3134	剥离
1992	5190	1.17	9135	2.46	2002	7179	18.66	3134	剥离
1993	5216	0.5	9243	1.18	2003	8633	20.25	3134	剥离
1994	5325	2.09	9307	0.69	2004	9198	6.54	3134	剥离
1995	5479	2.89	9489	1.96	2005	10156	10.41	0	分账经营
1996	5516	0.68	9583	0.99	2006	13437	32.31	0	分账经营
1997	5631	2.08	9609	0.27	2007	18239	35.74	0	分账经营
1998	5717	1.53	9690	0.84	2008	25314	38.79	103	—
1999	5717	0	9690	0	2009	30108	18.94	988	859.2
2000	5893	3.08	9690	0	2010	35189	16.88	1318	33.4

说明:表中金额均为年末账面余额

第二节　邮政储蓄银行西湖支行

一、机构设置

中国邮政储蓄银行股份有限公司汉寿县西湖农场支行成立于 2008 年 4 月，为中国邮政储蓄银行股份有限公司汉寿县支行代理机构。该支行设在西湖邮政分局营业大厅，由西湖邮政分局代行管理，开展日常邮政储蓄业务，只存不贷。

二、邮政储蓄

邮政储蓄乃西湖邮政分局的主要金融业务，始于 1987 年 6 月 18 日，时为中国农业银行汉寿县支行代理机构。1988 年至 1990 年累计入库储蓄金额 385.5 万元，年均储蓄金额 128.5 万元。1991 年至 1995 年，该支局每年于年初制订邮政储蓄计划，核定全年储蓄任务，将年度储蓄目标任务分解到人，落实岗位责任制，年终按制度兑现奖惩。在此期间按照汉寿县邮电局的有关规定，逐年采取奖励储户 2%的方法揽储。1996 年以后，随着外出务工人员的逐年增加和农工家庭收入的逐年增长，邮政储蓄金额也逐年增加。20 世纪 90 年代末期，邮政储蓄业务实行全国联网经营，大多数储户选择便捷的储蓄转账方式，邮政储蓄业务逐年扩大，2010 年邮政储蓄金额达 9000 万元。1991 年至 2010 年的年度邮政储蓄金额及年增长率，详见表 6–3–2。

中国邮政储蓄银行西湖支行历年储蓄存款统计表

表 6–3–2　　　　单位：万元

年度	储蓄存款		年度	储蓄存款	
	金 额	年增长率（±%）		金 额	年增长率（±%）
1991	1142		2001	4108	16.57
1992	1326	16.11	2002	4178	1.7
1993	1587	19.68	2003	4267	2.13
1994	1624	2.33	2004	4782	12.07
1995	1862	14.66	2005	5013	4.83
1996	2251	20.89	2006	5976	18.41
1997	2409	7.02	2007	6877	15.85
1998	2545	5.65	2008	7742	12.58
1999	2746	7.9	2009	8864	14.49
2000	3524	28.33	2010	9599	8.29

第四章　保　险

第一节　寿险汉寿支公司西湖营销部

一、机构沿革

寿险汉寿支公司西湖营销部的前身为中国人民保险公司汉寿县支公司西湖农场代办站,成立于1987年4月。1990年更名为"中国人民保险公司常德市国营西湖农场营业所",均隶属汉寿支公司。1993年升格为"中国人民保险公司常德市中心支公司西湖营业所",经营财产保险和人寿保险,赵紫兰任所长。1996年中国人民保险公司实行产、寿险分营,该所更名为"中保人寿西湖营业所",专业经营人身保险,赵紫兰任所长。1998年成立"中国人寿保险公司汉寿支公司西湖中心保险站",隶属汉寿支公司管理,成勇任站长。2003年中国人寿保险公司实行股份制改革,该站更名为"中国人寿保险股份有限公司汉寿支公司西湖营销服务部"。此后,西湖营销服务部隶属关系及机构名称无变更。

中国人民保险公司西湖营销部

二、经营范围

(一)人身意外伤害保险

人身意外伤害保险包括团体和个人人身保险、学生平安保险。自1990年以来,中国人寿西湖营销服务部成为西湖农场(区)学生平安保险指定承办单位,为中、小学生和学前入园幼儿承担各种人身意外风险。随着经济社会的发展和社会生活环境的变化,中、小学生人身意外伤害和疾病医疗风险增多。风险保障从原来的最高0.3万元增加到最高5万元。1990年至2010年,全场(区)中小学平安保险保费收入达320万元,累计给付各类意外伤亡伤残、意外医疗、疾病医疗保险金248万元,赔付率78%。同期,其他人身意外伤害保险含建筑工程意外伤害保险保费收入186万元,共给付保险金122万元,赔付率65.6%。

（二）人寿保险

人寿保险有定期寿险和终身寿险两类。1996年中保人寿西湖营业所在各分场(镇)招聘一批保险代办员，开办简易人身保险和各种定期与终身人寿险、康宁保险等一系列人寿保险险种。交费方式有趸交、月交、半年交和年交，至1998年年末，全场的简易人身保险入户率达40%，年均保费收入82万元。从2007年开始，一部分定期10年、15年简易人身保险及时办理满期给付。

（三）健康医疗保险

健康保险是指以发生重大疾病及因病致残、身故和因病住院治疗为给付保险金条件的综合性保险。1997年开办妇女防癌普查平安保险，即团体女性安康保险和个人健康医疗保险。健康医疗保险主要产品有：康宁终身和康宁定期重大疾病保险、康恒终身重大疾病保险、住院医疗补偿保险。此后，健康医疗保险投保范围和投保面不断扩大，投保人数逐年增加。每年都有重大疾病或身故保险金、住院医疗费用补偿保险金赔付，为参保者家庭减轻经济负担。1997年至2010年共收健康保险投保金1969万元，累计给付重大疾病和身故者63人次，给付保险金28万元。

（四）养老保险

商业养老保险，分为个人养老年金保险和企事业单位职工集体养老年金保险两类。西湖营业所于1990年开办个人养老年金保险，其主要对象为个体工商户、队(村)干部养老保险，独生子女及两女结扎户养老保险和企事业单位职工集体养老保险。2010年到期的独生子女及两女结扎户养老保险，开始领取养老金。

（五）新型险种

2003年中国人寿保险股份有限公司重组上市后，推出鸿鑫两全保险(分红型)新险种。此后，该公司相继推出金彩明天、美满一生分红保险和福禄双喜、福禄满堂系列分红保险等险种。是年，寿险汉寿支公司西湖营销部的保险费总收入达450万元，其中新单寿险保费收入100万元。2006年寿险汉寿支公司西湖营销部有保险营销团队6个、保险营销员40人、保险主管6人，全年新单期交保费收入150万元。2007年至2010年，连续被中国人寿保险股份有限公司湖南省分公司评为标准化营销服务部，进入常德分公司农村服务部前十强和湖南省分公司农村服务部前百强。1990年至2010年，西湖营销部累计寿险保费收入达1518.78万元。其历年各项险种保费总收入数额，详见表6-4-1。

寿险西湖营销部主要险种历年保费收入统计表

表6-4-1　　　　单位：万元

年度	财产保险			人身保险		
	机动车辆保险	企业财产保险	家庭财产保险	意外伤害保险	两全人寿保险	健康医疗保险
1990	8.85	11.69	2.97	5.62	18.2	—
1991	10.94	12.14	3.48	5.91	21.6	—
1992	12.87	12.86	3.92	6.27	24.1	—
1993	16.73	15.89	5.26	7.85	36.2	—
1994	18.12	14.76	5.17	8.24	38.5	—
1995	20.75	16.27	6.32	8.96	42.1	—
1996	6.93	10.3	3.16	9.31	45.8	—
1997	—	—	—	12.26	53.6	6.93

续表 6-4-1

年度	财产保险			人身保险		
	机动车辆保险	企业财产保险	家庭财产保险	意外伤害保险	两全人寿保险	健康医疗保险
1998	—	—	—	12.83	58.3	11.6
1999	—	—	—	13.59	62.9	25.8
2000	—	—	—	15.48	67.4	37.2
2001	—	—	—	21.96	69.3	41.6
2002	—	—	—	23.74	72.6	45.9
2003	—	—	—	28.57	75.8	47.3
2004	—	—	—	35.86	79.4	52.4
2005	—	—	—	39.78	87.5	57.3
2006	—	—	—	45.86	89.3	63.8
2007	—	—	—	49.73	92.6	62.9
2008	—	—	—	48.85	95.3	67.4
2009	—	—	—	51.59	98.4	70.5
2010	—	—	—	53.79	106.3	69.2
合计	95.19	93.91	30.28	506.05	133.52	659.83

说明：人身意外伤害保险含学生平安保险

第二节　产险武陵支公司西湖营销部

一、机构沿革

产险武陵支公司西湖营销部原名为“中国人民财产保险股份有限公司汉寿支公司西湖营销服务部”，成立于2006年6月30日，属汉寿支公司的个体代理机构。2010年1月，产险西湖营销服务部从汉寿支公司剥离，更名为“中国人民财产保险股份有限公司武陵支公司西湖营销服务部”，属武陵支公司的个体代理机构。成立之初，该营销服务部在西湖汽车运输公司租用1楼门面和2楼住房各1间，门面用作营业部，住房用作办公室，有营销人员2名，负责人刘友荣。2010年3月迁址西湖区农业技术推广中心一楼，租用2间门面作营业部和办公室。2007年营销人员增至3名，2009年营销人员增至8名。至2010年年末，负责人一直是刘友荣。

二、经营范围

2006年7月至2010年12月，产险西湖营销部的主要经营范围有：车辆保险、人身意外保险、学生平安保险、校园方责任保险、食品安全责任保险、互动人寿保险、中国人民健康保险等，投保户数11993户。此期间内累计入库保费金额320.52万元，其中2006年9.94万元、2007年30.12万元、2008年50.13万元、2009年79.96万元、2010年150.37万元。同期内各险种的年均理赔率为保费规模80%至120%(各险种理赔率不一)，累计理赔金额无资料可考。

第七篇《

经济综合管理

第一章　发展规划管理

第一节　管理机构

1991 年至 1994 年，农场的经济发展计划归口于总场计划财务科管理。1995 年 1 月，组成“西湖农场计划物价审计统计科”，计划定员 1 人，具体负责计划管理工作。全场的经济发展计划，每年由农场党委、场部集体研究制订，具体确定到各分场、镇、场直企事业单位。2002 年 5 月，设立“西湖管理区移民开发局”，将计划、物价、统计机构并入该局。加挂计划物价统计局牌子。局长邓建堂主持全面工作，副局长刘吉长分管计划、物价、统计工作。2007 年 9 月，将计划物价统计局更名为发展改革物价统计局，与移民开发局合署办公。2008 年 5 月，明确由朱健平担任发展改革物价统计局长，定员 4 人，计划、物价、统计各 1 名。此种机构设置，一直运作至 2010 年，其主要职能为：研究提出全区国民经济和社会发展战略目标，编制国民经济和社会发展中、长期规划和年度计划等，制定全区各类专项发展规划，规划重大项目建设；搞好宏观经济预测、监测、分析、引导，负责向上争取财政性建设资金及政府性各种专项建设资金投资项目；负责全区重点项目的筛选、论证、调度，对国家投资和争取资金的重点项目的项目建议书、可行性研究报告进行审查、审批、转报，争取上级优惠政策和资金；按照有关规定和审批权限，负责申报、审批、核准基本建设投资项目，实施固定资产投资、企业技改、外商投资项目建设的督促、检查、管理等规划方案；负责政府出资重大建设项目的稽查工作，领导和协调全区招投标工作，对政府出资重大建设项目的工程招、投标进行监督检查。

2014 年 11 月，区党委副书记、管委会主任余俞向常德市委书记王群（左一）汇报现代农业发展规划

第二节　经济、社会发展规划

1990 年至 2005 年间，西湖农场（区）前后编制完成《西湖农场国民经济和社会发展“八

五”计划纲要》《西湖农场国民经济和社会发展“九五”计划纲要》《常德市西湖管理区国民经济和社会发展“十五”计划纲要》。2005年,由当时的区计划局牵头组织,编制完成《常德市西湖管理区国民经济和社会发展“十一五”规划纲要》。该规划纲要分为纲要篇和专题篇两部分,分别从总体发展目标和行业发展目标两个方面阐述全区未来发展的方向。

2008年10月,由区发展改革物价统计局牵头,各业务主管部门协助编制的《常德市西湖管理区国民经济和社会发展第十二个五年规划纲要》正式出版。该规划纲要总结西湖在“十一五”期间取得的成绩,分析社会发展的趋势,多角度多层次地规划全区的未来发展方向和目标,具体制定各个领域共132个项目的建设规划,总投资近74亿元。

2008年10月至次年9月,该局编制《洞庭湖生态经济区发展规划(2010年—2030年)》。该规划以国家级现代农业示范区的发展为背景,以保护洞庭湖生态为目标,兼顾社会和经济的发展,从农业、水利、交通、物流、旅游等多方面描画出西湖治湖改水的未来发展蓝图。

第三节　建设项目申报审批

2008年至2010年,该局从源头把关,依规做好各类建设项目的审查、申报、审批和核准等环节的发展规划管理工作。按照有关规定和要求,全力为项目业主单位做好服务工作,并加强建设项目施工质量监督,全方位落实管理措施,切实保障建设项目施工质量。在此3年内,先后审查、申报、核准区委办公楼、西湖二级汽车客运站、西苑宾馆及商业步行街、西湖家苑等40个重点建设项目的立项批建,总计投资15046.6325万元。所立项的具体项目,详见表7-1-1。

第四节　项目建设资金

2008年至2010年,共向上争取项目建设资金2343.44万元。其中:2008年向上争取4个建设项目资金346万元;2009年向上争取11个项目建设资金1023万元;2010年向上争取10个项目建设资金974.44万元。所争取的项目建设资金,受益面覆盖社会公益、教育、卫生、交通、农业、工业、基建、民生、科技等诸多领域,为全区的经济社会发展奠定了基础。所争取到的项目建设资金,详见表7-1-2。

2008年至2010年,在中共常德市委、市政府开展的“项目建设年”活动中,极力督促和调度全区固定资产投资、重点工程建设、重大项目开发及其前期工作。固定资产投资总额,从2008年的4420万元增长至2010年的5396万元。重点工程建设项目逐年递增,至2010年年底,全区共有4个市级打捆重点工程动工建设,共开发重大项目4个,启动前期工作的项目1个。固定资产投资项目与重点工程项目,详见表7-1-3至表7-1-4。

2008—2010 年西湖管理区建设项目审批立项明细表

表 7-1-1

年度	项目个数	项目名称	总投资（万元）	备注
2008	共 13 项	知苑小区 1 号楼	224	总投资 3392.6 万元
		900t/a 防锈料生产线项目	200	
		湖南帅克国际大酒店及商业步行街	1500	
		西湖国税办公楼	128	
		西湖区委办公楼	350	
		西湖一中商住楼	175	
		东湖休闲风光带	150	
		鼎港客运站	30	
		下窖客运站	30	
		西湖廉租住房	228	
		红旗小区 2 号楼	264.6	
		白银小区 1 号楼	39.6	
		白银小区 2 号楼	77	
2009	共 14 项	400 吨压力打包机棉花加工生产设备更新改造项目	550	总投资 4430.15 万元
		北关廉租住房小区	147.6	
		双兴廉租住房小区	552.8	
		叶辉塑料厂	50	
		南苑小区住宅楼 1 号	126.75	
		西湖汽车站	1200	
		白银小区 2 号楼	288	
		西湖一中初中部教学楼	300	
		北苑小区廉租住房	865	
		西湖疾控中心检验大楼	140	
		下窖供水站改造工程	50	
		月亮洲渠道整修护砌工程	20	
		新兴渠道清淤护砌工程	40	
		鼎港供水站改造工程	100	
2010	共 13 项	东洲办事处办公楼	280	总投资 7223.8825 万元
		西湖柳林咀芦苇码头岸线使用	60	
		西湖新港小学教学楼	166	

续表 7-1-1

年度	项目个数	项目名称	总投资（万元）	备注
2010		东洲供水站改造工程	219	
		区农村公路断头路改建项目	673.8825	
		改建零排放猪栏建设项目	20	
		区中心小学教学楼工程	280	
		东洲、下窖办事处供水工程设备和管网改建	400	
		西湖家苑	2300	
		西洲办事处永安村土地综合整理项目	500	
		北苑小区 1 号楼	487	
		西湖汽车站	1823	
		东洲办事处财政所	15	

2009—2010 年西湖管理区争取上级项目投资明细表

表 7-1-2

年度	序号	建设投资项目名称	投资金额（万元）	
			总投资	上级投资
2009	合计		1947.64	1023
	1	关于转发下达 2008 年省重大建设项目前期工作经费的通知	3	3
	2	关于下达 2008 年度第二批水利血防项目中央预算内投资计划的通知	196	60
	3	关于转发下达国家补助我市 2009 年新建廉租住房新增中央预算内第一批投资计划的通知	947	297
	4	关于下达常德市 2009 年农村饮水安全工程新增中央预算内投资项目实施计划的通知	208. 64	119
	5	关于转发下达农村基层计划生育服务体系建设项目 2009 年第四批扩大内需中央预算内投资计划的通知	25	16
	6	关于转发下达我市公检法司等基础设施建设 2009 年中央预算内投资计划的通知	12	12
	7	关于下达 2009 年洞庭湖区排涝设施建设以工代赈计划的通知	75	60
	8	关于转发下达 2009 年省补助我市重大项目前期工作经费计划的通知	3	3
	9	关于下达常德市农村饮水安全工程 2009 年第三批新增中央预算内投资实施计划的通知	50	50
	10	关于下达我市血吸虫病农业综合治理项目 2009 年第四批扩大内需中央预算内投资计划的通知	158	133

续表 7-1-2

年度	序号	建设投资项目名称	投资金额（万元）	
			总投资	上级投资
	11	关于下达常德市中小学校舍安全工程2009年第三批扩大内需中央预算内投资计划的通知	270	270
2010	合计		2081.04	974.44
	1	关于下达第二轮村级组织活动场所建设中央预算内和省预算内补助投资计划和资金指标的通知	6	4.4
	2	关于下达常德市农村饮水安全工程2010年第一批中央预算内投资实施计划和省配套投资计划的通知	400	304
	3	关于2010年动物防疫体系建设项目实施方案审查意见的批复	24	20
	4	关于下达2010.中央廉租住房保障专项补助资金的通知	244.04	244.04
	5	常德市发展和改革委员会关于转发下达常德市中小学校舍安全工程2010年中央预算内投资计划的通知	280	280
	6	常德市发展和改革委员会关于转发下达2010年棉花加工业生产设备更新改造项目中央预算内投资计划（第一批）的通知	1018	25
	7	关于下达我市生猪标准化规模养殖场（小区）项目2010年中央预算内投资计划的通知	21	20
	8	关于下达2010年洞庭湖区排涝设施建设以工代赈计划的通知	56	45
	9	关于下达2010年省级廉租住房建设配套补助资金的通知	29	29
	10	关于下达2011年度重大项目前期工作经费的通知	3	3

说明：2008年所争取的项目建设资金，尚无细数可考

2008—2010年西湖管理区固定资产投资明细表

表 7-1-3

年份	投资项目名称	固定资产投资额（万元）
2008	共7个项目	4420
	常德贝丹药业头孢技改工程	800
	常德市西湖棉麻有限责任公司棉花加工设备更新项目	230

续表 7-1-3

年份	投资项目名称	固定资产投资额（万元）
2008	梦里水乡住宅楼	625
	红旗小区 1 号楼	315
	镇区道路提升工程	2100
	西湖职工培训综合楼	190
	殡仪馆建设	160
2009	共 6 个项目	3836
	药厂技改	800
	两栖建筑工程有限公司（一中门面住宅）	500
	帅克大酒店	1100
	西湖棉麻有限责任公司技改	630
	农村饮水工程	222
	三角堤电排改造	584
2010	共 9 个项目	5396
	帅克大酒店	1560
	房产开发	1282
	药厂技改	200
	中学教学楼	436
	新港小学教学楼	180
	国税分局办公楼	230
	疾控中心办公楼	260
	自来水改造	450
	帅克房产和步行街	798

西湖管理区项目开发工作情况明细表

表 7-1-4

年份	开发项目名称	总投资（万元）	备注
2009	共 3 个项目	9978.6	
	西湖棉花和油脂加工生产技改工程	3595	
	湖南（西湖）帅克国际大酒店及商业步行街项目	4283.6	
	即食米线加工厂项目	2100	项目前期
2010	共 2 个项目	21574.9	
	影剧院商业文博休闲广场	5000	
	大西湖小龙虾养殖产业化与生态农业园建设	16574.9	

第二章　农村经济管理

第一节　管理机构

1991年1月至1992年4月，农场设立农业办（正科级，下同）。1992年5月，农业办更名为“西湖农场农村经济委员会”，简称农经委。1995年1月，农场调整机构时，将农村经济委员会更名为“西湖农场农贸经济办公室”，简称农贸办。1998年2月，农场再次调整机构，将畜牧水产科与农贸办合并，组建“西湖农场农业经济委员会”，简称农经委，领导职数为一正两副或三副，定编5~6人。2002年5月，经中共常德市委机构编制委员会批准，在农经委基础上成立“常德市西湖管理区农村经济工作局”，领导职数一正两副，定编5人。该局下辖农业综合服务中心、畜牧水产技术服务中心两个二层机构，均为副科级事业单位。农业综合服务中心领导职数一正两副，定编18人。畜牧水产技术服务中心领导职数一正一副，定编8人。主要职能为：贯彻执行国家、省、市的农业生产方针、政策、法律、法规和相关文件精神，落实国家惠农政策；负责全区种植业、养殖业、林业等农业生产技术推广、普及、应用和农业产业结构调整工作；负责全区农民负担监督管理和农业行政执法工作；负责畜牧水产、造林护林及有关费用征收管理工作；负责农业设施的规划、建设项目综合开发、农村新能源、农村扶贫、农民教育培训、新农村建设等农业农村工作。

2010年，裕民办事处举办蔬菜加工培训班

附：

西湖农场（区）农业主管机构历届领导班子成员名录表

表7-2-1

机构名称	姓　名	性别	职　务	任职起止年月
国营西湖农场农业办公室	童宗祥	男	主　任	1991.6—1997.9
	向梅初	男	副主任	1991.1—1992.1
	夏维福	男	副主任	1991.1—1991.6
	沈仕移	男	高级农艺师	1991.1—2009.9

续表 7-2-1

机构名称	姓　名	性别	职　务	任职起止年月
国营西湖农场农业办公室	曾中权	男	副主任	1993.1—1995.6
	毛友明	男	副主任	1994.1—1995.8
	夏中会	男	正科级干部	1991.1—2002.9
西湖农场农村经济委员会	周一夫	男	主　任	1998.1—2002.9
	卿定宗	男	副主任	1997.1—2002.9
	曾明清	男	副主任、书记	1996.12—2000.12
	余志新	男	书　记	1998.1—1998.12
	夏延章	男	副科级干部 正科级干部	1999.1—2002.9 2002.10—2010.12
	王映明	男	副主任（正科级）	2000.1—2002.9
	苏绿林	男	副主任（正科级）	2001.1—2002.12
	毛友明	男	副主任（正科级）	1998.1—2002.9
西湖管理区农村经济工作局	周一夫	男	局　长	2002.9—2008.10
	卿定宗	男	副局长	2003.9—2008.9
	卿定宗	男	局　长	2008.10—2010.12
	刘业刚	男	副局长	2002.10—2005.12
	王映明	男	副局长	2005.9—2010.12
	夏中会	男	副局长	2002.9—2010.12

农业办(农经局)下属机构主要负责人名录表

表 7-2-2

机构名称	负责人姓名	性别	职　务	任职起止年月
农业技术推广中心（西瓜种子公司）	沈仕移	男	主　任	1989.9—1991.1
	毛友明	男	主　任	1991.1—1992.12
	卿定宗	男	主　任	1992.12—1996.12
	刘解益	男	书　记	1995.9—1998.12
	曾中权	男	书　记	1995.1—1996.1
	何　岩	男	主任兼经理	1996.12—1998.12
	刘东生	男	主　任	1998.1—2007.12
	刘巨先	男	主　任	2008.1—2010.12
畜牧水产站（畜牧水产技术服务中心）	周溪源	男	站　长	1991.1—1992.6
	夏延章	男	站长 书记	1992.7—1992.12
	刘建平	男	站　长	1993.1—1994.1

续表 7-2-2

机构名称	负责人姓名	性别	职务	任职起止年月
畜牧水产站（畜牧水产技术服务中心）	夏桂玉	女	站长	1991.1—1999.12
	肖会云	男	站长 主任	2001.1—2010.12
西瓜种子公司	蒋祖新	男	经理	1991.1—1995.12
	刘解益	男	书记	1991.1—1995.9

第二节 产业结构布局管理

1991 年至 1995 年，农场的农业生产还带有一定的计划性，以种植粮、棉、油为主，发展多种经营为辅。1996 年，随着市场经济的发展，农场因势利导调整农业经济布局。在“油→瓜→稻”三熟制的基础上，场部制定出台“以市场为导向，以效益为中心，合理布局种养业”的农业调整战略。全面推进“一队一品”农业产业发展，引导家庭农场进行农业产业结构调整。1996 年至 2010 年，相继采取的主要措施是:一、削减粮食作物种植面积，合理调整种植布局与耕作制度，选用优良品种，实行粮、棉、油与瓜、果、蔬套种或间种，提高复种指数和水稻单产。二、发展高效经济作物，扩大棉花、蔬菜、水果种植面积。开发大棚生产，种植反季蔬菜，利用空坪闲地和稻草、棉籽壳等废弃物料，开发食用菌种植基地，提高单位面积产量产值。三、大力发展畜禽、水产养殖，培植专业养殖户，开发立体农业。增加养殖品种，实行畜、禽、鱼立体养殖，开发西港河网箱养鱼和池塘养鱼、鳖、虾、鳝鱼、牛蛙等水产养殖基地，提高养殖业在种养业中的比重，加速发展农村经济。

第三节 涉农收费管理

自 2002 年开始，西湖推行农村税费改革。根据国务院、省、市有关取缔涉农收费的文件精神，逐年逐项取缔的涉农收费项目有：涉农行政事业性收费、涉农政府性基金、“三提五统”、乡镇统筹、涉农交通规费、农村教育集资等。同时，取消统一规定的农民义务工劳动。2002 年，全区取消“三提五统”（三提：即公积金、公益金、管理费；五统：教育事业费附加、计划生育费、民兵训练费、民政优抚费、乡村道路建设费）。从 2006 年 1 月 1 日起，停止征收农业税及农业特产税。同年，农业排渍费由每亩 35 元降低至 20 元。同年取消农业基本水费，并将当年收取的基本水费每亩 20 元退还给农民群众。2007 年，取消洞庭湖区共同生产费。自 2009 年 1 月 1 日起，停止征收公路养路费、道路客运附加费、道路运输管理费等 6 项交通规费。

第四节 惠农补贴管理

良种直接补贴

良种直接补贴政策从2004年开始实施,补贴标准为早稻10元/亩,中稻15元/亩,晚稻15元/亩。油菜良种直接补贴为每亩10元。2009年,玉米、小麦纳入良种补贴,标准为每亩10元。2010年,仍执行上述补贴品种及标准。

种粮直接补贴

种粮直接补贴政策从2004年开始实施,补贴标准为每亩水稻(含早、中、晚)13.5元。全区每年按种粮面积计发到户,直至2010年。

种粮综合直补

种粮农民农资综合直接补贴政策自2006年开始实施,补贴标准为每亩14.1元;2007年提高到19.2元/亩;2008年提高到71.9元/亩;2010年提高到80.6元/亩。种粮农民农资综合直补均按种粮面积计算到农户,由区财政局统一拨付,逐年兑现拨付到农户的银行账号上。

能繁母猪补贴

能繁母猪直接补贴政策从2007年开始实施,每年由中央财政补贴能繁母猪每头100元。是年,全区喂有能繁母猪2000头,共发放补贴资金20万元。2008年,全区的能繁母猪减少至1700头,共发放补贴资金17万元。2009年,全区共有能繁母猪1500头,发放补贴资金15万元。2010年,全区的能繁母猪减至910头,共发放补贴资金9.1万元。2007年至2010年,全区累计发放能繁母猪直接补贴资金61.1万元。

上述各项惠农直接补贴资金,均采用银行"一卡通"形式发放。

附:

西湖管理区历年惠农补贴资金发放表

表7-2-3

年度	补贴类型	补贴标准(元/亩,头)	补贴数量(亩,头)	补贴金额(元)
2005	早稻良种补贴	10	6603.11	66031.1
	中稻良种补贴	15	27815.39	417230.85
	晚稻良种补贴	15	5843.25	87648.75
	种粮直接补贴	13.5	34482.62	465515.37
	合 计			1036426.07
2006	早稻良种补贴	10	5504.36	55043.4
	中稻良种补贴	15	22813.21	342198.15
	晚稻良种补贴	15	4967.36	74510.4
	种粮直接补贴	13.5	28317.57	382287.195
	种粮农民农资综合直接补贴	14.1	28317.57	399277.737
	合 计			1253316.882

续表 7-2-3

年度	补贴类型	补贴标准（元/亩，头）	补贴数量（亩，头）	补贴金额（元）
2007	早稻良种补贴	10	5371.27	53712.7
	中稻良种补贴	15	14713.9	220708.5
	晚稻良种补贴	15	4704.57	70568.55
	种粮直接补贴	13.5	20085.17	271149.8
	种粮农民农资综合直接补贴	19.2	20085.17	385635.264
	油菜良种补贴	10	15616.3	156163
	能繁母猪直补	100	2000	200000
	合　计			1357937.814
2008	早稻良种补贴	10	4229.68	42296.8
	中稻良种补贴	15	12834.28	192514.2
	晚稻良种补贴	15	3531.93	52978.95
	种粮直接补贴	13.5	17063.96	230363.46
	种良农民农资综合直接补贴	71.9	17063.96	1226898.7
	油菜良种补贴	—	—	—
	能繁母猪直补	100	1700	170000
	合　计			1915052.11
2009	早稻良种补贴	10	6574.48	65744.8
	中稻良种补贴	15	24595.05	368925.75
	晚稻良种补贴	15	5850.28	87754.2
	种粮直接补贴	13.5	62000	837000
	种粮农民农资综合直接补贴	80.6	62000	4997200
	油菜良种补贴	10	29620.24	296202.4
	玉米良种补贴	10	4871.5	48715
	小麦良种补贴	10	944.15	944.15
	能繁母猪直补	100	1500	150000
	合　计			6860983.65
2010	早稻良种补贴	10	6047.89	60478.9
	中稻良种补贴	15	16577.18	248657.7
	晚稻良种补贴	15	5346.49	80197.35
	种粮直接补贴	13.5	62000	837000
	种良农民农资综合直接补贴	80.6	62000	4997200
	油菜良种补贴	10	20954.7	209547

续表 7-2-3

年度	补贴类型	补贴标准（元/亩，头）	补贴数量（亩，头）	补贴金额（元）
2010	玉米良种补贴	10	2247	22470
	小麦良种补贴	10	578	5780
	能繁母猪直补	100	910	91000
	合　计			6552330.95
	总　计			18976047.476

说明:2004 年各项惠农补贴尚未进入财政系统发放,故是年数据未列入此表

第五节　农业保险管理

一、水稻保险

自 2007 年起,西湖全面启动农业保险工作。是年,全区水稻投保面积 3200 亩,投保农户 5965 户;2008 年投保面积 3500 亩,投保农户 6058 户;2009 年,投保面积 3000 亩,投保农户 6056 户;2010 年投保面积 3500 亩，投保农户 6400 户。2007 年至 2010 年水稻保险金额为 280 元 / 亩,保险费率为 6%,即每亩收保费16.8 元,由区财政补贴 12.6 元 / 亩,投保户交保险费 4.2 元 / 亩。2007 年至 2010 年全区水稻受灾面积 3806 亩，其中 2007 年受灾面积 1256 亩,2008 年 1465 亩,2009 年 885 亩,2010 年 200 亩。2007 年至 2010 年,全区水稻保险共获赔付资金 106.5 万元，其中 2007 年获赔付资金 35.17 万元、2008 年 41.02 万元、2009 年 24.78 万元、2010 年 5.6 万元。

二、棉花保险

2007 年,全区棉花投保面积 3300 亩,投保农户 5815 户;2008 年投保面积 3500 亩,投保农户 5954 户;2009 年投保面积 3500 亩,投保农户 6095 户;2010 年投保面积 3500 亩,投保农户 6093 户。2007 年至 2010 年棉花保险金额为 300 元 / 亩,保险费率为 8%,即每亩收保费 24 元,由区财政补贴 18 元 / 亩,投保户交保险费 6 元 / 亩。此 4 年间,全区棉花受灾面积 2429 亩,其中 2007 年受灾面积 786 亩,2008 年 763 亩,2009 年 730 亩,2010 年 150 亩。2007 年至 2010 年,全区棉花保险共获赔付资金 72.87 万元,其中 2007 年获赔付资金 23.58 万元,2008 年 22.89 万元、2009 年 21.9 万元、2010 年 4.5 万元。

三、油菜保险

2009 年，全区油菜投保面积 18455 亩，投保农户 4565 户；2010 年投保面积 21329 亩，投保农户 3659 户。2009 年至 2010 年油菜保险金额为 150 元 / 亩，保险费率 6%，即每亩交保费 9 元，由区财政补贴 6.75 元 / 亩，投保户交保费 2.25 元 / 亩。两年间，全区油菜受灾面积 5075 亩，其中 2009 年受灾面积 1297 亩，2010 年 3778 亩，共获赔付资金 76.13 万元，其中 2009 年获赔付资金 19.46 万元、2010 年 56.67 万元。

四、能繁母猪保险

2007 年，全区能繁母猪投保 580 头，投保户数 118 户；2008 年投保 546 头，投保户数 122 户；2009 年投保 485 头，投保户数 115 户；2010 年投保 450 头，投保户数 112 户。2007 年至 2010 年，能繁母猪保险金额为 1000 元 / 头，保险费率 6%，即每头交保险费 60 元，由区财政补贴 48 元 / 头，投保户交保险费 12 元 / 头。4 年间，全区能繁母猪死亡头数为 183 头，其中 2007 年 61 头、2008 年 51 头、2009 年 38 头、2010 年 33 头。全区共获能繁母猪死亡赔付资金 18.3 万元，其中 2007 年获赔付资金 6.1 万元、2008 年 5.1 万元、2009 年 3.8 万元、2010 年 3.3 万元。

上述四项农业保险投保面积、户数、受灾面积、获赔金额等数据，详见表 7-2-4。

西湖管理区历年农业保险情况统计表

表 7-2-4

年度	保险种类	投保面积(亩、头)	投保户数	保险金额（元）	保险费（元）	财政补贴（元）	保户交保费（元）	受灾面积（亩）	死亡数（头）	赔付资金（万元）
2007	水稻	3200	5965	280	16.8	12.6	4.2	1256	—	35.17
	棉花	3300	5815	300	24	18	6	786	—	23.58
	油菜	—	—	—	—	—	—	—	—	—
	能繁母猪	580	118	1000	60	48	12	—	61	6.1
2008	水稻	3500	6058	280	16.8	12.6	4.2	1465	—	41.02
	棉花	3500	5945	300	24	18	6	763	—	22.89
	油菜	—	—	—	—	—	—	—	—	—
	能繁母猪	546	122	1000	60	48	12	—	51	5.1
2009	水稻	3000	6056	280	16.8	12.6	4.2	885	—	24.78
	棉花	3500	6095	300	24	18	6	730	—	21.9
	油菜	18455	3565	150	9	6.75	2.25	1297	—	19.46
	能繁母猪	485	115	1000	60	48	12	—	38	3.8
2010	水稻	3500	6400	280	16.8	12.6	4.2	200	—	5.6
	棉花	3500	6093	300	24	18	6	150	—	4.5
	油菜	21329	3659	150	9	6.75	2.25	3778	—	56.67
	能繁母猪	450	112	1000	60	48	12	—	33	3.3

第三章　工商企业管理

第一节　管理机构

西湖农场的工商企业管理机构，在 1973 年至 1983 年间设有“国营西湖农场工交基建科”，负责全场工商企业管理工作。1984 年春，农场实行机构改革，工交基建科转变为“国营西湖农场工业公司”。该公司既是所辖工业企业的主管部门，担负统筹、协调、监管与服务等职能与职责，又是独立核算的经济实体。1986 年，农场将工业公司更名为“国营西湖农场工业办公室”，同时，设立“国营西湖农场商业办公室”。1992 年 5 月，农场将工业办公室更名为“国营西湖农场工业经济委员会”，以下简称“工经委”；商业办公室更名为“国营西湖农场商业经济委员会”，以下简称“商经委”。1995 年 1 月，农场调整机构，工业经济委员会更名为“国营西湖农场工贸经济办公室”，以下简称“工贸办”；商业经济委员会更名为“国营西湖农场商贸经济办公室”，以下简称“商贸办”。1998 年 2 月，农场再次调整机构，将工贸经济办公室与商贸经济办公室合并成立“国营西湖农场经济贸易委员会”，以下简称“经贸委”。2002 年 5 月 24 日，经中共常德市委机构编制委员会批准，在经济贸易委员会基础上成立“常德市西湖管理区经济贸易局”，以下简称“经贸局”。2005 年 12 月，经贸局加挂“西湖管理区安全生产监督管理局”牌子（正科级）。主要职能：负责全区工业、商业、招商引资等经济管理工作；负责全区安全生产监管工作；负责管理场（区）属工业、商业、交通、电力、饮食等企业生产经营活动；负责制订工商企业管理办法和年度生产经营计划，并做好生产经营、产品质量、新产品开发和新建项目的审核、监督管理；负责国有集体企业“两个置换”改革工作等。历届领导班子成员名录，详见表 7-3-1。

裕民小鱼精加工车间

西湖农场(区)经贸委(局)历届领导班子成员名录表

表 7-3-1

机构名称	姓名	性别	职务	任职起止年月
西湖农场工业办公室	康绪宏	男	主任	1991.2—1992.1
	张铁光	男	副主任	1991.2—1992.1
	谢芳郊	男	党组副书记	1991.1—1993.3
	曹开明	男	副主任	1991.2—1992.2
	曾中权	男	副主任	1991.1—1994.12
	刘吉长	男	秘书	1991.2—1994.12
	夏爱山	男	秘书	1991.8—1994.12
	张铁光	男	主任	1992.2—1994.12
西湖农场工业经济委员会	张铁光	男	主任	1995.1—1995.2
	谢芳郊	男	副主任	1993.4—1995.2
	曹开明	男	副主任	1993.4—1994.10
	夏爱山	男	秘书	1993.4—1994.1
	刘吉长	男	秘书	1993.4—1994.1
	刘六林	男	秘书	1994.1—1995.2
西湖农场工贸经济办公室	张铁光	男	主任	1995.3—1995.9
	谢芳郊	男	副主任	1995.3—1996.4
	刘六林	男	秘书	1995.3—1996.3
	谢芳郊	男	主任	1996.5—1998.1
	曹开明	男	副主任	1996.5—1999.2
	罗解恒	男	副主任	1996.5—1998.1
西湖农场商业办公室	王清球	男	主任	1991.1—1994.12
	肖正田	男	副主任	1992.12—1993.12
西湖农场商业经济委员会（商贸经济办公室）	鲁光学	男	主任	1992.2—1997.5
	周凤扬	男	副主任	1992.2—1998.10
	唐仕才	男	副科级秘书	1992.2—1995.12
	阳立群	男	党组书记 副主任	1998.2—1999.3
	丁世主	男	党组副书记 副主任	1998.2—2001.2
	曹开明	男	党组副书记	1998.2—2001.2
	汪清	男	副主任	1998.2—2000.5
	罗岳文	男	副主任	1998.2—2001.2

续表 7-3-1

机构名称	姓　名	性别	职　务	任职起止年月
西湖农场(区)经济贸易委员会	周芝林	男	副主任	1998.2—2002.6
	周志成	男	党组书记 副主任	1999.4—2002.6
	王求来	男	主　任	1999.4—2000.5
	傅　彪	男	秘　书	1999.4—2001.2
	谌喜玉	女	秘　书	1999.4—2001.2
	朱续辉	男	主　任	2000.5—2001.2
	刘登勇	男	副主任	2000.5—2002.6
	余天顺	男	副主任	2000.5—2007.5
	曹开明	男	党组书记	2001.3—2002.6
	阳立群	男	主　任	2001.3—2002.11
	傅　彪	男	副主任	2001.3—2002.6
	朱续辉	男	正科级协理员	2001.3—2002.6
	丁世主	男	正科级协理员	2001.3—2002.6
	谌喜玉	女	副科级协理员	2001.3—2002.6
西湖管理区经济贸易局	阳立群	男	局　长	2002.12—2007.8
	夏延山	男	副局长	2002.12—2008.5
	汪　清	男	副局长	2002.12—2007.2
	汪　清	男	局　长	2007.3—2010.3
	洪振荣	男	副局长	2007.3—2008.5
	马文波	男	副局长	2007.3—2010.12
	刘友荣	男	副主任科员	2007.6—2007.8
	刘友荣	男	主任科员	2007.9—2002.6
	戴建雄	男	副局长	2008.6—2010.12
	伍文明	男	局　长	2010.3—2010.11
	刘吉长	男	局　长	2010.11—2010.12

第二节　劳动人事管理

1991 年至 2000 年间，农场（区）对全民所有制企业的管理，全面推行厂长（经理）负责制。企业厂长（经理）由场长（区管委主任）提名，党委集体研究确定，组织（政治）部行文任命。厂长（经理）是企业法人代表，负责企业的经营管理，代表企业行使经营决策权、生产指挥权、财务审批权、人事调度权等管理权责。农场（区）对企业厂长（经理）实行任期目标管理责任制，年初签订责任状，具体确定年度目标任务，先后由农场（区）工经委、商经委、工贸委、商贸委、经贸委、经贸局组织实施,加强管理,落实职责。每年年底,由上述机构对企业年度目标任务完成情况进行逐项考核,按年度经济指标完成数额及任务比率,兑现奖惩。任期内成绩优秀的可以连任,不能胜任或有严重失职行为的,予以免职。厂长(经理)离任前,农场(区)对其进行经济责任审计评议。

工资制干部职工的场(区)内调动,由劳动人事部门与各单位商妥后,办理调动手续。干部职工要求调往场(区)外者,须先征得劳动人事部门同意,经双方商妥后,办理调动手续。

正科级企业的厂长、副厂长(经理、副经理)及副科级企业的正职由农场(区)党委任命、管理、考核。副科级企业的副职及股级企业的正职、科级企业的中层骨干由农场(区)组织(政治)部任命、管理、考核。股级企业的副职由经贸局(工业办、商业办、经贸委)任命、管理、考核。实行层级管理,按职级逐级逐岗管理到位。

第三节　生产经营管理

一、责任制管理

2001年以前,农场(区)对直属工商企业实行"定编制,定资金,定利润,超利分成,自主分配,自负盈亏"的经济责任制。由企业主管部门负责实施、管理、考核。各企业都建立健全劳动管理制度、财务管理制度、安全生产制度、经营管理制度、岗位责任制等各项规章制度,并在日常管理工作中付诸实施,兑现奖惩。农场(区)对完成或超额完成年度生产经营计划的企业,实行工资总额与经济效益挂钩的办法,兑现经济责任制,计发效益工资和年终奖金。计算方法为:以农场(区)年初下达的生产经营计划为依据,以劳资部门核定的工资总额为挂钩工资基数,由劳资部门把关审核,计发企业干部职工当月工资和年终奖金。考核指标所含工资百分比,详见表7-3-2。

工商企业效益工资考核指标核算项目表

表7-3-2

计算项目 / 企业类别	税金 %	各项费用及上交占%	利润占 %	国有资产保值增值占%
四项指标全挂的单位	25	50	15	10
无税金实行三挂单位	—	50	30	20

$$万元计划考核指标工资含量系数 = \frac{年工资额基数}{计划指标数} \times 所占百分比$$

年度计划利润限额亏损单位超亏按比例下浮，减亏部分按20%扣减限额作新增效益工资。计划利润要求持平的单位亏损按所亏比例下浮，实现利润部分按20%计发新增效益工资。盈利单位，超计划利润的部分按20%提取新增效益工资。

二、计划管理

1991年至2000年间，农场（区）属工商企业的年度生产经营计划，由企业主管部门制订，报农场（区）党委核准，由农场（区）行文下达工商企业年度生产经营计划。各工商企业按照农场（区）年初下达的全年生产经营计划，结合本企业实际，各自作好分月安排，将年初计划落实到车间、股室、班组。建立健全生产经营计划管理、成本计划管理、劳动定额管理等各项规章制度，在实施中做好原始记录、统计台账、会计报表及计量工作。每年年底，农场（区）经济管理部门对企业的主要产品产量、质量、产值、销售收入、税金、利润等经济指标进行考核。企业内部主要考核劳动生产率、流动资金周转率、产值利润率、销售额、成本费用等经济指标。

三、生产管理

2001年以前，工商企业根据农场（区）年初下达的经济计划指标，将本年度生产成本、产品产量、质量、原材料消耗等经济指标分解落实到车间、班组、岗位，实行工资与产量、质量、成本消耗挂钩，按月核算，兑现奖罚。因岗制定产量定额，实行计件工资制，多劳多得、少劳少得。各企业均制订和落实了生产（服务）管理制度、劳动管理制度、质量管理制度、安全生产制度，明确专人抓生产（服务）现场管理和安全生产管理，逐班逐岗管理到位。农场推行全面质量管理，成立机构，培训人员，落实措施，明确职责，适时检查、验收、考核。各企业成立专业班子，专人专职抓好各个生产（经营）环节的全面质量管理工作。

四、财务管理

1991年至2000年，农场（区）直属企业均自设银行账户，独立核算，自主经营，自行管理财务收支款项。各企业在财务管理工作中，着重搞好成本核算，对生产经营全过程进行逐月逐项核算。从原材料购进、领用、投料的产品生产过程到产品出厂销售，都有详细的原始记录和成本核算账表。企业厂长（经理）亲自主管财务工作，实行“一支笔”审批制度，所有开支须经厂长（经理）审查、批准签字。会计、出纳、保管员必须按照财务管理制度和财经纪律办理各项财会业务手续，把关做好财务管理工作。

（2001年起，工商企业实行“两个置换”改革，改革到位后，原企业各项资料大都散失，故只能根据收集到的资料简要记叙以上几个方面情况。）

第四章　国土资源管理

第一节　管理机构

1987年7月以前,农场未设专门的国土管理机构,其职能由相关部门代行。1987年7月,成立“西湖农场国土管理办公室”,编制3人,领导职数1人。1990年2月,成立“西湖农场国土科”,编制4人,领导职数1人。后来,编制增至6人,领导职数增至2人。1995年6月,“西湖农场国土科”改为“西湖农场国土城建科”,人员编制未变。1998年2月,“西湖农场国土城建科”改为“西湖农场建设委员会”,编制11人,领导职数4人。建委内设西湖农场国土办(对内是国土科),编制4人,领导职数1人。2002年10月,成立“西湖管理区国土规划建设局”,编制6人,领导职数3人。2008年5月,成立“西湖管理区国土资源局”,编制6人,领导职数3人。主要职能:负责地政地籍地产管理,做好宅基地用地审批、土地使用权发证、土地交易、农用地转用申报供应等国土资源管理工作;按照国家土地管理法规,做好耕地保护工作,抓好土地开发整理和地质灾害预防工作,服务新农村建设;依法办理用地手续,照章为建设用地单位和个人服务,规范土地市场,做好征地拆迁补偿工作;保护“耕地红线”,分阶段做好土地利用总体规划修编工作,按步骤完成用地规划编制任务;接受市国土行政部门授权委托,行使土地行政执法职能,依规查处土地违法案件;抓好土地法规宣传,做好信访工作,有效预防和妥善处理好群体性上访事件。历届领导班子成员名录,详见表7-4-1。

2011年西洲乡土地综合整治项目招投标评审会

西湖农场(区)国土管理机构历届领导班子成员名录表

表 7-4-1

机构名称	姓　名	性别	职　务	任　职　年　限
西湖农场国土管理办公室	肖南清	男	主　任	1987.7—1988.3
	李正玉	男	主　任	1988.3—1989.12
	胡同福	男	科　长	1990.1—1999.2
	彭光庆	男	副科长	1991.2—1992.2
	孟广芳	男	副科长	1994.2—1995.2
	刘水源	男	副科长	1999.2—2001.10
	马　光	男	科　长	2000.1—2001.1
	吴海林	男	科　长	1999.2—2002.10
	周明奂	男	书　记	2001.1—2002.10
西湖管理区国土资源局（西湖管理区国土规划建设局）	周佑夫	男	局　长	2002.10—2010.12
	龚旦生	男	局　长	2010.11—2010.12
	伍俊凯	男	副科长	1997.6—2002.9
			副局长	2007.8—2010.12
	王永来	男	副局长	2008.2—2010.12
	陈代永	男	党支部书记	2002.10—2010.12
	刘唐吉	男	副科长	1992.1—1995.1
			副局长	2002.10—2007.3

第二节　土地利用总体规划

一、全场土地分布状况

西湖农场于 1954 年开垦建场，土地总面积 79.68 平方千米，折合 11.97 万亩。1972 年移民建场时，全场土地总面积 70.169 平方千米，折合 10.525 万亩，其中耕地 5.5238 万亩，占土地总面积 52.48%。

1981 年农业区划测得全场土地总面积为 70.01 平方千米，折合 105008.82 亩，其中水田 40401 亩，占土地总面积 38.5%，旱地 28828 亩，占土地总面积 27.5%；交通和建筑用地 10546 亩，占总面积 10%；森林、园地、芦洲面积 1862 亩，占总面积 1.7%；水域 23372 亩，占总面积 22.3%。

1990 年对全场土地进行详查，查得全场土地总面积 102936 亩(不含澧水洪道面积)。人均土地面积 2.547 亩，占全省人均土地 5.71 亩的 44.6%。其中：耕地面积 59044 亩，占土地总面积57.36%，人均耕地1.47亩。耕地中，水田35931亩，旱地24034亩(不包括田塍、土埂)，林地446亩，水面10106亩，果园3942亩，居民点及工业用地3683亩，其他27778亩。全场基本上是六分耕地，三分水域，一分道路和庭园。

2009年第二次土地调查，测得全区土地总面积70.2628平方千米，折合10.5394万亩。其中耕地6.3468万亩，占土地总面积60.22%；园地0.3627万亩，占土地总面积3.44%；林地0.0022万亩，占土地总面积0.02%；城镇及工矿用地0.9948万亩，占土地总面积9.44%；交通用地0.423万亩，占土地总面积4.02%；水域占地2.4031万亩，占土地总面积22.8%；未利用地0.0068万亩，占土地总面积0.06%。

二、首轮总体规划主要目标

(一)规划到2010年，全区耕地保有量不低于55117.05亩；全区基本农田保护不低于47200.05亩，基本农田保护率86%。

(二)1996年至2010年，全区非农业建设新增用地控制在1538.1亩以内，其中占用耕地控制在499.95亩以内。

(三)到2010年，城镇新增用地规模不超过676.5亩，其中占用耕地450亩；新增交通用地106.95亩，其中占用耕地19.95亩；增加水利设施用地30亩，占用耕地30亩。

(四)通过土地开发、整理，规划期间全区补充耕地不少于750亩。

三、首轮总体规划执行情况

(一)三大类土地利用结构变化情况

1997年至2005年，全场(区)农用地占土地总面积比重从77.98%下降至77.89%，面积下降94.05亩。未利用地占土地总面积比重从10.33%下降至10.26%，面积下降1.05亩。建设用地占土地总面积比重从11.81%上升至11.96%，面积增加163.05亩。历年农用地变化情况详见表7-4-2。

1997—2005年西湖农场(区)三大类土地利用结构表

表7-4-2　　单位：亩、%

项目 / 年份	农用地		建设用地		未利用地		土地总面积
	面积	百分比	面积	百分比	面积	百分比	
1997年年初	82073.7	77.98	12446.7	11.82	10885.95	10.34	105253.95
2005年年末	81979.65	77.89	12609.75	11.98	10817.1	10.27	105253.95
变化量	-94.05	-0.09	+163.05	+0.16	-68.85	-0.07	0.00

(二)农用地结构变化情况

西湖的农用地包括耕地、园林、林地、牧草地和其他农用地,总体规划实施期间变化幅度不大。1997 年至 2005 年间,农用地面积净减少 94.05 亩,平均每年净减少 10.5 亩。详见表7-4-3 。

1997—2005 年西湖农场(区)农用地结构变化分析表

表 7-4-3　　单位:亩、%

地类	1997 年年初		2005 年年末		增 减	变化量
	面 积	比 重	面 积	比 重		
耕地	58561.05	71.35	58701.75	71.61	140.7	1.04
园地	3518.7	4.29	4619.85	5.64	1101.15	8.17
林地	84.6	0.103	78.75	0.096	—5.85	—0.04
牧草地	12.6	0.02	12.6	0.02	0	0
其他农用地	19896.75	24.24	18566.7	22.65	1330.05	—9.85
合　计	82073.7	100.00	81979.65	100.00	—94.05	—0.70

说明:表中“比重”是指该地类所占农用地总面积的比重

(三)建设用地结构变化情况

1997 年至 2005 年,西湖的建设用地共净增面积 163.05 亩,年均净增 22.8 亩,均为村镇建设项目增加建设用地面积,其他地类没变化。建设用地结构变化情况,详见表 7-4-4 。

1997—2005 年西湖农场(区)建设用地结构变化分析表

表 7-4-4　　单位:亩、%

地　　类	1997 年年初		2005 年年末		增 减	变化量
	面　积	比　重	面　积	比　重		
一、居民点及工矿用地	9013.2	72.41	9176.25	72.77	+163.05	+1.21
1.城镇用地	908.4	7.30	934.05	7.41	+25.65	+0.19
2.农村居民点用地	6954.75	55.88	7092.15	56.24	+137.4	+1.02
3.独立工矿用地	1031.55	8.29	1031.55	8.18	0	0
4.特殊用地	118.5	0.95	118.5	0.94	0	0
二、交通用地	825.3	6.63	825.3	6.54	0	0
三、水利设施用地	2608.65	20.96	2608.65	20.69	0	0
合　　计	12446.7	100.00	12609.75	100.00	163.05	1.21

说明:表中“比重”是指该地类所占建设用地总面积的比重

(四)未利用地结构变化情况

1997 年至 2005 年,未利用地净减面积 68.85 亩,年均净减 7.65 亩。详见表 7-4-5 。

1997—2005年西湖农场(区)未利用地结构变化分析表

表7-4-5　　单位:亩、%

地　类	未利用地	比　重	其他土地	比　重	合　计
1997年年初	438.45	4.03	10447.5	95.97	10885.95
2005年年末	369.6	3.41	10447.5	96.59	10817.1
增减	-68.85	0.62	0	0	-68.85
年均变化量	-7.65	-0.06	0	0	0

说明:表中"比重"是指该地类所占未利用地总面积的比重

四、新一轮土地利用总体规划

随着城镇化、农业现代化的发展,建设用地需求将出现较大规模的增长,土地利用结构将出现较大的调整,仅对首轮规划进行局部调整已难以满足未来土地利用的需求。鉴于此种情况,西湖区于2008年4月组织编写完成《西湖管理区2006—2020土地利用总体规划》。此轮规划以2005年为基期年,2020年为目标年,2010年为近期目标年。规划地域范围为西湖区所辖全部土地,总面积105406.8亩,包括西湖镇、裕民办事处、西洲办事处、下窖办事处、新港办事处、鼎港办事处、东洲办事处的所有土地。

(一)土地利用现状

据湖南省国土资源厅确认的规划修编基数,全区2005年土地总面积105406.8亩。其中农用地81979.65亩,占土地总面积77.77%;农用地中,耕地58701.75亩,占土地总面积55.69%。建设用地12610.05亩,占11.86%;未利用地10817.1亩,占10.86%。2005年西湖已经开发利用土地面积105036.9亩,土地利用率89.73%,高于常德市平均水平3.92个百分点。2005年,土地总面积105406.8亩,人均面积2.4亩,低于常德市平均水平(4.5亩)。全区林地面积较少,只有78.75亩。镇区面积较少,城市化水平较低。全区建制镇面积934.05亩,只占土地总面积的0.88%。

(二)土地利用潜力

规划期间全区土地开发整理可新增耕地4959.9亩。其中:耕地整理潜力为1584.9亩,村庄整治潜力为402.15亩,土地开发潜力为2888.25亩,土地复垦潜力为84.6亩。

(三)本轮总体规划目标

规划期内要实现耕地总量动态平衡,不断提高耕地质量,有效控制非农建设用地,逐步开展土地整理,适度开发土地后备资源,优化土地利用结构与布局,提高土地利用率。耕地保有量目标:2010年不低于58125亩,2020年不低于58125亩。基本农田保护目标:规划期内,确保基本农田保护面积为47250亩。补充耕地目标:规划期内通过开发整理增加耕地4063.2

亩。建设用地规模控制目标:规划期内,全区建设用地净增规模控制在2875.95亩以内,到2020年,建设用地总规模控制在15486亩以内,其中2010年控制在14073.3亩以内,较2005年净增加1463.25亩。生态环境保护目标:加强对重污染企业环境监控力度,预防和降低污水、废气、固体污染物的排放。提高工业、生活污水的处理率,降低COD、重金属离子排放量,使之不超过土壤净化的阈值。逐步改善农业传统耕作模式,发展生态农业,减少高污染农药、化肥用量,多施用优质、高效、低污染的生物农药、化肥,减少农业用水对河流的污染,维护生态平衡。

(四)土地利用结构调整方案

农用地 2005年年末,全区农用地面积81979.65亩,占土地总面积77.77%。规划到2010年,全区农用地面积为81630.3亩,占土地总面积77.44%,比2005年减少349.35亩。到2020年,全区农用地面积为81893.85亩,占土地总面积77.69%,较2005年减少85.8亩。

建设用地 2005年年末,全区建设用地12610.05亩,占土地总面积11.96%。规划到2010年,全区建设用地面积为14073.3亩,占土地总面积13.35%,比2005年增加1463.25亩。到2020年,全区建设用地面积为15486亩,占土地总面积14.69%,较2005年增加2875.95亩。

未利用地 2005年全区未利用地面积10817.1亩,占土地总面积10.26%,规划到2010年,全区未利用地面积为9703.2亩,占土地总面积9.2%,比2005年减少1113.9亩。到2020年,全区未利用地面积为8026.95亩,占土地总面积7.61%,比2005年减少2790.15亩。

(五)土地利用布局

农业产业用地布局 规划期内,在6个办事处扩大种植规模,建成39000亩优质稻生产基地;根据市场需求,有计划调整棉花种植面积,重点扩大棉花制种面积,建立棉花原种生产基地;水果品种改良更新4500亩,新建大西湖综合养殖1500亩,重点发展高效生态型水产养殖业。

建设用地布局 西湖镇用地规划范围为:北起黄珠洲乡,西抵裕民办事处,南起新港办事处,东至东洲办事处旺禄村,总面积10平方千米。规划拟定镇区发展选择"东扩南拓"的发展战略,即近期立足旧城改造与更新,紧凑集中布局,中期向南发展,远期向东发展。镇区建设空间布局划分为"一河、二团、三湖"。"一河":指南北向的新港河,河两边以绿化带为主,敞开城镇空间。"二团":即北组团和南组团。北组团为集文教、办公、工业、居住等于一体的功能组团。南组团为集居住、商贸、行政办公、文化、娱乐、医疗卫生等于一体的功能组团。"三湖":即黄泥湖,东东湖,西东湖。加强沿湖绿化,敞开城镇水域空间,严格控制临水界面的建设,营造良好的湖乡特色。规划至2010年,城镇人口达到14648人,用地达到2139.3亩。2020年城镇人口达到24352人,用地达到3652.8亩。

农村居民点用地 根据《常德市西湖管理区(2007—2020)村庄布局规划》,全区规划重点中心村6个,以中心村为重点,以相对集中农村居民点为纽带,以农民自愿为原则,引导农村居民点向重点中心村和一般中心村集中。通过村镇整理,减少农村居民点用地数量。在全区形成层次鲜明,有利生产,方便生活的农村居民点布局体系。

交通用地:根据《西湖镇(2002—2020)总体规划》和《常德市西湖管理区国民经济和社会发展“十一五”规划纲要》,规划期内,在充分利用和整合现有公路的基础上,争取兴建省道,形成以省道、县道为主,农村道路为辅的城乡公路网络体系。

生态用地布局:为改善土地生态环境,维持农业生态平衡,保护区内有价值的自然和人文景观,规划期内,适当增加生态保护用地,加大对湿地的保护力度。

耕地保护与土地开发整理:规划期内,全区基本农田保护面积为47200.05 亩。2020 年耕地保有量为 60428.55 亩。规划期内,通过土地整理和居民点整理分别补充耕地 1232. 7 亩和 792.3 亩,通过土地开发补充耕地 1981.95 亩。

(六)总体规划主要成果

《西湖管理区(2006—2020)土地利用总体规划》大纲;

《西湖管理区(2006—2020)土地利用总体规划》大纲说明;

《西湖管理区(1997—2010)土地利用总体规划实施评价》《西湖管理区耕地与基本农田保护研究》《西湖管理区城乡建设用地规模与布局研究》。

西湖管理区土地利用总体规划图件:西湖管理区(2006—2020)土地利用总体规划图;西湖管理区(2006—2020)耕地与基本农田保护规划图;西湖管理区(2005)行政区划图;西湖管理区(2005)土地利用现状图;西湖管理区(2005)耕地与基本农田保护现状图。

第三节　地政地籍管理

一、地籍调查

(一)土地利用现状调查

1988 年 5 月至 1990 年 12 月,西湖进行全场土地利用现状调查,全面查清各类土地的位置、权属、数量、分布及其利用状况。详查测得全场土地总面积 102935.38 亩,人均土地面积 2.54 亩,占全省人均土地 5.71 亩的 44.6%。土地利用状况是六分耕地、三分水域、一分道路和村庄。

土地总体利用状况

全场土地总面积 102935.38 亩,其中耕地 59044.82 亩,占土地总面积 57.36%;水域 25251.29 亩,占土地总面积 24.53%;园地 5310.04 亩,占土地总面积 5.16%;林地 440.74 亩,占 0.43%;城镇及工矿用地 8848.5 亩,占 3.6%;交通用地 1546.36 亩,占 1.5%;未利用地2493.64 亩,占 2.42%。土地调查的面积与 1981 年农业区划概查面积之比较,详见表 7-4-6。

土地利用布局状况

耕地状况:全场耕地面积 59044.82 亩,占土地总面积57.36%,人均耕地 1.46 亩;其中水田 36346.42 亩,占耕地面积 61.56%;旱地 20268.43 亩,占耕地面积 34.33%;菜地 2429.97

详查与区划各类土地比较表

表 7-4-6　　单位：亩

调查项目	总面积	耕地				园地	林地	城镇及工矿用地	交通用地	水域	未利用地
		小计	平田	平土	菜地						
详查数	102935.38	59044.82	36346.42	20268.43	2429.97	5310.04	440.74	8848.50	1546.36	25251.29	2493.64
区划数	105008.82	63358.34	37170.47	23174.59	3013.28	923.53	664.69	6390.66	215490	23012.77	8504.68
差值（±）	-2073.44	-4313.52	-824.35	-2906.16	-583.31	4368.3	-223.96	2457.84	-608.54	2239.07	—6010.68
差值（%）	-2.01	-7.3	-2.276	-14.34	-24	+82.6	-50.8	+27.77	-39.35	+8.87	—241.04

说明：此表数字摘自 1991 年 5 月《土地利用现状调查报告》P19 表 2

亩,占4.11%。水田和旱地不是固定不变的,有时种水稻,有时种旱作,轮作换庄。此次详查面积与区划面积相比,水田、旱土、菜土均有减少,主要是增加了果园面积。园地状况:全场园地面积5310.04亩,占土地总面积5.16%,比1981年增加4386.51亩,其中橘园4258.58亩,占园地面积97.08%。林地状况:1973年移民办场后,大搞植树造林,每年四旁绿化30万株,且营造小块成片林664.69亩;森林覆盖率由1973年的1.6%提高到1990年的11.8%;立木总蓄积量由1973年的340立方米增加到2010年的14000立方米;覆盖率增长10.2%,立木总蓄积量增长3.12倍。城镇、村队、工矿用地状况:全场此类用地8848.5亩,占土地总面积8.6%,其中农村住房用地7021.85亩,占此类用地79.36%;工矿用地1191.3亩,占13.54%;镇区用地559.86亩,占6.3%。交通用地状况:全场交通用地1546.36亩,占土地总面积1.5%,其中农村道路用地1055.76亩,占交通用地68.27%;公路用地490.04亩,占31.73%。水域状况:全场水域面积25251.29亩,含河流、湖泊、坑塘、苇地、沟渠面积等。河流面积以一分场最多,为1163.78亩;湖泊水面多属西湖渔场,面积为6602.14亩;坑塘面积以六分场最多,为2938.48亩;沟渠面积以一分场最多,为1257.35亩;苇地仅六分场有888亩,其余苇地全属总场(待收回)。未利用地状况:全场未利用土地面积2493.64亩,占土地总面积2.42%,其中田埂面积2409.97亩,占未利用面积96.64%;荒草地83.67亩,占3.36%。

(二)土地变更调查

根据湘国土测绘(传电)字〔1994〕03号、常国(传电)字〔1994〕02号《关于做好土地详查后续工作的紧急通知》,农场于1994年10月至1995年3月完成土地详查后续工作任务,查清各类土地的利用变化情况。

土地总体变化情况

全场土地总面积105254.4亩,人均土地2.57亩,占全省人均土地5.71亩的45%,基本上是五分耕地、三分水域、二分道路和村庄。

土地利用变化情况

耕地变化情况:全场耕地面积54786.2亩(其中水田34520.8亩、旱地20265.4亩),占土地总面积52.05%,人均耕地1.34亩。耕地面积比1990年土地详查量减少4258.6亩,人均减少0.12亩。减少的去向:果园2801.7亩,占65.79%;村庄、独立工矿、建制镇用地491.7亩,占11.55%;其他面积965.2亩,占22.66%。园地变化情况:全场园地面积8171.1亩,占土地总面积7.26%,人均园地0.2亩,比土地详查量增加2861.1亩,增长53.88%。增加的主要来源:耕地占所增面积97.92%,即2801.7亩,其他地类占2.08%,即59.4亩。林地变化情况:全场林地面积347.3亩,占土地总面积0.33%,比土地详查量减少93.6亩,减少26.95%,减少的主要去向:园地占用45.7亩,占减少面积48.9%;村庄占用22.1亩,占减少面积23.5%;旱地占用16.5亩,占减少面积17.6%;其他占用9.3亩,占减少面积9.9%。建制镇变化情况:西湖镇城区面积745.2亩,比土地详查量增加185.3亩,增长33.1%,增加的主要来源:水田45.7亩,占增加面积24.7%;旱地36.8亩,占增加面积19.8%;果园31.9亩,占增加面积17.2%;村庄

35.3 亩，占增加面积 19.1%；其他面积 35.6 亩，占增加面积 19.2%。建制镇城区的增加面积，来源于该镇 3 个村和大西湖渔场。村庄变化情况：全场村庄面积 7696.4 亩，占土地总面积 7.3%，人均面积 0.19 亩，比土地详查量增加 674.6 亩，增长 9.6%。增加的来源：耕地 565.3 亩，占 83.8%；果园 58.8 亩，占 8.7%；林地 22.3 亩，占 3.3%；其他面积 28.2 亩，占 4.2%。独立工矿变化情况：全场独立工矿用地 1239.2 亩，占土地总面积 1.8%，比土地详查量增加 40.9 亩，增长 3.41%。增加的主要来源：耕地 33.1 亩，占80.43%；果园 6.2 亩，占 15.16%；其他面积 1.6 亩，占 3.91%，但也有独立工矿用地变为其他地类的。公路、农村道路变化情况：全场公路、农村道路面积分别为 523.8 亩和 1111.5 亩，两项合计为 1635.3 亩，占土地总面积 1.55%，比土地详查量分别增加 33.5 亩和 55.5 亩，合计增加 89 亩，增长 5.76%。增加的主要来源：耕地 82.4 亩，占 92.6%；其他 6.6 亩，占 7.4%；但也有变为其他面积的。坑塘面积变化情况：全场坑塘面积 6277.5 亩，占土地总面积 5.96%，比土地详查数减少 492.1 亩。减少的主要去向：沟渠 444.9 亩，占 90.4%；耕地 47.2 亩，占 9.6%；但也有其他地类变为坑塘的。沟渠变化情况：全场沟渠面积 7361.37 亩，占土地总面积 6.99%，比土地详查量增加 1163.7 亩，增长 18.78%。增加的主要来源：耕地 718.4 亩，占 61.8%；坑塘 444.9 亩，占 38.2%；但也有沟渠变为其他地类的。河湖水面、滩涂、水工建筑物、芦地及未利用土地等变化情况：此类土地总面积 16994.2 亩，占土地总面积 16.5%，其中湖泊水面 6382.9 亩，比土地详查量减少 7.8 亩，去向为建制镇；滩涂 440.6 亩，减少 6.7 亩，去向：旱地 3.9 亩；园地 2.8 亩；水工建筑面积 2465 亩，增加 2.8 亩。来源：旱地 2.7 亩；田坎 0.1 亩；荒草地 80.9 亩，减少 2.8 亩。去向：果园 2.8 亩；田坎面积 2247.9 亩，减少 162.4 亩；特殊用地 75.1 亩，增加 6.7 亩。

（三）第二次土地调查

土地总体状况

2007 年 7 月至 2009 年 10 月，西湖区进行第二次土地调查。实地查清全区基本农田的数量及其每一块土地的地类、位置、范围、面积、分布、利用与保护等状况和各类土地的所有权与使用权状况。此次土地调查测得全区一级分类有：耕地、园地、林地、草地、城镇村及工矿用地、交通运输用地、水域及水利设施用地、其他土地共 12 大类；全区二级分类有：水田、水浇地、旱地、果园、有林地、其他林地、其他草地、建制镇、村庄、采矿用地、特殊用地、公路用地、农村道路、河流水面、湖泊水面、坑塘水面、滩涂、沟渠、水工建筑物、设施农用地共 20 类。获取全区各类土地利用信息及其空间状况，汇总形成全区各级土地利用现状数据库。调查测得初获待审的全区土地总面积为 105394.2 亩，人均土地 2.21 亩，利用状况基本上是六分耕地、二分水域、一分村镇、一分道路和园地。

土地利用状况

第二次土地调查测得初获待审的全区土地总面积为 105394.2 亩（70.2628 平方千米），其中耕地 63467.63 亩，占土地总面积 60.22%；水域及水利设施用地 24031.91 亩，占土地总面积 22.8%；城镇村及工矿用地 9948.24 亩，占土地总面积 9.44%；园地 3626.54 亩，占土地总面积3.44%;林地21.54亩,占土地总面积0.02%;交通运输用地4230.65亩,占土地总面积的4%;其他土地40.25亩,占土地总面积0.38%;荒草地27.44亩,占土地总面积0.026%。土地利用布局状况为:耕地状况:全区耕地总面积63467.63亩,人均耕地1.33亩;其中水田(含田埂)面积41003.3亩(含水浇地85.66亩),占耕地总面积64.6%;旱地22464.33亩,占耕地总面积35.4%。第二次土地调查与1995年后续调查的耕地面积相比增加8681.43亩,其中水田增加6483.3亩,旱地增加2198.13亩。耕地增加的主要原因,是将小于2米宽的田埂面积计算在内。园地状况:全区共有园地3626.54亩,比1995年后续调查的面积减少882.34亩,减少24%。林地状况:全区共有林地21.54亩,比1995年后续调查的面积减少332.29亩,减少95.68%。城镇村及工矿用地状况:实地查清镇区2.5平方千米城镇土地和全区村庄用地的面积、地类、利用状况及宗地权属。测得城镇村及工矿用地面积为9948.24亩,占土地总面积9.44%;其中建制镇用地1486.67亩,占土地总面积1.41%,占此类用地总面积14.77%;村庄用地8105.87亩,占80.51%;采矿用地136.19亩,占0.13%;特殊用地(坟地)219.51亩,占2.18%。交通用地状况:全区交通用地4230.65亩,其中农村道路用地3946.75亩,占93.3%;公路用地283.9亩,占6.71%。水域及水利设施用地状况:全区水域及水利设施用地总面积24031.91亩,其中河流水面2514.87亩,占10.46%;坑塘水面9856.23亩,占41.01%;内地滩涂面积3222.4亩,占13.4%;沟渠面积6011.85亩,占25.02%;水工建筑用地2426.56亩,占10.01%。荒草地状况:全区有荒草地面积27.44亩,比1990年土地利用现状调查量减少56.23亩,减少67.2%。

(四)镇区地籍调查

1993年6月至11月,农场根据国家土地管理局〔1990〕国土[籍]字第45号文件精神,完成西湖镇城区土地权属调查和测量任务。

基本概况

1984年11月在西湖农场总场地域建立西湖镇,其行政区域归属汉寿县,是西湖农场的政治、经济、文化中心。全镇总人口为10353人,其中农业人口681人,有常驻企事业单位43个,居委会2个,农业村3个,总面积为10.12平方千米。

主要成果与质量

第一次准确查清镇区土地资源的数量、利用现状、分类及其分布状况。查明镇区土地用途为一级类型9大类:商业及金融业用地、工业仓储用地、市政用地、公共建筑用地、住宅用地、交通用地、水域用地、农用地、其他用地。二级类型14大类:商业、服务业、金融保险业、工业仓储、市政公用设施、文、体、娱,机关、教育、医卫、交通、水田、旱地、其他用地。主要成果与质量如下:查清了土地权属关系,确定了土地使用者的权属范围,设置了界址点,由各法人代表签字认可并加盖公章。积累了大量的专业要素、图件、界址点坐标、面积量算表、分类面积统计表等资料。地籍平面控制测量、记录、计算值及控制网点图准确率100%。1993年9月10日,外业测量经省、市国土局验收为优良成果。

二、地籍管理

（一）初始土地登记、划界、确权

1954年《西湖农场建场设计任务书》对本场辖区土地权属已基本固定，也基本成型权属文书。1972年移民办场时，农场将部队移交的全场土地按移民人口分配给6个分场的63个农业生产队、1个农科所、1个渔场和场部机关耕（用）地，以农业生产队（所、场）为土地权利主体划定了土地界址，确定了土地权属。农场对各分场农业生产队（农科所、渔场）的土地及其坐落、面积、用途、类别、使用条件、界址等状况进行了依次逐项登记。1988年5月至1990年12月，农场进行土地利用现状详查登记。共调查、测量、登记权属单位67家；划定土地权属界线360公里，设置拐点1097个，计土地面积102935亩；签订权属认定书67宗，占权属文书的100%。按移民办场时确定的土地权利主体划定土地界址，确定土地权属，并在图上设置拐点标明境界，各土地权利主体法人代表在《土地权属认定书》上签字认可，并加盖分场、生产队（所、场）两级公章。1993年6月至11月，农场国土科完成镇区2.7平方千米、24个街坊、386宗地的地籍调查任务。清查用地单位48个，处理违章建房案件21起，建立权属界址点2247个，编绘地籍分幅图67幅。1994年10月至1995年3月，农场进行土地变更调查。查清各宗地的位置、权属、数量、分布、利用和变更状况，编制土地权属法定图件，设置界址点，各土地权利主体法人代表在地籍调查表上签字认可并加盖公章，确定土地使用者的权属范围。

（二）产权登记发证及变更登记

产权登记发证

1993年6月至11月，农场国土办完成西湖镇区的土地权属调查，建立地籍卷宗档案421卷。2001年，开始发放国有土地使用证。2001年至2010年土地登记发证情况，详见表7-4-7。

2001—2010年西湖管理区土地登记发证统计表

表7-4-7

年号	发证总计（本）	国有土地使用证					
		小计	单位发证（本）	城镇民一户一宅用地发证（本）	直管分房发证（本）	商品房发证（本）	房改房发证（本）
2001	94	94	—	—	—	94	—
2002	51	51	—	—	—	51	—
2003	19	19	—	—	—	19	—
2004	30	30	—	—	—	30	—
2005	13	13	2	—	—	11	—
2006	17	17	1	—	—	16	—
2007	23	23	3	—	—	20	—
2008	36	36	9	1	—	26	—
2009	29	29	1	—	—	28	—
2010	32	32	2	—	—	30	—

产权变更登记

1995年11月10日，农场颁发场发〔1995〕22号《西湖农场农村日常地籍管理试行办法》,对变更土地登记的内容、范围、程序、手续等作出具体规定。根据变更土地登记的内容、范围、程序,进行产权变更登记。

核对变更土地登记申请单位的名称、土地位置、地类等项目与申请合法批准文件是否相符。凡涉及土地权属界线变化的,变更宗地与相邻宗地的使用者、所有者要到现场共同认定,签订权属界线协议书、协议书附权属界线示意图及文字说明。调查土地权属界线、主要用途及其相应的二级地类图斑界线变更情况,填写土地变更调查记录表。

(三)土地权属争议调处

土地权属争议的历史与现状

西湖农场的土地权属,历经劳改劳场、军垦农场、移民办场3次大的变动。不同时期的管理性质不一,对土地的管理与利用也不同,在变动时未能处理好权属问题,导致一定数量的土地权属争议。三角堤至柳林嘴外洲澧水洪道8平方千米计12000亩(含水域)河洲自生芦苇,军垦时期每年管理不好,有的芦苇进行了收割,有的没有收割,导致常德、汉寿、安乡县的农民自由收割,年久月长便被自由收割者侵占。1972年冬移民办场以来,该外洲8平方千米土地经常引起土地权属纠纷。军垦农场时期,由于人员偏少而出现偏远土地抛荒现象,致使北洼湖面积1284亩、新北湖(月亮洲)土地1682.7亩被常德县黄珠洲公社占用。1972年冬,移民迁入西湖时,负责接交的个别领导口头表示,致使农场所属800亩土地被汉寿县和平大队占用。1972年冬移民办场时,由于新组建的领导班子对农场所辖区域不了解,导致场内土地造纸厂西侧面积90亩、西湖镇二队西侧鱼池和东侧鱼池及堤面积等被本土的农民蚕食。移民办场时农场划拨给各分场生产队的土地,因没有制定划拨文书及土地权属附图,导致队与队之间的小道路及小渠道引起争议。人口的增长使土地升值,一部分已确定权属而多年未使用的土地,引起多方争取使用的权属纠纷。

土地权属调处的组织、职责、原则与方法

1973年至1990年间,农场先后成立由主管农业的副场长王盛丕和夏延来任组长,国土、农业、司法、民政、水利、财务、办公室和各分场抓国土工作的副场长等部门负责人为成员的“土地权属调处小组”。针对土地调处政策性强、问题复杂、难度大的状况,土地权属调处小组积极向上级国土部门报告,主动与邻县国土管理部门联系、配合、协商,共同做好境界权属调处工作。土地权属调处的方法:主动向上级报告。在做好外业调查的基础上,专题以文字形式向常德市国土局及有关部门报告。多方协调。1990年在市国土局的组织安排下,分别与常德、汉寿、安乡县国土部门进行实地察看,召开协调会议,听取汇报,分析讨论,协商权属调处工作。土地权属调处的原则:根据国家有关法律、法规、政策和争议地块的实际情况,秉着“尊重历史,面对现实,以事实为依据,有利于生产建设,有益于睦邻团结”的原则,能确权的确权,不能确权的做工作线。土地权属确权的依据:调查所争议面积的现状及使用者,收集有关权属的协议、纪要、当事人回忆、记录等证件，并将争议面积范围调绘到航片上绘成附图。

涉外土地权属争议的调处

调处方法：在调查取证的基础上，按照有关政策和依据进行认真讨论，统一认识后再做争议双方的工作，逐地块进行调解。着重做好提出争议方的党员、干部、群众代表的思想政治工作。在解决问题时，由常德地区（市）有关领导召集争议双方的代表及有关负责人协商会议，摆事实，讲道理，宣传国家有关法律、法规、政策，耐心细致地做好调解工作，使争议双方都能顾全大局，互让互谅。在经过反复协商调解不能解决权属争议的情况下，首先宣布“任何单位和个人在上级未作出处理决定之前，不得以任何理由和借口毁坏争议土地上的林木、作物、附着物等一切物质”。权属争议的双方，分别向职权范围内的上级政府提出报告，听候裁决处理。

调处结果：经权属争议调处，由上级裁决收回的土地有北洼湖面积 1284 亩；三角堤外洲芦苇地 750 亩；新北湖（月亮洲）部分土地 1304.8 亩（含水域 1212 亩、旱地 92.8 亩）；黄珠洲老街木工厂下面的 3 个小鱼池面积 10.8 亩；跃进坝土地 200 亩；西湖镇二队西侧鱼池和东侧鱼池及堤面积等土地。

至 2010 年 12 月底，涉外土地权属争议面积尚未得到解决的有：汉寿县和平村所占土地 800 亩；三角堤至柳林嘴外洲澧水洪道的芦洲土地 11250 亩；新北湖（月亮洲）部分土地 377.9 亩；西湖造纸厂西侧土地 90 亩。

场内土地权属的确认与调处

土地权属确认与调处的依据：1979 年清产核资时量测的土地面积。职责范围：分场、镇内调处队与队之间的权属争议；场部调处分场与分场之间的土地权属争议，分场（镇）上下配合。权属确认调处效果：前后投入人力 1006 人，调查权属单位 63 家，确定土地权属界线 360 公里，设置拐点 1097 个，面积 102935 亩，签订权属认定书 67 宗，占权属文书的 100%，编绘 1∶1 万权属图 7 幅。

第四节　耕地保护

一、国策保有量

（一）耕地保有量

1972 年移民建场时，全场耕地 61517 亩，1981 年农业区划测得全场耕地面积 69229 亩；1990 年土地详查测得全场耕地面积 59044 亩；2006 年建库耕地面积 58701 亩；2008 年至 2010 年第二次土地调查测得全区耕地面积 63467.63 亩。

（二）基本农田划定

根据湘政发〔1992〕33 号文件精神和省、市国土管理局的部署，西湖于 1996 年 7 月至 1996 年 9 月完成全场 6 个分场、1 个镇、1 个渔场的基本农田保护区划定工作。通过划定，全场(区)1996 年至 2005 年的耕地保护面积为 54785 亩。2008 年,常德市政府下达的 2008 年至 2012 年度基本农田保护面积为 47200 亩。详见表 7-4-8。

2006 年以后,基本耕地保护面积又有所调整,详见表 7-4-9。

1996—2005 年西湖农场(区)基本农田保护面积规划表

表 7-4-8　　单位:亩

名称 单位	耕地保护面积				保护率(%)		
	合计	Ⅰ级	Ⅱ级	Ⅲ级	Ⅰ级	Ⅱ级	Ⅲ级
裕民办事处	9910	6991	2466	453	70.5	24.9	4.6
西洲办事处	10050	7104	2489	457	70.7	24.7	4.6
下窖办事处	8958	6336	2215	407	70.7	24.7	4.6
新港办事处	9664	6833	2392	439	70.7	24.7	4.6
鼎港办事处	8521	6007	2124	390	70.5	24.9	4.6
东洲办事处	7049	4979	1749	321	70.6	24.8	4.6
西湖镇	553	100	221	232	18.1	40	41.9
渔场	80	—	40	40	—	50	50
合计	54785	38350	13696	2739	70	25	5.0

2006—2012 年西湖管理区基本农田保护面积规划表

表 7-4-9　　单位:亩

序号	办事处名称	2006 年末耕地面积	规划期间基本农田保护面积	基本农田占耕地率(%)
1	裕民办事处	9990	8964	90
2	西洲办事处	10397	9159	88
3	下窖办事处	9467	8234	87
4	新港办事处	10382	8986	87
5	鼎港办事处	8991	7632	85
6	东洲办事处	7466	6717	90
7	西湖镇	593	—	—
	合计	57286	49692	87

二、耕地保护措施

(一)建立管理责任制

2004 年 9 月 25 日,西湖区成立基本农田保护领导小组,区管委会主任任组长、分管农业的副主任任副组长、相关部门负责人为成员。各办事处(镇)均相应成立基本农田保护机构。结合各办事处(镇)的实际情况,将市政府下达的基本农田保护指标进行合理分解,逐年逐级落实基本农田保护责任制。区管委与各办事处(镇),各办事处(镇)与各队(村)层层签订了责任状,给每个农户发放基本农田保护责任卡,建立和完善基本农田保护的两项职责和八项制度。把基本农田保护工作纳入各办事处(镇)当年经济工作目标管理责任制,作为业绩考核的一项重要指标。

(二)实行规划管理

按照《西湖管理区土地利用总体规划》的要求审批非农业建设用地,村民建住宅必须依据土地利用总体规划,在规定的村民小区内建房。在西湖镇城区从事建设,须符合镇区建设规划和土地利用规划的规定与要求。凡不符合土地利用规划的建设项目,一律不予供地。

从严控制建设用地规模,村民建房每户用地面积控制在 130 平方米以内,鼓励村民修建楼房,向空中发展。凡利用废塘、沟渠建房或拆旧房改建的用地面积可适当放宽至 149 平方米。

充分挖掘镇区存量土地潜力。2006 年在镇区建设的西湖小学科教楼、电力公司营配楼、兴盛小区商住楼等,都利用空闲土地于原地进行拆旧扩建,共盘活土地 21.5 亩。

从严控制村民建住宅占用耕地,能占用非耕地的决不批耕地,对建房符合规划又没有荒坪废地可利用,确需占用耕地的,原宅基地必须还耕或转让给需要建房的农户。村民申报建房用地时,先审查办理耕地占用许可证,再办理建设用地许可证。

(三)强化制度管理

基本农田公示制度

在人口相对集中地建立基本农田保护公示牌,公示全区基本农田分布图、基本农田保护范围、数量、保护措施、责任单位、举报电话,接受群众监督。

耕地保护信访制度

国土资源局设立基本农田保护举报电话(2822432)和举报箱。工作人员白天接到举报须在 4 小时内赶到现场调查,晚上接到举报须在次日 8 点以前赶到现场调查,发现问题及时处理。群众所反映的问题,事实成立的,须有处理措施和结果,不能处理的及时上报市信访局。对及时举报各种占用或破坏基本农田行为的公民,给予一定物质奖励。

耕地变更统计制度

全面实施土地利用总体规划,从严控制非农业建设占用耕地。对当年已经使用的耕地及时进行变更登记,填写变更记录表,修正土地登记台账,变更图件资料,填报统计表。对占用耕地的情况写出调查说明书,细致、准确、真实地分析占用耕地的原因。所有变更登记资料和统计表,均须立卷归档。

耕地动态巡查制度

为便于巡查,将全区基本农田分为 6 大片 66 小区。各队(村)国土监察员负责小区巡查,国土资源所负责各大片巡查。配合区国土资源局法规监察人员每月巡查一次,发现有占用或破坏基本农田的苗头,及时制止。构成事实的,及时上报区国土资源局或市国土资源局法规科处理。

耕地目标管理制度

全力实施土地利用规划的土地用途管制,对基本农田施行特殊保护,确保基本农田数量不减少、质量不降低。实行层级管理,管理区与办事处(镇)签订责任状,办事处(镇)与村签订责任状,村与农户签订责任保护卡。禁止任何单位和个人占用基本农田发展林果业和挖塘养鱼或闲置、荒芜农田。建立区、办事处(镇)、村、组四级土地监察网络,依法监控,定期巡查,从严查处违法占用基本农田的行为。

土地用途管制制度

根据区土地利用总体规划,制订详细的土地用途管制规划,具体落实各类控制指标,依照国家有关土地规定,合理规划土地用途区。严格按土地利用总体规划确定的用途审批、使用土地。从严控制耕地、基本农田转为非农建设用地或非农用地。

耕地总量平衡制度

严格执行土地利用总体规划和年度土地利用计划,把关保护总体规划内耕地不减少,确保耕地总量动态平衡。

耕地占补平衡制度

非农业建设项目经批准占用耕地,须按照占多少垦多少的原则,由占用耕地的单位负责开垦所占用耕地数量和质量相当的耕地;没有条件开垦或者开垦耕地不合要求的,按照省市有关规定缴纳耕地开垦费,专款用于开垦新耕地。

三、土地开发整理

(一)土地开发整理项目

东洲办事处北洼地土地整理项目

该项目位于东洲办事处北洼地,项目建设规模 1059 亩,于 2004 年 10 月开工建设,2005 年 3 月竣工。项目总投资 200 万元,整理新增耕地 999 亩。

东洲办事处三角堤土地整理项目

该项目位于三角堤村一组,项目建设规模 379.05 亩,于 2005 年 3 月 6 日开工建设,是年 6 月底竣工。省级项目投资 53.11 万元,整理新增耕地 34.5 亩。

鼎港办事处土地整理项目

该项目位于鼎港办事处新园、新柳村,项目建设规模 1260 亩,于 2006 年 1 月 10 日开工建设,是年 6 月上旬竣工,省级项目投资 182.39 万元,整理新增耕地 48.15 亩。

东洲办事处土地整理项目

该项目位于东洲办事处旺福、旺禄两村,项目建设规模 2059.35 亩,于 2006 年 12 月 31

日开工建设,是年 6 月竣工。省级项目投资 222.76 万元,整理新增耕地 85.05 亩。

裕民办事处土地整理项目

该项目位于裕民办事处同兴村,项目建设规模 875.55 亩,于 2008 年 1 月 26 日开工建设,是年 7 月 5 日竣工。市级项目投资 200 万元,整理新增耕地 30.6 亩。

东洲办事处土地整理项目

该项目位于东洲办事处旺福村,项目建设规模 354.75 亩,于 2008 年 11 月 14 日开工建设,是年 5 月中旬竣工。市级项目投资 109.64 万元,整理新增耕地 299.25 亩。

新港办事处土地整理项目

该项目位于新港办事处新兴村, 项目建设规模 300 亩, 于 2009 年 8 月开工建设,2010 年 5 月中旬竣工。市级项目投资 100 万元,整理新增耕地 27 亩。

大西湖一期土地整理项目

项目建设规模 2636 亩,于 2009 年 11 月开工建设,2010 年 6 月中旬竣工。市级项目投资 1083 万元,整理新增耕地 2125.05 亩。

大西湖二期土地整理项目

项目建设规模 1246.05 亩,于 2010 年 11 月开工建设,2011 年 3 月中旬竣工。市级项目投资 512 万元,整理新增耕地 942 亩。

以上土地开发整理项目,均经省、市主管部门验收合格。

(二)土地开发整理效益

生态效益

土地开发整理平整了高低不平的旱地,整理了布局不合理的耕地,填平了坑塘水面,改造了不规范的渠道排灌系统。有利于农业的可持续发展和社会稳定;改善了农业生产条件和农民生活环境,使之安居乐业;改善了农业生态环境,有利于土地资源的可持续利用。

经济效益

通过 9 个土地开发整理项目的实施,实现了区域内耕地占补平衡,全区新增耕地 4560.6 亩,耕地质量、农业基础条件明显改善,高产、稳产、高效农业的比重大幅度增加。

社会效益

通过一系列的开发整理措施,零星散布于田间的荒草地变成了耕地。全区田畴成方,土地得到更为合理的利用,沟渠成网,排灌能力和旱涝保收能力得到有效提高,为实现全区农业经济又好又快发展目标奠定良好的基础。

第五节　建设用地管理

一、国家建设用地

(一)用地补偿

1987年至1993年,农场建设转用土地,一般采取解决场销粮户口,安排就业等方式对被转用土地的农户进行补偿。按当地生产队人均土地计算,每转用一个人的土地,安排一个人的工作,解决一个人的场销粮户口,不便安排工作的人员,每人补偿2500元现金。

1987年8月,兴建西洲砖厂,转用二分场一队耕地70亩,解决场销粮户口51人,安置就业51人,并给该队青苗补偿9500元。

1988年,三角堤砖瓦厂扩建转用六分场一队耕地9.6亩,解决场销粮户口8人,安置就业8人,从1989年起每年补偿该队3000元。

1990年9月,新建西湖三中,转用六分场十队耕地20.2亩,解决场销粮户口17人,安排就业17人。

1989年至1992年,西湖3年基本建设期间,农场先后转用西湖镇园艺村、新康村、新桥村和六分场一队、十队、四分场三队等队耕地436.8亩。1993年从上述规划用地436.8亩耕地中退回137.6亩,实转用面积299.21亩,共解决场销粮户口304人,安置就业129人。其中:农场负责安置47人,用地单位安置77人,门面抵作安置5人。对未安置的175人,给予每人2500元经济补偿。

自1994年起,用地补偿采用货币补偿方式。1994年至2001年,参照《中华人民共和国土地管理法》《常德市国家建设用地拆迁安置管理暂行办法》规定标准,经双方协商确定补偿标准。自2002年起,参照常政发〔2002〕20号《常德市征地拆迁管理办法》规定标准进行补偿。自2007年起,农村拆迁安置补偿按常政发〔2007〕11号文件的标准执行。

2007年4月,区管委拨用西湖镇园艺村土地19.45亩修建疾病防控中心和汉寿县西湖国税分局办公楼。其中12.2亩按每亩3万元的标准给予补偿,另7.25亩按每亩2.8万元予以补偿,共支付土地、安置、青苗补偿费56.9万元。同年11月,西湖民政局转用新桥村土地7.48亩修建殡仪馆,每亩3项补偿标准为2.5万元,共补偿18.7万元。

2008年4月,拨用西湖镇环城路与东湖交界处的鱼塘30.57亩修建城镇道路,给付土地补偿费46万元、鱼塘补偿1600元/亩计4.89万元、藕塘补偿1500元/亩计4.59万元,共计补偿55.48万元。

(二)拆迁补偿

凡国家建设或城镇建设对地上建筑物或附着物和地下构筑物进行的拆迁,给予拆迁补偿。符合审批手续的拆迁项目,一般按国家或省、市当时确定的标准进行补偿。不符合审批手续的违规建筑物，酌情给予补偿或不予补偿。

1990 年，扩建西柳公路被拆迁的房屋，一般按当时房屋造价 50%左右进行补偿。整个西柳公路扩建工程共支付拆迁补偿费 7.164 万元，其中房屋拆迁补偿费 4.89 万元，迁坟补偿费1.17 万元（迁坟 78 处，每处补偿 150 元）；青苗补偿费 0.824 万元，树木补偿费 0.28 万元（砍伐树木 4047 根）。同年 10 月修建镇区公路，共拆除房屋 36 栋 720 平方米，支付拆迁补偿费16.914 万元。同年 7 月改建西湖果脯糖厂，拆迁住房 8 户 418.24 平方米，支付房屋拆迁及树苗补偿费 5.11 万元。1994 年 12 月，取土拓宽西水河内堤，支付青苗补偿费 3.3 万元。

二、村民建房用地

1973 年移民建场时部队移交住房 762 栋 146080 平方米，其中砖瓦房 360 栋 88620 平方米，其余为茅草房和油毛毡房。当时的移民住房实行配给制，人均不足 3 平方米。经过几年的建设，至 1978 年，共改建成砖瓦房 30 万平方米，人均约 8 平方米。1982 年农场改革农村住房制度，将农村公有住房全部分配给农工个人。1987 年全场有农工住房 1809 栋 30.424 万平方米，人均约 9 平方米。随着经济状况的好转，农工家庭从 1989 年开始建房。至 2010 年年底，全区个人建房 4370 栋，新增建设用地 908.42 亩，其中占用耕地 358 亩、非耕地 550.42 亩、未利用地 1.7 亩。

1989 年至 1996 年，农村个人建房用地只需递交建房申请报告，填写建房用地审批表，由所在生产队、分场国土所签署意见，报农场国土部门审批。在此期间，全场审批个人建房 1844 户，用地 431.12 亩。

1997 年开始，对村民建房用地的审批，依照《土地管理法》第四十四条之规定，规范了具体的审批手续。其审批程序为：由本人向土地主管部门提出建房申请，经村（队）委会讨论通过后，由村（队）委会根据规划初步选址。申请报告经分场（办事处）、镇国土站（所）审查后，填写建房申请表一式两份。由国土站（所）会同村委会实地落实“四至”。由本人持表到国土科（局）办理用地手续，领取用地许可证，使用耕地的先办理耕地保护证。办理好审批手续后，将审批后的申请表由本人送交国土站（所）。破土动工之前，由国土站（所）工作人员实地定点放线，施工中不能擅自移动方位点。住房竣工后，由国土站（所）实地验收。旧房改造，不变更方位，不扩大占地面积翻新的，只需国土站（所）到现场核实，不另办理审批手续（指原住房已办理用地许可证的）。镇区居民建房，先到城建规划部门办理选址审批手续，然后到国土科（局）办理用地手续。历年村（居）民建房用地情况，详见表 7–4–10。

西湖农场(区)村(居)民建房用地统计表

表 7–4–10

单位:户(栋)、亩

年度		裕民分场	西洲分场	下窖分场	新港分场	鼎港分场	东洲分场	渔　场	镇　区（三村）	小　计
1989	户（栋）	19	25	18	18	16	19	—	—	115
	面　积	5.7	7.5	5.4	5.4	4.8	5.7	—	—	34.5
1990	户（栋）	45	36	57	44	48	61	4	—	295
	面　积	13.5	10.79	17.09	13.19	14.39	18.29	1.2	—	88.45
1991	户（栋）	66	36	46	67	41	27	—	—	283
	面　积	19.79	10.79	13.79	20.09	12.29	8.1	—	—	84.85
1992	户（栋）	53	55	32	44	20	33	—	—	237
	面　积	10.33	10.72	6.24	8.56	3.9	6.43	—	—	46.18
1993	户（栋）	25	39	27	37	15	27	3	—	173
	面　积	4.87	5.44	4.14	8.09	2.92	4.8	0.21	—	30.47
1994	户（栋）	17	52	31	36	21	34	1	26	218
	面　积	3.13	10.13	6.04	7.02	4.09	6.63	0.19	3.9	41.13
1995	户（栋）	13	87	35	65	29	45	15	24	313
	面　积	2.53	16.96	6.82	12.67	5.65	8.77	2.92	3.3	59.62
1996	户（栋）	20	67	30	32	11	27	—	23	210
	面　积	3.91	19.07	5.85	6.24	2.14	5.26	—	3.45	45.92
1997	户（栋）	23	74	14	39	7	24	—	27	208
	面　积	5.17	16.64	2.73	8.77	1.36	4.68	—	2.02	41.37
1998	户（栋）	17	37	30	21	13	17	—	32	167
	面　积	3.82	8.32	6.75	4.1	2.53	3.31	—	4.85	33.68
1999	户（栋）	34	70	37	31	49	46	15	37	319
	面　积	6.46	13.11	6.97	5.17	9.31	8.38	2.49	4.92	56.81

续表 7-4-10

年度		裕民分场	西洲分场	下窖分场	新港分场	鼎港分场	东洲分场	渔场	镇区（三村）	小计
2000	户（栋）	29	129	55	34	23	29	—	—	299
	面积	5.09	23.83	8.26	6.43	3.68	5.41	—	—	52.7
2001	户（栋）	3	17	22	22	9	4	—	14	91
	面积	1.23	2.65	3.01	4.03	1.83	0.78	—	1.49	15.02
2002	户（栋）	7	17	17	12	1	14	—	14	82
	面积	1.07	3.47	1.91	2.2	0.19	2.46	—	2.17	13.47
2003	户（栋）	8	23	12	8	3	12	—	7	73
	面积	1.56	4.48	2.34	1.56	0.58	2.34	—	1.36	14.22
2004	户（栋）	16	23	31	16	3	17	—	9	115
	面积	3.12	4.48	6.04	3.12	0.58	3.13	—	1.35	21.82
2005	户（栋）	11	47	22	19	7	17	—	15	138
	面积	2.14	9.16	4.29	3.7	1.36	3.31	—	2.7	26.66
2006	户（栋）	18	16	10	15	9	20	—	4	92
	面积	3.91	3.23	1.51	2.99	1.62	3.81	—	0.57	17.64
2007	户（栋）	24	27	22	24	7	43	—	13	160
	面积	4.63	5.27	4.22	4.87	1.36	7.82	—	1.98	30.15
2008	户（栋）	11	26	21	44	10	20	—	11	143
	面积	2.66	5.22	4.00	8.56	1.95	3.37	—	3.04	28.8
2009	户（栋）	53	54	43	62	33	30	—	8	283
	面积	10.37	10.89	8.02	12	6.48	5.55	—	1.92	55.23
2010	户（栋）	46	61	45	82	68	38	—	16	356
	面积	8.8	11.98	8.71	16.16	13.18	7.27	—	3.63	69.73

三、单位建设用地

建设用地的审批,西湖农场(区)只有对个人建设用地的审批权,国家建设和单位建设项目用地,由农场(区)国土部门报省政府办理农用地转用审批手续,再报市政府办理建设用地审批手续。

1988年7月,经常德地区行署地征审字〔1988〕026号文件批准,修建三分场联校教学楼,占用耕地4.46亩。同年8月,经常德地区行署常土划字〔1988〕101号文件批准,兴建西洲砖厂,用地70亩,其中耕地40亩、非耕地30亩。1989年11月,经常政土字〔1989〕063号文批准兴建西湖医院门诊楼,用地13.01亩。1990年2月,经省政府省政土字〔1990〕412号文件批准,扩建西湖造纸厂芦苇堆场,占用耕地46亩。同年8月,经市政土字〔1990〕43号文件批准,修建西湖毛巾厂轧花车间,用地2.14亩。同月,经市政土字〔1990〕101号文件批准,扩建西湖路东段人行道,用地5.25亩。是年9月,经省政府省土字〔1990〕206号文件批准,修建西湖二中教学楼及附属设施,用地20.2亩。是月,经市政土字〔1990〕108号文批准,扩建西湖果脯糖厂,使用非耕地4.77亩。1991年6月,经市政土字059号文件批准,新建农机交通监理科办公楼,用地4.83亩。同年同月修建水利科防汛通讯楼,占地4.77亩,批准文号为市政土字〔1991〕057号。是年,经市政土字〔1991〕058号文件批准,新建西湖检察院办公楼,用地4.29亩。同年7月,经省政府省政土字〔1991〕178号文件批准,扩建西湖造纸厂芦苇堆场,用地54.24亩,为非耕地。1992年5月,经市政土字〔1992〕033号文件批准,扩建西湖煤炭燃料公司液化气站,占用非耕地5.7亩。1992年1月,经省政府省政土字527号文件批准,新建西湖制药厂,占地38.49亩,其中耕地2.49亩,其余为原老医院宅基地。同年8月,经市政字〔1992〕031号文件批准,修建西湖一中运动场,用地17.13亩。同年6月,经市政府批准,修建西湖一中教学楼及跑道,使用非耕地24.89亩。1993年7月,经市政土字〔1993〕040号文件批准,新建西湖农场保险站,用地1.97亩。1997年4月,经市政土字〔1997〕025号文件批准,修建西湖一中教职工宿舍,使用非耕地3.64亩。1998年7月,西湖商贸城改建,经市政土字〔1998〕019号文件批准,占用非耕地7.07亩。2002年8月,经市政土字〔2002〕02号文件批准,修建常德电业局西湖裕民变电站,占用耕地5.78亩。2003年10月,经市政土字〔2003〕017号文件批准,修建西湖公安分局交警大队办公楼,用耕地6.5亩。2004年2月,经市政土字〔2004〕028号文件批准,修建西湖劳动力综合市场及办公楼,占用耕地5.04亩。

第六节　地产市场管理

一、土地使用制度改革

（一）清理整顿土地隐形市场

1991年，土地隐形市场以公开合法的房屋买卖、租赁作掩护，进行事实上的土地买卖、租赁、转让等行为，农场国土办依法进行清理整顿。对流失的国有土地资产进行截流、回收、管理，建立合法的土地市场机制。1991年至1993年，共查处非法用地案件322起，其中个体317起，单位5起，总面积92.7亩，其中非法占用耕地56.6亩。拆除违规建房153栋7966平方米，处以罚款2.5万元，退基还耕12亩；迁坟126座，移栽或砍伐大小林木604640株，果树10544棵，补偿总金额为54.0445万元。

（二）有偿出让镇区国有土地使用权

1991年，农场颁发场发〔1991〕22号《西湖农场农村日常地籍管理试行办法》，实行国有土地使用权有偿出让。按照“统一征地，统一开发，统一规划，统一出让，统一收费”的原则，采取拍卖、招标、挂牌等形式出让国有土地使用权。形成有形土地市场，以市场配置土地资源的地产管理机制，使土地资源与经营资本快速融合，加快流转。土地使用权交易包括转让、租赁、抵押、作价出资、入股、联营联建或赠予等。凡出让土地使用权交易、原划拨土地使用权交易、政策允许范围内建设用地的流转，以及因土地抵押权实现而引起土地使用权转让、法院判决用于债务清偿的土地使用权转让都进入有形土地市场公开交易，依法办理土地登记。

（三）实行农村宅基地有偿使用

1991年，农场根据国务院〔1991〕04号文件精神，全面实行农村宅基地有偿使用制度。规定每个农户的宅基地用地标准330平方米，尽量不占用耕地。对用地在规定标准以内的，既体现有偿原则，又照顾到群众的经济承受能力，少用少交费，多用多交费；对超过标准用地的，相应提高收费标准；对级差收益较高的地段，适当提高收费标准。1991年至1993年，全场共有1219户农户建起新房，占地面积362亩；对占地面积在330平方米以内的，按每平方米0.2元收费，超过的面积按每平方米0.4元收费。3年间，共收取农村宅基地有偿使用费8076元。此后，停收农村宅基地使用费。

二、国有土地使用权出让

（一）土地使用权出让年限

国有土地使用权出让年限：居住用地70年；工业用地50年；教育、科技、文化、卫生、体育用地50年;商业、旅游、娱乐用地40年;综合或其他用地50年。

(二)土地使用权出让方式

2005年以前,西湖的国有土地使用权出让采取双方协议方式。自2005年1月起,工业、商业、旅游、娱乐和商品住宅等经营性用地及同一土地有两个以上意向用地者的,采取招标或拍卖或挂牌方式出让。

招标出让土地使用权 区国土资源局通过报刊、广播、电视等途径发布招标公告或发出投标邀请书,邀请特定或不特定的法人、自然人和其他组织参加国有土地使用权投标,根据投标结果确定土地使用者。

拍卖出让土地使用权 通过报刊、广播、电视等方式公布拍卖公告,由竞买人在指定时间、地点进行公开竞价,根据出价结果确定土地使用者。

挂牌出让土地使用权 发布挂牌公告,按公告规定期限将拟出让宗地交易条件在指定的土地交易场所挂牌公布,接受竞买人的报价申请并更新挂牌价格,按挂牌期限截止时出价结果或现场竞价结果确定土地使用者。

(三)土地使用权出让程序

向社会公布出让计划以及地段、地块信息,接受用地申请或预申请;

根据意向用地申请情况确定供地方式,编制国有土地使用权招标或拍卖或挂牌出让方案,报区管委批准;

区国土资源局编制出让文件,发布国有土地使用权招标或拍卖或挂牌出让公告;

申请人在公告规定期限内提出申请,区国土资源局进行资格审查;

组织招标或拍卖或挂牌出让活动,与中标人(竞得人)签订国有土地使用权出让合同,并通过土地有形市场公布出让结果;

向受让人核发建设用地批准书,交付出让土地,受让人交清全部土地出让金后,向区国土资源局申请办理土地登记,颁发土地使用证。

工业用地中标人(竞得人)与区国土资源局签订国有土地使用权出让合同后,还应依据出让合同确定的土地使用条件编制工业项目可行性研究报告或项目申请报告,向项目管理部门和环境保护部门办理项目备案(核准、审批)和环境评价审批手续。

(四)土地使用权出让金基价

1991年,农场改革土地使用制度,建设用地由无偿使用转变为有偿使用。土地出让金基价随着经济的发展而逐步升值,形成有形市场。

用地制度改革初期土地出让金基价

1991年至1998年4月,土地出让金基价为:新建用地按地段计价,镇区非耕地每平方米10~15元,耕地每平方米20~25元;用地清理补交标准为:非耕地每平方米5元,耕地每平方米7元。

西湖镇城区土地出让金地段基价

1998年5月起，西湖镇城区土地出让金按地段分级计价。1998年5月至12月的基价为:非耕地每平方米80元;耕地每平方米250元。自1999年1月起镇区土地初步估算的地段基价,详见表7–4–11。

西湖镇区土地初步估算地段基价表

表7–4–11

地段级别	地段起止点位置	计量单位	基价（元）
一级地段	食品站至西湖一中门面，农业银行至印刷厂	平方米	350
二级地段	南圆盘左右80米，教育路西湖一中门口至西黄路新加油站、车站路、东湖路	平方米	280
三级地段	新加油站至西常路，农行至园艺村，西湖一中门口至教育东路，新加油站至西黄路大堤，西汉路等水泥街面的两侧	平方米	150

镇区一、二级地段区域内建设用地基价150元/平方米。三级地段区域内建设用地基价90元/平方米。干部职工全额集资建房用地,符合西湖镇总体规划和场发〔1998〕25号《西湖农场职工全额集资建房和自筹改造住房的有关规定》要求者,按地段基价三分之一收取土地使用费。

（五）土地使用权出让概况

1998年4月21日,农场以西请字〔1998〕18号《关于要求出让老农贸市场用地的请示》文书,申请常德市人民政府批准出让老农贸市场土地使用权。1998年5月30日,湖南省国信房地产开发公司向市国土资源局提交《关于申请受让国有土地使用权的报告》申请书。1998年7月23日,经〔1998〕政土让字019号《常德市人民政府国有土地使用权出让审（报）批单》核定;经常德市政府常国用〔1998〕字第077号文件批准,领取№0173442号“国有土地使用证”,采取统一征地形式,将西湖镇西湖中路老农贸市场用地4711.33平方米国有土地使用权出让给湖南省国信房地产开发公司。1998年7月23日,受让方与常德市国土资源局签订《国有土地使用权出让合同》,出让总金额为465040元,出让年限为40年,合同终止日期为2038年7月22日。受让方投资600万元动工建设,于2000年4月建成4711.33平方米的西湖商贸城投入营运。

1998年7月30日,农场以场发〔1998〕40号《关于旧工贸市场改建报告的批复》文件,批准西湖农场房地产开发公司拆旧改建工贸城。是年10月15日,西土字第8号文件批准工贸城建设用地1137平方米。是年10月8日,农场计划财务科下发《关于下达西湖工贸市场年度计划的通知》,农场房地产开发公司集资180万元。是年10月20日,由西湖农场建筑工程公司动土施工。1999年5月30日,西湖工贸城竣工通过验收,建筑总面积3412平方米。

2003年,西湖的地产交易开始采用协议形式出让国有土地使用权。经协议成交出让的国有土地使用权地块,主要有以下几宗地。2003年4月23日,经常德市政府批准,以协议形式出让西湖造纸厂国有土地使用权。出让土地总面积59278.4平方米计88.93亩,成交总地价575万元,减免230万元;出让土地使用期限为40年,即从2003年4月23日起至2043年4月22日止。出让宗地位置:西湖镇车站路。土地出让方为常德市国土资源局,受让方为常德市白玉纸厂。受让方代表赵建平为理事会老总,陕西省西安市人。2003年5月28日,经常德市政府批准,以协议形式出让西湖制药厂国有土地使用权。出让土地总面积32550.2平方米计48.82亩,成交总地价1315040元。出让土地使用期限为50年,即从2003年5月28日起至2053年5月27日止。出让土地位置:西湖镇西常路。土地出让方为常德市国土资源局,受让方为常德市贝丹药业有限公司。2004年11月8日,经常德市政府批准,市国土资源局以协议形式出让西湖镇西湖路地段的西苑宾馆国有土地使用权,受让方为陈远江。出让土地总面积8397.6平方米计12.6亩,成交总地价120万元。出让土地使用期限为40年,即从2004年11月8日起至2044年11月7日止。

2008年,西湖的地产交易开始以挂牌形式出让国有土地使用权,共挂牌3次出让5宗地的国有土地使用权。出让土地总面积23592.9平方米计35.4亩,成交总地价573万元。2008年3月4日至13日,区国土资源局以西国土资挂号〔2008〕第1号挂牌出让国有土地使用权。出让地段为2008-1(西湖一中临街面),出让土地面积1042平方米计1.56亩,成交总地价95万元,竞得人为常德市民主实业有限公司。2008年5月11日至5月20日,西国土资挂字〔2008〕第3号挂牌出让2008-2、2008-3、2008-4国有土地使用权。出让土地总面积17141.9平方米计25.73亩,成交总地价218万元,其中:西湖镇西湖西路(原棉麻公司厂区)面积11427.11平方米计17.15亩,起始价145.5万元,出让期限为50年;湖光西路宗地面积5525.71平方米计8.29亩,起始价67.1万元,出让年限为50年;西湖西路宗地面积189.2平方米计0.28亩,起始价2.4万元,出让年限为50年。竞得者为常德市西湖棉麻有限公司。2008年9月24日至10月13日,西国土资挂字〔2008〕第2号挂牌出让2008-5(西湖镇)国有土地使用权。出让土地面积5409平方米计8.12亩,成交总地价260万元;竞得人为区房地产开发公司。

2010年10月,区国土资源局委托常德市国土资源交易中心对西湖镇东湖路的影剧院国有土地(宗地编号:西国土〔2010〕1号)实施公开拍卖。出让土地面积2892平方米计4.34亩,出让用途为商住综合,出让年限为40年,住宅用地70年,起拍价365万元。11月10日,6家竞争单位参加在市政务中心举行的拍卖会,由常德市武陵区振鑫房地产开发有限公司以750万元的竞价取得该地块国有土地使用权。

历年协议、拍卖、挂牌出让国有土地使用权宗地数、面积、总收益等情况,详见表7-4-12。

西湖农场(区)历年国有土地使用权出让统计表

表 7-4-12　　单位:亩、万元

年份	合计			协议出让			拍卖出让			挂牌出让		
	宗地数	出让面积	总收益	宗地数	出让面积	总收益	宗地数	出让面积	总收益	宗地数	出让面积	总收益
1993	36	4.77	7.94	36	4.77	7.94	—	—	—	—	—	—
1994	19	2.29	3.81	13	2.29	3.81	—	—	—	—	—	—
1995	13	2.04	3.4	13	2.04	3.4	—	—	—	—	—	—
1996	17	2.5	13.32	17	2.5	13.32	—	—	—	—	—	—
1997	25	3	15.98	25	3	15.98	—	—	—	—	—	—
1998	21	14.89	83	21	14.89	83	—	—	—	—	—	—
1999	37	4.9	65.6	37	4.9	65.6	—	—	—	—	—	—
2000	25	2.8	38	25	2.8	38	—	—	—	—	—	—
2001	10	1.1	15	10	1.1	15	—	—	—	—	—	—
2002	10	1.6	21.3	10	1.6	21.3	—	—	—	—	—	—
2003	3	137.83	708.2	3	137.83	708.2	—	—	—	—	—	—
2004	1	12.59	120	1	12.59	120	—	—	—	—	—	—
2008	5	35.4	573	—	—	—	—	—	—	5	35.4	573
2010	1	4.34	750	—	—	—	1	4.34	750	—	—	—

第七节　矿产资源管理

一、矿产资源概况

西湖属滨湖平原地貌,成土过程主要受长江、沅水、澧水的影响。江水入洞庭湖的长期交汇回流作用,逐步淤积形成湖洲平原,成土的土质为河湖沉积物,是长江携带的四川盆地石灰性紫色土和沅、澧水冲积物的混合物,即混合黏土矿。

西湖境内地质皆属松散堆积层,0.00 米 ~17.15 米(由地表往下计,下同)为褐色、褐红色粉质黏土。其中间部为灰绿色黏土,含有机质,质地细腻,具滑感,属全新统(Q4)湖积相;17.15 米 ~86.75 米,顶部为砂质黏土,其下列分别为沙砾卵石层、砾石层及含卵砾砂层,属上更新统(Q3)冲积层;86.75 米 ~144.40 米,其上部为黑色粉细砂及灰绿色粉砂质黏土,下部为灰色沙砾石层,局部夹粉细砂及黏土层,属中更新统(Q2)冲积层。

黏土矿具有颗粒微细、含沙量少、塑性高、具吸附性和膨胀性能、干燥敏感性和收缩率较大、易干燥等特性。黏土矿晶体中含有水铝硅酸盐、长石、氧化钾、氧化钠、氧化铁、氧化锰等熔剂矿物和有机质,以含水铝硅酸盐为主。全新统(Q4)湖积相粘土矿的物理性能,详见表7-4-13。

全新统(Q4)黏土矿的物理性能情况表

表 7-4-13

粒 径(毫米)	塑性指数	干燥敏感性系数	收缩率(%)		含沙量(%)	含水量(%)	耐火度(℃)	烧失量(%)	备注
			干燥	烧成					
<0.005	>15	<0.8	≥5	≥3	<20	≤20	≤1350	≤0.95	因地段而有小变化

全新统(Q4)黏土矿的化学性能情况表

表 7-4-14

单位:%

SiO_2	AI_2O_3	Te_2O_3	CaO	MgO	TiO_2	SO_3	k_2O	有机质	化合水
58.71	18.86	6.84	3.18	1.95	1.96	1.28	1.83	3.25	2.14

二、黏土矿开采利用

农场开采黏土矿,主要用于生产烧结砖、烧结平瓦。建场初期,当时为满足农场基本建设需要,采用小围窑烧制手工模砖、平瓦,年产红砖 21 万块、平瓦 7 万片、青砖 8 万块。军垦时期,随着基本建设的发展,砖瓦需求量增加,除师部组织专人烧制砖瓦外,各团、营亦根据需要自行建窑烧砖烧瓦。全场有大、小围窑 21 座,年产红砖 51 万块、平瓦 30.5 万片。劳改农场和军垦农场时期,农场无专门的砖瓦厂。移民建场以后,先后办起三角堤砖瓦厂和西洲砖厂。

(一)三角堤砖瓦厂采用黏土矿

移民办场后,农场建筑队下设砖瓦生产组,有手压砖机和手压瓦机各一台,在现建筑公司家属区外建有轮窑一座,年均烧制红砖 46 万块、平瓦 20 万片。1976 年 6 月,国家投资 70 万元,农场调用 6 分场 1 队旱地 84 亩,利用外洲河滩面积 348 亩,兴建起西湖农场三角堤砖瓦厂,建成 24 门轮窑一座,并将建筑队砖瓦组析出并入三角堤砖瓦厂。该厂紧靠澧水防洪大堤,砖土瓦土均取自堤外河洲的淤泥黏土矿,由上级主管部门授予黏土矿采矿权。每年秋冬季节，外江水位下落露出河洲，是黏土矿开采的最佳时期。建厂初期，该厂采掘黏土矿均由人工肩挑背负，劳动强度大，生产效率低。1979 年，农场投资 10 万元，购置四轮翻斗车 14 台，专用于外洲采掘运输黏土矿，开采黏土矿仍用手工掘土上车。

（二）西洲砖厂采用黏土矿

1986 年，西洲分场在十字闸生产队兴办砖厂。因土质不适，管理不善，翌年下马。1987 年，西洲分场利用外洲面积 30 亩，征用闸口生产队耕地 70 亩，抽调农工 32 人，再次兴办砖厂。其占地面积 100 亩，经上级有关部门批准，获得黏土矿采矿权。开采黏土矿用手工挖掘、上车，用四轮翻斗车运输泥料。该厂的黏土矿约还可采掘 5 年，到时，所毁耕地将复垦。

三、黏土矿开发管理

西湖境内的黏土矿勘查与开采，先后由农场国土办（科）、区国土规划建设局、区国土资源局负责监督管理。

（一）监督管理内容

制定黏土矿资源开发规划，督促从事黏土矿开发单位依法登记领取采矿许可证。监督其持证开采，履行法定义务，做到综合勘查、开采。督查矿区建设项目是否达到合理利用矿产资源的目的，开采活动是否合理，是否做到综合利用，有无浪费资源现象，矿区关闭时资源是否得到最大限度的利用。督查黏土矿开采者是否交纳矿产资源补偿费、采矿权使用费、采矿权价款等。

（二）开采权审批登记

审批范围 只能用作普通建筑材料的砂、石、黏土；经省地质矿产主管部门授权审批并颁发采矿许可证的矿产资源。

审批类别 新立申请；变更申请，包括变更矿区范围、变更企业名称或企业性质、变更开采方式、转让；延续申请登记；注销申请登记。

审批登记 登记范围：在辖区范围内从事黏土矿资源开发的单位及其采矿区域与位置。登记管理：1988 年 9 月 21 日，三角堤砖瓦厂经常德市矿产资源局勘查、审批、核准，颁发黏土矿资源采矿许可证，并绘制“常德市国营西湖农场三角堤砖瓦厂黏土矿矿区范围图（1∶2000）”。西洲砖厂由常德市矿产资源局审批获准，颁发黏土矿资源采矿许可证。

审查验收 根据各砖瓦厂黏土矿矿区范围图及其采矿活动，采用书面检查、处罚文书、罚没收据、停止毁耕和限复退耕通知书等资料，对开采黏土矿活动进行审查验收。

第八节　土地行政执法

一、执法机构

西湖区的土地管理机构于1987年7月建立,时称“西湖农场土地管理办公室”。从此开始土地行政执法工作,但未成立正式的土地行政执法队伍。1993年,成立“汉寿县人民法院西湖农场土地案件执行室”,1998年更名为“汉寿县人民法院西湖农场土地执法监察中队”。2003年更名为“西湖管理区土地执法监察中队”。主要工作为:负责法律法规宣传、土地巡查、用地监察、信访处理、纠纷调处等工作,制止各类国土资源违法行为,查处国土资源个人违法案件,配合上级查处国土资源集体违法案件。

二、土地法规宣传

阵地宣传

1987年至2010年间,农场国土办在各分场(镇)国土站建立永久性宣传橱窗、墙报、板报,图文并茂宣传土地法规、政策、省市政府和农场有关土地管理的文件精神。

媒体宣传

1991年至2010年,每年在西湖电视台开辟土地法规宣传专栏,制作专题节目。各分场(办事处)、镇积极向电视台投送新闻稿件,报道西湖土地管理工作的有关情况和典型事例。

标语宣传

1991年至2010年间,年均张贴宣传标语1206条,悬挂横幅标语37条。

流动宣传

1991年至2010年间,年均出动宣传车6辆次,印发宣传资料1049份,宣传手册208本。巡回于各分场(办事处)、镇、队(村)宣传土地法规和政策。

“6·25”全国土地日宣传

1990年开始“6.25”全国土地日宣传,此后每年于“6·25”全国土地日掀起各种形式的宣传高潮。结合实际,更新宣传橱窗、墙报、板报内容,悬挂横幅,出动巡回宣传车,利用电视、广播,全方位多角度宣传土地管理法规、方针、政策,形成浓烈的宣传氛围。

三、土地纠纷调处

坚持“预防为主,防治结合”的方针和尊重历史,面对现实,实事求是,公正合理的原则,依法维护当事人的合法权益。及时调处土地纠纷,把矛盾化解在萌芽状态,化解在基层。

调处土地纠纷以法律法规及《土地权属争议调查处理办法》为依据，以事实为准绳，根据调查资料，结合具体纠纷，严格按程序处理。

土地纠纷调处的方式，主要是协商、调解、行政处理、诉讼。

协商　双方当事人本着“尊重历史、面对现实、实事求是、互谅互让、公正合理、自觉自愿”的原则，心平气和地进行平等协商，主动化解土地权属争议纠纷。

调解　协商不成的由国土部门先行调查，根据事实情况进行调解。调解达成协议的，制作土地纠纷调解书。

行政处理　调解不成的提出处理意见，报农场(区)主管领导批准，下达土地权属争议纠纷处理决定书。

诉讼　对土地权属争议纠纷行政处理决定不服的，当事人在收到行政处理决定之日起30日内向人民法院起诉。

调处个案

西湖每年调处土地权属争议纠纷30起左右，较突出的个案有：

2000年3月，西洲办事处安康村1组刘应×购得与邓×才相邻而居的妹夫邓×迪住房两间给父母居住。不久，其弟刘早×建新房，父母与其一起居住，原住房空置。2001年年初，刘应×将此住房改造成白酒加工厂，因烟尘污染问题与邓×才产生矛盾。2002年，刘应×欲在酒厂前的坪地上建房办大米加工厂。邻居邓×才以污染环境为由坚决反对，刘邓两家的邻里关系进一步恶化。2003年，刘应×之子刘×退伍回家，准备开1个小商品经营店。刘应×再次申请在酒厂前的空坪上建房用于小商品经营。邓×才又不同意，村领导多次上门协商未果。2003年5月19日，国土所邀请司法所所长程文化、村副主任刘招生，就此召集双方当事人一同参与协商调解，达成调解协议，双方都比较满意。

2004年1月12日，下窖办事处建湖村1组夏某的母亲去世后，该村1组与2组争坟地发生群体冲突事件。该村1组与2组从移民到西湖以来，一直合用一块坟地，已基本葬满，所剩个别空隙地因葬坟取土导致墓穴地势低洼。夏某及其亲属不愿意将母亲葬在低洼处，而想把她葬在该村2组与老坟地在同一田埂北面的地势较高处。该村2组群众发现这一情况后极力反对，迅速拨打电话告诉办事处国土站。接报后，国土站工作人员立即赶到现场。当时，死者家属已开始起土，2组的群众近50人正赶过来制止。见此情况，工作人员当即采取调解措施：宣讲有关政策法规，说服教育、疏散群众，并做好死者家属的工作。召集村干部及两组有威望的老党员、群众代表进行座谈，寻求解决办法。找来移民下湖时各组土地权属分界的相关资料做依据。到该村两组合葬坟地实地勘察其具体情况。通过调解，合理解决坟地问题，避免一场较大的群体性冲突事件。

四、群众信访处理

(一)成立信访领导小组

西湖区国土资源局2008年8月成立信访领导小组,由局长任组长。设定局长接待日,逐年制定来信来访工作方案,建立信访制度。

(二)规范信访行为

信访人可采用书信、电话、走访等形式,向国土管理部门提出建议、批评、意见和申诉、控告、检举。一般情况下,多人反映共同意愿和要求的信访事项,可采用书面形式。如采用走访形式,应推选代表,人数不得超过5人。

信访人应当如实反映事件详情,不得捏造、歪曲事实,不得诬告、陷害他人。

信访人应遵纪守法,不得围堵、冲击国家机关,影响工作秩序;不得拦截公务车辆,不得在办公场所大声喧哗、吵闹,影响国家机关工作秩序;不得损坏公共财物。

信访人员须逐级上访,一般不得越级。如问题重大,情况紧急,方可越级上访。每次上访须先到信访部门登记,由信访部门预约接待时间和地点。

信访事项经依法依规处理完结的,应当服从处理决定,不得无理取闹。

(三)办理信访事项

凡不能当场答复解决的信访诉求,视不同情况做出处理:按属地属人原则,转有关单位或部门办理;报分管领导办理;有必要时,集体研究解决。做到有信必回,有访必接,有诉求必有答复。1991年至2010年,年均处理来信来访15人次左右,较突出的信访个案有:

下窖办事处田园村3组群众代表夏×杆、夏×珍诉求有关修建大西湖引水灌渠用地补偿的信访案。缘由为:2003年,中共西湖区委、区管委领导带领区移民局、水利局负责人与下窖办事处的书记、主任和3组负责人协商,在大西湖南面修一条引水灌渠解决大西湖养虾灌溉水源问题,须用地20亩。当时除给予1万元青苗补助和从2003年开始减少60亩的税费上交外,未按相关规定给予征地补偿,群众意见很大。该队群众代表夏×杆、夏×珍多次上访区国土局、区委、市国土局、市政府信访办等单位,要求按规定给予征地补偿。西湖区管委会和市国土资源局安排西湖国土局受理此信访诉求。该局经调查核实后,依据有关法律、法规、政策,作出合理的处理:给予被征用土地的群众征地补偿费、安置补助费共计180086.4元,对修建引水灌渠所挖的23.2亩青苗和附着物补偿10000元。

李×莲要求处理邻居谌×春建房多占通道1.1米的信访案。缘由为:2008年7月25日,鼎港办事处鼎园村谌×春办理建房用地许可证,建房时没通过村里和办事处国土员放线,擅自放样建房,房屋建成后,没按规定将与邻居李×莲相隔处1.5米通道留出来,多占1.1米属超面积建房行为。李×莲担心有碍以后自己建房,将此事反映到区国土资源局。该局经调查核实后, 于2008年7月29日对此案作出处理:由谌×春一次性补偿李×莲损失费100元

（建房打木架时损毁油菜、红砖 28 块折费）；谌 × 春住房的飘檐瓦面如对李 × 莲建房有影响，由谌 × 春自行锯掉。

五、违法案件查处

西湖区国土资源局土地行政执法秉着“以事实为依据，以法律为准绳”的原则，依法查处国土资源个人违法案件，配合上级查处集体违法案件。1991 年至 2010 年间，每年查处土地违法案件 3~5 起，较典型的案例有：

（一）西湖镇政府未经批准修建办公楼、宿舍工程

1991 年 9 月，西湖镇政府未经批准，没有取得县级以上政府或计划部门下达的年度基建计划文件，擅自圈占耕地 5.11 亩修建办公楼及宿舍工程。此占地行为违反《中华人民共和国土地管理法》第二十三条和《湖南省土地管理实施办法》第十一条之规定。同年 12 月 15 日，常德市国土资源局对此案作出处理：责令西湖镇政府写出深刻检查；处以罚款人民币 3000 元；限期于 1992 年 3 月以前依法补办用地审批手续。

（二）西湖粮店未经批准，非法占地扩建仓库及营业部

1992 年 9 月，西湖粮站仅凭有关部门下达的扩建计划，未经批准，擅自圈占土地 6.865 亩（其中耕地 5.83 亩），新建粮食仓库和营业部。此占地行为违反《中华人民共和国土地管理法》第二十三条和《湖南省土地管理实施办法》第十一条之规定。同年 12 月 15 日，常德市国土资源局对此案作出处理：责令西湖粮店写出深刻书面检查；处以罚款人民币 6865 元；限期于 1993 年 1 月底以前依法补办用地审批手续。

第五章　工商行政管理

第一节　管理机构

1981 年 3 月 28 日，经常德地区行政公署批准，农场设立“常德地区西湖工商行政管理所”,为常德地区第一个农场工商所。1988 年初,更名为“常德市工商行政管理局西湖工商所”。其主要职能是:全面开展“六管一打”,六管为:集市贸易管理、企业登记管理、个体工商户管理、经济合同管理、商标管理、广告管理,一打为:打击投机倒把行为。是年 5 月,农场西发〔1988〕3 号文件将西湖工商所与西湖农场物价办公室合并,成立“西湖农场工商物价科”,升格为正科级单位,两块牌子,一套人马,保留原“西湖工商所”和“西湖物价管理办公室”牌子,对内使用“西湖农场工商物价科”印章,对外执法使用“西湖工商所”和“西湖物价管理办公室”名称和印章,担负全场工商行政管理和物价监督管理工作。1991 年 10 月,农场西发〔1991〕12 号文件将工商和物价分开,撤销工商物价科,重新设立“常德市工商行政管理局西湖工商所”。1993 年至 1997 年 2 月,农场几次将工商所与物价办合并又分开。2001 年,根据国务院“省级以下工商行政管理实行垂直管理”的改革要求,常德市工商局党组研究决定成立常德市工商行政管理局西湖分局。由湖南省工商局报经省编制委员会湘编办〔2000〕19 号、〔2001〕3 号文件批准，于 2001 年 12 月 18 日挂牌成立西湖工商分局,级别定为正科级,领导职数为一正二副,人、财、物直属常德市工商局管理。核定行政编制 16 人,实行公务员制度,后勤编制 2 人,社团组织事业编制 2 人。该分局内设 4 个股室:办公室(含财务、人事)、纪检监察股、注册登记股、公平交易股(含消费者权益保护),挂靠西湖区消费者委员会、个体劳动和私营企业协会两个社会团体组织。是年,成立“常德市西湖管理区卷烟市场整治工作领导小组”,办公室设在西湖工商分局。2010 年,西湖工商分局内设有:办公室、人事教育股、监察室、政策法规股、企业注册登记股、个体私营经济监管股、商标广告管理股、公平交易股、消费者权益保护股、“12315”消费者投诉举报中心、信息中心、财务基建股等 12 个股(室),挂靠有

西湖工商局办公楼

西湖区消费者委员会、西湖区个体劳动者私营企业协会2个社团组织。2010年12月底，西湖工商分局共有在册人员24人，其中在职人员17人（公务员14人、职工3人），离退休人员7人。主要职能：负责全场（区）国营企业、民营企业、个体工商户、农民专业合作社等市场主体的注册登记和监督管理，依法查处、整治各类违法经营行为；依法管理、规范、维护市场经营秩序，监督管理市场交易行为和网络商品交易及有关服务行为；监督管理直销、传销、传销组织及人员的违法营销活动，打击违法经营行为；依法查处不正当竞争、商业贿赂、走私贩私等经济违法行为，配合公安机关依法查处经济犯罪案件。该局（所）历届领导班子成员名录，详见表7-5-1。

西湖工商所（科、分局）历届领导班子成员名录表

表7-5-1

<table>
<tr><th>机构名称</th><th>姓名</th><th>性别</th><th>职务</th><th>任职起止时间</th></tr>
<tr><td rowspan="4">常德地区西湖工商行政管理所</td><td>肖南清</td><td>男</td><td>所长</td><td>1981.5—1985.3</td></tr>
<tr><td>王瑞</td><td>男</td><td>副所长</td><td>1981.5—1985.3</td></tr>
<tr><td>戴作荣</td><td>男</td><td>所长</td><td>1985.2—1988.4</td></tr>
<tr><td>钟孝坤</td><td>男</td><td>副所长</td><td>1985.2—1988.4</td></tr>
<tr><td rowspan="4">西湖农场工商物价科</td><td>戴作荣</td><td>男</td><td>党支部书记
科长</td><td>1988.4—1991.3</td></tr>
<tr><td>钟孝坤</td><td>男</td><td>副科长</td><td>1988.4—1991.3</td></tr>
<tr><td>袁国政</td><td>男</td><td>副科长</td><td>1988.4—1990.3</td></tr>
<tr><td>周普其</td><td>男</td><td>副科长</td><td>1988.4—1991.10</td></tr>
<tr><td rowspan="3">常德市工商行政管理局西湖工商所</td><td>戴作荣</td><td>男</td><td>党支部书记
所长</td><td>1991.3—1993.2</td></tr>
<tr><td>钟孝坤</td><td>男</td><td>党支部副书记
副所长</td><td>1991.3—1993.2</td></tr>
<tr><td>李玉作</td><td>男</td><td>副所长</td><td>1991.3—1993.3</td></tr>
<tr><td rowspan="3">常德市工商局西湖工商所与西湖物价办合署办公</td><td>戴作荣</td><td>男</td><td>所长
物价办主任</td><td>1993.2—1995.3</td></tr>
<tr><td>钟孝坤</td><td>男</td><td>党支部书记</td><td>1993.2—1995.3</td></tr>
<tr><td>彭光庆</td><td>男</td><td>副所长</td><td>1993.2—1995.3</td></tr>
<tr><td rowspan="5">第二次合署办公</td><td>曾中权</td><td>男</td><td>所长</td><td>1996.4—1997.3</td></tr>
<tr><td>廖嗣德</td><td>男</td><td>党支部书记</td><td>1996.4—1997.3</td></tr>
<tr><td>钟孝坤</td><td>男</td><td>物价办主任
副所长</td><td>1996.4—1997.3</td></tr>
<tr><td>彭光庆</td><td>男</td><td>副所长</td><td>1996.3—1997.3</td></tr>
<tr><td>何爱球</td><td>男</td><td>副所长</td><td>1996.3—1997.3</td></tr>
</table>

续表 7-5-1

机构名称	姓名	性别	职务	任职起止时间
常德市工商行政管理局西湖工商所	戴作荣	男	所长	1995.3—1995.8
	丁世主	男	党支部书记	1995.3—1996.4
	彭光庆	男	副所长	1995.3—1996.3
	何爱球	男	副所长	1995.3—1996.3
	曾中权	男	党支部书记 所长	1997.3—2001.11
	钟孝坤	男	副所长	1997.3—2001.11
	彭光庆	男	副所长	1997.3—2001.11
	何爱球	男	副所长	1997.3—2001.11
常德市工商行政管理局西湖分局	胡友来	男	党支部书记 局长	2001.12—2005.10
	钟孝坤	男	党支部副书记 副局长	2001.12—2005.11
	沈臻湘	男	副局长	2001.12—2005.10
	宋道球	男	副局长	2001.12—2002.12
	彭名迪	男	副局长	2001.12—2005.10
	孙超云	男	党支部书记 局长	2005.10—2006.12
	沈臻湘	男	党支部副书记	2005.11—2006.12
			副局长	2005.10—2006.12
	彭名迪	男	副局长	2005.10—2006.12
	唐德银	男	党支部书记 局长	2006.12—2010.2
	沈臻湘	男	党支部副书记 副局长	2006.12—2010.2
	彭名迪	男	副局长	2006.12—2007.4
	谌勇	男	副局长	2007.12—2010.2
	夏楚行	男	工会主席	2008.01—2008.12
	鲁敬军	男	工会主席	2008.12—2010.12
	张梅香	男	副主任科员	2008.12—2010.12
	张维登	男	党支部书记 局长	2010.2—2010.12
	沈臻湘	男	党支部副书记 副局长	2010.2—2010.12
	谌勇	男	副局长	2010.2—2010.12

第二节 工商注册登记

一、个体工商户及私营企业登记

西湖工商所(分局)工商企业(个体户)注册登记资料显示:1989年,全场有个体工商户163户,从业人员211人;有私营企业8户,从业人员99人。1991年,全场有个体工商户286户,从业人员351人;有私营企业13户,从业人员239人。1998年,全场有个体工商户588户,从业人员698人;有私营企业136户,从业人员897人。2010年,全区有个体工商户629户,从业人员1132人;有私营企业149户,从业人员963人。是年与1991年比较,个体工商户增加343户,增长119.93%,从业人员增加781人,增长222.51%;私营企业增加136户,增长10.5倍,私企从业人员增加724人,增长302.93%。

二、国营工商企业登记

据该局历年国营工商企业登记资料考证:1991年年初,全场有直属国营工商企业23家,在岗干部职工3286人;其中工业企业13家,在岗干部职工2410人;商业企业10家,在岗干部职工876人。1991年3月,农场将柳林嘴搬运队合并至西湖航运公司。1995年1月,农场将物资公司、建材厂合并至西湖建筑工程公司,将汽运公司合并至农机交通监理科。至2000年年末,全区有独立国营工商企业19家,其中工业企业11家,商业企业8家。是年,全区19家国营工商企业有在册干部职工3042人。2006年年底,全区国有企业仅有2家:电力公司、自来水公司,在岗干部职工72人。2010年年底,全区国有企业仍为2家,在岗干部职工74人。

第三节 市场主体监督

一、体制改革前工作概况

1989年查处各类投机倒把案件15起,罚没款入库10.27万元。1992年联合相关单位开展5次声势较大的"打假"活动,共查处各类案件112起,捣毁制造假酒窝点1个,当场收缴假酒1200瓶。1993年查处走私汽车2辆、摩托车11辆、冒牌汽车2辆、彩电12台、黑白电视机27台。1994年集中实施24小时监控,严厉打击倒卖粮棉行为,查获粮食14吨、棉花27吨。同年开展以"打假、打劣、打私"为主要内容的监督管理工作,查处各种违章违法案件136起,没收非法所得58万元。1995年查获冒牌、走私汽车1辆、摩托车18台、空调器28台、彩电17台、电缆线1万米、木材74立方米。1999年开展打击不法粮商专项行动，没收粮食40余吨，罚没入库5万余元。1995年至1996年查处棉花市场违反国家价格52.3万元，罚没款入库15.1万元。查处医疗单位违反政策性价格33.6万元，依法处以罚款3.1万元，全额上缴农场财政。

二、体制改革后工作概况

(一)网格监管

自2007年起，市场管理开展科学编码绘图，将全区企业、个体经营户经营地点编码绘图，分成五个责任监管区，实行网格监管责任制。是年，全市工商系统“网格监管”工作现场会在西湖召开，各县、区、市共90余人前来参观学习。《常德日报》、常德电视台、西湖电视台等媒体对此争相报道。市工商行政管理局将西湖分局的《网格监管责任制》工作经验在全市推广。2010年，创新“号式管理”工作概念，重新将辖区划分为5个监管网格，实行“定网格、定人员、定职责、定奖惩”的市场管理岗位责任制，逐户监管到位。

(二)阳光收费

1991年至2001年，工商“两费”一般采取上门征收方式，交清与否无账可查或账目不详。2002年，“两费”征收推行“四方定费，自觉送费，电脑开票”新模式。落实“五统一”“五公示”征费制度，确保阳光作业。这一“定缴管三分离”征费模式，曾在全市推广。2003年将物价部门加入定费小组，“四方定费”发展为“五方定费”。2007年建立个体工商户信息采集制度，再度创新“阳光收费”。自2008年9月1日起，停止征收工商管理费和工商登记费。

(三)“五无”监管区创建

2009年，西湖工商分局开展“五无”(无无照经营、无传销活动、无假冒伪劣、无对工商人员举报、无消费者投诉积案)监管创建活动。2010年，制定出台《“五无”监管区创建责任追究实施办法(试行)》等多项制度，并组织实施。在全市工商系统率先形成“政府领导、工商主导、部门联动、社区共建、经营者参与、社会监督”的“五无”监管模式。是年8月，“五无”创建工作通过省局验收。督导协调组定期或不定期进行检查督导，做好宣传工作，集中解决拒不办照、拒绝接受管理的“钉子户”问题。

(四)取缔无照经营

2003年，国务院《无照经营查处取缔办法》出台，西湖工商分局在区电视台全文播放，并派车流动宣传。是年，摸底排查无照经营户133户，查处74户，全区持照率达99.4%。2004年至2005年，开展“红盾巡航”和“红盾风雷”专项行动，查处取缔无照经营户46户。2009年，清理、取缔无照经营户56户，罚没款入库1.1万元。2010年，西湖建立以工商局为召集人的查处无证无照经营联席会议制度，将查处取缔无照经营工作列入各乡镇、各部门的社会综合治理目标考核。是年，该分局出台《关于建立查处取缔无照经营行为工作机制的意见》，修改完善《取缔无照经营工作规范》等16个规范和《查处无照经营整治工作制度》等10多项制度。召开全区"五无"监管区创建暨查处整治无照经营联席会议，组织20家职能部门联动实施，管理到位。

(五)信用分类监管

2003年，建立企业信用记录制度，开始推进信用体系建设。2009年，实现个体和企业重点监管类型及信用等级检索，监管效率全面提高。2010年以市局试点为契机，加强市场主体信用分类监管系统的研发和应用工作，全面实施市场主体信用分类监管。同年5月至9月，开展并完成市场主体普查工作。全区共普查市场主体户数810户，其中个体工商户629户、企业户149户、农民合作社32户，普查率、录入率均达100%。普查出无照经营户30户，全部下达责令整改通知书，并抄告相关部门。

(六)年检验照

1991年至2000年，全场(区)工商营业执照年检验照合格率均达95%以上。2001年至2010年，该分局逐年开展经营作风大检查，依法查处逾期不年检、虚假出资、抽逃出资等行为。2010年，企业年检合格率达100%，个体工商户年检合格率达90%以上。

(七)经济合同管理

1991年，全年办结各类经济合同纠纷案件131起，解决争议金额12.26万元，其中调解结案74起计5.9万元。1992年处理各类经济合同纠纷34起，解决争议金额18.38万元，其中调解结案33起，裁决结案1起。1993年办结经济合同案件16起，解决争议金额14.8万元。处理非诉讼纠纷案件28起，解决争议金额106万元。1994年共办结经济合同案件128起，合同金额15.9万元，解决争议金额22.4万元。处理非诉讼纠纷案件2起，解决争议金额21.8万元。

2001年，组织专干、企业法人、负责人参加市、区局法规培训班。推行各类合同示范文本460本，评选市级"重合同、守信用"单位3家。做好粮食、棉花、商品房等购销合同管理和鉴证工作，对全区所有参加招投标的建筑(安装)工程承包合同进行鉴证。同时，做好房屋租赁合同监管和鉴证工作。2003年停收合同鉴证费，全面推行"重合同，守信用"评选活动。

(八)注册商标管理

1989年查处不规范的酒类商标11个，查处利用经济合同行骗和经销侵犯他人注册商标专用权案件1起，罚款0.51万元。1998全年查处商标、广告违法案件3起，罚没金额0.83万元，收缴销毁商标标识11套。

2001年至2009年，逐年开展商标申报工作，先后创立"农约飞箭""一箭双雕"等一系列本地农副产品品牌。2008年制定《实施商标战略五年规划》，建立企业商标电子档案和品牌资料库。2010年实施品牌兴区工程，全区创立注册商标20件，其中涉农商标3件。

2001年查处商标、广告违章违法案件22起，罚没款入库12.15万元。2003年查处商标侵权违法案件1起，案值5.1万元。2006年查处商标侵权案件3起，结案1起，罚没款入库10.2万元。2007年至2010年共查处商标侵权案件6起，罚没款入库15万元。

第四节　市场经营管理

一、红盾护农

2005年,该分局分成10个行动组开展为期7天的送法律下乡、送知识下乡的"红盾护农"活动。在此次活动中,共出动宣传车辆8车(次),出动人员48人次,印发《红盾护农宣传手册》1000本、宣传单2000份。同时,结合时节特征开展专项整治行动,重点对流通领域的种子、农药、肥料和农机具及配件进行商品质量监测。组织常规专项检查4次,出动执法人员46人次,查验农机具经销商维修点4户,抽检肥料18个品种18个批次。根据检查结果,对其中4个批次的肥料不合格产品进行立案查处,并通过农资产品质量公示栏和西湖电视台对抽检产品和合格产品进行公示。2006年开展为期20天的"红盾护农"行动,依法惩处农资违法经营行为27起,收缴劣质农药、化肥127吨(件)。2010年,查处销售不合格农资产品案件2起。

二、专项整治

2000年,坚持"一打击、两规范"整治粮食收购市场,办结粮食案件16起,没收粮食26.9吨,罚没金额入库3.93万元。2001年查处非法收购粮食案件35起、违法收购棉花案件9起,没收粮食24.5吨。2009年农资市场实现监管关口前移,与27户农资经营户签订《农资经营户自律监管责任状》。查处假冒伪劣农资案件2起。2010年查扣不合格草甘膦农药201件,整治无照经营和超范围经营农资的个体户8户。

三、公平交易执法

(一)反不正当竞争

1991年至2000年,西湖工商所(分局)先后多次开展"反不正当竞争"专项整治行动,具体情况尚无资料可考。2001年加大对部分具有垄断地位的公用企业不正当竞争行为的监督检查力度。2002年至2004年共查处违反公平竞争案件2起,罚没款入库2.36万元。2006年查处商业贿赂案件10起,案值30.9万元,查处不正当竞争案件3起。2010年查处各类不正当竞争案件5起,罚没款入库4万元。

(二)市场专项治理

1991年至2000年,西湖工商所(分局)先后开展多次市场专项治理行动,具体内容无资料可考。2001年查获一例卖烟叶案,烟叶52000公斤,案值达100万元。2002年捣毁一制造假烟窝点，销毁 6.1 万元的假烟。2004 年清理整治小酒厂 12 家，查封手续不全的散装白酒 97 公斤。2005 年会同文化、公安等部门，联合开展镇区"黑网吧"清理整治行动，取缔"黑网吧"4 家。2010 年 3 月与西湖公安分局交警大队、西湖环保局、西湖电视台、西湖镇政府联合，开展一次焚烧假冒卷烟、烟叶行动。当场焚烧假冒卷烟 1500 件，烟叶 13750 公斤。

四、广告规范管理

1991 年至 2000 年，西湖工商所(分局)规范广告管理的具体情况，尚无资料可考。2001 年，开展"反误导打虚假"广告专项治理活动。印发宣传资料 560 份，检查收缴违章违法的印刷品广告 1.35 万份，立案查处 19 起。是年 3 月，开展"揭谎月"活动，重点揭露与"绿色消费"有关的食品、化妆品、保健品、药品、建筑装饰材料、日用消费品方面的虚假违法商业广告，发放宣传资料 5 万份，现场曝光 3 次。2006 年进行长达 3 个月的医疗广告市场清理整治，查处违法广告案件 23 起，撤销违法广告 3 条。2008 年开展"打虚假、树诚信"行动，集中整治各类广告市场 7 次，查处各类违法广告案件 82 起。2010 年共查办各类违法广告案件 18 起，案值约 20 万元。立案查办 15 起，办结 15 起，结案率 100%。办结上年度大要案件 1 起，罚没款入库 9.5 万元。是年，广告打假的罚没款入库金额 16.86 万元。

五、食品安全监管

(一)食品市场制度建设

2009 年至 2010 年，该分局陆续制定出台《食品市场主体准入登记管理制度》《食品市场质量监管制度》《食品市场巡查监管制度》《食品抽样检验工作制度》《食品市场分类监管制度》《食品安全预警和应急处置制度》《食品广告监管制度》《食品安全监管执法协调协作制度》八项制度。2009 年探索创立"部门联动、网络联通、社会联防"和"创建食品安全示范点、示范村和示范区"的"三联三创"食品安全社会化监管新方式。2010 年，制定落实《食品安全责任追究制度》及《快速检测制度》。

(二)食品市场专项整治

2004 年开展乳制品专项整治行动，先后调处西湖先云超市销售劣质奶粉造成婴儿受伤害的消费纠纷 2 起，依法裁定由先云超市赔偿 2 个受害方各 1.8 万元，并对先云超市予以罚款 1 万元。2005 年清查整治由省局公布的 24 种含苏丹红 1 号食品、国家总局和省局公布列入"黑名单"的 38 家企业销售的假劣商品和"正蒙"牌黄金搭档婴儿奶粉等食品。2006 年开展食品安全检查，先后查获八宝粥、旺仔牛奶、方便面、饮料等假冒伪劣食品 306 件，价值约 2.6 万元。2008 年集中清查国家公布的 69 批次含有三聚氰胺的婴幼儿奶粉，印发各类宣传资料 2400 份,下架问题奶粉 61 公斤,受理消费者涉奶投诉案件 68 起,现场咨询 46 起,电话咨询 22 起,为消费者退换奶粉 16 公斤。

2009 年至 2010 年,实施"五统一""六机制""食用油放心工程"等食品市场专项整治方案。相继开展学校及周边店铺食品安全、农村食品市场、乳制品市场等流通环节违法添加非食用物质和滥用食品添加剂专项整治行动,共检查食品销售门店 162 户,查扣过期食品 8 大类 67 瓶(袋),价值 1500 元,检查药品医疗门店 5 户,抽查药品 16 个品种,共查处伪劣药品案件 3 起,罚没款入库 1.32 万元。

六、消费者权益保护

(一)开展维权宣传

1991 年至 2010 年,该分局每年借助区电视台等大众传媒,开辟专栏宣传维权知识。2006 年出动宣传车在全区范围内进行 20 天的维权宣传,同时悬挂横幅标语 10 条,印制公开信 400 份。2007 年至 2009 年,多次编发"12315"简报,多角度宣传消费者维权事迹。2010 年扩大宣传力度,将工商 12315 形象片在区电视台、内网播放。充分发挥乡镇维权站点宣传作用,开辟维权节目及专栏,让农民直观快速了解维权知识和商品信息。

(二)查处欺诈行为

1991 年至 2000 年,西湖工商所(分局)先后开展多次"反欺诈、打伪劣"活动。其具体情况,尚无资料可考。2001 年联合多部门开展"打假冒、保春耕、打假冒、保名优、打假冒、净市场"专项市场整治活动,查处生产销售假冒绿色食品、绿色产品的不法经营户 26 户。2003 年开展"维权反欺诈"活动,重点检查美容美发、餐饮等行业。依法责令整改 39 户,查处 47 户,查处假冒伪劣商品和质量不合格物品 81 件。2004 年立案查处侵害消费者权益案件 13 起,罚没款入库 2.53 万元。2009 年查处销售假冒伪劣商品案件 6 起,下达责令整改通知书 196 份。2010 年接待来访和咨询 15 人次,受理申诉案件 5 起,处理结案 5 起,为消费者挽回经济损失 0.37 万元。

第六章　物价监督管理

第一节　管理机构

1988年4月，农场工商所与物价办合并组建“西湖农场工商物价科”。1991年10月，工商物价科分设为“常德市西湖工商行政管理所”“常德市西湖物价管理办公室”，实行两块牌子、一套班子合署办公，定员2人，副科长钟孝坤分管物价工作。1995年1月组建“西湖农场计划物价审计统计科”，定员6人，其中计划1人、物价1人、审计2人、统计2人，副科长钟孝坤分管计划物价工作。1997年1月单设“西湖农场物价管理办公室”，正科级，定员2人，主任李宗宏，副主任曾梦辉。1999年9月至2002年7月，物价办更名为“西湖管理区物价管理办公室”，定员1人，即副主任曾梦辉。2002年5月设立“西湖管理区移民开发局”，将计划、物价、统计职能并入该局。局长邓建堂主持全面工作，副局长刘吉长分管计划、物价、统计工作，副主任科员曾梦辉1人专管物价工作。2007年9月，将计划物价统计局更名为发展改革物价统计局，与移民开发局合署办公。2008年5月，明确由朱健平担任发展改革物价统计局长，定员4人，局长朱健平主持全面工作，发改、物价、统计各定员1人，副主任科员曾梦辉主持物价工作。同年11月，根据西管发〔2008〕22号文件，成立“西湖管理区价格监督检查所”，所长曾梦辉。2010年4月，调入张绍忠任区价格监督检查所所长，具体负责物价监管工作。主要职能：贯彻执行《中华人民共和国价格法》和国、省、市的价格方针、政策、法规；履行属地价格监督检查职能及价格行政执法职责，负责全区（场）价格监测工作；负责审批全区（场）管控商品价格、服务价格、行政事业性收费标准，管理价格签证、价格认证工作，拟定地方有关价格方案报市物价局批复后组织实施；受理属地价格违法行为的举报、投诉，查处价格违法行为。

2013年，区领导周一夫等在西洲乡督查农民负担监管工作

第二节　价格体制改革

1990 年,农场首次推行“企业定价许可证”制度。1991 年,农场放开 35 种工业消费品和 91 种工业生产资料价格。1992 年,农场首次推行价格信息联络户和价格调节基金制度。2000 年后,主要对食盐、自来水、电力、学杂费、医疗费、公共汽车、液化气等项目和行政事业性收费实行价格管理,其余物价基本放开。2001 年至 2010 年,物价管理的重点是:调控价格上涨,调控收费,强化生产生活必需品价格管理和服务。对食盐、自来水、电力、医疗费、液化气、学杂费、公共汽车等生产生活必需品,严格实行管价销售。从严把好成本审核、调价审批、政策界限三关。对普通商品实行市场价,强调明码标价,诚信服务。全方位强化价格管理,将物价涨跌控制在合理范围之内。

第三节　物价监管

一、收费管理

1997 年起,西湖物价办(科)每年对全场(区)行政事业性收费单位和服务性收费单位的收费资格、收费项目、收费标准进行清理整顿。2000 年,全区有行政事业性收费单位 38 家、服务性收费单位 15 家,全部颁发了“收费许可证”,实行亮证收费。逐年对收费单位的收费资格、收费项目、收费标准进行核查、清理、整顿,对已取消的收费项目,依规予以取缔,并及时公示,接受缴费者监督。2002 年机构改革后,随着机构撤并和收费项目的取消,全区的行政事业性收费单位减少至 24 家、服务性收费单位减少至 13 家,全部核发“收费许可证”,核定收费项目及标准,并逐年进行年审,督促其照规收费。

自 2001 年起,全区实行涉农收费公示制度。全面推行涉农收费公示与政务公开相结合、与清理整顿部门收费相结合、与查处涉农乱收费相结合的物价工作方针,先后在全区 66 个生产队悬挂涉农收费公示牌 126 块,公示覆盖率达 100%。每年根据涉农收费项目及标准变化情况,调整公示内容,做到常年公示、长效管理。2005 年实行撤队合村后,每年对全区 25 个行政村、1 个渔场、2 个社区居委会进行涉农收费公示和其他各类收费公示。

二、设立举报电话

1991 年至 2010 年,西湖物价办(科、局)设立有价格举报专线电话:12358、2823721,实行 24 小时轮流值班,及时受理群众举报。对群众的投诉举报、价格咨询,切实做到有报必查,查处必严,违纪必究。耐心解答咨询和疑问,及时消除各种价格管理隐患,维护群众合法权益。1991年至2010年间，共受理27起有违价行为的举报，涉及教育、医疗、防疫、药店、客运、司法、建设等行业，都作出相应的清退和罚没处理。

三、例行检查

1985年至1997年，开展物价、财政、税务“三大检查”，通过对农资、棉花、电力进行违价查处，规范了市场秩序。

1991年至2010年，每年对教育收费检查2次。每学期开学期间，区物价、区财政、区纪委三部门对学校收费情况进行明察暗访，发现问题，及时整改。

2000年至2010年，每年对涉农收费单位进行1次检查；对医疗收费和药品价格进行不定期抽查；对农资市场价格进行不定时定次检查；对幼儿园收费、液化气价格、个体医疗诊所、个体药店开展经常性价格检查。

四、定价调价

1991年至2000年，农场（区）物价办（科、局）先后对城镇居民卫生费、个体户治安管理费、个体户卫生管理费、食品药品卫生监管费、驾驶员年审费、拖拉机年检费、摊位费、娱乐场所管理费、学杂费、客运站场设施费、营业执照及各类证、照、牌注册、年审费等多项收费，均根据相关规定，参照外地做法，逐项进行定价。据考证，1994年2月20日，西湖物价办对西湖汽车运输公司申报的《关于向旅客征收站务设施费的请示》报告作出批复。批准参照联营地区（新化、安化）做法，向旅客收取站务设施费。收取标准为：车站售票，每人次每百千米0.2元（15千米以内不征收），即15~100千米0.2元；101~200千米0.4元；201~300千米0.6元；301~400千米0.8元……依次类推。此前至2000年，先后对以下收费项目作出定价批复：城镇居民卫生费，每户1.5元/月；个体户治安管理费，每户10元/月；外出务工人员计划生育证，每本40元；汽车驾驶员年审费每人146元/年；客货运输车辆年检费每辆164元/年；拖拉机驾驶员年审费每人128元/年；拖拉机年检费，大拖每台118元/年，手拖每台78元/年；拖拉机上户注册费，大拖每台58元，手拖每台38元；交通（农机）事故处理手续费，每起138元。学杂费等其他各项收费的定价标准，尚无资料可考。

2001年至2004年，西湖区物价办以常西价价〔2001〕1号、西价价〔2004〕1号文件，先后对自来水进行调价。2009年，西湖物价局以常西价价〔2009〕2号文件，对宇龙出租汽车有限责任公司的出租车营运收费标准作出定价决议。是年以常西价价〔2009〕6号文件，对西湖殡仪馆服务项目收费标准，分项目作出定价。2010年以常西价价〔2010〕8号文件，对镇区住宅物业管理服务收费标准制定指导价。以上各项定价标准，详见表7-6-1至表7-6-5。

2001—2004年西湖管理区自来水定价标准项目价格表

表7-6-1

用水项目	计量单位		定价标准（元）		收费单位	备注
	2001年	2004年	2001年	2004年		
居民生活用水	吨	立方米	1.2	1.5	自来水公司	2004年以后，未对自来水价格进行调整
行政事业性用水	吨	立方米	1.2	1.5	自来水公司	
生产用水	吨	立方米	1.4	1.7	自来水公司	
经营性用水	吨	立方米	1.8	2.2	自来水公司	
特种用水	吨	立方米	—	3.5	自来水公司	

2009—2010年西湖管理区出租汽车定价标准项目价格表

表7-6-2

项目	起程价（元/次）			运行价（元/公里）			单程空驶	
	时段	里程	单价	起点里程	时段	单价	里程	加收（%）
出租汽车	白天	2千米内	3	2千米以上	6点至20点	1.4	15千米及以上	50
	夜间				21点至5点	1.6		

2009—2010年西湖管理区殡仪馆服务项目收费定价表

表7-6-3

项目	租用价格（元/小时）			服务价格（元/具）		备注
	单位	6~12小时	24小时	三楼以下	每增高一层	
悼念厅	每间	200	400	—	—	6小时以下，按小时计收
冰棺	每副	70	140	—	—	含花围、电费
餐厅及炊餐具	每套	—	200	—	—	含所有厨房、炊具、餐厅和餐具，含水电费，不含空调费
饭菜	每桌	底价150元	—	—	—	底价150元，3素5荤（含2个火锅），可面议价
花篮	每个每次	无损坏15元	—	—	—	若损坏，按市场价计收
花圈	每个每次	无损坏10元	—	—	—	若损坏，按市场价计收
麻将	每副每天	—	5	—	—	若丢失，按市场价计收

续表 7-6-3

项目	租用价格（元/小时）			服务价格（元/具）		备　注
	单位	6~12小时	24小时	三楼以下	每增高一层	
遗体抬运	具	—	—	60	加收 2 元	最高不超过 100 元，须家属自愿
遗体运输	具	—	—	镇区内60 元	—	镇区外，每公里加收 2 元，须家属自愿
遗体整理	具	—	—	正常死亡 100 元	非正常死亡或变腐价格面议	不含材料费
遗体寄存	具	—	200	—	—	指非正常死亡，有纠纷者，待处理的寄存

镇区住宅物业管理服务费指导价项目表

表 7-6-4

住宅类别 收费项目	有门卫小区		无门卫小区		室外固定停车棚		其他		备　注
	单位	单价（元）	单位	单价（元）	单位	单价（元）	单位	单价（元）	
多层住宅物业管理费	平方米/月	0.45	平方米/月	0.4	—	—	—	—	—
装修管理服务费	平方米/天	0.01	平方米/天	0.01	—	—	—	—	—
装修垃圾清运费	平方米	1.5	平方米	1.5	—	—	—	—	—
装修人员出入证工本费	元/本	5	元/本	5	—	—	—	—	—
门面物业服务费	平方米	市价	平方米	市价	—	—	—	—	市场调节价，面议
大车棚租金	—	—	—	—	间/月	80	—	—	
小车棚租金	—	—	—	—	间/月	40	—	—	
摩托车棚租　金	—	—	—	—	辆/月	75	—	—	含电动车、三轮车
外来大型机动车	—	—	—	—	辆/月	10	—	—	临时停车，不过夜

西湖农贸市场交易服务费指导价项目表

表 7-6-5

收费项目	单位	价格（元）	收费项目	单位	价格（元）
鸡门面	间/月	40	熟食加工门面	间/月	40
鱼门面	间/月	30	售肉杠点	个/月	40
饮食门面	间/月	30	售菜摊位	个/月	20
南货门面	间/月	30	—	—	—

说明：此表中的收费标准，实行至2010年未作调整

第七章　安全生产管理

第一节　管理机构

1991 年 1 月至 2005 年 11 月，西湖农场（区）未设立专门的安全生产管理机构。根据当时的实际情况与工作需要，农场（区）先后在工业办、经委会、经贸办、经贸局内设立“安全生产委员会”（简称“安委会”），负责全场（区）安全生产管理工作。安委会由分管工业经济的副场长（副主任）兼任主任，当时的办、委、局主要负责人兼任副主任，各分场（办事处）、镇、企事业单位法人代表为成员，实行“统一管理，上下配合，分工负责，各司其职”的安全生产目标管理岗位责任制。各分场（办事处）、镇、企事业单位设立“安全生产领导小组”，设兼职安全员一名，具体负责安全生产管理工作。安委会的主要职能是：贯彻落实《中华人民共和国安全生产法》和省、市、场（区）的安全生产方针、政策、指示，结合实际，制定安全生产管理方案、制度、措施、目标及考核评分标准，落实安全生产岗位责任制，不定期开展安全生产大检查、大整顿、大评比，按目标管理、考核、评分标准，逐项兑现奖惩。

棉麻公司安全生产现场

2005 年 12 月 15 日，经中共常德市委机构编制委员会办公室常编办〔2005〕62 号文件批准，西湖管理区经济贸易局加挂“西湖管理区安全生产监督管理局”牌子（正科级），负责全区的安全生产监督管理工作及烟花爆竹生产经营的安全管理，简称“安监局”。主要职能：组织起草本区贯彻执行国家安全生产有关法律法规的实施意见，拟订安全生产工作政策及安全生产标准，并组织实施和监督检查。制定全区安全生产规划、安全生产管理制度，分析预测安全生产形势，解决安全生产中的重大问题；依法行使安全生产监察职权，监督检查新建、改建、扩建工程项目的安全设施与主体工程的设计、施工、投产和使用情况。

第二节 安监队伍培训与制度建设

一、安监队伍培训

1991 年以来,每年分类举办安全生产方面的培训班。培训学习的主要内容:国家、省、市安全生产法规、方针、政策;安全生产管控业务知识;安全生产操作技术知识;安全生产事故典型案例;安全生产主管部门领导讲话与指示等。至 2010 年,累计举办安全生产经营单位负责人和安全管理人员培训班 320 期,培训各类人员 14832 人次;举办特殊工种培训班 82 期,培训电工 1962 人次、焊工 199 人次。

二、制度建设

1991 年至 2005 年,西湖农场(区)每年制定并落实《安全生产目标管理责任制》,层层签订《安全生产目标管理责任状》,全面落实"四防"(防火、防盗、防事故、防自然灾害)安全措施,逐岗逐项管理到位。在此期间,农场(区)设"安全生产流动红旗",流动颁发。安委会将每年每个季度的中间月份定为安全生产检查月,由农场(区)分管安全生产的副场长(副主任)召集安委会成员,照章进行全场(区)安全生产大检查、大整改、大评比。按照《安全生产目标管理责任制》的规定与要求,逐项进行检查、验收、评分。满分为 100 分,得分最高者为优胜单位,由安委会主任颁发"安全生产流动红旗"。同时,收回上届优胜单位所获的"安全生产流动红旗"。对每年每个季度一次的安全生产大检查中发现的事故隐患,由农场(区)安委会下达《安全生产事故隐患整改通知书》,责令相关当事人(单位)采取有效措施,限期整改到位。整改通知书下达后,安委会指派专人进行验收,凡整改不到位的,每次扣减 20 分记入安全生产台账,并再次下达整改通知书,责令其限期整改,再行验收,直至整改到位为止。每年年底,由安委会对年初制定并落实的《安全生产目标管理责任制》进行逐项验收、考核、评分。根据当年的考核评分结果,评选先进单位和先进个人,颁发奖牌、奖品(奖金)、获奖证书和"安全生产流动红旗",兑现奖惩。

与此同时,各分场(办事处)、镇、企事业单位根据当年农场(区)《安全生产目标管理责任制》的内容与要求,逐队(村)逐岗签订《安全生产目标管理责任状》,全方位落实安全管理措施。各单位都效仿农场(区)安全生产管理方法,每月进行一次安全生产大检查、大整治、大评比,及时整改事故隐患。根据每月的考核评分结果,评选优胜单位,颁发"安全生产流动红旗",同时收回上月所评优胜单位的流动红旗。每到年底,各场(区)直单位按照《安全生产目标管理责任状》的内容与要求,对安全生产进行逐项验收、考核、评分。按得分情况评选先进单位和先进个人,颁发奖牌、奖品(奖金)、流动红旗。此种管理措施一直运作至 2005 年 12 月,在此期间，全场（区）未发生特大安全生产责任事故。

2005年12月成立安监局后，西湖的安全生产管理归口区安全生产监督管理局。2006年至2010年，每年制定了《西湖管理区安全生产工作方案》和《西湖管理区安全生产目标管理责任制》，逐岗逐项签订《安全生产目标管理责任状》。实行安全生产"一岗双责"制度和主要领导负责制，确定安全生产目标管理内容、项目、考核标准，并组织实施，逐岗逐项落实到位，每季度检查、验收、整改一次。每年12月，由安委会召集各单位负责人进行安全生产年终检查、验收、考核，按责任状逐项评分。每年年底，在区委、区管委对全区各单位领导班子的工作业绩进行年终考核时，兑现安全生产"一票否决"制度，取消评先、评优、评奖资格，并视情节予以处罚。

第三节 生产监管

1991年以来，每年利用广播、电视、标语、墙报和宣传车（栏）等宣传工具，大力宣传安全生产法律、法规、政策和业务知识。至2010年，共举办安全生产电视讲座62场次，出动宣传车51辆次，张贴"安全为了生产，生产必须安全"等标语7340张，悬挂横幅标语423条，举办宣传栏74期，印发宣传资料32000份。累计举办10场主题咨询宣传和86期安全文化、安全生产专题教育培训活动。

在安全生产管理上，采取实地检查、部门整改、现场验收相结合的监管方法，抓好道路交通、建筑行业、工商企业、校车、危险物品、烟花爆竹经营、公众聚集场所等重点领域的安全生产监督管理。坚持做到"五到位"，指导服务到位、措施审核到位、危险点控制到位、制止违章到位、从严考核到位。每年召集安委会成员，不定期进行安全生产大检查、大整治、大评比。认真总结经验教训，全面落实防范措施，确保万无一失。

每年制定并实施安全生产应急预案，及时整改事故隐患。成立事故隐患整治领导小组，设立事故隐患举报电话，实行24小时轮流值班，及时受理群众举报。建立事故隐患管理台账，实行重大隐患治理、督办、验收、销号制。秉着管理与服务并重的原则，及时处理群众投诉案件。根据举报或检查中发现的事故隐患地点、部位、状态等情况，及时采取相应措施进行整改，消除事故隐患。1991年至2010年，全区共进行安全生产隐患大排查112次，查出事故隐患673处，下达整改通知书673份，整改到位率90%以上。

第八章　审计监督管理

第一节　审计机构

1986年1月,农场制定出台《国营西湖农场内部审计实施办法》。据此,于同年3月成立审计室,隶属农场计划财务科,定编2人。1991年3月,审计室从农场计划财务科析出,单设"国营西湖农场审计室",定为正科级单位,定编3人。2003年1月至2008年3月,审计室与中共西湖区委纪律检查委员会、监督局合并,三者合署办公。2008年4月,经中共常德市委机构编制委员会批准,设立"常德市西湖管理区审计局",定编3人(含局长在内),继续与纪委、监察局合署办公。

2010年5月,市审计局对西湖环洞庭湖集中连片整治项目进行审计

西湖区审计局(室)由常德市审计局授权委托,依法行使内部审计职能,履行审计监督职责。其主要职能为:行政事业单位定期审计、事业单位法人代表和企业法人代表离任经济责任审计、企事业单位经济责任全面审计、重点审计、专项审计等内部审计。西湖区审计局(室)历届领导成员名单,详见表7-8-1。

西湖农场(区)审计局历届领导班子成员名录表

表7-8-1

单位名称	姓名	性别	职务	任职年限	备注
西湖农场审计室	艾茂平	女	副主任	1991.1—1996.3	无正职
	艾茂平	女	主任	1996.4—1999.3	—
	周明友	男	副主任	1998.3—2002.10	—
	刘桂珍	女	副主任	1998.3—2002.10	—
西湖管理区审计室	艾茂平	女	书记	1999.4—2002.10	—
	王在勤	男	主任	1999.4—2002.10	—

续表 7-8-1

单位名称	姓名	性别	职务	任职年限	备注
西湖管理区审计室(局)西湖管理区监察局 中共西湖区委纪委 (合署办公)	艾茂平	女	副局长 副书记	2003.1—2007.3	主管审计工作
	刘词顺	男	副局长	2007.3—2008.4	主管审计工作
	周艳辉	男	局长	2008.4—2010.4	主管审计工作
	莫佳文	男	局长	2010.4—2010.12	主管审计工作

第二节　审计项目

一、全面审计

1991 年，先后对全场 21 家企事业单位进行财务收支和经济效益审计，下达审计决定书 4 份，共收缴违纪金额 1.4661 万元。

1995 年，对西湖农场工商所财务收支进行审计，发现有乱发补助、集资建房、支付利息等经济违纪行为。审计决定书下达后，收缴违纪金额 13.5712 万元。

1998 年，先后对 19 家场直工商企业进行财务、物价、税收大检查，共查出成本倒挂资金 343.3859 万元，乱挤乱摊成本 35.0645 万元，漏提少提税金 5.2038 万元。审计决定书对上述问题提出合理化建议：自行调整会计科目。调整账目后，各企业均扭亏为盈。

2001 年，先后对西湖房地产开发公司、西湖人民法庭、公安分局、检察院、教育委员会等单位的财务收支进行审计，共收缴违纪金额 1.5136 万元。

2005 年，先后对各办事处、镇、计划生育服务站的 2004 年度财务收支进行审计，未见违纪行为。

2006 年，先后对撤队并村后的 25 个村民委员会进行财务审计，系统清理 34 年来的生产队财务和资产，张榜公布农工往来，收回大量的农工欠款(具体数额未统计)，增强村级财务透明度。

2010 年，共完成审计项目 26 个，其中经济责任审计项目 12 个，财务收支审计项目 14 个，共查出违纪金额 22.59 万元、损失浪费金额 50 万元、管理不规范金额 1280 万元，收缴违纪金额 22.59 万元。

二、离任审计

1991 年，先后对果脯糖厂厂长韩铁建、砖瓦厂厂长伍贤益、印刷厂厂长伍锡林、甜叶菊糖甙厂厂长曹开明等企业法人代表进行离任经济责任审计，均未发现违纪行为。

1992年,先后对食品总厂、肉食水产站、农机修配厂、建筑工程公司、华湘企业公司、毛巾厂等企业法人代表(厂长、经理)进行离任经济责任审计,共调整会计科目3项,收回违纪金额6027元。

1995年,对西湖农机交通监理科科长蒋中山进行离任经济责任审计,发现乱发钱物,收缴违纪金额8.5344万元,上缴农场财务科。

1996年,先后对3家场直企业的厂长(经理)进行离任经济责任审计,共查出违纪金额3.5869万元。审计决定:自行改正处理6849元,个人清退给单位712元,收缴农场财务科2.19万元。

1998年,先后对棉麻公司、电力公司、粮油贸易公司、甜叶菊糖甙厂、毛巾厂、物资局、造纸厂等企业的厂长(经理)进行离任经济责任审计,均未见违纪行为。

1999年,先后对饮食服务公司、食品公司、食品总厂、贸易公司、棉麻公司、畜牧兽医站、农业技术推广中心等单位的厂长(经理)、站长、主任进行离任经济责任审计。审计决定:对食品公司账外设账5.4万元的违纪行为,处以罚款0.3万元。

2000年,对药材公司经理周提高进行离任经济责任审计,发现漏交所得税0.5万元,全额收缴区财政。

2008年,先后对4名科级干部进行离任经济责任审计,均未见违纪行为。

三、专项审计

1991年,先后对全场公费着装进行专项审计,下达审计决定书6份,共收缴违纪金额2.199万元。

1992年,先后对西湖公安分局、司法局、检察院、接待处等单位进行财务清理专项审计,均未见违纪行为。

1993年,对西湖公安分局进行财务收支审计,发现收取移民解决“508”户口入户费24.6万元,公款私存。审计决定:此款全额收缴农场财务科。

1994年,先后对电力科、物资局、棉麻公司、西瓜种子公司、药材公司、粮油贸易公司、制药厂、卫生防疫站、建筑工程公司、甜叶菊糖甙厂10家单位的1993年度年终分配和年终奖金发放情况进行检查,发现有经济违纪行为。审计决定书下达后,共收回违纪金额7.36万元。

1997年,接受常德市审计局对农场公安、检察、法庭、司法、交通、工商、农机等10家事业性收费单位的财务收支情况进行审计,共查出违纪金额69.97万元。审计决定:收缴市财政2.3992万元,收缴农场财务科67.5715万元。

2003年,对西湖造纸厂破产清算进行审计,对贸易公司“两个置换”改革期间的财务收支进行审计,下达审计决定书2份,共收缴违纪金额2.03万元,全额上缴区财政。

2004年，先后对3个单位进行专项审计。分别作出审计决定：对西湖镇警署乱收治安管理费0.8万元，收缴区财政；对汽车运输公司擅自提高月工资标准所发金额予以清退，收缴违纪金额0.1328万元；对东洲办事处巧立名目，以计划生育罚款分成名义计发的个人非法所得金额2.3595万元，收缴区财政。

2005年，根据省纪委、省监察厅、省财政厅、省审计厅湘纪发〔2005〕9号文件精神，对行政事业单位的公务接待费开支情况进行专项调查，列统计汇总表上报中共常德市委纪律检查委员会。

2007年，先后对西湖一中、水利局、西湖医院进行经济责任审计。作出审计决定：西湖医院大药房亏损问题，由责任人按药品进价赔偿1.81万元。对西湖一中学生宿舍楼建设工程造价进行审计，审减金额16.04万元。

2008年，共完成3个项目的专项审计，收缴违纪金额0.58万元。

2010年，共完成专项审计项目3个，查出违纪金额2.61万元，全额收缴区财政。

四、定期审计

1996年，农场审计室采取“一审、二帮、三促”工作方法，先后对33家企事业单位的财务收支进行审计，共查出违纪金额39.56万元。审计决定：自行改正处理12.98万元，个人清退给单位11.49万元，收缴农场财务科15.09万元。

2008年至2009年，先后对全区36个行政、事业单位的财务收支进行审计，共查出违纪金额17.12万元，收缴违纪金额1.42万元。

（经过定期审计未发现有问题的单位未收录）

第九章　肉蔬市场管理

第一节　管理机构

1991年至1994年,西湖农场(区)未设立专门的肉蔬市场管理机构,其业务归口工商部门管理。1995年,成立西湖农场屠宰管理办公室,2002年,更名为西湖管理区屠宰管理办公室,属股级事业单位。2003年12月,经常编办〔2003〕107号文件批准,成立"西湖管理区市场服务中心",与"西湖管理区屠宰管理办公室"两块牌子、一套人马合署办公,设编18人,为副科级单位。先后由刘江文、邹琳琳、刘怡志任主任,2010年在岗人员23人。主要职能:负责全区生猪定点屠宰管理,税费收缴,肉食品质量安全监督,确保广大消费者吃上"放心肉";负责全区各类蔬菜的农药残留抽样检测,保障蔬菜食用安全和消费者身体健康;负责商贸城的消防安全、卫生、经营秩序监督与管理;负责做好消费者来信来访工作,受理消费者投诉案件并及时处理,调解各类食品消费纠纷。

1999年6月,区农业局在区管委会议室举办全区养殖培训班

第二节　生猪、菜牛定点屠宰管理

自2002年5月起,西湖实行生猪定点屠宰,由区市场服务中心(屠宰办)负责管理。该中心(屠宰办)采取得力措施,照章做好生猪定点屠宰管理工作。在日常管理的操作中严把"三关":屠工上岗关。经培训、考试、体检合格者,核发准宰证,持证上岗。生猪产品检验关。生猪入场(点)经消毒处理后方可屠宰,再行检验,对检验合格的生猪产品签发检验证章并开具合格证,准许上市。生猪产品无害化关。经检验不合格的生猪产品一律深埋或焚烧,进行无害化处理。

2009年前,生猪定点屠宰税费按头逐户征收,难免有不法屠商偷税漏税,私屠滥宰者时而有之。税费征收不理想,宰量停滞不前,肉品质量无法保证。自2009年起,以刘怡志主任为首的一班人经过认真调查、研究，排除各方压力，大胆进行改革，实行“定点屠宰，集中宰杀，统一收费，年终兑现”的十六字方针。就是以宰场(点)为单位，以屠商个人为对象制定合理的宰量任务，超过有奖，年底兑现。此举调动了屠商的积极性，日宰量上升，税收增加，偷税漏税、私屠滥宰不复存在，肉品质量得到可靠保证。

在定点屠宰管理上，对待宰生猪进行宰前检验、消毒、合格后方可屠宰。生猪屠宰产品经检验合格后，加盖肉品合格验讫章，出具“肉品质量检验合格证”，准许上市销售。定点屠宰实行生猪及猪肉索票索证制度，建立生猪肉品销售台账，逐日逐头载明生猪肉品经营者姓名、销售数量及金额、销售时间、经办人姓名等管理内容。严格执行《生猪肉品销售管理制度》，对生猪产品销售过程进行监控。凡无票、无证、无记录的生猪及猪肉，一律不准宰杀上市销售。同时，按照《病害动物和病害动物产品生物安全处理规程》，开展肉品质量安全专项整治行动，做好猪肉质量安全追溯管理工作。建立生猪屠宰检测台账，逐头收取核对待宰生猪产地“检疫证”，凭职能部门开具的检疫、检测、查验证明，登记入账。经检疫不合格的病害猪、种公猪、母猪、晚阉猪、含“瘦肉精”等药物残留的生猪及其劣质肉品，一律不准上市销售，记入生猪屠宰专项整治执法台账，并按相关规定进行深埋或焚化处理。2002 年至 2010 年，全区累计屠宰生猪 79866 头，年均屠宰生猪 8874 头，生猪进点屠宰率均达 100%；累计销售猪肉 619.98 万公斤，年均销售猪肉 68.89 万公斤，肉品合格率和定点屠宰场供肉率均达 100%。全区累计查处病害猪、母猪及有害生猪产品事件 135 起，全部进行无害化处理，历年无害化处理率均达 100%。累计查处“白板肉”销售案件 39 起，共收缴“白板肉”3159 公斤，年均查处 4.3 起，收缴“白板肉”351 公斤。

在菜牛定点屠宰管理上，西湖区市场服务中心(屠宰办)根据商务部《关于加强牛羊屠宰管理工作的指导意见》，结合西湖实际，制定菜牛定点屠宰管理制度，落实管理措施，逐头管理到位。在日常管理的操作上，除采取相同于生猪定点屠宰管理的有效措施外，菜牛定点屠宰着重把好活牛购入关、销售渠道关、市场准入关，规范菜牛屠宰行为，维护牛肉市场秩序。凡没有经过防疫部门检疫的菜牛不准进入屠宰场，屠宰前注水的菜牛不准屠宰，没有通过检验加盖肉品合格讫验章的牛肉不准上市销售。与此同时，严禁菜牛私屠滥宰，严禁活牛注水屠宰，严禁病害牛屠宰上市，严禁“注水牛肉”入市销售，违反者，依规处以牛肉市价 3 倍以上罚款，屡犯者，依法取消经营资格。2002 年至 2010 年，全区累计屠宰菜牛 2682 头，年均屠宰菜牛 298 头，累计销售牛肉 61.47 万公斤，年均销售牛肉 6.38 万公斤。菜牛进点屠宰率、牛肉合格率、入市牛肉由屠宰场供应率，每年均达 100%。累计查处牛肉注水案件 28 起，收缴“注水牛肉”6513 公斤，全部进行专炉焚化处理。此 9 年间，年均查处牛肉注水案件 3 起，年均收缴“注水牛肉”721 公斤，无害化处理率均达 100%。累计查处菜牛私屠滥宰案件 37 起，处罚牛肉违规经营屠商 37 户，没收私屠不合格牛肉 8605 公斤，均进行了无害化处理。9 年间，年均查处菜牛私屠滥宰案件 4.1 起，年均处罚牛肉违规经营屠商 4.1 户，年均没收私屠不合格牛肉 956.1 公斤，无害化处理率均达 100%。

第三节 蔬菜市场与商贸城管理

2004 年至 2010 年间,西湖区市场服务中心根据蔬菜市场发展趋势,逐年建立、建全、完善蔬菜市场管理机构、制度、措施,落实岗位职责,逐日逐摊管理到位。自 2004 年 1 月起,该中心成立蔬菜市场监管领导小组,设立蔬菜检测中心,购入 DY1000 型蔬菜检测仪 1 台及相关设备,培训配置专业检测员 3 名,具体负责蔬菜检测工作。按照相关规定,逐日对进入农贸市场销售的各个蔬菜品种进行抽样检测。同时对学校、宾馆、企业等单位送来的蔬菜进行检测。逐日逐品种做好蔬菜抽样检测、登记、管理工作,建立蔬菜检测台账,并挂牌公示各类蔬菜的抽样检测结果。经检测农药残留量在 0.2%以下的蔬菜,方可准许入市销售。2004 年至2010 年,全区累计抽样检测各类蔬菜 23 个品种 8.69 万例,其中呈阳性蔬菜 18 个品种 196 例,年均抽样检测蔬菜 1.24 万例,呈阳性蔬菜 28 例,抽样检测合格率达 99.77%。累计销毁处理各类不合格蔬菜 1.078 万公斤,年均销毁 0.077 万公斤,不合格蔬菜无害化处理率达 100%。

在商贸城管理上,西湖区市场服务中心不仅有分管领导、管理员,还聘请义务消防员,明确职责,落实岗位责任制。在 2004 年至 2010 年间,该中心逐年建立、健全、完善商贸城管理制度,落实管理措施,逐日逐项监管到位。在日常管理工作中,该中心按照《中华人民共和国安全生产法》等法律法规的规定与要求,采取相应措施,切实加强对商贸城的安全卫生监督管理。在具体监管的操作上,重点把住两关:消防安全关、环境卫生关,把关做好监管工作。在消防安全管理上,该中心贯彻执行“安全第一,责任重于泰山”的安全生产方针,落实消防安全管理职责,责任到人,措施到位。逐年制定消防安全管理工作方案、制度、措施,并认真组织实施。层层签订《商贸城消防安全管理责任状》,落实消防安全工作方案、职责、措施,实行岗位目标责任制管理。明确任务,专职专责,严抓细管,防微杜渐,消灭死角。按照安全生产管理制度的规定与要求,适时开展消防安全大检查,发现安全隐患,及时整改到位。2004 年至 2010 年,该中心对商贸城进行消防安全大检查达 28 次,年均检查 4 次;下达安全隐患整改通知书 11 份,年均1.6 份;整改安全隐患 8 起,年均 1.1 起,整改合格率达 100%,确保一方平安。在环境卫生管理上,该中心确定有专人负责管理商贸城区域内的环境卫生。卫生管理员各尽职守,热心服务,天天打扫,清理垃圾,保持商贸城内外整洁、干净、卫生,维护商贸城的环境卫生秩序。

第十章　统计核算管理

第一节　统计机构

1990年1月，农场统计室从计划财务科析出，单设"国营西湖农场统计室"，定员2人，伍文明主管统计工作。1992年，统计室合并至农场办公室，副主任科员伍文明主管统计工作。1995年1月，组建"西湖农场计划物价审计统计科"，定员2人，副科长伍文明分管统计工作。是年5月，伍文明调往二分场，调入龚德成任副科长，分管统计工作至1999年12月。2002年5月，统计机构合并至西湖区移民开发局，加挂计划物价统计局牌子，定员2人，副局长刘吉长分管统计工作，副主任科员周明友负责统计业务工作。2007年9月，将计划物价统计局更名为发展改革物价统计局，与移民开发局合署办公。2008年5月，明确由朱健平担任发展改革物价统计局长，副主任科员周明友主管统计业务工作。1991年至2010年，各分场(办事处)镇、场(区)直企事业单位设兼职统计员，配合做好各项统计工作。统计室(局)的主要职能是：负责全场(区)统计资料的采集、整理、汇总、上报及统计专项调查工作；负责全场(区)统计核算管理工作，向中共西湖区委、区管委及场(区)直相关部门提供统计信息和咨询建议；对全场(区)经济建设、科技进步、社会发展的基本统计资料进行审核、管理、评估认定及公布；开展统计预测和分析研究，并对全场(区)国民经济计划执行情况进行统计核算、检查、汇总，实行统计监督；负责全场(区)的全国农业普查、经济普查、人口普查工作；负责综合、农业、工业、商贸、建筑业与房地产、基本建设、劳动工资、人口8项专业统计，并逐月汇总、上报、整理、存档。

第二节　业务培训

1991年起，农场(区)统计室(科、局)先后对各分场(办事处)、镇、场(区)直企事业单位的统计人员进行专业统计业务培训，重点学习农业、工业、商贸、投资、建筑、劳资等专业统计业务知识。至2010年，累计举办统计业务培训班26期，培训统计人员1398人次。全场(区)先后有30人参加"统计证"考试，全部获取相应资格证书，其中有3人获得助理统计师职称。

第三节　专项调查

1997年，完成第一次全国农业普查任务。2007年，完成全国第二次农业普查任务。次年4月，被国务院第二次全国农业普查领导小组、中华人民共和国统计局授予"第二次全国农业普查先进集体"荣誉奖牌。2004年至2005年，完成第一次全国经济普查任务。次年元旦，被湖南省人民政府第一次全省经济普查领导小组授予"第一次全国经济普查先进集体"荣誉称号。2008年至2009年,完成第二次全国经济普查任务。次年3月,被湖南省第二次全省经济普查领导小组授予"全国第二次经济普查先进集体"荣誉奖牌。1990年至1991年,完成第四次全国人口普查任务。2000年至2001年,完成第五次全国人口普查任务。2010年至2011年,完成第六次全国人口普查任务。次年3月,被常德市第六次全国人口普查领导小组、市人力资源和社会保障局授予"第六次全国人口普查先进集体"荣誉称号。

第四节 专业统计

1991年至2010年,西湖统计室(科、局)共整理专业统计报表档案存档案卷343卷,在此期间,获取人口与性别结构、人口民族结构、人口姓氏结构、人口文化结构、国内生产总值、农民纯收入等主要数据资料。历年农民人均纯收入和全场(区)国内生产总值等数据资料,详见表7-10-1、表7-10-2。历年人口统计数据、人口性别结构、民族结构、姓氏结构、文化结构等有关情况,详见其他有关章节。

西湖农场(区)历年农民人均纯收入统计表

表7-10-1

年度	人均纯收入(元)	年度	人均纯收入(元)	年度	人均纯收入(元)	年度	人均纯收入(元)
1991	587	1996	1585	2001	1799	2006	3030
1992	627	1997	1723	2002	1850	2007	3485
1993	666	1998	1668	2003	2146	2008	3550
1994	778	1999	1712	2004	2601	2009	4350
1995	1279	2000	1778	2005	2820	2010	4850

说明:农民纯收入中含价格上涨因素,1994年及以前的数额为不变价

西湖农场(区)历年国内生产总值统计表

表7-10-2 单位:万元

年度	CDP	同比±率(%)	第一产业	同比±率(%)	第二产业	同比±率(%)	第三产业	同比±(%)
1991	4170	7.31	2397	24.07	1029	-7.38	744	-11.74
1992	3953	-5.2	2294	-4.30	934	-9.23	725	-2.55
1993	3936	-0.43	2331	1.61	920	-1.50	685	-5.52
1994	4876	23.88	2842	21.92	799	-13.50	1235	80.29
1995	7460	52.99	4372	53.84	1808	126.28	1280	3.64
1996	8567	14.84	5843	33.65	976	-46.02	1748	36.56
1997	7309	-14.68	6095	4.31	294	-69.88	920	-47.37
1998	8092	10.71	5899	-3.22	633	115.31	1560	69.57
1999	9160	13.20	6165	4.51	827	30.65	2168	38.97
2000	9850	7.53	6350	3.00	862	4.23	2638	21.68
2001	15282	55.15	10103	59.10	576	-33.13	4603	74.49
2002	16500	7.97	10864	7.53	936	62.50	4700	2.11
2003	16100	-2.42	8000	-26.36	2300	145.73	5800	23.40
2004	25112	55.98	15407	92.59	3705	61.09	6000	3.45
2005	27473	9.40	16270	5.60	4544	22.65	6659	10.98
2006	28572	4.00	16727	2.81	3610	-20.55	8235	23.67
2007	30399	6.39	18749	12.09	2100	-41.83	9550	15.97
2008	28739	-5.46	16939	-9.65	2200	4.76	9600	0.52
2009	30600	6.48	19500	15.12	1500	-31.82	9600	0.00
2010	40990	33.95	24000	23.08	6000	300.00	10990	14.48

第八篇《

党政群团

第一章 中共西湖区委 西湖区管委

第一节 机构沿革

一、中共西湖管理区委员会

1972年建立的西湖农场为省属十三大国营农场之一，属全民所有制性质，实行政场合一，企业管理。1991年，中共西湖农场委员会设书记、副书记、纪委书记、政法委书记等。有工作机构7个：农场党委办公室、组织部、宣传部、纪律检查委员会、政法委、统战部、党校。统战部与宣传部合署办公。

1999年8月18日，常德市西湖管理区正式成立。经市委研究，1999年10月9日，中共西湖农场委员会更名为中共常德市西湖管理区委员会；中共西湖农场纪律检查委员会更名为中共常德市西湖管理区纪律检查委员会。根据常编发〔1999〕12号文件，中共常德市西湖管理区委员会设书记、副书记、纪委书记、政法委书记等。工作机构为4个：区党委办公室、政治部（组织部、宣传部、统战部合并）、纪律检查委员会、政法委员会。机关领导职数见表8-1-1。

西湖管理区（西湖农场）机关领导职数情况表

表8-1-1

<table>
<tr><td>单位第一名称</td><td colspan="5">西湖管理区</td></tr>
<tr><td>设立文件</td><td colspan="2">常编发〔1999〕12号</td><td>机构级别</td><td colspan="2">正处级</td></tr>
<tr><td>单位第二名称</td><td colspan="5">湖南省西湖农场</td></tr>
<tr><td>核定行政编数</td><td>105</td><td>内设机构</td><td>18</td><td>内设机构级别</td><td>正科级</td></tr>
<tr><td colspan="6">机关领导职数</td></tr>
<tr><td>职务名称</td><td colspan="2">级别</td><td>编制数</td><td colspan="2">备　注</td></tr>
<tr><td>书记、主任</td><td colspan="2">正处</td><td>1</td><td colspan="2">书记主任各1名</td></tr>
<tr><td>副书记、副主任</td><td colspan="2">副处</td><td>5</td><td colspan="2">实际配6名</td></tr>
<tr><td>纪委书记</td><td colspan="2">副处</td><td>1</td><td colspan="2"></td></tr>
<tr><td>政法委书记</td><td colspan="2">副处</td><td>1</td><td colspan="2"></td></tr>
<tr><td>工会主席</td><td colspan="2">副处</td><td>1</td><td colspan="2"></td></tr>
<tr><td>武装部部长</td><td colspan="2">副处</td><td>1</td><td colspan="2">纪委书记兼任武装部长</td></tr>
</table>

二、西湖管理区管理委员会

1991年西湖农场设场长、副场长、武装部长、工会主席。内设工作机构有:农场办、工会、团委、妇联、武装部、综合档案室、西湖公安分局、水利电力科、计财科、劳动工资科、民政信访科、司法科、离退休人员管理科、农机交通监理科、计划物价审计科、科技科、教育科、卫计科、工商所、工交办、商业办、农业办、国土办(基建办)、审计室、法庭、人民检察院、调查研究室、监察室。1992年西湖农场工交办更名为西湖农场经济委员会;1993年3月24日,西湖农场司法科更名为“汉寿县司法局西湖分局”;1996年4月24日,撤销计划物价审计科,计划工作归口农场办,物价与工商所合署办公,成立统计室、审计室,均为正科级单位。

1999年8月,经省人民政府批准建立西湖管理区,成立常德市西湖管理区管理委员会,作为常德市人民政府的派出机构。西湖管理区管理委员会为正县级单位,享受县级人大、政协、武装、法院、检察院以外的一切政府职能。区管理委员会根据常编发〔1999〕12号文件设主任1人、副主任4人、工会主席1人、武装部部长1人,并相应建立县一级行政、财政、司法体制。

2002年5月24日,经市委、市人民政府批准,下发常办通字〔2002〕36号《中共常德市西湖管理区委员会、常德市西湖管理区管理委员会机关机构改革方案》,明确常德市西湖管理区管理委员会(简称西湖区管委会)为市人民政府派出机构,与中共常德市西湖管理区委员会(简称西湖区委)实行党政合一,两块牌子,一套班子,统一管理运作。行政级别为正处级,按照县级地方党委、比照县级政府行使职能职权,统一领导和管理西湖的各项事务。主要职责是:

(一)贯彻党的路线方针政策以及国家的法律、法规,具体执行市委市政府的指示、决议与决定,研究制定和组织实施管理区的具体管理规定和改革措施,探索管理区改革和发展的新思路、新模式,负责管理区的物质文明和精神文明建设。

(二)负责管理区上传下达、综合协调和重大事项的处理工作。

(三)负责管理区财税、计划、审计、物价、国有资产、经济发展、招商引资、移民开发、公路交通工作。

(四)负责管理区组织、机构编制、人事、劳动和社会保障、老干部、宣传、统战、纪检、监察及群团管理工作。

(五)负责管理区农村和农业、林业、水利工作。

(六)负责管理区社会治安综合治理、民政、司法行政和人民武装工作。

(七)负责管理区科技、文化、教育、卫生、计划生育工作。

(八)负责管理区规划、国土、城镇、建设管理、环境和资源保护及房地产开发工作。

(九)负责协调市直有关部门在管理区设立的派出机构的工作。

（十）管理西湖镇。

（十一）承办市委、市人民政府交办的其他事项。

根据上述工作职责，西湖区委、管委会内设12个工作机构（均为正科级）。办公室、政治部、政法委员会（加挂民政局牌子）、财政局、农村经济工作局（加挂水利局牌子）、经济贸易局（加挂交通局牌子）、教科文卫局（加挂计划生育局牌子）、移民开发局（加挂计划物价统计局牌子）、国土规划建设局、劳动和社会保障局、司法局、监察局（与纪委合署办公，加挂审计局牌子），工会、共青团、妇联等群团组织，按有关“章程”规定设置。武装部按规定设置与区委政法委员会合署办公。纪检机构按有关规定设置。区委、区管委机关行政编制90名，其中：书记、主任各1人，副书记、副主任5名，纪委书记1名，政法委书记1名，武装部部长1名、工会主席1名，正副科级领导职数36名；其他工作人员44名。根据市委机构改革方案的要求，西湖区委积极稳妥、大胆推进机构改革，按照“公平、公正、公开、择优”原则实施全员竞争上岗。2002年6月，区委下发西发〔2002〕11号关于《西湖区机关办事处（镇）机关机构改革竞争上岗实施办法》和西发〔2003〕12号关于《西湖区机关办事处（镇）机关机构改革人员分流实施办法》，组织实施机构改革。10月，机构改革基本完成。通过改革区机关由原来2办2部28科室减少到21个部委办局，精简机构45%。领导指数由原来63个实职职数减少为41个，精减34.9%，工作人员由原来的179人减少到110人，精简38.5%。

根据工作需要，2004年12月30日，根据常编办〔2004〕98号文件单设西湖管理区水利局，核定编制10名，正副科级职数3名。2005年8月1日，根据常编办〔2005〕79号单设西湖管理区人口和计划生育局（卫生局），核定编制4名，正副科级职数2名；8月27日，单设西湖管理区环境保护局，核定编制4名，正副科级职数2名；12月，西湖管理区经济贸易局加挂安全生产监督管理局牌子，核定编制4名，正副科级职数2名；2007年9月11日，根据常编办〔2007〕36号文件单设交通局，国土规划建设局分设国土资源局、城管规划建设局。经济贸易局加挂招商局牌子，计划物价统计局更名为发展改革物价统计局，农业征收管理局更名契税耕地占用税征收管理局，在财政局挂牌。根据常编办〔2010〕105号，在办公室加挂信访局牌子，政治部加挂老干部局牌子。司法局编制为12名，其中政法专项编制为3名，专项事业编制为9名（含司法助理员6名）。2010年3月，单设西湖管理区民政局，核定行政编制4名，正副局级2人。6月，西湖管理区交通局更名西湖管理区交通运输局。

至2010年内设机构18个，区委、区管委机关行政编制总额105名，核定领导职数65名，其中区级领导职数15人、机关正副科级干部50名，核定非领导职数43人。区级领导15人包括书记、主任各1名，副书记、副主任6名，纪委书记兼武装部部长1名，政法委书记、工会主席各1名，调研员1名，副调研员2名，享受副处级待遇1名。15人中在职研究生1人，大学本科9人，大专5人，政工师5人，经济师5人，助理农艺师1人，平均年龄44岁。

附:

西湖农场(区)党委领导干部名录表

表 8-1-2

姓 名	性别	职 务	任职年限	备 注
杨光宏	男	党委书记	1990.6—1992.7	1989.9—1990.6 任农场副书记
董学全	男	副书记	1983.12—1993.8	
高 勇	男	副书记	1989.7—1992.9	
袁贵友	女	副书记	1990.4—1992.8	
易后宗	男	纪委书记	1986.4—1998.6	
曾宪迪	男	党委委员、政法委书记	1989.10—1999.12	
高 勇	男	党委书记	1992.9—1993.7	
康绪宏	男	副书记	1992.9—1993.8	
郭儒刚	男	副书记	1992.9—1996.3	
詹松柏	男	党委书记	1993.8—1996.3	
黄云新	男	副书记	1993.8—1999.10	
郭儒刚	男	党委书记	1996.4—1997.12	
易后宗	男	副书记	1996.6—1998.6	
陈本祥	男	党委书记	1998.1—1999.10	
邓 纯	男	副书记、纪委书记	1998.7—1999.10	
夏延来	男	党委委员	1983.12—1992.10	
王盛丕	男	党委委员	1983.12—1993.10	
车昭范	男	党委委员	1987.6—1995.6	
夏跃文	男	党委委员	1992.10—1995.9	
曾德富	男	党委委员	1992.9—2009.6	
袁先栋	男	党委委员	1993.10—1995.9	
张铁光	男	党委委员	1995.9—2010.6	
管云生	男	党委委员	1995.9—1999.5	
童宗祥	男	党委委员	1996.8—1999.10	
戴耀华	男	党委委员	1995.7—2002.10	
陈本祥	男	党委书记	1999.10—2001.8	
黄云新	男	副书记	1999.10—2001.10	
邓 纯	男	副书记	1999.10—2001.12	
李德琦	男	纪委书记	1999.10—2001.11	
黄云新	男	党委书记	2001.10—2007.2	
李德琦	男	副书记	2001.12—2008.3	
曾德富	男	副书记 纪委书记	2001.12—2009.6 2001.12—2008.3	

续表 8-1-2

姓　名	性别	职　务	任职年限	备　注
覃事共	男	副书记	2005.8—2007.2	
刘助中	男	政法委书记、纪委书记	1999.9—2002.3 2008.3—2010.12	
覃事共	男	党委书记	2007.3—2010.12	
张铁光	男	副书记	2009.9—2010.6	
余　俞	男	副书记	2009.9—2010.12	
彭学云	男	副书记	2010.10—2010.12	
鲁光学	男	党委委员、政法委书记	2002.3—2007.10	
彭春生	男	党委委员、政法委书记	2007.10—2010.8	
孙功明	男	党委委员	2007.10—2008.3	
伍光勇	男	党委委员、政法委书记	2010.8—2010.12	
邓建堂	男	党委委员	2008.3—2010.12	
邓群智	男	党委委员	2008.3—2010.12	
周一夫	男	党委委员	2008.3—2010.12	

西湖农场(区)行政领导干部名录表

表 8-1-3

姓　名	性别	职　务	任职年限	备　注
杨光宏	男	场　长	1989.9—1992.7	
夏延来	男	副场长	1983.12—1992.10	
王盛丕	男	副场长	1983.12—1993.10	
高　勇	男	副场长	1990.8—1992.10	
康绪宏	男	副场长	1990.8—1993.10	
曾宪迪	男	武装部部长	1984.11—1999.10	
车昭范	男	工会主席	1987.6—1995.6	
袁贵友	女	场　长	1992.9—1993.8	
夏跃文	男	副场长	1992.10—1995.9	
曾德富	男	副场长	1992.9—1999.10	
郭儒刚	男	场　长	1993.9—1997.4	1994.6—1996.4 兼任武装部第一部长
袁先栋	男	副场长	1993.10—1995.9	
陈本祥	男	场　长	1997.5—1999.10	
邓　纯	男	副场长	1993.8—1998.3	
管云生	男	副场长	1995.9—1999.5	

续表 8-1-3

姓 名	性别	职 务	任职年限	备 注
张铁光	男	副场长	1995.9—1999.10	
黄云新	男	副场长	1996.8—1999.10	
童宗祥	男	副场长	1996.8—1999.10	
戴耀华	男	工会主席	1995.7—2001.11	
陈本祥	男	管委会主任	1999.10—2001.8	
黄云新	男	副主任	1999.10—2001.10	
曾德富	男	副主任	1999.10—2001.12	
张铁光	男	副主任	1999.10—2010.6	
童宗祥	男	副主任	1999.10—2000.1	
刘助中	男	武装部部长	1999.10—2010.12	
孙功明	男	工会主席	2001.12—2008.3	
黄云新	男	主 任	2001.9—2007.2	
鲁光学	男	副主任	2000.1—2007.10	
李德琦	男	副主任	2001.12—2008.3	
彭学云	男	副主任	2001.12—2010.12	
彭春生	男	副主任	2001.12—2010.12	
覃事共	男	副主任	2005.8—2007.2	
覃事共	男	主任	2007.3—2009.9	
邓建堂	男	副调研员 副主任	2005.8—2008.2 2008.3—2010.12	
邓群智	男	副调研员 副主任	2005.8—2008.2 2008.3—2010.12	
周一夫	男	副调研员 副主任	2005.8—2008.2 2008.3—2010.12	
余 俞	男	主 任	2009.9—2010.12	
谌贵诚	男	副调研员 工会主席 副 主 任	2008.3—2009.9 2009.9—2010.10 2010.10—2010.12	
伍光勇	男	副调研员	2008.3—2010.10	
熊永忠	男	副调研员	2008.3—2010.12	
何 岩	男	副调研员	2010.10—2010.12	
刘六林	男	副调研员	2010.10—2010.12	
谢晴亮	男	副处级干部	2009.4—2010.12	
周佑夫	男	副处级干部	2010.12—2010.12	

2002年机构改革内设机构人员编制领导职数情况表

表 8-1-4

名称	级别	编制	领导职数		设立文件	备注
			正职	副职		
办公室	正科	8	1	2	常办通字〔2002〕36号	
政治部	正科	8	1	2	常办通字〔2002〕36号	
政法委员会（社会治安综合治理办公室，一个机构两块牌子，加挂民政局牌子）	正科	11	1	2	常办通字〔2002〕36号	1名副书记兼任民政局局长
农村经济工作局（加挂水利局牌子）	正科	5	1	2	常办通字〔2002〕36号	
移民开发局（加挂计划物价统计局牌子）	正科	5	1	2	常办通字〔2002〕36号	
经济贸易局（加交通局牌子）	正科	6	1	2	常办通字〔2002〕36号	1名副局长兼任交通局局长
教科文卫局（加挂计划生育局牌子）	正科	4	1	1	常办通字〔2002〕36号	
监察局（与纪委合署办公，加挂审计局牌子）	正科	6	1	2	常办通字〔2002〕36号	
司法局	正科	12	1	2	常办通字〔2002〕36号	政法专项编制3名，专项事业编制9名，正副科级领导职数3名
财政局	正科	6	1	2	常办通字〔2002〕36号	
劳动和社会保障局	正科	5	1	2	常办通字〔2002〕36号	
国土规划建设局	正科	3	1	1	常办通字〔2002〕]36号	
工会	正科	1	1	—	常办通字〔2002〕36号	

续表 8-1-4

名　称	级别	编制	领导职数		设立文件	备　注
			正职	副职		
团　委	正科	1	1	—	常办通字〔2002〕36号	
妇　联	正科	1	1	—	常办通字〔2002〕36号	

第二节　重大决策

一、决策会议

2012年12月西湖区委班子研究工作

全区(场)的重大政治活动、经济活动、人事任免等事项都通过区(场)级党政领导班子会议研究决策。

1991—2010年共计召开区(场)级党政领导班子会议455次，研究机构改革与行政区划、企业改革、三农问题、城镇建设、公路建设、教育改革与基础建设、人事任免等重大事项,并根据党的方针政策、上级精神及西湖的实际作出决策,在全区贯彻落实。

西湖农场(区)场(区)级领导班子会议统计表

表 8-1-5

年度	次数	年度	次数	年度	次数
1991	34	1998	23	2005	20
1992	41	1999	20	2006	20
1993	26	2000	20	2007	13
1994	26	2001	12	2008	23
1995	16	2002	22	2009	26
1996	26	2003	20	2010	23
1997	20	2004	24	合计	455

二、决策纪要

机构改革和行政区划

1991年3月11日第9次场级领导会议，研究机构调整，确定各分场18个编制，各部委办17个编制。

1993年2月8日第11次场级领导会议，确定部委科包括学校定编445人。

2002年8月16日第19次区级领导会议，会议确定区直机关改革方案，明确加挂牌子单位的编制分配、领导职级等问题。

2006年3月11日第4次区级领导会议，研究生产队合并建村问题，决定启动合并工作，并明确合并村的规模、职权、村干部待遇、工作经费等。3月15日，区委区管委作出决定，从当天起至4月30日止，集中时间和精力开展撤队建村和村委会依法选举工作，决定原则上每个办事处只设3个村，西湖镇按原建制3个村进行选举。

2009年5月5日第9次区级领导会议，研究行政规划问题，会议决定除西湖镇外，按一个乡1.7万人左右、30平方千米的规模另建置两个乡。2010年4月15日，第11次区级领导会议，确定两乡的内设机构为五办一所，人员编制数为：每个乡的行政编制数为30人，其中9名领导职数，事业编制数按1∶1.2比例配置，驻乡派出机构为：司法所、国土所、交通运输所、公安、工商、移民工作站等。2010年5月11日，第13次区级领导会议决定，裕民、西洲、下窖三个办事处合并为一个乡，称西洲乡。新港、鼎港、东洲三个办事处合并为一个乡，称东洲乡。渔场归西湖镇管理。

企业改革

1991年4月4日第11次场级领导会议，研究制药厂的筹办问题，会议决定加强调研，拿出可行性报告，上报审核批准。批准后，抓好技术培训和厂房建设。1996年7月14日，第12次会议，决定把药厂推向市场，成立专门的领导小组，制定固定资产和人员流动的方案。

1992年1月1日第2次场级领导会议，研究房产改革，明确房产公司为独立经营实体。3月，改房产公司为房地产开发公司。1993年，农场出台《西湖农场住房制度改革试行意见》，1996年11月26日，第24次场级领导会议，通过《房改试行意见》。2000年5月8日第6次会议，明确参加房改的对象为1996年12月31日前参加工作的干部职工，工龄截止时间为1996年12月31日。规定买房产不买地产，产权100%买断。

1992年4月4日第22次场级领导会议，研究纸厂责任制问题，决定工资分配方案按照打破大锅饭的原则，实行“上不封顶，下不保底”的效益工资制。制定车间、厂级领导考核细则，考核成绩与经济效益挂钩。

1993年3月14日第2次场级领导会议，会议通过《关于完善工效挂钩的规定》。5月15日第15次场级领导会议，研究果脯糖厂的改革，会议通过了“一厂两制，切块承包”的改革方案。

1993 年 4 月 10 日第 10 次场级领导会议,审议通过《关于招商引资,内引外联的奖励办法》。2003 年 9 月 7 日第 15 次会议,决定引进贝丹药业有限公司。2008 年 5 月 6 日第 2 次会议,研究对贝丹药业实施优惠政策,增值税地方留成部分,3 年时间每年返 30%。企业所得税、地方所得税部分,3 年全征全返。改革性收费 3 年减半收取,服务性收费按实征收。

1996 年 7 月 13 日第 11 次场级领导会议,研究兴盛公司的相关问题,决定兴盛公司实行企业承包,并制定了承包的相关细则。

1997 年 7 月 4 日第 11 次场级领导会议,会议决定企业进行大胆改革,药材公司、食品厂、贸易公司、粮油公司、物资局采取股份制经营;兴盛公司实行承包经营;棉麻公司采取计件经营,造纸厂实行优化组合,汽运公司实行减员经营。

1998 年 3 月 27 日第 6 次会议,通过实行年薪制的方案,并制定了《工资分配管理办法》。

1998 年 6 月 30 日,第 14 次场级领导会议,研究甜叶菊厂租赁经营问题,会议决定以每年 6 万元的租金签订租赁协议,甜叶菊厂 25 名员工一并由租赁公司接管。

2000 年 6 月 24 日第 8 次区级领导会议,研究“两个买断”,会议确定第一批买断的企事业单位:工商企业,实行企业管理的事业单位、分场(镇)企业;买断补偿金标准为月平均工资 36 个月,计内工资 12 个月,上要封顶、下要保底。要求:买断与重组相结合,保住骨干企业,买断与退休人员分离,力争一次性交足 5 年的养老金。

2000 年 12 月 3 日第 19 次区级领导会议,会议对饮食公司、药材公司、建材厂、贸易公司、航运公司、兴盛公司等产权和身份置换后的情况进行了研究,决定在全区范围内实行两个置换改革。

2002 年 11 月 9 日第 22 次区级领导会议,研究纸厂改制问题,会议决定纸厂以 800 万元出让,并确定以此资金作为改制经费。

2004 年 11 月 25 日,第 19 次区级领导会议,决定男女职工退休年龄提前 5 年(男 30 年工龄,女 25 年工龄),时间到 2005 年 12 月 31 日止。

2006 年 5 月 15 日第 9 次会议,决定建筑公司实行买断,其 80 名职工按工龄乘以年 150 元标准买断,计 20 多万元。

2008 年 4 月 21 日第 7 次区级领导会议,研究棉麻公司土地挂牌出让问题,会议决定同意土地出让,并制定挂牌时间和程序,并对受买人和后期管理作出规定。

“三农”问题

1991 年 9 月 16 日第 24 次场级领导会议,研究农业产业结构问题,决定根据市场需求,加大调整力度,减粮扩棉,发展壮大种植业、养殖业、加工业,发展庭院经济。

1996 年 10 月 25 日第 21 次场级领导会议,研究水利冬修问题,决定拨款 80 万元,进行大堤加固,渠道疏通,并成立水利冬修领导小组,制定水利冬修方案。

1997 年 10 月 29 日第 14 次场级领导会议,研究水利冬修工作。会议决定年前完成冬修大堤 2300 米,35 万立方米土方。拨款 143 万元,要求春节前完成任务。

2001 年 3 月 27 日第 2 次区级领导会议,研究农村税费改革问题,会议制定“三取消、二调整、一改革”方针,即取消乡统筹乡面向农村收取的各项费用,取消屠宰税,取消劳动积累工和义务工;调整农业税和农业特产税政策;改革村税费征收和使用办法。村办的事业由村民一事一议,村里向村民收缴的费用每人不得超过 15 元。决定农业税附加,按农业税的 20%征收,基本水费和排渍费按 25 元 / 亩或 28 元 / 亩征收。

2002 年 2 月 25 日第 5 次区级领导会议,研究移民资金管理问题,会议确定移民资金采取以奖代投的投放方法和工程项目管理投建分离的制度,规定移民资金、财政资金要集体研究,接受财务审计监督。2006 年 10 月 11 日第 15 次会议,确定移民后期扶持资金为人均 600 元 / 年。2007 年 3 月 13 日第 1 次会议,决定后扶资金从 2006 年 7 月 1 日起发放,移民后扶对象必须是 2006 年 6 月 30 日户口在西湖的移民及其子女,其资格须经村、办事处(镇)区逐级审批。

2002 年 12 月 23 日第 25 次区级领导会议,研究大西湖开发问题,会议决定大西湖开发将采取公开招标方式进行,分 6 年开发,2003 年分两期开发,第一期开发 300 亩,第二期 500 亩,并成立领导小组,明确开发方式。

2004 年 12 月 4 日第 20 次区级领导会议, 研究夕阳红敬老院建设和人员机构改制问题,明确夕阳红敬老院定为股级事业单位,归口民政局管理。2006 年 10 月 20 日第 16 次会议,决定拨款 102 万元,在东洲办事处原办公院落内修建紫东敬老院。

2005 年 3 月 25 日第 3 次区级领导会议,研究实施“六年规划”,决定启动全区自来水管网改造。2007 年 9 月 27 日,总投资 97 万元的农村安全饮水工程通过验收。此工程铺设管网 24 千米,解决 2500 人饮水难问题。

2006 年 10 月 20 日第 16 次会议,研究建立新型农村合作医疗问题,确定参合人员必须是农村户口。财政资金补贴每人 40 元 / 年(中央 20 元、省 16 元、区 4 元),个人缴费 10 元,合计 50 元。

城镇建设

1998 年 4 月 10 日第 8 次场级领导会议,研究农贸市场改建问题,会议决定原农贸市场由省国际信托房地产开发公司一次性投资 600 万元进行改建,改建为拥有农贸、南杂、百货、服装、布匹五大区,总面积 6000 平方米的商贸城。

1998 年 9 月 12 日第 19 次场级领导会议,研究新建工贸城问题,会议决定投资 170 万元,在商贸城东侧新建面积 3000 平方的工贸城。

2003 年 6 月 24 日第 12 次区级领导会议,会议通过《西湖镇 2002—2020 年总体规划(修编)方案》。

2004 年 3 月 4 日第 3 次区级领导会议,会议确定 10 个项目的基建计划(西湖一中多功能礼堂、西湖一中篮球场、西湖一中学生宿舍、社会保障大楼、医院急诊大楼、图书文化中心、培训中心、通乡公路、远程教育、制药厂)。

2008年4月16日第5次区级领导会议,研究机关办公楼建设问题。通过办公楼建设方案,决定在原区委办公楼处新建6层办公楼,并配套消防通道及2个电梯。

2010年6月17日第14次区级领导会议,研究廉租房建设问题。决定在国税分局后面建设108套,每套49平方米,总建筑面积10000平方米左右的廉租房。

公路建设

2000年4月11日第3次区级领导会议,研究公路建设问题。决定投入600万元进行道路建设,其中省300万元、市局200万元、区负责100万元。

2004年3月4日第3次区级领导会议,研究公路建设计划,确定环城公路建设规划。规划线路为:十门闸—下窖,东湖—裕民,南圆盘—新港、鼎港2桥—鼎港,西洲五队—西洲,西湖镇—东湖。

2005年9月20日第11次区级领导会议,研究道路建设问题。决定:一是修建总场至东洲、西洲公路,总长5.4千米,宽5米,造价220万元;二是环镇公路建设投资180万元;三是五七桥、新港桥改造;四是计划通乡公路建设,全长49千米,两年内完成任务。

2005年10月8日12次区级领导会议,研究通村公路建设问题。会议决定启动三分场通村公路建设。该公路总长3.3千米,宽3.5米,造价36万元;规划二分场、六分场通村公路建设,总长均为5.8千米,宽3.5米。

2009年6月2日第10次区级领导会议,研究二级客运站建设问题。会议决定在西湖镇南园盘东侧征地40亩,建设一个集客运、餐饮、住宿为一体的综合客运站。

教育改革与教育基础设施建设

1996年6月15日第9次场级领导会议,研究1997年普九达标,会议明确经费来源、工作责任、实施步骤。

1999年1月25日第2次场级领导会议,研究撤点并校问题。会议决定撤销三附中,原三附中教师和168名学生并入一中;撤销四分场一、二队学校,原学校老师和79名学生并入新港小学;撤销五分场一、二队学校,原学校老师和50名学生并入鼎港小学;撤销六分场五六队学校,原学校老师和43名学生并入东洲小学。

2000年8月27日第11次区级领导会议,研究关于规范中小学校收费问题,会议决定取消维持费,禁止各种形式的检查评估,禁止发放课外书籍、资料和考试资料,严格规范学校收费行为,一律亮牌收费。

2000年10月24日第17次区级领导会议, 研究三制改革。会议决定全区教育编制为283人,自动离岗者(15天以上)除名,缺编人员工资,核定5000元/人·年。

2004年3月4日第3次区级领导会议,研究西湖一中三用礼堂建设问题。会议确定建设方案,具体包括:资金筹措、建设单位、造价明细等。

2006 年 7 月 25 日第 11 次区级领导会议，研究西湖一中教育改革问题。会议决定西湖一中高中部和初中部分离，高中部性质为国有领办公助，取名为西湖一中，初中部仍为公立国办，取名为西湖三中。西湖一中为正科级，西湖三中为副科级。

2010 年 8 月 11 日第 19 次区级领导会议，研究西湖中心小学教学楼危改问题，决定拨款 280 万元，拆除原 2 层教学楼，新建 4 层教学楼一栋，计划 2011 年启动大礼堂建设项目。

其他事项的研究和决定

2006 年 12 月 11 日第 19 次区级领导会议，研究工资套改问题，决定行政编制内，按公务员套改，各办事处(镇)5 个编制按事业单位管理人员套改，教师、护士按要求套改，公务员从 2006 年 7 月起薪，津补贴从 2007 年 1 月 1 日到位。

2007 年 11 月 25 日，区委研究决定，从 2008 年 6 月 1 日起，镇区除腊月三十，正月初一、二、十五 4 天外，全面禁止燃放烟花爆竹。

第三节　办公室工作

中共西湖管理区委员会办公室和西湖管理区管理委员会办公室是西湖管理区党委和区管委的工作机构，两块牌子，一套班子。移民办场时，称西湖农场党委办公室和西湖农场办公室，1999 年 8 月建立西湖管理区更名。根据市委、市政府常办通字〔2002〕36 号文件，办公室主要职责是负责上传下达、综合协调；负责会议的组织安排和各种政策法规的督查检查；负责报告文件的起草、印刷与发放，负责有关文书档案机要保密管理；负责有关党史与西湖大事记的编写；负责政务公开、机关值班、机关后勤服务等管理工作。

办公室内设值班室、文秘室、机要室，归口管理单位有信访局、档案室、后勤服务中心。人员编制为 8 人。

文秘　1991—2010 年共起草下发西湖区委、区管委文件 2280 件，编写党委会议记录 340 个。

机要保密　利用收发明传密码电报、政务专线、接收上级保密文件，配备专用传真机，印章文件存放保险柜，确保机密安全。

简报编写　1991—1998 年编发农场《情况简报》19 期，1999—2010 年编发《西湖通讯》50 期。

附:

办公室班子成员名录表

表 8-1-6

姓　名	职　务	任职时间
夏延来	主　任	1991.2—1992.2
伍光勇	副主任	1990.1—1999.3
马　光	副主任	1991.2—2000.5
曾德富	主　任	1992.3—1993.3
刘业刚	副主任	1992.2—1993.3
向梅初	主　任	1993.4—1996.4
刘助中	副主任	1993.3—1996.3
刘一太	副主任	1993.3—2001.7
刘助中	主　任	1996.4—1999.3
曾明清	副主任	1996.4—1998.2
熊永忠	副主任	1997.1—2000.4
陈代永	副主任	1998.2—2002.8
彭春生	主　任	1999.4—2002.12
胡同福	副主任	2000.8—2011.3
吴海林	副主任	2000.5—2010.4
伍光勇	主　任	2002.12—2010.4
李跃明	副主任	2002.9—2007.3
夏祖忠	副主任	2002.12—2007.5
易著辉	副主任	2007.3—2010.12
王永安	副主任	2007.3—2010.12
刘常宏	副主任	2008.6—2010.12
李跃明	主　任	2010.4—2010.12

第四节　组织人事工作

一、机　构

西湖管理区政治部是党委主管组织人事工作的职能部门,主要职能负责组织工作、干部工作、思想政治工作、理论宣传工作;贯彻执行党的路线方针政策;负责基层组织建设及党员发展与管理及干部人事及机构编制管理工作;负责理论培训、组织建设、思想作风建设;负责培养选拔任用干部及管理区所属单位领导班子建设,从组织上保证党的政治路线的实现;贯彻落实党和国家关于老干部工作的方针政策,负责对老干部的管理与服务。

政治部的前身为1973年建立的组织部、宣传部。1984年农场机构改革，撤销两部，设综合性职能部门政治处。1990年2月，经市农经委批准，又撤销政治处，恢复组织部、宣传部建置，组织部与人事科合署办公。1993年宣传部与统战部合署办公，含文化科、广播电视台。2001年文化与广播电视从宣传部析出，组织部、宣传部、统战部合并设立西湖管理区政治部。附历任组织部、宣传部、政治部部长、副部长名录。

西湖一中党务公开栏

1991—2001年党委组织部部长、副部长名录表

表8-1-7

姓　名	职　务	任职年限
林树森	部　长	1990.1—1992.4
黄云新	副部长	1990.6—1992.1
谌高生	副部长	1991.2—1994.1
王金诚	副部长	1990.1—1991
黄云新	部　长	1992.2—1996.3
李德琦	副部长	1994.1—1996.4
徐汉武	副部长	1995.3—2001.7
向梅初	部　长	1996.4—2001.7
邓群智	副部长	1996.12—2001.6
聂长绍	副部长	1991.1—2002.10
谢芳郊	副部长	1997.12—2001.3

1991—2002年宣传部部长、副部长名录表

表8-1-8

姓　名	职　务	任职年限
车昭范	部　长	1990.1—1994.1
刘丰楚	副部长	1990.1—1994.1
刘助中	副部长	1990.1—1992.1
熊顺福	副部长	1992.3—2000.4
刘丰楚	部　长	1994.1—1999.2
朱健平	部　长	1999.3—2001.6
刘吉长	副部长	2000.3—2002.8
黄湘春	副部长	2000.3—2002.10
邓群智	部　长	2001.6—2002.10

2002—2010年政治部主任、副主任名录表

表8-1-9

姓名	职务	任职年限
邓群智	主任	2002.11—2007.3
何岩	副主任	2002.9—2006.3
刘六林	副主任	2002.10—2007.3
熊永忠	主任	2007.3—2010.4
谌永长	副主任(正科级)	2006.3—2007.3
李树英	副科级干部 主任科员	2007.5—2008.12
王井岗	副主任	2007.3—2010.12
周尔琛	副主任	2008.6—2010.12
何岩	主任	2010.4—2010.12

二、组织工作

(一)党员

党员人数 1991年全区共有共产党员1544人。其中男1359人,女185人。大中专文化程度202人,为党员总数的13%。2010年党员总数达2354人,比1991年增加810人。女党员438人,增加253人。大中专以上文化程度的人数达1053人,比1991年增加851人,占党员总数的44.7%,比1991年增加31.7%。

党员发展 遵循"严格标准,保证质量,改善结构,慎重发展"的方针,每年由组织部门举办入党积极分子培训班1~2期,人数100人左右,由组织宣传部门和党组织负责人讲课,培训内容为学习党章、党的基本知识、党员的权利和义务,党纪党风教育。2002年健全完善党员发展工作制度,注重在农民中发展党员。2003年全区实行发展党员"公示制"和"票决制"。2010年发展党员80人,其中男性57人,女性23人,本科4人,大专22人,35岁以下49人。1991—2010年共发展党员1099人,具体情况见统计表8-1-10。

发展党员人数统计表

表8-1-10

年份	发展党员人数	年份	发展党员人数
1991	20	2001	35
1992	23	2002	41
1993	28	2003	37
1994	34	2004	52
1995	50	2005	43
1996	74	2006	56
1997	116	2007	63
1998	91	2008	67
1999	80	2009	74
2000	35	2010	80

（二）党的组织

西湖农场党委所辖基层机构，农村按行政区划，分场设党总支，生产队设党支部。党支部归属所在分场党总支领导。1985 年设置西湖镇，成立党委会，场直机关按线成立党总支委员会，下属单位成立党支部。1990 年，全场有党委 1 个，有工交办、农业办、财贸办、建设管理办、教科文卫办、政法委六个总支委员会和六个分场总支委员会。是年全场有党委二级机构 13 个，党支部 145 个。

1991 年，党委对场直部门党组织进行调整。成立计划生育卫生办党总支委员会，撤销文教科卫办总支，成立教委总支委员会；撤销农机交通监理科支部委员会，成立农机交通监理科总支委员会；撤销工交办总支委员会，成立工交办党组。1992 年 5 月，工交办党组又更名国营西湖农场经济委员会党组。1992 年 6 月，成立总场机关党总支委员会。到 1992 年，全场共有 16 个党总支委员会，1 个党委，156 个党支部。

1999 年 8 月，建立西湖管理区。2002 年经市委市政府批准，区直机关和办事处（镇）实施机构改革，原分场改置办事处，办事处设党委会。2002 年，西湖镇新民社区、东湖社区成立党总支委员会。2003 年党委研究，成立机关党委，战线成立党组，即政法委党组、教科文局党组、国土规划建设局党组、经济贸易局党组，2006 年原 61 个生产队合置 22 个行政村，建立村党支部委员会。是年，全区计有 8 个基层党委（西湖镇党委、6 个办事处党委、机关党委）、2 个党总支（东湖社区党总支和新民社区党总支），96 个党支部。

2002 年管理区逐步推行非公有制企业党建工作“登记申报、年检年报”制度，规范非公有制企业党组织设置和调整工作。先云超市建立党支部，这是西湖区第一个非公有制企业党支部。

2010 年，裕民、西洲、下窖、新港、鼎港、东洲办事处合并设置东洲乡、西洲乡，设党委。全区基层党委 4 个（区党委、西湖镇党委、东洲乡党委、西洲乡党委），党总支 4 个（东湖、新民、教科文局、计卫局），党支部 96 个。详情见表 8-1-11、表 8-1-12。

基层党组织统计表（一）

表 8-1-11

年份	党委	党总支	党支部	党员（人）	其中		少数民族
					男	女	
1991	1	16	156	1544	1359	185	4
1992	1	16	156	1608	1415	193	4
1993	1	16	156	1634	1430	204	4
1994	1	16	156	1648	1429	219	4
1995	1	16	157	1689	1464	225	4
1996	1	16	157	1752	1513	239	4
1997	1	16	157	1851	1602	249	4
1998	1	16	165	1914	1668	246	4
1999	1	16	165	1971	1713	258	3
2000	1	16	142	1951	1674	277	3
2001	1	16	142	1973	1696	227	3

续表 8-1-11

年份	党委	党总支	党支部	党员（人）	其中		少数民族
					男	女	
2002	8	2	130	2003	1714	289	3
2003	8	2	130	2041	1721	320	3
2004	8	2	129	2089	1765	324	3
2005	8	2	118	2122	1777	345	4
2006	8	2	96	2152	1801	351	4
2007	8	2	96	2188	1826	362	4
2008	8	2	96	2201	1830	371	4
2009	8	2	96	2223	1836	387	4
2010	4	4	96	2354	1916	438	1

基层党组织统计表(二)

表8-1-12

年份	文化程度						年龄				
	研究生	本科	大专	中专	高中中技	初中及以下	35岁及以下	36~45	46~54	55~59	60岁及以上
1991		12	73	117	238	1104	381	445	381	179	158
1992		13	75	143	288	1089	399	442	386	189	192
1993		16	80	186	329	1023	432	458	376	186	182
1994		25	122	204	332	965	410	449	379	182	178
1995		32	118	211	347	972	429	513	387	182	178
1996		36	139	251	351	975	485	534	388	176	169
1997		41	163	283	380	984	531	570	404	176	170
1998		38	178	307	409	982	448	430	294	356	386
1999		40	217	324	412	978	458	437	315	366	395
2000		42	243	292	415	982	386	452	336	371	406
2001		45	244	288	552	844	357	456	484	156	520
2002		89	258	332	465	859	342	476	460	202	523
2003		88	264	332	352	1005	276	529	482	217	537
2004		96	296	325	363	1009	280	535	497	239	538
2005		96	324	323	375	1006	246	565	534	240	567
2006		108	343	314	398	989	238	545	512	223	534
2007		188	352	318	382	948	255	593	542	235	563
2008		185	348	305	392	971	262	598	515	248	578
2009		193	331	297	442	960	258	629	486	264	586
2010		208	408	437	436	865	254	857	527	264	452

（三）党员教育

1991—2010年，全区各级党组织采取多种形式加强对党员的党性党纪党风教育。1996年举行孔繁森事迹报告会，组织党员观看影片《孔繁森》，在党员和干部中，掀起向孔繁森学习的热潮。1999年，针对邪教"法轮功"问题，在党员和干部中开展"四个观念"的教育（即政治组织观念、群众观念、政策法制观念、勤政廉政观念），提高了党员的党性意识。2000年开展"讲学习，讲政治，讲正气"的三讲活动。活动围绕党的基本路线和群众路线，开展批评和自我批评，解决党员和党员干部中理想观念和精神不振的问题。2001年开展"三个代表"重要思想教育，区直机关干部下村、组、入农户，开展四送（送政策，送技术，送信息，送温暖）活动，机关干部为民服务作风明显好转。2005年开展"保持共产党员先进性教育"，500多名党员参加党章基本知识竞赛，900多名党员参加"五个一"教育活动，即"读一本书、写一篇心得、坚守一个合格党员的标准、征求群众一条意见、写好一个小结"。541名党员参加理论测试，党员的党性意识得到明显增强。2008年四川汶川发生地震，全区105个基层党支部905名党员自愿缴纳"特殊党费"30.0081万元，同年10月捐赠衣被500余套，支持抗震救灾。2009年全区开展学习实践科学发展观活动，普及科学发展观的基本知识，提高党员的思想水平。2010年在全区党组织和党员中，深入开展创先争优活动。活动以创建先进基层党组织，争当优秀共产党员为主要内容，努力做到"五个好"（领导班子好，党员队伍好，工作机制好，工作业绩好，群众反映好），"五个带头"（带头学习提高，带头争创佳绩，带头服务群众，带头遵纪守法，带头弘扬正气）。参加活动的有基层党组织106个，党员人数2284人。书面承诺2265份。活动中，党员为民办实事128件，领导点评700人次。群众评议3612人次，投满意票3531人，满意率为97.76%。共编发简报11期，推介区级典型2人，在《常德日报》刊发新闻报道30余篇。通过开展创先争优活动，提高了全区基层党建工作水平，激发了全区各级党组织和广大党员的生机活力。

1991—2010年，全区表彰优秀党委优秀党支部278个，优秀共产党员851名。

三、人事管理

（一）干部队伍

移民建场初，农场从新化、安化、益阳、常德调入干部312人。为适应各项事业的发展，农场党委采取以工代干、以工代教、以工代医方式，选拔优秀中青年充实机关、学校、医疗等单位，并择优转为国家干部、公办教师和国家医生。1991年

2008年6月，省人大常委会原副主任董志文（右二）在西湖制药厂调研

全场有干部、教师、医务人员 659 人,其中国家干部 355 人、国家教师 259 人、国家医师 45 人。

2002 年根据《国家公务员暂行条例》,区委推行公务员制度,按市委核定的机关编制从 179 名竞岗干部中过渡公务员 110 名。2006 年根据新《中华人民共和国公务员法》,对全区检法司具备国家干部身份的 12 名工作人员进行公务员登记。2006—2010 年又公开招聘公务员 12 名。截至 2010 年,全区有公务员 142 人,事业编制的工作人员 695 人,共计 837 人。837 人中有大学本科 428 人,占干部总数 51%;大专人数 309 人,占干部的 37%,中专以上文化占干部总数 88%,较 1991 年的 28%提高 60%。历年干部人数及文化素质政治素质年龄结构见人事统计表。

人事统计表(一)

表 8-1-13　　单位:人

年份	干部人数	其中		
		男	女	共产党员
1991	659	512	147	288
1992	644	488	156	286
1993	613	462	151	282
1994	625	483	142	293
1995	636	491	145	299
1996	656	511	145	312
1997	702	539	163	319
1998	674	510	164	317
1999	704	518	186	364
2000	796	543	253	420
2001	829	567	262	443
2002	826	570	256	448
2003	980/139	665	315	456
2004	946/142	698	248	461
2005	903/142	667	236	463
2006	894/142	663	231	465
2007	875/141	657	218	470
2008	867/139	652	215	472
2009	844/138	635	209	476
2010	837/142	632	205	472

说明:从 2003 年开始,干部人数栏中前一个数为干部总数,后一个数为公务员数

人事统计表(二)

表 8-1-14 单位:人

年份	文化程度					年龄			
	本科	大专	中专	高中中技	初中及以下	35 岁及以下	36～45 岁	46～54 岁	55 岁及以上
1991	26	158	188	98	189	223	312	106	18
1992	39	156	183	87	179	226	292	111	25
1993	36	151	187	76	163	218	257	122	28
1994	43	166	213	87	116	299	268	132	26
1995	44	166	219	91	116	214	268	128	26
1996	44	175	234	96	107	214	268	128	24
1997	50	193	244	101	114	253	284	141	24
1998	51	203	228	95	97	264	276	115	19
1999	58	264	252	68	62	272	263	134	35
2000	76	289	291	64	76	293	304	165	34
2001	79	311	248	99	92	297	346	157	29
2002	74	318	284	65	85	268	321	197	40
2003	215	406	232	64	63	373	365	275	67
2004	323	385	138	58	42	278	372	268	54
2005	348	352	133	38	32	227	368	266	42
2006	364	340	124	34	32	238	378	234	44
2007	392	326	105	29	23	212	382	228	53
2008	408	321	102	17	19	208	386	238	35
2009	412	320	84	15	13	245	313	258	68
2010	428	309	80	12	8	196	325	238	78

(二)人事制度改革

2002 年 6 月,区委根据常办通字〔2002〕36 号关于《中共常德市西湖管理区委员会、常德市西湖管理区管理委员会机关机构改革方案》,出台西发〔2002〕11 号《西湖区机关办事处(镇)机关机构改革竞争上岗实施办法》和西发〔2002〕12 号关于《西湖区机关办事处(镇)机构改革人员分流实施办法》,正式启动西湖区机构人事制度改革。区委召开动员大会,成立西湖区机构人事制度改革领导小组,根据市编委核定的岗位领导职数和人员编制,按照公开岗位、公开报名、资格审查、竞岗演说、民主推荐、组织考评、拟任人选、党委研究、组织谈话等步骤,确定各个岗位人选,区直机关 190 人竞聘,上岗 110 人。办事处(镇)竞聘人数达 397 人,上岗 139 人,全区合计参加竞岗人数 587 人,通过竞争,上岗为 249 人,上岗人数占 42.4%。落聘的 383 人,其中退休 6 人,提前退养(科级干部男 52 周岁,女 50 周岁以上或工龄 30 年以上)44 人,内退(男 47 周岁,女 45 周岁以上或工龄 25 年以上人员)71 人,待聘 173 人。

2002年竞争上岗的干部为西湖区第一批过渡的公务员。这支队伍平均年龄38岁,大学本科文化占10.9%,大专文化占42.3%,他们爱岗敬业、恪尽职守、开拓进取、奋发向上,为西湖建设高素质的“四化”干部队伍打下良好的基础。

在机关机构人事制度改革后的2003年,区管委根据省、市关于事业单位人事制度改革的精神,下发西管发〔2003〕3号文件《西湖管理区事业单位机构人事改革工作实施意见》,按照“脱钩、分类、放权、搞活”的基本思路,改变区事业单位人员的终身制,全面推行聘用制改革。参加竞岗人员除事业单位在岗职工外,还包括区机关竞岗落聘人员及区直企业单位的国家干部,步骤方法基本与机关机构人事制度改革相同。事业单位竞岗人数总计763人,通过竞争有660人上岗,上岗人数为竞岗人数的87%;落聘人数103人,其中提前退养19人、内退36人、待聘48人。

(三)干部管理

1991年全场处级干部14人,正科级干部49人,副科级干部114人,一般干部482人(含国家干部、国家教师、国家医务人员),到2010年,全区干部837人(含干教医),其中区委、区管委11人,调研员1人,副调研员2人,享受副处级干部待遇1人;正副科级干部151人,其中机关36人,办事处(镇)39人,事业单位33人,非领导职务正副科级干部43人,公务员142人,事业编制人员695人。

农场(区)处级干部,移民办场时由地委组织部任免调配。1989年地改市后由常德市委任免调配。1999年建立西湖管理区,区委、区管委领导职数由市委核定,干部由市委调配任免。

正副科级干部的任免调配。移民办场时,任免权几经上下,1989年11月由市农经委下放职权,由农场党委任免,但其中党委办、组织部、纪检会正职干部的任免,需征得市农经委同意。管理区建立后,正副科级干部由区党委管理、任用和调配。任免由政治部、纪委联合考察,区委集体研究决定,报市委组织部备案,由区委下文。股级干部的管理由政治部与主管部门负责,任免由政治部下文。市县派出机构包括公安、法庭、工商、税务、银行、邮电,由市县主管部门管理任免。区辖乡镇人大、政协由区党委研究决定,报汉寿县人大、政协备案。

管理区对干部实施目标管理岗位责任制。年初区委根据党委工作中心和年度目标任务,制定目标岗位责任制。责任制到单位到岗到人,年终由区委组织考核,并进行民主测评。公务员系列评出优岗、称职、基本称职、不称职;事业单位人员按管理岗、专业岗、工勤岗评出优岗、合格岗、基本合格岗、不合格岗。考核成绩作为单位评先的重要依据,也作为对干部德、能、勤、绩、廉的评定依据。1991—2010年全区经考核,表彰先进单位1146个(次)、先进个人2775人(次),记二等功6人,三等功45人,评为省市先进个人43人。岗位责任制的制定考核与实施,使干部管理步入制度化、标准化、数据化的轨道。

附：

西湖农场(区)考核测评统计表

表 8-1-15

年度	参评人数	先进个人（优岗）	其中		先进单位
			记二等功	记三等奖	
1991	659	85	—	—	28
1992	644	211	—	—	93
1993	613	202	—	—	85
1994	625	133	—	—	36
1995	636	134	—	—	32
1996	656	141	—	—	56
1997	702	153	—	—	30
1998	674	173	—	—	38
1999	704	175	—	—	43
2000	796	119	—	—	48
2001	829	115	—	—	43
2002	826	131	—	—	39
2003	980/139	110	—	—	56
2004	946/142	137	—	—	67
2005	903/142	98	—	—	69
2006	894/142	83	—	—	73
2007	875/141	97	—	—	84
2008	867/139	136	2	15	67
2009	844/138	166	2	14	80
2010	837/142	176	2	16	79
合计		2775	6	45	1146

说明：从 2003 年开始，参评人数栏前一个数为参评总数，后一个数为公务员参评数

(四)专业技术人员职称评聘与管理

1989 年农场成立职称改革工作领导小组，启动职称评聘工作。农场组织部、管理区政治部具体负责职称评聘工作的管理与服务。农场(区)职称评聘对象主要分布在教育、卫生、工程、政工、财会、经济等系列。教育系列的职称评审是一项经常性工作，符合任职条件便可以申报。初级职务由农场(区)组织初级评审委员会评审，中级职务评审由市组织评审，高级职务则由省评审决定。政工、卫生系列要进行专业技术考试，先考后评。经济、工程、会计等系列则以考试为主。1989—2000 年实施评与聘结合，即职务评定后，由组织部门下文，各用人单位聘用，发给聘任证书，按专业技术职务享受相应待遇。2001 年西湖区职称改革工作领导小组下发西职字〔2001〕05 号《关于加强和改进专业技术人员职称管理工作的意见》，职称工作实行公开、公正的社会化评价机制，增加了群众评议，张榜公示的程序，并实行竞争上岗，择

优聘任。

1991 年农场有各类各级专业技术人员 710 人,其中高级职称 7 人,中级、初级职称 703 人。2010 年有各类专业技术人员 438 人,其中高级职称 26 人,中级、初级职称 412 人。

(五)干部任用选拔

移民办场时,按照党管干部的原则,干部任用选拔由组织部门考察,党委集体决定。管理区建立后,2002 年实施机构人事制度改革,区直机关正副职和办事处(镇)正副职按照市委核定的领导职数采取公开报名、资格审定、竞岗演说、民主推荐、组织考评、党委决定的程序公开招聘,通过公开竞争,区直机关部委办局正副职招聘 30 人,办事处(镇)正副职招聘 25 人。2003 年正副科级事业单位 33 名正副职通过公开招聘、竞争上岗。干部任用选拔采取公开竞争、择优录用的方式,这是区人事制度的重大改革。2008 年,教科文局、城管规划建设局、民政局、发展改革物价统计局、局长人选,从报名竞选的 17 名候选人中实施公开招聘选拔。人事制度改革进一步深化。

2002 年人事制度改革后,干部异动一律实行任前公示,时间为一个星期。一把手离任实行经济离任审计,并对科级干部的任用,党委实行投票制。公开、公正、择优选拔干部的制度得到进一步完善。

(六)干部培训

1991—2010 年,区委、政治部采取多种形式培训各类干部。处级和机关科级干部 80 多人在市委党校参加理论培训,1000 多人分批参加计算机技术培训。2002 年机关各办事处(镇)行政编,包括区级领导计 159 人参加公务员培训。集中学习公务员条例,公务员行为规范,依法行政等。2004 年 6 月全区举办公务员行政许可法培训班,聘请湖南文理学院教授授课。2006 年为落实中央《干部教育培训工作条例》,区委出台《关于加强干部教育培训工作的意见》,提出以人为本、按需施教、学以致用、与时俱进、改革创新的方针,将干部教育培训情况作为干部考核的内容和聘任、晋升的重要依据之一。2009 年,西湖区委下文《西湖管理区建设学习型社会 2009—2011 年工作规划》,明确学习内容为“三学一有”,即学业务技能、学文明礼仪、学前沿知识,有一门特长,干部学习有了新目标。

四、老干部管理

(一)管理机构

1990 年,农场成立离退休人员管理科,由李福山、刘业刚、张卫华先后任科长。2002 年,老干部工作由西湖区政治部管理。设老干活动中心,作为老干部学习与活动场所。2010 年,区委设西湖管理区离退休人员管理服务中心,副科级单位,由龚志华任主任。主要职能是负责离退休干部的管理与服务。

1991 年全区有离退休干部 139 人,其中离休 21 人(副处级干部 9 人),退休干部

118 人。2010 年全区离退休干部达 403 人，包括干部 217 人、教师 165 人、医师 21 人，其中离休干部 9 人，副处级干部 5 人，正副科级干部 107 人，退休人数为 1991 年的 3倍。

1991—2002 年干部离退休由组织部办理手续，2002 年后，由政治部经办。退休年龄为男60 周岁，女 55 周岁。

2010 年 11 月区老年大学组织开展培训活动

（二）老干部待遇

1991—2010 年，离退休干部的各项政治经济待遇都按政策落实到位。2006 年离休干部每年按 13 个月工资发放到人，2007 年落实每人每月 800 元护理费，对居住外地的离休干部每两年由区委主管领导带队上门慰问，离休干部看病住院医疗费用全部报销。对离休和退休副处级以上干部的生日、住院或去世，区里主管领导亲自登门祝福、看望或吊唁，对已故老干部遗孀生活费在原每月标准 580 元基础上又人均增加 500 元。

老年人练太极拳剑

（三）老干活动中心

老干部活动中心是老干部娱乐、学习、休闲的场所，位于东湖北路，面积 400 多平方米，有文化娱乐室 4 间，大活动室（会议室）1 间（80 平方米），还有读报室、书法室、办公室，有工作人员 4 名。老干活动中心每年订有报纸杂志 10 余种，供老干部学习阅读。每天都有老干部到这里看书、读报、娱乐、休闲。为了满足老同志的要求，周末及节假日，老干活动中心照常开放，工作人员轮流值班，为老干部服务。2008 年区建有标准门球场，有老干部门球队员 30 多人每天上午参加训练。1991 年以来，门球队参加市里比赛活动 26 次，得金牌 4 块、银牌 2 块、获铜牌 2 块。老年腰鼓队、太极拳队经常开展活动。2005 年退休干部组成太极拳运动队参加市“劳动社保杯”比赛获组织奖。2006 年参加全市“农行杯”机关事业单位老年健身操比赛，获市直第一名。

五、老科学技术工作协会

1999 年区成立老科学技术工作协会，有 65 名副科级以上干部和中级以上职称的退休老干部、老科学技术工作者参加。原农场场长董学全、农场副书记易后宗,农场工会主席戴耀华,先后任协会会长。老科协按照市委“保健康,献余热,促和谐”的总要求,调查研究、建言献策、服务“三农”、维稳促和,为西湖的社会经济发展,献余热做贡献。

六、老年大学

2010年上半年区成立西湖老年大学,由区老干部局局长王井岗任校长,区离退休人员管理服务中心主任龚志华任常务副校长,开办舞蹈、太极拳、健身、摄影、器乐、音乐、书法、诗词等班级,有学员412人,专兼职教职工10人。西湖老年大学根据西湖的实际情况,结合老年人的兴趣爱好开班办学,深受老年朋友欢迎,称赞老年大学是他们的快乐家园、健身阵地、友谊桥梁、求知场所。西湖老年大学成立当年即被常德市老年教育工作委员会和市老干部局评为合格校,次年被评为示范校。

七、党校工作

区委党校是培训党员干部的阵地,负责对党员干部进行理论培训和学历教育。党校成立于1990年1月,易后宗、黄云新、熊顺福、王映民历任党校校长。2002年根据常编办〔2002〕15号文件核定为正科级单位,归口政治部管理。

理论培训 1991—2010年干部培训的主要内容为“中国特色社会主义理论”、“三个代表”重要思想、科学发展观等。每年不定期举办培训班,每期参加人数60人左右。1991—2010年累计培训干部1860人次。通过培训,党员干部普遍提高了理论水平和防腐拒变的能力,增强了党性,端正了党风。

学历教育 1996—2010年西湖党校根据市委、区(场)党委安排,招收在职党政干部和优秀中青年骨干,参加中央党校函授班学习。学员学完规定课程,经考试合格,发给毕业证书。从1996年开始,区委党校先后举办大专班、本科班经济管理专业4期,参加学员200多人,教学内容为马克思主义哲学、政治经济学、大学语文、区域经济、电脑等,由市委党校教师来西湖授课,经考试有158人取得中央党校经济管理专业大专或本科学历。

第五节 宣传工作

1991—2000年宣传工作的重点就是学习宣传邓小平“建设有中国特色社会主义的理论”。区委中心学习小组坚持每月一次集中学习,宣传部发放建设中国特色社会主义读本,干部人手一册。集中举办专题辅导讲座50多次,参加人数达4000多人次。2000年,党委把理论学习与干部考核奖励任免相结合,健全了学习制度,保证了学习时间。通过学习,干部对“什么是社会主义，什么是资本主义”“抓住机遇，加快发展”“发展才是硬道理” 有了深刻的认识，对加快西湖改革开放和经济发展，营造了好的理论环境。

2001年开始，全区开展“三个代表”重要思想的学习教育活动，区委理论学习中心小组，集中学习江总书记“七一讲话”，认真领会“三个代表”重要思想的历史和现实意义。政治部编印辅导资料，多次举办辅导讲座。2003年，区委召开农村基层党支部书记培训班，市委副书记周用金就“如何保持共产党员先进性”作辅导报告，党员对如何在新时期保持共产党员先进性进行热烈讨论，拉开西湖区保持共产党员先进性教育的序幕。9月，区委对2个基层党委、7个优秀基层党支部授予“保持农村共产党员先进性教育活动优秀基层党组织”称号，38名党员授予“保持共产党员先进性教育活动先进个人”称号。2005年来自农村的5名基层共产党员在西湖党校就如何保持农村共产党员先进性举行报告会。是年，区级领导集中5天学习《保持共产党员先进性教育读本》，观看先进典型及腐败分子的警示教育片，市委讲师团主任陈文斌作辅导报告。在共产党员先进性教育活动中，不仅认真学习“三个代表”的重要思想内涵，提高理论水平，还在党员、干部中开展“七一歌咏赛”“党章知识竞赛”“我为党旗添光彩”“党在我心中”等活动，使理论学习和教育活动紧密结合起来，起到了好的学习效果。通过学习实践“三个代表”重要思想的教育活动，发挥了基层党组织的战斗堡垒作用和共产党员的先锋模范作用，提高了党员干部防腐拒变的能力。

2000年5月，区环保局举办环保知识宣传栏

2009年，区委在全区机关企事业单位、办事处(镇)广泛开展深入学习实践科学发展观教育活动。活动分三个阶段进行，第一阶段为学习调研；第二阶段分析检查；第三阶段为整改落实。全区抽调27名退居二线老同志，进驻各单位，担任学习指导员。活动分两批，第一批44个单位，参加学习党员889人。学习期间，悬挂大型标语40多条，设立宣传橱窗10个，开辟学习专栏44个，分阶段展示党员干部学习心得、调研文章。通过学习整改，落实16个项目，按照“四明确一承诺”要求，每个项目明确了目标措施，责任单位和整改时限。8月底第一批学习实践活动结束，群众满意度抽查，测评916人，满意度达98.5%。第二批47个单位，参加党员1264人，学习期间悬挂横幅50条，张贴标语1250条，各单位设立宣传栏，发放宣传材料1600份，电视台开辟“深入学习实践科学发展观”专栏，全区举办学习实践活动骨干培训班，下发《科学发展观在湖南的学习和实践2010》读本1000余本，进行知识测试。调研走访收集问题357个，整合为26个主要问题，都已得到解决。群众满意度抽查，测评1044人，满意度达99.33%。学习实践活动共计在市级媒体上稿20多篇，本级媒体发稿46篇，编发简

报18期,修订完善规章制度15个,表彰了活动先进单位31个,先进个人64名。通过学习,全区党员、干部对科学发展观的认识和为民服务意识有了大幅度的提升。

第六节　政法工作

一、机　构

2001年6月,区政法系统在西湖一中举办传统教育报告会

中共常德市西湖管理区委员会政法委员会,是党委领导和管理政法工作的职能部门,是维护社会和谐稳定,推动政法事业科学发展的领导者、组织者、协调者。负责管理区社会治安综合治理和稳定工作,负责公检法司等部门的协调工作,负责管理区"610"办公室工作。

1990年3月正式挂牌成立西湖农场政法委员会,1999年8月更名为西湖管理区政法委员会,由农场(区)党委领导任政法委书记。政法委日常工作由常务副书记主持。政法委内设维稳办、综治办、"610"办、法治办、国安办、执法监督室、办公室,编制11人,分管公、检、法、司、民政、武装等工作。

附:

政法委历届领导班子成员名录表

表8-1-16

姓　名	职　务	任职年限
曾宪迪	书　记	1989.10—1999.9
周志成	常务副书记	1991.3—1993.6
徐汉武	副书记	1991.3—1996.3
周明奂	副书记	1991.3—1996.3
夏偿和	副书记	1991.3—1996.3
邓刚岩	常务副书记	1996.3—2007.3
胡同福	副书记	1996.3—2006.3
袁介忠	副书记	1996.3—2006.3
刘助中	书　记	1999.9—2002.3
鲁光学	书　记	2002.3—2007.10

续表 8-1-16

姓 名	职 务	任职年限
易梦康	常务副书记	2007.3—2010.12
彭春生	书 记	2007.10—2010.8
戴菊华	副书记	2007.3—2010.3
夏运会	副书记	2007.3—2010.12
戴龙堂	副书记	2010.3—2010.12
伍光勇	书 记	2010.8—2010.12

二、社会综合治理

1993 年开展以打击车匪路霸、抢劫和重大盗窃、拐卖妇女儿童犯罪，整顿交通秩序和重点地区、路段治安秩序，查禁卖淫嫖娼为主要内容的“三打两整一查禁”专项斗争，破刑案 1 起，捣毁团伙 2 个 19 人，查处卖淫嫖娼窝点 4 个。1996 年 12 月至 1997 年 12 月，开展冬季严打整治行动，收缴非法生产、销售、持有枪支 16 支。1997 年 7 月，民政部宣布“法轮大法研究会”及其“法轮功”组织为非法组织予以取缔。当年，对西湖“法轮功”邪教组织分子袁某进京滋事，劳教 6 个月，对其他 10 名“法轮功”邪教组织练习者逐一上门训诫教育，并举办法制培训班。全区收缴“法轮功”邪教组织书籍 206 本，录像带 10 盒，资料 301 份。1998 年 4 月至 6 月，开展夏季严打整治行动，抓获各类违法犯罪人员 56 名，追捕在逃犯 2 人。

2006 年 10 月，成立整治西湖管理区及周边社会治安秩序指挥部。坚持严打方针，依法从重从快严厉打击黑恶势力，暴力犯罪，盗抢等多发性犯罪和涉毒涉黄涉赌犯罪。经过 100 天整治，共破刑事案件 93 起，刑事拘留犯罪嫌疑人 45 人，逮捕 28 人，劳教违法人员 14 人，抓获网上逃犯 19 人，查处治安案件 34 起，治安拘留违法人员 47 人，强制戒毒 2 人，打掉犯罪团伙 4 个，收缴各类枪支 156 支，收缴管制刀具 129 把，雷管 34 枚，导火索 16.8 米，铁砂子 6.84 斤，子弹 10 发，火药 3 瓶，查处“两无”车辆 334 台。

2008 年为确保奥运安全举行，开展“六打五防”（打击严重刑事犯罪，打击黑恶势力犯罪，打击毒品犯罪，打击涉黄、涉赌、涉枪犯罪，打击涉众性经济犯罪，打击影响民生的食品安全类犯罪。防火，防盗，防骗，防抢，防重点人员失控漏管）专项整治行动，破刑案 6 起，抓获犯罪嫌疑人 2 人，逃犯 2 人，查扣盗嫌疑车辆 5 台，整治安全隐患 5 处，查处治安案件 16 件，查处严重交通违法 26 起。

2010 年 7 月，开展“打击地下六合彩”等赌博违法犯罪活动。全区召开专题会议 6 次、誓师大会 8 次，组织重大对象法制教育 9 次，书写标语 2000 条、横幅 34 条，印发宣传资料 18000 余份，签订责任状 1300 余份，组织抓捕行动 120 余次，抓获写单人员 26 人、买码人员 157 人，收缴码报 870 份，对收单人员、买码人员进行谈话教育，具结悔过 150 人，治安拘留并处罚款26人,查处赌博窝点5个,罚款4.5万元。

2002年政法委制定《西湖管理区“一中心五网络”操作办法》,健全维稳工作制度,落实维稳工作责任制,层层签署社会管理综合治理维护稳定反邪教责任状,全面落实领导干部“一岗三责”。并强化超前排查化解,健全人民调解、司法调解、行政调解“三调”联动机制,加强涉稳矛盾纠纷的包案化解,推行领导干部开门接访,实现小矛盾不出门,一般矛盾不出乡,重大矛盾不出区。

2008年,政法委出台《关于创新社会管理的意见》,建立社会管理综合治理委员会,健全社会管理综合治理工作机制,加强对流动人口管理,对涉稳、涉恐、涉毒、在逃、刑释、精神病人、“法轮功”等邪教组织人员、社会闲散青少年等的动态管理。2009年将乡镇信访办职责职能并入综治维稳办,实行信访办、综治办两块牌子、一套人马,使乡镇从事综治维稳人员得到充实,工作关系得到理顺。2010年推行综治维稳以村为主,实现综治维稳工作重心下移,管理关口前移,全面提升基层综治维稳工作水平。

三、政法队伍重要活动

2007年,全区政法系统开展“联带包创精细化管理”,各级班长带成员、班子成员带骨干、中层骨干带干警、全面联动创五星。联带包创实行五包干,即“联带责任人带头创新强能,带头守规守禁,带头精通业务,带头公正执法,带头争创五星,实现联带责任人对联带对象包守规守禁,包强能合格,包执法规范,包岗位达标,包争创五星”。

2009年3月,全区执法系统开展“创满意机关当人民公仆”作风建设主题活动。

2010年4月,全区政法系统开展“发扬传统,坚定信念,执法为民”主题教育实践活动和以“忠诚、为民、公正、廉洁”为主要内容的政法干警核心价值观教育实践活动。

第七节　纪检监察工作

一、机　构

中共西湖管理区纪律检查委员会(简称区纪委)是受中共西湖区委和常德市纪委双重领导的党内监督职能部门。西湖管理区监察局(简称区监察局)是受西湖管理区管理委员会和常德市监督局双重领导的行政监督职能部门。其主要职责是对口市纪委、监督局的各项工作,负责西湖区域内的党风廉政建设、干部作风建设、机关效能建设、专项治理、纠风治乱等各项日常工作。1977年以前,西湖未设专门纪律检查机构,纪检工作由组织人事部门兼管。1978年6月,经选举产生第一届中共西湖农场纪律检查委员会。1988年成立西湖农场监察室。1999年8月,经湖南省政府批准,成立西湖管理区,中共西湖农场纪律检查委员会更名为中共西湖管理区纪律检查委员会。2002 年 10 月起，西湖农场监察室更名为西湖管理区监察局，次年 3 月区纪委、监察局与审计局合署办公，全面履行纪律检查、行政监察和内部审计职能。区纪委、监察局、审计局设人员编制 9 人。领导职务：设书记 1 人，常务副书记、监察局局长 1 人，副书记、审计局长 1 人，专职副书记 1 人，监察局副局长 1 人。全区三个乡镇均建立纪律检查委员会，设纪委书记 1 人，专职副书记 1 人，纪检员 2 人，设纪检办公室，村设纪检员。

附：

西湖农场(区)历任纪检监察领导班子成员名录表

表 8-1-17

姓　名	性 别	职　务	任职年月
易后宗	男	纪委书记	1986.3—1998.6
丁世主	男	纪委副书记、监察室主任	1989.3—1994.12
戴耀华	男	纪委副书记	1986.3—1998.10
廖嗣德	男	纪委副书记	1989.5—1996.8
邓　纯	男	纪委书记	1998.7—1999.10
周佑夫	男	纪委副书记、监察室主任	1996.1—1999.12
刘福初	男	纪委副书记	1998.11—2002.10
李德琦	男	纪委书记	1999.10—2001.11
马康田	男	纪委副书记	1997.1—2002.12
洪晚娥	女	纪委副书记	1998.9—2002.10
曾德富	男	纪委书记	2001.12—2008.3
张卫华	男	纪委副书记、监察局局长	2002.10—2010.12
伍健华	男	监察局副局长	2002.10—2008.10
艾茂平	女	监察局副局长	2003.12—2008.10
刘词顺	男	监察局副局长	2007.3—2008.3
刘助中	男	纪委书记	2008.3—2010.12
周艳辉	男	纪委副书记、审计局局长 监察局局长	2008.4—2010.2 2010.3—2010.12
程爱华	男	纪委副书记	2007.3—2010.12
谢孟良	男	监察局副局长	2007.5—2010.12
莫佳文	男	纪委副书记、审计局局长	2010.3—2010.12

二、党风廉政建设

廉政建设 1991 年以来，每年年初召开全区党风廉政建设大会，全面部署年度党风廉政建设和反腐败工作。对全区干部特别是党员领导干部集中进行党风党纪廉政教育。同时与全区各乡(镇)和区直机关单位层层落实党风廉政建设责任制，签订《党风廉政建设目标责任书》,把党风廉政建设指导思想、目标任务、工作措施、具体要求,层层落实到基层组织和个人,实现无缝覆盖。年终将党风廉政建设工作作为目标管理责任制的重要内容,实施年度考核,并与单位和个人奖惩相结合,促进反腐倡廉各项工作的落实。

信访举报 为方便群众及时反映问题,纪委开通了举报热线和举报箱。自2002年以来,受理群众来信来访、电话举报、网上举报210件(次),其中来信120件(次)、来访65次、电话举报22件(次)、网上举报3件(次),件件都进行有效的调查、处理与回复。

纪检监察干部队伍建设 区纪委对纪检监察干部每年举办培训班,学习纪检监察法律法规和纪检监察业务知识,提高纪检干部的理论水平和业务素质。据统计,1991—2010年,共计举办培训班36期,参加培训人员620人次。

三、专项治理

农民负担专项治理 1991—2010年,共计检查乡(镇)农民负担情况40余次,村社近200个(次),取消或降低收费标准项目近20个,减轻农民负担约2000余万元,及时调查处理农民负担典型案件,有效地遏制向农民乱摊派、乱集资、乱收费的行为。

安全生产专项整治 从2001年至2010年,会同安监、交通、公安等部门,针对安全生产责任事故易发、多发的行业,组织23次安全生产大检查和专项整治,督促整改安全生产隐患100余起,下发隐患整改通知书、指令书160余份。安全事故发生率和死亡率一直保持在极低的水平,安全生产形势保持良好。

工程建设及采购专项治理 2009年开始,对工程建设、水利、国土资源领域进行专项治理。2010年,区纪委专门出台《财政性投资项目监督管理办法》,规范工程建设领域及重大采购的招投标行为。2010年开展工程项目信息网上公开工作。

教育收费专项治理 每学期开学前,区纪委、监察局都要会同教育、物价等部门对该学期的收费项目和标准进行认真审核,规范学校收费行为,对收费标准、收费政策、各种补贴实行张榜公布,接受纪检监督、群众监督、媒体监督。2004年,会同相关部门开展春、秋两季学校收费专项检查,重点监察中央"两免一补"(对义务教育阶段家庭经济困难学生免费提供教科书、免杂费和补助寄宿生生活费)政策落实情况,在全区开展摸底调查工作,纠正和查处在"两免一补"政策中的弄虚作假行为。2010年,重点开展教育乱收费专项整治行动,教育领域乱收费现象得到扼制。

民生专项资金监管 严格落实省委、省政府两办文件精神,从2002年开始,建立专项资金资料库。每年由区纪委牵头,财政、农经、物价、工商、社保、民政、审计等部门参与,组织2次以上全面督查审计,特别是粮补直补资金、移民后扶资金、农保低保资金的发放进行重点监督、清查审计,坚持资金的使用原则,严格资金发放程序,确保资金的高效使用。2010年,查处了西洲乡田园村涉农资金及农保金违规套取案件,处分村干部4名,其中党员3名。

食品安全专项治理　区纪委、监察局、纠风办协同有关部门，对食品安全问题实施专项治理。每年协同区卫生局、工商分局、市场服务中心、卫生监督所等单位，对全区食品安全坚持每季度一次检查，重点对农贸市场蔬菜、猪肉、牛肉、鲜鱼、家禽等进行跟踪检测，严禁有公害蔬菜、病猪肉、注水牛肉、病鸡鸭、病鲜鱼进入西湖市场。

四、案件查处

1991 年至 2010 年，共立案 69 件，结案 69 件，给予党纪政纪处分 87 人。其中开除党籍 22 人，留党察看 7 人，撤销党内职务 1 人，严重警告 18 人，警告 15 人；开除公职 7 人，留用察看 4 人，撤职 7 人，降级 2 人，记大过 2 人，记过 1 人，警告 1 人。其中重点查处的案件有：

（一）西湖粮贸公司原经理何某某挪用公款案

1995 年，西湖粮贸公司原经理何某某，在任粮贸公司经理期间，利用职务之便，挪用公款总计 26 万多元进行私人营利活动，数额巨大，影响恶劣，原农场纪委依纪依规给予其开除党籍处分，农场给予其开除公职处分，并移交司法机关处理，汉寿县人民法院依法判处其有期徒刑 5 年。

（二）西湖管理区教育委员会原主任夏某某贪污公款案

2002 年，西湖管理区教育委员会原主任夏某某，在任职期间利用职务之便，使用假发票到教育委员会下属单位西湖农场文体器材公司报销，冲减原文体器材公司的借款 100920 元。区纪委调查属实，经区纪委研究，报请区委同意，给予夏某某开除党籍处分，并移交司法机关处理，汉寿县人民法院依法判处其有期徒刑 10 年。

（三）西湖管理区教科文局原党组书记、局长杨某某若干问题案件

西湖管理区教科文局原党组书记、局长杨某某，在 2007 年 6 月 20 日教科文局组织选拔 6 名师范委培生考试中，利用阅卷统分的机会，给三位考生加分，在社会上造成恶劣影响。同时在任职期间，违规使用学生电脑专项经费，并私设小金库，涉及金额达 14.5772 万元。杨某某身为教科文局党组书记、局长，对教科文局中考改分事件负有主要领导责任，对教科文局侵占学生电脑专项经费和私设小金库负有主要责任。根据《中国共产党纪律处分条例》，经区纪委研究决定，给予杨某某党内严重警告处分；根据《行政机关公务员处分条例》有关规定，区管委研究，给予杨某某行政记大过处分。

第八节　信访档案工作

一、信访工作

1979 年，农场成立民政信访办，1989 年改为民政信访科，1999 年成立西湖管理区后，信

访工作并入西湖管理区政法委。2007 年单设西湖区信访办公室,2010 年更名西湖管理区信访局,加挂西湖管理区群众工作部牌子,领导职数 1 人,工作人员 3 人,归口区委办公室管理。信访局成立后,易著辉任局长至今。

信访局的主要职责是负责人民群众来信来访的接待处理,协调处理各类纠纷,办理信访事项,掌握信访信息,向群众解释党和政府的方针政策,"为党分忧,为民解难"。

1991—2010 年群众上访 835 次,上访人数 4033 人次。对待上访群众,西湖信访部门热情接待,对上访的事项认真处理。对职责范围内的事情,及时准确作出答复,热心帮助解决问题,对超越职权范围的问题,说明情况,细心解释。个别要求不符合政策规定的,耐心说服教育。对集体上访的及时疏导,就地解决,防止事态扩大。自信访机构建立以来信访回复率达100%。

2010 年起管理区每年安排 20 万元专项资金作为信访救助资金。救助金主要适用以下情况:生活困难群众反映的"法理之中、情理之中"的事项,通过实施信访救助,能够达到息诉罢访的目的。群众反映的具有个性且符合政策规定的信访事项。重大活动期间特殊信访事项。其他需要由信访救助资金解决的问题。信访救助资金的建立,为西湖群众上访问题的解决,特别是复信复访问题和信访积案的解决发挥重大作用。

二、档案工作

(一)档案室建设

劳改农场时期,154 卷文书档案存于省公安厅档案科,军垦时期档案资料已由省军区上交广州军区档案馆管理。移民建场后,农场档案由农场党委办和所属机要室立卷存档,其他档案归各部门保管。

1986 年农场成立档案室,集中收集管理文书档案,档案管理逐步走上正规化。1989 年档案室改称为"西湖农场综合档案室"。2001 年建立西湖管理区后,更名为常德市西湖管理区综合档案馆,副科级单位。

西湖农场档案室设在原场部两层办公楼。2002 年机关综合办公楼建成,搬迁至办公楼四楼,4 间办公室面积 225 平方米,档案库房建筑面积 225 平方米,库房有铁箱 80 只、木箱 80 只、木柜 35 只,用于存放档案资料。档案室有灭火器、除湿机、吸尘器、空调和照相机、电脑、激光打印机、扫描仪等设施。档案室有专职干部 3 名,曾多次参加过市局组织的业务培训活动。档案室归口区委办公室管理,纳入年终检查考评。档案管理工作正逐步走上制度化、规范化轨道。

1991 年 9 月西湖农场档案室被省档案局评定为"省二级"档案管理合格单位,1998 年被市档案局评为档案管理先进单位。

(二)档案管理

档案分别按照永久、长期和短期进行分类,整理编目分柜保存,到 2010 年馆藏文书档案共计 14651 卷(件),案卷级整理 1190 卷,其中:永久性 724 卷,长期 254 卷,短期 212 卷。文件级整理 3700 件 /102 盒,其中:永久性 1833 件 /69 盒,长期 68 件 /1 盒,短期 1095 件 /17 盒。保存期 30 年 354 件 /6 盒,10 年 350 件 /9 盒。会计档案 2798 卷,其中凭证 2436 卷,账簿 221 卷,报表 141 卷,基建档案 106 卷,设备档案 18 卷,其他档案 71 卷。干部职工档案 5798 件,各类资料书籍 967 件,影像资料 1211 张 29 本,录音录像带 1 盒,电子光盘 2 张,实物档案 37 件。

区档案室采取一系列措施对档案资料进行保护。一是根据季节和天气变化及时做好防高温防潮防霉防光防尘防火防有害气体等预防工作,经常保持库房通风干燥;二是添置灭火器、除湿机、吸尘器等设备,制定预警应急方案,确保防盗防火防霉防潮;三是组织专人对部分重点档案进行整理,更换破损档案封皮,重新抄录或打印不规范卷内目录;四是购置电脑、复印机等,实施档案管理网络化建设,已完成 2001—2010 年档案目录录入,减少了直接提供档案原件对档案的损坏。

(三)档案利用

档案室先后将馆藏档案编制成各种方便实用的检索工具,如《归档文件目录》《案卷目录》《影集目录》《科技档案案卷目录》《会计档案案卷目录》《干部档案索引》《工人档案索引》等,为查阅档案提供方便。1991—2010 年累计接待干部职工近 8000 人次,提供档案万余卷,为干部群众落实政策、评定职称、工伤调查、离休退休以及《西湖农场志》《西湖管理区志》的编写提供确凿的依据和资料,充分发挥档案的社会效能。

第二章　派出机构和事业单位

第一节　派出机构

移民建场时,全场下设6个分场、1个农科所、1个水产队,后设7分场管辖农科所、水产队。1978年新设大西湖渔场,七分场改名为园艺场。1985年成立西湖镇,全场设6个分场、1个镇和1个渔场。2002年5月24日,经市编委办审核,市委、市政府批准,市委下发常办通字〔2002〕36号文件,原西湖农场六个分场设置为办事处,原一至六分场分别为裕民、西洲、下窖、新港、鼎港、东洲6个办事处,为西湖管理区管委会的派出机构,正科级,代表西湖管理区管委会对所辖范围履行行政管理职能。6个办事处共核定全额拨款事业编制90名,每个办事处均为15名。其中书记1名,主任1名,副书记、副主任3名,工作人员10名。汉寿县西湖镇由西湖管理区直接管理,按照乡镇机关机构改革方案实施改革。

2010年4月22日,办事处(镇)内设机构,本着机构统一、职能全括、加挂牌子、合署办公的原则,设置五办一所,即:党政综合办公室(简称党政办)。职能为负责文秘、政工、纪检、监督、后勤等工作。农村经济发展办公室(简称农经办),加挂国土资源中心所、移民站两块牌子。职能为负责农业、林业、水利、国土、移民、计划、农机、公路管理养护、食品安全、农民负担监督、能源、新农村建设等工作。社会事务管理办公室(简称社管办),加挂社保站、民政办两块牌子。职能为负责社会保障、民政、残联、教育、文化、科技、广播电视等工作。综治维稳办公室(简称综治办),加挂司法所、安监站两块牌子。职能为负责综治维稳、司法、信访、武装、安全生产、环境保护等工作。人口与计划生育卫生办公室(简称计生办)。职能为负责计划生育卫生等工作。财政经济管理所(财政所)。职能为负责经济与财务管理、村级财务管理、物价统计等工作。五办一所班子配置和工作人员编制28名。西湖镇13名。办事处领导班子:书记1人,主任1人,副书记、副主任3名;纪委书记、武装部部长、政法委书记、工会主席由班子成员兼任,团委书记、妇联主席由工作人员兼任。2010年9月,裕民、西洲、下窖、新港、鼎港、东洲6个办事处合并设置东洲乡、西洲乡。经常编办〔2010〕207号文件明确东洲乡、西洲乡为三类乡,西湖镇由二类镇调整为三类镇。按照常编办〔2010〕207号文件精神,核定西湖镇、东洲乡、西洲乡乡镇党委领导职数各7名,其中书记1名,副书记、乡(镇)长各1名,人大主席1名,政协联络处主任1名,均为正科级。纪委书记1名,副乡(镇)长2名为副科级。编制总额159名,行政编制75名,全额拨款事业编制84名。

第二节　事业单位

移民建场时期，事业单位由党委集体研究设置。事业单位有29个，包括医院、血防站、畜牧水产站、水利科、农技推广中心、工人俱乐部、广播电视站、劳动服务公司、公路段、城建站、一中、二中、三中、教研室、西湖小学、总场幼儿园、一联校、二联校、三联校、四联校、五联校、六联校、驻长沙办事处、驻北京办事处、电力公司、安监科、工商所（物价办）、房产公司、接待处等。实施归口管理，医院、血防归口计卫委；畜牧水产、水利、农技归口农委；学校归口教委；办事处归口办公室；城建站归口建委；电力公司归口经贸委。2003年区管委根据省市关于事业单位体制改革精神，下发西管发〔2003〕3号文件，对全区事业单位包括全额拨款、差额拨款、自收自支单位实行人事制度改革，按照市编办核定的编制与领导职数，遵照“公开、平等、择优”的原则，竞争上岗，聘任使用。是年按市编办〔2002〕15号核定的事业单位的有：党校、一中、三中、人民医院、房地产管理局、社会保障中心、广播电视中心、农业综合服务中心、疾病预防与控制中心等36个单位。2004—2007年又核定农村合作医疗管理办公室、卫生监督所、国土执法大队、劳动就业服务管理处、农民素质办公室、离退休管理服务中心、市场服务中心、血吸虫病预防控制中心、机关后勤服务中心、夕阳红敬老院、紫东敬老院等11个单位为事业单位。到2010年全区共有47个事业单位，其中正科级单位4个、副科级单位18个、股级单位25个，正副科级领导职数36名（正职25名，副职7名，副科级纪检员2名，工会主席2名），核定人员编制695人。具体见表8-2-1。

西湖管理区事业单位机构设置及编制情况表

表8-2-1

单位名称	级别	核定编制	领导职数	其中			归口单位	文件依据
				正职	副职	其他		
党　校	正科	4	2	1	1	2	政治部	常编办〔2002〕15号
西湖一中	正科	58	6	2	2	2	教科文局	常编办〔2002〕15号
西湖三中	副科	121	1	1	—	—		常编办〔2002〕15号
人民医院	正科	82	6	2	2	2	卫生局	常编办〔2002〕15号
房地产管理局	正科	9	3	1	2	—	城管规划建设局	常编办〔2002〕15号

续表 8-2-1

单位名称	级别	核定编制	领导职数	其中			归口单位	文件依据
				正职	副职	其他		
财政国库集中支付局	副科	8	1	1	—	—	财政局	常编办〔2002〕15号
农业综合开发办公室	股级							
社会保障中心	副科	10	1	1	—	—	劳动和社会保障局	常编办〔2002〕15号
劳动就业服务管理处	副科	8	1	1	—	—	劳动和社会保障局	常编办〔2008〕162号
农业综合服务中心	副科	10	1	1	—	—	农经局	常编办〔2002〕15号
畜牧水产技术服务中心	副科	8	1	1	—	—	农经局	常编办〔2002〕15号
农民素质教育办公室	副科	1	1	1	—	—	农经局	西政发〔2004〕]7号
市场服务中心	副科	14	1	1	—	—	经贸局	常编办〔2003〕107号
屠宰管理办公室	股级		—	—	—	—	经贸局	常编办〔2002〕15号
广播电视中心	副科	12	1	1	—	—	政治部	常编办〔2002〕15号
会计核算中心	股级	8	—	—	—	—	财政局	常编办〔2002〕15号
低保中心	股级	2	—	—	—	—	民政局	常编办〔2002〕15号
卫生监督所	副科	5	1	1	—	—	卫生局	西政发〔2007〕1号
疾病预防与控制中心	副科	13	1	1	—	—	卫生局	常编办〔2002〕15号
农村合作医疗管理办公室	副科	4	1	1	—	—	卫生局	常编办〔2007〕27号
血吸虫病预防控制站	副科	6	1	1	—	—	卫生局	常编办〔2007〕165号
城管办(城管监督大队)	副科	30	2	2	—	—	城管规划建设局	常编办〔2002〕15号
机关后勤服务中心	副科	5	1	1	—	—	办公室	西政发〔2002〕19号
离退休人员管理服务中心	副科	1	1	1	—	—	政治部	常编办〔2010〕105号
水利电排管理站	股级	47	—	—	—	—	水利局	常编办〔2004〕15号
中心小学	股级	58	—	—	—	—	教科文局	常编办〔2002〕15号
环境保护监测站	股级	2	—	—	—	—	环保局	常编办〔2002〕15号
计划生育服务站	股级	4	—	—	—	—	卫生局	常编办〔2005〕15号
交通运输管理所	股级	23	—	—	—	—	交通运输局	常编办〔2002〕15号
农机安全监督所	股级		—	—	—	—		
公路管理站	股级		—	—	—	—		
夕阳红敬老院	股级	1	—	—	—	—	民政局	西政发〔2007〕17号
紫东敬老院	股级	1	—	—	—	—		西政发〔2004〕12号
殡仪馆	股级	1	—	—	—	—		常编办〔2002〕15号
群众艺术中心	股级	2	—	—	—	—	教科文局	常编办〔2002〕15号

续表 8-2-1

单位名称	级别	核定编制	领导职数	其中			归口单位	文件依据
				正职	副职	其他		
物价检查站	股级	2	—	—	—	—	发改局	常编办〔2002〕15 号
国土执法大队	股级	4	—	—	—	—	国土局	常编办〔2007〕36 号
公用事业管理站	股级	3	—	—	—	—	城管规划建设局	常编办〔2002〕15 号
工程质量和安全管理站	股级	1	—	—	—	—	城管规划建设局	常编办〔2002〕15 号
计划生育协会	副科	1	—	—	—	—	卫生局	常编办〔2002〕15 号
裕民小学	股级	19	—	—	—	—	教科文局	常编办〔2002〕15 号
西洲小学	股级	20	—	—	—	—	教科文局	常编办〔2002〕15 号
下窖小学	股级	15	—	—	—	—	教科文局	常编办〔2002〕15 号
新港小学	股级	21	—	—	—	—	教科文局	常编办〔2002〕15 号
鼎港小学	股级	19	—	—	—	—	教科文局	常编办〔2002〕15 号
东洲小学	股级	17	—	—	—	—	教科文局	常编办〔2002〕15 号
教研室	股级	15	—	—	—	—	教科文局	常编办〔2002〕15 号

第三章 群众组织与社会团体

第一节 工 会

一、工会组织

2010年5月工会开展文体活动

1991年西湖农场工会有36个基层工会委员会,223个工会小组,6个女职工委员会,工会会员达2652人,占职工总数的90%。从1999年开始,全区行政事业单位和非公有制企业重新组建工会组织,到2010年全区共组建基层工会组织25个,会员1250人。

附:

历届工会领导班子成员名录表

表8-3-1

届 次	姓 名	职 务	任职年月
第一届	王荣凯	主 席	1979.11—1986.3
第二届	车昭范	主 席	1986.4—1990.4
第三届	车昭范 吴向芝	主 席 副主席	1990.5—1995.6 1990.1—1994.1
第四届	戴耀华 孟广芳 肖正田	主 席 副主席 副主席	1995.7—2001.11 1994.1—2000.1 1997.4—2004.4
第五届	孙功明 伍建华 李宗宏	主 任 副主任 副主任	2001.12—2008.3 2000.1—2002.4 2002.4—2007.3

续表 8-3-1

届次	姓名	职务	任职年月
第六届	谌贵诚 龚旦生 王铁生	主任 副主任 副主任	2009.9—2010.12 2007.3—2010.12 2010.11—2010.12

二、主要活动

1991—2010 年西湖农场(区)工会紧紧围绕经济建设中心,坚定不移地贯彻落实全心全意依靠工人阶级的根本指导方针,全面履行"维护、建设、参与、教育"四个职能,充分发挥党联系职工群众的桥梁纽带作用,加强基层工会规范化建设,协调劳动关系,提高职工队伍素质,加强自身建设,做了积极的工作,开展一些有效的活动。从成立以来,一直保持在市总工会年度综合考评前列。

(一)民主管理

1991 年工会举办各基层工会主席参加的民主管理培训班, 是年 11 月至 1992 年 6 月,先后组织 400 多名职工代表和工会干部学习全国总工会编印的《民主管理实施教材》。1993 年工会培训职工代表 208 人,提交职代会审议提案 132 件,实施 97 件,民主评议干部 55 人次。1996 年有 13 个企事业单位建立职工代表大会,履行职代会职能,组织职工参政议政,当年审议提案 26 件,实施 22 件。1999 年区工会发动全区职工开展献计献策活动,累计收到合理化建议 150 多条,被采纳实施 30 多条。工会贯彻中央组织部、全国总工会《关于职工代表大会民主评议企业领导干部实施意见》,建立民主评议制度。从 1993 年以来与组织部门一道对分场企业、事业单位的领导班子及总场机关科室领导进行考察和民主评议。参加民主评议的人员中,职工代表占 70%,一线工人占 20%,离退休人员占 10%。评议结果作为农场党委任命干部的重要依据。

(二)维护职工合法权益

2002 年,全区女职工卫生费只有 4 元,区工会根据有关文件积极向有关部门反映,落实相关政策,从 2003 年 1 月落实到位,增加到 15 元。工会贯彻落实《中华人民共和国劳动法》,维护职工合法权益。2006 年 11 月,区工会与区劳动和社会保障局对曾数安工伤致残有关经济补偿问题进行仲裁维权,裁决两栖建筑工程有限公司赔付曾数安经济补偿 36108 元。

2010 年,区工会与社保局、交通局、城建局、政法委、民政局、司法局等部门组成联合检查组,对全区范围内的农民工工资支付情况,进行专项检查,并公布举报热线,确保投诉渠道畅通,对拖欠农民工工资的问题及时有效进行调查处理。

(三)开展送温暖活动

1991—2000年农场工会从上交工会经费中返回给特困单位，实行对困难职工的帮扶。1997年对粮油公司、经贸局、食品总厂、贸易公司返回10多万元。1998年对特困企业航运公司、砖瓦厂、贸易公司、毛巾厂返回6万多元。还先后拿出5.2万元对特困职工实行帮助扶持。

2001年根据市总工会、市“双联”领导小组办公室常工字〔2001〕8号文件精神，对全区19家工商企业4621名职工“双困”情况进行调查。除电力公司外，全区企业大都停产半停产，有职工884名退休，3500多名职工下岗。工会配合民政部门落实“低保”1341户。工会在春节期间开展送温暖活动，慰问困难职工。2003年慰问困难职工148人，送大米4吨、现金3000元；2004年慰问困难职工289人，送大米10吨、现金8980元，食用油2500斤；2008年，筹措帮扶资金5万多元，慰问特困职工和失业人员322人；2009年慰问特困职工和失业人员395人，发放慰问金58500元、大米5吨。

(四)开展文体活动

1991—2010年，工会每年“五一”或“十一”等重大节日，组织职工开展文化体育活动。

1992年，在影剧院举办迎香港回归祖国知识竞赛，12支代表队参赛，通过必答、选答、抢答、风险题的多轮角逐，经贸战线、五分场获AB组第一名。1994年，组织女职工参加全国总工会迎世界妇女大会“迪康杯”知识大奖赛，参赛女职工达700多人，占参赛单位女职工人数的95%以上。1995年开展《中华人民共和国劳动法》知识问卷竞赛，发卷1381份，收回1258份，答卷率98.3%，平均分数92.4分。

(五)落实劳动模范待遇

从建场以来，西湖共评选出省、市劳模35人，至2010年年底全区健在劳模27人，其中省级劳模3名、市级劳模24名。

1991年，根据市政府总工会有关文件精神，对劳模开展认定工作，建立劳模档案，落实了劳模待遇。此后，每年“五一”都由工会组织召开劳模座谈会。春节给劳模发年画，给省级劳模发津贴。对市级劳模每两年进行一次体验，省级劳模每年一次体检。劳模生病住院都及时走访慰问，帮助解决生活上的实际困难。

第二节 妇 联

西湖农场妇女联合会始建于1974年，西湖管理区建立后，更名西湖管理区妇女联合会。现区直22个局、事业单位，3个乡(镇)、25个村、2个社区、1个渔场都建有妇联组织，配有专职妇联主任。1991年以来，妇联围绕区委中心工作，组织引导妇女参与两个文明建设，为西湖的社会、经济发展发挥应有的作用，多次受到市、区的表彰与奖励。

附：

西湖农场(区)历届妇联主任(主席)名录表

表 8-3-2

姓 名	职 务	任职时间
李国英	主 任	1991.2—2000.11
张冬秀	主 席	2000.12—2002.11
李霞菊	副主席	2002.12—2007.4
李霞菊	主 席	2007.5—2011.7

创建五好文明家庭 场(区)妇联把倡导文明、健康、科学的生活方式、创建“五好文明”家庭作为妇女参与精神文明建设的重要内容，每年都进行评比表彰。1991—2010 年共计表彰“五好文明”家庭 1019 户，见表 8-3-3。

历年“五好文明”家庭评比统计表

表 8-3-3

年 份	“五好文明”家庭（户）	年 份	“五好文明”家庭（户）
1991	21	2001	26
1992	101	2002	32
1993	85	2003	26
1994	90	2004	28
1995	62	2005	27
1996	68	2006	47
1997	42	2007	32
1998	40	2008	42
1999	40	2009	91
2000	40	2010	79
合 计	1019 户		

“三八”节庆祝活动 每年“三八”节场(区)妇联均举行庆祝活动暨总结表彰大会，活动除文艺演出外，还有演讲比赛、学习型家庭事迹报告会、排球赛、长跑、拔河赛等。

创先争优活动 场(区)妇联每年开展创先争优活动，激发广大妇女的积极性、创造性。1991—2010 年共计表彰“三八红旗手”260 名、“科技女能手”180 名，优秀妇女干部 280 名。

儿少工作 1996 年西湖中心小学妇联成立家长学校，对少年儿童的思想教育实行社会、学校、家庭三结合，加强学校教育与家长的配合。2005 年妇联参与学校德育工作社会化评估，加强学校德育教育。2006 年区成立妇女儿童工作委员会，区妇联主任兼任办公室主任。2010 年区妇联与团委开展“慈善一日捐”活动，捐资 10 多万元，救助有困难的留守儿童。

第三节　团　委

西湖农场共青团第一次代表大会在1974年举行，选举共青团第一届西湖农场委员会。后又召开第二次、第三次团代会，1994年召开第四次团代会，选举第四届共青团委员会。从1995年下半年开始，根据上级精神，由区委公开选拔任命团委干部。2010年有基层团委4个，团支部96个，团员3000多人。

附：

西湖农场(区)历届团委书记、副书记名录表

表8-3-4

姓　名	职　务	任职时间
周一夫	副书记	1990.1—1993.3
袁志明	副书记	1994.1—1996.12
张文辉	副书记	2002.12—2004.2
黄　琳	副书记	2007.5—2008.9
周　浩	书　记	2010.4—2010.12

农场(区)团委围绕党委中心工作，积极开展各项活动。每年"五四"青年节组织团员青年开展"五讲四美，三热爱"、"学雷锋，讲文明，树新风"、"植树造林"、"篮球赛"、"诗歌比赛"、"庆五四"征文及优秀团支部、优秀团员评比等活动。1991年5月4日，团委举办诗歌朗诵、故事说唱比赛，19名选手参赛，评出一等奖1名、二等奖3名、三等奖5名。1992年5月3日，举行"五四运动73周年、建团70周年"庆祝大会，党委副书记袁贵友作重要讲话。会后举行文艺会演，评出一等奖1名，二等奖3名，三等奖5名。1996年5月30日，农场团委授予肖杰等11名优秀团干部、周银莲等21名优秀团员称号，授予西湖区人民医院二病室、毛巾厂机组青年文明号牌匾。1999年5月4日，为纪念"五四"运动80周年，团委举办《祝福春天》的大型文艺会演。2006年团委与政治部联合举行"社会主义荣辱观"主题演讲比赛，党群系统周尔琛获一等奖，计卫系统张丽萍、政法系统刘则获二等奖，东洲办事处张谷丽、裕民办事处谢金运、农水系统邹琳琳获三等奖。2010年为纪念"五四"运动91周年开展"关于开展西湖管理区'十佳青年'评选"表彰活动。

第四节 少先队

西湖农场1972年移民建场时即在40所小学同时成立少年先锋队组织（简称少先队）。到1991年,全场21所小学共有学生4685人,其中少先队员3748人,建有13个少先队大队部,120个中队,960个小队。各少先队大队设总辅导员1人共13人,各中队设辅导员1人共120人,辅导员在学校党支部领导下管理少先队工作。1996年,全场学生人数略有减少。为加强对少先队工作的领导,西湖农场教育科强化学校总辅导员职责,规定总辅导员为学校领导班子成员,出席学校行政会议,享受副校长待遇。少先队工作管理日臻规范。2000年,因为计划生育,除西湖中心小学学生人数与过往年份保持基本不变外,镇区外各完小学生人数均有减少,是年,全区少先队大队部减少至8个,中队减少至101个,少先队员减少至3216人。2004年,学生人数继续受到历史上计划生育影响,加上极少数有条件家庭送孩子入读常德、长沙等城市名校,学生减员严重。西湖区委整合教育资源,继续撤点并校,一个办事处集中人财物力办一所完全小学。是年,全区少先队大队部7个,中队59个,少先队员2216人。各个办事处所属完全小学学生人数大量减少,只西湖镇区中心小学因师资雄厚、设施齐备、环境优良,仍保持着一个大队、18个中队、930个学生的规模。2010年,学生人数基本稳定在2004年的水平上,全区七所完小共有7个少先队大队、60个中队、480个小队,少先队员2109人,占学生总数的80%,少先队辅导员61人。

1991年,全场少先队响应党组织"学雷锋,做好事,讲文明,树新风"号召,开展植树、修路、捐款捐物慰问"五保"老人、救助特困农户活动。是年,全场少先队组织共做好事8866件,植树1866棵,修路2800米,走访慰问"五保"老人42户,救助特困农户14户。1993年,为规范少先队员言行,全场少先队组织了学队章、懂礼仪和小学生学习竞赛、优秀生和后进生"一对一"互帮互学活动。是年,一分场联校学生卿定勇获国际奥林匹克竞赛全国三等奖。1995年,全场各小学在少先队员中倡导"四个一"(唱好一首歌、帮好一个后进生、做一件好事、读一本好书),开展看抗战片、珍惜劳动成果活动。是年,全场少先队员在田间地头拾回稻谷21000斤，一分场联校少先队员吴立刚勇敢救起一名三岁落水男童，张霞和周伟因品学兼优、舍己救人被评为常德市优秀少年。1996—1999年间,少先队组织为进一步提高少年队员素质,举行百分赛和兴趣小组(音乐组、舞蹈组、美术组、体育组、书法组、写作组、通讯报道组、科技组、泥塑雕刻组、鼓号乐队组)活动。三年间,表演节目161个,校园之声播发通讯报道6580篇,展出书画作品8400幅,展示武术操14套,评选出优秀辅导员105人、优秀中队70个、十佳队员210人、优秀少先队员756人。2004年,全区各少先队组织按照党组织意见,全面提高少先队员素质,在原有10个兴趣小组基础上增加数学奥赛组和读书读报组,在西湖区少儿艺术节上,展示全区少先队员在12个方面素质教育的可喜成果。西湖中心小学刘玉卿被共青团常德市委评为常德市大雅音乐杯十佳少年。2010年,少先队组织对少先队员进行“五心”(忠心献给祖国、爱心献给社会、关心献给他人、孝心献给父母、信心留给自己)、“五爱”(爱祖国、爱人民、爱劳动、爱科学、爱社会主义)教育,开展了给父母洗一次脚、做一次饭菜,谈一次心和向“夕阳红”敬老院老人表演节目、送牙膏牙刷、毛巾、袜子、棉衣活动。是年,全区共评选优秀辅导员35人、优秀少先队干部98人、优秀少先队员336人、学习标兵210人。

第九篇《

法治 武装

第一章 公 安

第一节 机 构

常德市公安局西湖分局的前身是汉寿县公安局西湖分局，于 1989 年 9 月，由湖南省公安厅批准成立。西湖分局局长由汉寿县公安局直接委派，分局教导员（后改为政委）及其他职务由农场配备。汉寿县公安局西湖分局受西湖农场和汉寿县公安局双重领导。1999 年，农场体制改革，西湖分局收编为行政公安，更名为“常德市公安局西湖分局”，接受常德市公安局统一领导，为常德市公安局直属分局，正科级单位。局长、政委为副处级。内设指挥中心、刑事侦查大队、治安管理大队、交通警察大队，均为副科级机构。行政编制 2010 年为 31 人。主要工作职能是治安管理、户政管理、交通管理、打击刑事犯罪等。

附：

西湖公安分局历届领导班子人员名录表

表9–1–1

姓 名	职 务	任职年月
刘凤舞	局 长	1989.9—1991.12
史有权	教导员	1989.9—1991.7
夏延丰	副局长	1989.2—1993.6
刘琪玮	局 长	1992.1—1994.1
徐汉武	政 委	1991.7—1994.1
张焕新	副局长	1993.4—1994.6
王焕忠	副局长	1990.1—1996.8
刘开国	局 长	1994.1—1998.1
邓玉晃	政 委	1994.1—1996.12
刘泽忠	副局长	1996.12—2010.12
杨必文	副政委	1996.12—2002.7
李祝庚	局 长	1998.1—2001.12
胡玉雄	政 委	1996.12—2007.2
李晓明	局 长	2001.12—2007.2
夏偿和	副局长	2005.12—2010.8
杨必文	纪委书记	2002.8—2007.8
樊启斌	局 长	2007.2—2010.12

续表 9-1-1

姓　名	职　务	任职年月
杨瑞东	政　委	2007.2—2010.12
杨必文	副局长	2007.7—2010.12
谢竹林	副局长	2009.3—2010.12

第二节　治安管理

查禁黄赌毒　90 年代开始赌博成风,特别是“地下六合彩”日趋蔓延。分局高度重视,多次开展专项行动。2004 年查获第一起“地下六合彩”案件,抓获组织者张某。2005 年按照市局统一部署要求,实施“天剑”行动,清查娱乐场所和赌博窝点 82 个,查获赌博案件 23 起,没收赌桌 120 余张,收缴麻将 140 余副,查处“六合彩”案件 2 起,处理涉案人员 11 人。6 月 14 日,在西湖镇东湖社区抓获吸贩毒人员张某,当场缴获毒品海洛因 24.1 克。

2006 年 10 月,区公安系统开展严打宣传

2006—2010 年,分局成立整顿领导小组,连续依法严厉打击“黄赌毒”违法犯罪行为,共查处犯罪案件 11 起,抓获吸毒人员 18 人,行政拘留犯罪人员 59 人,强制戒毒 28 人。查处六合彩案件 67 起,处理地下六合彩人员 96 人,其中刑事拘留 14 人,治安拘留 36 人,劳教 4 人。查处赌博案件 49 起,处理人员 101 人,其中刑事拘留 5 人,行政拘留 49 人,治安处罚 13 人,罚款 36 人,收缴赌具 130 余副、电子赌博机 21 台、苹果机 2 台。

危爆物品管理　2001 年开展治爆缉枪集中统一行动。全区出动警力 1150 人次,安全检查单位 66 家,清查产权 6500 户,收缴各类枪支 172 支、炸药 412 公斤、雷管 31 枚、导火线10 米、其他爆炸物品 2225 公斤,整改隐患漏洞 2 处。2003 年对 5 家烟花爆竹销售点进行督查,对工作人员进行业务培训,并签订治安责任状。2006 年,5 家烟花爆竹销售点按规定办理准购证。对 2 家使用剧毒化学物品的企业,进行严格检查,责令办理许可证手续。

特种行业管理　2001 年开展以旅馆、美容按摩院为重点的特种行业清理整顿。整改各类安全隐患 45 处,下整改通知书 24 份,对废旧收购店、歌舞厅、网吧进行全面清理,12 家被责令整改。2006年对全区39家特种行业场所实施全面整治,其中宾馆旅店12家,娱乐场所5家,机动车修理店6家、废旧物品收购3家、寄卖行1家,印刷厂5家,刻字店3家,网吧4家。并举办业主学习班,签订治安责任状。2007年,对学校周边网吧、游戏厅进行依法取缔。

械斗及群体性事件处置 2001年"10·15"爆炸案,民警谈卫兵涉枪致人死亡。10月18日数百名群众抬尸冲击区委机关和公安分局,对区委机关和公安机关进行打砸烧。公安分局大量公私财物及档案资料受损,造成巨大的财产损失和恶劣影响,案发后为首6人被依法处理。

2003年6月2日,成功处置西湖鼎港办事处与汉寿县西港镇边界浮桥械斗案,查办5人,收缴鸟铳等器械10余件。

2009年10月12日,移民群体性冲击区委机关和拦阻交通要道,分局掌握信息,对该群体组织活跃分子做到实时掌控,配合市局、区管委迅速处置这起影响较大的群体性事件,并依法对相关人员进行处理。

2010年12月7日,西湖柳林咀码头因承包主之间场地纠纷,双方邀请亲友及"两劳"释放人员数十人,在码头持刀械斗,造成 10余人受伤。案发后,分局与市局专案组协同作战,连续奋战,将谌某、李某等 10名主要犯罪嫌疑人抓获处理。

1991—2010年,共查处治安处罚案件2105件,警告14人,罚款225人,行政拘留1335人,调解纠纷290起。

附:

治安处罚案件情况统计表

表9-1-2

年度	查处案件数	警告	罚款	行政拘留	调解纠纷
1991	137	—	—	77	—
1992	128	—	—	63	—
1993	102	—	—	64	—
1994	107	—	—	112	—
1995	406	—	—	48	—
1996	78	—	—	38	—
1997	48	—	—	52	—
1998	70	—	—	67	—
1999	92	—	—	88	—
2000	78	—	—	67	—
2001	64	—	—	80	—
2002	53	—	—	57	—
2003	37	—	—	44	—
2004	137	—	27	35	73

续表 9–1–2

年度	查处案件数	警告	罚款	行政拘留	调解纠纷
2005	45	13	42	44	—
2006	87	1	54	97	—
2007	161	—	24	88	—
2008	63	—	26	84	—
2009	102	—	30	84	65
2010	110	—	22	46	152

第三节　打击刑事犯罪

1991 年 5 月破获鼎港分场新园生产队强奸杀人案，凶手邹某某被移送检察审判机构，于同年被处决。

2003 年 6 月，破获一起拐卖妇女案。6 月 5 日接到群众报警，分局迅速组织力量，派出解救小组前往福建，并在当地警方的协助下，成功营救 18 岁被拐女青年刘某，其家人向分局赠送“神速破案，营救爱女”锦旗。

2004 年 6 月 29 日，东洲办事处小学三年级学生余某被人杀死在学校附近的水沟，分局连夜开展侦破工作，并于当晚摸排出犯罪嫌疑人马某。经突审，马某对犯罪事实供认不讳。马某因未满 14 岁，被依法收容教养 3 年。同年 7 月，在柳林咀大堤发生一起抢劫杀人案，摩托车司机夏某被杀，摩托车被劫走。案发后，分局刑侦大队立即开展摸排工作，确定犯罪嫌疑人张某、粟某，并于 11 月 8 日将潜逃至黑龙江的张某抓获，另一同案犯粟某至今潜逃。

2005 年 8 月 4 日，西湖原二分场六队王某与其表嫂发生争吵，用锄头将表嫂打死。分局刑侦大队周密侦查，将犯罪嫌疑人王某缉拿归案。

2007 年 5 月，破获贺某某特大系列盗窃摩托车案，涉案 11 起，倒卖摩托 12 辆，涉案金额 8 万元。

1991—2010 年，立案 935 起，破案 646 起，刑事拘留 455 人，逮捕 293 人，劳教 129 人，起诉 118 人，取保候审 12 人，强戒 48 人。

附：

打击刑事犯罪情况统计表

表 9–1–3

年份	立案	破案	刑事拘留	逮捕	劳教	起诉（含移诉）	取保候审	强戒
1991	79	66	26	35	8	—	—	—
1992	42	40	25	21	5	—	—	—
1993	68	39	22	16	6	—	—	—
1994	73	49	33	13	3	—	—	—
1995	72	56	32	15	3	—	—	—
1996	42	32	28	11	10	—	—	—
1997	47	28	—	7	7	—	—	—
1998	21	16	—	16	3	—	—	—
1999	29	20	37	22	14	—	—	—
2000	42	37	26	18	6	—	—	—
2001	21	13	30	13	4	—	—	—
2002	22	11	14	7	4	—	2	—
2003	43	25	12	6	2	—	4	—
2004	52	20	8	—	—	6	1	—
2005	60	25	10	18	2	14	1	
2006	37	13	10	6	9	7	4	8
2007	91	105	85	43	30	46	—	—
2008	35	22	21	13	6	21	—	11
2009	29	21	26	10	3	13	—	16
2010	30	8	10	3	4	11	—	13

第四节　户政管理

1996 年前，西湖户政工作由汉寿县公安局负责管理。从 1996 年开始户政工作从汉寿县公安局分离，由西湖公安分局独立办理。户政管理以常住人口管理、重点人口管理、暂住人口管理为主。

常住人口管理　根据国家有关户口政策，对常住人口逐步实行制度化规范化管理。1996—2003 年基本完成户口本换发，采集微机图像信息 24150 人，核对审批场转非户口 1345 人，农转非户口 212 人。2004 年，以西湖管理区农村人口入社保为契机，全年核对人口信息 22500 条，各类纠错 648 人次，微机图像输入 2780 人次，补漏补全 253 人次。2006 年，全面完成原有农垦企业职工及家属解决城镇户口工作的信息录入和户口簿发放工作，全区共15000人次。2010年圆满完成第六次人口普查户口整顿工作,办理出生上户813人,死亡注销481人,迁入登记124人,立项变更28人,辅项变更169人,补录上户20人。

1996年开始至2010年全区共办理出生登记7455人,死亡注销2501人,迁入登记2669人,迁出登记2348人。

重点人口和暂住人口管理 城镇暂住人口随着改革开放逐年增多,为保护合法权益,打击违法犯罪,凡在西湖暂住一月以上人员,须办理暂住人口登记,申领暂住证。2006年对暂住人口情况进行摸查,做到地址清、职业明。2007—2010年,按照"五不漏"原则,将301名暂住人口全部纳入管理范围,659家出租房屋全部签订治安管理责任书。重点人口的监管按公安部确定的范围包括帮教和监控人员、刑满释放又有犯罪动机人员、有危害社会治安行为的人员等,都得到落实。2010年重点人员198人,监管对象12名都已纳入有效管控之中。

身份证管理 1996—2004年全区共办理一代身份证30665人次。2005年分局添置二代身份证设备,并与市局联网投入使用,启动二代身份证换发工作。是年办理二代身份证5381张,到2010年共计办理二代身份证33687张。

第五节　交通管理

2001年5月成立常德市公安局西湖分局交通警察大队,是年共查获各类"两无"车辆459台,上牌170台,处理交通事故22起,交通秩序开始走上正轨。

2003年新建交警办公大楼交付使用,2004年完成镇区交通标志标牌的设置,并多次举办驾驶员培训班和开展交通秩序集中整治、"两无车辆"集中整治行动,使交通秩序得到有效的治理。2006年按照客运车辆户籍化管理办法,对参与客运的机动车辆进行登记造册、建档,客运车辆的管理得到加强。

2010年交警支队会同教育局对全区8所民办幼儿园开展幼儿接送车辆专项排查,对3台没有车检,9台没有购买意外伤害险及严重超载情况,进行有效的整治。

2001—2010年共计查获无证车辆1269台次,处理交通事故720起,其中重大事故6起,死亡12人,查处交通违法行为400起,办理摩托车上牌3310台,摩托车办证1650本。

第六节　消　防

2010年前西湖消防工作由西湖公安分局内设消防科负责管理。2010年12月西湖区公安消防大队正式挂牌成立。消防大队负责全区灭火救援,社会抢险救灾及防火监督执法,有现役官兵4人,东风153型、东风140型水罐消防车各一台。

第二章 检 察

第一节 机 构

1984年以前,西湖未设检察机构,有关经济犯罪案件和法纪犯罪案件由汉寿县人民检察院直接立案办理。

1985年4月,成立“汉寿县人民检察院西湖农场检察组”,配检察员1名(由汉寿县人大常委会任命),书记1名(由汉寿县人民检察院检察长任命),1988年,工作人员增至5名。

1990年2月,汉寿县人大常委会和湖南省检察院批准撤销“西湖农场检察组”,成立“汉寿县西湖地区人民检察院”,设检察长1人、副检察长2人、工作人员10人。

2005年,经省检察院批准,撤销西湖地区人民检察院,工作人员并入西湖司法分局,其工作职能由汉寿县人民检察院负责。

附:

西湖法庭历届领导班子人员名录表

表9-2-1

姓　名	性别	职务	任职年限
陈敬国	男	检察长	1990.6—1995.3
丁为驹	男	支部书记	1990.2—2004.2
周明矣	男	副检察长	1990.2—1995.3
戴跃辉	男	检察长	1995.4—1998.2
张焕新	男	副检察长	1995.3—1996.6
袁名举	男	副检察长	1996.3—2002.10
罗先理	男	检察长	1998.3—2001.3
郭淑美	女	检察长	2001.4—2004.3
邓朝晖	男	副检察长	2002.10—2005.1
曾寿生	男	副检察长	2004.2—2005.4
何谷秋	男	副检察长	2004.2—2005.2

第二节　受理案件

1991 年至 2005 年,西湖地区人民检察院共受理案件 156 件,立案查处 63 件,追回贪污、挪用、贿赂款 130 余万元。主要案件有:1995 年,原西湖粮贸公司经理何某某,在任粮贸公司经理期间,利用职务之便,挪用公款 26 万余元,进行私人营利活动。西湖地区人民检察院接到举报,即立案侦查,在查清事实真相,获得确凿证据后,将侦查结果移交汉寿县人民检察院,汉寿县人民检察院以挪用公款罪向汉寿县人民法院起诉。是年,何某某被判处有期徒刑 5 年。2002 年,有人举报原西湖管理区教育委员会主任夏某某在任职期内,使用假发票到教育委员会下属单位西湖农场文体器材公司报销,冲减原在文体器材公司的个人借款 100920 元。西湖地区人民检察院将立案侦查结果移交汉寿县人民检察院。汉寿县人民检察院以贪污罪向汉寿县人民法院起诉。是年,夏某某被判处有期徒刑 10 年。

第三章 法 庭

第一节 机 构

1973 年 7 月 14 日，经常德地区中级人民法院批准，西湖农场设置“汉寿县人民法院西湖人民法庭”，配工作人员 5 人。西湖人民法庭实行双重领导，行政事务由农场管理，业务工作由汉寿县人民法院领导。主要职能是负责受理全区（场）民事案件、经济案件的审判。

2010 年 9 月，根据湘编办〔2001〕31 号、市编办〔2005〕27 号文件，西湖人民法庭人员、设施、土地及相关资产全部移交汉寿县人民法院管理。西湖人民法庭的行政事务管理及业务工作都由汉寿县人民法院负责，名称仍为“汉寿县人民法院西湖人民法庭”。

附：

西湖法庭历届领导班子人员名录表

表 9–3–1

姓名	性别	职务	任职起止年限
邓玉晃	男	庭长 支部书记	1984.1—1994.12
刘品南	男	副庭长	1986.1—1992.8 1994.2—1997.12
钱兴桥	男	副庭长	1992.8—1994.1
王焕忠	男	副庭长	1993.3—1993.9
夏延丰	男	庭长	1994.12—1999.1
刘唐吉	男	副庭长 支部书记	1996.1—1998.12
曾寿生	男	庭长 支部书记	1991.1—2010.4
吴继玉	女	副庭长	2002.8—2007.12
杨必武	男	副庭长	2008.4—2010.12
王铁生	男	负责人(正科级)	2010.4—2010.9
颜克新	男	副庭长	2010.6—2010.9
颜克新	男	庭长	2010.9—2010.12

第二节　民事审判

1991—2010年,共受理各类民事案件1117件,审结民事案件1109件。

婚姻家庭案　1991—2010年,共审结离婚案、财产继承案、抚养纠纷案等婚姻家庭案741件。其中离婚案731件,财产继承案5件,抚养纠纷案5件。

损害赔偿案　1991—2010年,共审结人身损赔和财产损赔案155件。随着交通运输业的迅速发展,机动车道路交通事故责任纠纷案件增多,共审理交通案件112件。

债务案件　1991—2010年,共审理债务案件99件。案件除民间借贷纠纷外,还包括借用、买卖、承揽加工、抵押、个人合伙、劳动报酬、劳动争议等发生在当事人之间的权利义务案件。

附:

西湖法庭受理案件审理情况表

表9-3-2　　单位:件

年度	合计	婚姻家庭			债务	侵害(损害)赔偿	交通案件
		离婚	财产继承	三养			
1991	36	23	—	2	4	6	1
1992	44	28	—	—	6	8	2
1993	40	25	1	—	5	5	4
1994	35	29	—	—	1	2	3
1995	48	36	—	—	3	4	5
1996	53	40	—	—	2	8	3
1997	53	41	1	—	4	2	5
1998	50	35	—	—	4	7	4
1999	38	30	—	—	3	2	3
2000	43	28	—	—	7	3	5
2001	47	33	—	—	2	4	7
2002	56	43	—	—	3	5	4
2003	55	45	—	—	4	1	5
2004	62	40	—	—	7	9	6
2005	57	42	—	—	2	5	8
2006	62	38	—	—	4	10	10
2007	71	48	—	—	7	9	7
2008	81	43	—	—	12	18	8
2009	85	40	—	2	9	24	10
2010	93	44	3	1	10	23	12

第四章 司法行政

第一节 机 构

2010年10月，西洲乡举办普法知识竞赛

西湖管理区司法局前身为1985年农场成立的司法办。1989年司法办改名西湖农场司法科。1993年3月更名汉寿县司法局西湖分局。2003年西湖区实施机构改革，更名为西湖管理区司法局。西湖管理区司法局是区主管司法的行政机关，其主要职能是：用法律手段教育人民，保护人民，惩罚犯罪，打击敌人，为维护社会基本稳定和国家经济建设提供法律服务和法律保障。2010年，在职司法行政干警8人，法律工作者3人，局设办公室、法律宣传股、基层工作股、公证律师股。

附：

西湖司法局历届领导班子人员名录表

表9-4-1

姓名	性别	职务	任职起止年限
钱兴桥	男	副科长	1991.1—1992.1
周志成	男	科长	1992.1—1994.1
刘品南	男	副科长	1992.1—1994.1
钱兴桥	男	局长	1994.4—1994.10
曾伯华	男	副局长	1994.4—2002.10
刘唐吉	男	负责人	1994.11—1995.12
王焕忠	男	局长	1996.1—1998.12
何谷秋	男	副局长	1996.1—2002.10
张焕新	男	局长	1999.1—2002.10
戴菊华	女	副局长	1999.1—1999.12
何谷秋	男	局长 党支部书记	2002.11—2010.12
张志玩	男	副局长	2002.11—2010.12
邓朝晖	男	副局长	2007.4—2010.12

局属机构:

公证处 西湖公证处成立于1993年，全称为“湖南省西湖农场公证处”,2003年更名“湖南省常德市西湖管理区公证处”,2010年更名为“湖南省常德市西湖公证处”。

律师事务所 1993年成立西湖古源律师事务所,2000年,律师机构改制,古源律师事务所被注销。

乡(镇)村组织:

基层人民调解委员会 全区先后在村(队)、居委会共建人民调解组织80个,有正副调解主任240名,调解员416名。

乡、镇司法所 从1985年起建立分场、镇司法办7个。2010年撤办事处合乡后建有3个司法所,配司法助理员3人。乡、镇司法助理员的主要职责是:管理人民调解委员会,指导检查民间调解工作;参与调解疑难纠纷;强化法律宣传,推动基层法治;加强法律服务;参与流动人口管理;帮教、安置刑释解教人员等。

法律服务所 1991年在全区建立8个法律服务所,法律工作者9人。1996年全区的8个法律服务所合并为1个。

第二节 法制宣传

“一五”普法 1985年农场党委发布《关于西湖农场公民基本普及法律常识的五年规划》,主要对象是工人、农民、干部、职工、学生、城镇居民及其他劳动者中有接受能力的公民。主要内容是:《中华人民共和国宪法》《中华人民共和国刑法》《中华人民共和国婚姻法》《中华人民共和国经济合同法》《中华人民共和国刑事诉讼法》《中华人民共和国民事诉讼法》《中华人民共和国森林法》《中华人民共和国兵役法》《中华人民共和国民法通则》《中华人民共和国继承法》及《中华人民共和国治安管理处罚条例》总称“十法一条例”。1986年至1989年普法人数达到普法对象的72.4%。1990年市普法办对全场进行了考核验收,考试合格率达到92.5%。

“二五”普法 1991年开始,全场实施第二个普法五年规划。是年4月制作《中华人民共和国土地管理法》宣传牌20块,组织宣传员和宣传车在全场六个分场、镇巡回宣传历时7天。是年5月开始进行水法、税法、义务教育法、计生条例、档案法、统计法宣传。1992年购发《法律法规选编》800册,培训学员82名。1994年举行各类学习班16期,参训对象180人次。1995年春节期间,集中组织以扫黄、禁赌为主要内容的宣传活动。是年11月,全场进行普法考试验收。

“三五”普法 1996年至2000年,实施普法第三个五年规划。1997年购置发放《常用法律法规汇编》及新刑法,新刑事诉讼法单行本2400册,订购发行省编“三五”普法教材800册,其间共发放省编“三五”普法读本4000余册。五年间,每年对全场干部职工实行集中普法知识考试,全场96%应普对象,获得普法合格证。

“四五”普法 2001年至2005年,实施第四个五年普法规划。普法教育对象在原有的基础上重点转移至青少年，全场3个中学、6所小学配置法制副校长1名，聘法律辅导员96名,中小学法制教学课本成为必备教材,每周保证法制课时1小时,全场发放省编“四五普法”读本4000册。其间每年11月份组织全区干部职工集中进行法制知识考试,参考人数达800余人。2005年市普法办对全区进行普法验收,考核合格。

“五五”普法 2006年至2010年实施第五个五年普法规划。2006年5月开始农村法制宣传月活动,至2010年每年的同期开展同一活动。2006年12月,开展“12·4”全国法律宣传活动。2007年在一中成立法制总校,各办事处成立法制分校,各村(居)委会成立法制夜校,办法制培训班25期,培训人员3500人。五年间,发放省编“五五”普法读本4000册、《居民简易法律读本》20000册、《农民普法简易读本》8000册、《法制简明问答300问》1200册，编印发放其他法制宣传资料50000份。2006年被评为常德市普法工作先进单位,2007年、2008年连续2年被评为常德市普法依法治理目标管理先进单位。

第三节 调 解

1991—2010年，全区各级调解组织调解纠纷3932起，成功调解3892起，成功率达98.9%。历年调解情况见统计表9-4-2。

民事纠纷调解情况统计表

表9-4-2

年份	调委会（个）	民事纠纷（件）	调解数（件）	调解成功数（件）	调解成功率（%）
1991	80	183	183	181	98.9
1992	80	156	156	191	96.79
1993	80	201	201	195	97.01
1994	80	186	186	183	98.38
1995	80	194	194	190	97.93
1996	80	193	193	190	98.44
1997	80	167	167	163	97.60
1998	80	195	195	191	97.94
1999	80	187	187	182	97.32
2000	80	179	179	176	98.32
2001	80	189	189	184	97.35
2002	80	174	174	170	97.7
2003	80	196	196	193	98.46
2004	80	184	184	181	98.36
2005	80	187	187	182	97.32
2006	80	198	198	194	97.97
2007	80	187	187	184	98.39
2008	80	199	199	193	96.98
2009	80	189	197	187	94.92
2010	80	196	196	193	98.46

第四节　公证服务

1993 年至 2010 年，共办各类公证 1330 件，其中经济类公证 443 件、民事权益类公证 897 件。常年提供公证服务的企事业单位 17 家，历年来公证质量检查无错证，无假证。历年公证情况见表 9-4-3。

公证工作情况统计表

表 9-4-3　　单位：件

年份	公证件数	其中		常年法律服务
		民事类	经济类	
1993	78	57	21	—
1994	72	48	24	—
1995	63	26	37	3
1996	82	29	53	1
1997	94	48	46	2
1998	104	44	60	2
1999	68	49	19	1
2000	59	38	21	2
2001	41	29	12	1
2002	57	40	17	—
2003	75	58	17	1
2004	78	62	16	—
2005	73	63	10	1
2006	74	68	6	1
2007	77	54	23	2
2008	76	54	22	—
2009	86	68	18	—
2010	73	62	11	—
合计	1330	897	443	17

第五节　律师服务

1993 年至 1999 年全区律师累计为 70 家单位担任常年法律顾问，进行刑事辩护 13 起，办理民事经济代理案件 300 件，行政案件 12 件，非诉讼代理 189 件，代写法律文书 571 件，接待和解答法律咨询 994 人次，为行政、企事业单位挽回经济损失 716 万元。详情见表9-4-4。

律师工作情况统计表

表 9–4–4

年份	律师人数	诉讼代理数		非诉讼代理数	常年法律顾问（家）	解答法律咨询（人次）
		刑事	民事			
1993	3	1	26	23	7	81
1994	3	3	28	41	8	104
1995	3	2	42	17	11	121
1996	4	4	47	33	12	124
1997	4	—	50	48	12	163
1998	4	—	49	62	10	152
1999	4	—	58	46	10	149

第五章 武 装

第一节 机 构

2010年7月,区武装部组织民兵集训

西湖管理区人民武装部前身为西湖农场人民武装部,1974年6月经常德市军分区批准成立,由农场副处级干部兼任部长,配副部长1人,干事2人。武装部业务工作由汉寿县人民武装部领导,行政工作由农场管理。2002年根据常办通字〔2002〕36号文件核定,管理区设武装部部长,由纪委书记兼任(副处级),配副部长1人(正科级)。区武装部主要职责是负责全区国防知识教育、民兵管理、征兵工作及维护社会治安等工作。

1991年6个分场和西湖镇均设武装部,配部长1人、干事1人。2010年两乡一镇设武装部,配部长1人、干事1人,负责乡镇民兵工作。

附:

西湖农场(区)武装部历届领导名录表

表9-5-1

姓 名	职务	任职时间
曾宪迪	部 长	1984.11—1999.10
邓刚岩	副部长	1987.4—2002.8
吴海林	副部长	2003.4—2008.5
刘助中	部 长	1999.10—2010.12
戴石元	副部长	2008.5—2010.12

第二节 民兵工作

民兵组织 1991—2005年,全场(区)民兵建制为一个团,生产队建营,66个生产队建有66个民兵营。7个分场(镇)建有基干民兵连7个。1991年民兵人数4000余人。2005年撤队并村，在25个行政村、2个社区、渔场设民兵营，计28个民兵营。2010年撤办并乡，两乡一镇设基干民兵连3个，全区计有民兵2000余人。

民兵训练 民兵是一支不脱离生产的群众武装，军事训练是民兵工作的一项主要内容。1991—2001年农场民兵训练由汉寿县人民武装部统一组织，全区每年参加军训人数20多人。2002年民兵军事训练由区武装部组织，每年参加人数60多人。2006年高一新生由武装部组织军训，时间一个星期。军训内容主要是队列和政治教育。政治教育内容包括国防教育、兵役法及形势教育、爱国主义教育等。民兵军事训练还要进行实弹射击。1991—2010年参加汉寿县军训民兵287人，参加农场（区）军事训练民兵678人，高一军训750人，详见军训统计表9-5-2。

历年民兵训练人数统计表

表9-5-2

年份	县军训人数	区军训人数	高一学生军训人数
1991	26	—	—
1992	27	—	—
1993	27	—	—
1994	28	—	—
1995	26	—	—
1996	27	—	—
1997	26	—	—
1998	22	—	—
1999	26	—	—
2000	27	—	—
2001	25	—	—
2002	—	120	—
2003	—	120	—
2004	—	65	—
2005	—	60	—
2006	—	62	168
2007	—	60	148
2008	—	64	152
2009	—	65	128
2010	—	62	154
合计	287	678	750

第三节　征兵工作

农场从 1974 年开始有征兵任务，征兵时间为春季，1974—1990 年征兵 300 多人，1991 年开始实行冬季征兵，农村户口要求初中以上文化，非农村人口要求有高中以上文化。从 2001 年开始，征兵对象都要具有高中以上文化程度。2008 年起有国防生、士官生招生任务。1991—2010 年共计征兵 200 多人，其中士官生 2 名，国防生 2 名。

第十篇《

教科文卫

第一章　教　育

第一节　管理机构

1972 年移民建场,教育工作由农场政工办主管,1975 年改由农场宣传部主管,宣传部下设“教育革命办公室”(1978 年更名为“文化教育办公室”),具体负责全场学校行政和业务工作。

1982 年,农场成立科教科,主管农场教育工作。1984 年改名文化教育科,1986 年更名教育科,负责对学校行政、人事、财物、教学实施全面管理。自 1982 年起,农场配备 1 名场级领导分管教育,分场总支也相应明确 1 名党委委员分管。农场党委实行定期“议教制度”,1984 年农场颁布《加强和改革教育工作的决定》,实行“三级办学,两级管理”的体制。是年,分场成立联校,管理本分场学校行政业务工作。1990 年农场成立“文教科卫办”,将教育、卫生、科技统一管理。1991 年成立教育委员会,将卫生科技析出,全面管理教育工作。

1999 年 8 月,建立西湖管理区。2002 年区直机关机构改革,将教育、科技、文化、卫生与计划生育几项职能合并成立教科文卫局。2005 年卫生和计划生育单列,教科文卫局更名教科文局。

教科文局对口市教育局、市科技局、市文广新局、市综合执法局、市体育局、市知识产权局。主要职能是:负责全区中小学教育、成人教育、幼儿教育、教师调配、培训管理工作;负责文化建设和文化市场管理,群众文化艺术中心管理;负责科技项目的引进及科技普及推广应用工作;负责科协的有关工作。

教科文局下设办公室、基教股、计财股、体卫艺股、成教股、师训股、文化科技体育股、文化综合执法大队、学生资助中心、校安办、教研室。

附：

教育主管机构领导班子成员名录表

表10-1-1

机构名称	姓　名	职　务	任职年月	备　注
教育委员会	易后宗	教委总支书记	1991.3—1993.6	1991 年撤销文教科卫办成立教育委员会
	卿实敦	主　任	1991.3—1993.6	
	彭春生	副主任	1991.3—1993.6	
	马　光	副主任	1992.7—1993.6	
	卿实敦	教委总支书记	1993.7—1997.6	
	彭春生	主　任	1993.7—1995.6	
	戴建中	副主任(正科级)	1993.7—1998.6	
	夏经纬	主　任	1995.7—2001.12	
	廖嗣德	书　记	1998.7—1999.12	
	张人忠	副主任	1998.7—1999.12	
	姜培斓	秘　书	1998.1—1999.12	
	符奇才	副主任(正科级)	2000.1—2002.12	
	姜培斓	副书记	2000.1—2002.12	
教科文卫局	杨明太	局　长	2003.1—2005.2	2002 年机构改革，按市编委〔2002〕15 号文件设教科文卫局
	符奇才	副局长(正科级)	2003.1—2005.2	
	张良清	副局长	2003.1—2005.2	
	苏绿林	副局长	2003.1—2005.2	
教科文局	杨明太	局长兼书记	2005.3—2007.7	根据市编委〔2005〕48 号文件，卫生、计划生育从教科文卫局析出
	符奇才	副局长(正科级)	2005.3—2007.7	
	莫佳文	副局长	2007.8—2008.5	
	张文辉	局长兼书记	2008.5—2010.12	
	周　俊	副局长	2009.9—2010.12	

第二节　普通教育

一、幼儿教育

(一)幼儿教育的发展

1991—2002 年全区仅有一所幼儿园—总场机关幼儿园，位于西湖一中校园内，属公办性质。常年有幼儿 130~200 人，4~6 个班级，教职工 8~12 人，由教育主管部门直接管理。刘

新世纪幼儿园

瑛、尹丽花相继任园长。随着教育体制改革,幼儿教育推向市场。2001 年小星星幼儿园开办,这是全区第一所民办幼儿园。2002 年童心、阳光、苗苗、新世纪幼儿园相继挂牌招生。2003 年陈远球开办西湖中心幼儿园,取代总场机关幼儿园。2010 年全区幼儿园发展到 8 所,全部为民办性质,其中西湖镇区 2 所、东洲乡 3 所、西洲乡 3 所,计有大中小班级 36 个,入园幼儿 1222 人,幼儿入园率达 95%。教职员工 81 人,其中行管人员 10 人,专任教师 32 人,教辅人员 39 人。专任老师中通过幼师专业教育的 28 人,具有本科学历的 1 人,大专学历的 5 人,中专及高中学历的 26 人。有幼师资格证书的 21 人,2 人获专业技术职称,20 人获普通话等级证书。全区幼儿园占地总面积 22465 平方米,建筑面积 6785.4 平方米,固定资产 675 万元。幼儿园基本情况见表 10-1-2。

2010 年西湖管理(区)幼儿教育情况一览表

表 10-1-2

幼儿园名称	办园时间	园长姓名	教职工人数	班数	入园幼儿人数	园占地面积(平方米)	建筑面积(平方米)	固定资产(万元)	园址
小星星幼儿园	2001.9	刘艳忠	10	5	169	2115	893	150	东洲乡旺禄村
苗苗幼儿园	2002.9	邹　艳	8	4	146	5000	1324	100	东洲乡新园村
新世纪幼儿园	2002.9	阳瑞芝	14	6	218	980	617	100	西湖镇南园盘
童心幼儿园	2002.9	夏娟娟	2	3	102	1494	778	120	西洲乡田园村
阳光幼儿园	2002.9	彭志红	3	3	105	930	345.6	60	西洲乡幸福村
中心幼儿园	2003.9	陈远球	20	9	322	2357	1169.3	70	西湖镇西湖路
新港幼儿园	2004.3	龚周萍	7	3	68	3889	1030	35	东洲乡新港村
春蕾幼儿园	2008.9	胡　瑛	3	3	93	5500	601.5	40	西洲乡新北河村
合　计			81	36	1222	22465	6785	675	

(二)幼儿教育的管理

1990—2002 年,总场机关幼儿园直接由教育行政部门参照中小学管理模式考核管理。

2008 年,对全区兴起的民办幼儿园实行民办区管。教科文局对幼儿园全面考评,合格的颁发“办园许可证”。2009 年,教科文局成立学前教育管理办公室,印发《西湖管理区简易幼儿园督导评估实施细则》(西教发〔2009〕2 号),对全区幼儿园进行督导评估,将幼儿园正式纳入期初、期末检查、年度考核,并实行统一的教材、统一的收费标准,幼儿教育得到正常发展。2009 年 12 月,西湖中心幼儿园被市教育局评为“市示范幼儿园”。

2010 年,根据《湖南省幼儿园督导评估工作指导纲要》精神,区教科文局印发《西湖管理区幼儿园办园水平等级评估实施方案》(西教发〔2010〕4 号)、《西湖管理区幼儿园目标管理考核办法》(西教发〔2010〕5 号),对全区幼儿园进行办园水平等级评估,评估结果为:中心、童心幼儿园为区级示范园,小星星、苗苗、春蕾、新世纪、阳光为区级规范园,新港幼儿园为区级合格园。

二、九年义务教育

(一)义务教育实施概况

1994 年 4 月,农场党委颁发《关于加快普及九年义务教育的意见》,启动实施九年义务教育工作。1996 年,农场成立以张铁光为组长的普九领导小组,进一步部署加快普九工作进程。是年农场下发《关于开展捐资助学的通知》,明确农场干部职工每人捐献一个月基本工资,用于中小学危房改造。

1997 年 10 月,全区学校通过湖南省九年义务教育评估验收,九年义务教育的各项指标,达到基本合格。

西湖中心小学科技楼

1999 年 1 月,西湖中心小学被常德市教育委员会挂牌为常德市规范化完全小学。

2000 年 12 月,西湖一中被常德市教育委员会挂牌为常德市规范化完全中学。

2003 年 9 月,按国家有关政策,义务教育学校开始实行“两免一补”(免杂费、免课本费,补寄宿生生活费)。

2007 年区委出台《西湖管理区关于建设教育强区的决定》实施教

育强区战略。全区全面实施农村义务教育经费保障机制改革，对义务教育阶段学生实行杂费全免，对贫困家庭的学生免除课本费。2007 年全区有 932 人免收课本费，其中小学 560 人、初中 372 人。

2008 年开始，义务教育阶段课桌椅配置专项经费全部纳入区财政预算，启动“学生课桌椅下乡工程”，政府免费为各学校配发标准学生课桌椅共计 4140 套。

2009 年全区小学接受省市合格学校督导领导小组评估验收。西湖中心小学被常德市挂牌“义务教育合格学校”，成为全区第一所达标的义务教育合格学校。

2010 年，西湖一中合格学校建设项目定为市十件实事之一，国家投入资金 406.8 万元。当年西湖一中通过义务教育合格学校评估验收。

2010 年，落实《常德市化解农村义务教育“普九”债务方案》（常农改办发〔2007〕18 号文件）精神，全区 1993 年 11 月 1 日至 1997 年 12 月 31 日所形成的普及九年义务教育债务 584.377 万元，全部偿还到位。

（二）学校布局调整

移民建场初，队办小学，分场办完小、初中。有的分场办高中班。1973 年全场小学 40 所，初中 6 所，完全中学 1 所。1975 年农场改队办为联队办，全场小学减为 24 所。1983 年各分场初中合并为第一初级中学，第二初级中学，三分场联校设附属中学。小学从 24 所撤并为 21 所。1991 年全区中小学 25 所，其中完小 7 所、初小 14 所、初中 3 所、高中 1 所。1992 年 1 月，西湖第一初级中学改名为西湖第二中学，西湖第二初级中学改名为西湖第三中学。1999 年 1 月区委决定撤点并校，撤销三附中，三附中老师和 168 名学生并入西湖一中；撤销四分场一二队学校，原学校老师和 79 名学生并入新港小学；撤销五分场一二队学校，原学校老师和 50 名学生并入鼎港小学；撤销六分场五六队学校，原学校老师和 43 名学生并入东洲小学。到 2001 年全区仅有完小 7 所，村小 1 所（村小 2003 年并入新港小学）。2002 年根据区委《关于调整中小学校布局和深化教育系统人事改革的实施意见》，撤销第二中学，老师学生并入西湖管理区第一中学。2006 年 7 月，西湖区第一中学初中与高中剥离，西湖区第三中学与西湖区第一中学初中部合并，沿用西湖管理区第三中学之名。原西湖区第一中学高中部实施“国有领办”，沿用西湖管理区第一中学之名，一个校园两种体制，两块牌子。2009 年三年 领办期满，初中与高中合并，仍为西湖管理区第一中学。至此全区形成 7 所完小、1 所完全中学的教育格局（即西湖区中心小学、裕民小学、西洲小学、下窖小学、新港小学、鼎港小学、东洲小学和西湖管理区第一中学）。基本情况见表 10–1–3 和表 10–1–4。

2010年西湖区中小学基本情况一览表

表 10-1-3

学校名称	校长姓名	校址	占地面积(平方米)	建筑面积(平方米)	教职工人数	班数(个)	学生数(人)	备注
东洲小学	龙建华	东洲乡旺寿村	22331	1319	16	6	279	
新港小学	龚周萍	东洲乡新港村	13200	1600	22	10	350	
鼎港小学	周全	东洲乡	16640	3494	15	6	290	
裕民小学	周石球	西洲乡裕民村	15810	2025	13	8	230	
西洲小学	谢之平	西洲乡幸福村	9987	2738	15	6	304	
下窖小学	张希宗	西洲乡建湖村	12786	4540	13	7	264	
西湖中心小学	周一中	西湖镇教育路	26000	5090	48	19	920	
西湖区第一中学	罗玉忠	西湖镇教育路	62650	20553	149	36	1751	初中班27个，高中班9个，初中学生1277人，高中474人
合计			179407	41359	291	98	4388	教职工数未包括教研室和退线人员数

1991—2010年西湖农场(区)教育基本情况一览表

表 10-1-4

项目／年份	小学			初中			高中		
	学校数	班级	学生数	学校数	班级	学生数	学校数	班级	学生数
1991	21	120	4685	3	41	2249	1	7	422
1992	20	114	4621	3	42	2230	1	9	486
1993	20	110	4635	3	40	2037	1	11	512
1994	18	110	4725	3	40	1886	1	9	472
1995	18	114	4990	3	39	1794	1	9	440
1996	18	114	5258	3	37	1708	1	8	440

续表 10-1-4

项目 年份	小学			初中			高中		
	学校数	班级	学生数	学校数	班级	学生数	学校数	班级	学生数
1997	18	116	5227	3	37	1551	1	10	471
1998	18	112	4959	3	37	1723	1	11	563
1999	16	100	4097	3	39	1992	1	12	605
2000	13	101	4020	2	39	2045	1	12	592
2001	8	93	3631	2	37	1772	1	11	520
2002	8	83	3149	1	37	1808	1	11	540
2003	8	71	2963	1	35	1715	1	11	650
2004	7	59	2770	1	34	1890	1	11	856
2005	7	58	2829	1	29	1412	1	15	803
2006	7	58	2770	1	23	1172	1	16	785
2007	7	57	2776	1	23	1106	1	14	760
2008	7	57	2696	1	25	1309	1	13	568
2009	7	57	2551	1	26	1311	1	11	465
2010	7	60	2637	1	27	1277	1	9	474

(三)九年义务教育质量

1990年,学校按照教育部《关于加强中小学德育工作的几点意见》,始终把德育工作放在首位,加强对学生的政治思想教育。1991年开展"两史一情"(中国近代史、现代史、国情)教育和"两学一争"(学雷锋、学赖宁,争先进)活动,校园广播好人好事稿件1000多篇。1992年中小学校开始实行德育评估,按生评、互评、师评三个环节,分优秀、良好、合格、不合格进行评估,对学生开展思想品德教育。1993年西湖一中参加常德市初中生国情知识竞赛,20人参赛,15人获奖,其中9人获一等奖(全市设20个一等奖)。初58班吴涛获全市第一名。选送初二学生伍翠红参加市"纪念毛主席诞展100周年"讲故事比赛获二等奖。学校建立健全少先队、学生会、团委会组织,通过举办"校容校貌校风"、班级竞赛、主题班会、"五心"教育活动(忠心献祖国,孝心献父母,真心献朋友,爱心献社会,关心献同学),使学生受到教育。2003年西湖一中团委被评为市"五四红旗团委"。2005年起全区中小学实行德育教育社会化评估(即社会化德育评估),各校以学生思想品德形成为教育主线,取得较好效果。学校重视班主任工作,西湖中心小学班主任定期与家长联系,形成制度。西湖一中要求班主任做到"八到"(早操到、早自习到、课间操到、读报到、眼保健操到、晚自习到、就寝到、劳动或集会到),班主任与学生融合在一起,加强班级管理。学校多次举行班主任工作经验交流会,总结经验,探索德育工作新思路、新途径、新方法。2010 年西湖一中表彰从事班主任工作 30 年的夏卫平老师、从事班主任工作 20 年的夏姣桃等 5 位老师、从事班主任工作 15 年的夏绪海等 8 位老师,分别为他们颁发“金牛奖”“银牛奖”“铜牛奖”。西湖一中戴素华、夏姣桃、陈莉被授予“常德市优秀班主任”称号。中小学还把关爱留守儿童的成长作为德育工作的重要内容。西湖一中由陈莉主研的市级德育课题《农村中学留守学生亲情缺失问题的应对方法研究》,已纳入立项研究。2009 年下窖小学刘春晖主研课题《帮助农村小学生消减厌学情绪的实践研究》,已由市教研院立项。

全区中小学校坚持教学常规管理和教学研究,注重学生综合素质的教育与培养,努力提高教学质量。1992 年全区中小学贯彻落实九年义务教育全日制小学初级中学课程计划和 24 个学科教学大纲。按照教学计划、教学大纲组织教学活动,开设了音乐、美术、体育以及活动课程。教研室对备、教、批、辅、考五个教学环节进行全面督导,并编印教学常规手册,发给每个教师。1992 年,西湖中心小学卓雪花老师承担珠脑算实验班教学任务,参加汉寿珠脑算竞赛获团体总分第一名,后参加常德市三算竞赛获团体总分第三名。1993 年朱智云老师承担“听说读写”实验班教学任务,取得良好的效果。是年,裕民小学数学组组长卿锡球辅导、卿锡吾任教的六年级学生,参加全国奥林匹克数学竞赛初赛获全市第一名。同年卿锡吾老师带领他所任教的学生,代表湖南省参加在山西太原举行的数学奥林匹克总决赛以 97 分成绩荣获计算机竞赛单项成绩二等奖,以总分 297 分获综合三等奖,在全国 309 名参赛学生代表中名列第 9 名。1996 年西湖一中初 53 班毕业生刘毅在汉寿一中高考夺得常德市理科状元,被清华大学水利工程系录取。1997 年初中 58 班毕业生吴涛在常德市一中被保送清华大学。2010 年西湖一中组织学生参加新世纪全国中学生作文大赛,由李跃科、戴素华老师辅导的学生夏娉、罗诗其、成佳弘、周思倩等十名同学获二等奖。

1991—2010 年,全区小学毕业生全部升入初中,有 11000 多名初中生,经初中毕业会考,全部合格,毕业率为 100%。有 60%升入高中和职业学校就读。

三、高中教育

(一)高中教育发展概况

移民建场后,1973 年建立西湖总场学校,实行中小学合办制,分小学初中高中三部,实行九年制教育(小学学制 5 年,初中学制 2 年,高中学制 2 年)。是年,有 2 个高中班,学生 102 人。时值“文化大革命”期间,教育与生产劳动相结合,学工学农又学军。1977 年农场实行免费入学,除总场高中外,各分场也相继创办高中,后分场高中于 1980 年停办。

1978 年小学部从总场学校析出,初中与高中部合并成立西湖农场西湖中学。1983 年,学校实行三三制教学,即初中学制三年,高中学制三年。1991 年更名西湖农场第一中学。

1999 年 8 月，建立西湖管理区后，西湖农场第一中学更名为西湖管理区第一中学。2000 年下学期原一中校长周芝莲带高中教师 10 多名擅自离职离岗，教育教学一度受到影响。接任校长罗玉中深入开展思想教育，稳定教师队伍，维护了正常的教学秩序。

2003 年学校实行人事制度改革，实行校长负责制、教师聘任制和绩效工资制，全员实行岗位目标管理责任制。教职员工竞聘上岗，根据目标岗位责任制，年终考核与工资奖金挂钩。

2006 年高中与初中分离，实施"国有领办"，由罗玉忠任校长，沿用西湖管理区第一中学校名。领办时间为三年。三年领办期间，高中教育得到稳步发展，教学质量稳中有升。

2009 年领办期满。初高中合并，实行统一管理，仍称西湖管理区第一中学。

1998 年 10 月，西湖一中学生体育比赛

2009—2010 年，西湖区第一中学两次评为常德市高中办学水平综合评估优秀单位。

（二）高中教育质量

1990 年学校落实国家教委颁布的《中学德育大纲》，把德育教育放在首位，注重德智体全面发展，学校成立德育工作领导小组，建立健全德育工作制度，举办班主任经验研讨会，出版班主任工作论文集。学校开展系列德育活动，对学生进行道德教育、理想前途教育、法制教育和爱国主义教育，促进学生健康成长。

学校认真落实普通高中教学计划，按照教学计划组织教学活动，在教师中开展教学研究，改进教学方法。邓晓冬老师撰写的《浅谈历史教学中学生创新思维的培养》，夏姣桃老师撰写的《作业批语不可缺的教育教学手段》和洪华云老师撰写的《跟愤怒说再见》等论文获国家级一等奖。刘益安老师的《网络技术与实验教学整合过程中老师角色的转变》《物理虚拟试验的探索和思考》和李政老师的《网络技术在中学化学中的教学策略》均获省级一等奖。

2004 年，学校与长沙市长郡中学联合办学，开设长郡直播班，实行远程录播教学，高中教学水平得到提升。2006 年学校评为"湖南省现代教育技术实验学校"。

2010 年，西湖一中被华中师范大学《语文教学与研究》杂志社和中国教育学会、中学语文教学专业委员会授予"全国作文教学先进单位"。语文教研组获省教科所授予"湖南省中小学首届优秀教研组"称号。

1991 年开始实施的高中毕业会考制度，2009 年起，由常德市统一组织，当年毕业会考成绩在全市普通高中排列第 3 名，2010 年上升为第 1 名。

1991—2010年,学校高考参考人数2978人,录取1502人,录取率50.4%。其中一本203人,二本283人,三本150人,专科866人。

1991—2002年,西湖学生在汉寿参加高考。2003年市教育局在西洞庭设西湖管理区与西洞庭管理区两区高考考点。2007年苏伟获得两区考点理科状元,总分591分;2009年张湘华获两区考点文科状元,总分为574分。

学校注重小专业的培训和音体美特长生培养,2007—2010年音乐专业录取22人,美术专业录取93人,体育院校录取8人。高考情况见表10-1-5。

高考情况一览表

表10-1-5

类别 年度	参考人数	上线人数	普通高校				录取人数
			一本	二本	三本	专科	
1991	96	11	3	—	—	8	11
1992	91	9	2	—	—	7	9
1993	89	7	4	—	—	3	7
1994	88	4	1	—	—	3	4
1995	92	6	3	—	—	3	6
1996	86	17	6	—	—	11	17
1997	98	28	16	—	—	12	28
1998	112	39	19	—	—	20	39
1999	120	46	24	—	—	22	46
2000	135	47	27	—	—	20	47
2001	138	55	4	25	—	26	55
2002	155	74	10	20	—	44	74
2003	171	130	7	17	—	106	130
2004	190	164	8	17	54	85	164
2005	197	124	14	19	—	91	124
2006	226	116	7	24	9	76	116
2007	237	192	14	31	55	92	192
2008	283	158	15	42	6	95	158
2009	246	192	9	60	16	107	192
2010	128	83	10	28	10	35	83
合计	2978	1502	203	283	150	866	1502

重点学校简介

西湖管理区第一中学

西湖管理区第一中学在原西湖农场总场学校的基础上成立。1973 年为国营西湖农场中学,1991 年更名国营西湖农场第一中学。1999 年西湖管理区成立后,定名常德市西湖管理区第一中学。

西湖管理区第一中学是全区唯一一所具有初中高中两个教育阶段的完全中学。学校位于西湖镇教育路,校园环境优美,布局结构合理,功能规划科学,设备配套标准,曾被湖南省军区评为“招飞工作先进单位”,被农林渔牧部授予“全国农垦系统教育先进单位”。1997 年 10 月,通过湖南省普九达标验收合格。2005 年经市督导评估验收,被授予“常德市规范化完全中学”称号;2006 年被评为“常德市现代教育技术实验学校”;2010 年经评估验收为“常德市合格学校”;是常德市“高中办学水平综合评估优秀单位”及“常德市园林式学校”“常德市平安学校”。

学校现有面积 6.265 万平方米,校舍建筑面积 2.0553 万平方米,学生食堂 2528 平方米,绿化面积 17005 万平方米,体育活动场地 16128 平方米。有标准教学楼 3 栋;有设施齐全、功能配套的电脑室、实验室、仪器室、图书阅览室、音乐室、美术室、多媒体教室、体育器材室、劳技操作室等 22 间;有容纳全区初高中寄宿的学生宿舍楼 2 栋;有集食堂、集会、体育、文艺于一体的多功能礼堂 2526 平方米。

2010 年学校有教学班 36 个,其中初中班 27 个、高中班 9 个。在校学生 1751 人,其中初中生 1277 人、高中生 474 人。在岗教师 149 人,其中高中教师 53 人、初中教师 96 人,中学高级教师 24 人,中学一级教师 65 人,大学本科 117 人,大专以上学历 25 人,研究生学历 1 人,教师资格合格率达 100%。1991—2010 年间,被评为湖南省优秀教师 3 人,全省中小学教育技术装备先进工作者 1 人,常德市先进教育工作者 2 人,常德市优秀教师 2 人,常德市优秀青年教师 2 人,常德市优秀班主任 3 人。有 236 篇教研论文获得国家、省、市级奖励,其中国家级 6 篇、省级 114 篇、市级 13 篇。

学校围绕区委提出的“教育强区”目标,坚持“以人为本,全面发展”的办学理念,以“励志、笃学,明理、创新”为校训,“严谨求实,爱心育人”为教风,“善思考,勇实践,敢创新”为学风,突出特长培养,重视学生个性发展,积极开展教学研究,推进教育创新,规范教育教学管理,全面提高教育教学质量。

1991—2010 年,初中毕业会考成绩不断提高,高中会考毕业合格率 100%,高考上线录取人数历年稳中有升。1991—2010 年高考参考人数 2978 人,上线 1502 人,录取重点大学 203 人,普通大学 433 人,体育院校 8 人,音乐专业 22 人,美术专业 93 人。附:各中学历届领导班子成员名录。

西湖一中领导班子成员名录表

表 10-1-6

姓　名	职　务	任职时间
戴建中	支部书记	1990.6—1993.6
李德琦	校长	1990.6—1994.9
饶道生	副书记	1986.3—2006.9
刘道忠	副校长	1984.9—2000.9
符奇才	副校长	1990.3—1994.9
曾梦奇	副校长	1994.9—2006.9
符奇才	支部书记兼校长	1994.9—1999.8
周芝莲	副校长	1996.3—1999.8
周芝莲	支部书记兼校长	1999.6—2000.7
张小华	副校长	1999.9—2000.7
罗玉忠	支部书记兼校长	2000.9—2001.6
龚金龙	副校长	2000.9—2006.8
夏延卫	副校长	2000.9—2003.8
郭建民	支部书记	2001.9—2006.8
莫佳文	副校长	2003.3—2006.8
罗玉忠	校长兼支部书记	2006.9—2010.12
龚金龙	副书记	2006.3—2009.8
廖彬文	副校长	2006.3—2010.12
王本南	工会主席	2006.3—2010.12
何一中	副校长	2006.3—2009.8
罗国忠	工会主席	2006.3—2009.3
彭龙生	副校长	2009.3—2010.12
夏朝晖	副科级纪检员	2009.3—2010.12

西湖二中领导班子成员名录表

表 10-1-7

姓　名	职　务	任职时间	备　注
曾梦奇	支部书记、校长	1991.3—1993.8	西湖二中于 2003 年并入西湖一中
夏延鹏	支部书记、校长	1993.9—1994.8	
伍习忠	支部书记、校长	1994.9—1995.8	
夏延渭	校长	1995.9—2000.1	
郭建民	校长	2000.1—2001.8	
莫佳文	支部书记、校长	2000.1—2003.8	

西湖三中领导班子成员名录表

表 10-1-8

姓　名	职　务	任职时间	备　注
李济新	支部书记	1990.3—1995.8	西湖三中于2006年并入西湖一中
马康湘	校长	1990.3—2006.8	
伍锡忠	支部书记	1997.2—2000.8	
马康湘	支部书记	2000.9—2006.8	
郭建民	校长	2006.9—2007.8	
周　俊	支部书记、校长	2007.9—2009.8	
莫佳文	副校长	2006.9—2007.7	
夏朝晖	副校长	2006.9—2009.7	
马康湘	副校长	2006.9—2007.7	
彭龙生	副校长	2006.9—2009.7	

西湖中心小学

西湖中心小学1982年为西湖农场中心小学，1998年更名为西湖管理区中心小学，位于西湖镇教育路。

西湖中心小学是西湖镇唯一一所完全小学，是全区小学教育的中心和窗口。1998年经市教委验收为合格中心小学，1999年被市教育委员会授牌为规范化完全小学，2009年被市教育局认定为省级首批“义务教育合格学校”。

2010年西湖中心小学校园面积26000平方米，建筑面积5090平方米，有四层教学楼2栋、四层科教楼1栋，配有食堂、体育活动室、实验室、仪器室、阅览室、图书室、电脑室、语音室、多媒体教室、美术室、音乐室、展览室、劳技室、少先队活动室、广播室，设施齐全，功能配套，布局合理，环境优美。

2010年有19个教学班，在校学生960名，在职教职员工48人，其中本科学历5人、大专学历39人、中专学历4人，小学高级教师43人，小学一级教师5人。

1991—2010年西湖中心小学全面贯彻党的教育方针，思想道德教育活动生动活泼，教学管理严谨规范，体育活动丰富多彩，学生素质全面提高。学校多年被西湖区委评为目标管理先进单位、区文明学校，被市教育局评为常德市德育工作先进单位。附：西湖中心小学历任主要领导名录。

西湖中心小学历任主要领导名录表

表 10-1-9

姓　名	职　务	任职时间
张人忠	支部书记、校长	1990.3—1991.8
曾协洲	支部书记、校长	1991.9—1992.8
韩育桃	支部书记	1992.9—1993.8
夏建华	校长	1992.9—1994.2
夏建华	支部书记、校长	1994.2—2002.8
夏应寿	支部书记、校长	2002.9—2003.8
周一中	支部书记、校长	2003.9—2010.12

第三节　教学研究

一、教研机构

教研室 1984 年成立,归口教育行政部门管理,为全区教育教学研究机构,主要职责是研究教育教学管理与改革、教材教法和课堂教学,指导教师创造性的提高教学教育水平,总结和推广教育教学经验,全面提高教学教育质量。1990 年,教研室下设小学教研组和中学教研组,1998 年聘请中小学学校教育教学骨干兼任相关学科兼职教研员。1991 年以来,彭春生、蒋全章、戴建中、曾协洲、夏建华先后担任教研室主任。

中小学校教研组织 一中建立了教科室和语文、数学、英语、理化生、政史地、信息技术等七个教研组。各小学设教导处与语文、数学教研组,负责各学校的教学研究。

二、教研活动

1991 年前,受应试教育影响,重智育、轻德育,重优生、轻差生,重知识、轻技能,妨碍了学生全面发展。1991 年后教研室以教学常规管理为重点,落实教学计划开展教学方法的研究,促进学生德智体全面发展,1992 年常德市小学语文专业委员会第二届年会在西湖召开。1996 年常德市思想品德教学课比武,曾庆珍老师代表全场参赛,获一等奖。1997 年全区学习推广汨罗县素质教育的经验,端正办学思想,更新教育观念,把“面向全体学生”,促进学生全面发展,落实到每一课堂。各校开展听课评课活动和优质课评比,教研组还组织公开课、示范课、研讨课。2001 年全区实行新课程改革,国家出台各学科新课程标准,取代以前的教学大纲。教研室先后派遣 60 多名骨干教师去澧县观摩取经,并举办课改实验研讨班,组织教师参加新课程培训和考试。2002年常德市化学教学研讨会暨市教育学会化学学会第九届年会在西湖一中举行，西湖一中周松柏老师化学教学课获一等奖。2004年5—12月在西湖一中举办全区新课程新课堂赛课活动，倡导课堂以“学生为主体，教师为主导，训练为主线”，鼓励学生“自主、合作、探究”。2008年起在全区推广洋思杜郎口中学“先学后教”的课堂模式，调动学生自主学习的积极性。2010年西湖小学江非凡、胡斐，鼎港小学谌丁辉在小学青年教师课堂教学赛课活动中获一等奖。

三、教研成果

1991—2010年，全区教学研究有1034项教研论文、课件教学研究成果先后在报纸杂志上发表，其中国家级发表6篇、省级376篇、市级652篇，全区有6项省市级课题研究开课和结题。

2005年，西湖一中夏姣桃老师主研的课题《引导农村高中学生快乐阅读的方法研究》成功立项，2008年通过常德市课题专家评审组评审同意结题，在常德市第八届基础教育教研教改成果评奖中荣获二等奖。夏峥嵘老师在《湖南教育》《教师》《教育文化》《语文报》《中小学校管理》《中小学语文教师》《中学语文教学参考》等发表教研论文22篇，被常德市教育局授予常德市优秀教师称号。2006年夏峥嵘老师主研的《现代信息技术环境下的农村初中作文教学方法的研究》立项为“十一五”现代教育技术研究规划课题，2010年7月经湖南省电化教育馆和省教育技术协会审核结题，荣获“十一五”现代教育技术科研成果一等奖，并在湖南省电化教学馆课题成果评展中向全省展示。同年9月，西湖一中教师刘益安主研的《利用网络环境提高高中学生科学实验的兴趣》课题，立项为“十一五”现代教育技术研究规划课题，2010年7月结题，荣获“十一五”现代教育技术科技成果一等奖。获奖情况见表10-1-10。

西湖农场（区）教育系统教研论文获奖情况统计表

表10-1-10

年度	国家级	省级	市级	合计
1991	—	—	1	1
1992	—	—	4	4
1993	—	—	—	—
1994	—	—	3	3
1995	—	—	7	7
1996	—	—	2	2
1997	—	—	5	5
1998	—	1	1	2
1999	—	—	16	16
2000	—	3	37	40
2001	—	—	31	31
2002	—	2	67	69

续表 10-1-10

年度	国家级	省级	市级	合计
2003	—	10	67	77
2004	1	7	56	64
2005	—	3	48	51
2006	—	43	57	100
2007	—	52	46	98
2008	—	120	60	180
2009	3	90	73	166
2010	2	45	71	118
合计	6	376	652	1034

第四节 教师队伍

一、教师来源

1991 年农场共计教师 425 人,其中场办教师 127 人、国家教师 259 人、农场职工 26 人、国家职工 4 人、合同工 8 人、集体职工 1 人。1999 年根据省人事厅《关于下达省属国有农场从场办教师中录用国家教师计划的通知》(湘人函〔1998〕93 号)文件精神,是年 12 月第一批 96 名场办教师转为国家教师,2002 年 12 月第二批 31 名场办教师和 19 名代课教师转为国家教师。1991—2010 年从大专师范院校招录毕业生 138 人,充实教师队伍。2007 年开始,从应届优秀初高中毕业生中选拔学生 28 名,委托湖南一师和常德师范定向培养,实行免费教育,毕业后回西湖学校终身从教。2010 年全区教职员工 329 人。教职工情况见统计表 10-1-11。

西湖农场(区)教育系统教职工人数统计表

表 10-1-11

年份	国家教师	国家职工	场办教师	农场职工	全民合同工	集体工	以工代教	计内	编内代课	借用人员	职工	合计
1991	259	4	127	26	8	1	—	—	—	—	—	425
1992	244	2	160	—	—	—	—	18	26	—	—	450
1993	256	2	—	157	16	1	—	16	—	—	—	448
1994	246	2	156	—	13	1	—	16	—	—	—	434
1995	236	2	—	160	13	1	—	16	—	—	—	428
1996	251	2	146	—	19	3	—	—	—	—	—	421
1997	248	2	138	—	18	3	—	—	—	—	—	409
1998	239	1	125	14	16	3	—	—	—	—	—	398

续表 10-1-11

年份	国家教师	国家职工	场办教师	农场职工	全民合同工	集体工	以工代教	计内	编内代课	借用人员	职工	合计
1999	302	—	—	—	—	—	114	—	—	—	—	416
2000	333	—	—	—	—	—	37	—	—	—	17	387
2001	322	—	—	—	—	—	37	13	21	3	9	405
2002	322	—	—	—	—	—	49	—	—	—	9	380
2003	383	—	—	—	—	—	—	—	—	—	12	395
2004	364	—	—	—	—	—	—	—	—	—		364
2005	338	—	—	—	—	—	—	—	—	—	—	338
2006	339	—	—	—	—	—	—	—	—	—	—	339
2007	334	—	—	—	—	—	—	—	—	—	—	334
2008	319	—	—	—	—	—	—	—	—	—	—	319
2009	333	—	—	—	—	—	—	—	—	—	—	333
2010	329	—	—	—	—	—	—	—	—	—	—	329

二、教师学历

1991 年全区有教师 425 人，其中本科 15 人、专科 79 人、中专 102 人、高中 138 人、初中及以下 91 人。根据小学教师要有中师以上学历、初中教师专科以上学历、高中教师本科以上学历的要求，20 世纪 90 年代，在职中小学教师纷纷参加各种学历培训。1992 年汉寿县进修学校建立湖南教育学院汉寿教学点，开设中文教育、英语教育、政治教育、数学教育，学制三年，采取定期面授方式进行教学，全区 31 名中学教师和 47 名小学教师通过学习取得合格文凭。1998 年常德广播电视大学（电大）在西湖开办“开放教育小学教育班”，对小学教师文凭不合格的教师进行继续教育，学制三年，开设语文、数学科专业。32 名小学教师通过学习获得中师文凭。到 2001 年全区 379 名教职工中本科学历 25 人，专科学历 142 人，中专学历 126 人，高中学历 50 人，初中及以下学历 36 人，全区学历基本合格。

进入 21 世纪以后，教育部对教师的学历提出新的要求：小学教师要逐步普及专科以上学历，初中教师要逐步普及本科以上学历，高中教师必须具备本科以上学历。由此引发新一轮的学历培训。2003 年桃源师范学校与湖南第一师范联合在西湖开办“高等师范专科初等教育专业班”，学制三年，开设语文、数学两个学科，到 2005 年，83 名小学教师取得大专文凭。从 2005 年开始，教科文局严格按教师学历要求招聘教师，新进教师均须全日制大专院校毕业，具有相应的合格学历，同时还须具备相应的教师资格证、普通话等级证、信息技术等级证。2005—2010 年，共计招聘学历合格的大专毕业生 33 人，到 2010 年，全区 329 名教职工有 139 人具备本科学历，140 人具备专科学历，本科、专科学历教师占整个教师队伍的86%，全区中学教师的第一学历合格率为50.97%,第二学历合格率达94.19%;小学教师的第一学历合格率为49.28%,第二学历合格率达97.83%。详情见表10-1-12、表10-1-13、表10-1-14。

西湖农场(区)中、小学教师学历结构统计表

表10-1-12

年份	本科	专科	中专	高中	初中及以下	合计
1991	15	79	102	138	91	425
1992	18	92	114	136	90	450
1993	18	102	127	116	85	448
1994	17	98	128	104	87	434
1995	17	103	145	81	82	428
1996	17	131	128	74	71	421
1997	19	144	127	55	64	409
1998	21	146	125	54	52	398
1999	23	152	148	55	38	416
2000	24	143	146	42	32	387
2001	22	142	133	72	36	405
2002	42	148	118	45	27	380
2003	48	155	128	40	24	395
2004	52	162	88	42	20	364
2005	60	173	68	26	11	338
2006	78	179	58	15	9	339
2007	86	168	50	23	7	334
2008	90	164	45	12	8	319
2009	98	175	42	10	8	333
2010	139	140	28	16	6	329

2010年西湖管理区中学教师学历结构统计表

表10-1-13

第一学历								第二学历							
学历层次 专业名称	研究生	本科	专科	中专	高中	初中	合计	学历层次 专业名称	研究生	本科	专科	中专	高中	初中	合计
法律	—	1	—	—	—	—	1	法律	—	2	—	—	—	—	2
化学教育	—	1	4	—	—	—	5	汉语言	—	43	—	—	—	—	43

续表 10–1–13

第一学历								第二学历							
								文学							
生物科学	—	1	3	—	—	—	4	化学	1	5	—	—	—	—	6
数学	—	5	9	—	—	—	14	计算机	—	2	1	—	—	—	3
体育教育	—	2	6	—	—	—	8	计算机财会	—	—	1	—	—	—	1
物理教育	—	2	5	—	—	—	7	教育管理	—	3	—	—	—	—	3
音乐	—	1	1	—	—	—	2	经济信息管理	—	1	—	—	—	—	1
英语教育	—	3	12	—	—	—	15	历史教育	—	4	3	—	—	—	7
地理教育	—	—	2	—	—	—	2	美术	—	1	1	—	—	—	2
美术	—	—	2	—	—	—	2	社会工作与管理	—	4	—	—	—	—	4
计算机应用	—	—	3	—	—	—	3	生物科学	—	5	2	—	—	—	7
历史教育	—	—	4	—	—	—	4	数学	—	18	2	—	—	—	20
中文教育	—	—	12	—	—	—	12	体育教育	—	7	1	—	—	—	8
	—	—	—	28	48	—	76	土地资源管理	—	2	—	—	—	—	2
	—	—	—	—	—	—	—	物理教育	—	6	2	—	—	—	8
	—	—	—	—	—	—	—	行政管理	—	2	1	—	—	—	3
	—	—	—	—	—	—	—	音乐	—	1	1	—	—	—	2
	—	—	—	—	—	—	—	英语教育	—	21	1	—	—	—	22
	—	—	—	—	—	—	—	政治教育	—	1	1	—	—	—	2
	—	—	—	—	—	—	—		—	—	—	4	5	—	9
	—	16	63	28	48		155		1	128	17	4	5		155
	第一文凭合格率为 79÷155×100%=50.97%								第二文凭合格率为 146÷155×100%=94.19%						

2010年西湖管理区小学教师学历结构统计表

表10-1-14

第一学历								第二学历							
学历层次 专业名称	研究生	本科	专科	中专	高中	初中	合计	学历层次 专业名称	研究生	本科	专科	中专	高中	初中	合计
数学教育	—	1	3	—	—	—	4	初等教育	—	—	51	—	—	—	51
小学教育	—	2	2	—	—	—	4	汉语言	—	16	18	—	—	—	34
英语	—	1	6	—	—	—	7	教育管理	—	4	2	—	—	—	6
初等教育	—	—	11	—	—	—	11	公共事业管理	—	1	—	—	—	—	1
汉语言专业	—	—	1	—	—	—	1	计算机	—	—	1	—	—	—	1
美术	—	—	2	—	—	—	2	美术	—	—	1	—	—	—	1
	—	—	—	39	—	—	39	数学	—	1	1	—	—	—	2
	—	—	—	—	57	—	57	小学教育专科	—	—	12	—	—	—	12
	—	—	—	—	—	13	13	英语本科	—	5	2	—	—	—	7
	—	—	—	—	—	—	—	音乐	—	—	1	—	—	—	1
	—	—	—	—	—	—	—		—	—	—	12	—	—	12
	—	—	—	—	—	—	—		—	—	—	—	7	—	7
	—	—	—	—	—	—	—		—	—	—	—	—	3	3
	—	4	25	39	57	13	138		—	27	89	12	7	3	138
	第一文凭合格率为 68÷138×100%=49.28%								第二文凭合格率为 135÷138×100%=97.83%						

三、教师职称

1986年我国建立以中小学教师职务聘任制为主要内容的中小学教师职称制度,1989年教育系统依据有关文件精神,正式启动第一次教师职称评审工作。中教高级、小教高级、中学一级职称由市组织评审。中教二级、三级、小学一级、二级由农场组成职称评审委员会组织评审。第一次职称评审有3人获中学高级教师职称,17人获小学高级教师职称,39人获中教一级职称。此外,评审通过中教二级33人、中教三级29人、小学一级96人、小教二级57人、小教三级27人。1991—2010年中小学教师职称评审工作每年正常开展,评审模式基本未变,但对教师的学历和业务要求逐年提高。进入21世纪，对教师职称评审增加了继续教育、计算机、普通话的要求。1991—2010年评审通过高级职称33人、中一98人、小高108人、中二60人、中三26人、小一70人、小二21人，总计407人，详见表8-1-13。到2010年全区教育系统有中学高级教师36人，中教一级75人，小教高级105人，中教二级47人，小教一级39人，小教二级4人，小教三级3人，此外，幼儿教育，有幼高1人，幼一19人，幼二17人，幼三16人。历年在职教师职称评审通过情况见统计表10-1-15，教师职称结构见表10-1-16、表10-1-17。

西湖农场(区)在职教师职称评审通过统计表

表10-1-15

年度	技术职称							
	合计	高级	中级		初级			
			中一	小高	中二	中三	小一	小二
1991	3	—	1	—	2	—	—	—
1992	7	—	—	—	1	—	—	6
1993	11	—	1	2	1	1	4	2
1994	10	—	1	1	—	2	1	5
1995	16	5	5	8	—	—	2	—
1996	21	4	8	4	1	—	3	1
1997	43	3	10	12	1	1	15	1
1998	17	1	6	8	2	—	1	—
1999	30	2	7	5	5	—	9	2
2000	17	3	1	2	8	1	2	2
2001	29	1	8	11	5	—	4	—
2002	34	2	4	16	7	5	2	—
2003	38	1	4	10	13	8	2	—
2004	37	1	6	8	—	5	16	1
2005	19	1	5	3	8	2	—	—
2006	15	1	6	7	—	1	—	—
2007	15	3	5	4	1	—	1	—
2008	11	1	6	1	2	—	1	—
2009	18	2	8	2	1	—	5	—
2010	16	2	6	4	2	—	2	1
合计	407	33	98	108	60	26	70	21

西湖农场(区)教师职称结构统计表

表10–1–16

年份	中高	中一	小高	中二	中三	小一	小二	小三	幼高	幼一	幼二	幼三
1991	3	39	17	33	29	96	57	27	1	2	2	2
1992	3	39	17	34	29	87	63	27	1	2	2	2
1993	3	40	19	35	30	86	65	27	1	2	2	2
1994	3	41	20	35	32	88	—	—	1	2	2	2
1995	4	38	28	36	18	84	64	25	1	2	2	2
1996	8	40	32	37	25	83	61	24	1	3	2	2
1997	11	56	66	58	18	103	36	9	1	0	2	2
1998	11	46	70	66	21	86	38	16	1	3	2	2
1999	13	51	70	64	23	90	31	17	1	1	—	—
2000	14	58	65	62	16	95	28	18	1	1	—	—
2001	15	65	73	43	41	88	29	13	1	1	—	—
2002	15	65	73	43	41	88	29	13	1	—	—	—
2003	16	68	79	51	36	80	27	13	1	—	—	—
2004	17	74	86	45	28	72	—	—	1	—	—	—
2005	18	69	92	41	23	54	6	1	1	—	—	—
2006	19	74	93	44	17	51	6	1	1	—	—	—
2007	23	74	96	40	16	48	5	1	1	—	—	—
2008	24	70	102	55	6	38	5	—	1	—	—	—
2009	26	71	103	46	5	38	1	1	1	—	—	—
2010	36	75	105	47		39	4	3	1	—	—	—

西湖管理区2010年中小学在职教师职称结构统计表

表10–1–17

	小学														
	语文	数学	思品	社会	地理	实验教学	信息	英语	体育	音乐	自然	其他	政工师	未评	合计
小学高级	40	35	1	1	1	2	—	—	—	—	1	—	—	—	81
小学一级	18	11	—	—	—	—	1	4	—	—	—	—	—	—	34
小学二级	1	1	—	—	—	—	—	—	—	—	—	—	—	—	2
小学三级	—	1	—	—	—	—	—	—	—	—	—	—	—	—	1
其他	—	—	—	—	—	—	—	—	—	—	—	—	—	—	—
中教一级	—	—	—	—	—	—	—	—	—	—	—	1	—	—	1

续表 10-1-17

小学															
	语文	数学	思品	社会	地理	实验教学	信息	英语	体育	音乐	自然	其他	政工师	未评	合计
中教二级	2	—	—	—	—	—	—	—	1	1	—	—	—	—	4
未评	—	—	—	—	—	—	—	—	—	—	—	—	—	22	22
政工师	—	—	—	—	—	—	—	—	—	—	—	—	1	—	1
合计	64	48	1	1	1	2	1	4	1	1	1	1	1	22	146

中学																
	语文	数学	英语	政治	历史	地理	物理	化学	生物	音乐	体育	美术	信息技术	工勤	未评	合计
中学高级	7	3	1	2	2	—	6	2	—	—	1	—	—	—	—	24
中学一级	25	7	8	2	8	4	3	3	5	1	2	1	—	—	—	69
中学二级	3	—	12	—	1	1	2	—	5	2	3	—	5	—	—	34
中学三级	1	9	—	—	—	1	—	—	—	—	—	—	—	—	—	11
工勤	—	—	—	—	—	—	—	—	—	—	—	—	—	4	—	4
未评	—	—	—	—	—	—	—	—	—	—	—	—	—	—	10	10
合计	36	19	21	4	11	6	11	5	10	3	6	1	5	4	10	152

四、教师培训

（一）新课程培训

2002 年，国家实施新课程培训，全区 304 名中小学教师按照“先培训、后上岗，不培训、不上岗”的要求，分期分批参加市教育局举办的暑假新课程培训。具体情况是 2005 年暑假培训 68 人，2006 年 34 人，2007 年 76 人，2008 年 56 人，2009 年 70 人。

（二）继续教育

1994 年第一批小学教师继续教育启动，农场 53 名小学教师参加学习并取得结业证书，1998 年中学教师启动第一轮继续教育，56 名中学教师参加学习结业。2000 年中小学继续教育并轨，开始第二轮中小学继续教育培训，培训中小学教师 137 人。2004 年开始第三轮中小学教师继续教育，全区中小学教师 193 名按规定完成继续教育培训。

2010 年根据《常德市“十二五”中小学教师培训工作指导意见》（常教发 21 号），全区 31 名小学教师、56 名中学教师采用远程培训方式参加学科专业知识培训。

(三)普通话培训

1994年,国家教委下发《关于开展普通话水平测试工作的决定》,2001年和2002年教科文局会同市教育局普通话测试站,在西湖一中举办2期普通话培训班,有172名45岁以下教师参加培训。通过测试,60人获得二乙以上等级证书,112人获得三甲以上普通话证书。2008年46人在武陵教师进修学校培训,取得所教学科的等级证书(语文教师二甲以上,其他学科二乙以上)。

2005年9月,西湖一中李宁老师和西湖中心小学的王艳光老师通过国家语言测试培训考核,取得一乙普通话等级证,同时获得湖南省语言办普通话测试员资格证,成为省级普通话测试员。

(四)信息技术培训

为适应现代化教育教学的发展,信息技术成为教师的必备素质。从2005年开始,教科文局组织教师参加由湖南文理学院成人教育学院和常德电视广播大学举办的4期培训班,2005年第一期94名教师参加,2006年76名,2007年77名,2008年40名,共有287名45岁以下教师参加培训,全部取得计算机高级等级证书。

(五)校长、园长培训

1999年12月,教育部发布《中小学校长培训规定》(8号令),规定校长必须取得"任职资格培训合格证书"持证才能上岗。任职五年后,还必须接受国家规定的提高培训,并取得"提高培训合格证书"。从2001年开始,全区每年选派2~3名校长、园长参加市教育局举办的校长岗位培训、省教育厅举办的高级研修班培训。截止到2010年全区有32名校长园长参加了培训。此外,2001—2010年,有98名班主任参加省、市班主任培训,66人次参加学科骨干教师培训,52名新教师参加上岗培训。通过各项培训,有效地提升校长、园长的管理能力和教师的业务素质。各项培训情况见统计表10-1-18。

教师培训情况统计表

表10-1-18

年份	校长培训	骨干教师培训	新课程培训	继续教育	新教师培训	普通话培训	信息技术培训	班主任培训
2001	3	—	—	109	7	89	—	—
2002	4	—	—		10	73	—	—
2003	3	—	—	137	6	—	—	—
2004	4	—	—	—	2	—	—	—
2005	3	—	68	—	1	—	94	—
2006	2	12	34	193	3	—	76	28
2007	4	15	76	—	2	—	77	20
2008	3	14	56	—	7	46	40	15
2009	3	20	70	—	6	—	—	13
2010	3	6	—	87	8	—	—	22
合计	32	66	304	526	52	208	287	98

第五节　教育经费与教育基础设施

一、教育经费来源与管理

西湖教育经费主要来自财政拨款。1991 年农场教育经费为 105.3 万元。其中财政拨款 76.9 万元，占教育经费总额的 73.03%；集资办学费 12.8 万元，占 12.16%；学杂费收入为 5.1 万元；其他收入 10.5 万元。2010 年教育经费总额增加到 1982.1 万元，为 1991 年教育经费总额的 18.8 倍，其中财政拨款 1797.3 万元，为 1991 年的 23.3 倍。具体情况见表10-1-19。

西湖农场(区)教育经费一览表

表 10-1-19　　　　金额：万元

年度	经费总额	其中							
		财政拨款	教育费附加	勤工俭学收入	包工代收经费	集资办学费	学杂费收入	上级补助收入	其他收入
1991	105.3	76.9	—	—	—	12.8	5.1	—	10.5
1992	291	88.6	24.5	12.8	25.6	6.8	20.8	—	9.8
1993	298	135	23.8	13.2	30.2	9.8	24.5	—	9.6
1994	319.4	200.5	23.3	16.7	31.8	3.8	30	—	13.3
1995	428.8	267	28.2	19.1	48.3	10	42.3	5	8.9
1996	444.4	278.5	27.1	26.4	46.5	19	37.6	—	9.3
1997	498	281.9	46.1	30.1	55.9	18.3	44.6	—	21.1
1998	49.03	295.5	28.1	27.8	48.5	24.3	42.1	—	24
1999	490.7	295.6	27	28.5	47.8	26.8	43	—	22
2000	512.9	318.3	25	30	47.5	27	42.5	—	22.6
2001	571.9	438.9	—	—	—	—	133	—	
2002	733	600	—	—	—	—	95.9	—	37.1
2003	742.9	599.3	—	—	—	—	78.2	—	65.4
2004	825.8	562.6	—	—	—	—	201.5	—	61.7
2005	1147.2	834.4	—	—	—	—	186.3	3	120.6
2006	1048.6	735.9	—	—	—	—	203.1	3	106.6
2007	1285.8	963.2	—	—	—	—	216.8	99.8	16
2008	1666.2	1495.9	—	—	—	—	139.2	—	31.1
2009	1792.7	1619.7	—	—	—	—	153.5	—	19.5
2010	1982.1	1797.3	—	—	—	—	171.8	—	13

20 世纪 90 年代，教育经费管理由农场计财科实行“一年一定基数包干，节余留用，超支不补”。由教委设财务室，与中小学校结算。

2003 年下半年起，教育经费由区财政局统一管理，教育局及中小学没有独立财务。各校实行报账制，与财政局实行直接财务往来。

2007年5月,为落实"教育两项督导评估",区委根据上级有关文件精神,实行"校财局管",教育经费由教育局统一管理。教育局设教育计财股,实行独立核算。其经费来源也由原来的"财政预算拨款为主,乡镇统筹,集资办学,学杂费收入等方式为辅"过渡到"以区级管理为主,中央、省级投入为主体来源",教育经费主要由中央和省级投入为主。

二、校舍建设

1991年全场学校26所,校舍面积16787平方米,固定资产总值338.46万元。经撤点并校,调整布局,2001年全区中小学校17所,校舍面积增加到26311平方米。2010年全区中小学调整为8所,校舍达59栋,面积达36114平方米。固定资产增长到2616.8万元,为1991年的7.73倍。

1991—2010年,校舍建设总计投资2043.2万元,新建高标准校舍13栋,新建校舍总面积达24572平方米。

1991年,按照西湖农场1989—1991年三年规划,建成一中四层教学楼、三中教学楼,基本解决了一中、三中教学用房。

1997年,西湖一中科教楼、西湖中心小学四层教学楼落成投入使用,普及九年义务教育验收达标。

2001—2005年,全区实施"中小学危房改造工程",区委书记黄云新为工程改造领导小组组长。在此期间,建教学楼3栋、学生宿舍楼2栋及西湖一中多功能礼堂1座。

2008年,汶川大地震后,为解决地震高发地区校舍安全问题,全区启动校舍安全工程,成立以区委书记覃事共为组长的西湖管理区中小学校舍安全工程领导小组,聘请专家全面摸排鉴定,编制《西湖管理区中小学校舍安全工程三年总体规划(2009—2011年)》,争取校安工程中央专项资金850万元。规划过程中,区委、区管委将"校安工程"与"合格学校创建"进行整合,纳入整体规划,累计投入1066万元,用于校舍建设和改造。到2010年建成西湖一中新教学楼,新港小学教学楼,西湖中心小学新教学楼,从根本上改善了全区中小学办学条件。详情见表10-1-20、表10-1-21。

西湖管理区2010年中小学校舍统计表

表10-1-20

单　位	建筑物栋数(栋)	建筑面积(平方米)
西湖一中	14	17679
西湖小学	7	5090
裕民小学	7	2068
西洲小学	6	2523
下窖小学	7	2840
新港小学	5	2073

续表 10-1-20

单　位	建筑物栋数（栋）	建筑面积（平方米）
鼎港小学	7	1585
东洲小学	6	2256
全区合计	59	36114

西湖农场(区)校舍建设一览表

表10-1-21

学　校	建筑名称	建造年份	建筑结构	建筑面积（平方米）	投资额（万元）
西湖三中	三层教学楼	1991	砖混	1319	40.6
西湖一中	四层教学楼	1991	砖混	1787	55.7
西湖中心小学	四层教学楼	1997	砖混	1713	90
西湖一中	科教楼	1997	砖混	1548	79.2
西湖一中	学生宿舍楼	2002	砖混	2126	111
西湖一中	教学楼	2003	砖混	1563	70
西湖一中	多功能礼堂	2004	框架结构	2526	312
西湖一中	学生宿舍楼	2005	框架结构	3810	230
下窖小学	新二层教学楼	2005	框架结构	398	19.4
西湖小学	科教楼	2008	框架结构	1980	284.8
西湖一中	教学楼	2009	框架结构	2200	295
新港小学	教学楼	2009	框架结构	1602	195
西湖中心小学	教学楼	2010	框架结构	2000	260.5
全区合计				24572	2043.2

三、教学设施建设

20 世纪 80 年代，学校仅有录音机和幻灯机用于教学。80 年代末，西湖一中建有配备简单的化学实验室、生物实验室、物理实验室。1997 年，西湖一中为迎接“普九”达标集资修建科教楼，建成较为标准的物理、化学、生物实验室和语言室。2000 年西湖一中通过租赁形式，购买电脑 60 台，建成西湖第一间电脑室，2003 年建成第一间多媒体教室，2004 年实施“湖南远程电教工程”，全区中小学建成远程教育基站 9 个。西湖一中、三中建成具有 35 台终端的电脑室各一间。中小学教育信息技术水平得到极大提升。同年，西湖一中高中部与长沙市长郡中学联合办学，实行远程录播教学，高中教室装备多媒体教学设备。2005 年全区中小学实施信息技术现代化工程，西湖教科文局与湖南傲天公司签订协议，由傲天公司投资 340 万元，对 8 所中小学实施信息化改造,引进电脑400余台,建成电脑室8间、多媒体教室17间(含电子白板多媒体教室13间)、核心机房1间、校园网2个,西湖中小学教育信息化水平跃居全市前列。2006—2009年,西湖一中又建成高标准化学实验室、物理试验室各1间,新建多媒体教室7间。

2007年,区管委投资284万元,建成西湖中心小学1980平方米的科教楼一栋,配套建设实验室、美术室、语言室、舞蹈室、音乐室、图书室、阅览室,2008年西湖中心小学顺利通过合格学校评估验收。

2010西湖一中创建合格学校,建成心理咨询室、舞蹈室、美术室、音乐室。

到2010年全区中小学仪电设备基本齐全,功能基本配套,达到教学要求。

第六节　农民教育

农民教育主要通过农业广播学校办班和农民教育办公室举办培训班进行。农业广播学校于1981年成立,在1981—1990年间,举办3期农学基础班、财会班、乡镇企业管理班、农技推广班,学员286人,学期2年,经考试合格,有202人由中央农业广播学校发给毕业证书,承认中专学历。

1991年农场加强对农广校的领导,成立由分管农业农村工作的副场长王盛丕任组长的领导小组,建立校务委员会,配备专职和兼职教师,并从场部办公用房中安排教室、办公室、保管室,还添置教学用品。1991—2000年先后由王盛丕、邓纯、童宗祥任校长。专职副校长沈仕移负责日常工作。1991—1999年开设农学专业、水利专业、经济管理专业,学员400人(1991年32人,1992年94人,1993年38人,1994年56人,1995年72人,1996年35人,1997年32人,1998年22人,1999年20人),通过考试有320人毕业,毕业率为83.7%。农广校还开展种植业、养殖业的技术培训。1991年举办早稻育秧、西瓜棉花育苗移栽、嫁接培训、柰李栽培4期培训班,共培训农民445人。1992年参加科技之春学员352人,成立柰李、竹蒜、甜叶菊、西瓜嫁接、网箱养鱼5个科研小组,开展实用技术讲座8次,培训480人。1995年举办培训班9期,参训学员630人次。

2008年,管理区成立农民教育培训领导小组,由分管农业农村工作的副主任周一夫任组长,在农经局设农民教育办公室。当年开展农民培训12期,培训农民600人。开展阳光工程培训6期,培训420人。举办职业技术讲座25次,培训1600人次。2009年办培训班13期,培训农民700人,阳光工程培训7期,培训490人次,实用技术讲座30次,培训1830人次。2010年办培训班15期,培训农民930人。阳光工程培训7期,培训520人,实用技术讲座33次,培训2100人次。

1991—2010年农广校和农民教育共计培养农村技术干部500余人,培训农民10990人。学员中成为专业户的计1720人,其中种植业1500人、养殖业180人、加工业40人,科技示范户1420人,农机手600人,农民企业家3人。

第二章　科　技

第一节　管理机构

1990年农场成立“文教科卫办”，科技工作纳入文教科卫办管理。1991年科技工作归口组织部管理，是年9月成立科学技术委员会，定编2人，李宗宏任主任。主要职能是：负责科技队伍管理，科技推广应用，科研成果申报等。1995年科技工作归口农场办公室管理。2002年机构改革，科技、文化与教育合并，成立教科文局，由教科文局管理全区科技工作。

第二节　科技队伍

1972年移民办场时，有科技人员29人，1981年增加到236人。1990年年底，通过省、市、农场三级评审，全场获各类技术职称者达710人，其中获高级专业技术职称7人、中级专业技术职称143人、初级专业技术职称560人。2010年，全区有各类科技人员521人，其中获高级专业技术职称43人、中级专业技术职称290人、初级专业技术职称188人。详见表10-2-1。

2000年，常德市蔬菜研究所所长詹远华在蔬菜大棚开展科技培训

西湖管理区2010年各类专业技术人员统计表

表10-2-1

职级 类别	初级职称	中级职称	高级职称
农　业	3	6	2
工　业	22	11	1
教　育	93	180	36
卫　生	50	45	4

续表 10-2-1

职级 类别	初级职称	中级职称	高级职称
政工	9	9	—
经济	9	30	—
其他	2	9	—
合计	188	290	43

第三节 科技成果

1991 年,西湖农场和省园艺研究所合作开展的“洞庭湖区柰李速成丰产技术研究”,被市科学进步奖评审委员会评为二等奖。

1991 年 9 月,“三角堤电排引洪渠血防安全工程”研究成果,经全国血吸虫病治疗专家咨询委员会、水电部水资源司、卫生部血防处长江规划委员会计划处鉴定,研究成果居国内领先地位。1992 年获湖南省医药卫生科学技术进步三等奖。参与成员有杨雪清、孟石华、阳吉平。

1994 年 5 月,曾中权等研究项目“集约化鸡场非传染性群发病检测指标与措施及抗应激剂的研究”,获省科委颁发的一等奖。

1996 年,农场食品总厂生产的黑米王酒获巴拿马国际酒文化博览会金奖,1999 年获湖南省首届农业博览会金奖,并作为第八届亚洲皮划艇锦标赛指定产品。

2000 年,西湖一中何一中老师精心研制“无缝对合超速无限平衡钢轨”专利,被国家知识产权局批准。该专利列入国家 500 个重点推广项目范畴,并向美国、英国等 44 个国家申请专利。

2004 年,新港办事处农户邓华庭从省农科院引进优质苏柳苗圃种植,200 亩获得成功。同年,西湖贝丹药业有限公司生产的罗红霉素头孢拉定通过省药品监督管理局 GMP 认定。

2006 年,西湖贝丹药业有限公司生产的无菌原料药“头孢曲松纳”通过省食品药品监督管理局 GMP 认证。2007 年,生产的“硫酸头孢匹罗”通过省 GMP 认定。2009 年,南方制药厂生产的无菌原料药“头孢呋辛纳”通过国家食品药品监督管理局注册批件。

第三章　文化体育

第一节　文　化

一、管理机构

1990年，农场成立文化科，与宣传部合署办公，科长由宣传部副部长兼任，先后有刘丰楚、李宗洪、刘吉长兼任文化科科长。该科主要职能是组织开展文化活动、文化法观宣传，抓好文化市场管理。2002年机构改革，文化与教育科技合并成立教科文局。

二、文化设施

（一）农场影剧院

1979年2月，农场将部队移交的仅有800余座位的大会堂拆除，由本场基建队在原址施工修建有时代气息的大型影剧院。次年5月，具防潮、防噪、防回音等诸多功能的新型影剧院建成投入使用，总建筑面积1886.56平方米，有固定编号的铁架五合板手翻式花纹木椅席位1525个。该影剧院坐落于西湖镇十字路口西南侧，内设大型舞台、电影放映厅、售票室、工作人员休息室、男女厕所等应有设施，主要用于文艺会演、戏剧演出、电影放映、召开大会和政治学习等活动。西湖影剧院是农场（区）经济、政治、文化活动的中心，农场（区）每年于国庆节、元旦节、春节等节日举办的全场文艺节目会演和新化、安化、常德等地的文艺慰问演出及外地剧团来西湖演出，均在此举行。每次文艺演出的规模较大，观众较多，内容丰富。20世纪80年代中期，农场在影剧院南侧另避露天电影场，面积713.64平方米，可容纳观众1160余人。1997年农场投资18万元，在影剧院东侧前坪建成固定性彩色双面宣传橱窗共4排28个，玻璃窗配有小荧光灯，便于夜间品读观赏。农场以此作为经济、政治、文化宣传的主要阵地，重点刊载时事政治、法律法规、国家方针政策、西湖经济社会发展状况和文艺作品等内容，并适时更换宣传资料。

1991年至1998年，西湖影剧院由农场工会工人俱乐部经营，以放电影为主，兼作大会场所。1999年至2007年，影剧院及电影放映设备实行个体承包经营，承包期一般为3年。承包期内仍以放映电影为主，兼作有偿使用大会场所，偶有外地民间歌舞团到此演出，由承包方收取租金，并配合演出方共同维护剧场秩序。自2008年起一直闲置，年久失修导致屋顶漏雨,电器电线老化破损而成危房。2010年11月10日,西湖区以西国土〔2010〕1号宗地编号公开拍卖西湖影剧院土地面积2892平方米计4.34亩，由常德市武陵区振鑫房地产开发有限公司以750万元的竞价取得该宗地块国有土地使用权。是年12月买方拆除西湖影剧院及其附属设施,于次年2月在原址动工修建“西湖家苑”商住两用高层大楼。至此,西湖影剧院退出其作为西湖经济、政治、文化活动中心的历史舞台。

(二)图书阅览室

2006年以前,农场(区)工会下设工人俱乐部,利用部队移交的1栋8间小瓦平房(总建筑面积168平方米)建立图书阅览室,藏书4000余册,每年订阅报纸杂志24份,每天免费向读者开放,年均接纳读者8000余人次。2006年1月,西湖区群艺中心与区劳动力市场合建的办公大楼落成投入使用,其东侧第一、二楼各4间计310平方米归区群众文化艺术中心所有。其一楼四合一大厅内设图书阅览室,藏书4600余册,每年订阅报纸杂志38份,常年免费向读者开放,年均接纳读者6500余人次。其二楼大厅内设有健身器材、乒乓球桌及其相应设备,每天有乒乓球爱好者来此练习球艺或开展个体比赛活动,年均接纳乒乓球爱好者500余人次。

(三)村(居)委会办公房

2006年至2010年间,全区25个行政村和2个社区居委会均先后新建成村(居)民委员会办公房各1栋,合计27栋总建筑面积5673.47平方米。村(居)委会办公房内设会议室、图书报刊阅览室、远程教育电脑室、广播室、棋牌娱乐室、青年之家、办公室等文化娱乐设施。2010年末全区农村图书阅览室共藏书11266册,其中东洲乡4806册、西洲乡4620册、西湖镇2840册。此外,20%以上农户办有家庭图书室。

(四)农村文体广场

2009年11月,西洲办事处投资41.73万元在西洲村动工兴建农村文体广场,于次年2月7日竣工投入使用。该文体广场占地6.13亩计4086.69平方米,总建筑面积3065平方米,内设文娱室、戏台、篮球场、健身器材场等文化体育设施,常年向农工群众开放,年接纳各类活动爱好者近5000人次。

三、文艺团体

(一)西湖区群众文化艺术中心

1991年至2002年,农场(区)工会下设工人俱乐部,含电影放映队、图书阅览室、西湖影剧院等文艺组织及设施,有在岗职工7人。2003年实行事业单位机构、人事改革时,工人俱乐部从区工会析出,单设为“西湖管理区群众文化艺术中心”,简称群艺中心,其职能与服务项目不变,负责人袁金玲。2006年1月,区群艺中心迁址其与区劳动力市场合建的办公大楼第一、二楼,隶属区教科文局管理,有在岗职工2人,其余人员均退休或调动工作。

(二)农村业余文艺宣传队

20世纪70年代初至90年代中期,农场67个生产队(场)队队办有业余文艺宣传队,自编自演各类小型文艺节目。在此期间,各分场每年于国庆节、元旦节、春节前后组织2~3次文艺节目会演,农场每年于国庆节期间组织一次全场文艺节目会演,并评选一、二、三等奖若干名,发给奖金和获奖牌匾。90年代末期受市场经济热潮等诸多因素影响,农村业余文艺宣传队相继解体,不复存在。

(三)西湖区文化艺术协会

2003年8月8日上午,"西湖区文化艺术协会成立暨第一届全体会员大会"在西湖影剧院隆重举行,与会会员共87人。中共西湖区委纪律检查委员会书记曾德富到会致贺词;中共西湖区委副书记李德琦到会作重要讲话,各办事处(镇)、企事业单位、私营企业负责人列席会议,并给予资助。大会以不记名投票方式选举王井岗任会长,伍贤益任常务副会长,马康湘、张爱华、周俊、夏姣桃、胡辉、陈建忠、黄志雄任副会长,刘卫平任秘书长兼出纳员,谢自立任财务部部长兼会计,刘丛红、吴月华任副秘书长。大会议程完毕后,由协会艺术部、文学部会员表演2小时精彩的文艺节目,观众近千人。西湖电视台跟踪作全面摄录和影像资料宣传报道,并制作成影视光盘存档。

2010年9月,西湖一中开展声乐培训

是年9月,由中共西湖区委书记、区管委会主任黄云新亲笔题写刊名的会刊《湖风》杂志,首期创刊号自办发行500册。

是年11月28日至29日,由区文化艺术协会牵头召集,与西湖电视台联合举办的西湖区首届"银钢杯"十地青年歌手电视大奖赛,在西湖影剧院隆重举行。来自西港、文尉、洲口、罐头嘴、鸭子港、坡头、黄珠洲、黑山嘴、十美堂、蒿子港、周家店和西湖等十二地的青年歌手共87人参加角逐。通过初赛、半决赛、决赛3轮角逐,评选出一等奖1名、二等奖3名、三等奖6名,发给奖金、奖品、获奖证书。一等奖落户文尉乡,西湖区女青年歌手陈明伟获得二等奖。

2004年7月,由于缺乏活动场所、资金、设备和道具等应有条件,该协会停止集中统一的文艺活动。

(四)新生民间文艺团体

20世纪90年代初,西湖农村民间文艺团体悄然兴起,龙狮队、腰鼓队、太极拳队逐年增多,不断发展。至1999年,全区有龙狮队4支、腰鼓队6支、太极拳队2支,共有队员259人,

新兴村文艺腰鼓队

适时开展相关文艺活动。此后,民间管乐队、文艺演出队等农村文艺团体活跃于婚丧喜庆典礼场合,且规模逐渐扩展。

2009 年年初,西洲办事处西洲村农工黄清寒与 3 位文艺爱好者合作,创办“梵呗声农民文艺宣传队”,黄清寒任队长,有演艺人员 57 人。该队紧紧围绕党和国家的方针、政策、法律、法规和省、市、区有关新农村建设的战略目标,以群众关心的热点、难点、焦点问题为题材,自编自演各类短、笑、逗、唱等小型文艺节目。每逢节日或喜庆,梵呗声农民文艺宣传队都坚持开展“尊老爱幼、互敬互爱、崇尚科学、文明礼貌”为题材的文艺演出活动,给区内外农村观众巡回轮送原汁原味的“乡土文化快餐”。通过形式多样、新颖活泼、喜闻乐见的文艺节目表演,把党和政府关心新农村建设的方针、策略、举措及成果,传播到农民群众的心坎上。2010 年年底,梵呗声农民文艺宣传队演艺人员发展到 75 人,主要文艺节目有小品、快板、花鼓戏、舞蹈、歌曲、乐器合奏、摇滚乐、三句半等表演形式,每年演出近百场次。

2010 年年末,全区共有文艺演出队、腰鼓队、管乐队、歌舞团等民间文艺团体 9 个,依法登记注册的电子游戏室 1 家、电脑网吧 10 家、个体书店 2 家。全区具经营性民间文艺团体有关情况,详见表 10-3-1。

西湖管理区民间文艺团体统计表

表 10-3-1

文艺团体名称	成立时间	演艺人员数(人)	年演出场次	年演出收入(万元)	负责人姓名
火牛管乐队	1997.3	21	96	9.6	邓立兵
野奏乐队	1997.8	14	120	14	刘建新
嘉兴艺术团	1998.5	10	102	10	向海华
夕阳红军鼓腰鼓队	2004.5	30	101	2	李国英 戴竹清
梵呗声农民文艺宣传队	2009.1	75	98	9.8	黄清寒
和谐军鼓艺术团	2010.12	20	105	10.5	邓运洲

(五)常德市诗词学会西湖诗词分会

2010 年 10 月 19 日,成立“常德市诗词学会西湖诗词分会”,区教科文局副局长周俊任会长,伍贤益任常务副会长兼秘书长,马康湘、刘水源任副会长。常德市诗词学会西湖诗词分会成立后，是年发展会员 10 人，参与市诗词学会相关活动。尽管市诗词学会第二会长曾祥永、会长叶培明、秘书长魏胜权等人经常到西湖指导，但由于缺乏活动场所、经费、办公用品和应有设备，少有集中统一活动。会员的创作积极性不高，以分散活动为主，各自在家中创作。

四、群众文化

（一）群众自发开展的文化活动

1991 年以后，随着人民生活水平的不断提高，文化娱乐活动日益活跃，主要有棋牌、舞蹈、书法、乐器、腰鼓、龙狮等方面的活动。

棋牌包括扑克、麻将、跑符（字牌）、象棋、围棋、跳子棋等，大多数人受玩麻将、跑符。20 世纪 90 年代初、中期，玩棋牌以娱乐为主，少有赌博，即使是赌博，赌资甚少。90 年代后期，赌博者逐渐增多，赌资增大，至新世纪，赌博蔓延成风。

2012 年，西湖移民建场（区）40 周年文艺演出

舞蹈主要是交谊舞、广场舞。20 世纪 90 年代，镇区先后开办四家歌舞厅，跳交谊舞成为时髦的文化娱乐活动。火爆几年后，至新世纪逐渐冷落。2010 年前，西湖几家舞厅全部关闭，部分交谊舞爱好者在工会前坪跳舞。2005 年后，西湖逐渐兴起广场舞热潮，只要天气适宜，每天傍晚，人们涌向舞场，伴随音乐节拍翩翩起舞，乐在其中。镇区有 4 处广场舞场，一处在工会前坪，一处在步行街广场，一处在国税局操坪，另一处在西湖中心小学操坪。4 处共约有参舞者 300 余人，大多数人为中老年人。2010 年起，有的乡镇也兴起广场舞。

书法方面。西湖爱好者甚多，1991—2010 年，较为突出的有：机关干部刘吉长、刘水源、万经年、向正光，教师王本初、姜培兰、罗国中等。刘吉长、王本初擅长行草，笔锋流畅洒脱，颇有功力。刘水源主攻欧（阳洵）体，数载不辍，其楷书端庄稳健。姜培兰、罗国中、向正光、万经年等或楷书，或行草，或隶书，各具特色。

乐器方面。西湖也有众多爱好者。主要有机关干部夏克勇，教师刘时珍、张爱华、彭文华，农工王彩良等爱好二胡;退休干部江济衡多年操练小提琴;新港青年邓中伟钟情萨克斯,均达到一定水平。除了自娱自乐外,他们也应邀参加表演。

腰鼓方面。2005 年退休女干部李国英组织 40 余名中老年妇女成立秧歌队,2007 年更名为夕阳红腰鼓队。2010 年,该队部分人员退出,另组建一支“军鼓队”,队伍几经演变,但娱乐健身,服务大众的宗旨始终不变。自娱自乐、强身健体之外,也常应邀为一些单位、家庭表演造势,颇受人们欢迎。此外,2006 年后,各乡镇相继成立 5 支规模不等的腰鼓队,时见活跃在镇区或乡村。

龙狮表演主要是在春节期间开展。1991 年后,西湖先后成立 4 支龙狮队,有队员 100 余人。每年春节期间,他们敲锣打鼓,在镇区、乡镇舞龙耍狮。表演者技艺熟练,灵活多变,观赏者欢呼雀跃,拍手应和。此种表演堪称最热烈、最喜庆也最吸引观众眼球的文化娱乐活动。

(二)单位组织开展的文化活动

1991—2010 年,由单位组织开展的文化活动规模较大的主要有:

1991—1999 年,党委宣传部基本上每年在西湖影剧院举办一场大型文艺调演,参演单位有各分场(镇)各单位,演出节目有舞蹈、表演唱、独唱、合唱、相声、小品、杂技、乐器合奏等。2000 年后,由于影剧院大楼成了危房,大型文艺调演停办。

1991 年西湖工会组织书画比赛,分钢笔、圆珠笔、毛笔、绘画和篆刻五大类,参赛作品 306 件,58 件作品获奖,作品展览 3 天,参观人数达 4000 人次。1992 年农场举办场庆 20 周年文艺演出,新化县、安化县派演出团参加。1993 年农场举办庆祝毛泽东同志 100 周年诞辰文艺会演,热情讴歌伟大领袖毛泽东的丰功伟绩。2003 年西湖区举办十地青年歌手电视大奖赛,与周边乡镇开展文化联谊活动。2005 年全区举行庆祝建党 84 周年歌咏比赛,歌颂党的领导和改革开放的伟大成绩。2010 年西湖表演的广场健身节目“中国大舞台”,在常德市歌舞大赛中获奖。

五、校园文化

(一)校园文化建设

1997 年普九验收合格后,义务教育合格学校建设和校园文化建设提上议事日程。各中小学制订校园文化建设规划,把办人民满意学校,为国家和西湖培养合格人才作为自己办学的目标,把以人为本,全面发展作为学校办学的理念,创新学校的校风、学风、教风。西湖一中以励志、笃学、明理、创新作为学校的校训,谱写的校歌参加市中小学校歌创作大赛获二等奖。校园环境具有浓厚的文化气息,校园中心处的雕塑,象征学生渴望知识,茁壮成长。校园主干道两旁建立橱窗,展示学校新事、新人、新貌。各班学生自主创作板报,自己组织建立图书角,自主开展文艺活动。富有特色的班级文化与校园文化融会贯通,形成了学校以“文”育人的良好氛围。

2009 年，各中小学以“雅致校园”“书香校园”“快乐校园”“创新校园”建设为重点，把学校校园文化建设引向深入。

（二）校园文艺活动

1991 年西湖中学更名西湖农场第一中学，学校举行西湖中学建校 20 周年校庆及首届艺术节活动。农场主要领导杨光宏、高勇、袁贵友参加。学校布置校史展览，向社会展示20 年办学成果。

1992 年 6 月，西湖小学文艺节目“瓜趣”参加常德市“六一”文艺会演获一等奖，是年该节目参加“全省子弟学校学生文艺调演”获二等奖。

1997 年全区中小学组织一系列香港回归庆祝活动，1999 年又相继举办“迎澳门回归”庆祝活动，50 周年国庆文艺晚会，迎“千禧年”文艺会演。2004 年，西湖一中多功能礼堂建成后，学校多次举办“五四”文艺会演，元旦文艺晚会，艺术节、师生绘画书法艺术展。2005 年，在全区庆祝建党 84 周年合唱比赛中，教育系统合唱代表队荣获第一名。2008 年刘佳美同学在常德市“新亚·好莱坞杯”蒲公英艺术大赛中获少年组金奖，刘洋同学参赛的音乐《我不上你的当》荣获少年组银奖。

（三）校本教材编写

2003 年至 2007 年，由教研室组织教研员、教师编写了 1~7 年级校本教材《义务教育校本课程》。教材由符奇才、夏建华、姜培兰、黄志雄等主编，参加教师 15 人。全书分七章，二十四课，主要内容有文学欣赏、艺术作品欣赏、诗词欣赏、家用电器与日常生活、西湖变迁、种植业与养殖业、校刊校报的编辑等。西湖一中 2010 年编辑《西湖一中校园歌曲集》《养德润心经典读本》和《走进西湖一中》。《养德润心经典读本》主要内容有：《弟子规》、《三字经》、《孝经》、《笠翁对韵》、《朱子治家格言》、《大学》、《中庸》、《老子》节选、《黄帝内经》节选。《走进西湖一中》，由夏姣桃、王本南主编，共七章。分西湖一中发展简史、校园风光、办学理念、办学成果、优秀学子风采、学校管理制度、励志作文赏析。编写人员有校长罗玉忠，常务副校长廖彬文，副校长夏朝晖等 15 位教师。2010 年夏姣桃老师总结 30 年语文教学经验，由云南出版社出版发行近 20 万字的《课堂激扬生命，走进语文生态课堂》一书，从“理论视界课堂建构，教学分略，课程资源，多元评价”等方面，品析解读和诠释中小学语文教学的内涵。

（四）湖畔文学社

1990 年西湖一中创建“湖畔文学社”，创办社刊《湖畔文学》杂志，由学生中的文学爱好者投稿编印。自创办以来，有 200 多篇文章在《小溪流》《语文报》《中学生学习报》《常德日报》等报纸杂志上发表。“湖畔文学社”被评为全国百佳校园文学社。

六、文化市场管理

20 世纪 90 年代，电子游戏、音像出租、网吧遍及分场、镇。个体书店，打字、印刷发展迅速。1996年,党委成立西湖农场文化市场管理领导小组,召开全场文化市场管理工作会议,对娱乐场所进行整顿。此后,文化部门按照国务院《娱乐场所管理条例》和《互联网等上网服务性营业场所管理条例》,每年与公安、工商、税务等部门以扫黄、打非为主要内容,集中时间,集中力量,集中整治。1996—2010年举办经营户法制培训班10期,培训400多人次,印发宣传资料2万多份。每年还利用黑板报、宣传车、墙报等多种形式进行文化法规的宣传,加强对电子游戏网吧的监控。

七、文艺创作

1991年以来,文学创作日趋活跃。有一批文学艺术爱好者,创作出大量的诗词、散文、短篇小说、小戏剧、报告文学、书法作品等,其中有部分在报刊上发表,有的结集出版。交通局伍贤益先后在《湖南日报》《常德日报》《老年人》等多种报纸杂志上发表散文、诗词、楹联等文学作品,多次获奖。区委办李跃明,工作之余坚持散文创作,有《渔火》《摸秋》等多篇散文在报刊上发表。西湖一中刘学农将2006—2009年度写的古诗词2272首,结集名曰《闲情集》,自费由海南出版社出版。西湖电视台刘卫平集其1992年至2010年写的通讯、报道、随感、特写共155篇约30万字,编成《湖畔放歌》一书自费出版。此外,刘石柱、刘水源、马康湘、刘丛红、夏延山、彭光庆等均有诗作发表。

第二节　体　育

一、群众体育

(一)日常体育活动

1991—2010年,西湖群众性的日常体育活动主要有球类、武术(含太极剑、太极拳)、体操、拔河、跳绳、田径等。以球类(乒乓球、羽毛球、排球、篮球、桌球等)为主,此类活动遍布镇区、乡村,参加的人最多。武术也是西湖人特别是新化籍、安化籍移民所喜爱的一项体育运动。20世纪90年代,六分场陈氏兄弟开办"百江武术馆",培养一批武术人才,在场内外小有名气。火爆多年后,因生源不足停办。进入21世纪,太极拳、太极剑运动在西湖兴起。2010年,西湖成立老年大学,开办太极拳(剑)班,吸引众多爱好者,现有学员100多人。天气适宜的清晨或傍晚,工会前水泥坪上聚集几十甚至上百的中老年人,他们在师傅的指导下,或舞太极剑,或打太极拳,一招一式,有板有眼。

(二)体育竞技活动

西湖群众体育竞技活动主要由西湖工会组织,主要赛事为球类、拔河比赛。

1991年9—10月,在灯光球场举办了第三届"商业杯"男女篮球赛,15支代表队角逐,水利队获男队冠军,纸厂队获女队冠军。

1992 年,举行女职工拔河比赛,11 支代表队参赛,造纸厂队获第 1 名。

1994 年举行职工篮球赛,12 支队参加,分场直组、农业组、女子组,经循环赛,水利队获场直组第 1 名,三分场队获农业组第 1 名,一中队获女子组第 1 名。

1995 年,举行全场羽毛球赛,分团体赛、个人赛,团体赛 18 支代表队参赛,机关队获第 1 名;男子单打 33 人参赛,物资局曾理获第 1 名,女子单打 20 人参赛,机关洪晚娥获第 1 名。

1996 年,举行全场男女排球赛,11 支代表队参赛,采用大循环赛,男子组水利队获第 1 名,女子组贸易公司获第 1 名。

1997 年,举行全场女子拔河赛,18 支代表队 370 名运动员参赛,西湖镇代表队获第 1 名。

2010 年工会落实《全民健身条例》,引导广大群众自觉参加各类科学健身活动,并成立篮球协会、乒乓球协会。

二、学校体育

体育是教学计划的重要课程,教育部门按照教学要求配备专任教师,学校按照教学大纲要求开展体育教学活动。各学校建有篮球场、排球场、乒乓球场、羽毛球场和田径跑道。一中有田径跑道 350 米、5 个篮球场和 1 个足球场,还有室内和室外体育器材及设施。一中多功能礼堂建成后,在室内开展体育教学。各校体育课列入课程表,与其他文字课一样,每堂课都有教学目的、要求、内容和方法,期末进行考试,体育成绩是衡量学生学业的重要标准。除体育课以外,还有早操、课间操、课外活动,都列入作息时间表。

学校每年都要进行一次或两次体育运动会,主要有田径、球类、拔河、广播操等。

2000 年,西湖一中高中部开展体育特长生培训。2007—2010 年,有 8 人被体育院校录取。

第四章　广播电视

第一节　管理机构

移民建场后,在劳改农场与军垦农场广播站的基础上,农场党委调配人员,添置更新设备,成立“西湖农场广播站”。1990年由场部下文,明确为副科级单位。1992年7月,广播站与有线电视台合并,建立有线电视台,成立“西湖农场广播电视站”。1995年更名“西湖农场广播电视台”,归口党委宣传部管理。1999年8月成立西湖管理区,西湖农场广播电视台更名为“西湖管理区广播电视台”。仍归党委宣传部管理。2002年下半年,西湖管理区机构改革,电视台单列,更名“西湖管理区广播电视中心”,副科级单位。

附:

西湖广播电视台历任负责人名录表

表10-4-1

机构名称	姓　名	职　务	任职时间	备　注
西湖农场广播站	高　明	站　长	1983.5—1992.6	1990年农场场部下文为副科级单位
西湖农场广播电视站	高　明	站　长	1992.7—1995.3	
西湖农场广播电视台(1999年8月建立西湖管理区后更名为西湖管理区广播电视台)	李宗洪	台　长	1995.3—1997.3	兼任文化科长
	高　明	副台长	1995.3—2005.1	1997年12月兼任党支部书记
	刘吉长	副台长	1995.3—1997.4	
	刘吉长	台　长	1997.4—2000.8	兼任宣传部副部长
	朱建平	宣传部部　长	1999.3—2001.3	主管宣传部和电视台工作
	黄湘春	副台长	2000.4—2002.9	2000.4月兼任宣传部副部长
	邓群智	宣传部长兼任台长	2001.3—2002.9	
	王成英	副台长	2001.6—2002.3	
	高中康	副台长	2001.8—2002.3	
西湖管理区广播电视中心	黄湘春	主　任	2002.9—2010.12	
	王成英	副主任	2002.3—2010.12	
	高中康	副主任	2002.3—2010.12	
	黄晓媛	工会主席	2003.8—2010.12	

第二节　广播电视网络

移民建场后，农场党委十分重视广播宣传工作，总场与各分场购置扩音机，架设广播专线，至1990年扩音机增加到15台，总功率达5450瓦，广播专线达282公里，高音喇叭360只，低音喇叭150只，生产队及部分场直单位1~100千瓦收扩音机65台，广播覆盖率达100%。

1992年，为适应形势发展，满足人民群众精神文化生活要求，农场党委决定投入30万元，在总场机关大院建立卫星电视地面接收站，先后购进卫星接收前端设备和摄像机、录像机、字幕机、编辑机、特技机等，建立西湖有线电视台。有线电视设计频率为300MHZ同轴电缆网络，传输干线8千米，传输模拟电视12套。是年7月1日，西湖有线电视正式开播。

1994年5月，农场投入14万元，由宣传部集资30万元，购置300瓦分米波彩色差转机一套，西湖无线模拟电视正式开通。差转机发射功率为300瓦，覆盖面大，收视节目达16套。各分场都可收视到节目。1996年下半年有线广播停播，无线调频广播开始运行。是年各分场陆续建立卫星电视地面接收站，模拟电视实现“村村通”。到1998年广播完全停止运作。2000年8月，区财政投入14万元，购置可寻址控制系统一套，2006年7月，区财政投入20万元，将300瓦分米波彩色差转机更新为1000瓦，收视节目增至30套。2009年11月，区财政与电视台共投入40万，对机房、镇区有线线路进行改造升级。2010年收视节目增加达50套，有线电视收视用户逐年增加，1992年西湖有线电视开播时，用户只有300多户，2003年增至1000多户，至2010年用户已达2200多户。

第三节　节目设置

移民办场阶段，“西湖农场广播站” 除转播中央人民广播电台与省人民广播电台联播节目外，自办有“全场联播”及专题节目。“全场联播”主要报道农场和分场(镇)重要事件及先进典型。专题节目先后开辟有“法制教育”“农业与科技”“共青团之声”“农家乐园”“计划生育”等节目。从移民办场至西湖成立管理区累计采编播发各类稿件5万余篇。

1992年西湖建立有线电视台。1993年下半年开辟“西湖新闻”和专栏节目。“西湖新闻”栏目周一、三、五首播，二、四、六重播，周六编发“一周要闻”，重要稿件配发“新闻述评”。从开始至2010年年底，共计采编播发各类稿件15046篇，其中上省台62篇、上市台1136篇、上本台13848篇。稿件宣传党的方针政策，报道全区社会和经济的发展，宣扬全区出现的新人新事新气象。刘卫平、高中康2005年写的《鱼苗撒满街道，众人前来帮忙》，2007年写的《下岗工捐鞋励学子》，2008年写的《社区干部做媒，下岗职工农村就业》，2010年写的《从甘妹子到幸运儿》，荣获常德市广播电视“电视长消息三等奖”。2007年刘卫平被常德市委宣传部、市新闻学会评为全市 “十佳新闻工作者”，2005年、2007年、2009年三年被常德市广播电视

西湖广播电视塔

局评为优秀特约记者。新闻稿件统计数见表10-4-2。

"农业与科技"是1992年7月开始开辟的专栏节目,每周一期,每期30分钟,到2010年年底共开办540多期,内容有"农事指南""致富经""养殖园""信息窗""金钥匙"等。这一专栏,全方位、多角度介绍农业方面的知识技能、科技成果、工作经验、各类信息,热情为"三农"服务,深受广大农民朋友的称赞和欢迎。

1992—2010年间,西湖电视台与有关部门和单位采编、摄制、播发的电视片《风雨坎坷三十年,求安思富盼春天》《万家忧乐系心头》《为了西湖的安宁》《春风化雨润心田》《洞庭明珠,生态绿园》《凝心聚力求发展》《和谐交通谱新曲》《情系移民百姓、心暖万户千家》,从各个侧面宣传介绍西湖在改革开放进程中的经济发展情况,讴歌西湖广大干部群众迎难而上、奋力拼搏、艰苦创业的精神面貌,为人们了解西湖、认识西湖、关注西湖发挥重要作用。

附:

历年播发新闻稿件数量统计表

表10-4-2

年份	省电视台	市电视台	本 台
1993	—	—	150
1994	—	45	210
1995	—	47	370
1996	2	50	685
1997	4	52	820
1998	5	48	805
1999	4	57	1080
2000	6	62	1102
2001	8	64	970
2002	6	62	985
2003	6	71	967
2004	9	74	850

续表 10-4-2

年份	省电视台	市电视台	本　台
2005	5	72	860
2006	2	78	818
2007	3	83	799
2008	2	85	790
2009	—	92	802
2010	—	94	785
合　计	62	1136	13848

第五章　卫　生

第一节　医疗卫生机构

一、区(场)属医疗卫生管理机构

西湖管理区卫计办公大楼

移民建场时,农场成立中共西湖农场除害灭病领导小组,管理医疗卫生工作。1984 年撤销除害灭病领导小组,设西湖农场计划生育卫生科(简称卫计科),管理医疗卫生工作。

2002 年设立教科文卫局,医药卫生工作由教科文卫局管理。

2005 年 8 月根据常编办〔2005〕48 号文件,单设西湖管理区人口和计划生育局(卫生局),正科级单位,实行一个机构、两块牌子运作,既是全区人口、计划生育工作的行政管理机构,又是全区医疗行政管理机构。主要职能是负责全区人口与计划生育管理,负责医疗保健、疾病防控、卫生监督、血吸虫病防治等行政管理工作,负责医疗卫生单位的归口管理及医药市场监管。

附:

西湖农场(区)卫计科(局)领导班子成员名录表

表 10–5–1

姓　名	职　务	任职起止年月
邓　纯	卫计科科长	1990.2—1993.12
洪晚娥	卫计科科长	1993.12—1998.12
阳立群	计卫科科长	1999.1—2001.1
胡先明	计卫科党支部书记	2000.1—2001.3
朱健平	计卫科科长	2001.1—2002.9
杨明太	计卫科党支部书记	2001.3—2002.9
杨明太	教科文卫局局长	2002.10—2005.2
吴鹏伟	计卫局局长	2007.6—2010.4
谌永长	计卫局局长	2010.5—2010.12

二、局属医疗卫生服务机构

2010 年，全区有卫生监督所、疾病控制中心、血吸虫病防治站、西湖区人民医院、计划生育服务站、农村合作医疗管理办公室等 6 家医疗卫生服务单位，见表 10–5–2。

西湖农场(区)医疗管理服务机构统计表

表 10–5–2

机构名称	建立年月	编制数	级别	负责人	经费类型	批准文号
西湖区人民医院	1972	168	正科	伍文明	差额	常编办〔2002〕15 号 核编〔2010〕27 号
西湖区血吸虫病预防控制站	1985	6	副科	黄志伟	全额	常编办〔2002〕15 号
西湖区疾病控制中心	1988	13	副科	刘翠平	全额	常编办〔2002〕15 号
计划生育服务站	2002	4	正股级	何秀红	全额	常编办〔2002〕15 号
西湖区卫生监督所	2007	5	副科	杨礼斌	全额	西政发〔2007〕1 号
农村合作医疗管理办公室	2007	4	副科级	李歌	全额	常编办〔2007〕27 号

三、基层医疗卫生服务机构

1973 年，由新化、安化两县抽调医务人员组建 6 家分场卫生所。卫生所配有 2~3 名医务人员，100~250 平方米的业务用房，2~3 张病床。管理上接受总场业务部门和分场的双重领导，财务实行独立核算，自负盈亏。主要职能是以预防为主、防治结合，负责防疫、血防、常见病诊治、计划生育等多项工作。各生产队亦推选 1~2 名半脱产人员，从事卫生保健和常见病治疗，称为“赤脚医生”，形成总场、分场、生产队三级医疗网络。随着经济的发展，2002 年六家分场卫生所全部改制，原有固定资产由分场收回或拍卖，医疗设施作价处理。医务人员达到退休年龄的办理退休手续，其余按工作年限，每年补一个月工资，一次性买断，自谋职业。

随着分场卫生所的改制，一部分改制后的医务人员、“赤脚医生”和从大中专医疗卫生学校毕业的一部分学生，1998 年经考试合格有 75 人取得乡村医生证书，建立私人诊所、药房、村卫生室，参与医疗卫生事业。到 2010 年，全区除西湖人民医院、血防医院两家公立医院外，有个人诊所 9 家、药房 8 家、村卫生室 44 个。药房诊所见附表 10–5–3、表 10–5–4。

西湖管理区民营诊所一览表

表 10-5-3

名 称	地 址	法人代表	主营科别
卿定龄诊所	西洲乡裕民村	卿定龄	内科
康尔诊所	西湖镇西湖东路	卿定平	口腔科、牙科
洪雄国诊所	西湖镇新北湖路	洪雄国	内科、外科、医学检验及医学影像
杏林诊所	西湖镇教育路	邓 毅	中医科、内科
惠民诊所	西湖镇东湖路	孙旭辉	内科
霞云诊所	西湖镇教育路	胡霞云	内科
袁加佑诊所	西湖镇东湖路	袁加佑	中医科、内科
王本洪诊所	西湖镇西常路	王本洪	中医科、内科
邓跃东诊所	西湖镇教育路	邓跃东	中医科、内科

西湖镇区民营药房一览表

表 10-5-4

名 称	地 址	负责人	职工人数	主营范围
新特药全草大药房	西湖镇东湖路25号	夏荷花	3	保健食品、用品、消毒用品及处方药
大众药房	西湖镇东湖路	张自华	3	消毒用品及处方药
康春堂大药房	西湖镇西湖路	邓 彦	3	处方药、中药材及保健品
西湖大药房	西湖镇东湖路15号	罗佳忠	2	处方药、非处方药、中药材
德海大药房	西湖东湖社区	洪秀华	4	处方药、非处方药
益丰大药房	亿客隆旁	江 波	5	处方药、非处方药
民康大药房	西湖镇十字路口	康 民	2	处方药、非处方药
美华大药房	西湖镇西常路	谢志成	2	处方药、非处方药

第二节 医 疗

一、医疗队伍

2010年全区卫生技术人员102人,其中大学本科36人,专科43人,正高1人,副高3人,中级职称45人。西湖农场(区)卫生工作人员统计情况详见表10-5-5。

西湖农场(区)卫生工作人员统计表

表 10-5-5

年度	总人数	卫生技术人员数	学历				技术职称			
			本科	专科	中专	初高中	正高	副高	中级	初级
1991	125	85	1	11	41	32	1	—	9	44
1992	123	86	2	13	41	30	1	—	9	53
1993	149	114	2	14	52	46	1	—	14	64
1994	145	110	2	15	52	41	1	—	17	64
1995	149	114	4	15	51	44	1	—	18	77
1996	150	120	4	17	61	38	1	—	21	86
1997	148	118	4	17	63	34	1	—	21	96
1998	156	131	4	17	77	33	1	—	23	101
1999	159	132	5	18	66	43	1	—	26	102
2000	149	132	5	20	63	44	1	—	27	102
2001	165	146	5	20	65	46	1	—	27	103
2002	165	146	11	20	65	44	1	—	30	106
2003	172	141	11	20	70	40	1	1	31	102
2004	172	142	11	26	70	35	1	3	32	96
2005	144	125	10	22	52	41	1	2	26	90
2006	144	124	14	37	49	24	1	2	25	94
2007	140	124	21	41	41	21	1	2	32	84
2008	130	106	18	42	41	5	1	2	35	62
2009	118	105	36	46	19	4	1	2	40	50
2010	108	102	36	43	19	4	1	3	45	50

说明:总人数不包括合同工

二、医疗卫生基本建设与医疗设施

1990年农场投资150万元,在西湖镇西湖东路,征地18亩新建西湖医院。是年年底,三层门诊大楼、三层住院大楼、三层职工宿舍主体工程竣工。1991年3月16日新建西湖人民医院开始运行。

2005年区投资365万元,新建4376平方米五层住院大楼及附属设施,2006年3月竣工。至2010年,医院占地10637平方米,建筑面积8476平方米。

2009年疾病控制中心大楼在教育路破土动工,建筑面积1800平方米,使用面积1500平方米,总造价270万元,2010年竣工投入使用。西湖区疾控中心、西湖区卫生监督所、西湖区血吸虫病预防控制站,2010年搬迁疾控中心大楼办公。

2010年卫生医疗设备763.3万元,较1991年27.7万元增长27.5倍。医疗设备474台(件)较1991年61台(件)增长7.8倍,其中1万元~10万元51台(件),11万元~50万元11件,100万元以上1件,救护车3台。医疗设备数量及价值统计情况详见表10-5-6。

西湖农场(区)医疗设备数量及价值统计表

表 10-5-6

年度	设备台件数	设备总值(万元)	其中				救护车(台)
			1万元~10万元	11万元~50万元	51万元~100万元	100万元以上	
1991	61	27.7	4	—	—	—	1
1992	61	27.7	4	—	—	—	—
1993	62	27.8	6	—	—	—	—
1994	62	27.8	6	—	—	—	—
1995	65	31.3	8	—	—	—	—
1996	71	38.8	10	—	—	—	—
1997	74	40.2	10	—	—	—	—
1998	78	53.2	14	—	—	—	—
1999	78	53.2	14	—	—	—	—
2000	78	53.2	14	—	—	—	—
2001	80	56.2	15	—	—	—	—
2002	82	61.2	17	—	—	—	—
2003	104	144.2	24	2	—	—	1
2004	123	180	35	2	—	—	1
2005	127	182	35	2	—	—	1
2006	257	273.6	40	5	—	—	1
2007	302	332.7	44	7	—	—	1
2008	347	350.3	47	7	—	—	3
2009	418	514.3	51	9	—	—	3
2010	474	763.3	51	11	—	1	3

主要医疗设备有:

内儿科:呼吸机、电子胃镜、超声雾化器、射流雾化器、微量输液泵。

外科:全自动麻醉机、体外冲击波碎石机.

妇产科:无痛分娩仪、数码电子阴道镜、胎心音监护仪、阴道B超、利普刀、婴儿辐射保暖台、黄疸测量仪。

检测科:全自动血球分析仪、尿液分析仪、酶标仪、卓越350型全自动生化分析仪、电解质分析仪、全自动血凝仪、微生物细菌鉴定仪、液基薄层细胞涂片机。

急诊科:自动洗胃机、心电监护仪、除颤起搏器。

影像诊断中心:CT、多普勒超声彩超、数字B超、CR成像仪、经颅超声多普勒、心电图机、心功能检测仪、500mA和200mA等大中型X光机。

三、医疗技术

内儿科 集内科、儿科、传染科功能于一体，是一个含心血管内科、呼吸内科、消化内科、肾内科、内分泌科、血液内科、神经内科、传染科、中医内科、职业病、新生儿专科、遗传病专科等医院技术与功能的综合性科室，由孙旭升、易理球、张国富等多名专家坐诊，临床采用中西医结合的医疗技术与方法，治疗中风偏瘫、消化道出血、糖尿病、肝炎、肝腹水、肝硬化、肾炎、肺炎、肺气肿、高血压等疾病有独特疗效。儿科、传染科配有夏中为、邓新星等专业医师，规范治疗各类儿科疾病和传染病。

外科 是集普外、心外、胸外、泌尿、肛肠、神经、皮肤、手术等功能于一体的综合科室。能施行各种常规及疑难手术，临床采用全自动多功能麻醉机和高端医疗技术施行甲瘤切除、乳腺癌根治、胆囊切除(含腹腔微创手术)、胆道取石、泌尿系统取石、肝修补、脾切除、胃修补、直肠癌切除、肾切除、结肠癌根治术改道术等，年均手术量达600台(次)。

妇产科 与市第一人民医院及第一中医院知名专家长期合作交流，能施行无痛分娩、无痛人流、剖宫产、卵巢囊肿切除、子宫肌瘤切除、宫外孕手术治疗。尤其与腹腔镜结合施行微创腹腔手术，创伤小，恢复快，效果好。利用数码电子阴道镜，施行宫颈糜烂、阴道疾病临床检查，准确率高，采用等离子手术治疗宫颈糜烂，损伤小，疗效高。

急诊科 常年担负急危症病人急诊、农药(食物)中毒救护、重大传染病应急处理与救护。2003年急诊科成立发热门诊部，收治“非典”疑似病人2例。2008—2010年开展手足口病的救治，确诊手足口病140人，治愈140人，治愈率100%。2009年收治甲型H1N1感染住院病人89人，经治疗痊愈出院，治愈率100%。

检验科 利用先进检验技术，规范施行各种常规检查、生化检查、全套生化免疫学检查。2009—2010年检验乙型肝炎病毒疑染者13806人，检验准确率达99.8%。检验科还与市力源医院检验中心合作，解决区内缺乏病理检查技术项目的难题。

影像诊断中心 1991—2010年为病人放射检查103248人，CT检查7076人，B超检查26949人，心电图检查10001人次，彩超检查4654人次，TCD2401人次，准确率达100%。

等离子治疗中心 自2007年购入等离子治疗仪以来，施行各类手术608例，其中宫颈糜烂187例、宫颈息肉切除19例、息肉18例、增生性咽喉炎41例，各类手术损伤小，疗效好，治愈率高。

四、医疗科研

2010年卫生系统有中华医学会员58人，有4人参加过国家学术会议，有22人参加过省级学术会议。1991—2010年，医务工作者开展学术研究，撰写学术论文，有3篇在国家级期刊上发表,有4篇在国家级医学学术会议上交流,20篇在省级期刊上发表。详见表10-5-7。

西湖农场(区)历年医疗科研论文一览表

表10-5-7

论文题目	作者	作者单位	发表期刊
对伤寒论正邪观之管见	孙旭升	西湖区人民医院	《实用中医内科》1991年第十一期
直背综合征系列报告	易理球	西湖区人民医院	《临床心电学》1992年第一卷第三期
镁盐治疗充血性心衰疗效观察	易理球	西湖区人民医院	《临床荟萃杂志》1993年第八卷第十九期
胶艾汤加香附上环月经过多48例	孙旭升	西湖区人民医院	1993年2月,中南五省妇科学术会议交流
镁离子与心脏	易理球	西湖区人民医院	《中医综合临床医学》1994年第十卷第四期
迟发性脾破裂8例诊治体会	杨政权	西湖区人民医院	《综合临床医学》1994年第10卷
醋酸强的松龙加利多卡因局部封闭治疗无菌性骨炎疗效观察	杨政权	西湖区人民医院	《中国综合医学》1994年10月第1版第2集
利胆化虫汤治疗胆道残余虫体43例	孙旭升	西湖区人民医院	《湖南中医学报》1996年第16卷四期
葶苈附芪汤治疗慢性充血性心力衰竭58例	孙旭升	西湖区人民医院	《中医杂志》1996年第三期
中国传统医学百病药物疗法大全(与人合著)	孙旭升	西湖区人民医院	山西科技出版社出版,1997年
中国传统医疗绝技大全(与人合著)	孙旭升	西湖区人民医院	山西科技出版社出版,1997年
贵重药品的贮存方法	周先胜	西湖区人民医院	1997年第1期,《中国中医药最新研究大全》
中国传统医学百病百草治疗大全(与人合著)	孙旭升	西湖区人民医院	山西科技出版社出版,1998年
早期手术治疗重症胆管炎64例体会	杨政权	西湖区人民医院	《中国医药荟萃》1998年6月
儿童口腔病中西结合治验	肖云钦 何石松	西湖区人民医院	省民族医药研究讨论大会,1999年

续表 10–5–7

论文题目	作者	作者单位	发表期刊
外科手术病人术前心理护理体会	林桂云	西湖区人民医院	《中国现代临床医学与预防医学》2000 年第 10 期
高血压病的护理体会	刘春华	西湖区人民医院	《中国现代临床医学与预防医学》2000 年第 9 期
腰椎间盘突出症保守治疗的护理和康复指导	刘春华	西湖区人民医院	《中外医学研究》2010 年第 9 期
十二指肠蛔虫误诊分析	刘胜中	西湖区人民医院	《医学与保健》2009 年第 17 卷第 5 期
硝酸甘油治疗难治性哮喘 46 例疗效观察	张国富	西湖区人民医院	中国未来研究会，荣获新世纪优秀学术成果三等奖

五、药政管理

1984 年，农场在西湖人民医院药房基础上创办西湖农场药材公司，医院所需药品由药材公司购入。1985 年国家颁布《中华人民共和国药品管理法》，药材公司与医院分离。1996 年农场下发《关于医疗和药品有关经营管理规定》，医院建立“药事管理委员会”，负责药品采购、监督。2010 年又对管理机构进行调整，由主管业务院长负责药品管理。医院经市卫生部门与药监部门抽检，多次被评为“信得过单位”。

1991 年以来，麻醉药品实行专职专责管理，专人保管，专库存放，专职施用。2000 年建立麻醉药品购用电子台账，按批次逐量登记，并实施月查年检。

六、经费管理

移民办场时，农场制定《关于财务开支若干具体问题试行办法》和《国营西湖农场财务管理试行办法》，西湖医院与卫生防疫站由西湖农场计财科管理，实行业务收入自行统筹使用，收不抵支部分由农场财务科拨付。建立西湖管理区后，西湖疾控中心、卫生监督所、血防站、农合办、计生服务站为全额拨款事业单位，西湖人民医院为差额预算管理单位，实行核定收入、差额拨款、超支不补、节余留用的财政预算管理办法。

附:

西湖人民医院历年经费收支统计表

表 10-5-8　　单位:万元

年份	总收入			总支出		
	财政拨款	业务收入	合计	业务支出	人员支出	合计
1991	8	70	78	56.5	21.2	77.7
1992	15	100	115	76.5	30.3	106.8
1993	18	122.5	140.5	71.3	49.7	121
1994	10	121.3	131.3	72	60.6	132.6
1995	14.5	175.2	189.7	99.6	89.8	189.4
1996	14	232.1	246.1	135.7	106.8	242.5
1997	14	234.8	248.8	134.6	111.8	246.4
1998	9	243.7	252.7	148	104.6	252.6
1999	9	249	258	154.4	104	258.4
2000	9	208.4	217.4	118	103.6	221.6
2001	9	236.8	245.8	128.2	117	245.2
2002	9	232	241	113.7	126.8	240.5
2003	23	282.7	305.7	142	163	305
2004	30	432	462	257.5	204	461.5
2005	104.9	426.7	531.6	317	214	531
2006	136	454.4	590.4	362.3	228	590.3
2007	152	670.9	822.9	478.8	344	822.8
2008	166	906.8	1072.8	614.7	456.9	1071.6
2009	182.9	1127.1	1310	851	458	1309
2010	234.5	1224.5	1459	972	486	1458

重点医院介绍

西湖管理区人民医院

西湖区人民医院住院大楼

坐落在西湖镇西湖东路的西湖区人民医院是西湖管理区唯一一所区办非营利性集医疗、预防、保健为一体的中西结合的综合医院。

医院建于1972年,前身为军垦农场师部设立的“总场医院”。1972—1983年隶属农场宣传部领导,实行党支部领导的院长负责制。1984年后划归计划生育卫生科管理,1991年医院由股级单位升为副科级单位。西湖管理区建立后,2001

年又晋升为正科级单位。2003 年实行事业单位人事制度改革，医院实行院长负责制，医务人员聘任上岗，实行目标管理岗位责任制。

1991—2010 年医院医疗条件不断改善。1990 年新建门诊楼、住院楼、宿舍楼。2006 年新建五层住院大楼。到 2010 年医院占地面积 10637 平方米，建筑面积 8476 平方米。拥有CT、彩超、CR 放射诊断系统、碎石机、电子胃镜、卓越 350 型全自动系列化分析仪、全自动血凝仪、奥菲五分类血球分析仪等医疗设备，成立无痛分娩中心、CT 诊断中心、等离子治疗中心、微创腔镜中心，诊疗水平大幅度提升。

1991—2010 年医院加强在职医务人员的培训、进修、提高。招聘一批医药院校毕业的大专毕业生，又引进一批专业技术人员。到 2010 年一支较高素质的医疗队伍已经形成，在146 名干职工中，有医疗专业技术人员 102 人，主治医师技术职称以上 42 人，副主任医师以上 4 人。医院内儿科、外科、妇产科、五官科、急诊科，常年由孙旭升、易理球、张国富、夏建勇、夏中为、李益新、毛惠芳、肖云钦、夏政江、杨政权、鲁礼军、邓新星等知名医师坐诊。

医院 1995 年晋升为一级甲等医院，2004 年经常德市卫生局批准加挂“常德市第八人民医院”牌子，是中国人寿、新华人寿、新农合、城镇职工医保、城镇居民医保定点医院。2005 年又被省卫生厅确定为晚期血吸虫病、内科治疗救助定点医疗机构。

医院以“一切为了病人”为宗旨，服务热情、诊疗精心，得到西湖人民的赞誉。2010 年医院年门急诊人数达 30540 人，日住院占床人次平均 90 人，年手术近 600 人，年业务收入达 15000 万元。

附：

西湖农场(区)人民医院历届领导班子成员名录表

表 10-5-9

姓　名	职　务	任职时间
孙旭升	书　记	1987.5—2001.5
曾协农	院　长	1987.8—1992.6
易　斌	院　长	1992.6—1994.12
孙旭升	院　长	1995.1—2003.3
胡玉平	副院长	1995.1—2006.12
卿绿娥	副院长	1995.1—2003.9
周提高	书　记	2001.6—2003.8
黄志伟	院　长	2003.3—2006.12
孙旭升	书　记	2003.8—2006.12
刘吉长	院　长	2006.12—2010.12
张国富	副院长	2007.1—2010.12
祁文利	副院长	2007.1—2010.12
刘胜中	副院长	2007.8—2010.12
伍文明	书记　院长	2010.12—2010.12

西湖农场(区)人民医院基本情况统计表

表 10-5-10

年度	职工人数	开放病床数	固定资产总值(万元)	其中		门急诊人次	住院人次
				房屋总值	设备总值		
1991	111	100	52.9	28	24.09	14235	1708
1992	119	100	52.9	28	24.09	14600	1752
1993	122	120	180	155	25	14965	1906
1994	120	120	143	118	25	15330	1962
1995	117	120	146.5	118	28.5	16425	2120
1996	117	120	154	118	36	16425	2135
1997	117	120	155	118	37	17885	2325
1998	117	120	168	118	50	18890	2467
1999	117	120	168	118	50	18250	2372
2000	117	120	168	118	50	20075	2580
2001	109	120	171	118	53	20075	2620
2002	109	120	176	118	58	21200	2810
2003	108	120	305	164	141	23200	2980
2004	108	120	336	164	172	25200	3180
2005	111	120	338	164	174	25200	3959
2006	120	120	429	164	265	25800	4120
2007	124	120	487	164	323	29121	5080
2008	127	120	504	164	340	25400	4329
2009	137	120	668	164	504	25420	4779
2010	146	120	1281	528	753	30540	5006

第三节　传染病控制与卫生防疫

一、管理机构

西湖区疾病控制中心是负责传染病预防控制与卫生防疫的卫生管理机构。1985 年为西湖农场设立的卫生防疫站,1990 年成为独立股级单位,开设计划免疫科、卫生监测科、妇幼保健科。1993 年又设妇幼保健门诊。1996 年增设学校卫生科。2002 年机构改革,更名西湖管理区疾病预防控制中心,编制 18 人,为副科级差额拨款事业单位。2003 年增设结核病防治科,2005 年成立艾滋病初筛实验室,2007 年定为全额拨款事业单位。

二、疫情监测与传染病控制

1999年,风疹爆发流行,全区8所中小学上百人患病。省、市先后派专家进行调查,采取将病人隔离治疗,对学校所有教室、办公室、食堂开窗通风及消毒等应急措施,疫情得以控制。

2003年4月,“非典”在北京、广州等城市相继爆发流行。区委、区管委高度重视,成立西湖管理区“非典”防治工作领导小组,下设综合协调组、流行病学组、医疗救护组、检验检测组、后勤保障组5个行动小组。4月15日,“非典”疫情预防控制工作实行日报告和24小时值班制度,还购置防护物质、消毒药品。在全区范围内开展防治非典知识宣传,发放宣传资料3万余份,向社会公布咨询热线。疾控中心成立由流行病、检验、消毒专业人员组成的5个防治非典机动队,24小时待命。且派出专业技术人员执行卫生检疫,对进入西湖的人员、车辆进行体检消毒。西湖区人民医院设立专门的医学留观室,对在疫区打工或因“非典”恐慌返家人员实行隔离医学观察。5月初,西湖车站入站班车上发现有非典疑似病例,区非典防治工作领导小组,迅速派专人赶赴现场,进行检查和会诊,并对密切接触者医学观察7天。6月底,两例非典疑似病例解除留观,综合防控取得明显效果。

2008年,全区狂犬病呈流行态势,西洲办事处报告两例狂犬病死亡病例。7月,区管委统一部署,防疫部门会同动物检疫部门和各办事处(镇)加大对家犬的管理和流浪犬的捕杀,广泛宣传被狗咬伤及时注射疫苗的重要性,狂犬病在全区得以控制。

三、结核病防治

2002年,区管委召开结核病控制项目会议,成立区结核病控制工作领导小组,启动世界银行贷款/英国赠款结核病控制项目。西湖管理区疾控中心新增结核病防治科,编制3人,从事结核病诊断,督导访视、药品管理、疾检等工作。2005年6月实施第二轮FIDLIS项目,7月又实施第四项全球基金中国结核病控制项目。项目实施以来,疾控中心对681名肺结核可疑患者实施免费检查,发现结核病人306例,接受治疗306例。其中新发现涂阳病人137例,占结核病人44.7%,治愈91例,治愈率66%。复治涂阳病人14例,完成疗程12例,非结核死亡1例,累计涂阳病人完成疗程58例,治疗成功率100%。项目启动后,开通网络专报系统,播放电视节目30次,印发宣传资料23900份,制作并悬挂横幅11条,张贴标语540条,办宣传栏38期。

四、艾滋病控制

2008—2010年,全区发现5例艾滋病病例,其中2008年西洲办事处发现3例,2010年

10月在东洲乡和西湖镇各发现1例,2008年,区疾控中心协助市疾控中心对首次发现的两例艾滋病患者,进行C04细胞和病毒载量测定,并为其联系医院进行抗病毒治疗,同时与民政部门联系解决患者经济上的困难。2010年10月5日,一例艾滋病患者并发肺部疾患死亡,还有两例长期在外。针对艾滋病感染态势,防疫部门加强重点人群防疫宣传工作,发放宣传资料4000份、安全套2500多个。

五、计划免疫

20世纪80年代,西湖农场防疫站开展常年计划免疫接种门诊,对1岁以内儿童接种卡介苗、脊髓灰质活疫苗、麻疹活疫苗、乙肝疫苗、百白破三联菌苗,后来增加乙脑疫苗。1990年开始对全场儿童进行卫生建档,登记发卡,"五苗"接种率达85%。2008年8月,按照《扩大国家免疫规划实施方案》规定,在原来6种疫苗的基础上将甲肝疫苗、流脑疫苗、乙脑疫苗、麻腮风疫苗纳入计划免疫规划。2009年,对出生儿童签发"计划免疫接种证",作为儿童入园入学的必备证件。2010年,五苗接种儿童8875人,接种率达95%。全区95%的儿童受到免疫保护。详情见统计表10-5-11、表10-5-12。

西湖农场(区)儿童计划免疫统计表

表10-5-11

年度	出生人数	卡介苗		脊髓灰质糖丸		百白破菌苗		麻疹疫苗		乙肝疫苗		"五苗"合计	
		接种人数	覆盖率%	接种人数	覆盖率%	接种人数	覆盖率%	接种人数	覆盖率%	接种人数	覆盖率%	接种人数	覆盖率%
1991	360	306	85	1224	85	1224	85	612	85	918	85	4284	85
1992	347	395	85	1250	90	1389	85	590	85	915	88	4439	86
1993	341	290	85	1227	90	1160	85	581	85	916	88	4174	86
1994	413	351	85	1470	89	1470	89	710	85	1090	88	5091	87
1995	483	415	86	1700	88	1700	88	821	85	1290	89	5926	87
1996	463	394	85	1630	88	1630	88	787	85	1236	89	5677	87
1997	495	421	85	1762	89	1762	89	871	88	1321	89	6137	87
1998	498	433	87	1773	89	1773	89	876	88	1330	89	6185	87
1999	498	423	85	1793	90	1793	90	876	88	1345	90	6230	88
2000	525	462	88	1890	90	1890	90	924	85	1417	90	6583	88
2001	508	452	89	1829	90	1829	90	894	88	1371	90	6375	88
2002	524	461	88	1845	90	1845	90	922	88	1415	90	6488	88
2003	552	525	95	2098	95	2098	95	1049	95	1574	95	7344	95
2004	530	504	95	2014	95	2014	95	1007	95	1511	95	7050	95
2005	639	607	95	2429	95	2429	95	1214	95	1822	95	8501	95
2006	683	649	95	2596	95	2596	95	1298	95	1946	95	7085	95

续表 10-5-11

年度	出生人数	卡介苗		脊髓灰质糖丸		百白破菌苗		麻疹疫苗		乙肝疫苗		“五苗”合计	
		接种人数	覆盖率%	接种人数	覆盖率%	接种人数	覆盖率%	接种人数	覆盖率%	接种人数	覆盖率%	接种人数	覆盖率%
2007	822	781	95	3124	95	3124	95	1562	95	2343	95	10934	95
2008	861	818	95	3272	95	3272	95	1722	95	2454	95	11538	95
2009	850	808	95	3230	95	3230	95	1615	95	2423	95	11306	95
2010	667	634	95	2535	95	2535	95	1267	95	1901	95	8875	95

西湖农场（区）疫（菌）苗接种统计表

表 10-5-12

年度	乙脑疫苗	流脑菌苗	伤寒菌苗	钩端螺旋体疫苗	狂犬病疫苗	霍乱菌苗	流感疫苗
1991	2000	2000	0	0	100	0	0
1992	2000	2000	0	0	100	0	0
1993	2000	2000	50	0	100	0	0
1994	2000	2000	50	3000	100	0	0
1995	2000	2000	50	0	120	0	0
1996	2000	2000	0	0	130	300	0
1997	1000	1000	0	0	150	0	0
1998	1000	1000	0	0	150	0	0
1999	1000	1000	0	0	200	0	0
2000	1200	1500	0	0	200	0	0
2001	1200	1500	0	0	220	0	0
2002	1200	1500	0	0	260	0	0
2003	1200	1500	0	0	280	0	0
2004	1200	1500	0	0	300	0	100
2005	1300	1500	0	0	500	0	100
2006	1300	1500	0	0	550	0	100
2007	1400	1600	0	0	600	0	100
2008	1400	1600	0	0	650	0	100
2009	1700	5000	0	0	400	0	200
2010	2000	5500	0	0	500	0	200

第四节　卫生监督管理

一、监督管理机构

1990年1月,防疫站从卫计科分离后,内设卫生监测科。2007年2月根据卫生部《关于卫生监督体制改革的意见》和西政发〔2007〕01号文件精神,成立西湖管理区卫生监督所,隶属区卫生局管理。2010年晋升为副科级单位,现有卫生行政监督执法人员5名,主要职责是:依照卫生法规,在辖区内全面开展餐饮消毒环节食品卫生、公共场所卫生、卫生监督执法工作。同时负责受理卫生许可和执业许可的申请、受理和卫生监督执法,并开展卫生法律、法规知识的宣传教育和咨询。

二、食品卫生监督

1990—2000年主要对人民群众普遍关心的食品卫生问题进行监督检查,如中秋节前夕,月饼卫生质量抽检,夏秋季食源性疾患高发季节对冷饮产品卫生监督检查等。

2001年对餐饮单位进行监督执法。核发卫生许可证30家,体检各类从业人员95人,查出“五病”阳性2人,责令调离岗位。是年10月集中销毁过期变质食品40个品种1028件80余公斤,伪劣饮料100多箱。2002年,对325名从业人员进行健康检查,查出传染病3人,合格率为92.3%。是年开展卫生法律法规知识培训106人次。2003年,食品采样抽检54件,合格51件,合格率为94.4%。2004年,针对奶类制品、餐饮、冷饮、学校食堂、农贸市场、饮用水等群众关心问题,开展食品卫生专项监督检查活动。2007年,取缔农贸市场用工业松香拔鸭毛的加工点。全区68户餐饮单位和食堂全都建立了原料进货采购索证制度。2008年开展食品领域专项治理,取缔3家,警告47家,责令改正16家,销毁“三无”食品200余公斤。2009年,在全区中小型餐馆实行消毒餐具配送。2007—2010年对全区400余家食品生产经营单位和68家餐饮单位进行监督检查,监督覆盖率达到100%,平均年监督频次3次/户,体检660人次,合格640人,合格率为97.7%。

三、医疗监督

1991年至1998年,由卫生、防疫、公安、工商等部门组成的检查组每年对全场(区)医疗市场进行全面检查,累计查处取缔无证行医5家,没收假劣药品130余种,价值23000余元。此后,随着市场经济的发展,个体诊所逐渐增多,无证行医现象十分普遍。2000年由卫计科牵头成立由卫生、公安、工商、税务等部门组成的西湖医疗市场整治领导小组,对全区医疗市场进行全面治理,查处取缔无证行医28家,没收假劣药品230余种,价值48000元。是年11月21日,当众销毁假劣、过期、变质、淘汰药品130个品种,价值6550元。2009年取缔无证行医3家,收缴药品价值2000多元。2010年查处非法诊所1家,没收药品5公斤,价值1000多元。2010年全区有两家公立医院、9家个体诊所、44家村卫生室、8家药材销售店,持证上岗率达到100%。

四、公共场所卫生监督

1991年至2009年,每年对宾馆、旅店、网吧、美容美发、酒吧、娱乐场所进行卫生监督检查,累计下达卫生监督整改意见书146份。2010年5—7月,对6家旅店、7家文化娱乐场所、15家美容美发等85家各类经营性的公共场所进行地毯式的清理整治,对3家未取得卫生许可证,5人未持有效健康证件上岗的人员进行处罚。对宾馆、美容美发店公共用具消毒和消毒设施不符合要求的,下达卫生监督整改意见书85份。截至2010年年末,累计发放各类公共场所卫生许可证97个,审查97个,督促从业人员体检120人次。

五、传染病防治监督

1991年至2006年,每年对全场(区)医疗机构开展传染病监督检查,累计发现有违法行为单位33家,分别予以警告或罚款,共罚款45000元。2007年对全区59家医疗机构开展传染病监督检查,发现有违法行为单位45家,对4家传染病报告不及时的医疗机构给予警告,对41家未按要求将医疗废弃物毁形、浸泡并集中处置的医疗机构进行处罚,罚款3.7万元。检查中小学、幼儿园16所,对未制定学校公共卫生突发事件处理应急预案的2所学校给予警告。2008年,对全区12家中小学校、幼儿园手足口病防治监督检查,下达监督意见书4份。2010年,协调疾控中心对学校负责人进行传染病、多发病防治知识培训。

六、学校卫生监督

1991年以来,西湖卫生监督部门每年对各中小学进行卫生检查,至2010年,累计检查460余次,下达整改意见314条,没收销毁伪劣食品170余公斤。每年组织学生体检1次,查出问题及时向学校、家长反馈。每年对学校食品从业人员进行1次体检。2003年、2004年各检查出1人身体不合格,被调离学校工作岗位。2010年对全区学校食品从业人员75人进行体检,合格率100%。体检合格者发健康证,持证上岗。1991年至2010年,每年举办食品安全知识培训班2期,累计培训968人次。

七、生活饮用水卫生监督

全区有集中供水站4家,直接从事供水工作人员20余人,年度身体检查,健康合格率为100%。管理区水源为深层地下水,铁锰超标,从2010年起对3座水源不符饮用水标准的自来水站进行改建。为确保用水安全,每年委托常德市疾控中心对镇区自来水、水源水、出厂水、末梢水进行一次全面的抽样检测,检验结果均符合饮用水标准。

第五节 妇幼保健

一、妇科病普查

西湖管理区人民医院妇产科承担全区妇幼保健工作,负责妇女疾病的检查和治疗。1991—2010年,全区应查人数5.076万人,实查1.02万人,检查率为17%。查出妇科疾病患者5508人。2002年计划生育服务站成立后,每年都开展对育龄妇女的免费普查活动,年妇检人数达1万多人,使1000余名患有不同程度妇科疾病的育龄妇女得到有效治疗。

二、母婴安全工程

西湖区人民医院妇产科是全区唯一具有合法资质的接生单位。成立以来,普及推广新法接生,坚持"顺畅、高质、优生"的理念,为孕产妇服务。

1991年,新法接生率、住院分娩率仅为65%,婴儿死亡率为40/10万。

到2010年,住院分娩率、新法接生率均达100%,新生儿破伤风为0,孕产妇死亡率为0,婴儿死亡率降低到4/10万。历年妇幼保健统计情况见表10-5-13。

西湖农场(区)历年妇幼保健工作情况统计表

表10-5-13

年度	产妇人数	活产数	住院分娩率(%)	新法接生率(%)	新生儿破伤风数	孕产妇死亡率(1/10万)	婴儿死亡率(1/10万)
1991	284	284	65	65	0	0	40
1992	280	280	70	70	0	0	37
1993	298	298	70	70	0	0	60
1994	317	317	72	72	0	0	27
1995	344	344	72	72	0	0	25
1996	368	368	74	74	0	0	20
1997	350	350	70	70	0	0	20

续表 10-5-13

年度	产妇人数	活产数	住院分娩率（%）	新法接生率（%）	新生儿破伤风数	孕产妇死亡率（1/10 万）	婴儿死亡率（1/10 万）
1998	369	369	70	70	0	0	17
1999	389	389	73	73	0	0	13
2000	384	384	75	75	0	0	14
2001	405	405	78	78	0	0	10
2002	398	398	82	82	0	0	19
2003	447	447	80	80	0	0	15
2004	488	488	85	85	0	0	15
2005	506	506	90	90	0	0	18
2006	483	483	100	100	0	0	10
2007	583	583	100	100	0	0	14
2008	606	606	100	100	0	0	7
2009	521	521	100	100	0	0	6
2010	459	459	100	100	0	0	4

第六节 公费医疗

移民办场后，农场工资制职工、全民所有制职工、国家干部（包括教师、医生）均享受公费医疗待遇。1973—1983 年医药费报销采用“实报实销”，家属子女报“一半”的办法。1984—1989 年，实行“干部职工医疗费包干”制，即每月医药费按基本工资 7%提取后，按不同工作年限，规定不同档次发至职工本人。事业单位的医药费超支部分由农场统筹解决，按超支部分的 90%报销，职业病超支部分全报。企业单位医药费超支部分由各单位自行解决。家属子女 1.5~2 元包干，独生子女每月 5 元包干。1990 年 4 月，农场成立“公费医疗管理委员会”，负责管理和协调公费医疗工作。是年，《国营西湖农场公费医疗管理暂行规定》出台，公费医疗标准按干部职工工龄长短，分 75%、85%、90%、100%五个档次报销。直系亲属按人均 2.5 元包干，独生子女仍每人每月 5 元包干。总场机关职工发放公费医疗证、凭证就医，按标准分季度报销。2002 年管理区建立职工医疗保险制度，公费医疗制度停止实施。

第七节　血　防

一、血防机构

西湖农场血吸虫病预防控制站成立于1985年，建有三层综合楼，建筑面积1500平方米。设置门诊部、住院部、办公室。1987年被省血吸虫病人畜同步化疗指挥部评为先进集体。1999年8月，成立西湖管理区后，在血防站加挂血防医院牌子。2003年实施医疗体制改革，血防站与区人民医院合并，在医院设预防科，负责全区血吸虫病查、灭、管、防、宣教、化疗等工作。设血吸虫病专科，负责血吸虫病的检查和晚期血吸虫病的治疗。2007年，根据常编办〔2007〕163号文件精神，血防站从医院分离，更名西湖管理区血吸虫病预防控制站。定编5人，其中本科学历1人、大专学历4人，高级职称1人、中级职称2人、初级职称2人。2010年，血吸虫病预防控制站搬迁至教育路新疾控大楼办公。

2010年6月，区卫计局开展血防知识宣传

1992年血防站杨雪清、孟石华、阳吉平对西湖农场三角堤电排血防安全工程进行研究，其研究成果获湖南省医药卫生科学技术三等奖。2009年12月卫生部、农业部、水利部、国家林业局授予黄志伟“全国血吸虫病防治先进个人”称号。

附：

血吸虫病防治站负责人名录表

表10–5–14

姓　名	职　务	任职年月	备　注
杨雪清	站　长	1991.2—1993.3	
姜志权	站　长	1993.4—1998.12	
黄志伟	站　长	1999.1—2003.3	黄志伟 2003.4 任西湖区人民医院院长，血防站与医院合并
黄志伟	站　长	2007.1—2010.12	

二、疫区分布与疫情演变

据1955年调查，外洲钉螺密布，垸内钉螺面积占总面积的87.06%，钉螺平均密度为36只/0.11平方米，居民感染率达25.1%。1956年农场制订防治工作规划，结合农田水利基本建设，翻耕面积7万多亩，两年内消灭有螺面积76057亩，垸内仅有钉螺面积120亩。军垦农场时掀起军民协同送“瘟神”热潮，1970年垸内残存钉螺被消灭，基本实现了消灭血吸虫病目标。

移民建场初，干部群众认为农场已没有血吸虫，加上山区群众不懂血防知识，堤岸居民经常在外洲劳作放牧，致使血吸虫病流行，病人逐年增加，钉螺蔓延几乎遍及全场。1983年省血防办、省寄生虫病防治研究所、省农学院、地区血防办、汉寿血防办与农场血防组、畜牧站、分场卫生所，组成30多人调查组，对全场15200亩可疑地段，进行全面螺情调查。除二分场外，全场5个分场32个生产队，包括总场都有钉螺滋生。钉螺分布总面积3993亩，其中垸内钉螺面积2118亩，垸外钉螺面积1875亩。至1985年11月全场累计查出血吸虫病人2889人，其中慢性早期病人2870人，急性感染11人，晚期病人8人，两年死亡5人。1985年农场成立西湖农场血吸虫病防治站，采取一系列查、灭、治、防等措施，经过几年的努力，疫情得到控制，垸内钉螺基本得到消灭，病人得到治疗。已查出的3680个血吸虫病人中接受治疗3627人，占98.56%，已查403头病牛，治疗351头，占87%。至1992年年底垸内已达到基本无螺。

1997年5月农场向市血防领导小组呈报“关于西湖农场血吸虫病传播控制达标申报考核验收报告”。常德市血防办组织专家组对西湖农场进行考核验收。按照《防治血吸虫病国家标准》现场考核，垸外三角堤1875亩，查552框获活螺27只，无阳性钉螺、外洲活螺密度大幅度下降，阳性螺平均密度降至0.0001只/0.11平方米以下。查垸内40处，1942框，面积18765亩，没有发现钉螺。应检人口2030人，血检1951人，受检率96%，THA阳性73人。全部粪检、阳性2人，粪检阳性率为0.1%。在被抽查5~12岁儿童371人，THA阳性7人，无粪检阳性。抽查耕牛102头，粪检阳性率为1%，无2岁以下幼畜阳性。考核结论为西湖农场血吸虫病已基本消灭，达到传播控制标准。

1997—2008年，血吸虫病预防控制部门继续对疫情进行监测和外滩钉螺的处理，继续复查复灭钉螺，复查复治病人，复查复治耕牛。经查，垸内西湖造纸厂芦苇堆放处（地处镇区）面积93.7亩，每年由于芦苇进入螺情比较严重。还有垸外洲滩仍有钉螺分布，一层（200米以内）人畜感染概率一直在2%~5%之间，随时都有扩散可能。现纸厂虽已转型停产，垸内基本安全，但需继续查螺灭螺。2008年市血防办对全区血吸虫病防治进行疫情回顾性调查，结论为疫情仍处于传播控制类型，未能完全消灭血吸虫，达到传播阻断标准。2010年全区有血吸虫病53人，其中慢性早期血吸虫病人32人、晚期血吸虫病人21人，无新感染病例。垸内无钉螺，外洲有螺面积1875亩，钉螺密度0.0234/0.1平方米。疫情见表10-5-15。

三、查病治病

1991—2010 年共计血检 62721 人次,粪检 11242 人次,治疗病人 3509 人,治疗急性感染病人 18 人,治疗晚期血吸虫病人 251 人。查病牛 6718 头,其中血检 1368 头,粪检 5350 头,查治病牛 330 头。

早期慢性血吸虫病病人用吡喹酮二日疗法(化疗)。晚期血吸虫病人需经岳阳血防医院省晚期血吸虫病鉴定中心专家组鉴定。全区(场)历年鉴定为晚期血吸虫病的 251 人中有:腹水型 198 例,巨脾型 37 例,结肠型 11 例,外科手术治疗 2 人,内科治疗 249 人。2010 年,慢性早期血吸虫病人 32 人,晚期血吸虫病 21 人正在治疗中。详情见表 10-5-16。

四、查螺灭螺

钉螺是传播血吸虫病的中间宿主,控制血吸虫病,消灭钉螺是关键。

全区历史有螺总面积 5219.6 万平方米(78293 亩)。每年 3 月下旬至 6 月垸外采取机械 20米×20 米,大堤坡采用 10 米×10 米,设框加环境取样查螺。垸内沟渠采用沿线 5 米设框加环境取样,草滩洼地采用 5 米×5 米设框加环境取样调查螺情。1991 年查螺 417.5 万平方米,查出有螺面积 179.9 万平方米;2010 年查螺总面积 338 万平方米,查出有螺面积 125 万平方米。灭螺方法采用氯硝柳胺 2 克/平方米喷洒。1991 年灭螺 203.801 万平方米(3057 亩),2010 年灭螺 120.15 万平方米(1802 亩)。每年 3 月用缓释球方法药杀尾坳。查螺灭螺详情见表 10-5-17。

五、防　护

宣传教育　开展宣传周活动。1991—2010 年每年出动宣传车 5 台,下基层宣传血防工作,时间 2 天。发放宣传资料,张贴宣传画 1000 多份、固定标语 20 多条,悬挂横幅标语 50 多条,并在电视台连续播放血防专题宣传片一个星期。1991 年起学校发放血吸虫防治读本,开设血吸虫病教育课,在学生中普及血防知识。

急性血吸虫病控制　根据区党委下发《关于严禁到疫区打草放牧捕鱼捞虾的通知》《入湖作业人员的有关规定》,每年 5 月 1 日开始在防洪大堤重要地段,设置防护哨卡,安排专人值班巡视,劝阻居民不要到外洲作业或玩耍。每年劝阻入湖作业人员达 1500 人次,发放防护膏 400 多块,登记入湖作业人员 1191 人次。

环境改造　1991—2001 年,结合冬修大堤和农田水利基本建设,开垦有螺荒地 980 亩,修建精养鱼池 800 亩,开新填旧处理 350 亩,修筑护堤 620 亩。2001—2010 年,省国土资源厅投资 2000 多万元,在东洲乡北洼地三角堤旺福村、旺禄村、新港村,西洲乡同心村实施土地平整开发项目,平整土地 6482 亩。从 1991 年开始全区沟渠硬化 80 千米。并对三角堤至西湖镇 10 多千米沟渠进行清淤拓宽,使钉螺无处安身。

西湖农场(区)历年血防基本情况及疫情概况统计表

表 10-5-15

年份	乡镇数	流行乡镇数	行政村数	流行村数	区人口总数	流行乡人口总数	流行村人口总数	流行类型	实有病人数	疫情类别	主要防治措施
1991	7	6	28	18	40414	34851	20815	4	415	未控制	环境改造+健康教育
1992	7	6	28	18	40414	34851	20815	4	400	未控制	环境改造+健康教育
1993	7	6	28	18	40414	34851	20815	4	368	未控制	环境改造+健康教育
1994	7	6	28	18	40756	36859	21014	4	264	未控制	环境改造+健康教育
1995	7	6	28	18	41580	36659	18516	4	392	未控制	环境改造+健康教育
1996	7	6	28	18	41683	37035	21098	4	252	未控制	环境改造+健康教育
1997	7	6	28	18	41683	37035	21098	4	318	传播控制	环境改造+健康教育
1998	7	6	28	18	41683	37035	21098	4	104	传播控制	环境改造+健康教育
1999	7	6	28	18	41985	37210	21203	4	231	传播控制	环境改造+健康教育
2000	7	6	28	18	40854	35105	30132	4	160	传播控制	环境改造+健康教育
2001	7	6	28	18	42123	37111	20316	4	116	传播控制	环境改造+健康教育
2002	7	6	28	18	42123	37111	20316	4	180	传播控制	环境改造+健康教育
2003	7	6	28	18	42215	37617	20401	4	55	传播控制	环境改造+健康教育
2004	7	6	28	18	42863	37353	23628	4	200	传播控制	环境改造+健康教育
2005	7	6	28	18	42863	37353	23628	4	111	传播控制	环境改造+健康教育
2006	7	6	28	18	45872	40464	30181	4	104	传播控制	环境改造+健康教育
2007	7	6	28	18	45872	40464	30181	4	112	传播控制	环境改造+健康教育
2008	7	6	28	18	47247	41332	29025	4	65	传播控制	环境改造+健康教育
2009	7	6	28	18	48516	43155	32239	4	57	传播控制	环境改造+健康教育
2010	7	6	28	18	49314	42931	30107	4	53	传播控制	环境改造+健康教育

说明：1."流行类型"—(1)湖汊亚型、(2)洲滩(岛)亚型、(3)洲垸亚型、(4)垸内亚型、(5)高原平坝亚型、(6)高原峡谷亚型、(7)丘陵；

2."疫情类别"—是指未控制、疫情控制、传播控制(基本消灭)、传播阻断(消灭)；

3.乡镇数(6个办事处和西湖镇),流行乡镇(除西洲办事处)

西湖农场(区)历年血吸虫病情调查表

表 10-5-16

年份	查病总人数		治疗病人数			人群感染率		牛存栏总数	查病总牛数		查病牛数	查出病牛数	牛感染率	
	免疫学(血检)	病原学(粪检)	病人总数	急感病人数	晚血病人数	平均感染率(%)	村最高感染率(%)		免疫学(血检)	病原学(粪检)			平均感染率(%)	村最高感染率(%)
1991	9166	1132	391	12	7	3.89	12.96	885	0	217	212	7	3.30	5.00
1992	4377	1608	390	0	7	1.06	8.14	890	0	414	414	14	3.38	6.12
1993	5228	1525	270	3	6	1.31	6.08	458	0	217	217	31	14.28	17.78
1994	6406	1081	128	0	6	1.57	5.77	458	0	230	230	15	6.52	9.59
1995	7687	1125	289	1	4	1.51	2.28	540	0	540	540	33	6.11	16.35
1996	1840	530	307	1	6	3.40	4.40	650	0	407	407	27	6.63	13.68
1997	3307	320	318	0	7	0.94	1.57	650	0	541	541	4	0.74	2.30
1998	457	0	50	0	8	0.56	1.02	650	0	0	0	0	0.00	0.00
1999	1505	45	208	0	14	2.36	4.35	680	0	520	520	30	5.77	12.22
2000	1584	20	149	0	14	1.76	2.23	680	0	300	300	32	10.67	17.76
2001	1096	0	112	0	14	2.15	2.98	680	0	260	260	27	10.38	13.33
2002	2048	0	176	0	11	1.87	2.50	515	0	211	211	3	1.42	2.13
2003	1125	1125	51	1	7	0.18	0.86	890	0	404	404	16	3.96	17.07
2004	1409	1409	200	0	8	0.28	0.45	760	0	280	280	12	4.28	5.00
2005	643	0	102	0	6	0.66	1.23	511	0	506	506	17	3.36	4.51
2006	1142	1142	104	0	17	0.09	0.58	612	0	303	303	11	3.63	4.63
2007	1725	86	112	0	23	0.57	1.12	506	409	0	409	9	2.20	5.10
2008	7785	45	63	0	29	0.45	1.30	406	359	0	359	10	2.78	4.75
2009	1097	26	57	0	36	0.55	1.15	408	300	0	300	0	0.00	0.00
2010	3094	23	53	0	21	0.50	0.95	408	300	0	300	5	1.75	2.50

西湖农场(区)历年螺情调查表

表 10-5-17

年份	主要查螺方法	调查总面积（平方米）	有螺总面积（平方米）	历史有螺面积（平方米）	其中新发有螺总面积（平方米）	复发现面积（平方米）	感染性螺总面积（平方米）	钉螺密度（只/0.1平方米）	最高钉螺密度（只/0.1平方米）	药物灭螺（平方米）
1991	机械+环境抽样	4175254	1799000	52196000	0	0	430000	0.0864	4	2038010
1992	机械+环境抽样	4175254	1452000	52196000	0	0	360000	0.0813	3	643365.5
1993	机械+环境抽样	4168057	1285000	52196000	0	0	260000	0.0768	2	785337
1994	机械+环境抽样	4168057	1250000	52196000	0	0	210000	0.06856	2	1094672
1995	机械+环境抽样	3488630	1250000	52196000	0	0	210000	0.075	3	1482674
1996	机械+环境抽样	3501390	1250000	52196000	0	0	140000	0.0687	3	808004
1997	机械+环境抽样	3480603	1250000	52196000	0	0	100000	0.0584	4	520002
1998	机械+环境抽样	3480603	1250000	52196000	0	0	120000	0.0685	2	266668
1999	机械+环境抽样	3480603	1250000	52196000	0	0	140000	0.0515	2	333400
2000	机械+环境抽样	3493363	1250000	52196000	0	0	120000	0.0476	3	201000

续表 10–5–17

年份	主要查螺方法	调查总面积（平方米）	有螺总面积（平方米）	历史有螺面积（平方米）	其中新发有螺总面积（平方米）	复发现面积（平方米）	感染性螺总面积（平方米）	钉螺密度（只/0.1平方米）	最高钉螺密度（只/0.1平方米）	药物灭螺（平方米）
2001	机械+环境抽样	3480603	1250000	52196000	0	0	120000	0.036	2	267000
2002	机械+环境抽样	3493363	1250000	52196000	0	0	90000	0.0325	3	231000
2003	机械+环境抽样	3480603	1312500	52196000	0	62500	80000	0.0425	5	162500
2004	机械+环境抽样	3516353	1312800	52196000	0	300	50000	0.0345	3	1040000
2005	机械+环境抽样	3480073	1312500	52196000	0	0	130000	0.081	2	1106500
2006	机械+环境抽样	3493673	1292500	52196000	0	0	90000	0.053	4	1312500
2007	机械+环境抽样	3487873	1272500	52196000	0	0	30000	0.0358	3	1189300
2008	机械+环境抽样	3487873	1250000	52196000	0	0	50000	0.0347	2	1272500
2009	机械+环境抽样	2695600	1250000	52196000	0	0	60000	0.0256	4	968970
2010	机械+环境抽样	3380330	1250000	52196000	0	0	160000	0.0234	6	1201500

第十一篇《

民政、劳动与社会保障

第一章　民　政

第一节　管理机构

一、主管机构

1974年，农场配有民政专职人员1名，属农场武装部领导。1975年，归属农场保卫科。1979年农场成立民政信访办，配专职人员3名。1990年，设民政科、信访科，两科合署办公，配专职人员4名。西湖管理区建立后，2002年5月成立西湖管理区民政局，挂牌于区委政法委员会，2008年，民政局单列。

西湖管理区民政局是区管委主管社会行政事务的职能部门。主要职能是：贯彻执行党和政府民政工作的方针、政策、法规；负责建立健全城乡居民最低生活保障制度，指导全区城乡居民最低生活保障工作的开展；组织协调全区防灾、救灾工作；贯彻国家优抚法规、政策，承办拥军优属、优待抚恤和烈士褒扬工作；负责退伍义务兵、转业士官等接收、安置工作；负责基层政权、社区建设工作；负责维护老年人、孤儿、五保户等特殊困难群众基本生活权益；负责老区建设、社会团体管理、婚姻登记管理、殡葬管理工作。

附：

西湖农场(区)民政科(局)历任负责人名录表

表 11-1-1

姓　名	性别	职　务	任职时间
张人述	男	民政科科长	1991.2—1993.5
孟广芳	男	民政科科长	1993.1—1995.8
易成就	男	民政科副科长	1995.2—1999.10
胡同福	男	民政科科长	1999.4—2002.11
戴菊华	女	民政科副科长	1999.8—2002.12
夏延丰	男	政法委副书记兼民政局局长	2002.2—2003.9
戴菊华	女	政法委副书记兼民政局局长	2003.3—2008.11
戴菊华	女	民政局局长	2008.1—2010.12
谭勇军	男	民政局副局长	2010.3—2010.12

二、下属机构

夕阳红敬老院 2004年10月经区政治部(西政发〔2004〕12号)批准成立,为股级全额拨款事业单位,定事业编1人。注册开办资金82万元,主要职责为集中供养农村“五保户”。

紫东敬老院 2007年11月,经区政治部(西政发〔2007〕17号)批准成立。为股级全额拨款事业单位,定事业编1人,注册开办资金118万元,主要职责为集中供养农村“五保户”。

殡仪馆 2009年6月经区政治部(西政发〔2009〕12号)批准成立,为正股级自收自支事业单位。注册开办资金150万元。主要提供殡仪服务。

乡镇民政机构 2002年作为二级机构的办事处,未设民政机构,只有兼职工作人员1名。2010年两乡一镇设社会事务办公室,加挂民政所牌子,定事业编2人(西湖镇为1人)。协助区民政局开展社会救助、优抚安置、救灾救济、社会福利等基本事务。

第二节　民事管理

一、婚姻登记管理

1974年农场开始办理婚姻登记。分场、生产队由各分场办理,总场范围由总场民政信访专职人员负责登记,发放登记证。1979年农场成立民政信访办后,全场结婚登记由总场民政信访办统一办理。1985年西湖镇成立,由西湖镇办理,直到2003年10月。

2003年10月至2010年婚姻登记由汉寿县民政局委托西湖民政局办理。2010年6月1日经省民政厅(湘民办发〔2010〕32号)文件批准,西湖管理区单独设立西湖婚姻登记处负责婚姻登记。

1991年至2010年共办理结婚登记6892对,离婚登记821对,补办登记563对。历年婚姻登记情况见表11-1-2。

西湖农场(区)婚姻登记统计表

表11-1-2

年份	结婚	离婚	补办登记
1991	278	—	—
1992	356	6	4
1993	455	12	18
1994	288	4	28
1995	322	24	35
1996	178	34	27
1997	329	14	18
1998	298	25	13

续表 11-1-2

年份	结婚	离婚	补办登记
1999	412	49	34
2000	495	18	37
2001	276	42	29
2002	322	72	48
2003	177	28	43
2004	338	45	8
2005	344	53	26
2006	463	57	4
2007	360	81	72
2008	411	85	34
2009	392	82	31
2010	398	90	54
合计	6892	821	563

二、社团管理

1991 年根据《社会团体登记管理条例》，对西湖农场个体劳动者协会和西湖农场消费者协会进行审批登记。2008 年又审批登记西湖管理区经纪人协会。2010 年对老年保健协会和佛教协会进行审批登记。详见表 11-1-3。

2010 年年底社会团体名单一览表

表 11-1-3

单位	法人代表	组织机构代　码	登记证号	年检是否合格
西湖管理区经纪人协会	沈臻湘	79470947-5	社证字第 271 号	否
西湖管理区个体劳动者私营企业协会	钟孝坤	50158155-2	西民社证字第 001 号	是
西湖管理区消费者协会	金中辉	50158650-2	西民社证第 002 号	是
西湖管理区老年保健协会	曾德富	572231699	社证字第 3 号	是
西湖管理区佛教协会	夏少展	79033176-X	常社证字 268 号	是

三、殡葬管理

移民建场后，移民一直保留原有习俗，实行土葬。2009 年成立西湖管理区殡仪馆，提供殡葬礼仪服务，推行殡仪改革。是年 9 月，区管委下发〔2009〕6 号文件，规定凡到殡仪馆办理丧事的，减免灵堂租金，给予 800~1200 元的丧葬补助。从 2009 年开始，城镇范围已故居民已基本在殡仪馆办理丧事。

第三节 优抚安置

一、拥军优属

1991—2010年,每年春节和八一建军节期间,利用各种舆论媒体,大力开展宣传拥军优属、拥政爱民的光荣传统。同时采取多种形式组织慰问老复员军人、伤病残军人、烈军属、特困复员退伍军人、优抚对象。2008年,开展"双带双促"活动(即:带头建设家乡、促进经济发展,带头维护稳定、促进社会和谐),吴海林等10位同志被评为"十佳复退军人";旺禄村龚鑫被评为"全省优秀复员复退军人";东洲乡鼎裕村易华山被评为"全市优秀军队退役士兵"。2009年西洲乡新北河村现役士兵成昌龙,在株洲一高架桥事故抢救中,奋不顾身,舍生忘死,冒着生命危险,抢救被困群众,被省公安厅荣记一等功,民政部门在全区广为宣传,并颁发慰问金1000元。2010年开展"四帮"活动,"四帮"即对优抚对象"思想上帮助解惑、生活上帮助解困、医疗上帮助解难、住房上帮助解危"。区管委成立"四帮"活动领导小组,印发《西湖管理区开展关爱优抚对象"四帮"活动实施方案》。帮助刘兆玉等32名优抚对象解决生活困难,救助生活费46万余元;为旺禄村战退军人扶喜洲、裕民村老复员军人刘时东、新民居委会烈士遗属王段娥等69名优抚对象给予医疗救助,共计1.38万元;帮助周先平等18名特困户改造危房,解决他们住房难的问题。

二、优 待

1991—2010年,民政部门按政策对优抚对象给予关怀照顾。义务兵服役期间,民政部门于每年年底给家属发给优待金或其他优待。优待标准2006年以前为400~800元/人·年,2006—2010年年优待标准逐年提高。具体见表11-1-4。

义务兵家属优待金一览表

表11-1-4　　单位:元

年份	城镇	农村
2006	1100	1000
2007	1100	1000
2008	1200	1100
2009	1300	1200
2010	1300	1200

1991 年，优抚对象 158 人；2010 年年底，全区享受政府补贴的优抚对象共计 467 人，其中：在乡老复员军人 81 人，下岗战退军人 159 人，伤残军人 19 人，“三属”10 人，60 岁以上农村籍退伍士兵 70 人，其他退伍军人 287 人。全部按国家政策逐年落实待遇，2010 年全年优抚补助达 164.2 万元。

优抚对象实行医疗救助。2009 年区颁发《西湖管理区优抚对象医疗保障实施细则》(西管办发〔2009〕53 号)。全额资助优抚对象参合参保。并实施门诊、住院医疗救助。日常门诊救助为 100~300 元。住院医疗补助单次 3000 元，年度内累计可达 5000 元。同时，开展对老复员军人送医送药和免费体检活动。

三、安　置

1991—1998 年复员退伍军人 91 人，全部安置在企事业单位和机关单位。1999 年根据国务院中央军委关于逐步建立“安置就业、扶持就业和自谋职业”相结合的退役士兵安置保障制度，改革过去指令性的安置政策，实行自主择业，一次性经济补偿买断的安置办法。1999—2010 年，复员退伍军人 128 人，自主择业，一次性经济补偿 126 人，安置 2 人，具体情况见表11-1-5。

1991—2010 年安置复退军人统计表

表 11-1-5

年度	复退人数	安置人数	买断人数	买断标准(元)
1991	11	11	—	—
1992	15	15	—	—
1993	10	10	—	—
1994	14	14	—	—
1995	12	12	—	—
1996	8	8	—	—
1997	14	14	—	—
1998	7	7	—	—
1999	15	1	14	2600
2000	15	—	15	2600
2001	16	—	16	2600
2002	6	—	6	2600
2003	11	—	11	2600
2004	5	—	5	2600
2005	13	—	13	2600
2006	6	—	6	2600
2007	8	—	8	11200
2008	9	—	9	11200
2009	9	—	9	11200
2010	15	1	14	11200

第四节　社会救助

一、特困户救助

1991—1999 年,社会救济主要是救助城乡特困户。据统计,全区救济特困户 1725 户,金额 45.118 万元,具体见表 11-1-6。

1991—1999 年救济特困户一览表

表 11-1-6

年份	特困户数	发放金额(元)
1991	115	22000
1992	137	28400
1993	129	27500
1994	167	33820
1995	173	35500
1996	196	43120
1997	183	42090
1998	422	147700
1999	203	71050
合计	1725	451180

2000 年,城镇困难户已纳入最低生活保障,农村困难户仍然采取特困救助方式实行救助。2000—2006 年救助农村特困户 2076 户,金额达 88.51 万元,见表 11-1-7。

2000—2006 年农村特困户救助情况统计表

表 11-1-7

年份	特困户数	发放金额(元)
2000	268	101840
2001	224	89600
2002	302	128000
2003	218	98100
2004	324	145800
2005	322	154560
2006	418	167200
合计	2076	885100

二、城镇最低生活保障

2000 年根据(国发〔1997〕29 号)《关于在全国建立城市居民最低生活保障制度的通知》和省市有关文件精神,全区启动镇区贫困居民家庭最低生活保障。城镇居民最低生活保障的

志愿者与救助对象对接

主要对象是"三无"(无生活来源、无劳动能力、无法定赡养人或抚养人)人员和家庭人均收入低于最低生活保障标准的居民。全区最低生活保障线标准,按照区居民基本生活所必需的衣食住费用确定。2000—2002 年最低生活保障线标准为家庭月人均可支配收入 143 元,2003 年提高到 160 元。家庭月人均可支配收入低于此标准者,方可享受低保待遇。2009 年根据(常政发〔2009〕6 号)关于调整提高城乡居民最低生活保障标准的通知,从 160 元提高到 200 元,实施办法为先由本人向居委会申请,居委会入户调查,民主评议,张榜公示,由西湖镇审核,最后由区民政局审批,经确认为低保对象的发给"城镇居民最低生活保障金证",到银行按月领取保障金。2000—2010 年,享受城镇低保金额达 1056.3240 万元。具体情况见统计表 11-1-8。

2000—2010 年城镇贫困家庭享受低保待遇统计表

表 11-1-8

年度	人数	月标准	金额(元)
2000	2765	80	2654400
2001	2912	80	2795520
2002	3117	80	2992320
2003	3135	100	2762000
2004	3166	100	3799200
2005	2994	120	4311360
2006	3215	120	4629600
2007	3244	146	5683488
2008	3263	146	5716776
2009	3386	147	5972904
2010	3162	163	6184872
合计			10563240

另外,从 2006 年开始,自来水公司对城市低保家庭每月每户免费提供 4 吨生活用水,电力部门提供 8 千瓦时照明用电。此项水电补助 2006 年为 7.7 万元,2007 年为 16.6 万元,2008 年为 21 万元,2009 年为 19.9 万元,2010 年为 18.02 万元,合计 83.22 万元。

三、农村最低生活保障

2007 年根据省、市有关文件及《西湖管理区农村居民最低生活保障制度实施办法》,全区启动农村最低生活保障,即农村低保。全区 2007—2008 年农村最低生活保障线标准为年 683 元,2009 年 3 月 1 日起增加至年 1067 元。家庭人均可支配收入低于此标准者,方可享受低保待遇。实施办法与城镇低保相同。全区从 2007 年—2010 年享受农村贫困家庭低保家庭 3385 户,合计总金额达 195.4992 万元。详见表 11-1-9。

2007—2010 年享受农村贫困家庭低保统计表

表 11-1-9

年度	人数	月标准	金额(元)
2007	1016	20	243840
2008	456	40	328320
2009	1002	55	661320
2010	911	66	751512
合计	3385		1984992

四、医疗救助

根据《常德市城乡特困家庭医疗救助制度实施办法》,2006 年全区实施医疗救助制度。是年救助 81 人,救助金额 10.675 万元;2007 年救助 107 人,救助金额 17.158 万元;2008 年救助 278 人,救助金额 22.7 万元。2009 年西湖管理区下发(西管办发〔2009〕29 号)《关于西湖管理区城乡医疗救助制度实施办法》的通知,救助对象为区户口的城乡低保户、城乡“五保户”城市“三无”人员、百岁老人及其他特殊困难群众。实施资助救助对象参加新型农村合作医疗或城镇居民基本医疗保险、门诊救助、住院救助、临时救助、慈善救助五位一体的救助方式。区成立医疗救助工作领导小组,由民政局负责实施和管理。2009 年民政部门与新农合、城镇医保衔接,区民政局出资 0.67 万元,资助救助对象参加医疗保险。是年,医疗救助群众 1092 人次,发放医疗救助金 62.4 万元,金叶卡医疗救助 30 人,发放救助金 1.5 万元,临时救助 5.12 万元,2010 年救助 568 人,发放救助资金 28.6 万元。

五、助学救助

根据常德市人民政府《关于进一步加强城乡社会救助体系建设的意见》,2007 年全区实施特困家庭子女教育救助制度。对城乡低保户子女,九年义务教育阶段实行“两免一补”(免杂费、免书本费,适当补助寄宿生生活费)。对城市低保户子女高中阶段减半收取学杂费,考入高等学校的,按常政发〔2002〕16 号文件精神给予一次性救助。2009 年西湖管理区下发《关于建立社会救助体系的实施意见》,进一步规范助学救助的具体办法和要求,对城乡低保户农村“五保户”中的未成年人在义务教育阶段,寄宿生生活费每学期补助 400 元,考取高等学校的一次性救助,专科 2000 元,本科 3000 元。历年助学救助见表 11-1-10。

2007—2010 年低保家庭子女助学救助情况统计表

表 11-1-10　　单位：元

年份	人数	标准 每学期	金额	录取高等 学校人数	助学金额
2007	92	400	36800		
2008	103	400	41200	7	13000
2009	129	400	52400	8	11000
2010	124	400	49600	10	26000

六、临时救助

根据常政办发〔2009〕1 号文件精神，2009 年西湖管理区印发《西湖管理区城乡困难家庭临时生活补助实施办法》的通知，启动临时救助行动。临时生活救助视家庭困难情况可给予 500~3000 元的一次性救助。原则是同一年度，同一家庭只能申请一次。2009 年共救助困难群众 329 人次，发放临时救助金 21.43 万元。2010 年救助困难群众 268 人次，发放临时救助金 29.8 万元。

七、住房救助

2009 年根据西管发〔2009〕3 号文件《关于建立社会救助体系实施意见》，全面实施住房救助。帮助解决农村“三无”人员和其他特困户的无房居住和危房改造资金。帮助城镇低保户居住廉租房实施购房补贴。2009 年帮助 3 户改造危房，2010 年帮助 5 户改造危房。2009 年配合社保办落实城镇低保家庭 259 户，发放廉租房补贴 11.87 万元。2009 年帮助 400 户发放廉租房补贴 18.66 万元。2010 年帮助 517 户发放廉租房补贴 23.29 万元。

八、慈善救助

2008 年，全区启动慈善救助活动。是年，四川汶川发生地震，全区党员干部群众纷纷向灾区人民奉献爱心，累计捐款 30 多万元。2010 年启动慈善“一日捐”活动，全区 42 个行政单位，940 人参加，捐善款 10.8184 万元。

2009 年实施四个慈善项目。一是“爱心改变命运”助学活动。西湖 3 名寒门学子是年考入高等学校，每人资助 3000 元。二是慈善部门与烟草专卖局（捐赠单位）实施“金叶慈善医疗卡”项目。民政部门采取公开遴选、差额确定办法，确定 30 名救助对象，每人发 500 元医疗卡一张，合计 15000 元。三是“唇腭裂手术”慈善项目，对 2 名唇腭裂儿童免费实施手术。四是“百合花关爱女性健康援助行动”。由市慈善总会组织发起，常德东方女子医院捐助 5 万元，在全区开展“百合花关爱女性援助行动”,发卡100张,每张500元,合计5万元,具体分配见表11-1-11。

百合花关爱女性援助行动医疗卡分配表

表11-1-11

单位	卡数(张)	金额(元)
裕民办事处	12	6000
西洲办事处	12	6000
下窖办事处	12	6000
新港办事处	12	6000
鼎港办事处	12	6000
东洲办事处	12	6000
西湖镇	28	14000
合计	100	50000

2010年省慈善总会与省烟草专卖局又捐赠35张“金叶慈善医疗卡”每张500元,合计17500元,救助因病致贫的困难户。确定的救助对象,持卡到血防医院治疗或购药。名额分配到乡镇,具体见分配表11-1-12。

2010年金叶慈善医疗卡分配表

表11-1-12

单位	卡数(张)	金额(元)	备注
东洲乡	12	6000	
西洲乡	12	6000	
西湖镇	11	5500	含社区
合计	35	17500	

2007—2010年开展慈善助学活动,资助32名困难学生圆了大学梦,总计金额12.16万元。

第五节 敬老养老

根据《农村五保供养工作条例》,老年、残疾或者未满16周岁的居民、无劳动能力、无生活来源、无法定赡养、抚养、扶养义务人,或者其法定赡养人、扶养人、抚养人无赡养、抚养、扶养能力的,享受农村“五保”待遇(保吃、保穿、保住、保医、保葬)。1991年有“五保”老人392人(1992—1999年人数无明显变化),每年由村(队)供养,发给粮油或钱币。2000年摸底,重新认定“五保”对象269人,供养标准年800元,2002年根据常政发〔2002〕16号文件,“五保”的供养标准提高到每月100元,年供养标准为1200元。2004年10月,全区建成第一所敬老院——夕阳红敬老院,集中供养农村“五保”老人42人。2007年11月,又在东洲办事处原址改建紫东敬老院，集中供养“五保”老人 32 人。2004—2007 年集中供养的“五保”老人生活标准年 2500 元。2008—2010 年达 3000 元。2004 年开始每月给“五保”老人发放零用钱 60 元，2008 年增加到每月 80 元。每隔两年，置办 4 套新衣服、鞋袜。

2010 年下发《西湖管理区农村“五保”供养工作实施办法》，对农村“五保”的管理、供养内容与形式，对敬老院的建设和管理都作出明确规定。2010 年紫东敬老院被授予常德市三星级敬老院。

对因故不能入住敬老院的“五保”户，采取以村组负责的散居供养方式，由民政部门拨款、拨物。2004 年散居供养的“五保”对象有 233 人，供养标准每年 1400 元。2009 年散居供养的“五保”老人 246 人，供养标准提高到年 2000 元，2010 年供养标准达 2200 元。

对“五保”老人的医疗，区民政局全额资助“五保”对象参加新型农村合作医疗，对“五保”对象发放 120 元门诊医疗卡。集中供养的住院医疗费全免，分散的住院医疗，基本医疗费实行全免。“五保”对象死亡后，集中供养对象的基本丧葬费用每人 2400 元，分散供养对象的基本丧葬费每人 2000 元。

夕阳红敬老院

夕阳红敬老院是全区第一所敬老院，这里原是西洲小学的校舍。2004 年区委区管委投资 49 万元。将其建成“五保”老人集中供养之家，称夕阳红敬老院。全院占地 13200 平方米，建筑面积 1100 平方米，住房 32 间，食堂、文化娱乐室、影视厅还有医疗保健室，一应齐全。

2004 年 11 月 26 日，敬老院开院。当时集中供养 28 位“五保”老人。其中有 2 对夫妻，80 岁以上 6 人，70 岁以上 11 人，60 岁以上 11 人。夫妻每对分配一套间，其余两人合住一套间。每间配有卫生间、衣柜、写字台和日常生活用品。设施配套，住所整洁，环境幽静。

院内有食堂，配有厨师，生活费标准每人每天 8 元钱。还有 4 亩地种菜、2 亩水面养鱼、又喂猪、鸡、鸭作补充。每日三餐除早餐外，中晚餐三菜一汤，荤素搭配，品种多样，营养可口。

敬老院老人正在看电视

敬老院生活有序，作息有时。晨起活动，中午休息，晚 10 点睡觉。其余时间学习、娱乐。在文化娱乐室和影视厅，打牌下棋、看书读报、聊天谈笑、看电影、听音乐，活动丰富多彩，有滋有味。

敬老院有服务员 5 名，院长主持日常事务，其余 4 名负责院内的卫生打扫和为“五保”老人做饭、洗澡、洗衣服,甚至端屎端尿。他们不嫌脏、不怕累,满腔热情,任劳任怨。

情系民生的西湖民政人也把这里当作"娘"家,常回家看看,经常给"五保"老人送来衣服、鞋子和生活用品,还有零用钱。局长戴菊华身先士卒,和"五保"老人问寒问暖,和"五保"老人过大年,还给"五保"老人剪指甲、洗头、洗脚……把党的温暖送到"五保"老人的心坎上。

第六节　救灾赈灾

1991—2008年区内自然灾害时有发生,灾害发生后,民政工作人员风雨无阻,及时深入灾区,了解灾情,核查受灾损失,开展赈灾救灾。1991年救济困难人口3445人,发放资金22500元、粮食127吨、衣被77套。1998年西湖遭受特大洪灾,在农场党委的统一领导下,机关干部职工分批上大堤,日夜巡守,扶助群众紧急转移安置。灾后民政部门开展救灾工作,发放救灾资金65万元。调拨谷种、棉种1.2万包,化肥270吨,衣被221套,扶助灾民抗灾自救。2008年全区遭受冰灾,房屋倒塌13户。民政局及时调查、统计、上报灾情,开展救灾。发放救灾资金26万元,发放粮食626吨,救济10437人,衣被救济3500件,并调拨种子0.7万吨、化肥120吨,开展生产自救。

为减灾抗灾,乡村两级选拔灾害信息员38名,建立信息队伍,形成信息网络。对灾害信息员多次举办培训班,学习有关知识,还派专人到北京参加培训。2009年制订区、乡、村三级自然灾害救助预案。每年在"5·12"防灾减灾日广泛开展宣传活动,举行疏散演练,提高防灾救灾意识和应急生存能力。救灾赈灾详细情况见表11-1-13。

救灾资金及物资统计表

表11-1-13

年度	下拨资金(元)	粮食(吨)	衣被(件)	农　资(吨)
1991	22500	127	77	化肥65
1992	18700	87	52	化肥47
1993	21300	97	81	化肥55
1994	32000	23	65	化肥67
1995	73560	29	79	化肥85
1996	62300	34	58	化肥110
1997	67400	48	62	化肥134
1998	650000	75	221	化肥272、种子1.2万包
1999	176000	47	66	化肥126
2000	96800	22	30	化肥47
2001	72900	24	28	化肥45

续表 11-1-13

年度	下拨资金(元)	粮食(吨)	衣被(件)	农　资（吨）
2002	83400	32	38	化肥 69
2003	116300	98	63	化肥 88
2004	87060	52	65	化肥 79
2005	99200	63	49	化肥 84
2006	89700	46	85	化肥 70
2007	110400	55	64	化肥 72
2008	260000	83	270	化肥 120、种子 0.7 万包
2009	140800	626	263	化肥 155
2010	704000	712	178	化肥 180、棉种 0.7 万包

第七节　老区扶持

汉寿县是著名的革命老区，革命先驱汉寿毛家滩人詹乐贫，1927 年先后介绍帅孟奇、毛觉民入党，组建中共汉寿县委员会并被选为县委书记，帅孟奇任委员。1928 年组织汉寿年关暴动，开展武装斗争。1938 年帅孟奇到常德建立特别支部，7 月省委派帅孟奇到常德建立中共常德中心县委员会，在汉寿县开展革命斗争。1989 年汉寿县被认定为革命老区县。西湖原为汉寿县区域，区辖西湖镇、东洲乡、西洲乡，为汉寿县行政编码。2008 年，湖南省民政厅以湘民办发〔2008〕70 号文件批准西湖管理区为革命老根据地。

为支持革命老区养老事业，2009 年省老区办扶持区敬老院建设资金 90 万元。为帮助老区脱贫致富，市老区办扶持“田园村名优大水面网箱养殖”项目，扶持资金 2 万元。由于扶持项目选得准，又加上田园村位临西港河，夏东生等 3 户农户有一定的网箱养殖经验，开发鳜鱼等 4 种名优网箱 100 口，总投资 10.1 万元，总产值 57.4 万元，农民纯收入 47.3 万元，投资收益率高达 468.3%。2010 年常德市老区办拨给管理区老区扶贫项目资金 2 万元，项目内容为水利工程，西湖民政局将此项目资金下达给西洲乡安康村。

第八节　老龄工作

据西湖管理区 2000 年第五次人口普查，全区 60 岁以上老年人口为 4632 人，占全区总人口的 10.36%，为人口老龄 化地区。2001—2005 年，区司法局将《中华人民共和国老年人权益保障法》和省人大颁布实施的《湖南省实施〈中华人民共和国老年人权益保障法〉办法》列入“四五”普法，在全区普及老年法律知识。每年重阳节由主管领导带队，走访慰问老年人。还评选“敬老”“孝老”家庭,表彰敬老爱老养老的好人好事。民政部门按时填发“湖南省老年人优待证”发给老年人,使他们享受老年人的优惠待遇。2008 年开始对年满 90 周岁的老年人每月发给 100 元保健费,100 岁以上每人每月发给 200 元长寿保健补助费。1999 年成立老科学技术工作者协会,2010 年老年保健协会、老年大学又相继成立。这些组织和团体把老年人凝聚在一起,保健康、献余热、促和谐,开展丰富多彩的文化体育活动,使全区老年人既“老有所养,老有所医”,又“老有所为,老有所学,老有所教,老有所乐”。

第九节　残联工作

2003 年 5 月 30 日,西湖管理区残疾人联合委员会成立,表决通过鲁光学为区残联第一届主席团主席,残联挂靠政法委,由政法委副书记夏延丰兼任理事长。2007 年残疾人联合会单列,毛友明任区残疾人联合会副理事长。2008 年 5 月邹琳琳任区残联副理事长,主持残联工作。残联的主要职能是“代表、服务、管理”。代表残疾人的共同利益,反映残疾人的需求,维护残疾人权益;团结教育残疾人遵纪守法,履行应尽的义务,发扬乐观进取精神,自尊、自信、自立,为社会主义贡献力量;弘扬人道主义精神,宣传残疾人事业,沟通政府、社会与残疾人之间的联系,动员社会理解、尊重、关心、帮助残疾人;开展和促进残疾人康复、教育、脱贫、就业、用具用品供应和服务,扶助残疾人平等参与社会生活。

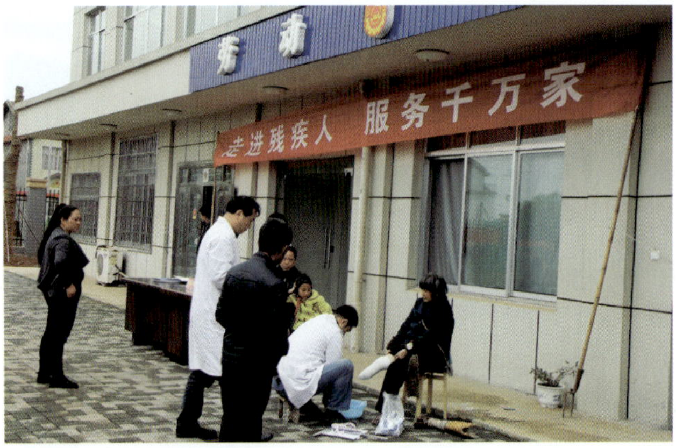

2010 年,区残联组织专家帮助贫困对象安装假肢

全区两乡一镇设立基层残联,分管领导兼任残联理事长,专干为副理事长,村(居)委会配备专职委员参与协助开展残疾人工作。

2010 年全区有残疾人 0.11 万人,占全区总人口的 2.4%。已办理第二代残疾人证 651 人,其中肢体残疾 304 人、精神残疾 126 人、视力残疾 82 人、智力残疾 56 人、听力残疾 42 人、言语残疾 13 人、多重残疾 28 人。

2003 年残联成立后,每年“助残日”期间,以电视讲话,张贴标语等形式,广泛宣传《中华人民共和国残疾人保障法》。每年输送 1~2 名残疾人参加市残联组织的职业技术培训,并对自主创业的残疾人进行小额资金扶持。2008 年开始对残疾人免费发放辅助器具,帮助残疾人正常生活(器具发放情况见表 11-1-14)。每年请市康复医院专家到区进行残疾鉴定,为精神病人发放救助卡。从 2010 年开始对需住院治疗的特困精神病人,减免住院费用 3600 元。

从 2008 年开始，与市第七人民医院和爱尔眼科合作，组织白内障患者进行筛查治疗。到 2010 年,在区医院、农合、医保中心的配合下,为 200 名白内障患者实施免费的复明手术,使他们重见光明。

辅助器具发放表

表 11-1-14　　单位:把(个)

年份	轮椅	盲杖盲表	拐杖	助听器	座便器	假肢安装
2008	26	10	8	10	—	—
2009	45	12	16	22	—	—
2010	55	8	13	20	23	2

第二章 劳动与社会保障

第一节 管理机构

1973年成立劳资科，主要职责是负责对工商企业的招工录用、调配及工资福利的计划管理。1990年成立西湖农场劳动服务公司，负责农场计内临时工管理、职业介绍与劳务输出、劳动监察等。1996年，农场成立养老保险统筹办，负责职工的养老统筹。2000年成立医改办（副科级单位），与劳资科合署办公。2002年10月成立西湖管理区社会保障中心，负责全区企业职工基本养老保险、机关事业单位基本养老保险、新型农村社会养老保险、城镇职工基本医疗保险、城镇居民基本医疗保险、失业保险、工伤保险、生育保险等业务办理和基金结算工作。2002年10月，成立西湖管理区劳动和社会保障局，主要职能为负责区内社会劳动力的管理，包括就业再就业管理、职业培训管理、劳动监察仲裁及劳务市场的管理、干职工培训、工资、福利、退休管理及社会保险、医疗保险等。局属两个副科级经办机构，与劳动和社会保障局合署办公。2010年3月成立西湖管理区劳动就业服务管理处，负责全区公共就业服务管理、职业技能培训、职能技能鉴定等工作。

社保服务大厅

附：

历届领导班子人员名录表

表 11-2-1

机构名称	姓　名	性别	职　务	任职年限
国营西湖农场劳资科	杨伯寿	男	科　长	1991.2—1995.10
	聂长绍	男	副科长	1991.2—1996.11
	胡玉雄	男	科　长	1995.2—1996.11
	聂长绍	男	科　长	1996.3—1999.12
	刘冬云	女	副科长	1996.1—2002.10

续表 11-2-1

机构名称	姓　名	性别	职　务	任职年限
国营西湖农场劳资科	王映明	男	支部书记	1997.2—2001.11
	王焕忠	男	科　长	1999.2—2001.11
	熊永忠	男	支部书记	2001.3—2002.10
国营西湖农场统筹办	夏汉初	男	主　任	1996.3—1998.10
	王在勤	男	主　任	1998.1—1999.11
	刘翠云	女	副主任	1998.2—2002.10
	陈代聪	男	主　任	1999.3—2002.10
	刘承芳	男	支部书记	1999.3—2000.11
国营西湖农场劳动服务公司	余新泉	男	经　理	1991.2—1998.10
	夏汉初	男	经　理	1998.10—2001.10
国营西湖农场医改办	熊永忠	男	兼任负责人	2000.3—2002.10
西湖管理区劳动和社会保障局	熊永忠	男	局　长	2002.10—2007.4
	刘翠云	女	副局长	2002.10—2008.5
	刘冬云	女	副局长	2002.10—2010.12
	刘六林	男	局　长	2007.4—2010.12
	刘　琪	男	副局长	2008.5—2010.12
西湖管理区社会保障中心	熊永忠	男	主　任	2002.10—2007.4
	曾素华	女	主　任	2007.4—2010.12
西湖管理区劳动就业服务管理处	朱红卫	男	主　任	2010.8—2010.12

第二节　劳动就业

一、安置就业

2003—2005年，全区总计发放下岗职工再就业优惠证3680本。积极落实一系列再就业优惠政策，实行对开店经商的享受税费减免；参加转岗培训的，免费给予技能培训；同时开发公益性岗位如环卫、物流、保安等吸纳安置“40”“50”（女40岁以上，男50岁以上）人员就业；落实“六补二贷一扶持”，即职业介绍、职业培训、社会保险公益性岗位、职业技能鉴定、特定就业政策等实施补助，对兴办工商企业实行小额贷款和小额担保贷款贴息，扶持公共就业服务。2000—2010年计有2380人实现就业和再就业。

二、劳务输出

20世纪90年代,西湖一部分农村富余劳动力开始走出家门到广东沿海等地进厂打工。进入21世纪外出打工成为普遍现象。外出打工人员由农村剩余劳动力扩大到改制企业的下岗职工和城镇青年、大中专毕业生。打工目的地除广东以外,扩展到福建、浙江、江苏、上海等地。据统计,全区外出打工人员长期维持在8000人左右的规模,占就业人口40%。2010年外出打工收入约2亿元,占居民总收入的60%,一半以上家庭收入来源主要靠劳务经济。

三、职业培训

职业培训工作主要采取短期办班、临时办班、联合办班等多种形式,同时选送人员到常德技工学校进行长期学习培训。2009—2010年共计办班20余次,30余人被送常德学习培训。培训管理机构以劳动保障部门的职业技能培训为主,以农经局的农民阳光工程培训和移民局的移民子弟技能培训为辅。2006年,为整合全区培训资源,区管委决定成立西湖职能培训中心,统一负责全区职业技能培训工作,西湖职业培训中心设在区劳动和社会保障局。2009年,区培训综合楼建成投入使用,设置理论教学室2间、电脑教学室1间、活动室1间、档案室1间。从2009年开始,每年培训1200人次,开设课程有电脑操作、创业指导、蔬菜培管技术、特种水产养殖技术等。

四、劳动监察与仲裁

西湖虽用工单位少,但劳动纠纷时有发生,集中表现在劳动合同、经济补偿、工伤待遇、工资支付等方面。区处理劳动纠纷的执法机构为区劳动保障监察大队和区劳动争议仲裁委员会。根据市劳动保障监察管理的要求,西湖已完成“两网化”(即监察、管理网络化),全区统一为一个网络。劳动保障监察大队设指挥中心,各乡镇和社区配协管员,实行网上办案,并建成一个70平方米的劳动争议仲裁庭。

第三节　社会保险

一、养老保险

(一)企业职工基本养老保险　按照《国务院关于企业职工养老保险制度的决定》及

省政府工作安排，1993 年西湖启动实施职工养老保险制度改革，实行职工养老保险场内统筹。参加统筹范围为总场机关、场直单位、分场(镇)机关、工商企业等单位正式编制的干部职工。凡参加统筹的单位和个人向总场缴纳养老费，实行统筹基金与个人账户相结合。总场根据各单位养老统筹费缴纳情况和退休人员数，每年与各单位进行统筹基金差额结算。退休人员由各单位管理，养老金由各单位发放。1993 年 1—6 月养老统筹费的征缴与结算由农场计财科负责。从 7 月开始，委托西湖保险公司代办。1996 年，农场成立养老保险统筹办，西湖保险公司将养老保险统筹管理工作全面移交农场统筹办，1996 年全场参加养老保险统筹单位 45 个，参保职工 3586 人。2000 年，农场企业改制，各单位离退休人员全部转入农场统筹办，由统筹办负责发放全场离退休人员基本养老金。2002 年 10 月管理区机构改革，原农场统筹办撤销，新成立西湖管理区劳动和社会保障局、西湖管理区社会保障中心。企业职工养老保险全由社保局管理。2003 年企业职工养老保险纳入市级统筹，结束区级统筹的历史。2004 年纳入全省统筹，全区养老保险工作迈入规范化、可持续、有保障的轨道，实现全区企业退休人员养老金 100%及时足额发放和 100%社会化发放。

(二)农垦企业职工基本养老保险　2004 年 1 月西湖管理区根据省政府办公厅颁发的《湖南省人民政府办公厅关于转发省劳动保障厅、省财政厅、省农业厅〈湖南省国有农垦企业职工基本养老保险实施办法〉的通知》(湘政办发〔2003〕44 号)，启动实施农垦企业退休农业职工基本养老保险。参保缴费办法以上年度全省在岗职工月平均工资的 40%作为缴费基数，个人按 8%的缴费比例缴纳，单位部分按每亩 50 元由田亩负担。2007 年全省农村税费改革，取消田亩负担，改由省财政从税收资金中列支，实行定额转移补助。从 2004 到 2010 年退休养老金标准连续 6 年调整，从 2004 年的月人均 149 元增长到 2010 年月人均 605 元。

附：

农垦企业退休农业职工月人均养老金增长情况表

表 11-2-2

年度	2004	2005	2006	2007	2008	2009	2010
月人均养老金(元)	149	169	224	304	396	504	605

2010 年农垦企业职工基本养老保险总人数为 17775 人，其中在职 11242 人、退休 6533 人。

(三)机关事业单位基本养老保险　2003 年，常德市成为全国机关事业单位养老保险改革试点城市之一。按照全市统一部署，西湖管理区同步启动实施。参保范围为行政机关和事业单位。2003 年全区参加人数为 1250 人，其中在职人员 1100 人、退休人员 150 人。成立管理区之前的总场机关退休干部、农场退休教师和医师，按照“老人老办法，新人新办法”的原则，仍按企业退休人员对待。2009 年，根据国务院有关文件精神，原按企业退休的 76 名教师整体转入机关事业单位退休。到2010年全区参保人数为1325人,其中在职917人、退休人员408人,人均月退休金1358元,津补贴1560元,合计2918元。

附:

2010年全区各类养老保险参保情况表

表11-2-3　　单位:人

名　称	在职人数	退休人数	合　计
城镇企业职工基本养老保险	1770	1458	3228
农垦企业职工基本养老保险	11242	6533	17775
机关事业单位基本养老保险	917	408	1325
合　计	13929	8399	22328

二、医疗保险

移民办场时期,农场干部职工实行公费医疗制度"实报实销"。1990年农场出台公费医疗管理暂行规定,按干部职工工龄长短报销医疗费。随着计划经济向市场经济的转轨,公费医疗已不适应形势的发展,改革势在必行。2000年农场成立医改办,启动城镇职工基本医疗保险制度。总场机关和教育系统首批纳入改革范围。2002年12月西湖管理区各办事处(镇)和区直企业单位全部纳入城镇职工基本医疗保险,公费医疗制度从此结束。2006年实施新型农村合作医疗,紧接着2007年又启动城市居民医疗保险,医疗保障覆盖全区所有居民。至此,人民群众医疗保健有了制度的保障,"看病难,看病贵"的问题,得到根本的解决。

附:

2010年西湖管理区各类医疗保险参保情况表

表11-2-4

名　称	参保人数	占总人口比例(%)
城镇职工医疗保险	3328	6.8
城镇居民医疗保险	15303	31.4
新型农村合作医疗	30121	61.8
合　计	48752	100

(一)城镇职工基本医疗保险制度　按照《国务院关于建立城镇职工基本医疗保险制度的决定》国发〔1998〕44号文件精神,全区于2000年4月开始启动公费医疗制度改革,建立城镇职工基本医疗保险制度,首先在区直机关和教育系统进行试点,在劳资科成立医改办负责管理。2002年,将办事处(镇)和企事业单位干部职工纳入医疗保险。2009年,根据《湖南省劳动和社会保障厅关于困难企业职工参加城镇职工基本医疗保险的意见》精神,全区2008年12月31日以前已退休的改制企业未参加职工医保的835名退休人员全部免费参

加，由中央和省财政在医保统筹基金中给予适当补助。这些人员不划入个人账户，享受住院医疗和特殊病种门诊医疗待遇。2010 年度，全区参加城镇职工医保人数为 3328 人，全年征缴基金 250 万元，支付医疗待遇 664 人次，金额 309 万元。

（二）新型农村合作医疗制度　2006 年 10 月，全区启动实施新型农村合作医疗制度（简称新农合），由汉寿县统筹，划归区卫生局管理。区成立新型合作医疗管理办公室（简称农合办）负责经办。实施新农合，得到了农民的热烈拥护，农民参合率逐年上升。2007 年全区参合率为 84%，2008 年为 91%，2009 年为 93%，2010 年达 100%。资金筹集实行个人缴费与政府补贴相结合。2007 年全区参合人数为 30948 人，筹资标准 50 元，其中个人缴费 10 元，财政补贴 40 元，筹资金额 154.74 万元，享受住院医疗报销 1654 人次，支付医疗费 91 万元。而后筹资标准逐年提高，基金规模起征度大，保障能力也不断加强。2010 年筹资标准达 140 元，其中个人 20 元、财政补贴 120 元，筹集资金达 415.89 万元，医疗保障水平大为提升。

附：

农村合作医疗参保筹资情况统计表

表 11-2-5　　单位：人·万元

年度	参保人数	占农村人口%	筹资标准			筹资总额
			合计	财政补贴	个人	
2007	30948	84	50	40	10	154.74
2008	32986	91	80	70	10	263.88
2009	26953	93	100	80	20	269.53
2010	29707	100	140	120	20	415.89

医疗费报销标准 2007 年区级医疗报销为 50%，2010 年调整为 85%；市二级医院 2007 年报销比例为 30%，2010 年调整为 70%，省级定点医疗 2007 年报销比例 25%，2010 年提高到 60%。报销标准的逐年调高，让农民享受更多优惠。

（三）城镇居民基本医疗保险制度　2007 年 10 月，全区启动城镇居民基本医疗保险试点，参保对象为未参加城镇职工基本医疗保险的城镇居民，资金筹集实行个人缴费与政府补助相结合。中央财政为参保对象每人每年补贴 70 元，个人缴费实行差别费率，一般居民每人每年 160 元，一般居民子女每人每年 40 元，低保或重残人员每人每年 100 元，“三无”人员不缴费。启动的第一年度，全区参保人数为 15231 人，征缴基金 36 万元，财政补助资金 89 万元，住院就诊 789 次，支付医疗费用 63 万元。后三年参保缴费医疗结算办法略有调整，2010 年财政补助资金达到每人每年 240 元，增加 3 倍多。居民缴费较 2007 年 160 元减少 40 元，每人每年只缴纳 120 元。60 周岁以上低保或重残人员从 100 元减少到 60 元。2010 年全区登记参保人数 15303 人，享受医疗待遇 2187 人次，支付医疗费 387 万元。

（四）生育、工伤、失业保险

生育保险　全区生育保险2004 年 4 月启动，参保对象为本区域城镇所有用人单位在职职工，缴费费率为 0.7%，全部由用人单位缴纳，职工个人不缴费，启动第一年全区参加生育保险人数 1631 人,2010 年 3964 人,支付生育保险 11 人次,金额 2 万元。

工伤保险 全区工伤保险启动于 2006 年 6 月,开始为市级统筹。参保范围为区内机关、企事业单位、社会团体,有雇工的个体工商户,工伤保险缴费实行行业差别费率,一类行业 1.3%,二类行业 2.3%,三类行业 3.3%,危险程度越高的行业缴费率越高。全部由用人单位缴费,职工个人不缴费,2010 年建筑行业参加工伤保险实行以工程项目为参保单位,按工程总造价作为缴费基数,参保人员以该工程逐日实际用工人员为准。2010 年,全区参加工伤保险人数为 5512 人,申报认定工伤 13 人次,支付工伤保险金 7 万元。2010 年将 313 名老工伤人员纳入工伤保险基金统筹管理,为老工伤人员的健康保健提供保障。

失业保险 全区失业保险启动于 1999 年 6 月,参保范围为区所有企业单位职工及相关事业单位招聘人员,由用人单位和个人共同缴费,单位缴费率为 2%,个人缴费率为 1%。2010 年全区参加失业保险人数为 1427 人,征缴失业保险基金为 50 万元,57 人领取失业保险金 24 万元,基金累计结余 310 万元。

第十二篇《

社会事业

第一章　人　口

第一节　人口数量

西湖管理区为全省最大的移民安置区。1973 移民搬迁安置后，年底总人口为 33670 人，其中新化县 15511 人，安化县 15994 人，从邵阳、益阳、常德抽调的 300 名干部及家属子女和部队转留的干部职工共计 1865 人，人口密度每平方千米为 477 人。1990 年全国第四次人口普查，全场人口 40132 人，比 1973 年增加 6462 人，总户数 11259 户，比 1973 年增加 3024 户，人口密度每平方千米 573 人。2000 年全国第五次人口普查，全区总人口 41463 人，总户数 12622 户，比 1990 年增加人口 1331 人，人口密度每平方千米增加 19 人。2010 年全国第六次人口普查，全区总户数 15584 户，户籍人口 49011 人，比 2000 年增加 7548 人，人口密度每平方千米 697 人，比 2000 年每平方千米 589 人增加 108 人。

附：

移民建场人口及全国人口第四次、五次、六次普查统计表

表 12-1-1

年份	总户数	总人口（户籍人口）	人口密度
1973	8235	33670	477 人/平方千米
1990	11259	40132	573 人/平方千米
2000	12622	41463	589 人/平方千米
2010	15584	49011	697 人/平方千米

说明：全区总面积 70.3 平方千米

西湖农场（区）历年人口统计表

表 12-1-2

年份	人口数	其中		
		男	女	性别比
1990	40132	20159	19973	100.93
1991	40265	20251	20014	101.18
1992	40388	20305	20083	101.10
1993	40536	20393	20143	101.24
1994	40671	20438	20233	101.01

续表 12-1-2

年份	人口数	其中		
		男	女	性别比
1995	40805	20524	20281	101.19
1996	40940	20597	20343	101.25
1997	41067	20665	20402	101.29
1998	41209	20745	20464	101.14
1999	41340	20768	20572	100.95
2000	41463	20811	20652	100.76
2001	41945	21105	20840	101.27
2002	42439	21369	21070	101.42
2003	43124	21889	21235	103.07
2004	43710	22162	21548	102.85
2005	44632	22684	21948	103.35
2006	45516	23007	22509	102.19
2007	46312	23406	22906	102.18
2008	47241	23900	23341	102.39
2009	48135	24406	23729	102.85
2010	49011	24809	24202	102.50

说明:1.表中人口数为户籍人口;

2.性别比 女=100

第二节　人口分布

2010年全国第六次人口普查全区户籍人口49011人,常住总人口51179人。分布于全区3个乡镇、28个行政村(社区)。西湖镇4700户,人口13199人,占全区人口的26%,人口密度为1289人/平方千米。东洲乡5608户19481人、西洲乡5276户18499人,人口密度分别为每平方千米640人、625人。详见表12-1-3、表12-1-4。

2010年乡镇人口(常住人口)统计表

表 12-1-3

乡镇名	面积(平方千米)	总户数	总人口	人口密度	其中			平均家庭户规模
					男	女	性别比	
西湖镇	10.12	4700	13199	1304人/平方千米	6697	6502	103	2.75

续表 12-1-3

乡镇名	面积（平方千米）	总户数	总人口	人口密度	其中			平均家庭户规模
					男	女	性别比	
东洲乡	31.22	5608	19481	624 人/平方千米	9705	9776	99.3	3.5
西洲乡	28.98	5276	18499	638 人/平方千米	9211	9288	99.2	3.9
合计	70.3	15584	51179	728 人/平方千米	25613	25566	100.2	3.49

2010 年行政村（社区）人口（常住人口）统计表

表 12-1-4

乡（镇）	行政村（社区）	户数	人口数	其中	
				男	女
西湖镇	东湖社区	2265	5627	2926	2701
	新民社区	1798	5441	2772	2669
	新桥村	114	417	193	224
	新康村	72	225	105	120
	园艺村	254	851	386	455
	渔场村	197	638	315	323
西洲乡	新北河村	539	2030	988	1042
	黄泥湖村	331	1297	662	635
	同兴村	385	1450	728	722
	裕民村	472	1778	883	895
	幸福村	500	1847	917	930
	安康村	612	1892	950	942
	西洲村	713	2074	1021	1053
	田园村	569	2060	1014	1046
	建湖村	564	1975	992	983
	永安村	591	2096	1056	1040
东洲乡	新兴村	638	1943	1008	935
	春晓村	554	2062	1047	1015
	新港村	443	1833	938	895
	九狮村	343	1255	633	622

续表 12-1-4

乡(镇)	行政村(社区)	户数	人口数	其中	
				男	女
东洲乡	鼎兴村	349	1144	554	590
	鼎福村	416	1391	681	710
	鼎裕村	301	1221	599	622
	鼎园村	605	2179	1071	1108
	旺福村	720	2190	1071	1119
	旺禄村	544	2073	1019	1054
	旺寿村	389	1181	576	605
	旺喜村	306	1009	508	501

第三节 人口结构

民族结构 2000年全国第五次人口普查,总人口41463人,汉族41387人,占99.8%,少数民族72人为0.2%,其中回族7人、苗族6人、土家族10人、蒙古族27人、维吾尔族6人、其他18人。2010年全国第六次人口普查,常住人口51179人,汉族51064人,仍为99.8%,少数民族略有增加,为116人,其中回族13人、苗族19人、壮族12人、土家族29人、其他34人。具体情况见表12-1-5。

西湖农场(区)第四、五、六次全国人口普查民族结构统计表

表 12-1-5

年份	总人口	汉族	回族	苗族	壮族	土家族	蒙古族	维吾尔族	其他
1990	40132	39423	10	7	6	2	—	—	—
2000	41463	41387	7	6	—	10	27	6	18
2010	51179	51064	13	19	21	29	—	—	34

性别结构 1990年总人口40132人,男20159人,女19973人,性别比100.93。2000年总人口41463人,男20811人,女20652人,性别比100.76。2010年总人口49011人,男24809人,女24202人,性别比102.50。

年龄结构 根据全国第四、五、六次人口普查资料,1990年、2000年、2010年年龄分段人口见表12-1-6。1990年人数最多的年龄段为10~19岁9532人,占总人口的24.3%。2000年人数最多的年龄段是30~39岁8153人,占总人口的19.66%。2010年人数最多的年龄段仍是30~39岁9841人,占总人口的19.2%。随着改革开放的发展、生活条件的改善,人口寿命不断提高,老年人口增长较快。1990年60岁以上老年人口2687人,只占总人口的6.7%。2000年60岁以上老年人口增加到4829人,占总人口的11.6%,全区进入老龄化。2010年60

岁以上老人增加到 6765 人，占总人口 13.21%。老龄化程度增加。其中 80~89 岁人口 807 人，90~99 岁人口 94 人，100 岁以上 3 人。

附：

西湖农场(区)第四、五、六次全国人口(常住人口)普查年龄分段统计表

表 12-1-6

年龄段 人数 年份	0~9岁	10~19岁	20~29岁	30~39岁	40~49岁	50~59岁	60~69岁	70~79岁	80~89岁	90~99岁	100岁以上	总人口
1990	7591	9532	7924	5232	4147	3019	1713	974	—	—	—	40132
2000	4570	7152	7251	8153	5701	3807	2865	1512	425	27	—	41463
2010	7128	5109	8673	9841	8803	4860	3577	2284	807	94	3	51179

文化结构　2010 年全国人口第六次普查，6 岁及 6 岁以上人口 46399 人，未上学的 1543 人，小学文化 12591 人，初中 22920 人，高中及中专 6865 人，大专 1041 人，本科 519 人，研究生 8 人。研究生比 2000 年增加 5 人，大学本科是 2000 年 96 人的 5.4 倍，为 1990 年的 14 倍，大专生为 2000 年的 1.5 倍，1990 年的 4.2 倍。2010 年 15 岁及 15 岁以上人口 41524 人，文盲人口 1356 人，占 15 岁以上人口的 3.2%。比 2000 年减少 5.7%，比 1990 年减少 12.6%。详见表 12-1-7。

西湖农场(区)第四、五、六次全国人口(常住人口)普查文化素质情况统计表

表 12-1-7

年份	总人口	6岁以上	未上学	研究生	本科	大专	高中及中专	初中	小学	15岁人口	文盲人口	文盲率
1990	40132	37632	3213	0	37	247	3212	9228	15170	33987	5370	15.8%
2000	41463	38788	2925	3	96	673	5962	13827	14860	32317	2887	8.9%
2010	51179	46399	1543	8	519	1041	6865	22970	12591	41524	1356	3.2%

职业结构　根据 2010 年全国第六次人口普查 10%的抽样数据显示：全区户籍人口 49011 人，抽样调查 4905 人中，从事农林牧渔业 2788 人，占 56.8%；国家机关事业单位 91 人

(其中国家机关 30 人,教育 35 人,卫生 26 人)占 1.8%;商业 117 人(其中批发零售 113 人,商业服务 4 人)占 2.4%;制造业 205 人,占 4.2%;工交水电 72 人,占 1.4%;食宿餐饮服务业 41 人,占 0.8%;其他 16 人占 0.3%(其中金融业 4 人,房地产业 2 人,科研技术推广 6 人,广播文艺 4 人)。

农业人口与非农业人口:1990 年农业人口 35572 人占 88.6%,非农业人口 4560 人占 11.4%;2000 年农业人口 31059 人占 74.9%,非农业人口 10404 人占 25.1%;2010 年农业人口 13264 人占 25.9%,非农业人口 37915 人占 74.1%。2010 年非农业人口比 2000 年增加 49%,比 1990 年增加 62.7%。见表 12-1-8。

西湖农场(区)第四、五、六次全国人口普查农业户口与非农业户口人数比例表

表 12-1-8

年份	总人口	农业人口	比例	非农业人口	比例
1990	40132	35572	88.6%	4560	11.4%
2000	41463	31059	74.9%	10404	25.1%
2010	51179	13264	25.9%	37935	74.1%

籍贯结构 2010 年第六次全国人口普查,西湖管理区外来户籍人口 1330 人,占总人口的 2.71%。其中西湖镇有 1059 人,东洲乡西洲乡 271 人。户籍属本市区 890 人,本省其他县市 347 人,省外 93 人。省外籍有河北 1 人,吉林 1 人,黑龙江 2 人,浙江 3 人,安徽 17 人,福建 3 人,江西 6 人,山东 5 人,河南 8 人,湖北 10 人,广东 8 人,广西 6 人,重庆 5 人,四川 4 人,贵州 6 人,陕西 4 人,宁夏 1 人,云南 1 人,山西 1 人,江苏 1 人。

姓氏结构 2010 年第六次全国人口普查,全区常住人口 51179 人,有 239 个姓氏,其中刘姓 6277 人,夏姓 5002 人,邓姓 3967 人,为人口数量前三位的姓氏。1000 人以上的姓,依次为刘、夏、邓、张、王、李、周、陈、谢、伍。10 人以下的姓氏 119 个,合计 344 人。详见表 12-1-9。

2010 年全国人口第六次普查西湖农场(区)姓氏结构统计表

表 12-1-9 单位:人

姓氏	人口	姓氏	人口	姓氏	人口	姓氏	人口	姓氏	人口	姓氏	人口	姓氏	人口	姓氏	人口	姓氏	人口	姓氏	人口
刘	6277	黄	473	傅	141	卢	44	雷	18	施	8	邵	4	况	2	葛	1	占	1
夏	5002	朱	451	方	126	丁	43	江	17	史	8	盛	4	芦	2	谷	1	诸	1
邓	3967	姜	416	韩	124	钟	41	鲁	17	文	8	粟	4	蒙	2	贵	1	臧	1
张	3303	马	411	唐	121	皮	40	叶	17	薛	8	白	3	圣	2	皇	1	虢	1
王	2336	梁	385	游	121	黎	40	莫	16	仇	7	卜	3	时	2	敬	1	眭	1
李	2327	肖	379	蔡	120	龙	39	覃	15	樊	7	柴	3	云	2	旷	1	胥	1
周	2134	向	333	高	117	潘	39	吕	14	符	7	顾	3	庄	2	柳	1	乐	1
陈	2101	尹	307	赵	117	章	37	庞	14	管	7	关	3	佘	2	隆	1	冷	1

续表 12-1-9

姓氏	人口	姓氏	人口	姓氏	人口	姓氏	人口	姓氏	人口	姓氏	人口	姓氏	人口	姓氏	人口	姓氏	人口	姓氏	人口
谢	1521	谌	301	洪	114	杜	35	颜	14	谈	7	郝	3	滕	2	骆	1	沙	1
伍	1136	阳	296	扶	101	许	33	全	14	赖	7	寇	3	蓝	2	牛	1	商	1
戴	934	汪	270	郑	92	宋	32	冯	13	兰	7	倪	3	冉	2	盘	1	邢	1
罗	805	郭	252	康	84	候	30	涂	13	简	6	宁	3	蔺	2	蒲	1	邝	1
胡	802	饶	250	闵	84	万	30	瞿	13	柯	6	席	3	缪	2	青	1	鄢	1
杨	795	成	232	欧	76	石	29	范	12	帅	6	项	3	敖	2	尚	1	闫	1
邹	779	曹	221	安	70	卓	29	陶	12	佐	6	燕	3	卞	1	双	1	—	—
何	770	贺	216	封	70	姚	25	喻	12	牟	5	殷	3	常	1	潭	1	—	—
曾	734	魏	213	任	64	晏	25	毛	11	钱	5	左	3	巢	1	危	1	—	—
袁	713	孟	198	侯	56	汤	24	凌	10	申	5	琚	3	车	1	卫	1	—	—
彭	681	余	190	聂	56	邬	24	梅	10	韦	5	毕	2	池	1	巫	1	—	—
龚	668	孙	185	林	55	邱	21	严	10	于	5	崔	2	但	1	武	1	—	—
吴	668	陆	184	徐	54	童	20	秦	9	岳	5	单	2	凡	1	羊	1	—	—
程	626	蒋	174	段	53	匡	19	阮	9	祝	5	耿	2	房	1	尤	1	—	—
卿	625	谭	164	熊	53	舒	19	翦	9	甘	4	古	2	丰	1	虞	1	—	—
易	591	廖	156	吉	48	董	18	艾	8	孔	4	华	2	奉	1	禹	1	—	—
苏	539	田	156	金	45	沈	18	祁	8	裴	4	焦	2	凤	1	詹	1	—	—

第二章 计划生育

第一节 计划生育管理、服务机构

一、计划生育管理机构

1990 以前,计划生育管理工作由农场卫计科负责。1990 年文教科卫办建立后,计划生育工作由文教科卫办管理。1991 年成立计划生育委员会,负责计划生育管理工作。2002 年,机构改革时设教科文卫局,计生委与教科文卫局合署办公。2005 年根据常编办〔2005〕48 号文件,单独设置人口与计划生育局,主要职能是实施人口计划生育管理,计划生育法规政策的宣传落实,提供计划生育技术服务,制定计划生育目标管理考核办法并组织实施。

2010 年 5 月 29 日,西洲乡开展计生协会会员日活动

1990 年各分场(镇)配备计划生育专干,负责分场(镇)计划生育工作。2002 年分场改置办事处,办事处(镇)设计划生育办。2010 年办事处合并成立东洲乡、西洲乡。乡(镇)设计划生育办公室,配有计划生育专干 2 人,25 个行政村、2 个社区、渔场配计划生育专干计 28 人,形成计划生育管理体系。

二、计划生育服务机构

1991—2002 年计划生育服务由西湖人民医院妇产科负责。2002 年成立西湖管理区计划生育技术服务站后,由计生服务站负责。西湖区计生服务站,属全额拨款正股级事业单位,归口区人口和计划生育局管理。主要职能开展全区妇女生殖健康检查,负责全区育龄妇女计划生育手术,为育龄妇女发放避孕药具;开展优生优育的宣传和指导,普及保健知识。全站 3 名医务人员,其中 2 名持有执业助理医师资格证,1 名持有“计划生育手术合格证”。该站工作人员多次参加省市业务培训,具有较强的操作技术和理论知识。站长何秀红撰写的论文

《TV380A、TV220 宫内节育器放置 55 例避孕效果观察》《探讨不孕女性支原体感染及耐药情况分析》，在《中国医药指南》和《中国医学创新》杂志上发表。

服务站现有 B 超、红外线乳腺诊断仪、电子阴道镜、膜式电动吸引器、各种车载仪器、妇科治疗仪等设备设施。服务站成立至 2010 年开展各种计生手术 6837 例，无一例出现手术并发症。

第二节　计划生育政策法规与管理

一、计划生育政策法规

1979 年农场根据国家的计划生育政策，颁发第一个计划生育文件，规定男女坚持晚婚（男 25 周岁，女 23 周岁），一对夫妇生育儿女，最好一个，最多两个，对终身只生一个孩子的夫妻发给“独生子女光荣证”，给予奖励。1981 年农场党委下文《全场计划生育座谈会纪要》，规定一对夫妇只生一个孩子。从 1985 年起，对夫妇双方是农民，只有一个女孩，符合生育间隔期规定，经批准，可生育第二胎。1999 年西湖建立管理区后，区委颁发《关于进一步加强人口与计划生育工作管理的若干规定》（西发〔2004〕8 号），对社会主义市场经济条件下人口与计划生育工作作了具体的规定。2009 年区委下发关于《西湖管理区人口和计划生育奖励优惠政策暂行规定》（西办发〔2009〕17 号）。

实行晚婚晚育的城乡居民，是国家机关工作人员、事业单位和国有企业职工晚婚的，除享受国家规定的婚假外，男女双方另增加婚假 12 天；晚育的，女方除享受国家规定的产假外，另增加产假 30 天。在产假期间领取“独生子女证”，再增加产假 30 天，男方享受护理假15 天。增加的婚假、产假和护理假视为出勤，工资奖金照发。农村居民晚婚晚育的，免去夫妇双方一年的农村“一事一议”集资筹劳义务工，一次性发给奖金 100 元，晚育的一次性发给奖金 200 元。

二、计划生育管理与成效

人口计划生育实行目标管理责任制。年初由区计生局下达人口计划，年终进行考核评估，对完不成目标任务，执行“一票否决”，不评先不评奖。

连续 6 年分管和从事计生工作的负责人和计育专干，管理单位连续 3 年被评为红旗单位，可享受晋级待遇。

1999—2001 年，西湖计划生育工作连续三年被评为全市管理区系列红旗单位。

2004 年西湖管理区申请批准为湖南省计划生育考核管理单位，纳入湖南省计划生育考核单位。2005—2010 年计划生育工作连续 6 年荣获湖南省人口和计划生育工作优质服务先进单位,荣获常德市人口和计划生育工作先进单位。

1991—2010 年全区出生人口共计 10594 人，年平均净增 529 人，符合政策出生人口 8894 人,符合政策生育率为 83.9%,人口出生率达 12.9‰,人口自然增长率达 9.9‰。详见表12-2-1。

西湖农场(区)人口与出生情况统计表

表 12-2-1

年份	年末人口总数	年末已婚育龄妇女人数	年末领取独生子女证	出生总数	男	女	政策内人数	死亡人数	符合政策生育率%	出生人口性别比	人口出生率‰	人口自然增长率‰	一孩生育率‰
1991	36282	10240	19	457	216	241	341	98	74.6	89.63	12.6	9.89	68.7
1992	36671	10483	28	329	160	169	275	96	83.6	94.67	8.97	6.35	79.0
1993	37073	10652	35	367	196	171	334	97	91.0	114.62	9.90	7.28	86.1
1994	37539	10882	39	443	222	221	408	101	92.1	100.45	11.80	9.11	88.7
1995	38045	11037	46	481	260	221	447	108	92.9	117.65	12.64	9.80	85.9
1996	38540	11187	54	480	253	227	450	106	93.8	111.45	12.45	9.70	88.5
1997	38985	11344	58	428	240	188	404	97	94.4	127.66	10.98	8.49	88.6
1998	39452	11450	60	445	228	217	413	92	92.8	105.07	11.28	8.95	81.6
1999	39903	11499	61	424	208	216	397	94	93.6	96.30	10.63	8.27	88.7
2000	40306	11578	65	388	208	180	352	103	90.7	115.56	9.63	7.07	77.1
2001	40711	11747	69	380	211	169	345	112	90.8	124.85	9.33	6.58	70.3
2002	41138	11879	72	409	229	180	371	121	90.7	127.22	9.94	7.00	56.5
2003	41661	11933	90	518	270	248	451	133	87.1	108.87	12.43	9.24	53.5
2004	42446	11965	597	769	394	375	672	145	87.4	105.07	18.12	14.70	43.7
2005	43104	11945	646	658	339	319	564	156	85.7	106.27	15.27	11.65	53.2
2006	43862	11821	722	736	394	342	559	153	76.0	115.20	16.78	13.29	47.7
2007	44572	11650	744	719	377	342	538	161	74.8	110.23	16.13	12.52	46.9
2008	45324	11467	782	769	411	358	572	154	74.4	114.80	16.97	13.57	43.3
2009	45982	11344	808	714	383	331	555	162	77.7	115.71	15.53	12.00	47.8
2010	46502	11204	931	680	359	321	446	202	65.6	111.84	14.62	10.28	53.7
合计			5926	10594	5558	5036	8894	2491	83.9	110.36	12.9	9.9	

说明:人口总数为计划生育管理人口

第三节　计划生育宣传与服务

计划生育宣传　每年元旦、春节期间,区计生部门集中一个月时间,开展计划生育宣传服务月活动。每天出动宣传车,在乡镇巡回宣传计划生育政策。在镇区悬挂大型横幅,印制宣传标语,在电视台开办计划生育专栏,宣传计划生育政策。同时,每年发放各类宣传资料20000份,举办避孕药具使用知识、生殖保健知识讲座和培训班3期,年接待群众咨询5700人次。

计划生育服务　1991—2010年,实施计划生育节育术人数4939人,其中男扎732人,女扎4207人,上环5174例,人流3520例,取环1233例。详见表12-2-2。

西湖农场(区)计生节育手术情况统计表

表12-2-2

年份	计划生育节育术人数	其中		上环(例)	人流(例)	取环(例)
		男扎	女扎			
1991	207	48	159	188	192	30
1992	209	46	163	168	178	50
1993	210	45	165	179	223	46
1994	217	46	171	193	132	52
1995	218	45	173	232	142	30
1996	223	44	179	325	194	45
1997	222	39	183	282	128	71
1998	225	38	187	298	157	60
1999	234	37	191	313	197	42
2000	231	35	194	165	233	73
2001	232	34	197	233	156	81
2002	233	38	199	260	180	50
2003	243	37	206	340	210	65
2004	255	30	218	290	180	40
2005	276	29	246	310	160	80
2006	302	27	273	180	160	70
2007	296	24	269	250	175	80
2008	265	23	271	340	178	90
2009	304	24	279	258	180	98
2010	307	23	284	420	165	80
合计	4939	732	4207	5174	3520	1233

第三章　宗　教

第一节　佛　教

2003年上半年，西洲乡西洲村村民夏子卫、陈显鹏等人召集一些村民，商量修建一座佛教寺庙。他们拟定一份修建寺庙的报告上报上级宗教主管部门。获准后，于是年9月破土动工，次年4月主体工程竣工，正式开光。开光之日，鞭炮声、锣鼓声不绝于耳，民众围集，甚为热闹。4月以后，又相继修建香炉、斋堂、围墙、山门、天王殿、观音殿、大雄宝殿、钟鼓楼、阴阳楼、客堂、居士楼等，总占地面积2000多平方米。其中建筑面积1480平方米，投入资金128万元。寺庙命名为西湖灵荟净行社。

西湖灵荟寺

2006年6月28日，经上级宗教主管部门批准，成立西湖佛教协会，会长夏少展(法定代表)，副会长陈显鹏、伍达生、邓武台，秘书长夏建华。并经核准登记，登记证号为常民社268号，业务主管部门为常德市民族宗教事务局。西湖佛教协会具体负责管理全区的佛教事务，西湖灵荟净行社为西湖佛教协会的常设机构和办事机构，佛教的大部分活动都在灵荟净行社举行。

2008年6月，根据湖南省宗教事务局下发的《关于同意将西湖灵荟净行社更名为西湖灵荟寺并作为寺观登记的批复》，西湖灵荟净行社正式更名为西湖灵荟寺并作为正式宗教场所予以登记备案。

2010年西湖灵荟寺有居士343人，以“爱党爱国爱教，成己成人成佛”为宗旨，开展各类佛教活动，吸引部分群众参与，成为西湖及周边地区群众求神拜佛之地。农历每月初一和十五、宗教节日，释迦牟尼、观音、阿弥陀佛等菩萨生日或忌日，都有成千上万的信教群众前往该寺上香祭拜，一年四季，香火不断。

该寺秉承佛教积善行德之理念，践行佛陀利乐有情，慈悲度人。自成立以来，多次开展社会募捐慈善活动，周济贫困家庭6000多元，支援汶川地震灾区9600元，捐助海啸海难灾区2300元，支援乡村公路建设3000元，并投入1万元，在西湖各交通要道建立“阿弥陀佛”石碑8块，以警示、护佑来往路人和车辆。

第二节 基督教

1972 年,新化、安化两县 3 万多人移居西湖农场,中有基督教信徒 20 多人,多为女性。虽居家变化,信教之心如旧。由于当时所处的政治环境不便公开活动,私下个人仍以各种方式信奉基督。改革开放后,宗教信仰自由得以真正实现。1991 年,邓珍秀、杨惠波、莫训芬、刘湖桃、程亮梅等将基督教徒全部召集起来,成立基督教会组织。推举年长的邓珍秀为负责人,每周日信徒聚会,开展祷告、读《圣经》、唱《赞美诗》等活动。邓珍秀年老后,由杨惠波负责。

1991—2002 年间,因无固定的聚会场所,每周日的聚会在信徒家或闲置的公共场所举行,先后辗转聚会于莫训芬家、加工厂车间、交通局楼上等 11 处地方。其间,教会信徒严格遵守"十条诫":1.除上帝以外不可有别的神;2.不可跪拜偶像;3.不可妄称神的名;4.当纪念安息日守为圣日;5.孝敬父母;6.不可杀人;7.不可奸淫;8.不可偷盗;9.不可做假证陷害人;10.不可贪恋别人的一切。教会内兄弟姐妹偶遇天灾人祸,自觉帮助,捐钱献物;教会派 3~5 人组成的探访组前往传递爱心,通过祷告、唱《赞美诗》等形式予以安慰。教会组织内同伴过世,所有信徒主动捐款送物,并举行基督教葬礼。葬礼由教师或传道人主持,所有教徒参与,一起祷告,读《圣经》、唱《赞美诗》,送亡人回归天国。

1999 年 5 月,基督教徒集中学习反邪教知识

社会上出现灾难,教会信徒们自觉捐钱赠物,普献爱心。基督教信徒普献爱心和不贪恋别人一切的思想行为,吸引一些人对基督教的向往。1998 年年底,自觉信教并自愿参与聚会者增加至 200 人,其中有干部、教师、医生、农民、个体工商户、私营企业老板、企业下岗职工,有男有女,女性多于男性,老弱病残者比例高,占信徒人数的 2/3。1999 年,西湖基督教会得到政府认可,湖南省人民政府宗教事务局给西湖管理区基督教会授予"湖南省正式登记的宗教活动场所"匾额,汉寿县宗教处授予"常德市西湖区基督教会"牌子。

2000 年,中国香港、台湾地区及美国等地的宗教界人士到西湖基督教会考察,见西湖教会只有牌子,没有房子(教堂),一名美国人士当即答应出钱,援助西湖建设教堂,并亲自设计教堂样式。杨惠波等人不知其人底细,恐遭渗透,被人利用,危害国家,故当场婉拒。为使教会拥有自己的活动场所,2003 年,杨惠波、邓珍秀、莫训芬、刘湖桃、程亮梅等信徒们共捐款 6 万余元,买下西东湖南岸 238.09 平方米的闲置小礼堂,改建成教堂,并办了土地证和房产证。有了固定的活动场所,教会内部管理逐步规范,建立健全了教会的组织机构,明确了负责人,有 1 名会计、1 名出纳、2 名教师和传道人。信徒们每周日到教堂聚会,一起祷告、读《圣经》、唱《赞美诗》。每年春分前后复活节,12 月 25 日圣诞节是基督教最隆重的节日,是时信徒们披上节日的盛装,教堂装饰出节日的气氛,全体信徒与会,庆祝节日,表达对基督的虔诚崇拜和信仰。2003 年,西湖基督教会正式信徒发展至 200 多人。

信徒们除了参加教会活动,还经常奉献爱心。2000 年 1—12 月,全体教会信徒轮流护侍新民社区瘫痪孤老刘大妈,为她洗衣洗澡,喂饭喂药,直至送她回归天国。2007 年,教会成立腰鼓队,常为社区居民婚丧喜庆活动免费服务。2008 年 5 月,四川汶川发生地震,信徒们自觉捐款数千元,捐衣服几十件。从 1991 至 2010 年,西湖基督教会累计为社会爱心捐款 5 万元以上。全体信徒遵纪守法,无一违法犯罪者。

第四章　民　俗

第一节　婚　嫁

一、订　婚

男女双方经媒人说合,双方父母同意后,由媒人带领女方及其有代表性的家庭人员去男方家见面,俗称“看当”,看男方及其家居住地是否合女方要求。若女方“看当”满意,则留在男方家吃饭才走,不满意则看后便走。女方满意回家之后,将生辰八字写在红纸上做贴子由媒人送交男方,此谓“发八字”。男方拿到女方“八字”则请算命先生测算男女双方“八字”是否相合,谓之“合八字”。若男女双方“八字”好合,男方便选好日期经媒人告知女方,到时男方带着商定的聘礼到女方家订亲,亦称订婚。女方家邀请长辈、亲戚、朋友吃订婚酒,让男方认识女方所有直系亲属,且见面时随女方(女方则随男方)称呼,是为“改口”,并为每位亲戚送上一块猪肉(5斤左右),谓之“呷腿棒肉”。此俗部分农家尚存。

二、求　亲

已订婚的男女到了一定年龄后,男方即托媒人向女方求亲,商定结婚日子。女方同意后,提出结婚时要的彩礼数目,男方应承后则请算命先生选好良辰吉日,用红纸写好,并准备一定礼物送给女方,新化人谓“送日子”,安化人、常德、汉寿人则谓“报日”。此俗部分农家尚存。

三、结　婚

结婚时,男方在结婚日前一天必须把酒、肉等礼物送到女方家,一般为半头猪的肉或整头猪肉、一只鸡、一条鱼、一只鹅,一定数额的礼金和衣服、布料等。女方则在当天下午或在第二天早晨大摆筵席,做“出堂酒”,宴请前来贺喜的亲戚朋友。出嫁的先天晚上女儿要“哭嫁”,内容多为诉说父母的养育之恩,希望父母保重身体,健康长寿之类的话。母亲或其他亲戚还要替女儿“扯脸”(即扯去额头等处的汗毛,表明告别黄毛丫头阶段,要为人之妻)。新化人、安化人、常德人均有此俗。结婚那天清晨,男方带领迎亲队伍去女方家接亲,新化人俗称“接新府娘”,接亲队伍中必须有一位能说会道的尊者,千方百计将女方父母接去男方家。此俗称“干亲”,亦叫“干亲家”。出嫁时,新娘须在堂屋中面对父母至亲长辈及先祖神坛辞别,意为辞别亲祖。吉时一到,男方接亲队伍须敲锣打鼓,燃放鞭炮,催女方出亲,俗称三请四催。女方陪嫁根据家庭条件及男方的彩礼数额,旧时多为衣服、布匹、家具、钱。现一般为家具、家电、车辆、钱等。出嫁时,旧时由“伴娘”扶上轿,家境好的新娘一般头戴“凤冠”、身着“披衫”“云肩”之类,普通家庭的新娘则着红装。新社会不兴抬轿,但改革开放后,亦有偶见抬轿的迎亲场面,不过,常见的是由几辆或十几辆小轿车组成的车队迎亲。出亲要赶早,路上不能与别人的出亲队伍相碰,如若相碰,则由双方新娘交换信物(小装饰品之类),双方长者友善交涉让路出行。到男方家后,男方燃放鞭炮,吹吹打打,以示庆贺。男方聘请的一“扶新娘子”之人(已婚且子女双全之女性)把新娘扶进男方堂屋与新郎拜堂,拜堂仪式由聘请的司仪主持。礼毕,由男方家请铺新床的人带新郎新娘进入洞房在新婚床上双双入座,此称“殿床”。床上放置花生、红枣、糖果、蜜柑之类,预示夫妻白头偕老、甜蜜恩爱、早生贵子。尔后,大摆婚宴。当天晚上,亲朋好友,特别是年轻人,围绕新娘新郎闹洞房,或讲笑话,或出谜语,或言小段子,大多离不开男女情事,说者眉飞色舞,听者嬉笑打闹,新娘新郎则羞涩满面,将早已准备好的糖果、花生、瓜子、香烟等招待他们。此种习俗,无论在乡村还是镇区,至今部分犹存。进入21世纪,随着生活水平的提高,又渐成一种新的习俗。不少青年人喜欢在宾馆举行婚礼,聘请婚庆公司主持策划,并全程摄像,制作成光盘。在婚礼上,主持人妙语连珠,新郎新娘巧妙应对,满堂宾客连声喝彩。婚礼环节甚多,环环相扣,高潮迭起。中有一环节诙谐滑稽。只见一男人头戴纸做的高帽,上书“烧火佬”三个大字,一手持“烧火棒”,一手持铜锣,绕行于宾客之间,边敲锣边喊:“我是烧火佬。”若声音不大,则有主持人或宾客喊话:“听不清,声音大点。”“烧火佬”只得照办。“烧火佬”是谁?是新郎的父亲。此节目是主持人事先策划好的,虽不高雅,但却搞笑有趣,故无论新郎、新娘或其父母都愿接受,图的是一个欢快、一个热闹。闹够笑够之后,婚宴开始,主宾入座,畅饮喜酒,大快朵颐。主持人亦不闲着,不时插科打诨,拿新郎新娘说事,直弄得满堂宾客捧腹。

结婚典礼

四、回　门

婚后3天,新郎携带礼物偕同新娘回娘家叫“回门”,新化人称“回娘屋”,安化人称“回娘家”,常德人称“三朝回门”。“回门”时给女方父母的礼物一般是“腿霸”(半边猪肉)、现金等,其他至亲则每户一块猪肉(五斤左右),给亲戚小孩的则是每人一个红包。“回门”时必须走结婚时走过的那条路,返回时亦如此。此俗部分尚存,现交通发达,夫妻“回门”大多坐车。

第二节 生 辰

一、生 育

妇女生小孩,新化、安化人叫“养毛毛”或“生毛毛”。堂客(妻子)生下毛毛后,丈夫即备一只鸡去岳家报喜,生男备公鸡,生女备母鸡。岳家人一看便知是生男还是生女。三天或七天之后,岳家必去女婿家看望“毛毛”,此谓“打三斗”。礼物有月婆吃的鸡、蛋、红糖等,小孩用的衣服、鞋、帽、摇窝等月毛毛所需物品。外公外婆还要给红包抱外孙或外孙女。产后40天满月,安化人30天叫满月。满月后,产妇要带婴儿回娘家“出窝”拜见小孩的外公外婆,此俗沿用至今。

孕妇生下小孩后,第一位来家的外人叫“踏生”,有所谓“遇强则强,遇弱则弱,遇穷则穷,遇富则富”“男踏女生,大吉大昌”之说。踏生人进屋,主人必留其喝“月婆酒”。新化、安化人在妇女“坐月子”期间,通常要在房门上挂一杆秤,谓之避邪。此俗农家部分尚存。

二、抓 周

小孩满周岁,常德、安化人称“娃周”,新化人称“满周岁”,澧县、桃源人称“抓周”。小孩周岁那天,叔叔、阿姨、外婆等给其送些礼品,大人在案上摆上书、笔、算盘、糖粒等物,让周岁小孩去抓。若小孩先抓笔,则视之将来会读书;若先抓算盘,则视之将来很富有,会掌管钱财;若是先抓糖粒,则视之为将来好吃懒做。境内部分人保留此俗。

三、满童关

小孩12岁,谓其生命中的一大关口。为了平安度过此关,父母要请算命先生为小孩算命,求神拜佛,驱鬼避邪,破难消灾。部分农家尚存此俗。

四、三十六岁

三十六岁,被认为是人到中年后生命中的一大关口,常德、汉寿、桃源人把人生三十六看得很重,常常以做三十六岁生日来冲灾洗祸。新化、安化人原本不太看重人生三十六,移民西湖后,一些青年人也慢慢接受这一习俗。

五、贺 寿

贺寿有二，一是小生（年龄尾数为非零数），二是大寿（年龄尾数为零），小生一般规模不大，仅限于儿孙女婿等前来庆贺。大寿一般从六十岁开始。有“赔钱做寿酒，有钱人才做寿酒”之说，谓之老人家道兴隆，子女发达富裕。20 世纪 80 年代前，做寿酒的人不多，90 年代后，随着经济的发展，生活水平的不断提高，做寿酒渐成风气，寿宴大操大办，送礼多为现金，少则 100~200 元，多则几百上千元，寿宴一般 20 桌左右。

第三节 节 令

一、春 节

吃团年饭 吃团年饭的时间，安化人定在腊月三十，新化人定在正月初一清晨，常德、汉寿人定在腊月二十八或二十九。吃团年饭前，安化人还有到坟山接先人回家过年，至元宵节再送走的习俗。饭前，先祭拜祖先和神灵，然后在门外燃放鞭炮。鞭炮声停，全家围坐，开始吃团年饭。桌上菜肴丰盛，酒、饮料齐备，且必备有鱼，象征年年有余。此时，忌讳掉碗筷，打烂东西，故吃饭前大人告诫小孩要拿稳碗筷。此俗除祭神灵外，其余尚存。

喜迎新春

守岁 除夕之夜，家家灯火通明，谓之“三十晚的火”。家人围坐一堂，说说笑笑，忆往事，话新年。大人给小孩发压岁钱，有经济来源的儿女给父母发压岁钱，并说些祝贺的话。是夜，新化人、安化人有吃“砧板肉”之俗，把事先煮好的腊肉切成块，一家人边喝酒边吃肉。常德等地的人在是夜则要观看天上是否有星星。谓之“有天花（星星），天地花（棉花）”，为来年棉花低产之兆。此俗犹存。自从中央电视台主办春节联欢晚会后，家人边看节目，边品酒、吃零食，其乐融融。一般过了子夜，方才就寝。有的年轻人，甚至看电视、玩电脑、打牌直到天亮。如此守岁已成新俗。

拜年 大年初一，开始拜年，一般限于晚辈给长辈拜年。新化人、安化人有“初一崽，初二郎，初三初四拜姨娘”之俗，意为初一拜父母，初二女婿拜岳家，初三以后给姨、叔等亲戚拜年。常德人则有“初一初二拜边邻，初三初四拜远亲”之说。旧时，从正月初一至十五都为拜年正期。其间,亦有“送财神”、“送春牛”、“送春联”、打“三棒鼓”、唱“土地”拜年的外人,主人则赠以糍粑、香烟或钱钞。随着时代的进步,上述习俗有的已被淘汰,如“送春牛”“送财神”“唱土地”等已很难觅其踪影。打电话、发手机短信、发电子邮件拜年,已成为一种时尚拜年习俗。

二、元宵节

正月十五为元宵节,又叫上元节。是夜,晚上家家灯光明亮,繁华闹市,更是张灯结彩,火树银花。谓之“元宵节的灯”。元宵节户户吃汤圆,亦有人在个别汤圆里包上硬币,谁吃到有硬币的汤圆,预示谁先发财。进入21世纪,人们过元宵节亦有不吃汤圆而吃饺子的,讲究爽口好吃成为新俗。随着生活水平的提高,年轻人喜欢在元宵夜燃放鞭炮、烟花,经久不息,引来路人驻足观赏。此亦渐成习俗。

三、三月三

农历三月三,人们常用地米菜煮鸡蛋吃,以预防疾病,有益健康。是谓“三月三,地米菜煮鸡蛋,吃了脚板踏得石头烂”。亦有农家做粑粑吃,谓之堵蛇眼(堵蛇洞),不让蛇出来伤害人畜,新化人、安化人、常德人有一部分沿袭此俗。

四、清明节

每年清明前后,人们给已故先人祭扫坟墓,俗称挂青(挂山)。有前三后四之说,清明节前三天和后四天都可挂青。打扫墓地,清除杂草,在坟顶上挂上纸钱或“清明旗”,坟前烧香燃纸,摆上供品,最后燃放鞭炮,虔诚行跪拜礼。给已故先人坟墓培修添土或加立新墓碑,一般只在清明节正日进行。此俗尚存。

五、端午节

有大端午和小端午之分,农历五月初五为小端午,五月十五为大端午。境内新化、安化人一般只过小端午。过端午包粽子、做包子吃,门前挂艾蒿,部分人家在这天采集各种草药,传说端午节采集的草药效果最佳,能治各种疾病。亦有人在这一天喝雄黄酒,据传能壮胆。上述习俗大多尚存。端午节这天,还有划龙船之俗,但限于条件,仅偶有年份为之。

六、七夕节

农历七月初七日，传说是牛郎、织女相会的日子。是晚，人们聚集户外观看天上的牛郎星和织女星越过天河（银河）相会，讲述牛郎、织女的爱情故事。进入21世纪，人们开始把七夕视为中国的情人节，这一天，互相爱恋的男女相会，互赠礼物，亦渐成新俗。

七、七月半

每年农历七月十五称“七月半”，又称“鬼节”。自七月初始，接家族中亡故人亡灵回家。新化、安化人叫接“公公、阿婆”，接回亡灵的日子，每餐摆上酒、菜，让先人先吃，并焚烧纸钱祭祀。有“公公、阿婆”不能吃剩菜和南瓜、茄子等之说。七月十四日傍晚打发“公公、阿婆”，新化、安化人谓“烧七月半”，常德、汉寿人谓“烧包”。人们准备好纸钱包，写上亡人的名字及祭祀者的名字，晚上在户外燃烧给亡人。此俗尚存。

八、中秋节

农历八月十五日为中秋节。这一天人们必备好酒好菜，吃团圆饭，在外的子女尽可能回家，给长辈送上月饼等礼物。晚上合家团聚，观赏明月，品尝月饼。20世纪90年代起，农村外出打工、做生意的人多了，中秋节赶不上回家，就通过电话或手机短信问候家人，表述思情，且节前就将月饼等礼物寄给亲人。此种做法已逐渐成俗。

九、重阳节

农历九月初九为重阳节。新化人在此节前酿制米酒者多，有“九月九，重阳酒，重阳美酒桂花香”之说，安化人喜欢在这一天做大米粑粑吃。重阳节经国家法定为“老人节”之后，节期举办老人唱歌、下棋、书画等活动，尊老爱老，为老人送温暖亦成新俗。

十、腊八日

农历十二月初八，人们常在这一天做豆豉，有“腊八豆，格外俏”之说。腊八日亦有腌坛子菜的习俗，据说这天腌的坛子菜好吃，不坏坛子。此俗尚存。

十一、过小年

腊月二十四为“小年”。这一天,人们打扫卫生,杀年鸡、年猪,置办年货。相传这一天是老鼠嫁女之日,凡碓、磨不能动,砂锅、铁锅不得炒东西,总之不能弄出大的响声,否则会惊动老鼠,来年鼠患更烈。此俗部分尚存。

第四节　丧　葬

一、送　终

老者即将离世,儿女必须守护其旁,谓之送终。待咽下最后一口气,子女跪拜在旁烧3斤3两落气纸钱,再放鞭炮。“落气纸钱”的纸灰必须用事先准备好的一小白布袋装好,待逝者尸体装入棺木后放入其手中,谓去阴间的盘缠。烧罢“落气钱”,就打买水锣买水,为死者洗脸、剃头、浴身。买水锣按死者年龄每岁敲一下,一人前面敲锣,一孝子提桶跟着去河里或井里打水。洗脸一般从脸下巴往上擦3下。为死者浴身后,须穿上寿衣,有穿三层、五层、七层等之分,但层数必须为单数。同时戴寿帽、穿寿鞋、裹上装尸被,然后将尸体置于地面篾席上,盖上寿被,脚端处点上油灯,孝子在旁守灵。

二、入　殓

入殓时,须在棺木内放置石膏粉或草木灰,按死者年纪1岁1碗,从中间起至四方依次放入铺平,然后将尸体放入棺木,接着将“落气钱”纸灰袋放入死者左手,死者右手则放一根桃树棒谓之打狗棒,还放一把小纸扇。死者嘴中放一点黄金或银子粉,意谓金身离世。盖上寿被后,用死者衣物填满棺木,合上棺盖,此时尚不能封棺,留待从外赶回的亲人见最后容颜,向遗体告别后再封棺。

三、祭　悼

20世纪70—80年代,祭悼活动从简,农村一般只请人唱1~2天丧歌。80年代末起,境内农村请道士做“道场”祭悼亡人活动又开始兴起,以后逐渐成风。死者入殓时,道士就要进场,由掌坛师傅做起手道场法事,其他道士轮流上场。整届“道场”活动时间一般为2~7天,道士5~10人,在此期间,死者家属要请都管、书办、厨师、跑杂打金井(挖修坟墓)者、抬棺等10多人帮忙。道士做“道场”法事时,至亲(三代的血亲)孝男穿白色长袍,戴白纸条框帽,腰系一根反搓成的麻绳或稻草绳;孝女穿白色孝衣孝裤,头缠一根白布带,腰系草绳,其他亲人身上披一块白布。所有亲人跟着道士跪跪拜拜，旁人帮着敲锣打鼓放鞭炮，烧纸钱。“道场”届期满后，要为死者烧上纸屋和冥钱，由道士领着孝男孝女进行，谓之“化钱”。此后，孝子须在“化钱”的地方连续3晚点上油灯，意谓照着死者把“钱财”领回去，避免“他人抢走”。整届“道场”花费几万元甚至十几万元。

四、出　柩

出柩又叫出殡。道士做完定期的道场法事后，将尸棺托到门外大路处备好的高凳上，捆好“龙杠”等抬棺工具。棺木上罩有“棺被”（彩绸或毛毯等），在道士的指挥下，一声令起，抬棺人（丧夫）抬起棺木，出殡开始。一孝子怀抱逝者遗像在前面引路，一孝子手持讣棍边走边丢纸钱，其余披麻戴孝在后痛哭流泪。一路上不停地燃放鞭炮。每经过他人住户，人们都燃放鞭炮相送，孝子则下跪叩头作揖，发给号布（旧时兴1尺白布，现用毛巾）。出殡路线宜曲不宜直，速度宜缓不宜快，每至转弯过桥处，要燃放鞭炮，孝子给丧夫下跪，请丧夫小心，不要让棺木触地。旧时富裕人家有请双龙双狮队伍送葬的习俗，现大多都请乐队、腰鼓队送葬出殡。

五、安　葬

境内新化、安化人老家是山区和丘陵区，一般请阴阳先生（地先）测定方位挖好墓眼，灵柩到墓地后，定向入眼，先由孝子用衣襟莵土撒入墓眼四方，然后覆土筑成人字形房顶一样的坟堆，穷人在坟前只立一木桩，有钱人家则用方块石料砌坟堆，立石料墓碑。湖区地下水位高，墓穴不宜挖得太深，一般就把灵柩摆在地面上，四周用红砖砌成，然后覆土成坟。20世纪90年代后，坟墓亦讲究美观豪华，人们时兴将坟墓四周用混凝土浇制，立大理石墓碑，碑牌顶上贴琉璃瓦，立好一座坟墓花费上万元甚至数万元。

六、回　阳

死后第7天，死者家属须请道士敲敲打打，迎接亡灵回家。新化、安化人称“回阳”，常德人称“头七”。据传这天由地府判官陪同亡灵回家，家人须为亡灵烧纸钱并注视屋内动静。有的人家在门前撒上草木灰，说第二天早晨可看到亡人的脚印。

七、五　七

死亡后第五个七天即35天，有钱人扎起纸屋、人像、纸制生活用品等来悼念死者。满“五七”，孝子方可理发，孝女方可涂脂抹粉。在“五七”之内不能闭户，意即不能将亡人关在门外。

上述丧葬习俗部分尚存。

第五节　俗　语

一、方　言

西湖管理区大多数人系新化、安化籍人，此外，还有部分常德、汉寿、桃源等籍人。移民建场(区)近40年，语言虽有融合，但几种方言基本不变，与普通话迥异。举例如下(以新化、安化、常德方言与普通对照)：

新化、安化、常德方言与普通话对照表

表 12-4-1

普通话	新化话	安化话	常德话
爸爸	爹 爷(yá)	爹 爷(yá)	爹
妈妈	妈 娘	妈 娘	恩娘 姆妈
爷爷	公公	公公	老爹 爷爷
奶奶	niān niǎn 阿婆	恩妈 阿婆	奶奶
公公	家(gā)爷(yá)	家(gā)爷(yá)	家(gā)爷(yá)
婆婆	家(gā)娘	家(gā)娘	家(gā)娘
丈夫	男人家	男人家	屋里的
妻子	婆 娘	堂 客	堂 客
岳父	岳老子	岳老子	岳老子
岳母	岳母娘	岳母娘	岳母娘
女婿	郎把(bà)公	郎把(bà)公	女婿
儿媳妇	新妇	新妇	儿媳
男孩	唧几崽	崽伢几	男伢
女孩	妹几崽	妹伢几 妹几	女伢
手臂	手巴子	手巴子	手膀
大腿	脚巴子	脚巴子	大腿
拳头	拳佬古	拳头古	拳头
太阳	恩头	恩头	太阳
月亮	面光	月光	月亮
星星	星子	星子	星星
山岭	山佬古	山佬古	山上

续表 12-4-1

普通话	新化话	安化话	常德话
刮风	发风	起风	吹风
怀孕	巴肚	pǎi 肚	怀孕
打瞌睡	打眼闭	抽眼闭	钓鱼 打寝
腹泻	走（jiǎo） 脚	走（jiǎo） 脚	拉肚子
思考	默神	默神	想想
没关系	和乐	和乐	没问题
为什么	何哩	yí gā 的	哪么的
努力	着神	着神	加油 加劲
没有	有得	有得	没得
口吃	打南风转	打转	剪巴
一大堆	一十栏三	一十栏三	好大堆
多谢了	难哇嗯	难哇嗯	难为你哒
乖	逗嗯疼	乖	乖
害羞	演嗯	演死了	怕丑
果然	乖之哉	真的	真的
开始	架势	架势	嘎势
不理睬	冒卯起	冒卯起	莫管他
一点点	滴滴几	滴介几	一滴滴
全部	一步笼损	一共	都是的
外行	空子	空子	外行
镜子	照子	照子	镜子
沟沟	坑坑	交坑	沟
蚊子	闷载	闷子	蚊子
蒜瓣	蒜篼公	蒜老壳	蒜瓣瓣
蚕豆	马牯豆	蚕豆子	蚕豆

续表 12-4-1

普通话	新化话	安化话	常德话
蜻蜓	团翅	叉必同	阳秘秘
袋子	腿更	袋更	袋袋儿
故事	怕挖	怕挖	白话
这样	果里	古噶	这样
认真	做古正经	做古正经	做古正经
碗柜	灿厨	碗柜	碗柜
显本事	亚闹午冲	亚闹亚使	显本事
不正经	散欢	散欢	不正经
红光满面	红兰瓜色	红兰瓜色	红光满面
梳洗整洁	油抹许光	油抹许光	好乖
摇头晃脑	溜头拐酱	跳脑壳	摇头晃脑
哪里去	哪闹集	哪力切	哪里克
干什么	搞么给	搞么给	搞么得
是的	耻几	耻几	是的
买肉	照音	砍肉	买肉
乱来	夹五麻爷	夹五麻爷	乱搞
盛饭	张饭	张饭	盛饭
小心走	好双行	好介气	好点走

二、谚　语

(一)气象

立春三日,水热三分。

春无三日晴,夏无三日雨。

蚂蚁成群,大水淋淋。

蚂蚁上树,必遭水涝。

清明断雪，谷雨断霜。

蚂蚁下树，必有干旱。

二月二日红，花树两开重。

若是雷打冬，十个牛栏九个空。

若是雷打雪，二月牛遭劫。

若是雷打空，有雨也不凶。

久晴必有久雨，久雨必有久晴。

有雨四方亮，无雨顶放光。

蚯蚓出土，必有大雨。

石头出汗，大水漫漫。

东虹日头西虹雨，南虹北虹涨大水。

五月南风涨大水，六月南风火烧天。

鸠唤雨，鹊唤晴，蚂蚁搬家刮大风。

七月半，看牛伢子靠田坑。

天上鲤鱼斑，晒谷不用翻。

早晨发霞，等水烧茶。

晚上发霞，干死蛤蟆。

（二）农事

做官靠印，做田靠粪。

庄稼一枝花，全靠肥当家。

一日春耕十日粮，十日春耕谷满仓。

人不亏地皮，地不亏肚皮。

春争日，夏争时，百般农事不宜迟。

春耕夏长，秋收冬藏。

立夏前，种好棉，立夏后，好种田。

六月三场雨，遍地是黄金。

千棕万桐，永世不穷。

种子选不好，种的全是草。

人怕老来穷，稻怕胎上风。

要想猪喂好，栏干饮食饱。

六月不热，五谷不结。

七壮芋头八壮薯，九月十月壮魔芋。

（三）其他

好事不出门，丑事传千里。

人无千日好,花无百日红。
好心无好报,黄土打黑灶。
狗不嫌家穷,儿不嫌母丑。
出门观天色,进门看脸色。
人抬人,无价之宝,人踩人,寸步难行。
为人不做亏心事,不怕半夜鬼敲门。
饿死单身汉,干死过水田。
人比人,气死人。
人不知自丑,马不知面长。
有盐同咸,无盐同淡。
做事留根线,日后好见面。
吃不穷,用不穷,盘算不好一世穷。
强中更有强中手,能人背后有能人。
不怕一万,就怕万一。
穷穷穷,莫欠账,冷冷冷,莫刮风。
打肿脸充胖子。
打落牙齿肚里吞。
牛不背犁也要老。
崽卖爷田不心疼。
麻雀过身抽片毛。
上梁不正下梁歪。
恶人先告状。
一粒老鼠屎,打坏一锅汤。
大树底下好乘凉。
有理打得三代祖,无理打不得孙媳妇。
单丝不成线,独木不成林。
歪竹子长直笋。
小小秤砣压千斤。
鼓不打不响,话不讲不明。
饭后百步走,活到九十九。
睡前洗脚,胜过补药。
留得青山在,何愁没柴烧。
不上高山,不晓得平地;
没呷过粽子粑,不晓得粗细。

人无远虑，必有近忧。
麻雀虽小，肝胆齐全。
心中无冷病，胆大吃西瓜。
学到老，做到老，还有三桩冇学到。

三、歇后语

黄瓜打锣——去了一截。
外甥打灯笼——照舅(旧)。
韭菜伴豆腐——一青(清)二白。
矮子上楼梯——步步升高。
快刀切豆腐——两面放光。
肉包子打狗——有去无回。
泥菩萨过河——自身难保。
猪八戒照镜子——里外不是人。
黄鼠狼给鸡拜年——不安好心。
老鼠钻风箱——两头受气。
光屁股坐凳——有板有眼。
哑巴吃黄连——有苦难言。
茶壶煮饺子——有货倒不出。
老虫(虎)借猪——有借冇还。
落雨背稻草——越背越重。
狗咬吕洞宾——不识好心人。
猫儿哭老鼠——假慈悲。
竹篮子打水——一场空。
癞蛤蟆打呵欠——好大口气。
和尚打伞——无法无天。
姜太公钓鱼——愿者上钩。
高射炮打蚊子——大材小用。
丈二和尚——摸不着头。
瞎子吃汤丸——心中有数。
驼子作揖——起手不难。
洞庭湖里的麻雀——见过风浪。
乌龟吃秤砣——铁了心。

和尚拜新年——头一回。
老虎嘴里拔牙——好大的胆。
粪坑里的石头——又硬又臭。
墙壁上的团鱼——四脚无靠。
竹筒倒豆子—— 一干二净。
蚊子打呵欠——好大口气。
米汤洗澡——糊里糊涂。
看戏流眼泪——替古人担忧。
三十夜里打堂霉——莫望。
戴斗笠亲嘴——差远哩。
蛇进竹筒——自寻死路。
阎王贴广告——鬼话连篇。
大水冲了龙王庙——自家人不认自家人。

人　物

一、人物传记

肖宏富

肖宏富（1943—2014），男，汉族，常德县十美堂区永丰乡人。1965 年，考入衡阳师范专科学校。1968 年毕业后，接受工农兵再教育，去沅江县南湾湖军垦农场锻炼，历经两年。1970 年 4 月，被安排在益阳地区农科所工作。1972 年秋，调至西湖农场二分场工作，1975 年 3 月加入中国共产党，是年秋，任二分场党总支副书记。1978 年 1 月至 1981 年 3 月，任六分场党总支书记。三年间，自筹并向西湖农场场部申请资金 15 万元，在六分场四队选址建水站一座，埋输水管道 5000 余米，供给分场周边三队、四队、七队、十队、小学和中学自来水，3000 余人结束在沟渠湖井饮用不洁水的历史。修通从六分场场部至三角堤砖瓦厂近 6000 米的砂石路，使该厂砖瓦运输畅通无阻。新建二队、九队、十队三大电排，使六分场各生产队旱涝保收。1981 年 4 月，任西湖农场党委常委、副场长，1984 年 1 月，任西湖农场党委书记。五年任职期内，主持制定西湖镇区建设长远规划，争取湖南省政府及各部门支持，获上级财政拨款 5000 万元，扩建造纸厂、改建甜叶菊厂、果脯糖厂，修建西湖农场至沙河口沙石公路 15 千米，新建三栋干部职工宿舍楼和西湖一中一栋教学楼、一栋实验楼。此期间内，肖宏富作为党代表，参加中共湖南省委第五届党代会，被推选为湖南省第六届人民代表大会代表。1989 年 12 月，肖宏富调临澧县任县委副书记。1991 年 5 月至 2003 年 9 月，先后任常德市水利水电局党组书记，常德市人民政府农村工作办公室副主任、农工委书记，常德市人民政府农村工作办公室调研员。

2003 年 10 月，退休后的肖宏富下海办实业，在常德市经济开发区永丰村承包荒山 30 余亩，始种桃、李果树，后适应市场，改种樟树、白玉兰树，树苗、树种远销常德及域外各乡镇。

2014 年 3 月 2 日，因病在常德逝世，享年 71 岁。

杨光宏

杨光宏（1947—2013），男，汉族，常德市鼎城区韩公渡镇人。1954 年 9 月就读于鼎城区韩公渡学校，1964 年 8 月参加工作，1969 年 11 月加入中国共产党。1964 年 8 月至 1977 年 10 月，先后担任原常德县社教工作队队员，斗姆湖公社宣传组组长，草坪公社干事，斗姆湖公社党委副书记，团县委副书记，洞庭公社党委书记、革委会主任。1977 年 10 月至 1989 年 8 月，先后任原常德县县委常委、崮子港区委书记，县委常委，副县长，鼎城区副区长。1983 年 9 月至 1985 年 5 月，在常德师专中文系干部专修班学习。

1989年8月至1990年6月，杨光宏调任西湖农场场长、党委副书记。1990年6月至1992年7月,任西湖农场场长、党委书记。两年间,杨光宏根据西湖农场基础设施差,人民生活贫困的现状,下决心改变落后面貌,提出“兴工强农活商富场”发展战略,部署“三年打基础、五年要腾飞”工作任务。利用自筹资金及上级财政拨款扩建骨干企业造纸厂,新建制药厂,修建从西湖总场自来水公司到柳林嘴三角堤大水渠,同时,在三角堤建造配有八台电机的大电排,确保西湖全境旱涝保收。其间,杨光宏重视教育,关注人才培养,划地30亩,选址六分场水产队新建西湖农场第三中学。1992年7月,杨光宏调澧县任县委书记。任职五年,突出经济建设中心,以八大工业项目奠定澧县经济腾飞基础,澧县发展成就赢得中央和省市领导赞许。1997年4月至2001年6月,杨光宏任常德市人民政府副市长,先后分管科技、教育、文化、卫生、体育、计划生育、发展计划、工业、交通、劳动和社会保障、邮电通信、医疗改革、重点工程等工作。2001年6月至2003年1月,杨光宏出任中共常德市委常委、常务副市长,协助市长管理政府全面工作。

2003年1月,杨光宏改任常德市人民政府巡视员,协助分管副市长负责重点工程、常德机场航线等有关工作。2007年5月退休。

2013年,杨光宏在常德病逝,享年66岁。

二、人物简介

王续文

王续文,男,汉族,1967年10月出生于湖南省安化县,1972年随父母移民至西湖农场四分场。1985年7月西湖中学高中毕业。1989年7月湖南师范大学毕业,被分配至长沙师范学校工作。1990年起,先后任湖南教育报记者、编辑、发行部副主任、主任,湖南教育书店总经理,湖南新知图书有限公司董事长,湖南教育出版物发行有限公司总经理、董事长。2008年起,先后任湖南教育出版社副社长,兼任湖南联合教育出版物发行有限公司董事长、总经理。2010年起,先后担任南方出版社副社长,南方音像出版社副总编辑、社长,数字时代出版设计有限公司董事长。

王续文在国家级、省级报刊上发表的主要论文有:《做书如做人,讲的是厚道》(《中国新闻出版报》)、《教辅市场分析及其科学发展要领》(《中国新闻出版报》)、《关于数字出版产业发展的思考》(《中国新闻出版报》)、《国际强势出版集团运作经验与中国期刊全球化思考》(《湖南城市学院报》)。出版的主要著作有《班主任语言艺术》、《出版在国外》、《出版的未来》等。

王续文曾多次获得各种奖励，主要有:1999年、2002年、2004年、2006年、2008年被湖南省教育厅授予“湖南省中小学图书馆建设先进工作者”称号,2011 年获第四届中国数字出版博览会创新技术奖,2012 年获首届湖南出版政府奖之优秀出版人物奖。

王博文

王博文,男,汉族,1961 年 9 月出生于湖南省安化县,1972 年随父母移民至西湖农场四分场,1978 年 7 月西湖中学高中毕业,1982 年 7 月湖南师范大学数学系毕业, 获学士学位。1985 年 7 月武汉大学数学系毕业,获硕士学位。1985 年 9 月至 1993 年 4 月,在湖南师范大学数学系担任讲师,1993 年 5 月,考入美国俄亥俄州大学托莱多(ToIedo),至 1997 年 9 月,获数学博士学位、计算机博士学位和统计学硕士学位。

1997 年 9 月至 2006 年,受聘美国纽约长岛国际计算机公司,担任计算机资深软件设计工程师。1998 年受聘中国国防科技大学,任名誉教授,主要教授计算机软件设计。2006 年受聘美国纽约市世界银行系统软件公司至今,担任高级金融银行软件设计师,为香港嘉兴银行和上海浦东开发银行解决若干技术难题。

伍军

伍军,男,汉族,1972 年 9 月出生,祖籍湖南省新化县。1990 毕业于西湖一中,1995 年毕业于长沙铁道学院铁道工程专业,系中南大学 2014 年级在读博士。现任中铁四局集团有限公司副总经理,总工程师,中铁一级专家,享受国务院特殊津贴。

伍军在桥梁工程、信息化建设、企业技术管理等方面颇有建树。他直接参加或亲自组织了我国第一条客运专线——秦沈客运专线、世界最长跨海大桥——杭州湾跨海大桥、我国技术标准最高的高速铁路——京沪高速铁路等一系列重点难点工程的建设或技术攻关, 解决一系列技术难题。出版的著作有:《客运专线预应力混凝土简支箱梁施工技术》《高速铁路路基工程施工技术》《铁路整孔箱梁移动横架法施工技术与试验研究》。发表论文 5 篇。

参加工作以来,伍军曾获多项奖励和荣誉,主要有:获国家级工法 2 项,省部级工法 5 项,专利 8 项。获省部级科技进步一等奖 3 项,省部级其他等级奖 10 项,詹天佑奖 2 项,鲁班奖 1 项,曾获中国中铁“十大杰出青年”荣誉称号。

孙旭升

孙旭升,男,汉族,1954 年 4 月出生于湖南省新化县,1972 年移民至西湖农场。1974 年在西湖医院从事中药调剂及加工炮制工作,1976 年 10 月被选送至湖南中医学院医疗系学习,1979 年 10 月毕业后,回原医院工作。1986 年至 1987 年在湖南中医学院临床医师高级进修班学习。1988 年晋升为中医内科主治医师,1992 年晋升为中医内科副主任医师,1999 年晋升为中医内科主任医师,2001 年考取执业中药师。

孙旭升潜心医学研究,在《湖南中医学报》《中医药信息》《中医内科》《新中医》等刊物上发表论文10多篇。主要论文有:《补阳还五汤加味治疗胃、十二指肠溃疡病34例小结》《试论脓的辨证与治疗》《茵陈葛根汤治疗小儿泄泻68例小结》《逍遥散临症新用举隅》《对“伤寒论”正邪观之管见》《白微苍术汤治疗红丝疖》等。先后参与《中国传统医疗绝技大全》《中国传统医学百病非药物疗法大全》《中国传统医学百草治疗大全》的编撰,分别任编委、执行副主编、主编。

孙旭升长期从事中医内科临床工作,具有良好的职业道德和丰富的临床经验,平均每年治愈病人200余人。

向远清

向远清,男,汉族,1976年出生于西湖农场西湖镇新康村。1995年西湖一中高中毕业,1996年考入湘潭大学。2000年湘潭大学化学与化工学院毕业,2003年7月获湘潭大学理学硕士学位,是年9月考入华东大学材料科学与工程学院,2006年11月获该院工学博士学位。在该院学习期间,发表论文5篇。

向远清博士毕业后加入上海高桥巴斯夫公司,先后担任技术中心管理部经理、技术服务部门经理。主持完成多项新产品引进、现有产品性能改进、生产工艺优化等工作。参与完成2项国家标准制定。

成昌龙

成昌龙,男,汉族,1980年1月出生,常德市西湖管理区西洲乡新北河村人。1998年12月参加中国人民解放军,2000年10月加入中国共产党,南京士官学校毕业,现任株洲市公安消防支队特勤中队四级警士长,执勤中队长助理。

入伍10多年来,成昌龙参与灭火救援战斗1000余次,救助群众100多人。特别是2004年参与金都宾馆突发事件处置,2006年参与京珠高速天然气泄漏事故处置,2008年参与四川汶川特大地震救援,2009年参与株洲红旗高架桥坍塌事故救援,在各类重大事故处置中表现突出。先后荣立一等功1次,二等功4次,三等功4次。荣获2006—2007年度全国公安消防部队“优秀消防战士”、2008—2009年度全国“十大杰出消防战士”、湖南消防部队“十佳灭火救援尖兵”、株洲市“十大杰出青年”、“十佳青年卫士”等荣誉称号。

刘建龙

刘建龙,男,中共党员,汉族,1981年出生于湖南省常德市西湖农场一分场六队,祖籍湖南新化县。2003年毕业于哈尔滨工业大学,2010年获物理光学博士学位,2013年获电子科学与技术博士后学位。为美国光学学会会员。现任哈尔滨工业大学物理实验中心主任,高级工程师。

刘建龙主要从事大学物理实验教学和基础科研工作,主要研究方向为信息光学和纳米光子学研究,以负责人身份主持的科研项目包括国家自然科学基金青年基金项目,黑龙江省博士后基金项目和哈工大创新基金项目,并参与国家重点基础研究发展计划“973”项目子课题以及国家自然科学基金项目多项,2014 年获国家公派高级研究学者及访问学者项目(英国伯明翰大学留学项目)资助。刘建龙在国内外科学期刊上发表科研论文 10 余篇,其中 4 篇论文发表在美国顶尖光学类期刊《光学快递》上,研究成果被国内外学者广泛引用。

刘胜题

刘胜题,男,汉族,1967 年出生于湖南省安化县,1973 年随父母移民至西湖农场二分场四队。1985 年 7 月西湖中学高中毕业,1986 年考入中南矿冶学院学习,1999 年 1 月复旦大学法学院毕业,获法学硕士学位。2005 年 6 月华东政法大学国际法学院毕业,获法学博士学位。2011 年 7 月,北京大学法学院进修,获北京大学和荷兰莱顿大学联合颁发的“国际税法”结业证书。

1990 年 7 月至 1994 年 8 月, 湖南农业大学任教,1999 年 7 月调入上海理工大学任教。2001 年兼任上海市华夏江鸿律师事务所律师,上海市律师协会银行业务研究会委员、上海市法学会经济法研究会理事。2005 年 1 月后任上海理工大学管理学院国际经济与贸易系副教授,《国际商法》精品课程负责人,国际贸易与金融学硕士研究生导师。出版的专著有《国际银团贷款法律风险分析》《金融服务法》《国际商法: 贸易与投融资》《新金融法务》《经济法与电子商务法》《中国政府与政治》等 10 部。发表的论文有《国际银团贷款法律关系分析》《国际银团贷款的主权风险及其控制》《国际银团贷款与中国银团贷款立法国际化》《物权善意取得制度管窥》《论民商事诉讼案的 “直接国际管辖权”》《从 FDIC 看我国的未来存款保险法治》《关于“政治法”的哲学思考》等 40 余篇。

刘爱忠

刘爱忠,男,汉族,1963 年 4 月出生于湖南省安化县,1972 年 12 月随父母移民至西湖农场三分场六队,1979 年西湖一中高中毕业,1987 年湖南医科大学本科毕业。1992 年获医学硕士学位,2005 年获流行病与卫生统计学专业博士学位,2005 年考入加拿大渥太华大学和皇后大学做博士后研究至 2008 年。

2008 年回国后, 在中南大学公共卫生学院流行病与卫生统计学系从事教学科研工作,同年被评聘为教授、博士生导师并担任系主任,开始陆续兼任湖南省社区健康管理专业委员会主任委员、湖南省流行病学专业委员会常委、湖南省健康管理学会常务理事等 15 项社会职务。

刘爱忠教授长期从事流行病学教学和科学研究,理论功底扎实,学术造诣颇深,在国际国内专业期刊发表论文122篇,其中23篇被国外出版的世界顶级科技学术论文期刊刊载或被《科学引文索引》(SCI)收录,其余99篇在国家级期刊发表。出版著作16部,其中主编本科、研究生教材3部及学术专著1部,副主编教材5部,参编教材3部及学术专著4部。从1999年开始参与国际国内重要科研课题研究,已主持国际合作课题研究2项、国家级科研课题2项、省部级科研课题20项。先后担任博导类博士点基金负责人和国家"十五"攻关、国家自然科学基金、美国中华医学会(CMB)基金和中美协作课题的分题负责人,系我国预防医学与公共卫生领域著名专家和知名学者,在理论教学和科学研究方面成果丰硕,为国家和国外培养大量的预防医学专业人才,其中博士生、硕士生、外国留学生近100名,多次获得政府和科研学术界奖励,主要奖项有:1997年湖南省科技成果进步三等奖,2005年湖南省医学科技成果二等奖,2009年中华预防医学会科学技术三等奖,2013年湖南省高等教育教学成果三等奖。

刘新德

刘新德,男,汉族,1966年3月出生于新化县,1973年随父母移民至西湖农场一分场九队。1985年从西湖中学高中毕业考入陕西省西安市炮兵技术学院(现第二炮兵工程大学),毕业后,历任某部排长、连长、教研室主任、副参谋长、参谋长、副团长等职。2005年调入某军事学院任教研室副主任、副教授,2011年获博士学位。现为该院首席教授,研究生导师,大校军衔、正师级。先后荣立二等功1次、三等功2次,并获军队院校育才奖银奖。

刘潇潇

刘潇潇(曾用名刘一顺、刘怡顺),男,汉族,湖南安化县人,1962年4月出生,1986年毕业于常德师范高等专科学校思想政治教育专业。同年留校任教。中共党员,研究生学历,法学教授。现任湖南文理学院法学院院长,湖南文理学院学术与学科建设委员会委员,湖南文理学院学位委员会委员,并兼任国家社会科学基金课题通讯评委库成员,湖南省社会科学基金课题专家评委库成员,湖南省法学会法理学专业委员会副会长,常德市第六届人民代表大会代表,常德市第六届人民代表大会法制委员会委员,常德市人民检察院人民监督员,常德市委宣传部理论专家库成员,常德市司法局普法讲师团客座教授,常德市人民政府重大决策咨询委员会成员,武陵区人民政府重大决策咨询委员会成员。

刘潇潇教授主要从事宪法与行政法的教学与研究,具有较扎实的学术功底和较宽广的学术视野。主持国家社会科学基金规划课题《"三公"经费法治理论与实证研究》等省级以上科研课题 8 项，出版《中国法治演绎论》等学术专著 3 部，在《法学杂志》《法学论坛》《学术界》等专业核心期刊上发表学术论文 40 多篇，并产生良好的社会影响，其中 20 余篇论文被 CSSCI 源刊收录或被中国人民大学复印资料全文复印或被《高校文科学术文摘》摘录。曾获“湖南省普通高校思想政治工作先进个人”、湖南省“教学成果三等奖”；湖南文理学院“芙蓉科技奖”、湖南文理学院“优秀教学质量奖”、湖南文理学院“教学成果一等奖”、常德市优秀社会科学成果一、二、三等奖。1997 年被评为“常德市优秀教师”，2012 年获“常德市首届优秀社会科学专家”荣誉称号。

刘 毅

刘毅，男，汉族，1979 年 9 月出生于西湖农场，1996 年高中毕业后考入清华大学水利水电工程系，先后在该系获工学硕士、工学博士学位。2005 年进入中国水利水电科学研究院结构材料研究所，先后任研究室副主任、主任、高级工程师，2007 年起任中国水利水电科学研究院结构材料研究所副所长，高级工程师。是水利部第一届青联委员，中国水利学会青年工作委员会委员、副秘书长。

刘毅一直从事高坝真实工作性态、水工结构仿真分析、大体积混凝土温度控制与防裂等方面的研究，发表论文 40 余篇。作为项目负责人，他先后承担 2 项国家重点基础研究发展计划（“973”计划）专题，2 项“十一五”科技支撑计划专题，水利部公益性行业科研专项项目及锦屏一级、溪洛渡、小湾、拉西瓦等 10 项国内重大工程的科研与咨询工作，并参与了多项国家自然科学基金项目的研究工作。获省部级科技进步一等奖 2 项，二等奖 3 项，三等奖 1 项。获专利授权 13 项，其中发明专利 3 项。2008 年获中国水利水电科学院“科技英才”称号，2011 年被中国水利水电科学院授予“党员科技创新示范群体学术带头人”称号，2012 年被水利部授予“第五届水利青年科技英才”和水利部直属机关“十佳青年”称号。

陈远平

陈远平，男，汉族，1965 年 1 月出生于湖南省安化县，1972 年随父母移民至常德市西湖农场二分场八队。1983 年 7 月毕业于西湖中学，1987 年 7 月毕业厦门大学历史系，获历史学士学位，2001 年 12 月毕业于湖南大学岳麓书院，获历史硕士学位。

1987 年 8 月至 1988 年 9 月参加省直机关讲师团到隆回县支教。1988 年 10 月至 1990 年 3 月在湖南省博物馆工作。1990 年 4 月在湖南省文物局工作。2002 年至 2003 年在凤凰县建整扶贫，任驻村扶贫工作组组长，并挂职任凤凰县委副书记，负责凤凰古城的保护和旅游开发。2004 年 2 月任湖南省文物局局长，2008 年 4 月任省文化厅党组成员，2012 年 5 月被选为中国文物协会副会长，2013 年 5 月任湖南省文化厅副厅长。

陈远平任省文物局局长期间，率先在全国提出并践行文物大保护大利用理念，推进政府主导,动员全社会参与的文物保护新体制的构建,使湖南的文物保护工作由过去单个部门的单一推进变成多个部门多种力量乃至全社会力量共同参与和推进。以文物保护为核心,推动打造了毛泽东、刘少奇、任弼时、彭德怀、罗荣桓、贺龙等老一辈革命家的故居、纪念馆及凤凰古城、洪江古商城、岳麓书院、岳阳楼、南岳大庙等知名品牌。率先提出文化遗产保护与新农村建设、农村文化建设、旅游发展"四结合"的大融合理念,推动全省古村古镇的保护、利用和发展,如岳阳张谷英村、祁阳李家大院、道县濂溪故里、望城靖港古镇、怀化荆坪古村、会同高椅古村等。坚持以园区保护理念,推进文化遗产的保护与发展,重点建设并完善毛泽东、刘少奇、任弼时同志纪念馆、芷江抗日受降纪念馆等,着力推进长沙铜官窑、龙山里耶古城、澧县城头山等国家考古遗址公园建设。此外,狠抓湖南文物资源的普查、申报与管理工作,已查明的文物点由过去的1万处增加到2万余处,湖南文物工作已进入全国文物工作第一方阵,成为名副其实的文物大省。

李　政

李政，男，汉族,1962年11月出生于湖南省长沙市,1972年11月随父母从澧县盐井"五·七"干校迁至西湖农场总场,1979年西湖中学高中毕业后参加高考,考入中国人民解放军桂林陆军学校,1983年毕业。1993年6月至1995年6月在中央党校学习。2001年9月至2004年1月,在广东社科院法学系学习,取得研究生学历。2013年2月至2014年1月在国防大学联合战役指挥系学习。

1982年7月至1988年6月参加中越边境作战,1997年7月参加首批驻港部队进驻香港。历任驻港部队军务处处长、广西桂林军分区参谋长、广西南宁警备区司令员,现任广西百色军分区司令员。1985年以后,获二等战功1次、三等战功1次、三等功3次。2008年被国务院、中央军委评为全国抗击雨雪冰冻灾害先进个人,2009年被解放军四总部评为全军优秀参谋长,2010年被解放军四总部评为全军优秀指挥官。

苏美华

苏美华,男,字修竹,号西坡居士,挹秀堂主。汉族,1962年4月出生于新化,1972年随父母移民至西湖农场一分场。1984年毕业于湖南师范大学中文系,一直从事书法教育、书法创作与书法研究。现为湖南第一师范学院书法教授、湖南师范大学硕士生导师,《诗词报》赛能文艺执行主编,中华诗词学会、中国楹联学会会员、湖南书法家协会会员,湖南省直书法家协会主席团成员、教育委员会主任。

苏美华自20世纪80年代初开始书法教育、书法创作与研究,80年代末崭露头角,获"塑我杯"全国书赛毛笔银奖、硬笔铜奖,"华康杯"全国书赛银奖,马年全国硬笔书赛一等奖,武陵源国际书赛特等奖,湖南教师书法大赛一等奖等省级以上大奖10多次。在《教师报》《书法报》《书法导报》《诗词报》《法制报》《湖南日报》《娄底日报》等报刊发表作品100多件。1994年作为湖南代表与日本书道访华团笔会交流,1998年为意大利艺术团现场泼墨,为岳麓书院、南岳雷祖殿、耒阳蔡侯祠、蔡伦竹海、冷水江波月洞、靖州碑林等风景名胜撰联题匾,作品流布海内外。

苏美华为学者型书法家,在教授书法的同时,一直教授文选习作、大学语文、诗词选读、对联欣赏等课程,深受学生欢迎,也得到著名学者马积高、霍松林、陈初生、余德泉等先生的高度评价。创作大量的诗词文赋,在业界有较大影响。几十年来,出版著作、字帖80多种。其中,专著评论集《西坡品墨》、作品集《苏美华书法》、诗词集《西坡诗赋》,字帖《标准楷书千字文》、《苏美华诗歌钢笔字帖》、《成语新韵毛笔字帖》、《唐诗三百首钢笔字帖》、《写字——规范书写课课练》等较有影响。近年来,作品被收入《长沙百咏》《曾国藩嘉联》《五岳吟》等大型典籍,受到饶宗颐大师的好评和书法界的嘉许。在省级以上刊物发表论文30多篇。主持省科技厅课题《新化旅游文化资源的综合利用与开发》、省教育厅课题《毛泽东书法的审美与教育功能研究》。

苏美华专业执教书法三十年,其最大成就还在独创"两知三步"(两知:知书家、知源流,三步:客观临摹、主观临摹、创作)教学法,因材施教,培养数以万计的初级教师和书法爱好者,指导学生参展参赛获省级以上等级奖200多人次,罗华斌、孙斌清、苏业超、曾峰、张世平、戴吹龙等近百名省级以上书法家都是其得意门生。2013年,又在湖南首开书法学专业,招收书法本科生,2014年指导书法硕士生,为湖南书法教育事业做出较大的贡献。

吴艳阳

吴艳阳,女,汉族,1979年出生于西湖农场六分场五队,1997年7月西湖中学高中毕业,2001年7月西安石油大学本科毕业。2004年考入华东理工大学化工学院,攻读博士学位,其间,发表论文4篇。

2008年博士毕业后,就职于华东理工大学,主讲上海市精品课程《分离工程》(双语),参与完成《化工分离工程》教材编写工作,协助指导6名博士和硕士研究生。在科研方面,主要从事传质与分离工程及过程模拟,涉及植物基和生物基化学品提取和纯化,药物结晶过程和模拟,磷化工产品技术开发等。作为项目负责人,主持国家自然科学基金项目1项,上海市优秀青年教师科研专项基金项目1项。参与国家"863"计划课题1项,国家科技支撑计划重点项目1项。发表科研论文30余篇,出版著作1部,获国家发明专利10项。

易石坚

易石坚,男,汉族,中共党员,普外科主任医师,外科学教授,中南大学内镜学在读博士。1969年12月出生于湖南省新化县,1972年随父母移民至西湖农场五分场六队,1988年西湖一中高中毕业,1993年衡阳医学院毕业,获学士学位,被分配至常德市第四人民医院工作。2005年中南大学研究生毕业,获硕士学位,被深圳市福永人民医院作为微创外科专家引进,后任该院普外科主任,腔镜外科主任。2012年开始兼任世界内镜医师协会、自然腔道医师协会副会长,中国灾害创伤救治专家委员会全国常委、广东省医学会微创治疗专业委员会青年委员等职。

参加工作以来,主持参与了国家自然科学基金项目"肝癌经导管动脉化疗栓塞磁共振扩散成像"、省级科研项目"甲胎蛋白促肝癌细胞生长的作用机制"、市级课题"骨桥蛋白和KAI-1基因在肝细胞癌中的表达及临床意义"等20余个科研项目的研究工作。在《中国医学工程》《中国普通外科》《中国内镜》《中国医药导报》《中南医学科学》等专业期刊发表论文30多篇。

罗贞礼

罗贞礼,男,汉族,1964年1月出生湖南省新化县,1972年随父母移民至西湖农场六分场四队。1982年西湖中学高中毕业,考入湘潭大学化学系,毕业后留校工作。2000年获博士学位。从1988年起,历任湖南化工研究院党委书记、郴州市苏仙区党委副书记、郴州市政府政研室主任,现任清华大学新经济新产业研究中心研究员,研究室主任,兼任江西赣南师范学院教授、硕士研究生导师。

罗贞礼一直从事经济工作研究,著述颇丰,发表学术论文130余篇,出版专著多部,主要有《可持续发展背景下区域农业结构调整研究》《边缘区域经济发展研究》《新材料产业发展分析及策略研究》《湘南山地生态旅游可持续发展战略研究》。

周重旺

周重旺,男,汉族,1962年9月出生于湖南省新化县,1972年随父母移民至西湖农场一分场一队。1980年毕业于西湖中学,1982年考入湖南农学院园艺系茶叶专业,1986年毕业后进入湖南省茶叶进出口总公司(现为湖南省茶业集团股份有限公司)工作,中共党员,硕士研究生,高级经济师。历任湖南省茶叶总公司部门经理、副总经理、总经理,现任湖南省茶业集团股份有限公司党委书记、董事长、法人代表,兼任中国茶业流通协会副会长,全国边销茶(黑茶)专业委员会执行主委,湖南省茶业协会副会长兼秘书长,湖南省茶叶协会副理事长。

周重旺带领公司始终坚持走外向型经济发展之路,茶叶出口连续排名全省第一(约占全省茶叶出口总额60%),已在长沙市建立16个优质出口茶基地,在全省建立75个优质出口茶园基地,直接解决20多万农村劳动力就业。公司重点打造"君山""湘益""白沙溪"三大茶叶品牌。"君山"商标已被工商行政管理总局认定为中国驰名商标,"湘益""白沙溪"两大品牌黑茶被推荐录选为进驻2010年上海世博会联合国馆的"中国世博十大名茶"。2005年,周重旺被农业部评为“全国农业产业化工作先进个人”、被中国茶叶协会评为“中国茶叶行业十大风云人物”;2008 年被湖南省政府评为“湖南十大杰出经济人物”;2010 年被湖南省政府评为省劳动模范。

夏巨松

夏巨松，男，汉族,1966 年出生于湖南省安化县,1972 年随父母移民至西湖农场,1984 年西湖中学高中毕业,考入湖南师范大学化学系,1988 年毕业。1991 年考入中科院长春应用化学研究所,获硕士学位。1998 年获美国麻省理工学院高分子材料博士学位。2007 年获美国国籍。2008 年起任美国田纳西州孟菲斯市美登力公司高级经理。有 40 多个美国专利技术，有 20 多篇学术论文在国际期刊上发表。

夏军红

夏军红,男,汉族,1975 年 9 月出生于西湖农场二分场三队。1994 年 7 月西湖中学毕业,1998 年 8 月湖南师范大学毕业,2001 年 8 月毕业于华中农业大学生命科学学院，是年 9 月进入中国科学院水生生物研究所,2004 年获博士学位。从是年 8 月起,先后任中国水产科学院南海水产研究所助理研究员、副研究员,2007 年 7 月起为新加坡淡马锡生命科学研究院博士后职员、研究员。

夏军红在国内主要研究:鲷科鱼类及虾类的种质资源鉴定与利用;利用分子标记技术对天鹅白鳍豚国家级自然保护区长江江豚遗传多样性和群体遗传结构，亲子关系及生态行为进行分析和评价。在新加坡主要从事由农粮与兽医局以及国立研究基金会资助的两个鱼类分子遗传育种项目的研究。共在国内外刊物上发表论文 40 多篇。2009 年其论文《鲷科鱼类种质资源与利用》分别获广东省科技厅颁发的科学技术二等奖,国家海洋局颁发的海洋创新成果二等奖,农业部、科技部颁发的中华农业科技三等奖。

夏快飞

夏快飞,女,汉族,1975 年 11 月出生于西湖农场三分场一队。1994 年 7 月西湖中学高中毕业,考入湖南师范大学,2000 年 7 月毕业后,考入中国科学院华南植物园,2005 年获博士学位。

从 2004 年起,先后任中山大学生命科学院助理研究员,新加坡国立大学生命科学学院访问学者,新加坡淡马锡生命科学院访问学者。现为中国科学院华南植物园副研究员、硕士研究生导师。

夏快飞主要从事水稻研究,主持国家级或省级研究项目 8 个,参与国家级或省级研究项目 5 个,以第一参与人身份申请国家发明专利 2 项,以第三参与人身份获得水稻新品种审定和培育项目 1 个及国家发明专利 1 项。共发表科研论文 11 篇,其中有 4 篇论文分别获中国科学院华南植物园优秀奖、二等奖,中国科学院广州教育基地二等奖,广东省研究生学会二等奖。

夏佑新

夏佑新,男,汉族,1965年3月出生于湖南省安化县,1972年随父母移民至西湖农场三分场。1984年7月西湖中学高中毕业。1989年7月,湘潭大学历史系毕业,获学士学位,被分配至韶山毛泽东同志纪念馆工作,先后担任讲解员、文物保管员、陈列部主任、研究室主任、副馆长、馆长等职。2010年10月,任湖南省韶山管理局宣传处处长。2012年7月至今,任韶山管理局办公室主任,兼任湘潭大学、四川省社会科学院硕士研究生导师、研究员。

夏佑新在中共党史和毛泽东思想生平研究领域有一定造诣,任中国共产党文献研究会理事、中国共产党文献研究会毛泽东思想生平研究分会副会长、湖南省毛泽东思想研究会常务理事和副秘书长、湘潭大学毛泽东思想研究中心副主任、《毛泽东研究》和《毛泽东思想研究》杂志社编委。

在博物馆、纪念馆研究方面亦有一定造诣,曾任中国博物馆协会理事,中国纪念馆专业委员会常务理事。先后主持和参与毛泽东、任弼时、罗荣桓、粟裕等湘籍革命家生平业绩陈列的内容设计及艺术设计指导工作。

在中共党史人物研究等领域取得一定成果,先后承担过省重点课题,国家课题研究。发表《论毛泽东的科技价值观》《试析青年毛泽东"游学"原因》《邓小平经济伦理思想与社会主义和谐社会建设》等论文25篇,出版《毛泽东遗物故事》《毛泽东指点成才之路》《毛泽东研究》《走进毛泽东遗物馆》等著作10余部。

夏新林

夏新林,男,汉族,1955年1月出生于湖南省安化县,1972年毕业于安化烟溪中学,同年12月移民至西湖农场。1978年国防科技大学液体火箭发动机专业毕业,2004年中央党校本科班毕业。曾任航天科技集团公司第十一研究所纪委书记、党委副书记,现任该所党委书记。

所获主要奖励有:1985年在东风—22、东风—23研制工作中获航天工业部〇六七基地三等功;1990年在决战"长二捆"任务中获航天工业部〇六七基地一等功;2008年获首次月球探测工程先进个人称号,并获绕月工程奖章。曾在省市报刊发表论文多篇,出版的主要著作有《天路丰碑》《辉煌之路》。

夏新斌

夏新斌,男,汉族,1976年出生于常德市西湖农场渔场。1995年7月西湖中学高中毕业,考入湖南大学金融与统计学院,1999年毕业后在该院深造,获金融学博士学位。此后,就职于湖南中医药大学管理与信息工程学院,任副教授,系湖南省卫生经济与信息学会卫生经济管理与政策专业委员会委员。现任湖南中医药大学管理与信息工程学院管理系主任,硕士生导师。

郭 兵

郭兵,女,汉族,1975年9月出生于西湖农场,1992年7月西湖中学高中毕业,考入天津大学化学系,1996年毕业后在该校读研究生,1999年获硕士学位。2000年考入新加坡国立大学化学系,2003年获博士学位后,就职于新加坡国家科学技术发展局,现任该局研究员。

卿光辉

卿光辉,男,汉族,1968年出生于湖南省新化县,1972年随父母移民至西湖农场一分场。1991年毕业于兰州大学力学系,获学士学位。2002年毕业于福建农业大学机械工程系,获硕士学位。2003年毕业于天津大学力学系,获博士学位。2005年起任教于中国民航大学航空工程学院飞机系。2013年起,兼任中孚航空科技有限公司某无人机项目总工程师。

自2002年起,参与完成国家级重大项目2项、自然科学基金项目4项,主持完成天津自然科学基金项目1项,参与中国航空工业集团"航空科学基金"项目2项。在国内外期刊发表论文60余篇。

梁海军

梁海军,女,汉族,1976年出生于西湖农场渔场。1996年7月西湖一中高中毕业,2003年7月中南大学毕业,获硕士学位。2006年7月至9月,法国贝藏松佛郎什孔泰大学学习。2012年9月进入湖南师范大学学习,后获文学博士学位。现任教于中南大学外国语学院。

出版的专著有《从"传教士"到"通灵者"——沈宝基著译研究》。发表的论文有《大学,如何诗意地栖居》《法国鲁迅研究的历史与现状》《"通灵者"的宇宙意识》。2013年,梁海军入选中南大学"531"人才工程。

谢自韬

谢自韬,男,汉族,1968年6月出生于湖南省安化县,1972年随父母移民至西湖农场四分场,1987年西湖中学高中毕业, 考入长沙铁道学院,1991年毕业后分配至中铁五局工作。1995年9月加入中国共产党,2001年10月获高级工程师技术职称。从2006年起,历任中铁五局第一工程公司副总经理、总经理。城市轨道交通工程公司总经理,现任中铁五局集团公司机械设备部部长。

任高级工程师以来,先后参与秦岭终南山隧道、青藏铁路昆仑山隧道、兰武复线乌鞘岭特长隧道、沈阳地铁等工程的施工建设。在设备选型、机械配置、施工组织安排等方面积累丰富的经验。在科研方面,2004 年以来,组织研究利用 Soliaworks 三维设计软件进行隧道衬砌台车的优化设计,组织公司承担的三板溪桥梁施工的挂篮设计及加工制造,与北京达科豪科技有限公司共同研制《隧道自动导向定位系统》,主持研制简易轮式混凝土搅拌运输车,均获得成功。

在专业期刊上,发表的主要论文有《PT 泵燃油系统现场调整方法》《三臂电脑导向台车的现场调试与使用故障分析》《Soliaworks 在隧道砌台车设计中的应用》《旋挖钻机的选型与现场应用》。

谢新平

谢新平,女,汉族,1963 年 11 月出生于湖南省新化县,1972 年随父母移居常德市西湖农场六分场。1981 年 7 月高中毕业于汉寿县第一中学,1985 年 7 月广州外国语学院(现广州外语外贸大学)东方语言系日语本科毕业,1999 年 3 月毕业于日本福冈教育大学,获教育学国语教育科硕士研究生学位,2009 年 5 月获日本九州大学比较社会文化博士学位。

1995 年 9 月至 2007 年 9 月,谢新平在长沙交通学院外语系(现长沙理工大学外语系)任日语老师。此期间,应邀在日本宇都宫大学讲学,并先后受聘日本福冈教育大学和日本九州大学大学院艺术工学研究院客座研究员。2007 年 9 月至 2010 年 11 月,任上海海洋大学外语学院日语系副教授,2010 年 12 月任上海海事大学外语学院日语系副教授。

谢新平博士致力于中日文化的研究和交流,主研方向是:自他使动被动汉日对比研究;语言与文化(花道)的多维认知研究;语言变化与社会的关系。且笔耕不辍,著述颇丰。有《汉日非主动性动词被动句再考——以非真实性事象为主》、《从对译看日中被动使动自他的关联性》等 11 篇学术论文,在汉日对比语言学研究会第五届汉日对比语言学研讨会交流,并在日本西南学院召开的以东南亚日本语教育为研究内容的日本文化研究学会等国际国内学术会议交流。《汉语叫字句的日语对译文的多义性》《中 +WO 状况构文的他动性再考》等 18 篇论文发表于《日本学研究文集》《福冈教育大学国语科研究论集》等国内国际权威学术学刊。与日本学者鹿岛英一合编著作 2 部,参译日本学者永田英正著作 1 部,参与上海市教委科研创新项目 1 个,主持上海海洋大学和上海海事大学科研项目各 1 个。其学术成就和科研成果在国内国际享有盛誉。

蒋祖新

蒋祖新,男,汉族,1936 年出生于湖南省新化县。1959 年从安江农校毕业后,先后在常德地区农业局、常德地区农科所工作,至 1972 年调至西湖农场工作,长期担任西瓜种子公司经理。1989 年被评为高级农艺师。

蒋祖新一直在基层从事农业技术研究和推广工作,推广西瓜、甜瓜良种 10 个,繁育推广西甜瓜种子30多万公斤，种子推广到全国24个省市。进行柰李、温州蜜橘等水果及蔬菜优良品种配套栽培技术研究，发展高效经济作物，曾多次获农技推广奖项。1986年，“蜜宝、湘蜜西瓜繁育推广” 项目获湖南省科技进步三等奖，1989年，“油—瓜—稻耕作制在洞庭湖的应用研究”项目获湖南省农业科技进步三等奖，1990年，“湘西瓜3号良繁和推广”项目获湖南省科技进步三等奖和常德市科技进步二等奖。是年，“洞庭湖区柰李速成丰产栽培技术研究”项目获湖南省科技进步四等奖和常德市科技进步二等奖，1991年，该项目又获常德市农业丰收三等奖。蒋祖新曾多次被评为省、市先进个人和优秀科技工作者。1994年，经国务院批准，享受政府特殊津贴。

廖汉鹏

廖汉鹏，男，汉族，1986年出生于常德市西湖农场一分场四队。2005年西湖一中高中毕业，2010年考入云南农业大学，现为该大学资源与环境学院博士研究生。

廖汉鹏曾参与多项科研项目。2010年参与江苏省工程项目：畜禽粪便和作物秸秆资源化综合利用技术示范与推广。2011年参与农业部“948”项目：农业废弃物循环利用控制技术引进及产业化开发。2012年参与农业部公益行业专项：西北非耕地园艺作物栽培基质优化配制技术与产业化示范。发表论文《碳源组成影响草酸青霉分泌纤维素酶及其基因表达分析》等3篇，申请国家发明专利1项：“农业秸秆降解真菌草酸青霉NJGZ-2及其菌剂”。

魏仲珊

魏仲珊，男，汉族，1977年出生于西湖农场一分场十队，祖籍湖南省新化县。2002年从湖南省农业大学毕业后，进入省畜牧研究所工作，2006年获湖南农业大学硕士学位。2009年创立湖南优蜜食品科技有限公司。2012年进入北京大学两年制EMBA总裁班深造，2013年毕业。现为湖南省畜牧研究所畜产品研究室主任、副研究员，湖南农业大学在读博士、硕士生导师，湖南省质量技术监督局特聘食品风险监控专家，湖南省经济和信息委员会特聘消费品食品专家。

参加工作以来，魏仲珊先后承担“混合发酵型杂粮乳饮料新型应用技术研究及开发”“粗粮乳饮料工业化生产关键技术研究及其产业示范”等多项省部级科研项目，发表科研论文13篇。2010年至2013年，获3项国家发明专利，1项省级科技进步二等奖。由魏仲珊控股的湖南优蜜食品科技有限公司2013年实现产值1.2亿元，公司“优蜜”商标系湖南省著名商标。

三、人物名录

省、市劳动模范一览表

姓　名	性别	工作单位	荣誉名称	授誉单位	授誉时间
龚陆生	男	新港办事处	省劳模	湖南省政府	2000 年
夏东生	男	下窖办事处	省劳模	湖南省政府	2005 年
夏楚珍	男	电力公司	省劳模	湖南省政府	2010 年
刘付仁	男	西湖三分场	市劳模	常德市政府	1992 年
伍必勇	男	水利局	市劳模	常德市政府	1992 年
黄启发	男	总场机关	市劳模	常德市政府	1992 年
朱慕吕	男	药材公司	市劳模	常德市政府	1992 年
曾宪迪	男	武装部	市劳模	常德市政府	1992 年
吴向芝	男	工会	市劳模	常德市政府	1992 年
张人述	男	民政科	市劳模	常德市政府	1992 年
易后宗	男	总场机关	市劳模	常德市政府	1992 年
杨雪清	男	西湖驻长沙办事处	市劳模	常德市政府	1992 年
夏祖忠	男	农场办	市劳模	常德市政府	1992 年
李宗希	男	西湖镇	市劳模	常德市政府	1992 年
李宗洪	男	工会	市劳模	常德市政府	1992 年
彭学云	男	总场机关	市劳模	常德市政府	1992 年
刘唐吉	男	国建局	市劳模	常德市政府	1992 年
周福忠	男	电力公司	市劳模	常德市政府	1992 年
刘其生	男	国建局	市劳模	常德市政府	1992 年
伍向阳	男	四分场机关	市劳模	常德市政府	1995 年
曾宪立	女	贸易公司	市劳模	常德市政府	1995 年
刘劲松	男	西湖镇	市劳模	常德市政府	2002 年
周佑夫	男	国建局	市劳模	常德市政府	2008 年
张志红	男	东洲办	市劳模	常德市政府	2008 年
戴竹清	女	东洲办	市劳模	常德市政府	2008 年
黄清寒	男	西洲办	市劳模	常德市政府	2009 年
王井岗	男	政治部	民族团结劳动模范	常德市政府	2010 年

市、厅级以上先进人物一览表

姓　名	性别	工作单位	荣誉称号	授誉单位	授誉时间
钟孝坤	男	工商分局	先进个人	湖南省工商局	1991 年
赵紫兰	女	西湖保险营业所	省先进保险员	湖南省保险公司	1992 年
马康湘	男	西湖三中	优秀教师	湖南省教育厅	1993 年
蒋祖新	男	西瓜种子公司	享受政府特殊津贴	国务院	1994 年
夏楚行	男	工商分局	三等功	湖南省工商局	1994 年
龚德成	男	统计室	先进个人	湖南省农垦局	1994 年
符奇才	男	西湖一中	优秀教师	湖南省教育厅	1994 年
伍孝枝	男	交通局	银奖	湖南省农机局	1995 年
江济衡	男	经贸办	先进工作者	湖南省工业普查领导小组	1995 年
曾中权	男	工商分局	先进工作者	常德市委、市政府	1997 年
邓建堂	男	移民局	先进个人	水利部	1998 年
胡玉华	男	移民局	先进个人	湖南省移民局	1998 年
刘业刚	男	水利局	先进个人	湖南省防汛抗旱指挥部	1998 年
卿定宗	男	农　委	全国农业技术推广先进工作者	农业部	1999 年
伍文明	男	新港办事处	人口普查先进个人	湖南省人事厅	2000 年
何谷秋	男	司法局	“四五”普法先进个人	常德市政府	2001 年
夏安林	男	下窖办事处	先进个人	湖南省移民局	2001 年
刘立人	男	西湖镇	先进个人	湖南省人事厅	2001 年
胡助林	男	下窖办事处	人口普查先进个人	湖南省人事厅	2001 年
邓解华	男	水利局	抗洪抗灾二等功	常德市政府	2002 年
伍贤益	男	交通局	宣传工作先进个人	湖南省运管局	2002 年
夏延山	男	交通局	抗击“非典”先进个人	常德市政府	2003 年
苏怡福	男	下窖办事处	优秀基层党委书记	常德市政府	2003 年
曾孟辉	男	物价局	减负工作先进个人	常德市政府	2004 年
夏中惠	男	农经局	二等功	常德市政府	2004 年
程文化	男	西洲办事处	先进工作者	湖南省司法厅	2005 年

续表

姓　名	性别	工作单位	荣誉称号	授誉单位	授誉时间
周尔琛	女	政治部	三等功	常德市政府	2005 年
谢自立	男	社保局	二等功	湖南省委组织部	2005 年
曾维斌	男	东洲办事处	先进个人	湖南省人口普查领导小组	2005 年
艾茂平	女	审计局	先进个人	湖南省审计厅	2005 年
谌永长	男	计卫局	三等奖	湖南省委宣传部	2006 年
刘卫平	男	广电中心	先进个人	常德市委、市政府	2006 年
夏玲珑	男	下窖办事处	先进个人	常德市政府	2007 年
周艳辉	男	裕民办事处	先进个人	常德市政府	2007 年
王兰华	女	西湖一中	优秀教师	湖南省教育厅	2007 年
王本南	男	西湖一中	“四五”普法先进个人	湖南省司法厅	2007 年
彭龙生	男	西湖一中	中小学教育技术装备先进个人	湖南省教育厅	2007 年
袁志明	男	移民局	先进个人	湖南省政府	2008 年
刘家为	男	西湖镇	新农村建设先进个人	常德市政府	2008 年
周明友	男	发改局	全国农业普查先进个人	国家统计局	2008 年
刘吉长	男	发改局	全国农业普查先进个人	国家统计局	2008 年
张绍忠	男	发改局	优秀司法所所长	湖南省司法厅	2008 年
朱健平	男	发改局	先进个人	全国经济普查领导小组	2009 年
李跃明	男	下窖办事处	三等功	常德市政府	2009 年
戴菊华	女	民政局	模范民政工作者	常德市政府	2009 年
黄志伟	男	血防站	全国血防工作先进个人	卫生部	2009 年
余天顺	男	环保局	污染源普查先进个人	环保部	2010 年
王井岗	男	政治部	三等功	常德市政府	2010 年
刘东生	男	水利局	先进个人	湖南省水利建设指挥部	2010 年

高级职称一览表

姓　名	性别	工作单位	职称名称	评定单位	评定时间
戴建中	男	西湖一中	中学高级教师	常德市职改办	1989 年
刘吉荣	男	西湖一中	中学高级教师	常德市职改办	1989 年
郭旭初	男	西湖一中	中学高级教师	常德市职改办	1989 年
蒋祖新	男	农业办	高级农艺师	常德市职改办	1989 年
沈仕移	男	农业办	高级农艺师	常德市职改办	1989 年
刘石柱	男	经贸办	高级工程师	常德市职改办	1989 年
孙旭升	男	西湖医院	主任医师	常德市职改办	1990 年
易理球	男	西湖医院	副主任医师	常德市职改办	1990 年
饶道生	男	西湖一中	中学高级教师	常德市职改办	1995 年
刘道中	男	西湖一中	中学高级教师	常德市职改办	1995 年
曾宪礼	男	西湖一中	中学高级教师	常德市职改办	1995 年
刘端生	男	西湖一中	中学高级教师	常德市职改办	1995 年
曾孟奇	男	西湖一中	中学高级教师	常德市职改办	1995 年
马康湘	男	西湖三中	中学高级教师	常德市职改办	1995 年
马忠谋	男	西湖三中	中学高级教师	常德市职改办	1996 年
符奇才	男	西湖一中	中学高级教师	常德市职改办	1996 年
侯中华	男	西湖一中	中学高级教师	常德市职改办	1996 年
刘新财	男	西湖一中	中学高级教师	常德市职改办	1996 年
康桃云	女	西湖一中	中学高级教师	常德市职改办	1996 年
夏中清	男	西湖一中	中学高级教师	常德市职改办	1996 年
夏延渭	男	西湖一中	中学高级教师	常德市职改办	1996 年
邓执政	男	西湖一中	中学高级教师	常德市职改办	1998 年
龚金龙	男	西湖一中	中学高级教师	常德市职改办	1999 年
邬四阳	男	西湖一中	中学高级教师	常德市职改办	1999 年
夏姣桃	女	西湖一中	中学高级教师	常德市职改办	2000 年
夏经纬	男	西湖一中	中学高级教师	常德市职改办	2000 年
蒋全章	男	西湖一中	中学高级教师	常德市职改办	2000 年
刘益安	男	西湖一中	中学高级教师	常德市职改办	2002 年
何一中	男	西湖一中	中学高级教师	常德市职改办	2003 年
黄志伟	男	血防站	副主任医师	常德市职改办	2003 年
何秀红	女	西湖医院	副主任医师	常德市职改办	2003 年
王本南	男	西湖一中	中学高级教师	常德市职改办	2005 年
姜冬芹	女	西湖一中	中学高级教师	常德市职改办	2005 年

续表

姓　名	性别	工作单位	职称名称	评定单位	评定时间
夏东文	男	西湖一中	中学高级教师	常德市职改办	2006 年
罗玉中	男	西湖一中	中学高级教师	常德市职改办	2007 年
邓辉花	女	西湖一中	中学高级教师	常德市职改办	2007 年
戴素华	女	西湖一中	中学高级教师	常德市职改办	2007 年
易艳西	女	西湖一中	中学高级教师	常德市职改办	2008 年
周月桃	女	西湖一中	中学高级教师	常德市职改办	2008 年
夏朝晖	男	西湖一中	中学高级教师	常德市职改办	2008 年
邓晓冬	女	西湖一中	中学高级教师	常德市职改办	2009 年
洪华云	女	西湖一中	中学高级教师	常德市职改办	2009 年
廖彬文	男	西湖一中	中学高级教师	常德市职改办	2010 年

丛　录

一、重要文献

湖南省机构编制委员会文件

湘编〔1999〕3 号

关于成立常德市西湖区管理委员会的批复

常德市机构编制委员会：

你委《关于成立西湖区管理委员会的请示》(常编报〔1999〕2 号)收悉。根据省人民政府《关于西湖农场建设有关问题的会议纪要》(湘府阅〔1998〕120 号)关于“鉴于西湖农场全部由移民组成的实际情况，决定成立‘常德市西湖区管理委员会’，与西湖农场两块牌子，一套班子，建立一级财政，省、市政府及所属部门对西湖农场的经济、社会、文化事业的发展要视同县市区同等对待，给予支持”的精神，经研究，同意成立常德市西湖区管理委员会，与西湖农场两块牌子，一套班子，建立一级财政，对该管理区的经济、社会、文化事业的发展，要视同县、市、区同等对待。此复。

湖南省机构编制委员会(公章)

一九九九年八月十二日

主题词：机构　批复

抄送：省委办公厅、省委组织部、省政府办公厅、计委、经贸委、农办、建委、财政厅、交通厅、农业厅、水利水电厅、民政厅、粮食局、国税局、农行、移民局、农垦局、扶贫办

中共湖南省委文件

湘发〔2000〕4号

中共湖南省委
湖南省人民政府
关于国有大中型农场体制改革的意见

(2000年1月24日)

国有农场是农村经济的重要组成部分。自50年代创建以来,我省国有农场为开发土地资源,扩大社会就业,增加商品供给和国家积累作出了重要贡献。当前,随着改革开放的深化和社会主义市场经济体制的建立,国有农场在计划经济体制下形成的政企合一、高度集中的管理体制越来越不适应区域经济社会发展的要求,不利于深化工商企业改革和多种所有制经济共同发展,不利于减轻企业和职工负担,不利于依法行政和依法办事,必须进行改革。为此,省委、省政府就全省国有大中型农场体制改革提出如下意见。

一、指导思想和基本原则

国有农场体制改革要以党的十五届四中全会精神为指针,从有利于解放和发展生产力,有利于深化国有工商企业改革,有利于减轻企业和职工群众负担,有利于维护社会稳定出发,遵循社会主义市场经济体制的客观要求,按照政企分开、职能配套、权力和责任对等、事权与财权统一的原则,建立健全行政管理体制、司法体制、财政体制和符合现代企业制度要求的企业运行机制。通过改革,理顺体制,转换机制,加强管理,增强发展活力。

二、建立健全行政管理体制和司法体制

区分不同情况,建立健全行政管理体制。在规模较大的农场设立管理区,规模较小且地理位置毗邻的合并设立。管理区设管理委员会,作为上一级人民政府的派出机构,比照县级政府赋予职能职权,全面负责管理区域内的经济社会事务。规模较小又单个存在的农场改为乡镇建制,并入所在县市区。其干部管理按"老人老办法,新人新办法"的原则逐步过渡。

管理区建立相应的司法机构,健全司法管理职能,其机构设置按法定程序报批。

三、建立健全财政体制

管理区比照县一级建立分税制财政体制。设立相应的财政管理机构、税收征管机构和国库;建立财政预决算制度,将管理区的各项税收、规费、土地承包费、罚没款和其他各项收入纳入财政统一管理,同时将管理区的行政性支出、社会事业管理和建设支出等列入财政支出预算;按分税制财政体制确定收入级次,省、市州对管理区执行与县市区相同的财政政策。各市州要在确定农场财政管理体制时给予让利照顾。考虑到国有大中型农场主要集中在岳阳、益阳、常德三市,省对三市适当减轻财政上解基数,管理区的财政基数确定后,地方税收增长部分、共享税分成部分及上划中央两税系数返还部分,在5年内由管理区全额留用,以调动其深化企业改革,大力发展多种所有制经济和加强税收征管的积极性。

四、理顺省、市州政府及其各部门与管理区的关系

设立管理区后,省、市州政府及其各部门要比照县市区一级,将其经济社会发展纳入统一规划。计划、经贸、财贸、财政、文化、教育、卫生、交通、水利、农业、林业、电力、国土、城建、规划、民政、劳动和社会保障、环保、血防、公安等各部门和检察院、法院在项目安排、资金投入、政策扶植、行业管理等方面,应将管理区与县市区一视同仁,统筹安排。各级财政原来预算中支持农场发展的“小农水”等经费要继续安排,并逐年增加。

五、深化内部改革

大力精简行政事业机构和人员。管理区党政机构和司法机构要按照精干高效的原则设置,不要攀比县市区,不要强求上下对口。具体方案由所在市州与管理区根据实际情况研究提出,并报省编委批准后执行。同时,对现有分场和生产队进行撤并,改设乡镇或办事处和村,有的可实行管理区和办事处(村)两级管理。对现有教育和医疗网点进行调整集中,并切实抓好人员分流工作。清理清退代干、代教人员和各类临时工;对各类后勤和生产服务体系实行企业化经营。要通过精简机构和分流人员,使管理区由财政负担的人员有较大幅度的减少。

加快农场所属国有工商企业改革。在设立管理区的同时,可组建国有资产经营公司或农垦集团公司,由市州人民政府授权其管理和运营原农场国有资产。农场所属工商企业要加快进行股份制改造,改组为农垦(集团)公司的控股、参股企业,登记为独立法人。其工商企业改制时享受县市区国有企业相同的政策待遇,省、市州有关部门和金融机构要一视同仁给予支持。

深化农业改革。要进一步完善土地承包责任制和统分结合的双层经营体制。试行土地使用权有偿转让,促进土地向经营能手集中,大力扶持发展家庭农场、股份制农场,积极推进农业产业化经营。同时大力发展非公有制经济,鼓励非公有制经济投资主体参与农业资源开发、小城镇建设和发展二、三产业。

六、积极推进社会保障体系建设

在国有农场体制改革过程中,要积极探索建立社会保障体制的有效途径。要按照中央和省里的有关文件精神,将原农场的干部、老师、医务人员和国有工商企业职工的养老保险、医疗保险和失业保险逐步纳入社会统筹。要根据农场的特殊性,从实际出发,妥善研究目前普遍存在的农业职工退休养老问题的处理办法。具体方案由各市州专题调查研究后制订。

七、切实加强对农场体制改革工作的领导

这次国有农场体制改革工作由所在市州党委、政府负责组织实施。这项工作涉及面广,情况复杂,政策性很强,各有关市州党委、政府要切实加强领导,由一把手负总责,分管农村工作的副书记、副市(州)长具体负责抓,成立专门班子,指导和帮助农场结合本地实际研究制订具体方案,并精心部署,严密组织实施。要广泛深入地做好思想政治工作,教育、引导农场广大干部职工积极支持和参与农场体制改革。要妥善处理改革、发展和稳定的关系,注意研究改革中出现的新情况、新问题,对各种不利于稳定的因素要及时发现、及早化解,以保证国有农场体制改革的顺利进行。

全省国有大中型农场体制改革的指导工作,由省委副书记胡彪,省委常委、省政府常务副省长周伯华,省政府副省长庞道沐,省政府秘书长谢康生负责;省委政研室、省委政法委、省体改委、省编办、省农办、省农业厅、省财政厅、省民政厅、省劳动和社会保障厅、省农垦局等部门安排力量参与指导督促。其他各部门都要根据各自的职责范围,大力支持配合。

国有小型农场的改革,由各市州、县市区参照本意见,结合各地实际制定具体方案,并负责组织实施。

(此件发市州和省直有关厅局)

中共湖南省委办公厅文件

湘办发〔2002〕9号

中共湖南省委办公厅
湖南省人民政府办公厅
关于国有大中型农场体制改革的补充意见

（2002年10月17日）

省委、省政府《关于国有大中型农场体制改革的意见》（湘发〔2000〕4号）文件下发后，有关市委、市政府和省直部门认真贯彻落实，使我省农场体制改革取得了突破性进展，经济社会发展取得了可喜的成绩。为了进一步贯彻落实湘发〔2000〕4号文件精神，不断完善和深化农场体制改革，经省委、省政府同意，特补充如下意见：

一、理顺行政管理体制。农场体制改革后设立的管理区，虽不是县级行政区，但纳入县（市、区）管理系统，享有县（市、区）一级职能职权，全面负责管理区域内经济社会事务。

二、完善分税制财政体制。各有关市政府、财税部门要按照财权、事权对等的原则和县（市、区）一级党政职能及社会事业管理要求，在管理区比照县（市、区）一级建立分税制财政体制，依据机构编制管理的有关规定建立健全管理区的财政管理机构和税收征管机构。按照新核定的财政供养人员编制，确定合理的财政收支基数，解决支出零基数的历史遗留问题，以确保工资发放和正常运转。对在改革中的原农场管理机关内退和分流人员享受机构改革支付转移政策。

三、进一步健全司法体制。享有县（市、区）一级职能职权的管理区，建立党委政法委员会和公安、检察、审判机构及司法局等司法机构；实行镇建制的，从实际需要出发，建立相应的司法机构。司法机构的设置按法定程序报批；有关机构级别、人员编制、领导职数问题，原则上按湘编办〔2001〕37号文件精神办理。

四、进一步明确和界定有关人员身份。湘发〔2000〕4号文件中确定的干部管理“老人老办法，新人新办法”原则的执行，以省有关部门批准建立区、管理区或镇的文件为时间界限。改革前原农场总场、分场行政、事业单位、工商企业的干部职工和退休人员，其身份不变、职级不变、待遇不变。改革后录用的公务员（机关工作人员）和聘用的事业单位工作人员，均属新人新办法范畴，在什么岗位工作，就享受什么政策待遇。

五、进一步完善社会保障制度。农场体制改革前已达到国家法定正常退休年龄的原国有农场干部、教师、医生和工商企业固定职工，经同级劳动保障部门审定，纳入城镇企业职工基本养老保险后，按规定标准和支付渠道，支付基本养老金；农场体制改革后被录用为公务员(机关工作人员)和聘用为事业单位工作人员的，执行机关、事业单位的社会保险政策；农场体制改革后，属于城镇居民，进入城镇工商企业就业或自谋职业，采取灵活方式就业的，按统一政策规定，参加城镇企业职工基本养老保险、基本医疗保险和失业保险。原农场农业退休职工的养老问题，在国家政策尚未明确的情况下，各区或管理区要根据原有政策和实际情况，完善养老政策，妥善解决好农业职工的养老问题。国家明确政策后，按国家的政策执行。

六、经营和管理好国有资产，妥善解决债务问题。各管理区和乡镇要有职能机构或农垦经济组织，经营和管理国有资产(包括国有土地)，防止资产流失，盘活国有资产，确保其保值增值。对原农场的债务要进一步清理和核查，并采取积极措施进行消赤减债。对原农场企业借用的、市财政周转金给予豁免。逐笔落实所欠金融机构的债务，确已形成不良贷款的，按照金融机构的有关规定进行处置。原农场内部所欠的职工集资款、农产品兑现款等，管理区和乡镇要制定计划，分类处理，逐步偿还。

七、加大对农场体制改革的支持力度。省、市各有关部门要按照湘发〔2000〕4号文件要求，加大对改制区经济社会事业发展的扶持力度，支持农场体制改革。计划、经贸、财政、科技、教育、文化、卫生、交通、水利、农业、林业、电力、国土资源、城建、民政、劳动保障、工业、物价、技术监督、环保、计划生育等部门，对管理区在政策支持、项目安排、资金投入、行业管理等方面，要与县(市、区)同等对待，并给予政策倾斜，帮助其加快发展。各级农垦管理部门要加强调查研究，及时掌握情况，当好党委、政府的参谋，为深化农场体制改革、促进区域经济发展、维护社会稳定搞好协调、服务工作。

八、农场体制改革后设立的管理区或乡镇，仍要按原统计口径向上级农垦主管部门报送社会经济发展规划和计划，编制统计和会计报表，提供综合情况，并按原渠道向国家农垦主管部门申报有关项目，争取国家支持。各区、管理区党委、行政组织要进一步贯彻落实省委、省政府湘发〔2000〕4号文件精神，以“三个代表”重要思想为指导，认真做好改革、发展、稳定各项工作，加强思想政治教育，切实解决干部职工的实际问题和历史遗留问题，确保经济加快发展、社会大局稳定。

(此件发市州和省直有关厅局)

湖南省民政厅文件

湘民办发〔2008〕70号

关于认定西湖管理区为革命老根据地的批复

西湖管理区：

你管理区《关于请求批准我区为革命老根据地的请示》(西请字〔2008〕35号)收悉。根据国家民政部、财政部划定革命老根据地的规定和你管理区提供的有关史料，经研究审核，并报请省人民政府批准，同意认定你管理区为革命老根据地。

特此批复。

湖南省民政厅(公章)

二○○八年七月四日

湖南省民政厅文件

湘民行发〔2010〕17号

湖南省民政厅关于汉寿县西湖镇析置西洲乡和东洲乡的批复

常德市人民政府:

你市《关于汉寿县西湖镇区划调整的请示》(常政〔2010〕70号)收悉。经研究,并经省人民政府批准,现批复如下:

同意从西湖镇析出22个建制村(现实际为6个正科级办事处),设立西洲乡和东洲乡。新建西洲乡辖新北河、黄泥湖、同兴、裕民、幸福、安康、西洲、田园、建湖、永安等10个建制村,总面积29.61平方公里,总人口2.13万人,乡人民政府驻十字闸;新设东洲乡辖新兴、春晓、新港、九狮、鼎兴、鼎福、鼎裕、鼎园、旺福、旺禄、旺寿、旺喜等12个建制村,总面积30.45平方公里,总人口2.12万人,乡人民政府驻九狮桥。

行政区划调整后,西湖镇辖2个社区居委会、3个建制村,总面积10.24平方公里,总人口1.38万人,镇人民政政府驻地不变;汉寿县辖16镇、16个乡。

接此批复后,请你市撤销原设的6个办事处。

湖南省民政厅(公章)

二〇一〇年九月二十八日

常德市人民政府办公室(批复)

常政办函〔1990〕14号

关于西湖柳林嘴外江码头管理权属问题的批复

市计委:

你委《关于西湖柳林嘴外江码头管理权属问题的请示》收悉。经市政府领导研究,同意你委所提意见,现批复如下:

1.柳林嘴外江码头是建设好西湖农场的基础设施项目之一,由西湖农场包干建设。按照“谁承建、谁使用、谁受益”的原则,建成后的码头所有权、使用权归西湖农场。汉寿县要积极支持码头的建设。

2.码头建成后,成立柳林嘴港务管理站,由市交通局直管。港务站的组建由市交通局商西湖农场和汉寿县政府确定。

3.港务站收取的规费和管理费除上交和必要的开支外,应首先用于归还建设码头用的农行贷款。

4.柳林嘴码头的选址,由市交通局在市计委牵头组织的可行性论证的基础上选定。

特此批复

常德市人民政府办公室(公章)
1990年4月20日

发:汉寿县人民政府、市农经委
交通局、农场局、西湖农场　　共印50份

常德市人民政府办公室　　1990年4月20印发

二、论文选录

关于水库移民集中安置区后期扶持工作的思考

谌永长

我国水库移民从总体来看,不外乎后靠安置、外迁安置两大类。外迁安置从安置的具体模式来看,又可确定为集中安置和分散安置两个类型。20世纪六七十年代从柘溪库区安置在西湖农场(现为西湖管理区)、湘阴县杨林寨乡和沅江市四季红镇的移民属典型的集中安置类型;安置在城步、绥宁及新宁等地的移民属典型的分散安置类型。集中安置区生产、生活受益的主体都是移民,后期扶持政策可以更好地发挥作用。集中安置区如何抓住后扶的有利时机,帮助库区移民脱贫致富奔小康?纵观柘溪库区移民集中安置区30多年来的实践情况,如何更好地发挥集中安置优势,抓住国发〔2006〕17号《国务院关于完善大中型水库移民后期扶持政策的意见》执行的有利时机,坚持统筹发展、全面发展、可持续发展的方针,全面落实科学发展观,当前显得十分重要。本文试从八个方面对水库移民集中安置区后期扶持工作做一些探讨,供各级政府及移民工作者参考。

一、坚持集中建设与个别扶助互行的原则

集中安置区集中建设更有利于发挥后扶资金的作用。集中建设主要指公益福利事业建设。如基本农田、水利设施、道路交通、防洪保安、山塘水坝、农村饮水、工矿企业、集镇基础建设等。以西湖管理区为例,该区移民34年来这方面取得了可喜成绩。特别是20世纪90年代初,该场整合一切资源,集中精力抓了三件大事。一是大兴水利建设,拉通了两条横贯西湖东西腹地的主排渠并配套建设好了排灌设施;二是大办工业企业,对劳改农场移留下来的纸厂进行扩改建,又兴办了一个制药厂;三是大力加强集镇的规划布局和建设,使镇区面貌焕然一新。深受移民群众的好评。当然,在集中建设的过程中,一定要讲求实际、讲求需要、讲求效果。脱离实际需要的项目该砍的要砍、该停的要停、该调的要调。

对重点项目进行集中建设,同时也要对个别进行扶助。这里个别扶助包括两方面的意思,一是移民个体的扶助,因为安置区都是移民,移民最讲究公平,移民能够平均享受的政策待遇一定要尽可能均衡享受。如西湖管理区在移民危房改造时,采取先试点,后滚动的办法,群众意见很大,纷纷上访,后来采取平均补助的办法,有效地解除了移民群众的不平情绪。二是个别项目的扶助,对于在一定范围内可以推广的项目,也要给予扶助,这样更有利于典型的发展,从而推动或者带动其他移民效仿发展。西湖管理区西港河网箱发展,就是推广龚六生的网箱养鱼经验发展起来的。当然，在个别扶助过程中，一定要讲究方法，不要引起移民群众的不平，没有推广条件，只能使个别移民受益的项目，一般不要列入扶助范围。

二、坚持大面扶持与小面示范互合的原则

集中安置区移民基本生产生活条件是一致的，大面扶持才能促进移民整体的发展。这就要求在落实扶持政策时一定要切实提高公开、公平、公正的程度，让移民普遍受惠。西湖管理区本世纪初在鼓励移民发展柑橘生产时，曾采取以奖代投的方法，对新发展的柑橘园按实际面积给予奖励，就做得很好。当年该区一分场抢抓发展机遇，新增橘园 3500 亩，加上老果园，人均达到 1 亩以上，现在均已挂果，亩均橘作产值远远高于其他常规农作物产值。

大面扶持，移民广泛受益，移民心里是平衡的，也是拥护的。大面扶持的同时，对小面的示范也要结合起来给予扶持。因为小面的示范是为了更好地大面推广。值得注意的是，小面示范一定要增强透明度，在示范中一定要公开，让移民群众看到示范的榜样和带动作用，但示范要成功，群众才可能拥护。

三、坚持工业兴办与农业发展互助的原则

"围绕农业办工业，办好工业促农业"，这个主张已逐渐为各地认同。实际上发达国家农产品的加工值已是农业产值的 3~4 倍，而我国目前占不到农业产值的 80%。移民集中安置区一般都是农业产区。多年来，我省对移民安置区始终坚持以农为主扶持的思路，对工业的扶持比较乏力，加上移民安置区招商引资工作有利因素不多，致使工业发展后劲严重不足，移民就业难，增收难，稳定难。而农业的发展要受很多因素的影响，移民增产不增收是常事。当前，各级政府把农产品加工转化增值提上议事日程。移民集中安置区要抓住后扶的有利时机，充分利用本地资源，充分利用移民生产开发资金和移民后期扶持优惠政策，规划一批好的项目，按照市场化的要求，采取"公司加基地，基地带农户"的形式，扶持一批劳动密集型农产品精深加工企业，并鼓励企业创名品名牌，从而带动企业上下游相关产业的发展，为提高就业能力，增加移民收入和农业产业化的发展注入活力。

比如西湖管理区地处洞庭湖，粮食和蔬菜资源十分丰富。这两类加工企业的发展前景十分广阔，移民集中安置区可以给予重点扶持。据了解，该区有一批多年在深圳、广东、浙江等地从事生产、科研和销售的移民及移民子弟，他们已开发、掌握这些领域的独特技术和市场，并且已经邀请广东方面的老板投资共同回乡兴办万吨即食米线加工项目。西湖管理区也已应邀去广东实地考察，并委托省农科院专家做出了专业可行性论证。该项目当年建成当年可投产，年产值可突破亿元大关，同时可至少解决 400 多个移民就业。对于这样的好项目，各级政府和移民组织要高度关心，给予支持，力争项目尽快上马。

四、坚持集镇发展与农村建设互托的原则

发达国家和新兴工业化国家的历史表明，经济发展在相当长时期就是农村人口城镇化的过程。移民集中安置区集镇作为移民居住的聚集地、农业物资的集散地和经济发展的桥头堡，其辐射功能和带动作用是十分巨大的。集镇越发展，从事农业的移民就可以更多地从农业中解脱出来从事第二、三产业,有限的土地就可以更好地向种地大户聚集,发挥土地的规模效益。集镇的发展还可以加速城乡一体化的推进过程,促进新农村建设。而集镇的发展也必然要依托农村的发展,没有农村的发展,集镇规模难以扩大。集镇建设和农村发展相互依托、相互作用、相互发展。当前移中集中安置区要着重加强集镇建设,进一步完善城镇功能、突出加强城镇吸纳就业能力的培育,切实增强移民集镇对周边农村的辐射力和影响力,通过集镇的发展,促进移民群众收入和生活水平的提高。

五、坚持公共财政与移民收入互增的原则

公共财政是国家或政府为市场提供公共服务的分配活动或经济活动,它是与市场经济相适应的一种财政类型和模式。

移民集中安置区公共财政的增强对移民增收意义十分重大。一是有利于集中更多的财力,支持农业基础建设,发展公益福利性事业,为移民增收创造物质基础;二是有利于推动农业产业结构的战略性调整,促进移民剩余劳动力的转移,增加移民收入;三是有利于农村城镇化的推进,促进农业移民向非农产业转移;四是有利于调整财政分配关系,实现移民增收的目标。

同样,移民收入增加,移民参与社会实践活动能力增强,创造社会财富增多,公共财政的重要来源工商税费也会相应增加。

移民集中安置区,过去一般都是长期把改善移民生产、生活条件作为首要任务加以建设和扶持,而很少也很难注重公共财政的建设和积累。由于公共财政不足,公共财政对移民的扶持力不从心。移民集中安置区,当前应抓住新的后扶政策出台的有利时机,认真组织规划,努力发展生产,广泛培植财源,切实增强发展后劲,实现公共财政和移民收入互增的目标。

六、坚持其他政策与移民政策互补的原则

水库移民为国家做出了重要贡献,移民集中安置区在用好用活移民政策的同时,一定要努力争取国家其他政策的扶持,国家其他政策是移民政策的坚强后盾和必要补充。国家现行的惠农政策很多,如义务教育、税费减免、粮食直补等,其他村民享受了的,移民也享受了。但还有很多方面的政策没有享受,或者享受得不是很好。比如农业综合开发、扶贫开发、农业小额贷款等。除此之外,农业垦区移民有农垦方面的扶持政策,血防区移民有血防方面扶持政策,其他在城镇建设、新农村建设等方面也有很多的扶持政策,移民集中安置区要下大力气争取。

七、坚持智力扶持与经济扶持互重的原则

经济要发展,人才是关键。移民集中安置区对移民加强经济扶持的同时,一定要加强移民智力方面的扶持,智力扶持与经济扶持有着同等的重要性。

对移民加强智力扶持一定要建立健全机制,要有明确的奋斗目标、措施和方法。首先要加强九年义务教育,要确保适龄移民子弟就学,这是根本;其次要加强职业教育,使移民子弟走上社会就有一技之长,提高谋生的能力;第三要加强对移民子女大中专学生的激励,明确具体奖励办法，给予就读学生一定的经济补助，减轻移民家庭的经济负担，对学习拔尖的学生给予特别奖励；第四，要加强农业技术服务，定期不定期地对农业移民给予农业科学技术和实能技术培训，培训不能流于形式，要实实在在、要实用。同时要高度关心、爱护、尊重农业科学技术专业人才，充分调动他们的积极性，使他们有奔头、有劲头，乐意全心全意为农业服务，为移民服务。

八、坚持充分就业与社会稳定互赢的原则

就业问题不仅是重大的经济问题，也是重大的政治问题，不仅是现实的紧迫问题，也是长远的战略问题。失业在可承受范围内是经济账，超出其可承受范围，就得算政治账。移民集中安置区人均占有的可供生存的资源较其他乡镇普遍要差、要少，这无疑给安置区经济发展和社会稳定带来了重大的社会问题。如何确保安置区经济可持续发展，确保社会稳定，就业问题一定要引起各级政府和移民部门高度关注和重视。只有实现移民劳动者的充分就业，移民经济才能得到充分发展，移民才有可能安居乐业。即使随着社会的发展，水库移民后期扶持政策的落实，移民经济从总体上得到加强，但是那种非就业的经济增长也是很难确保安置区的社会稳定和社会和谐的。

移民集中安置区要实现劳动者的充分就业，须着重扶持抓好五个方面的工作：一是加强农业基础地位建设，努力提高农业劳动者的收入；二是加强农业移民剩余劳动力的转移和非农业人口的就业，努力发展二、三产业；三是加强移民集镇建设，努力增强集镇吸纳就业的能力；四是加强移民劳动者的素质教育，努力提高移民劳动者的就业能力和水平；五是加强移民集中安置区的公共财政建设，努力为库区移民经济发展打造更强的经济实力。

（2006年湖南省献计献策《专报》第34期，获湖南省委“迎接党代会、共谋新发展”献计献策活动办公室颁发的优秀建议三等奖）

谌永长　男，西湖管理区人，公务员。

节粮型网箱养殖草鱼技术探讨

夏中惠　王映明　刘立人

所谓节粮型网箱养殖草鱼,就是以人工种植青饲料作为网箱养殖草鱼的主要饲料来源,从而达到降低养殖成本,提高效益的一种养殖模式,对千家万户发展网箱养鱼具有现实指导意义。为此,我们于2002年在西港河进行了节粮型网箱养殖草鱼的试验示范,并取得了良好的效果。现将有关情况介绍如下。

1 材料与方法

1.1 河流概况

西港河为西湖大垸调蓄内河,全长24.3千米,主要为西湖管理区与汉寿县西湖垸交界的西港哑河。河流平均水深在5米以上,最大调蓄量为5650立方米,汛期蓄洪,旱季灌田,年平均降雨量为1273.9毫米,年平均气温16.7℃,水温年变化在4℃~35℃之间,鱼类生长期可达300天。水质清新,正常水位时透明度为50厘米~110厘米,河底边缘多水草;pH值为6.5~8.0。到2001年年底,西港河已下河网箱5000口,其中80%为养殖草鱼。

1.2 试验地点

根据下河网箱数和养殖户数,我们有针对性地选择能够代表网箱养殖草鱼主要特点的村作为我们的试验示范点。第1个点为下窖办事处新屋村,选择两个养殖户共14口网箱,配套青饲料种植面积2.22平方千米;第2个点为下窖办事处下窖村,选择3个养殖户共18口网箱,配套青饲料种植面积2.625平方千米;第3个点为新港办事处大屋场村,选择3个养殖户共23口网箱,配套青饲料种植面积3.78平方千米。

1.3 青饲料种植

青饲料的品种是黑麦草、苏丹草、矮象草,以苏丹草和黑麦草为主,少量种植矮象草。茬口安排一般为:先年9—10月份种植黑麦草,3—4月份种植矮象草,4—5月份种植苏丹草。管理上主要做好3点:一是精耕细作;二是施足基肥和适时施肥;三是及时刈割。通过精细管理,三种草都获得了较高的产量。据测算,每667平方米面积青饲料产量达到1.2万千克。3个点总产青饲料69万千克。

1.4 网箱设置

网箱采用聚乙烯网片缝制而成,规格为7米×4米×2米,网目为4厘米。网箱结构为六面封闭体浮动式,上面留一个2米×2米的活动式网片作为投喂青饲料窗口;箱架用毛竹制成,用旧油桶作浮子。网箱入水深度1.7米;网箱排列方面一般与水流垂直,南北向;两箱之间的距离一般为2米左右。为保证航道正常运作一般只设置两排网箱,窄处只设置一排。新网箱在放养前15~20天下水布设完毕,让箱体上附生一些丝状藻类等,以避免放养后网箱擦伤鱼体。

1.5 鱼种放养

投放的鱼种均从专业鱼种场购进。鱼种投入时间为每年的 2 ~ 3 月份，尽量提早投放，以减少鱼种机械性损伤。

表 1　网箱鱼种放养情况表

试验点	网箱数（口）	品种	规格（千克/尾）	重量（千克）	尾数（尾）	密度（尾/ 平方米）
1	14	草鱼	0.60-1.25	1720.0	2000	5.1
		鲢鱼	0.25-0.40	108.0	392	1.0
		鲤鱼	0.15-0.25	29.5	196	0.05
2	18	草鱼	0.60-1.25	202.5	2700	5.3
		鲢鱼	0.25-0.40	162.0	540	1.1
		鲤鱼	0.15-0.25	53.0	300	0.6
3	23	草鱼	0.60-1.25	2765.0	3450	5.3
		鲢鱼	0.25-0.40	187.5	650	1.0
		鲤鱼	0.15-0.25	60.0	300	0.5
合计	55	草鱼	0.60-1.25	6510.0	8150	5.3
		鲢鱼	0.25-0.40	457.5	1582	1.0
		鲤鱼	0.15-0.25	142.5	796	0.5

55 口网箱共投入草鱼种 8150 尾，重 6510 千克，每平方米密度为 5.3 尾，规格为 0.6~1.25 千克；另外搭配麻白鲢、鲤鱼鱼种 600 千克，规格为 0.2~0.4 千克 / 尾（具体数据见表 I）。鱼种进箱前采用草鱼浸泡疫苗浸泡，同时用 30~40 克 / 升的食盐水浸泡 15 分钟。对同一网箱放养的鱼种，规格大小要基本相近。

1.6 饲料投喂

整个饲养期间，一般以自种的黑麦草、苏丹草、矮象草为主，5 月份以前以黑麦草为主，6 月份以后以苏丹草为主，茬口交接处青饲料供应不足时，养殖户也采集一些野生青饲料或新鲜蔬菜叶投喂。一般不投喂精饲料，但在青饲料供应不足又无法及时采集野生青草时，也投喂少量谷芽、粕饼等。

青饲料投喂量一般随气温的升高和鱼体的长大及时进行调整，一般每 10 天调整 1 次。饲料投喂要做到定时（每天两次，一般为上午 8—9 时，下午 1 6—17 时）、定量（一般掌握在下次投喂前基本吃完）、定质（新鲜、适口、无霉烂变质）、定位（从固定活口投入）。

整个养殖期间，共投喂精料 0. 35 万千克，黑麦草 23.5 万千克，苏丹草 39 万千克，矮象草 6.5 万千克，野生青饲料 4.5 万千克。青饲料饵料系数为 30.2（仅针对草鱼而言）。

1.7 日常管理

经常巡箱 网箱养殖草鱼有专人看管，并要求坚持每天早、晚两次检查网箱，及时掌握鱼的生长及摄食活动、网衣的完好程度，并及时捞除残渣剩草，确保网箱内水质清洁。

定期洗箱 为了保证网箱内外水体的顺利交换，必须定期洗箱。一般每隔 7 天要求清洗网箱 1 次，清除附在网箱上的青苔、水草和其他杂物。

鱼病防治 鱼病防治是关系到草鱼网箱养殖成败的重要一环。因此,我们坚持无病先防、有病早治、全面预防、积极治疗的原则,除在鱼种下箱时做好鱼体消毒和免疫注射外,还经常对鲜草、食场、工具等进行药物消毒,在夏秋鱼病流行季节定期泼洒漂白粉液、生石浆等,用小竹篓或用面袋交替装强氯精、漂白粉、硫酸铜等,挂于网箱四周进行鱼病预防。一旦发生鱼病,除采取上述预防措施外,还用内服药饵进行治疗。

其他管理 要求管理人员对网箱养殖草鱼的相关数据和日常管理中的经验与体会及时做好记录,便于总结经验,指导今后生产。并昼夜守护,做好五防工作,一防大风翻箱,二防洪水冲箱,三防鼠、獭咬箱,四防污水入箱,五防坏人盗箱。

2 结果与分析

2.1 养殖产量

表 2 网箱成鱼收获情况表

试验点	网箱数(口)	起水品种	总产(千克)	净产(千克)	净产量(千克/平方米)	收获尾数	平均重千克/尾	增重倍数
1	14	草鱼	9350	7630.0	19.46	1945	4.8	4.28
		鲢鱼	702	594.0	1.50	345	20.4	5.50
		鲤鱼	210	180.5	0.46	190	1.1	6.12
		合计	10262	8404.5		2480		
2	18	草鱼	10210	8185.0	16.24	2527	3.93	4.04
		鲢鱼	1007	845.0	1.67	475	2.12	5.80
		鲤鱼	305	252.0	0.50	291	1.05	4.76
		合计	11522	9282.0		3393		
3	23	草鱼	14680	11915.0	18.50	3157	4.65	4.31
		鲢鱼	1240	1052.5	1.63	587	2.11	5.60
		鲤鱼	362	302.0	0.47	283	1.28	5.00
		合计	16282	13269.5		4027		
合计	55	草鱼	34240	27730.0	18.00	7674	4.21	4.26
		鲢鱼	2949	2491.5	1.62	1407	2.10	5.45
		鲤鱼	877	734.5	0.48	764	1.15	5.15
		合计	38066	30956.0		9845		

从 12 月上旬开始陆续出售,至 2003 年 1 月上旬全部出售完毕,整个生长期为 10 个月左右。55 口网箱全年共产成鱼 38066 千克,净产 30956 千克,平均净单产 20.1 千克 / 平方米;其中草鱼起水 7674 尾、34240 千克,净产 27739 千克,平均净单产 18 千克 / 平方米,平均尾重 4.21 千克,平均增重倍数为 4.26(见表 2)

2.2 成本分析

节粮型网箱养殖草鱼,其青饲料来源绝大部分为养殖户自种,饲料成本就节约了 70%以上。整个饲养期间,3 个点的饲料地总成本 20125 元;鱼种价格:草鱼 5.5 元 / 千克,鲤鱼 5 元 / 千克,麻白鲢 3 元 / 千克,鱼种成本共计 38840 元;精饲料 8500 千克,单价 1.2 元 / 千克,计成本 10200 元;网箱 分 3 年折旧,每口每年折旧 80 元,共计 4400 元;工资 1.1 万元;鱼药及其他 1.1 万元;总计成本为 95565 元。

2.3 效益分析

55 口网箱共收获成鱼 38066 千克，净产 30956 千克，总产值为 260444 元，其中草鱼 34240 千克，产值 23968 元；鲤鱼 2949 千克，产值 1 7 694 元；麻白鲢 877 千克，产值 3070 元。总计成本支出为 95565 元，盈利为 164879 元；平均每口网箱产值为 4735. 35 元，纯利为 2997.8 元；投入与产出比为 1 ∶ 2. 73。

3 小结

3.1 鱼种进箱有个适应过程，一般刚进箱 1 ~ 2 天很不安宁，喜欢围绕箱壁洄游、跳跃，应采取投放诱饵等措施，促使鱼种适应网箱小范围内的活动。投放诱饵时应尽量投喂鲜嫩适口的青饲料，数量不要太多，以免造成浪费。

3.2 投放的鱼种规格大小要适应。本次试验中投放的草鱼规格为 0.6~1.25 千克，麻白鲢为 0.25~0.4 千克，鲤鱼为 0.15~0.25 千克，规格大小基本适合，但草鱼规格最好控制在 0.6 ~ 1 千克之间，这样既能确保生长速度，降低生产成本，而且能达到适销的商品规格，高产高效益。

3.3 及时捞除残渣剩草，是节粮型网箱养殖草鱼成功的关键措施。每次投喂饲料前，要尽量把上次投喂还没有吃完的剩草及残渣等捞出来，保证网箱内水质清新、清洁，以免污染水质引起草鱼泛箱，造成损失。7 月 18 日 3 号试验点有两个网箱就因网箱内水质发臭，网箱内外水质交换不畅而造成泛箱，因及时将箱体拖到河中心水质清新处，才没有造成更大的损失。

3.4 节粮型网箱养殖草鱼，保证优质、足够的青饲料也是养殖成功的关键措施之一。2 号试验点由于青饲料配套种植不足，有时无料可供，采集野生青饲料又不及时，造成草鱼时饱时饥，严重影响了草鱼的生长速度。1 口网箱若要达到净产草鱼 500 千克，需配备青饲料种植面积 667~800 平方米。

3.5 在现今配合饲料价格不断上涨、鱼价下降的情况下，发展节粮型网箱养殖草鱼，不失为一种充分利用各种资源，降低养殖生产成本，从而达到高产高效养殖的途径。但因其劳动强度较大，用工较多，对专业化养殖场的规模化养殖不适应，而对广大农村千家万户零星发展网箱养殖，则非常有指导意义。

（2003 年《内陆水产》增刊《南方十二省、区、市水产学会第十九次学术交流会论文集》）

参考文献

1.刘建康等，中国淡水鱼类养殖学[M]. 北京：科学 出版社，1992。

2.张列士 网箱养鱼与围栏养鱼[M]. 金盾出版社，1993。

3.丁德明等 同升水库网箱养殖优质鱼高产技术研究[J]。内陆水产，1997。

夏中惠　男，西湖管理区人，退休干部。

王映明　男，西湖管理区人，公务员。

刘立人　男，西湖管理区人，公务员。

科学界定家庭成员之我见

谢自立

《中华人民共和国城市居民最低生活保障条例》第二条规定:持有非农业户口的城市居民,凡共同生活的家庭人员人均收入低于当地城市居民最低生活保障标准的,均有从当地人民政府获得基本生活物质帮助的权利。

但是,在低保审查的实践中,我们发现,“共同生活”的规定过于笼统,没有一个十分明确的概念,真正操作起来并不容易把握。而家庭成员的界定又直接影响到家庭收入的计算,是低保审查的关键一环。怎样才能做到家庭成员的科学界定,以确保城市低保的公平、公正呢?笔者认为,在进行低保审查时,除了考察“共同生活”这个基本特征之外,还应该充分注意到夫妻关系、抚养关系、赡养关系的法定性,对申请人具有法定的扶养义务,抚养义务或赡养义务的关系人,即使没有与申请人经常生活在一起,也可以视为“共同生活”。

具体来说,可以采取以下几种方法来进行界定。

第一,利用“家庭系数”法来界定家庭成员。所谓家庭系数,是指申请人的配偶、子女、父母,属于申请人家庭成员的机率。我们规定,配偶的家庭系数为1,未成年子女的家庭系数为1,成年子女的家庭系数为0,父母(包括配偶的父母)家庭系数为$\frac{1}{\text{兄弟姐妹数}}$。

举例来说,申请人张某有1个妻子,2个子女(其中大的已独立成家,小的还在读书),张某有兄弟姐妹4人,父母均在,需要赡养,张某之妻无兄弟姐妹,系独女,只有父亲健在,需要赡养。那么,申请人张某的家庭成员数为:

张某1人+妻子1人+在校子女1人+父亲$\frac{1}{4}$人+母亲$\frac{1}{4}$人+岳父1人=4.5人。

第二,利用“赡养系数”法来界定老年申请者的家庭成员。所谓赡养系数,是指申请人的子女依其经济条件所具有的赡养申请人的能力。我们规定:经济条件特别好,月收入在5000元以上的,赡养系数为1;经济条件比较好,月收入在2000元左右的,赡养系数为0.5;经济条件一般,月收入在1000元左右的,赡养系数为0.3;经济条件较差,月收入在600元以下的,赡养系数为0。当申请人子女的赡养系数之和大于或等于1时,我们认为,申请人不符合低保享受条件。

举例来说,申请人张某,有2个儿子,1个女儿,大儿子月收入3000元,小儿子月收入400元,女儿月收入2500元。那么李某的赡养系数为:大儿0.5+小儿0+女儿0.5=1,即李某不能享受低保。

第三,利用“先算后不算”的矛盾界定法来界定混合家庭户的家庭成员。在一些小城镇社区,因为处于城乡接合部,许多家庭中既有非农业户口人员,也有农业户口人员,在西湖俗称

“半边户”。对于这种混合户口家庭，即在计算家庭收入时将申请人家庭中的农业户口人员也计算在内，如果家庭人均收入高于当地最低生活保障线，那么不予享受低保。如果家庭人均收入低于最低生活保障线，那么在核定补助差额时，只补助非农业户口人员，对农业户口成员不予补助。

举例来说，申请人王某，系原西湖造纸厂职工，非农业户口，妻子刘某和两个儿子都是农业户口，家住农村。王某已经买断，因年岁高找不到工作，刘某务农，收入微薄，一个儿子在外打工，一个儿子在校读书，按照“先算后不算”的方法，王某有家庭人口 4 人，因收入较低，认定其符合低保享受条件，又因其妻和两个儿子属于农业户口，只差额补助王某 1 人。

总之，城市居民最低生活保障工作是一项政策性极强，敏感性极高的工作，是情系万家的民心工程，也是关于稳定的安全工程，低保审查的每一个环节，都必须做到严格按政策办事，切实从实际出发。笔者根据自己从事低保工作的经验，提出这些思考，权当抛砖引玉。

谢自立　男，西湖管理区人，公务员。

三、散文选录

渔　火

李跃明

渔火，曾是我们江南水乡的一道亮丽风景线。

每年的四月到八月，大约有5个月的光景，只要不下雨，不管是皓月当空，还是伸手不见五指的晚上，在沟渠边、田垄上，你总可以看到一闪一闪移动的星星点点的火光，那便是渔火——人们举着火把，在捕捉田里、沟渠里的泥鳅、黄鳝。

从我懂事的时候起，渔火便有了。那时农村还在搞大集体，一个全劳力一天只能挣8分钱。人们白天里忙各种各样的工夫，到了晚上，便不顾疲劳和蚊虫侵袭，赤着脚，举着从山区弄来的松明火把，拿着自制的竹夹或小簸箕，提着笨重的木桶，三三两两相邀沿着田埂或沟渠小路，捕捉田里和水沟里出来歇凉的泥鳅、黄鳝。那闪烁在田间沟边的盏盏渔火，像一串串流星，点缀着寂静的夜空。

有时一夜下来，能捉到好几斤哩。泥鳅、黄鳝本是美味，是营养物，可在那时是绝对没有人用来自己享受的。不是不想吃，实在是不能吃。人们总是把捕捉到的“战利品”小心翼翼地养起来，第二天或过一两天送到十八九里外镇上的水产品收购站，然后用换来的钱买些十分必需的生活品，诸如酱油、食盐、肥皂、火柴之类。

夜里打火把捉泥鳅一般是大人的事，小孩子是没有份的，一是怕小孩子吵闹，惊动了水中的“目标”；二是担心小孩的安全，怕被水蛇咬着，但小孩子们却总是争着要去。记得有一次，两个叔叔都不在家，我与长我5岁的哥哥都吵着要跟父亲去，谁也不让谁，最后父亲没法，只好让我们两个都上，并作了明确分工：哥哥在前面举火把，我在后面提桶子。那天晚上，我们捉的泥鳅、黄鳝特多，足足有5斤重。第二天我们兄弟俩各得了一份奖品——每人一支中华牌的大头铅笔。

或许是因为火把经不起风吹和雨淋，光线也很分散，渐渐地，手电筒取代了火把（手电筒和电池大多是用卖泥鳅、黄鳝的钱换来的），渔火变成了渔光。成本是增加了，但操作更便捷了，只需轻轻一按一推，那银白色的一束强光，直射得水中的泥鳅、黄鳝眼冒金花，动弹不得，捕捉起来容易多了，收获也往往更多。

光阴荏苒，一晃十几年过去。家乡那忽闪忽亮的渔火消失了，但作为一种美好的回忆，却永远在我心中闪烁。毕竟，它记载了一段历史，一种艰辛而充实的生活。

《常德日报》（1999年6月）

李跃明　男，西湖管理区人，公务员。

放飞心灵的风筝

刘丛红

在纷繁复杂的世界里,你可曾拥有快乐自在? 在竞争激烈的岁月里,你是否依然怡然自得?在尘世喧嚣中,你的心灵是否压抑得太久了?朋友,不要苦了自己的心灵,把它放飞吧,让它同风筝一样,在自由的空间里自由翱翔……

这里是一片蔚蓝的天空,这里是一个广阔的天地。你看,天空如此地分明,白与蓝协调地搭配成一幅美丽的风景画。美丽的云朵,像多情又调皮的天使,一会儿靠近你的风筝说悄悄话,一会儿又跑得远远的,看着你的风筝,甜蜜地遐想。

风筝放飞的是你的心情。久居高楼大厦中压抑的心情终于能在自己的空间里自由舞蹈,享受着恣意驰骋的快感。这时候,你能感受到温柔的风伴着你的风筝扶摇直上,快乐就如七彩烟花在空中璀璨绽开,透明的心境也随之在惬意的背景下尽情闪烁,朋友,你感受会怎样?

风筝放飞的是你的梦想。在钢筋水泥的丛林里,我们被禁锢已久的梦想,终于能同自己的心情一起上路了。山在你的脚下,水在你的眼中,花草鸟虫,不过是你的点缀。你会感到,在你的世界里,你是唯一的精彩,你是唯一的主宰。你的梦想,想飞多高就有多高,你的人生,想有多美就有多美。只要你不放弃握在你手中的那根自信的红线,只要你敢在有风的日子走出窗门。

风筝放飞了你的情感。你的快乐、你的忧愁、你的悲愤、你的失意、你的豪情,都可以系于那根红线,让它带向遥远的空间。当你见不到它的踪影,你会明白,一切的悲欢离合,喜怒哀乐,不过是瞬间即逝的过眼云烟。你可以躺在茵茵草丛中,做一次酣畅淋漓的深呼吸,于是,平静的心情会慢慢过漏你所有的不快。

给自己一个空间,给自己一只自由的风筝,给自己一次可以自我支配的机会吧,我的朋友。

刘丛红　男,西湖管理区人,供职于西湖管理区个体劳动者私营企业协会。

淡极始知花更艳

魏楚瑜

张爱玲说:“生命是一袭华美的袍,长满了蚤子。”

即便是长满了蚤子,也依旧是一袭华美的袍。生命的美丽与多彩仍在,无法改变。

正因如此,每个人都希望自己生命的河流能够一路芳菲夹岸,燕舞莺啼,希望自己岁月的大树枝繁叶茂,百果垂蒂。

今天,看见街角处破屋里的那个雕树根的褴褛老人,怜悯与同情之余,泛起万丈雄心,立志要为传统工艺的传承摇旗呐喊,恨不得让身边人都知道“岁月失语唯石能言”。

明天,因为一篇作品被老师拿到课堂上宣读,作为范文全校印发,又猖狂地嚷着要做一个著作等身的文学家,摇头晃脑吟哦着戴锦华的名言:“要做一名真正的艺术家,就必须走一条光荣的荆棘路……”。

后天……

呵,每天都有着新的见闻,新的经历,引发心中新的感慨,扬起一番新的壮志满怀,昨天想的事还没有开始做,今天的梦想又言之凿凿。纵使凌云抟扶,一如九天雕鹗,那又如何?不过是一句空谈,美丽的梦幻泡影而已。

一路滔滔的河流,两岸不会永远是春天。人间四月天一旦飘飘杳去,芳菲残尽,莺燕南迁,只有落红枯叶,随着那流水,一涡半转,直到尽头。

一株枝繁叶茂的树,无法同时结出品种各异的果。即便是依靠先进的高科技嫁接,其种类也实在有限,倘若真把一棵树的枝桠全砍掉,嫁接上数不清的品种,只怕那树也难以存活。

梦想太多,华美斑斓,同样也不是什么至善之事,要做的事纷杂繁复,人也就迷失在所谓梦想的迷宫里,无法确定从何时开始,从何处开始,从何事开始。做事的行程反被阻滞。梦想太多太美,渐渐浮化成可望而不可即的漫天蝴蝶,人生也难以承受这虚幻的负荷。最后只怕是贪多嚼不烂,事事皆成空。

学会清点,学会舍弃,方能让人生这袭华美的袍璀璨。一颗珍珠,精心放置在聚光灯下,或许比一大堆散乱的珍珠来得更为夺目。而汤汤的江水,也不必过多流连两岸的风景,停滞不前。只要浪花轻快,鱼虾肥美,汇入海洋时仍是那最鲜活的一分子,便是它的大成功了。一棵只结一种果的果树,果又大又甜,也照样让人觉得赏心悦口。

对于梦想,我们不如宁缺毋滥,想百件不如做好一件,认认真真地做现实里可触摸的实事,即使人生朴素,也能证明属于自己的成功。

及时清点心中不必要的泡沫,一样可以拥有一袭华美的袍,跳蚤也好,累赘的装饰也罢,都已清理干净,轻装上阵,人生美好。

犹记得,海棠诗社,蘅芜君那一句“淡极始知花更艳”,最是动人。

(《潇湘法韵》2003年第二十一期)

魏楚瑜　男,西湖管理区人,公务员。

湖乡坦道在梅山儿女脚下延伸

伍贤益

我的故乡在柘溪库区新化县油溪乡实竹山村,移居西湖已近40年。目睹新家乡交通条件的极大改善,我心里不时充满着喜悦。

走在西湖的水泥公路网上,映入眼帘的是来往如梭的车流舞着长龙,将一条条玉带映衬成五颜六色的风景线。道路两旁玉色的村庄、金色的田园、银色的棉地和绿色的林带,追逐着车轮争相斗艳,竞显秀丽。纵横交叉的坦道,到处车水马龙,笛声飞扬,满目繁华,好一派人欢马叫的新农村景象。

回首往事,难忘当年。1972年冬,移民迁入西湖时,遍地杂草丛生,一片荒凉。四处坑坑洼洼的泥泞路,晴天出行一身灰,雨天出门满身泥,一下小雨就要穿雨靴才能出门。当时,西湖仅有一趟往返常德的湘运班车和一间不足20平方米的候车室,根本满足不了公差人员乘车之需。移民去新化、安化、常德等地省亲、办事、看病都得乘船,辗转4天才能回到故乡。当时的自行车很少,全是公用的,每个单位1~2辆由主要领导骑管。老百姓都买不起也买不到自行车,只好步行。

面对走路难、乘车难……就学就医难等重重困难,3万移民发出了共同心声:“既来之,则安之,不论环境再差,困难再大,生活再苦,我们都要扎根西湖,建设好新家乡”。勤劳、智慧、坚强的梅山儿女都怀着一颗赤诚的心,在这片荒凉而又偏僻的土地上播种希望,编绘着美好明天的图景。在过来的风雨岁月里,广大移民安营扎寨,携手向荒洲进军,拼力向坦途迈进!移民大众住牛棚,吃野菜,顶着困苦排难除险。齐心协力战洪魔,筑堤修路,堵溃改道,开渠扩道,建闸架桥……克勤克俭建设新家乡,历尽辛酸铺就湖乡坦道。

变了,变了,一切都变了。西湖的交通环境大大改观了!在党和政府的亲切关怀下,历经广大移民年复一年的艰辛拼搏,一幅由水泥公路网绘成的崭新西湖交通画卷,展现在移民的眼前。而今的西湖,已成为洞庭湖西部的一颗小明星,璀璨夺目。移民入场时坑洼不平的泥泞路都不见了踪影,取而代之的是一条条宽敞平直的水泥路。四通八达的坦道衬托着川流不息的车辆,构成一幅幅靓丽的湖乡交通图画。

眼观现实,难忘党恩。1991年,省、市、场投资70万元,建起了集客运、停车、修理、住宿、经商于一体的新车站;1994年,省、市、场投资263万元,将西湖至沙河口15公里砂石公路改建成柏油路;1999年,省、市、区投资600多万元,移民捐资近200万元,将柳林嘴至和平桥11公里境内干线砂石路面改建成水泥路。“十一五”期间,国、省、市、区投资7105万元,建成通乡公路18.4公里、通村公路35.6公里、镇区油砂公路4.8公里、农村客运站2个及招呼站12个,改造重建桥梁5座105延米。截至2010年底,西湖境内有硬化公路通车里程150

公里,其中县道2条16.83公里、乡道7条26.49公里、村道62条106.68公里,实现了村村通水泥路的目标。同时,省、市每年投入农村公路养护资金70万元,确保了乡村公路完好、畅通、高效。

便民利民,成绩斐然。目前,境内有三级客运站1个;拟建二级客运站1个;开通客运线路10条,其中跨市5条,跨县5条。从事客运的运输企业5家,有营运客车36辆1098座,年均完成运客量38.6万人。有五级农村客运站2个,开通农村客运线路11条,从业营运客车15辆285座位。区内有营运货车514辆2089吨位,年均运货量79.5万吨。全区有小型汽车83辆,两轮摩托车1.3万辆,机动三轮车0.24万辆。移民出行都以车代步,既方便,又快捷。

路畅车顺,市活财兴。如今,移民外出打工、经商、旅游或回故乡探亲,8小时可到新化;6小时可抵安化;到常德仅需1.5小时;到长沙只要3.5小时;到达深圳也只需40小时左右。西湖至常德的客班车每10分钟开出一趟,方便极了。交通事业的快速发展,促进了农村经济的大幅增长。多年来,西湖的南瓜、西瓜、柑橘、棉花、蔬菜、畜禽、鲜鱼等农产品,源源不断地销往常德、长沙、广东……陕西等全国各地。2010年,全区实现农业总产值2.86亿元,农民人平纯收入4760元。大多移民建起了楼房,过上了香甜日子。

(《湖南运管》2011年第5期)

伍贤益　男,西湖管理区人,退休干部,湖南诗词协会会员。

滇 游 记

马康湘

教师大抵是白首穷经，足不出户的。我从教29年，从来就是出入校门，上下讲台。今年四月，湖南省教师奖励基金会组织教育旅游团，去云南昆明、丽江、大理观光考察。我以省优秀教师的身份，成为该团一员。四月四日我随团越省西飞，美丽的云南以博大的心胸将我凌空接住。

大理自然之美，在洱海。“洱海”实际是一个淡水湖，因形状像人耳，当地人从未见到海，见此湖庞大，故以洱海名之。洱海面积250平方公里，像一块硕大的翡翠，平均水深20余米，海底泥沙，清晰可见，微风徐来，涟漪千叠，人行其上，飘飘欲仙。洱海四周群山环抱，山体高大，有的峰顶终年积雪。整个大理市濒山临水而建，连绵数十公里。海拔2000米以上的云贵高原有这样大的湖泊，是大自然的杰作。当地人称洱海是白云升起的地方，这是真的。在洱海上，我看到了这样的奇景：一片片白云，如鹰似兔，从天外飞来，降临洱海；忽而又似乎从洱海中兴起，飘越群峰，隐向天外。这时绿水青山，蓝天白云，清风红日混融一体，如临仙境。船到洱海终点——风情岛（南诏王的行宫处），但见观音汉白玉雕像掩映于青松翠柏之间，肃穆庄严；月季堆红，龙柳飞绿……周遭万籁无声，顿觉时空渐止。笔者在那儿流连，流连，一种情绪油然而生：长做大理人，与洱海相伴。

玉龙山是丽江自然风光最美的地方。车未进丽江城，遥见玉龙山巍然屹立，上半部白雪皑皑，下半身草木葱葱，状如金字塔。据导游讲，玉龙山雄视南天，海拔5592米，是江南第一高峰，人们已征服了海拔8848米的珠穆朗玛峰，却无人能攀上玉龙山顶。我坐索道上到半山腰的云杉坪，呀！我当时惊奇地叫了一声，山中蕴藏着叹为观止的原始、古老和神秘。仅数不清的云杉，怕都经历了几百上千年的生长，最大的三四个人手搭手也不能合抱，老的已自然倒毁，横七竖八，似无数恐龙在草丛潜伏。热情的白族金花们，邀我拍下“雪山飞狐”倩影。下得山来，艳阳高照，游人无不热汗淋漓。回首望之，刚刚连树叶都明朗清晰的玉龙山不见了，惟见山谷中乌云翻滚，暴雨狂作，雨星竟飞到了我的脸上……玉龙山简直神秘极了。

最后我们游昆明世博园。

该园随山势水态而构建，峰回路转，姿态万千。园中荟萃了自然界最奇异的山水、花草、木石、藤蔓和现代园艺家的奇思妙想，一处一景，处处是景，大景精创，小景巧制，每处景致都是大自然的鬼斧神工与人类最高艺术创意的最绝妙的组合，新颖别致，绝不雷同。40多个国家在世博园中建有自己国家的园林，他国的特产、传统和风情，异彩纷呈，美不胜收。路到园口，顾望世博园，一切全隐到青山绿树中去了，唯江泽民主席题写的“世界园艺博览园”的园名金光熠熠，几十个国家的国旗迎风猎猎。归途中，虽经几多美丽的城市，但与世博园比较起来,那就“曾经沧海难为水,除却巫山不是云”了。

回飞长沙时,天气特别好,脚下万米低处,是太阳照耀下的云海,百态千姿,茫无涯际,头上是纯蓝纯蓝的天空(地面从未见到过的纯蓝的天空)。蓝天白云间,彤红的太阳,银白的飞机,这是多少壮丽的奇观啦!祖国的领空和领土领海一样美。美丽河山需要后人捍卫和装扮。几千万教师的共同事业是铸就下一代人的灵魂:爱国守土,图强抗霸。我的生命将全部溶入这一伟大事业,培养和造就新一代社会主义的建设者和接班人,以求国家更强大,河山更壮美。在隆隆的飞机马达声中,我觉得自己是世界上最幸福的人。

(《中华颂·老少文学艺术精品集》)

马康湘　男,西湖管理区人,退休教师,湖南诗词协会会员。

西　湖　赋

熊顺福

茫茫洞庭湖之西，滔滔沅澧水之尾，有一方沃土，西湖是也。东枕澧水，南抱西港，西接汉寿，北连鼎城。钟天地之灵秀，蕴湖港之英华。水陆交通成网，四通八达。人流物流如潮，车水马龙。得天独厚，物阜财丰。人道是洞庭鱼米乡，湖港聚宝盆。

美哉西湖，诗苑画廊。千里沟渠成网，万顷田畴成方。云蒸霞蔚，碧波荡漾。湖泊中，鱼肥虾嫩而鳖壮；园林内，树茂果硕而鸟翔。柳林嘴外，江涌云飞，烟波浩渺；西港河边，花明草绿，樟柳成荫。新北河波光潋滟，游鱼戏水；大西湖菡萏摇风，清香袭人。渔民新村，绿树环绕，屋舍俨然，曲径回廊，堪称居家妙境。德人牧场，穹庐高耸，芳草萋萋，牧香浓郁，浑如塞外风光。美哉西湖，四季换景，异彩纷呈也。春临大地，万木葱茏，莺飞草长，姹紫嫣红。更有遍地油菜花开，微风吹拂，醇香四溢，徜徉花海，爽透身心。夏乃丽日蓝天，惠风和畅。荷塘弄扁舟，村姑采菱忙。白洋黄犊乐，牧童笛声欢。至若秋来，天高云淡，丹桂飘香，菊花含笑，傲立寒霜。黄灿灿稻海，偶起金浪；白花花棉田，频闪银光。渔牧庆丰收，瓜果远飘香。最惬意者，中秋佳节也。湖乡赏月，别有韵味，月白风清，朦胧静谧，如梦如幻，神思飞扬。“但愿人长久，千里共婵娟。”冬日则瑞雪飘洒，素裹银装，剔透晶莹。陌上寒梅俏立，迎风怒放，唤春乎？迎春乎？当此之际，邀三五知己，踏雪寻梅，吟诗作对，不亦乐乎！风景处处有，西湖总不同。离都市之喧嚣，无公害之污染。清水芙蓉，总是天然模样；湖乡独秀，一派旖旎风光。绘不尽一幅幅质朴素雅风情画卷，写不够一首首清新绮丽田园诗章。

美哉西湖，毓秀钟灵。上古之时，部落联盟，遍地烽火，刀光剑影。黄帝南征，战蚩尤于湖港，克奏全功，于斯地而筑金鼎，故斯地也，后人乃称鼎港，南宋不仁，杨幺揭竿，驻柳林而惊朝廷。岁月不居，朝代更替，激荡风云。新中国立，围垸建场，廿世纪末，建管理区，场区一体，亦城亦乡。改天换地，龙腾虎骧。千年湖港，焕然新样。街道“四纵五横”，平坦宽阔。楼房拔地而起，直上云端。店铺林立，商贾云集，满眼繁华景象。西湖大道，俨然都市街衢；居民小区，直如城里楼盘。晨曦初露，林荫道上跑步者、打球者、练拳者，各得其乐；夜幕低垂，休闲广场跳舞者、散步者、游览者，激情飞扬。茶楼酒肆，笑迎四海宾客；歌厅舞场，欢庆九州安康。诗词曲赋，文交同道；琴棋书画，艺结友谊。营造新生态，享宜居环境；建设新农村，乐优美村庄。小桥流水处，农家乐园开舞会；绿林掩映中，乡野别墅庆吉祥。君不见，人随机器走，铁牛奔驶到田头。君不见，水随人意流，水旱无忧保丰收。笔记本电脑、苹果牌手机，转眼已是寻常物。液晶大彩电、豪华小轿车，今朝已进百姓家。美哉西湖，城乡互补，相得益彰。田园牧歌与新潮雅曲唱和，横生妙趣。现代化城镇与美丽乡村映衬，珠璧成双。

美哉西湖，卧虎藏龙。西湖土地仅十万余亩，人民不足六万之众。然“山不在高，有仙则名;水不在深,有龙则灵。”西湖虽小,虎跃龙腾。西湖儿女秉承梅山先祖之彪悍骁勇,兼备湖乡赤子之干练精明,吃得苦,霸得蛮,雨雪风霜何所惧,敢于担当与打拼。垦荒造田,筑堤防洪,招商引资,兴工强农,科学发展,百业昌隆。建设农业公园、工业新区、梦里水乡,趁势而上大手笔。打造商业中心、物流中心、文化中心,昂首阔步新征程。英雄造时势,时势造英雄。西湖人才辈出,凡政界、凡军界、凡学界、凡商界,总有各方翘楚。或博士,或将军,或教授,或专家,岂缺时代精英。有道是八仙过海,各显神通。成就一番事业,谱写辉煌人生。

嗟夫!欣逢盛世兮,豪气干云。抖展雄风兮,昂首奋进。伟业可期兮,前程似锦!

熊顺福　男,西湖管理区人,退休干部,湖南诗词协会会员。

四、诗词选录

苏美华(3首)

登岳麓有感

秋气无如意气何，流连岳麓欲飞歌。
丹枫一叶投怀抱，道磬三声逐碧波。
山径常偕泉迤逦，黄花自爱影婀娜。
春秋冬夏随流转，磐石千年薜荔多。

乡　恋

半醉桃花半菜花，初飞小燕柳风斜。
才添紫竹温黄酒，又汲清泉酌绿茶。
窗借月光飘野笛，峰开晓日驻丹霞。
乡亲闻讯来相问，一路山歌到我家。

索溪峪吟诗感赋

曲径征程远，云横蕴藉深。
梦随今夜绿，诗向涧边红。
漫步磨山石，寒暄历险峰。
心中无谷壑，任意啸秋风。

苏美华　男，湖南第一师范学院教授，湖南师范大学硕士生导师。

刘丛红(6首)

西　湖　曲

佳音来故国,旧貌换新妆。
榜样初垂范,康庄正启航。
盘中乡土味,垄上芷兰香。
夜雨菰蔬熟,殷殷劝客尝。

柳林怀古

偶向渔樵拾轶闻,柳林东望起风云。
旌麾满蔽杨幺寨,壁垒曾惊武穆军。
将相王侯宁有种?是非功过总无痕。
独倡号令均贫富,天下从来重楚人。

黄岩岛啸歌

(一)

大国泱泱孰可欺?蚍蜉撼树笑菲夷。
安邦自有和平愿,守土须凭正义师。
碧海风生千里浪,黄岩日照五星旗。
东南一侯猢狲舞,恰是雄狮怒吼时。

(二)

与人为善被人欺,怒发冲冠向寇夷。
魑魅几家怀贼胆,貔貅百万号雄师。
莫凭鼠眼观全局,休拉虎皮作大旗。
忍到三军无可忍,何妨亮剑顺天时!

参观"常德诗墙"

江为卷轴水为章，巨制何须费纸张。
柳岸蜿蜒城廓美，云波潋滟芷兰香。
诗书画绝千爿石，天地人和十里墙。
泽畔行吟成一叹，物华文教冠潇湘。

向 日 葵

笑靥含羞碧玉身，漫从蜂蝶戏红尘。
低头总是情怀重，向日长因爱意深。
雨里消磨难折骨，风中起伏不销魂。
问伊何故坚如此？一抹阳光驻我心。

刘学农（1首）

思贤五十韵

把酒仰空叹，古来多少贤。
腹藏才智绝，坐拥运行偏。
忧喜全由己，穷通半是缘。
洋洋华夏史，上下五千年。
三代行禅让，四时歌浩然。
渭可悬直钓，姬伯解其玄。
管蔡流言日，周公遭忌嫌。
一饭三吐哺，天下归心田。
仲父佐齐霸，诸侯九合还。
商鞅推变法，秦旨八荒颁。
江淌屈原赋，水幽故楚冤。
张良圮上履，韩信胯时颜。
惟忍丈夫慨，名声万古传。

贾生高妙策，上重鬼神篇。
滑稽东方朔，飘零任海川。
嗟嗟汉武世，李广刎难免。
三国群雄起，隆中诸葛闲。
入尘亲俗物，谁与并存肩。
怎奈辅阿斗，英年不可延。
南山欣向菊，世外接桃源。
媚骨生官禄，折腰始获全？
振尘出寥廓，遣兴逸田园。
旷放多豪迈，挥金粪土钱。
成吟须斗酒，浩瀚谪诗仙。
但晓恃才气，焉知些小奸。
朱门酒肉臭，茅屋语词鲜。
风雨庇寒士，广厦千万间。
清贫诗史后，孤泪草堂前。
原上离离草，琵琶幽咽弦。
白居当不易，况复属长安。
歌此遗长恨，鬓斑悲外迁。
巴山楚水地，落寞独孤天。
怀旧空吟处，沉舟过万船。
何为伤病树，春意任流连。
明月四时有，青天何遇难。
但存长久愿，千里共婵娟。
武穆满江忿，莫须尸骨寒。
遗民中土泪，多少梦相欢。
国破山河碎，身痴意不残。
郁孤台下水，吟咏泪潸潸。
了却君王事，堆成白骨山。
文丞歌正气，碧血谱心丹。
百炼千锤就，粉身碎骨甘。
为存清白志，磊落在尘寰。
圣代乾隆世，和贪并纪廉。
非为庸主上，官性自贪婪。
嗟尔六君子，上书参哪般。

风流俱往矣，富贵等闲观。
感此空惆怅，泪流如涌泉。

刘学农　男，西湖管理区人，西湖一中教师，湖南诗词协会会员。

周芝莲（1首）

七律·和友人

万里金堤故事多，群牛信步啃春莎。
葱茏荇藻池边绿，曼妙黄莺苇上歌。
四面田畴烟笼翠，一川莓草雾眠荷。
观图忽忆当年事，狗吠鸡鸣畜满坡。

周芝莲　男，西湖管理区人，云南诗词协会理事。

刘石柱（2首）

热　土

洞庭汇四水，瑞彩覆三湘。
南岳南天接，西湖西陆忙。
谷粱金满斗，儿女凤求凰。
热土逢时盛，舒怀奔小康。

西　湖

轻风晓露润无声，寥廓洞庭天放晴。
十里荷花香细细，一城春色绿莹莹。
珠玑罗绮盈霞蔚，艺苑科林耀月明。
直道浣纱西子美，西湖人美更心灵。

刘石柱　男，西湖管理区人，退休干部。

伍贤益(2首)

满江红·祖国颂

业绩辉煌,民欢乐,歌声不歇。新华夏、山河如画,风光烁烨。昔日荒原成闹市,今朝沧海变郊野。古神州、屹立在东方,贫穷灭。

金光道,宏伟业;兴经济,方针确。步康庄,举世尽辉虹曜。活市营商连轴转,改天换地从头越。五星旗、华彩绽群芳,民心悦。

新　湖　乡

——贺西湖移民建场(区)40周年

受命徙居农垦乡,勤耕苦战拓州荒;
迎寒燕啄修堤坝,冒暑肩挑筑垸防。
水秀花香庭院美,民康果硕野田芳;
林荫城靓神仙地,示范农庄正启航。

刘益安(2首)

西湖水酒

莫道西湖水酒浑,梅山土产染诗魂。
清泉煮沸晨岚浅,糯米蒸匀夜露纯。
李白三杯扶落日,刘伶一盏卧黄昏。
柔和可口春风醉,天下杜康我独尊。

西湖秋色

登高一望洞庭秋,独我西湖景色优。
西港河中鱼戏水,柳林堤外鸟栖洲。
香樟袅袅撑青伞,棉树悄悄换白绸。
旧貌农场何处觅,红霞万丈映新楼。

刘益安　男,西湖管理区人,农民,湖南诗词协会会员。

夏 维(1首)

蝶恋花·师魂

沉醉杏坛千万圃。遍植新禾,一任青春度。桃李榆英都眷顾,枝枝叶叶洒甘露。
耕作哪分朝与暮。风雨兼程,寂寞园丁路。黑发红颜无觅处,只留满院芬芳吐。

夏维　男,西湖管理区人,供职于云南丽江市文林实验学校。

马康湘(3首)

韶山虎歇坪

谁人不识此方坪？南岳山峦一脉通。
扫尽阴霾光玉宇,韶峰托起太阳红。

鼎港怀古

铭功铸鼎气如何？逐鹿烽烟一瞬过。
莫向蚩黄说胜败,依然酉水漾清波。

江城子·祖国颂

天安旗树起炎黄,喜东方,凯歌扬。撵蒋驱倭,一统振洪荒。永御夷魔天剑倚,星宇里,看舟航。

六十功业已辉煌,笑西方,莫嚣张。永固金瓯,何惧虎和狼。朗朗乾坤春意好,斯盛世,万年长。

刘水源(2首)

洞庭湖赏秋

近驻闲云远透霞,天穹似锦美如纱。
堤长迤迤柳吞叶,水阔漭漭菊吐花。
只赏三分能饱眼,再行十里不知乏。
金黄稻浪停波处,碧瓦高楼系我家。

矮寨大桥

峡谷魂惊入眼丛,长虹横卧两巅峰。
千年绝壁倏然绝,万里通途瞬息通。
俯瞰天桥离地远,仰眸栈道贴云中。
祥闻海外无能及,举世奇观第一雄。

刘水源　男,西湖管理区人,退休干部,常德市诗词协会会员。

方荣石(1首)

西　湖　景

四十年前离故乡,移民立足建家邦。
芦柴盖舍三更雨,泞路行人两腿酸。
苦去甘来歌满地,财丰物阜粟盈仓。
村通坦道车流滚,草屋牛棚换套房。

方荣石　男,西湖管理区人,退休干部。

熊顺福(2首)

题西湖移民建场(区)四十周年

(一)

离乡背井忆当年,携妇将雏总惘然。
寸寸愁肠连肺腑,盈盈泪眼别山川。
茅棚矮矮风兼雨,苇荡深深水接天。
遥望故园千里外,一弯新月照无眠。

(二)

奋进高歌猛着鞭,西湖今日换新天。
田连万顷绿波涌,路畅八方车马喧。
湖碧千荷舟荡漾,园香百果鸟留连。
天蓝水洁艳阳暖,足食丰衣奏凯旋。

夏延山(1首)

回家过年

汗水洒在异地,
责任压在双肩。
播种璀璨的希望,
编织美好的明天。
外漂者啊,一年,一年……
剪不断的乡思,
道不尽的亲情,
像熊熊的火光,
在胸中点燃,点燃……
回家过年,回家过年,
带着父母的祈盼,

带着儿女的思念,
这是每个外漂者的心愿。
回家过年,回家过年,
带着亲人的祝福,
带着妻子的爱恋,
这是每个外漂者的情愿。
回家过年,回家过年,
带着平安的礼包,
带着满面的笑颜,
这是每个外漂者的夙愿。
回家过年,回家过年,
除夕的灯火,
亲人的团圆,
这是每个外漂者的盛典。
回家过年,回家过年,
惬意绽放在脸上,
温馨荡漾在心田。

夏延山　男,西湖管理区人,退休干部。

资水滩歌

资江,新化、安化人的母亲河。全长653千米,有急弯72道,险滩99处,流经新化段最长,横贯90千米,流经安化段最险,俗称“山河”。1958年柘溪截江筑坝前,湘南湖区物产互通有无,靠木帆船由资江相运。沿途险滩陡如绝壁,怪石狰狞,上滩靠纤夫拉褡裢,每一步都是生死相搏,纤夫们为齐其心,合其力,壮其胆,助其威,创资水滩歌。

序　曲

千里资江弯又弯,弯急滩险鬼门关。
下水滩头惊涛吼,上水行船寸步难。
肩背纤绳手扶地,汗如流水口舌干。
莫道船工苦与乐,梦里滩歌唱不完。

下水滩歌

宝庆开船下益阳，弯急滩陡鬼门关。
资江长达千多里，河有七十二道弯。
艄公师傅把稳舵，流放九十九处滩。
起目抬头来观看，象鼻滩算头一滩。
竹子山塘把排放，艄公想起长河滩。
长滩只见长纤扯，景公塘里湾一湾。
婆婆岩上把鹰打，小溪就把姜来担。
小庙滩来出红枣，抬头望见枞树滩。
青荆滩上打一望，瞎神庙下水连湾。
石灰洞里歇一会，大连弯下大河滩。
兄弟同把花园进，出门又是小河滩。
栗滩行船如跑马，看见前面小南山。
七里塘下团鱼石，猪楼门内心胆寒。
干水要把短纤扯，大小稳舵莫乱扳。
柴码头上多柴卖，筱溪设立卖柴关。
晾罾滩下是球溪，榨滩下来连塘湾。
麻溪哪见担柴卖，沙罐出在沙塘湾。
干水象牯滩头放，马屎口里马披鞍。
鸳鸯滩上排云雾，忽然雷公打鸡蛋。
猫儿扑地老鼠石，炉埠果然好煤炭。
西风塘里西风起，皮萝岩下皮萝滩。
沙萝滩上纤维扯，一扯三碰难上难。
陡山岩里乌金好，岩下就是漩塘湾。
三篙半下杨柳滩，老鼠港里锡矿山。
任由冷水江流下，十茶亭送郎思滩。
谭家桥下化溪坳，龙宫滴水鲤鱼滩。
辕门柱子三条口，好手要把左手掺。
八字岭下虾蟆石，单边出走航中间。
马蹄塘下杨家咀，鲤鱼穿鳃三洲滩。
青峰塘里清风起，顺风相送谢家滩。
上渡港里歇一会，独石塘下月照滩。

新化县城来观看,四门扎起营盘关。
县府衙役两边立,台上坐个知县官。
翻开案卷来判断,十桩案子九桩贪。
钱权交易好结案,无钱有理结案难。
新化开船磨盘滩,宝塔对着宝塔湾。
千人拱手开毛板,万盏灯照天子山。
灶母岩上洞门好,挂了猪头挂心肝。
大洋江下游家湾,晾罾入下王爷湾。
王爷只怕长风摆,白沙犖溪夜壶滩。
丹滩卡滩团鱼石,小洋就在鳜鱼滩。
鳜鱼上水江家殿,车石塘下邹家滩。
排洪洞里田螺眼,划到滩头心也寒。
香炉岩下把一望,鸡公洞里心窝滩。
邓家底下立家滩,横过底来张家湾。
唐古山下高桥滩,油溪对门石竹山。
且问翰林哪一个?翰林名叫伍香珊。
殿西何家挂镜子,美女梳头南殿湾。
中家庄上石灰好,月金坪里鹅羊滩。
白溪无有江西客,举手就是东门山。
旧县滩下石子湾,相连不见思本滩。
祖师座下莲花庙,五马破曹观音山。
望花街上株木溪,杨家坊下铜锣滩。
上风山来下风山,一路福星烟田滩。
好过潘洋并礼溪,槽船底下青水滩。
琅塘开船田最湾,杨木洲下白沙湾。
千兵洲上多沙子,鸡婆沮送枞树滩。
起目抬头来观看,苏溪立个厘金关。
舵公师傅快快放,快快放来把船弯。
请你先生来看观,你要多少过此关?
先生看了又看观,算了一番又一番。
大船要过三千几,此船只过二千三。
请你先生免一点,一免就是三百三。
喊起号子摇起橹,提转舵来放瓦滩。
大小放船要提涧,干水要往槽里扳。

鸡公鸭婆数润溪，紧桨飞落猪婆滩。
洋桥有个晒谷石，抛打绣球是泥滩。
坪溪本是花花地，婆婆岩下担柴滩。
王爷公公来保佑，顺风相送过洛滩。
滩脑有个桂花石，野猪赶落排子山。
排子山上出美女，鸡婆塘里船难弯。
娇女只嫁排子山，门前做起假栏杆。
九冬十月当西晒，五和六月背荫山。
一叶扁舟河边等，等待滩脑把船翻。
猫儿叫见泥鳅叫，老鼠怕了岩鹰叼。
白露赶落桐子拜，干水行船水滴湾。
磨家池里打一看，渠江对门斗笠湾。
铁匠勤打钥匙口，白水溪下是初滩。
湖泊塘里出锅子，两岸竹笼把鸡关。
火烧滩下纤难扯，桐油生产在神湾。
毛篙滩上千篙石，探溪有只狮子山。
牛弯旦在螺丝上，对马磨槽是烟滩。
烟溪对门碗米山，南坪鲤鱼跳上山。
黄牛怕了勾刀子，皮塘有座观音山。
皮滩哪有牛皮卖，尧家庄内排难扳。
婊子竹山望羊脑，杉木青龙曲尺滩。
舵子到了马辔市，龙须只望柳杨滩。
狗屎屙在娼妇洞，黄连洞里鬼门关。
潺溪有座观音阁，大水弯船弯沙弯。
犀牛抱月蚂蚁洞，急水驰下飞云滩。
对口溪中齐观石，两溪相对无名滩。
狮子石前射箭紧，河水步前至景观。
大溶滩下漏罐子，鹅沮亘过杨泗湾。
杨泗庙里把神祝，封打三巡三门滩。
鲤鱼穿腮现手段，花花绿绿是榨滩。
横岩塘里丢篓子，神仙赶落财富滩。
刷竹滩边头船口，东坪塘里船难湾。
陈口亘在乌龙上，纸钱排起八卦滩。
西洲对门生金竹，大鱼矶下小鱼滩。

鱼翁晒美塘古坳,孟公脚下君王滩。
滩脑难放剪刀口,江南江北磨子滩。
好似边淘对麻溪,百花滩下老屋湾。
黄瓜滩下百花上,虾子出在无子山。
小淹下边老鼠石,梅子塘下是庙湾。
斗米矶下中边滩,敷溪叫做肝肠滩。
云溪抬头望塘湾,棕子滩下汪家湾。
一朵莲花也结籽,马迹塘下是白滩。
头顶原来九官渡,脚踏洪门莲花滩。
有人葬得莲花地,至今纱帽在朝关。
上五滩来下五滩,龙宫望见栏杆滩。
猪婆卧在石山上,大云底下锦被滩。
好似狂风吹童子,和尚望见相公滩。
筲箕且把米来打,三塘街上把船弯。
新开港下黄丝洞,倒挂金钩茄子湾。
九峰抬头望沾溪,下边就是十动滩。
茶亭和尚无茶吃,美女晒花是须山。
书塘街上养鹞子,月门山下筲箕湾。
泥鳅港里抬头望,王婆滩下把牛关。
前峰洞里放流水,桃花港里横口滩。
牛栏塘里放排水,流水赶落五涪滩。
新口河中少交坝,桅杆寄在毛角山。
千驾要走泓水路,毛板要弯鳊鱼山。
船到码头打“牙祭”,船工兄弟把心宽。
老板付钱船工走,益阳街上玩一玩。
益阳开船往汉口 抬头望见鳊鱼山。
魏公庙里把神敬,王庄对门犀牛湾。
堤机关上把关过,宝塔坐在清水滩。
八母滩上子望母,黄茅洲下何家湾。
沙塘街上把米买,开船又走金阳滩。
羊角抬起头来看,只见鞭把口又宽。
吩咐舵公紧把舵,来到毛角把口参。
三人河里松水过,开船又走金塘湾。
桔子庙里算八字,姑嫂二人把花攀。

关公坛下白马寺，色子庙下是大湾。
轻轻出了临资口，牛屎仓里无人湾。
无潭坛上观天气，阳雀港里把船弯。
仔细心中来思想，米关立在芦林滩。
鱼骨庙里香一柱，娘娘港下云头滩。
羊节巷里来思想，土星土林两港滩。
若是风暴不好走，不敢过湖赊刀湾。
白鱼便把鳍来现，崇山港里船难湾。
陈口坛上抬头望，抬头望见磊石山。
张家套里把蓬落，扎矶沮里买鸡蛋。
万寿湖里大龙坛，千水铜盆湖也干。
鹿角落在高山上，龙虎咀对龙虎山。
金泊港里抬头望，雷公湖里一鞭山。
南京港有癞子石，岳洲有个厘金关。
北门港里来思想，想起当初七里山。
城陵矶下金河龙，擂鼓三通过五关。
善湖港里躲风暴，港内又立检查关。
开边有个巨凳石，白罗套龙心胆寒。
就在鸭滩分南北，鱼矶地界是湖南。
王家宝贝来金宝，新堤立起过排关。
毛铺对门太平口，骨花洲上把心安。
六金口里出广粉，对门就是孤溪湾。
皇王便把厘金立，船湾宝塔洲过关。
龙口哪见龙开口，抬头一望石璃关。
嘉溪有个上甲口，鱼码头来把鱼担。
燕子窝里出燕子，上林花口把花观。
排洲对门青潭口，顺田一路空家湾。
东阁老走慈丘口，金口对门大金山。
涓口又把老关过，风暴船湾荞麦湾。
鹦鹉洲前抬头看，望见武昌确非凡。
洞宾神仙把楼坐，黄鹤楼下是蛇山。
河北锁里打一看，望见汉口有龟山。
汉口穿心八十里，繁华街面宽又宽。
有钱汉子真好耍，无钱汉子样样难。

问君走到何方好,花花世界一样看。

上水滩歌

唱了下滩唱上滩,转舵回家把心安。
汉口开船走上水,南岸过河对票关。
载船就把双票用,空船单票好休闲。
汉阳城边漂漂过,望见洋街殿四关。
武昌辞了都督府,涓口有个照票关。
二十四股回弯水,往返要到大金山。
金口上来慈丘山,东阁老来定江湾。
吩咐排头船莫急,上林燕子一石担。
鱼码头上孤独湾,上水嘉溪石璃关。
龙口宝塔大金口,大风毛铺也难弯。
新到锣洲听鼓响,擂鼓台前心胆寒。
武陵矶前把船看,芦苇洲前把船湾。
兵洲街上南京港,扯起风蓬过鞭山。
忽然一声雷公响,金泊龙虎旺高山。
铜盆湖里火龙舞,磊石港口脱衣衫。
白鱼便把云鳍现,只见娘娘又下凡。
红薯出在土星港,白米出在芦林湾。
阳雀元潭牛尿港,铃子一响上大湾。
色子庙里只一龟,骑着白马战江山。
关心坛上抬头望,只见姑嫂树又干。
南湖洲上西林港,八字哨上邵塘湾。
磨房滩里愁云锁,出了毛角心不安。
沙塘街上打一看,只见甘溪港水干。
益阳关山船帮密,抬头又见鳊鱼山。
转身来到益阳市,直流三堡看风帆。
我在汉口几年整,身无半文转湖南。
从头仔细来想想,当初何必赊帐玩。
益阳开船望家乡,手执手篙向上撑。
龙尾难上扯扳纤,毛角塘里定阴阳。
鹅公港里淘白米,新桥河里倒米汤。

少交俱里打中秋，桃花港里借歇场。
江内有个和尚石，叮叮当当到天光。
泥鳅港里晒谷石，前峰鸽子到书塘。
书塘有个读书子，须山美女晒衣裳。
十动滩上一扳纤，上边不远九丰塘。
倒挂金钩结茄子，三塘街上好灰行。
童子王婆盖棉被，天地枯柴栗山塘。
猪婆滩上是炸埠，龙公王滩马迹塘。
莲花滩上鳜鱼地，棕子滩上福鸡塘。
大矶滩上一斗米，庙湾上来梅子塘。
安化小淹青山好，陶澍果就好屋场。
河草矶上坪里铺，黄瓜滩上老屋场。
白花树上麻溪地，边淘上来磨子塘。
曹操点兵江南地，一轮明月正相当。
塘古贯里棕子角，大鱼矶上金竹矿。
八封滩上占一卦，只闻东坪茶又香。
沙洲滩上把柴买，果然到了錾子塘。
柘滩上来一班纤，鲤鱼穿腮三门塘。
杨沙湾里纤难扯，漏罐子上大溶塘。
犀牛抱月潺溪口，黄泥洞内好歇场。
大柳杨来小柳杨，十个艄公九个亡。
龙须滩上现龙爪，马辔市里马恋王。
曲尺本是鲁班用，青龙滩上杉木塘。
羊陶滩上十八节，竹山一日到皮滩。
只见黄牛来下水，鲤鱼上山是南盘。
烟溪有个对马石，鲇鱼洲上横岩塘。
毛花滩上神湾地，高龙矶上湖泊塘。
初滩只见白水溪，虎骨上山渠江塘。
唐家滩上相子拜，排子山对鸡婆塘。
石灰洞上屙屎岩，洛滩社溪何散场。
猴子关门担柴卖，坪口少个卖柴行。
泥滩哪见泥落水，只见横岩截断江。
四脚落地牛拉纤，褡裆勒肩痛肝肠。
寒暑裸体水中泡，助船上滩身代桩。

撑船号子滩头响,十曲纤歌九曲酸。
洋桥猪屎出讲义,洄溪有个公管行。
瓦滩只见滩水响,抬头望见苏溪江。
苏溪有个水府庙,来往客人烧保香。
千兵洲上使把劲,送婆鸡子到琅塘。
槽船有个苏氏渡,潘洋有个御史官。
礼溪有个成进士,药店开在资生堂。
太湖湾里随弯走,千篙滩上石牛塘。
石连斛里莲花现,摇橹架浆汪家塘。
铜锣滩上无锣响,青荆对门杨家坊。
株木溪上思本溪,雷公打在次溪塘。
旧县滩无县官坐,抬头望见枣子塘。
白溪有个江西店,弯头看到好姑娘。
鹅羊滩上无鹅叫,石灰出在中家庄。
南殿梳头好美女,石笋出在尖石塘。
油溪哪见担油卖,黄牯坳对赵家庄。
邓家街上歇一会,车石鳜鱼在小洋。
剩滩有个团鱼石,转弯又是丹坪塘。
丹滩哪能担到底,卡滩也有船过江。
犇溪望见白沙上,油麻滩上长风塘。
王爷滩上来观看,游家湾里钉子行。
晾罾滩上抬头望,前面就是大洋江。
弯船扎草寨背后,猪头还愿牛角塘。
灶母岩里出木炭,只见煤炭上下装。
塔山湾里抬头望,新化城墙几多长。
宝塔底下歇一会,青石街上借歇场。
鱼塘来往争上渡,一网打进独石塘。
谢家滩上顺风送,青峰塘里青鱼藏。
过上三洲滩头水,杨家沮上马蹄塘。
马蹄日夜叮当响,响在春潭牛耳旁。
一对柱子猿门竖,竹林湾上鲤鱼藏。
三仙姑娘会化溪,路走十里有茶香。
学堂岩上鸡鸭落,起桨直到冷水江。
石头藏宝是锡矿,五湖四海把名扬。

漩塘湾里水漩转，码头上面好市场。
崖叫陡山山也陡，沙箩滩上纤路长。
皮萝滩边好蔑箩，竹子出在西风塘。
炉埠紧挨老鼠石，上头有滩飞鸳鸯。
银鞍披马祥光照，照见象牯三丈长。
沙塘湾里沙罐好，宝庆汉口把名扬。
榨滩两岸白杨密，球溪晾罾晒鱼忙。
拣担干柴筱溪卖，卖给纤夫烤衣裳。
猪楼门口肥猪大，屠桌摆在七里塘。
小南山前栗滩急，小河大河浪滩宽。
石灰洞里瞎神庙，青荆滩里淹和尚。
山山枞树映水绿，红枣树下乐姑娘。
黄土栽花是小溪，岩鹰展翅景公塘。
长滩滩水明月照，满肚相思望情郎。
上河滩上出楠竹，象鼻长长把竹装。
石灰浸竹造土纸，上水货船进邵阳。
解下褡褙算完账，卷起铺盖回家乡。
街上买点小礼物，全家老少喜洋洋。
沿河情景枕边讲，梦中滩歌长又长。

编 后 记

历经五度寒暑,辛勤笔耕,数易其稿,《常德市西湖管理区志(1991—2010)》(以下简称《西湖管理区志》)终于获准付梓出版。仿佛十月怀胎,一朝分娩的母亲,终于可以见到呱呱坠地的婴儿,孕育的艰辛忘之脑后,难得的喜悦荡漾心头。

2012 年 7 月,根据上级要求,西湖区委、区管委开始组建撰写班子,启动《西湖管理区志》编写工作。8 月中旬拟定编纂纲要,上报至市方志办审定。8 月 30 日,西湖区委、区管委组织召开《西湖管理区志》编纂工作动员大会,并印发实施方案。9 月起,各乡镇、各单位开始组织专人收集资料,撰写初稿。2013 年 4 月,陆续有单位将资料送编辑部。由于编写人员都是首次参与修志,区里又未举办培训班,故所交资料大都不合要求。只得要求重写,重写不合要求再重写,如此反复修改,一般都是三四次,多的达七八次。是年 12 月底,各乡镇、各单位资料全部收集,共 200 余万字,编辑部开始分工编写。

2014 年 8 月,完成分工编写,进入总纂。12 月底完成《西湖管理区志》初稿,打印成册,分送市方志办、区各乡镇、各单位审读。2015 年 3 月后,根据市方志办的审读意见和区各乡镇、各单位的意见建议,反复修改完善初稿,6 月中旬修改毕,旋即收集整理与志稿配套的图片,将志稿送印刷厂印刷成册,经西湖区委、市方志办审读后,再次修改。2016 年 11 月 4 日,《西湖管理区志》获常德市地方志评审委员会评审通过,2017 年 8 月 31 日,由方志出版社终审定稿,同意出版。

事非经过不知难。回顾几年来的修志,遇到的困难出乎意料。主要是收集资料难。20 年来,西湖机构、人员变动很大,很多单位资料不全、甚至遗失,编写者通过多种渠道也未能如愿。其次是数据确定难,志书中收录大量数据,在收集过程中,同一项内容的相关数据或单位提供的与统计部门的不符,或单项数相加与总数不符,如人口数据,有常住人口、户籍人口、计划生育人口,有的单位提供的数据混乱,无法采用。为了确定真实可靠的数据,编写者只得反复调查,反复求证核实。再次是编辑部三位同志都已年过花甲,水平有限,又是首次修志,缺乏经验,只得边学边写,反复修改,不断摸索,迎难而上。基于主客观上的各种原因,此志书疏漏错误之处,在所难免。但所有参与编写的同志尽心尽力了。衣带渐宽终不悔,为伊消得人憔悴。虽不能尽如人意,但也求无愧我心。恳请领导、专家、同仁、读者赐教指正。

在编写过程中,市方志办领导、专家曾多次亲临西湖指导工作,对志稿的修改完善提出许多宝贵中肯的意见建议;区各乡镇、各单位积极配合,大力支持;部分离退休老同志、老领导热情提供资料,在此一并致谢。

《西湖管理区志》编辑部

2017 年 9 月